普通高等教育汽车类系列教材

汽车试验学

主　编　杨志华
副主编　宋大凤　朱　冰
　　　　许　楠
参　编　赵　健　郭建华
　　　　曹晓琳　王鹏宇

机械工业出版社

本书从汽车试验的基本概念出发，介绍了汽车试验的必要性、理论分析与试验研究的关系、汽车试验的分类和基本步骤，讨论了汽车试验与汽车检测、专业试验仪器与车载传感仪表的关系，以及试验标准等相关问题。

本书共九章，第一章为概述；第二~六章阐明了现代试验技术的模块化组织思想和电测法技术手段，讲述了测试系统的一般组成、测试系统的数学转换特性、机械量的电测量技术和典型的汽车试验仪器与设备，介绍了相似理论和正交试验方法等试验设计理论，讨论了测量误差分析以及试验数据的静态与动态处理的数学原理、基本方法和典型应用；第七~九章以汽车整车的主要使用性能和汽车主要系统、总成及零部件为研究对象，讲述了常见汽车试验项目的组织方法、试验装置的组成与特点和试验操作要点，对一些关键数据和限值的要求进行了分析与讨论，并对虚拟试验技术和V模式等汽车先进开发流程做了简要介绍。

本书可作为高等学校车辆工程专业或其他相关专业汽车试验理论与技能培养的专业教材，也可作为汽车设计、制造、检测和修理等相关行业从业人员的汽车试验检测方面的技术参考。

本书配有电子课件PPT，可免费赠送给采用本书作为教材的教师，可登录 www.cmpedu.com 下载，或与编辑联系（tian.lee9913@163.com）。

图书在版编目（CIP）数据

汽车试验学/杨志华主编．—北京：机械工业出版社，2016.8（2022.1重印）
普通高等教育汽车类系列教材
ISBN 978-7-111-54029-8

Ⅰ.①汽… Ⅱ.①杨… Ⅲ.①汽车试验—高等学校—教材 Ⅳ.①U467

中国版本图书馆CIP数据核字（2016）第131746号

机械工业出版社（北京市百万庄大街22号 邮政编码100037）
策划编辑：宋学敏 责任编辑：宋学敏 李 然
版式设计：霍永明 责任校对：陈 越
封面设计：张 静 责任印制：常天培
北京中科印刷有限公司印刷
2022年1月第1版第5次印刷
184mm×260mm · 21.75印张 · 494千字
标准书号：ISBN 978-7-111-54029-8
定价：55.00元

电话服务	网络服务
客服电话：010-88361066	机 工 官 网：www.cmpbook.com
010-88379833	机 工 官 博：weibo.com/cmp1952
010-68326294	金 书 网：www.golden-book.com
封底无防伪标均为盗版	机工教育服务网：www.cmpedu.com

前言

本书作为高等院校车辆工程等专业本科生的试验理论与技术培养的专业课程教材，其理论基础是高等数学、工程力学和电工电子技术等学科基础课程（依各院校课程设置不同，也可能包括测试与传感技术等课程），汽车理论和汽车构造为其专业先修课。

作者根据多年教授车辆工程专业本科学生的实践经验，并通过对现行培养方案和专业课程体系的调研，同时参考毕业生就业单位和研究生培养单位的反馈信息，发现在车辆工程专业本科生的试验素质培养方面，需要一本综合性较强、涵盖面较广，同时具有相当的理论深度和较强工程实用性的教材。本书力图从汽车试验的基本问题、机械量的电测量技术与设备、试验设计方法、数据分析与信号处理、整车性能试验和底盘主要总成及零部件的典型试验等方面，对汽车试验理论与技术进行讲述与讨论，为学生的实践工作能力奠定坚实的基础。本书也可供相关行业人员作为汽车试验检测方面的技术参考。

希望有关院校在选用本书作为教材时，依据自身条件和培养计划，配置相应的试验课程。

作为车辆工程等专业的本科专业课教材，汽车试验学涉及较多的力学、数学、电工电子技术以及先进工程测试技术等方面的知识与理论。限于课时安排和学生的知识基础等因素，本书在某些部分直接引述了上述学科的结论和成果。如果读者有兴趣深入研究，请自行查阅相关教材和资料。

另外，作者在多年的汽车试验类课程教学中发现，用较大篇幅单纯地罗列乃至摘录试验标准，与高等院校专业教学的定位和人才培养的目的不符，而且标准文件有更新周期，过于详细地叙述其具体内容和参数要求等意义不大。因此，在各具体试验项目部分，本书致力于汽车试验的组织思想、被测参数的意义和测量原理以及基本测试方法的讲授，而对于试验标准部分，介绍得不是很系统、详细。希望读者在制订试验大纲和进行实际测试作业之前，先查阅相关试验项目的最新标准。

同时，本书中字体为楷体并铺了底纹的内容，为相对次要，或有一定难度，或与教材主题稍远的内容。

本书由吉林大学汽车工程系组织编写。其中，杨志华编写第一章、第二章的第一节和第二节、第四章和第五章（不含第三节），宋大凤编写第二章的第三节、第三章、第七章和第九章，朱冰编写第八章（不含第五节），许楠编写第六章（不含第二节中“值域分析”部分），赵健编写第八章第五节，郭建华编写第六章第二节中“值域分析”部分，曹晓琳编写第二章第四节，王鹏宇编写第五章第三节。在编写过程中，得到了中国第一汽车股份有限公司技术中心、中国汽车技术研究中心等单位的大力支持和帮助，谨此致谢。

由于编者水平有限，书中必然存在不当之处，恳请读者批评指正。

编　者

目 录

第一章 汽车试验概述

一、基本概念

汽车试验，简单地说，就是通过实测的手段确定汽车的或与汽车有关的某个（些）参数。

这里的“参数”，一般是指物理量的定量数值，如力、温度、速度或者声级等（也包括各类疲劳寿命试验的循环次数等数据）；有些情况下也可能是定性评价，例如，有关操纵稳定性或越野通过性的一些试验，采用主观评价法，由试验员给出诸如“好”“较好”“一般”“较差”等的定性评价。

一般来说，汽车试验所采用的仪器设备、试验场所、试验环境和操作方法等，都应遵循国家或者相关部门、行业或企业颁布的正规标准文件。标准可以确保试验操作规范、安全，数据结果准确、可信且具有典型性、代表性和可比性。而有些探索性、创新性试验，也可以由研究人员选取或自行制定试验标准和操作规范，这也是对汽车基础理论、设计制造技术和汽车试验方法的有力推动。

二、理论分析和试验研究的关系

可以说，“试验”是和“理论分析”相对的。对汽车的同一个参数，既可以采取实测的办法获取，也可以通过理论分析计算得到。例如，确定一辆汽车的最高车速，可以从车辆结构参数、行驶环境参数和驾驶人操作（意图）出发，运用汽车动力性分析理论，由驱动力—行驶阻力平衡关系或功率平衡关系等，计算出该车在给定条件下能够达到的最高行驶车速；而如果由试验员驾驶一辆被测汽车在实际道路上行驶，按标准规定的方法和程序，通过测量汽车通过给定路段的时间或者利用各种速度测量仪器直接测量其瞬时速度，这就是汽车试验。

理论分析的价值在于，可以定量地揭示车辆结构参数、行驶环境和车辆性能之间的内在关系，可以在不对车辆原型进行实际操作的条件下预测其性能，对于产品的设计开发有很强的指导作用。然而，理论分析无法完全取代实际测试，尤其是对于现代汽车行业来说，汽车试验的必要性主要体现在以下几方面。

首先，理论源于实践。广义而言，任何一种理论，只有经过客观、准确的科学试验，得到验证后才能成立。实践是理论研究的前提和基础。理论研究进展困难，常常是因为试验研究发展缓慢，而一旦试验研究有了突破，科学理论就会随之进步，这在我们的研究工作乃至科学发展史上都是屡见不鲜的事实。

其次，作为一种室外交通工具，汽车的使用条件复杂，其自身参数、工作条件和行驶环境等难以全面预测。对这些纷繁复杂的使用条件建立完整且普遍可靠的理论模型，是比较困难的，即使存在理论模型，相关参数的确定和模型本身的求解有时也很困难，甚至是不可能的。例如上述的“求解最高车速”问题，车辆载荷的精确值，载荷在各车轴以及各车轮之间的分配，滚动阻力与车速的关系，轮胎与地面的滑转问题，车身的空气动力学特性，发动机、底盘和车身的技术状况，润滑油（脂）的技术状况和温度乃至燃油的品质以及车身门窗密封程度等，对于实际车速都是有影响的，但是在理论模型中是很难全面考察这些因素的，一般将其视作常数或者忽略不计。也就是说，理论模型与实际情况是有出入的。如果要计算的是加速时间，那么除了上述不精确因素外，用发动机的稳态台架试验数据代替实际动态工作特性会造成误差，旋转质量换算系数δ的估算也不可能绝对准确，而且对起步时离合器的滑磨过程、换档时刻的选取以及对换档过程中的动力衔接等若干问题均采取了“忽略不计”的处理，理论计算的误差将会更大。很显然，无论是车辆理论的基础研究还是新产品、新技术的工程验证，如果需要对这类问题精确求解，进行实车测试是更可靠的。

再如，对于地面车辆的通过性等研究，由于轮胎（或履带等）和土壤机械特性的复杂性，目前尚无可靠且普遍成立的理论模型可以精确预测给定行走机构在任意地面上的牵引性能，那么试验研究的价值和可信度就显得更高。

第三，汽车是一种高度普及的社会化民用商品，研究、制造单位之间的竞争异常激烈，企业为了争夺市场，势必要在产品的性能、质量和成本之间做出平衡。除了少数军用和专业比赛车辆的研发外，“不惜血本”的模式是走不通的，在理论研究深度方面过分“精益求精”也是不符合商业规律的。一个研发任务，要在有限的人力、物力和时间限制下，寻求在法规允许和市场满意框架下的利益最大化，势必要通过科学、合理的试验手段，定量、可靠地确定产品的使用性能和设计参数，达成研发和制造效费比的最优化。而在深层次的理论分析和机理解释方面，暂时有所欠缺也是可以接受的。以上述“最高车速”问题为例，无论是企业自身的产品验收还是各公权机关的法规检定与认证，都会选择在规范试验场地进行标准化试验，而不是追求建立一个足够精确的理论模型进行预测。

第四，进行汽车试验，不仅能解决试验者当前面临的工程实际课题，还有可能将试验中提取出的单纯经验性的结论，通过科学的归纳和推演，上升到理论规律的高度。例如，操纵稳定性和牵引通过性等领域的大量试验研究，为轮胎侧偏特性理论和土壤本构模型的建立和验证，提供了广泛、可靠的数据支撑。可见，汽车试验可以弥补现有知识体系的缺失并创建新的理论学说，从而推动汽车基础理论研究和设计制造技术的进步。

因此，进行汽车试验，以及对汽车试验自身的理论方法进行研究，对于优化汽车产品的设计、推动汽车工业的发展、完善汽车基础理论研究以及刺激和带动相关技术理论的发展等，都具有重要意义。

三、汽车试验的分类

汽车试验的研究范围广泛、试验项目繁杂，可以从不同角度进行分类。

1. 按试验目的分类

（1）**质量检查试验** 通过定期检查，鉴定目前生产的汽车产品质量的稳定性，如果检查要求由用户提出，也可以不定期。如果发现问题还要进行简要分析。由于产品的技术性能和质量指标参数已经确定、试验规范已经成型，而且产品质量检查强调时效性，所以这类试验比较简单、快捷。

（2）**新产品定型**（鉴定）**试验** 新产品（包括整车、总成或零部件）在正式投产前进行的全面性能试验，必须按国家有关试验标准和规程进行，通常还要选择不同试验环境验证其在不同温度、湿度、海拔以及环境气氛下的适应性。一般要进行多轮试验，样件数量逐轮增加，每轮发现的问题应及时改进，直到性能要求全面满足，产品设计和工艺等参数全部确定。

有时将质量检查试验和新产品定型试验统称为**产品检验性试验**。

（3）**科研探索类试验** 为了改进现有产品或研制新产品、开发新技术，就要对车辆的新部件、新结构、新材料和新工艺等进行系统而广泛的研究，其中试验验证是必不可少的。另外，还包括对汽车及相关领域基础理论和技术的研究，以及对汽车试验方法本身的探讨。

科研探索类试验，其研究对象大都是目前尚未普遍应用的产品和技术，涉及诸多尚未普遍成立的理论和方法，试验项目的深度、广度较大，试验规范和操作实施方法的自由度大，可以由试验者根据具体的试验项目灵活确定，对试验数据的精确度要求很高，试验设备先进，试验手段通常较复杂，试验周期长短不一。与之相比，产品检验性试验在试验项目、规范、过程和操作方法等方面必须依据国家和部门、行业的相关标准进行，确保试验工作有章可循，试验对象之间的定量分析具有可比性。

2. 按试验对象分类

试验按车辆结构层次可划分为三类：整车试验、机构及总成试验和零部件试验。

（1）**整车试验** 该试验通常是在整车不解体或仅拆卸少量外露零部件的条件下对汽车的各主要使用性能进行考察和评价，主要包括汽车的动力性、燃油经济性、制动性、操纵稳定性、平顺性和通过性等，还有环保性、电磁兼容性、整车技术参数的测量以及虚拟试验等。汽车整车试验，尤其是整车的道路试验，相对于其他汽车试验更接近汽车的真实使用状况，对于客观评价汽车使用性能、发现和暴露实际使用工况下的异常状况和可靠性问题、考察汽车的设计制造水平、对汽车以及相关领域理论方法的验证和创新，都具有重要意义。但由于整车不解体，试验中的部分异常现象和故障难以准确判断其来源，车辆性能与各组成部分之间的影响关系也不易理清。

（2）**机构及总成试验** 该试验主要考察机构或总成的工作性能、强度和耐久性等。例如测试发动机的功率、变速器的静扭强度或钢板弹簧总成的疲劳寿命等。

（3）**零部件试验** 该试验主要考察被试件的设计和工艺的合理性，主要测试项目包括强度（包括静强度和疲劳寿命）、刚度、抗磨损能力和工艺、选材的合理性等。例如各类齿轮的疲劳寿命试验、传动轴滑动花键的磨损试验、整体式驱动桥壳的垂直弯曲刚度和强度试验等。

本书主要介绍各类金属零部件的试验。在相关章节中，也会介绍一些电气、电子系统和轮胎等非金属零件的试验。

上述（2）机构及总成试验和（3）零部件试验，这两个层次的划分不是绝对的，有时候其界定是比较模糊的，尤其是“总成”与“部件”两个称呼，很多时候其使用就是根据使用者的主观习惯。因此，在汽车使用、维修和检测等行业中经常将汽车试验按对象简单划分为两大类：整车试验、总成与零部件试验。本书第七章讲述的就是整车性能试验，总成与零部件试验则统归入第八章。

3. 按试验场所分类

试验场所主要有室内和室外两个场所。在这两个场所进行试验各有优劣、互为补充。

（1）室外道路试验 室外道路试验是指在室外实际道路上对车辆的技术性能进行验证。试验场地条件和车辆的实际运行条件一致，通常不需要对车辆进行解体，驾驶操作真实，可以进行几乎所有整车性能试验，而且其结果可信度较高。但室外行驶条件不易控制，试验过程易受各种无关因素的干扰，数据重复性较差。车载条件也对测试仪器设备提出了更高的要求。而且室外道路试验的组织和实施耗时较长，动用人员较多。近年来，随着测试技术的进步，小型高性能传感器、电子化智能化车载数据记录处理设备和信号短距离无线传输遥测系统等的应用日益增多，大大提高了汽车道路试验的能力，降低了试验难度。

对于有越野性能要求的车辆，“道路”也可以包括泥土地、涉水地、沙地、冰雪地等非铺装地面。

（2）室内台架试验 室内台架试验是指在汽车实验室内搭建专用试验台架，利用试验台模拟实际使用工况，对汽车整车或总成、零部件进行测试。室内环境，易于控制试验条件，允许对被试件施加各种可控载荷，可以消除天气、道路状况和交通流量等室外随机因素的影响，有利于组织和安排试验，缩短试验周期，且试验数据精密度高、重复性好、可比性强。但汽车行驶阻力、整车或车轮的惯量、车轮垂直载荷变动、悬架动变形或路面附着系数等真实行驶工况，需要靠台架模拟，其精确度是一个需要重视的问题，否则试验结果是不可信的。而且，由于室内台架试验的被试件大多停留于原地，缺乏迎面风，长时间大负荷运转时需配置散热设备。台架本身搭建和调试时间可能较长，但试验操作本身过程较短（对于疲劳寿命类试验，台架运行的时间很长，但一般并不需要全程人工操作和监控），仪器设备大多是固定式的，比较容易布置和操控。需要考虑设备运转时周围操作人员的安全防护问题。

（3）试验场试验 试验场试验也可以看成是一种室外道路试验，但其路面（地面）是根据不同试验项目和目的严格按照规范修建的。同一个试验场，划分为不同的功能区，建有不同的分场地（跑道）以供不同试验项目使用，如图 1-1 所示。大型试验场还具有配套设施完备、服务周全和试验安全性高等优点。利用汽车试验场，试验安排和组织更有条理，测试过程更科学，试验工况更具典型性，大大提高了试验的效率和数据结果的精确度和可比性。

汽车试验场占地面积较大，建设成本高，数量不多。

图 1-1　汽车试验场全貌及其高速环形跑道

（4）**使用试验**　所谓“使用试验”就是在实际使用中对车辆（或车辆的某部分）的某个指标进行测试。这当然也是在室外道路上进行的。但这种“试验”往往并不是利用专业试验仪器设备进行通常意义上的测试，而是仅仅由试验员（此处的“试验员”一般来说就是该车的实际驾驶人）对某些行车信息进行记录，如行车环境、车辆技术状况反馈、手脚操作动作和次数、维护、补给、润滑以及修理项目与次数等。对于行驶道路和气象条件、车辆装载情况、驾驶操作规范、车辆技术状况和维修调整作业等不做任何额外规定，完全按驾驶人意图和实际工作条件操作。可以看出，这种使用试验，其实就是对日常行驶进行详细记录，其优点是行驶状况最为真实可信；但是驾驶人的操作技能与习惯、试验车辆的技术状况和使用环境等均存在差异，这种“真实可信”仅对该车、该驾驶人与该时间段成立，试验数据的典型性和重复性不好，而且实际工作中还可能存在一些难以预测的不公平因素，导致其可操作性很差。能够采用使用试验方式的汽车试验项目并不多。

四、汽车试验的基本步骤

不同的汽车试验项目，被试对象、被测参数和试验工况各异，具体实施手段千差万别，详略繁简各不相同，不可能有详细而统一的模式和规程。总体而言，一个汽车试验可以划分为以下四个基本步骤。

1. 制定试验大纲

汽车试验的技术性很强，试验结果的影响因素很多，在实际测试前必须进行周密的计划、组织与准备。首要任务就是制定试验大纲，它是指导试验的纲领性技术文件，它的编制是否科学、合理，将影响整个试验的成败。

试验大纲主要规定内容如下：试验目的；试验必须完成的任务，以及要达到的目标；操作项目与测试条件；所有被测参数与对应的仪器设备；试验操作的程序和具体方法；人员组织与计划进度；计划外事件的应对预案等。

2. 试验仪器设备和人员的准备

严格按照试验大纲的要求，准备好所需的全部仪器设备，包括购置、安装（搭建）、调试、标定、试运行等各项工作。针对各仪器设备和各项测试操作，安排好专门的试验人员。同时配置必要的记录表格。

3. 具体实施操作

根据试验大纲规定的试验项目和目的，使用仪器设备对被试件进行测试，以获取试验数据和结果。具体作业（包括现场操作和数据的分析与处理等）需严格遵循各级标准和有关技术文件的要求，以确保试验过程安全、有序，数据结果真实、准确、有效。

4. 编写试验报告

试验报告是对试验的全面总结。报告中需要回顾本次试验问题的提出和简要的测试方案，所选用的试验方法和测试系统的组成等。着重描述现场试验的条件，包括时间、地点、参与人员、环境条件和配套设施条件等，如实叙述具体操作过程和得到的各项结果和数据，对观察到的现象和发现的问题进行必要的分析，对测试数据进行误差分析，论述对试验结果是否满意、试验目的是否达到、试验中出现的问题以及提出的对策等。有可能的话，通过归纳与推演，将试验数据与资料提升到理论规律的高度，对现有理论知识体系进行改进与完善。

五、几个相关问题

1. 汽车试验与汽车检测

如前所述，“汽车试验”就是通过实测的手段确定汽车或与汽车有关的某个（些）参数。

而某些实测项目，例如，确定一辆在用汽车的外轮廓尺寸、车速表指示误差、车轮定位参数、发动机润滑系统压力与机油品质或者前照灯的发光强度与照射方向等，更多的是被运用于行业检测领域以及指导汽车的故障诊断与修理方面，而不是在制造企业、科研单位和高等院校中。习惯上，通常把这类作业较简单、快捷并对数据结果的精度和重复性要求相对不高的实际测试，称为“汽车检测”，而不是“汽车试验”。汽车试验主要针对的是某项汽车新结构、新技术或者新理论，检测更多的是侧重于确定某辆具体汽车的技术状况。

也可以这样说，“试验”强调的是专业性和学术性，对测试结果的定量精度和可信度要求较高，试验的组织、试验场地的设置、试验台架的搭建与仪器的安置、试验的操作过程等较复杂，试验进程可由试验组织者灵活掌握，对试验对象可进行不同层次的解体拆装或改造，对试验数据往往要认真研究、分析，对数据结果有异议时可以进行重复测试乃至更改试验方案、重新试验；而“检测”则更倾向于行业管理、维修生产和法规约束，对检测作业的速度和管理的智能化要求很高，主要强调的是方便、快捷，同时要求尽量不对车辆进行解体，检测设备的自动化和智能化要求很高，检测结果产生后往往立即生效（其结果有时只是定性的“合格”或者“不合格”，而不一定给出精确的定量数据）。

需要注意的是，“试验”与“检测”在物理本质上并没有区别，都是利用测试系统感知和处理被测信号，根据测试系统的输出来推断输入信号（亦即被测量）；在基本技术手段上，也都是采用电测法。

“检测”与“试验”在项目和设备方面也并没有严格的、绝对的区别。例如，在底盘测功机或道路上测试汽车的燃油消耗量、在制动试验台或道路上确定汽车的制动性能，又或是测试汽车的排气污染物的成分和数量等，既属于“汽车综合性能检测”的范畴、又可以称作“汽车试验”。

因此，本书讨论的电测量的原理与数据处理的方法，基本上不细究其属于“检测”还是“试验”，而一律采用“试验”或者“测试”的说法。

2. 汽车专业试验仪器设备与车上传感设备的关系

现代测试与传感系统，其基本组织和工作原理都是近似的，基本上都是由传感器、信号的中间变换与传输装置以及必要的记录、数据处理和显示打印等输出设备组成。只是在用于不同场合和测试目的时，其技术含量、复杂程度和测试结果的具体运用方式等有所不同。

汽车专业试验仪器设备，指的是为进行某项汽车试验而专门配置的硬件设施以及相关软件，它不属于汽车的组成部分，也就是说，不做试验时它与汽车是无关的。由于其目的是专门用于汽车试验，而且相对于各类车上设备，专业的试验仪器设备对成本不敏感，所以它的技术含量和测试精度是非常高的。例如，测试汽车的行驶速度，做汽车试验时会用到五轮仪、光电计时设备或者各类非接触式车速仪，其测试精度很高；但仪器的安装、试验现场的布置、试验实施、信号的记录以及后续处理等相对复杂。

车上传感设备则是汽车的一部分，其目的是为汽车的正常运行或驾乘人员的安全和舒适服务，具体又可分为两类：车载显示仪表和车载传感器。**车载显示仪表**，是为了行车安全与方便，向驾驶人提供一些信息，其显示部位通常在驾驶室内的组合仪表上，方便驾驶人观察或调取。其特点是要适应车载的运行环境，对工作可靠性和耐久性要求较高，但是显示数值的定量可信度并不高。例如，同样是测试汽车的行驶速度，车速表可以非常便捷直观地向驾驶人显示实时车速，也不需要额外安装，比上述各种专用的速度测试仪器方便得多；但是该仪表的指示误差较大，只是一个大致的参考信息，对于专业试验来讲其定量数据基本上没有意义（车速表检测标准的相对误差上限允许达到20%）。**车载传感器**，是为汽车各电控系统提供输入信号的基础元件，其信号供电控单元分析与处理，并据此控制各执行器的动作，对驾驶人来说其信号一般是不可见的。车载传感器要能适应各种苛刻的车载条件（其工作条件可能比车载显示仪表还要恶劣），同时为了提高汽车电控系统的控制精度与合理性，其测量精度要求也比显示仪表要高。例如，防抱死制动系统需要轮速传感器，其基本原理与各种汽车试验专用的转速传感器相同，精度也相仿；而发动机电控系统中的各种曲轴转速/位置传感器、空气流量（压力）传感器、爆燃传感器和各类温度传感器等，其工作环境比外置的汽车试验仪器设备要恶劣得多，对工作可靠性和抗干扰能力的要求很高，而其测量精度一般不如固定式的汽车专业试验仪器设备。同时，各种车上传感设备属于汽车的组成部分，对于成本相对更敏感一些。

可见，无论是汽车专业试验仪器设备、车载显示仪表还是车载传感器，都能对某些汽车参数进行测量和/或显示，都属于现代测试系统（车载传感器只是整个测试系统的前端，整个系统还包括电控单元中的输入信号分析与处理部分）。但是，出于设置目的、应用场合以及成本控制等要求的不同，三者在技术原理、设计特色、数据的精度和可信度、测试过程与结果显示的便捷性等方面有很大的区别。

本书的“测试装置”、“仪器设备”等术语，主要指的是各种汽车专业试验仪器设备。在相关章节中，对车上传感设备的基本原理也会做一些介绍。

3. 关于试验标准

从严格意义上说，任何一项汽车试验都应遵从某项标准。

标准按照适用范围，可以划分为以下六种。

（1）**国际标准** 它由国际标准化组织ISO（International Standards Organization）制定。例如，ISO-2631《机械振动与冲击 人体曝露于全身振动环境中的状态分析》，就对人体的坐姿受振模型、各振动轴向和各频率段的加权关系、平顺性的评价指标—加权加速度均方根值的计算方法等，给出了详细的规定。很多与汽车平顺性分析和试验有关的国家或行业标准，都是以该国际标准为基础编制的。

（2）**国际区域性标准** 较典型的如欧洲经济委员会标准ECE（Economic Commission of Europe）和欧洲经济共同体标准EEC（European Economic Community）等。

（3）**国家标准** 我国的国家标准简写为GB。如果国家标准号以GB开头、后面紧跟号码，就是强制性标准，俗称“法规”，必须执行，如GB 7258《机动车运行安全技术条件》；如果在GB后面还有字母T，就是推荐性标准，如GB/T 12678《汽车可靠性行驶试验方法》。

（4）**行业标准** 某些行业，需要有统一的、通行的技术要求与规范，而暂时又没有国家标准的则制定行业标准。相应的国家标准实施后，该行业标准即行废止。我国汽车行业标准的简写为QC，交通行业标准的简写为JT。

（5）**地方标准** 对于没有国家标准和行业标准而又需要在某省、市、自治区范围内统一规定的技术要求与规范，则需制定地方标准。国家或行业标准公布后，该地方标准即行废止。

（6）**企业标准** 企业根据自身特点，参考国家与行业标准，制定仅适用于该企业内部的标准。企业标准的主要目的是提高企业自身的产品质量和管理水平，企业标准的技术要求可以高于国家标准和国际标准，且一经当地政府标准化行政主管部门备案后不得自行降低。企业标准代号通常以“Q”开头。

汽车试验标准的制定，是一项庞大的系统工程。标准一经颁布执行，就具有技术上的权威性和一定的法律属性。无论是整车性能试验还是总成及零部件试验，都要在试验标准的指导下进行，否则试验就失去了严肃性和结果的可比性。

汽车试验标准繁多，标准文件更新频繁。本书的出发点和定位是车辆工程及相关专业的专业课教材以及汽车试验原理、方法方面的参考资料，而不是单纯的标准宣贯或岗前培训。所以，在相关章节中介绍试验项目时，会在不同程度上涉及和引述试验标准，目的是以标准为例证和参照，重点讲述试验的组织思想和信号的测量方法，对标准中的重要步骤和关键参数还会进行分析和讨论；但不会全面细致地讲解各项试验标准中的所有要求。而且部分列举的标准要求或数据，在读者阅读时可能已经废止或更新，所以在实际工作中，进行各项汽车试验的具体操作时，请试验工作者一定要查阅最新的、有效的标准文件，结合现场条件和仪器设备，制定科学、合理且具有可操作性的试验大纲。

对于科研探索类试验，由于涉及较新颖的、尚未成型的产品或技术，可能没有现行的适用标准，也允许试验者自行拟定标准，制定试验大纲。

第二章 机械量的电测量技术基础

在现代社会的国民经济建设、科学研究、国防建设和社会生活的各个领域，为了获取被研究对象的特征信息，经常需要测量各种参数和物理量。包括汽车试验在内，现代测试技术普遍具有两大特点：从测试系统的总体组织和构成的角度看，采用的是“模块化”；在信号测量的具体技术手段上，采用的是“电测法”。

针对某给定试验任务，构建一整套测量装置，也就是测试系统，而这个系统是由若干既相互联系、又相对独立的环节（可称之为“子系统”）组成的，这就是**模块化**。另一方面，这些子系统不一定只运用于该项特定试验。试验结束后，可以将整个测试系统再次拆解成若干子系统；当这些子系统按不同方式重新组合时，又可以构成另一套测试系统（可能需要增减某些子系统或辅助元件），进行另一项试验。显然，这种“搭积木”式的组织方法，有利于提高试验准备和试验实施过程的效率，也有利于提高试验仪器设备的利用率。

在汽车试验中，被测物理量往往是力、应力、加速度、温度、流量等非电机械量。对这些机械量的测量，传统上可以采取机械、气动等方式。但是现代的专业测试技术，普遍是先将这些非电量转换为某种电信号，再进行后续的传输、处理和记录显示等，这就是**电测法**。与机械式测量方法相比，电测法的主要优点包括：测量的灵敏度和精确度高，测量范围广；更适用于高频信号的动态测量；测试系统对被测系统的干扰小，单向性好（“单向性”的概念参见本章第一节）；电信号的传输、处理、记录、复制和显示等更方便；试验过程的自动化、智能化程度高；便于远距离测量与控制等。

本章的主要内容是介绍汽车试验系统的各组成环节，研究被测量在试验测试系统中的转换和传输。

第一节　测试系统的数学转换特性

本节讨论的“测试系统”，仅是针对被测信号的感知、传输处理和记录分析等流程而言的，也就是直接服务于被测物理量的测量。而整个汽车试验的硬件体系还要包括被试件、动力输入装置、加载装置和其他配套设施等环节，这些环节的功用，就是产生并向测试系统提供一个或几个被测物理量，同时维持测试系统的正常运行。

例如，图 2-1 所示的是一套发动机试验台架的示意简图，被测参数是发动机输出功率或燃油消耗率等。发动机是被试件，同时也是动力输入装置，电力测功器作为加载装置提供阻力，变速器实现台架的机械连接，同时使得发动机的输出特性与测功器的工作特性得以匹配，三者联合工作产生输出转矩和转速两个被测量。为了测量这两个机械量，可以使用测功机的转速与转矩测量功能。本例中，对测功机自带的测速精度不满意，另外使用了测速发电机，当然也可以使用其他种类的转速传感器。如果再加上油耗传感器则可以测量燃油消耗量。整套试验台中的转速、转矩和油耗等传感器，及其信号的后续传输、处理和记录显示装置等，就是本节讨论的"测试系统"。

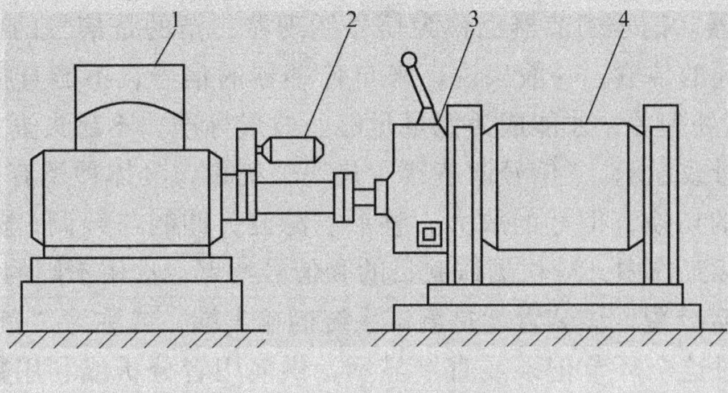

图 2-1　发动机台架试验

1—电力测功器　2—测速发电机　3—变速器　4—被试发动机

一、测试系统的基本组成

按照"模块化"的观点，一整套测试装置，可以看成是一个总系统，它是由若干环节（即子系统）组成的。

汽车试验项目繁多，不同试验的测试对象、被测参数、试验工况和试验条件等均存在差异，所采用的具体试验装置千差万别，但就总体而言，一个完整的测试系统，从被测物理量的变换和传输过程来看，主要包括三个环节：**传感器、信号调节器和记录与显示装置**。另外还可能有定度、校准装置和电源等装置，如图 2-2 所示。

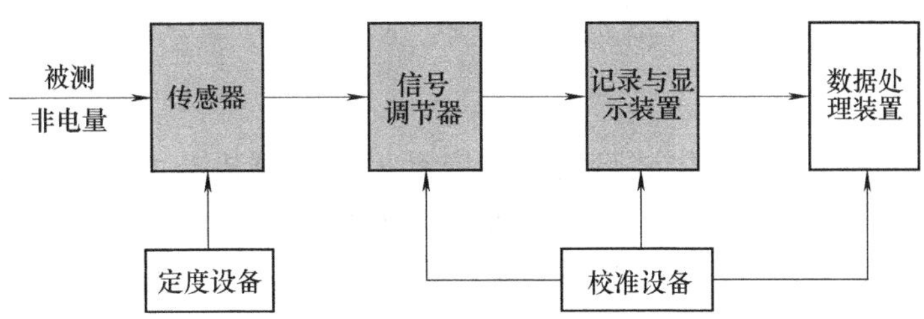

图 2-2　测试系统的基本组成

在有些测试与传感技术的资料文献中，按测试信号的转换流程，将整个测试系统划分为三个级，即初级是检测－传感级（或称为敏感元件－传感器级），中间级是信号调理级，终端级称为读出－记录级，分别对应上述传感器、信号调节器和记录与显示装置。

（1）传感器 在不同的应用领域和不同的文献中，对“传感器”可能有不同的定义，但其本质都是相同的。从信号处理的角度出发，本书将其定义为将被测物理量（通常是非电量）转换成电信号的装置，也称为感应器或变送器。传感器的基本功用就是感知被测信号，这种感知有时被形象地称作“拾取”。

（2）信号调节器 信号调节器也称为信号调理器，指的是信号的中间变换，同时包括各种变换装置之间的传输。一般来说，来自传感器的信号，不能直接使用（显示或记录），需要经过中间处理后，才能成为能量足够、波形标准、不易失真、干扰少、便于传输的电信号，供记录或显示。“信号调节器”是一个统称，具体种类有很多，功能包括阻抗匹配，多路信号的切换，信号的放大、整形、滤波，调制与解调，数字量和模拟量的相互转换等。在实际工作中，应根据试验目的和信号特点，选用不同的信号调节器。

（3）记录与显示装置 该装置就是测试系统的输出端，或称为“负载”。测试系统的输出信号，就是通过这个环节记录或直接显示，供使用者分析或利用数据处理机分析计算的。记录方式目前多采用磁介质记录，属于隐形记录，记录信号是数字量，便于信息的储存、复制、重放和分析处理；显性则指的是在纸介质或者屏幕上直观地显示信号的连续变化波形，属于模拟输出。记录或显示的数据通常交由数据处理装置做进一步分析和计算，但该装置已不属于“被测物理量的变换和传输过程”范畴。

对于汽车试验所使用的各种测量元件和硬件器材，在实际工作中经常使用各种“计”、“表”、“仪（器）”等称呼，本章则更多地使用“装置”的说法。它们都属于同一概念，其本质都是“测量或指示被测量值的装置”。不同说法只是源于不同的标准称呼或行业习惯等。

例如，汽车驾驶室组合仪表中的速度显示装置一般称为“速度表”或“车速表”，专业汽车试验用的测速装置则习惯称为“速度计”或“速度仪”；测量燃油消耗的装置称为“油耗仪”、“油耗计”或“油耗传感器”。本书不对这些术语做严格界定。

（4）数据采集系统 现代化试验测试，广泛采用计算机技术。这种运用计算机进行信号的各种拾取、转换、运算、记录和存储等工作的测试系统，通常称为“计算机数据采集系统”或“数据采集系统”，有时简称“数采”。需要注意的是，“数据采集系统”不仅具有数据采集的功能，也能进行相当多的数据处理操作，很多时候就是一套完整的测试系统。

试验的被测量通常是在时间上连续变化的模拟量，由传感器拾取后，产生的原始电信号也是模拟量；另一方面，测试结果在很多情况下也需要以连续的模拟量的形式输出。但是作为数据采集系统核心的计算机，只能处理数字量，所以数据采集系统必须要在输入端将模拟量转换为数字量（A－D），而在输出端将数字量转换为模拟量（D－A），中间运算和处理交由数字计算机完成，如图 2-3 所示，详细内容参见本章第四节。

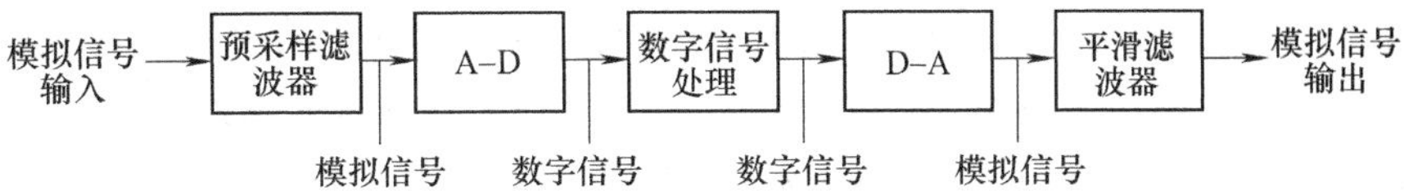

图 2-3　数据采集系统简图

传感器、信号调节器和记录与显示装置这三个环节是测试系统的主干，它们直接负责被测信号的测量。

同时，为了使测试系统自身工作正常、结果可靠，整套测试系统还需要有定度和校准等装置。

（5）定度　定度也称为标定，就是确定测试装置的输出—输入关系，如图 2-4 所示的定度曲线（图中实线所示）。很显然，传感器等测量装置，只有经过标定，确定了输入量转换为输出量的定量关系，才能根据其输出量来推断输入量，也就是被测量。

（6）校准　对于试验工作中所使用的传感器、信号调节器等测量装置，由于装置自身技术状况变化或者环境不标准等因素的影响，其灵敏度、幅频特性或截止频率等性能参数与标称值可能存在偏差，这时就需要校准。**校准**，就是在同一输入信号的作用下，用该工作装置与更高精度等级的标准装置的输出信号进行比较，找出工作装置的误差，进行修正。

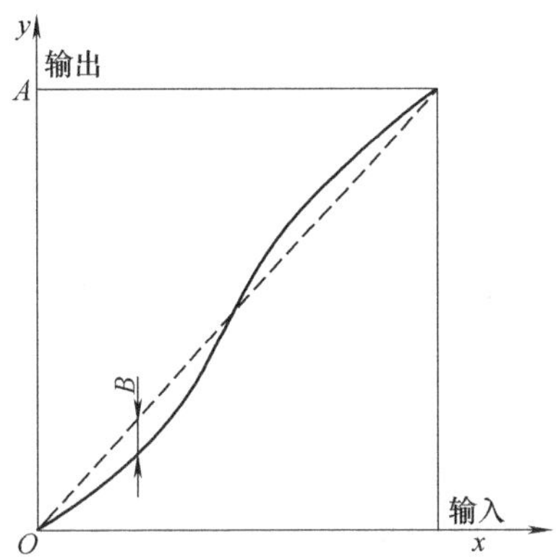

图 2-4　定度曲线与非线性度

二、对测试系统的基本要求

一个理想的测试系统，要满足以下三点基本要求。

要求 1：具有单值、确定的输出—输入关系

这就要求系统的一个输入值 x 只能对应一个输出值 y，同样，一个输出值 y 也只能对应一个输入值 x，输入和输出之间就是数学上的"一一映射"关系。很显然，不满足该关系，同一个输入会引起不同的输出或者同一个输出对应不同的输入，系统将无法工作。

要求 2：满足单向性

所谓"单向性"，是指被测系统的输出可以对测试系统施加影响，而测试系统对被测系统没有反作用或者反作用尽量小。就是说不能因为设置了测试系统而影响被测系统原来的工作状况。例如，本章第二节介绍的"滑变电阻式传感器"，由于触头和电位计导体电阻之间存在机械接触，相对运动时产生摩擦力，会干扰原被测量的运动，传感器的单向性有所降低；而同样是测量位移，电感式或电容式传感器，不存在机械接触，静电或电磁阻力也很小，单向性就较好。

要求3：满足线性度

线性度是指测试系统或其某一环节的输出—输入关系成线性（见图2-4）。这样，计量仪表的刻线是线性方程，测试系统在整个测量范围内具有固定的灵敏度（“灵敏度”的概念参见下文中的“测试系统的静态特性”）。事实上，很多测试装置的工作特性是非线性的，因为其信号变换的基本物理原理就是非线性的，同时还可能存在非线性的外界干扰。这就需要在测量装置的硬件匹配或后续数据处理中考虑这一问题，尽量提高线性度。这方面的例子，可以参见本章第二节关于电容式传感器和电感式传感器的内容。

上述三点要求，尤其是后两点，由于装置的工作原理和工作环境等限制，追求绝对的单向性和线性度是很困难的，或者说是不可能的。试验工作者的任务，往往是尽量选择单向性好的传感设备，尽量消除仪器设备工作中的非线性等误差。

还有其他一些特性，可以衡量测试系统的“好”与“不好”，将在下文的“静态特性”和“动态特性”部分中进行介绍。

三、系统的基本思想

所谓“**系统**”，按照全国科学技术名词审定委员会的定义，就是“为实现规定功能以达到某一目标而构成的相互关联的一个集合体或装置（部件）。”按这个定义的表述，测试系统就是为了确定某物理量的数值而由传感器、信号调节器和记录与显示装置等构成的一个集合体。这个定义比较侧重于物理变换方面。

如果不细究测试系统内部的物理组成、各子系统的不同功用和工作原理，可以将整个测试系统看作一个“单元”，这个单元有输入，也有输出。也就是说，暂时不考察测试系统内部的详细物理构造和工作原理，将其视作一个“黑箱”，那么这个黑箱的基本功能就是将输入量 x 按某种关系转换成输出量 y，这里的“某种关系”指的就是系统本身的特性，通常用符号 h 代表。也就是说，可以将系统的功能看成一个“函数”。又或者说，系统的特性就体现为输出 y 与输入 x 的关系。其转换关系如图2-5所示。

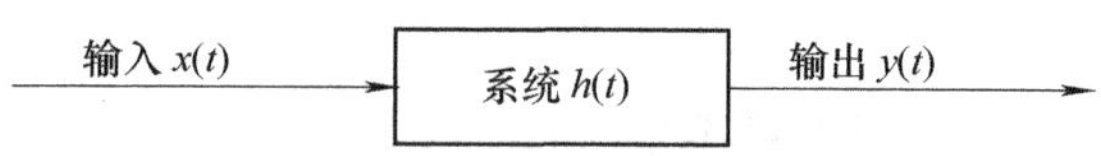

图2-5　系统转换特性

可见，在输入、系统和输出三个环节中，已知两个，就可以求解另一个。

1）已知系统特性 h 和输出 y，就可以推断输入信号 x，这就是测量。显然，试验就是将被测量输入测试系统，观察和分析输出信号，结合已知的系统特性，从而确定输入量。

2）已知输入 x 和输出 y，可以确定系统特性 h，这就是定度（标定）。也就是说，定度是对系统施加一个已知的输入量，得到一个输出量，系统特性就体现为输出量和输入量之间的关系。

3）如果已知输入信号 x 和系统特性 h，则可以在不进行实测的条件下确定输出量 y，这称为输出信号预测。例如各种仿真分析，可参阅第九章相关内容。

可见，对于试验（测量）来说，最终的目的就是求输入量。求输入量 x 需要输出信息 y 和系统特性 h。y 由测试系统的终端环节给出（如仪表显示或记录、处理后的数据），那么测量的一个关键就是确定测试系统的特性。打个比方，用弹簧测力计测量力，弹簧的变形量是输出量，由仪器直接给出，那么必须事先知道弹簧的转换特性，也就是变形 y 和受力 x 的关系，才能根据变形量 y 来推断受力 x。而在确定了这种转换特性后，就可以根据变形—受力的关系，把力的刻度直接标划在测力计上，方便使用。

本节所研究的“系统特性”，就是基于这种“输入→系统→输出”的模型，主要从数学转换的角度研究系统特性，也就是输出量 y 与输入量 x 的关系，而不详细研究试验装置的具体物理构型和工作原理。涉及的一些物理模型只是作为系统特性分析的实例。

按照输入、输出信号的变化规律，系统特性分为静态特性与动态特性两种。

四、测试系统的静态特性

静态，指的就是测试系统的输入和输出都不随时间变化的状态。

一般来说，输入和输出两者中有一个不变，那么另一个也将是固定不变的。否则，就意味着系统特性在变化，我们一般不研究这样的系统。所以，在工程实际测试中，可以根据具体情况，按“输入不随时间变化”或者“输出不随时间变化”来定义静态。另外，如果实测信号变化非常缓慢，在测试观察期间可以忽略其变化时，也可视作静态。

注意，这和汽车动力学分析中“稳态”的定义是不同的。

由于系统处于静态，意味着施加一个确定的输入量 x，就对应一个确定的输出量 y，也就是说，可以直接研究输入量 x 和输出量 y 之间的关系。于是，测试系统的静态数学模型，可以表达为

$$y = a_0 + a_1 x + a_2 x^2 + \cdots + a_n x^n \tag{2-1}$$

式中，x 为系统的输入量；y 为输出量；a_0，a_1，a_2，…，a_n 为常数。

系统及其特性，就取决于 a_0，a_1，a_2，…，a_n 的数值。给定一组 a_0，a_1，a_2，…，a_n，在数学上就是确定了一个系统。

研究静态特性，就是研究式（2-1）的特性，或者说输出—输入关系曲线。具体来说，测试系统的静态特性包括：零点漂移、灵敏度、分辨率、非线性度、回程误差和信噪比等。

1. 零点漂移

零点漂移的含义是：当测试系统的输入为零时，输出不为零。显然，造成零点漂移的原因就是式（2-1）中的参数 a_0 不等于零。也就是说，零点漂移表达的是 y—x 关系曲线在纵坐标上的截距（见图 2-6b）。

> 零点漂移没有改变输出—输入变化的比例关系，只是数据曲线不通过原点，不大符合人们的认知习惯。对于测量仪表，可以通过使用前的“调零”，将输入为零时的输出调节为零。对于存在零点漂移的试验数据曲线，则可以通过坐标平移来抵消零点漂移。

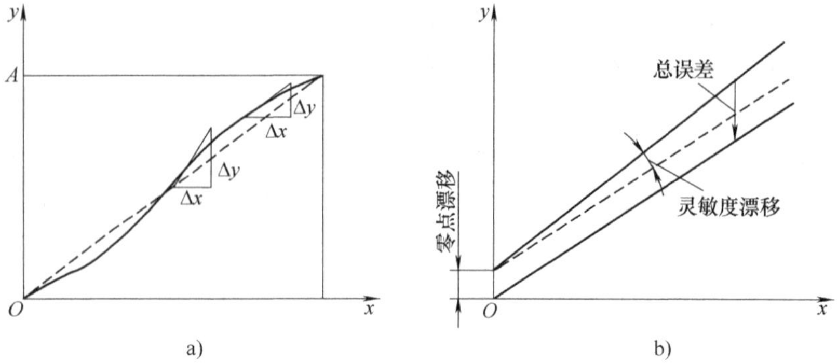

图 2-6　灵敏度及其漂移与零点漂移
a）灵敏度　b）漂移

2. 灵敏度

灵敏度 S 是系统的输出增量 Δy 与输入增量 Δx 之比，也就是输出—输入关系曲线上各点的斜率，如图 2-6a 所示。灵敏度是很重要的静态特性参数，反映系统将输入转换成输出时的“放大能力”。为了强调其静态意义，有的资料称为“静态灵敏度”。

注意，灵敏度不一定是量纲一的比率，因为输出和输入的物理量可能不同。

显然，灵敏度就是输出 y 对输入 x 的一阶导数，其数值取决于式（2-1）中 a_0，a_1，a_2，…，a_n 的数值。一般来说，测试装置的灵敏度以高些为好，这就意味着很小的输入量（就是被测量）变动就能引起显著的输出量变化，这就是“灵敏”。但测试装置的灵敏度过高，往往会引起测量范围变窄、装置的稳定性下降。

灵敏度不仅要足够高，还要足够稳定。而事实上，对于给定的测试系统，即使被测量 x 不变，由于系统自身特性的改变或者环境条件改变等因素的影响，造成式（2-1）中 a_0，a_1，a_2，…，a_n 的数值的变化，从而引起系统输出 y 的改变，就表现为灵敏度的改变，或者称为“**灵敏度漂移**”，如图 2-6b 所示，就是曲线斜率的变化。灵敏度漂移常以在输入不变的情况下每小时输出的变化量来衡量，越小越好。

图 2-6b 中的“总误差”是相对于绝对理想的 $y=a_1x$ 关系而言的，由零点漂移和灵敏度漂移两个因素构成。

3. 分辨率

分辨率又称分辨力或灵敏限，指的是测试装置能将两个相邻的独立细节区分开的最小间隔。换言之，当测试系统的输入（即被测量）变化量由无穷小逐渐增大到该间隔时，其产生的输出将会被察觉到。例如，对于模拟仪表来说，分辨率就是标尺最小刻度值的一半；对于数字仪表，就是显示末位的 1 个单位值。

注意，分辨率与灵敏度有相似之处，但不完全是一个概念。通俗地讲，灵敏度指的是在一定输入下，系统的输出被“放大”了多少倍；而分辨率则是说输入的变动达到一定程度，输出就会被“感知”到。

4. 非线性度

非线性度是指测试系统的实际输出—输入关系与理想线性关系的偏差（见图 2-4）。

图 2-4 中实线[㊀] 为定度曲线，也就是通过测试得到的系统输出—输入关系实际特性。虚线是根据实际特性进行拟合得到的理论直线。B 是实际曲线与理论直线的最大差值，A 是仪器的标称输出范围（即满量程）。

定量评价 非线性度 $= \dfrac{B}{A} \times 100\%$

5. 回程误差

理想的测试系统应该具有单值、确定的输出—输入关系，但是实际测试系统可能在同一输入下对应不同的输出。通常表现为在同一输入量下，正向输入（输入量由小到大，即加载）和反向输入（输入量由大到小，即卸载）时，所对应的输出量不同，这就是**回程误差**。如图 2-7 所示，上行程和下行程的曲线不重合。

图中 Δh 是正向输入与反向输入所对应的输出的差值，称为滞后量。

定量评价 回程误差 $= \dfrac{\text{最大滞后量 } \Delta h_{max}}{\text{全量程 } A} \times 100\%$

回程误差的产生，主要来源于各种滞后的物理效应，以及仪器设备存在不工作区（即死区，见图 2-8）。滞后效应包括磁性材料的磁化与退磁、弹性材料的变形与恢复等，例如垂直载荷作用下滚动的轮胎的弹性迟滞效应；机械运动结构中的摩擦和间隙（即自由行程）则是产生不工作区的主要原因。

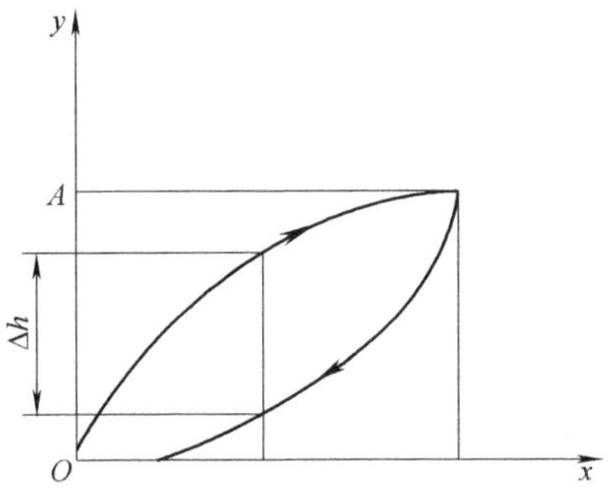

图 2-7 回程误差

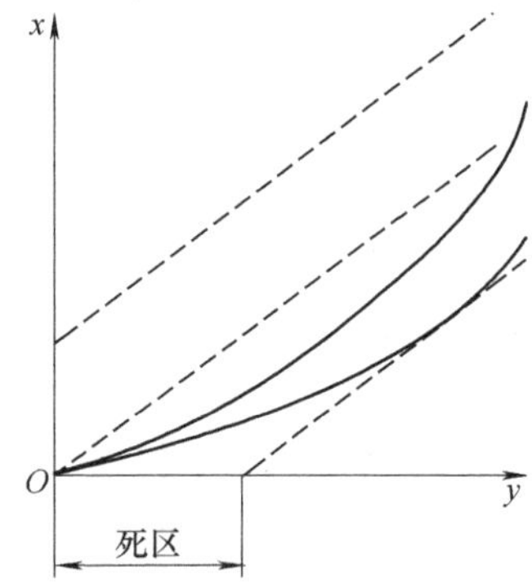

图 2-8 死区

如果在输入量 x 的某个区间内，系统的灵敏度非常低，输入量的变化不足以引起输出量有任何可察觉的变化，这个区间就称为**死区**。也就是说，死区的形成是由系统的分辨力有限，而系统在该工作区间的灵敏度又很低所造成的。

6. 信噪比

信噪比，即信号幅值对噪声幅值之比，通常用分贝值 dB 等对数参数表示（分贝的概念可参见第七章第五节噪声试验部分）。这里的“噪声”，指的是杂乱无章的随机干扰。

㊀ 定度数据实际上往往是若干数据对 $\{x_i, y_i\}$ $(i=1, 2, \cdots, m)$，当数据点足够多、足够密集时，“逼近”出该实线。

对于正弦信号，幅值可以取均方根值或者峰值；对于非正弦信号，则可取信号峰值。

总是希望获得灵敏度和分辨率高的测试装置，但是高灵敏度和高分辨率的装置，其信噪比往往较低。因此，要权衡各方面因素，综合考虑。

严格来说，“信噪比”应该属于动态范畴，因为信号有可能是随时间变化的。但是其定义和分析思路，与下文的频率响应特性有很大不同，故置于此处。

综上所述，从静态特性的角度看，良好的测试系统应该具有足够高和足够稳定的灵敏度、分辨率和信噪比，非线性度和回程误差则要尽可能地小，同时采取措施尽量消除零点漂移。

五、测试系统的动态特性

与静态的定义相对，动态指的是系统的输入和/或输出随时间变化的状态。对于汽车试验来说，因为输入信号（被测物理量）大多处于变化中，所以研究测试系统的动态特性更有意义。

同时，与静态特性相比，由于信号随时间变化，动态特性也更复杂。

注意，严谨的文字表述是“系统的静/动态特性”，而不是“静/动态系统的特性”，因为系统本身是固定的、无所谓“静态”或“动态”的。

1. 测试系统的动态数学模型——微分方程

前文已述，系统特性必然体现为输出量和输入量之间的关系，所以首先要建立系统的输出—输入关系的数学模型。**数学模型**，一般是在对实物原型进行适当假设和简化的基础上，根据物理定律，建立起一个或者一组方程，将系统的输入量和输出量联系起来。

例如，在汽车的平顺性研究中，假定悬挂质量分配系数 ε 接近 1、车身质量集中于前后车轴上方，将悬架的所有弹性特性集中于弹簧，所有阻尼特性集中于减振器，忽略轮胎的阻尼，假定路面激励频率远低于车轮部分的固有频率从而忽略车轮的动变形等，就可以建立起联系路面不平度输入 q 和车身垂直位移输出 z 之间的**单质量模型**，并根据牛顿第二定律列出其微分方程。进而研究系统参数和行驶工况对于振动响应量的影响。

对于静态特性，我们直接研究输入量值 x 和输出量值 y 之间的关系，如式（2-1），系统特性就是 y 与 x 之间的关系，如图 2-4、图 2-6 或图 2-7 所示。而对于动态特性，由于输入和输出都在变化，研究其个体值的对应关系很困难，也没有意义，所以需要研究的是输入函数 $x(t)$ 和输出函数 $y(t)$ 之间的关系。系统的功能，或者说系统特性，就是如何把函数 $x(t)$ 转换成函数 $y(t)$。

对于大多数测试系统，其数学模型可以写成一个**常系数线性微分方程**（这种系统也称为“时不变线性系统”或“线性定常系统”等），即微分方程中没有高次项且各阶导数的系数都是常数。其一般式为

$$a_n\frac{d^n y(t)}{dt^n}+a_{n-1}\frac{d^{n-1}y(t)}{dt^{n-1}}+\cdots+a_1\frac{dy(t)}{dt}+a_0y(t)=$$
$$b_m\frac{d^m y(t)}{dt^m}+b_{m-1}\frac{d^{m-1}x(t)}{dt^{m-1}}+\cdots+b_1\frac{dx(t)}{dt}+b_0x(t) \tag{2-2}$$

式中，x 为系统的输入量；y 为输出量；a_0，a_1，…，a_{n-1}，a_n，b_0，b_1，…，b_{m-1}，b_m 为常数，属于系统结构参数。

也就是说，要写出微分方程，必须知道系统的结构参数。

2. 线性系统的主要性质

（1）叠加特性　几个输入同时作用于系统所引起的输出，等于这些输入单独作用于系统所引起的输出之和。叠加特性又称为可加性。

这个特性的本质就是：一个激励的存在，并不影响其他激励引起的响应。由此，可以衍生出信号分析中广泛使用的“分量”的思想：当系统的输入信号很复杂时，可以将这个复杂输入看成是若干“输入分量”的叠加，再逐个分析这些输入分量单独作用于系统所引起的效果，然后把这些效果加起来，所得就是原先的复杂输入所引起的输出。例如各种频域分析工具，通常将输入看成是若干频率各异的信号分量的叠加，进而研究这些分量的特征，频域分析的具体方法可参见第六章第二节。

（2）比例特性　某输入的若干倍作用于系统所引起的输出，等于该输入单独作用于系统所引起的输出的若干倍。比例特性又称为齐次性。

（3）微分特性　某输入先求微分，再作用于系统所引起的输出，等于该输入直接作用于系统所引起的输出，再求微分。

（4）积分特性　某输入先求积分，再作用于系统所引起的输出，等于该输入直接作用于系统所引起的输出，再求积分。

（5）频率保持性　线性系统，若输入为某一频率的正弦信号，则其稳态输出将保持同一频率。稳态是指输入和输出信号都进入等幅周期振荡状态。

频率保持性也有很重要的意义。由于信号在线性系统中传输和变换时，其频率不会改变，所以，通常以信号的频率作为其“索引信息”。例如，对于形如 $x(t)=X_0\sin(2\pi ft+\varphi)$ 的信号，通常称为“频率为 f 的那个分量”，而不说成“幅值为 X_0 的”或者“初始相位为 φ 的”，因为幅值和相位信息在传输和变换过程中会改变。

另外，对于线性测试系统，如果确知输入的频率，那么系统的输出信号中就只有该频率的成分才有可能是这个输入所引起的，其余频率的分量都是噪声干扰，可以采取诸如滤波等技术手段将其去除。

3. 传递函数

当初始条件为零时，系统输出的拉普拉斯变换与系统输入的拉普拉斯变换之比，即为系统的**传递函数**。

> 注意，拉氏变换的对象是某个信号，如 $x(t)$ 或 $y(t)$；而传递函数的主体是系统。这个定义再次体现了“系统特性就是输出与输入的关系”的基本思想。

由数学分析可知，当微分方程可写作式（2-2）时，对其两边进行拉氏变换，得到传递

函数 $H(s)$，即

$$H(s)=\frac{b_m s^m+b_{m-1}s^{m-1}+\cdots+b_1 s+b_0}{a_n s^n+a_{n-1}s^{n-1}+\cdots+a_1 s+a_0} \tag{2-3}$$

式中，a_0，a_1，…，a_{n-1}，a_n 与 b_0，b_1，…，b_{m-1}，b_m 参数，是式（2-2）中的那些常数，即系统参数。

也就是说，传递函数仅取决于系统自身的特性，与输入函数 $x(t)$ 及系统的初始条件无关。

传递函数仅依赖于系统的数学模型，与系统的具体物理结构无关。许多物理上完全不同的系统，其微分方程形式相同，那么就可以具有相同的传递函数，称为**相似系统**。这一点在后面的实例中可以看出来。

传递函数是一种以复参量 s 为自变量的代数方程，它避免了求解微分方程的困难，可以直观、方便地研究线性系统的动态特性。传递函数是一种非常重要的数学分析工具，它是许多现代学术理论的基础，广泛应用于很多学科和工程技术领域。在不同的应用领域和文献资料中，传递函数可能有不同的定义，但其数学本质是相同的。关于传递函数和拉氏变换的详细数学理论，可以参阅振动分析或者积分变换等课程的资料。

4. 频率响应函数（频率响应特性）

（1）频率响应函数的数学定义 由数学理论可知，当系统的输入为简谐量时，可写作 $x(t)=X_0\sin(\omega t+\varphi_1)$，传递函数定义中的复参量可以取 $s=\mathrm{j}\omega$，则传递函数 $H(s)$ 就变成频率响应函数 $H(\mathrm{j}\omega)$，也称为频率响应特性，简称频响函数或频响。当传递函数表达为式（2-3）时，频率响应函数为

$$H(\mathrm{j}\omega)=\frac{b_m(\mathrm{j}\omega)^m+b_{m-1}(\mathrm{j}\omega)^{m-1}+\cdots+b_1\mathrm{j}\omega+b_0}{a_n(\mathrm{j}\omega)^n+a_{n-1}(\mathrm{j}\omega)^{n-1}+\cdots+a_1\mathrm{j}\omega+a_0} \tag{2-4}$$

式中，$\mathrm{j}=\sqrt{-1}$，即虚单位。

可以看出，当利用频率响应函数分析系统的动态特性，而并不需要研究传递函数本身时，可以由式（2-2）直接导出频率响应函数，即式（2-4）。

由于频率 f 与圆频率 ω 存在 $\omega=2\pi f$ 的简单关系、且 j 为常数，所以频率响应函数可以写作 $H(\mathrm{j}\omega)$、$H(\omega)$ 或 $H(f)$，其区别仅取决于使用习惯。

在物理量测试和信号的分析处理中，通常感兴趣的是系统对不同频率的正弦激励的响应，就是测试系统对于不同频率谐波的转换特征，这时候就可以利用频率响应函数来表示。频响函数通常用傅里叶变换表示，傅里叶变换是取 $s=\mathrm{j}\omega$ 的双边拉普拉斯变换的一个特例（傅氏变换的定义见第六章第二节）。频响函数实际上是线性系统的稳态响应分量，只有再加上瞬态响应分量，才能构成系统的全响应，即系统的传递函数。**稳态**指的是输出和输入均不变化或均做周期性变化，而周期信号中最有代表性的就是正弦信号，所以也有的资料将频率响应函数称作**正弦传递函数**。其详细数学理论请参阅有关书籍和资料。

由式（2-4）可知，频率响应函数 H（jω）是一个复数，可以将其分解为实部和虚部，即正交分解，这种分解法对实际工作的帮助不大。在工程实际中，更多的是对频率响应函数进行三角分解，即分解为绝对值和相角，也就是下文中的幅频特性和相频特性。

（2）频率响应特性的基本思想——频率响应函数的工程解释　对于一个线性系统，令其输入为任意正弦信号 $x(t)=X_0\sin(\omega t+\varphi_1)$，那么根据频率保持性，达到稳态时其输出的频率将保持不变，输出量与输入量的差异就在于幅值和相位。于是可以将输出写作 $y(t)=Y_0\sin(\omega t+\varphi_2)$。

可见，系统的动态特性（转换关系）就表现为如何将 X_0 转换成 Y_0、将 φ_1 转换成 φ_2。于是定义频率响应函数 H（jω）为系统的输出量与输入量之比，即 $H(\mathrm{j}\omega)=\dfrac{\boldsymbol{Y}}{\boldsymbol{X}}$。

> 这里的输出量 $\boldsymbol{Y}$ 和输入量 $\boldsymbol{X}$，指的都是谐量，在频率相等的条件下，包含各自的幅值和相位信息。可以写作复振幅：$X=X_0\mathrm{e}^{\mathrm{j}\varphi_1}$，$Y=Y_0\mathrm{e}^{\mathrm{j}\varphi_2}$。

经过详细数学推证，可以得到以下定义。

1）幅频特性（幅频函数）$A(\omega)$：频率响应函数的模，又称为幅值比，在有的资料中称为“增益”，为输出幅值与输入幅值之比，即 $A(\omega)=|H(\mathrm{j}\omega)|=\dfrac{Y_0}{X_0}$。

幅频特性的含义可以理解为：系统对于输入信号的幅值具有某种放大能力（如果 $A(\omega)<1$，实际上就是衰减），其“放大倍数”是信号频率的函数。

如果信号的频率为零，那么就是静态信号，此时输出与输入之比就是灵敏度。也就是说，$A(0)=S$。

2）相频特性（相频函数）$\varphi(\omega)$：频率响应函数的相角，为输出向量与输入向量的相位差，即 $\varphi(\omega)=\angle H(\mathrm{j}\omega)=\varphi_2-\varphi_1$。

相频特性的含义可以理解为系统对于输入信号的相位具有某种导前能力（如果 $\varphi(\omega)<0$，实际上就是滞后），其“导前角度”是信号频率的函数。

由上述分析和讨论可知，求解系统动态特性的思路如下：

① 确定系统的物理模型，进行数学抽象，生成微分方程。

② 由微分方程可以确定传递函数，进而写出频率响应函数，或者由微分方程直接写出频响函数。

③ 求频响函数的模，就是幅频特性；求频响函数的相角，就是相频特性。线性系统的动态特性就体现为幅频特性 $A(\omega)$ 和相频特性 $\varphi(\omega)$。

下面，研究一阶系统和二阶系统的频率响应特性。

1）一阶系统。如果系统的微分方程中求导的最高阶数是一阶，就称该系统为**一阶系统**。其微分方程的一般式可以写作 $a_1y'(t)+a_0y(t)=b_0x(t)$。稍加变形，即可得到

$$\tau\frac{\mathrm{d}y(t)}{\mathrm{d}t}+y(t)=Sx(t) \tag{2-5}$$

式中，$\tau=\dfrac{a_1}{a_0}$，称为时间常数；$S=\dfrac{b_0}{a_0}$，就是**灵敏度**。

“灵敏度”这一概念属于静态范畴。当系统处于静态时，输入和输出都不随时间变化。此时无论对应于几阶系统、式（2-2）有多复杂，其中所有含有导数的项都为零，微分方程一定化为 $a_0y(t)=b_0x(t)$。显然输出与输入之比就是$\frac{b_0}{a_0}$，即灵敏度。

由式（2-5）可以得出传递函数为

$$H(s)=\frac{S}{\tau s+1} \tag{2-6}$$

当系统的灵敏度 $S=1$ 时（研究系统的动态特性时，为方便起见，通常令 $S=1$，称为“灵敏度的归一化”），传递函数式（2-6）可化为

$$H(s)=\frac{1}{\tau s+1} \tag{2-7}$$

将 s 改作 $\mathrm{j}\omega$，就可由式（2-7）得到频率响应函数为

$$H(\mathrm{j}\omega)=\frac{1}{\tau \mathrm{j}\omega+1} \tag{2-8}$$

分别计算其模和相角，得到幅频特性 A（ω）和相频特性 φ（ω）如下：

$$A(\omega)=\frac{1}{\sqrt{1+(\omega\tau)^2}} \tag{2-9}$$

$$\varphi(\omega)=-\arctan(\omega\tau) \tag{2-10}$$

一阶系统的幅频特性和相频特性曲线如图 2-9 所示。

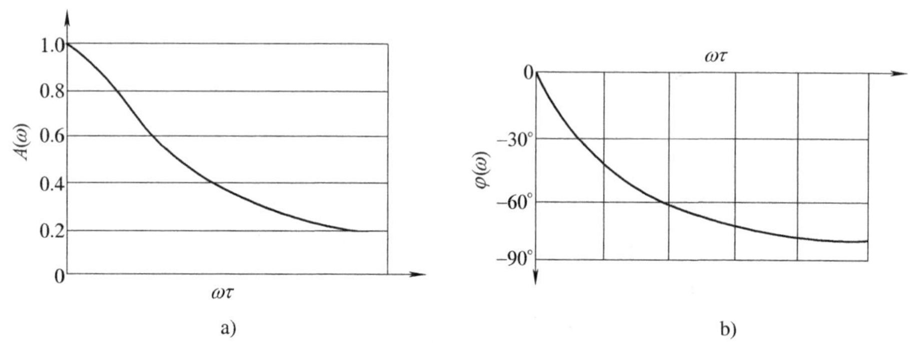

图 2-9　一阶系统的频率响应特性

a）幅频特性　b）相频特性

由于一阶系统的幅频特性和相频特性表达式中，频率 ω 总是和时间常数 τ 相乘出现，所以在特性曲线中，习惯上将横坐标取为 $\omega\tau$。

由公式和曲线可以看出，$\omega\tau$ 越小，或者说在给定信号频率 ω 的情况下时间常数 τ 越小，幅频特性越接近 1，且近似为常数，也就是输出相对于输入的幅值衰减度越小。同时，时间常数 τ 越小，相频特性越接近 0，且近似为线性，即输出相对于输入的相位滞后越小。

一阶系统的实例，有忽略质量的弹簧阻尼系统和忽略电感的简单 RC 电路等。如

图 2-10所示。

读者可尝试分别利用牛顿第二定律和欧姆定律，列出二者的微分方程、频响函数 H（jω），进而写出幅频特性 A（ω）和相频特性 φ（ω），绘制其特性曲线。各函数和曲线的形式，将与式（2-9）、式（2-10）以及图 2-9 相同。

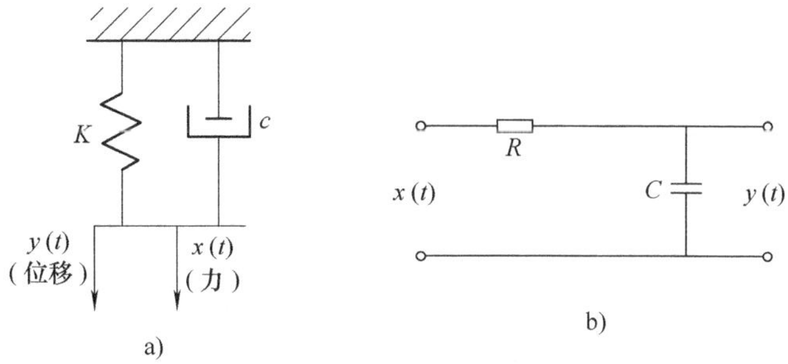

图 2-10　一阶系统的机械系统实例和电工系统实例

2）二阶系统。由简单的物理分析可知，机械系统中的质量（惯性）元件和电路系统中的电感元件，在微分方程中都表现为二阶项，而实际工作系统的惯性或电感，更多时候是不能忽略的。可见，实际的测试系统或者其他应用的工作系统，以二阶系统最为常见。其微分方程的一般式可以写作

$$a_2y''(t)+a_1y'(t)+a_0y(t)=b_0x(t)$$

对二阶系统，做如下特性参数的定义：

$$\left.\begin{aligned}&\text{灵敏度} && S=\frac{b_0}{a_0}\\ &\text{固有频率} && \omega_{\mathrm{n}}=\sqrt{\frac{a_0}{a_2}}\\ &\text{阻尼比} && \zeta=\frac{a_1}{2\sqrt{a_0a_2}}\end{aligned}\right\}\tag{2-11}$$

则二阶系统的频率响应函数可表达为

$$H(\mathrm{j}\omega)=\frac{S\omega_{\mathrm{n}}^2}{(\mathrm{j}\omega)^2+2\zeta\omega_{\mathrm{n}}\mathrm{j}\omega+\omega_{\mathrm{n}}^2}\tag{2-12}$$

做灵敏度归一化，令 $S=1$，则幅频特性 A（ω）和相频特性 φ（ω）分别为

$$A(\omega)=\frac{1}{\sqrt{\left[1-\left(\frac{\omega}{\omega_{\mathrm{n}}}\right)^2\right]^2+4\zeta^2\left(\frac{\omega}{\omega_{\mathrm{n}}}\right)^2}}\tag{2-13}$$

$$\varphi(\omega)=-\arctan\left[\frac{2\zeta\left(\frac{\omega}{\omega_{\mathrm{n}}}\right)}{1-\left(\frac{\omega}{\omega_{\mathrm{n}}}\right)^2}\right]\tag{2-14}$$

二阶系统的幅频特性和相频特性曲线如图 2-11 所示。

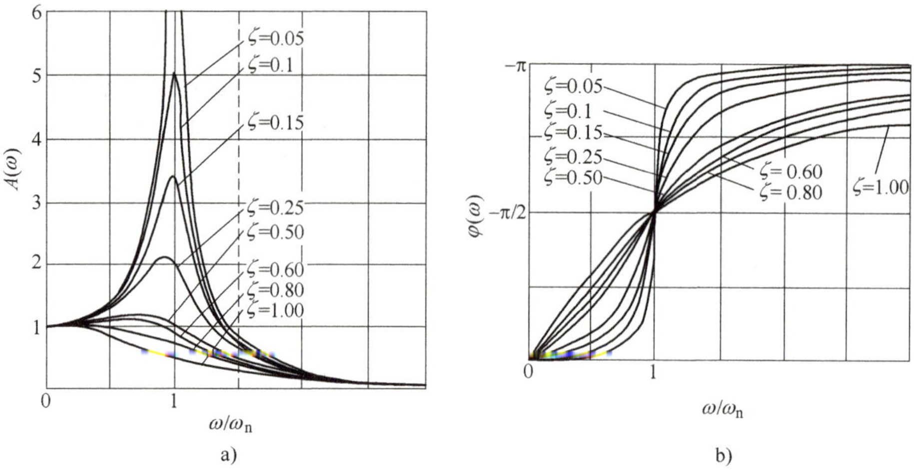

图 2-11　二阶系统的频率响应特性

a）幅频特性　b）相频特性

由于在二阶系统的幅频特性和相频特性表达式中，信号频率 ω 总是和固有频率 ω_n 相除出现，所以在特性曲线中，习惯上将横坐标取为 ω/ω_n，有时称为频率比。

对于幅频特性，如果阻尼比 ζ 大于 1，曲线单调下降，没有振荡。如果阻尼比 ζ 小于 1，则曲线出现振荡，幅频特性的峰值出现在固有频率（附近），阻尼比越小，峰值越高。

信号频率 ω 等于固有频率 ω_n，也就是频率比为 1，就是**共振**。类似“共振时系统的输出极大”的说法众所周知，图中也可见到。但是要注意，其成立需要两个条件：①阻尼比 ζ 要足够小；②系统要达到稳态，也就是经过充分长时间的输入激励作用，输出也达到同频等幅振荡状态。

从相频特性上看，无论阻尼比 ζ 多大，在共振频率下，输出总是滞后于输入 90°。

其中，当阻尼比 ζ 约为 0.7、固有频率远大于信号频率（即频率比 ω/ω_n 远小于 1）时，幅频特性近似为常数，相频特性基本成线性。

二阶系统的实例，有弹簧阻尼质量系统和简单 LRC 电路等，如图 2-12 所示。

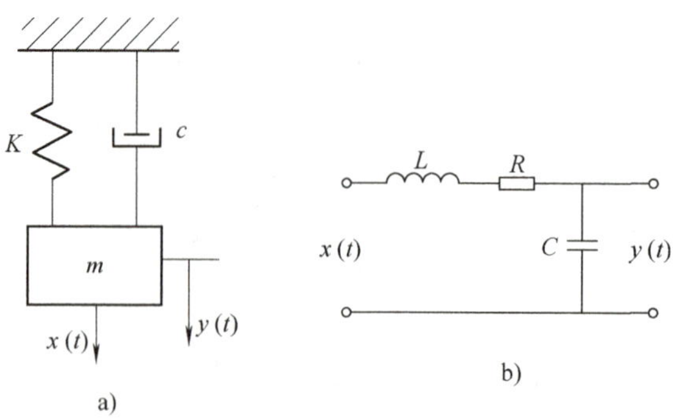

图 2-12　二阶系统的机械实例和电工实例

以上介绍的是比较常见的、典型的一阶系统和二阶系统。在各项具体工作中，系统的组成不同，微分方程的构型也不同，并非所有一阶系统和二阶系统的频响特性都类似图 2-9 和图 2-11 所示。

为了形象地表达系统的频率响应特性，除了利用如图 2-9 或图 2-11 所示的幅频特性曲线和相频特性曲线外，有时还使用奈奎斯特图和伯德图，分别如图 2-13a 和图 2-13b 所示。

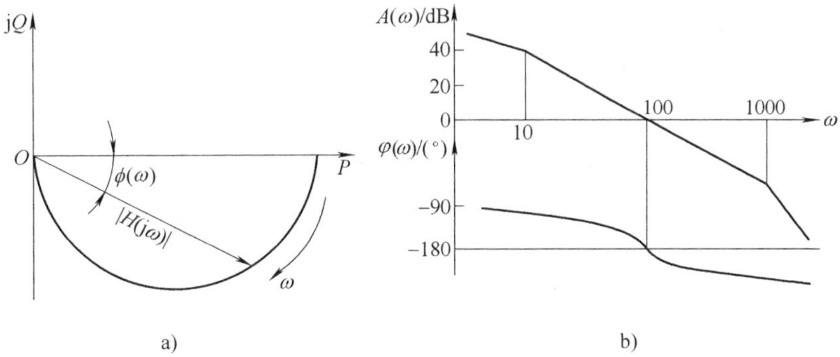

图 2-13　频率响应特性的其他图示法

a）奈奎斯特图　b）伯德图

奈奎斯特图，又称为幅相特性曲线或极坐标图，简称奈氏图。它把幅频特性和相频特性绘制在同一个复平面坐标上。

奈氏图的横轴为实轴，表示频率响应函数的实部；其纵轴为虚轴，表示频率响应函数的虚部。前文已述，这种实虚分解的工程应用不多。更多的是利用极坐标的思想，把频响函数看成是一个向量，分析其绝对值和相角。

对任意给定的信号频率 ω，其频响函数值 H（$\mathrm{j}\omega$）在奈氏图上对应一向量，该向量的绝对值就是幅频特性 $A(\omega)=|H(\mathrm{j}\omega)|$，该向量与横轴的夹角（逆时针为正）就是相频特性 $\varphi(\omega)$。以图 2-13a 为例，随着频率 ω 的升高，该系统输出与输入的幅值比 $A(\omega)$ 下降，在 $\omega\to\infty$ 时收敛于 0，输出相对输入的滞后角度 $-\varphi(\omega)$ 增大，在 $\omega\to\infty$ 时收敛于 $\dfrac{\pi}{2}$，也就是说，其频响特性类似于图 2-9 所示，具有某种“低通滤波”的性质。

奈氏图紧凑、简练，将频率响应特性表达在一个坐标系内，容易看出幅频特性 $A(\omega)$ 和相频特性 $\varphi(\omega)$ 随频率 ω 的变化趋势。在控制工程领域有较多应用。

如果将图 2-9 或图 2-11 所示的幅频特性曲线和相频特性曲线，改用对数坐标重新进行分度，就得到**伯德图**，也有译作波特图，如图 2-13b 所示。伯德图的本质是两张坐标图，分别表达幅频特性和相频特性。

在伯德图上，横轴按频率 f 的常用对数值 $\lg f$ 均匀分度，仍按原数值 f 标记；幅频图的纵轴按 $20\lg A(\omega)$ 均匀分度，标记其分贝值 dB；相频图的纵轴则仍然采用相频特性值 $\varphi(\omega)$ 线性均匀分度。以图 2-13b 为例，随着信号频率的增加，系统对输入幅值的放大能力逐渐减弱，当频率超过 100Hz 后，以对数表达的分贝值降到 0 以下，说明输出与输入的幅值比（即幅频特性值）小于1，系统对输入起衰减作用；相频函数也随着频率的提高而降低，当频率超过100Hz后，相频特性值小于 $-\pi$，也就是输出滞后于输入超过半个周期。

采用对数坐标的优点是：幅值相乘转化为分贝值相加，简化计算与记录；很多具有指数函数背景的幅频特性，画出来是直线，方便绘图；当动态频率范围很宽时，对数刻度更易于表达特性变化规律，且节约图幅。

5. 不失真测量的条件

对任何试验装置，我们总是希望其灵敏度高、频响特性好、响应速度快和时间滞后小等。然而，全面满足这些要求是困难的，有些甚至是矛盾的。那么对于动态测试来说，首先要实现不失真测量。通俗地讲，我们可以先不考虑输出与输入的放大倍率或者跟踪响应速度等要求，但起码要满足输出和输入相似这个基本要求。

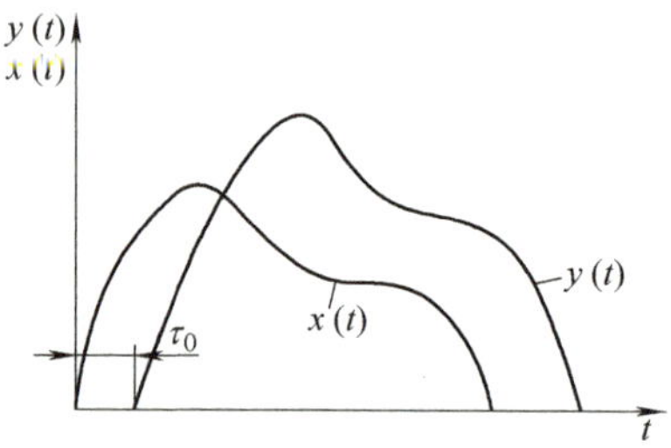

图 2-14　波形不失真地复现

不失真测量：输出与输入波形精确地相似，幅值和相位允许有差异，如图 2-14 所示。

> 注意，这里的“相似”指的是纵坐标方向上，也就是信号幅值方面。波形的横坐标宽度必须严格相等，因为横坐标是时间，波形的时间宽度不相等就意味着信号的周期不相等，那就违反了线性系统最基本的频率保持性。

经数学分析可知，对于线性系统，要实现不失真测量，就必须同时满足两个条件：**幅频特性为常数和相频特性成线性**，即

$$\left.\begin{aligned} A(\omega) &= A_0 \\ \varphi(\omega) &= -\tau_0\omega \end{aligned}\right\} \tag{2-15}$$

式中，A_0 和 τ_0 为常数。

技术术语中经常提到的“频率响应特性好”或“频响范围宽”等，对于测试系统来说，指的就是在很宽的信号频带内，都能在很大程度上满足不失真测量的条件，也就是保证信号的频率 ω 在大范围内变动时式（2-15）都能近似成立。

对于一阶系统，由相关公式和曲线可以看出，为满足式（2-15），就要求 $\omega\tau$ 尽可能小。其中 ω 是输入信号的频率，无法预知，也不应对其进行限制；作为试验人员，选择和优化的对象应该是测试系统参数，也就是时间常数 τ。好的测试系统，应该尽可能做到对任何频率的信号都能不失真测量，所以**一阶系统不失真测量的条件就是时间常数 τ 越小越好**。

> 一阶系统的时间常数 $\tau=\dfrac{a_1}{a_0}$，而灵敏度 $S=\dfrac{b_0}{a_0}$。如果 a_0 过大，可能会引起灵敏度下降，所以事实上降低时间常数通常从降低 a_1 着手。

对于机械系统，a_0 相当于弹簧刚度，a_1 相当于阻尼系数；对于电工学系统，a_0 相当于电容的倒数，a_1 相当于电阻。

对于二阶系统，由相关公式和曲线可以看出，为满足式（2-15），就要求阻尼比 ζ 为 0.7 左右，同时频率比$\frac{\omega}{\omega_n}$远小于 1。关于频率比的要求，当无法预知和限制输入信号频率 ω 时，就应力求固有频率 ω_n 尽量高。但由 $\omega_n=\sqrt{\frac{a_0}{a_2}}$、灵敏度 $S=\frac{b_0}{a_0}$可以看出，固有频率过高，很可能意味着系统参数 a_0 过大，从而引起灵敏度下降。计算也表明，对于简单正弦信号，频率比$\frac{\omega}{\omega_n}$小于 0.58 效果就很好，不必过分提高固有频率。而对于复杂工程信号，最好能做到频率比$\frac{\omega}{\omega_n}$小于 0.1。

从理论上说，提高固有频率 ω_n 也可以通过降低 a_2 来实现，但考虑到系统的实际物理构型，大幅度降低 a_2 是不容易的。例如，对于机械系统而言，a_2 是质量或转动惯量，一个测试装置的质量或尺寸总是不能无限降低的。

因此，二阶系统不失真测量的要求有以下三点：

1）阻尼比 $\zeta \approx 0.7$（或者认为取 0.6～0.8 之间比较合适）。

2）频率比$\frac{\omega}{\omega_n} \ll 1$，也即固有频率 ω_n 足够高；

3）固有频率 ω_n 也不能太高，否则会导致灵敏度降低。

请注意：在本节分析中，认为系统的频率响应特性取决于系统参数，即数学推导体系的出发点是式（2-2）中的 a_0，a_1，…，a_{n-1}，a_n 与 b_0，b_1，…，b_{m-1}，b_m 参数。这种思路适用于系统的原理分析、设计和选择等工作。但是，如果该系统自身是测试研究的对象，工作目的就是确定这个系统的特性，那么上述参数很可能是未知的，或者说微分方程是写不出来的。此时，就需要采用试验的方法，利用输出和输入的关系来求解系统的频率响应特性。具体可以参看第六章第二节利用功率谱密度函数求解系统频响特性的有关内容。

第二节 传 感 器

传感器是将被测物理量（通常是非电量）转换成电信号的装置，也称为感应器或变送器。

有的定义认为，“变送器”指的是能够输出标准化信号的传感器，也就是说，“变送器”除了将非电量转换成电信号，还能对该电信号进行处理与变换，已经兼具信号调节器的部分功能。尤其是随着集成电路和微电子技术的发展，越来越多的传感器具备了这种“信号标准化”的功能。

这个被测非电量，一般来说就是被测对象工作时的某种输出，例如汽车运行时会发出噪声、变速器传递动力时会存在轴扭矩，这种噪声和扭矩就可以由传感器直接测量。另外，测试对象的某些属性，不易直接感知，需要外界激励装置（激励源）对其进行激励，激发出某种能表征其特性同时又便于测量的信号，由传感器测量。例如，测试排气污染物中 CO、HC 和 NO_x 的含量时，通常是对被测气体成分施加相应的物理或化学激励，分别产生温度变化、热致自由离子和激发态 NO_2^* 分子等信息，然后测定这些信息的量，进而判定 CO、HC 和 NO_x 的含量。（可参见第七章第四节“排放性试验”部分。）

在本节的讨论中，并不强调这种信号是被测对象的正常工作输出还是激励源人为施加于被测对象所引起的信号，而一律视作“传感器的输入”。

在实际工作中，同一物理量可以采用多种传感器来测量，例如转速信息，可以采用磁电式、光电式或者霍尔式传感器来测量；另一方面，同一类型的传感器也可以用来测量多种物理量，例如电阻应变片，可以测量力、力矩、温度或加速度等不同信号。

传感器是测试系统的首要环节，其在很多情况下也是整套系统中最关键、技术含量最高的装置，其性能和可靠性的高低，对试验结果的精确度和可信度有极大的影响。实际工作中必须根据试验项目、试验目的、被测量的性质和特点以及试验环境等因素，科学、合理地选择传感器。

不同用途的传感器，工作原理和具体结构千差万别，但其基本构造可以分为两部分：敏感元件和辅助元件。**敏感元件**是传感器的工作核心，直接负责将被测非电量转换为电信号；其他**辅助元件**则为敏感元件提供必要的机械连接、支承与定位、防护以及信号的初步变换与传输等。尤其是随着电子技术的进步，传感器的信号处理功能越来越强大，辅助电路越来越复杂，很多时候其体量和技术含量都超过了核心敏感元件。

传感器种类繁多，根据输出电信号的性质，可以分为两类：参量式和发电式。

参量式传感器的输出是各种电参量，包括电阻、电容和电感等。电参量本身不具有电场能，需要施加外电源才能表达其电学特性。例如电阻应变片，其基本功能是感受线应变，并将该应变转化成输出电阻的变化，需要有电桥电路配合，对其施加一个供桥电压，电阻的变化才能通过电桥输出电压的变化体现出来；差动变压器式传感器，输入是位移，输出是互感系数的变化，需要施加一个激励电压，使二次线圈产生感应电压，才能体现互感系数的数值。注意，此处的供桥电压或者激励电压，不是传感器的输入。传感器的输入一定是某个被测非电量，如上述线应变或者位移。

发电式传感器输出的是电动势（此处的“电动势”泛指具有电能且能够主动驱动测量仪表运转或显示的电学量，包括电压、电流和电荷等），例如磁电式测速发电机可以将转速信号转换成输出电压，压电式加速度传感器可以将压力转化成电荷。因为自身输出电动势，所以传统上认为，发电式传感器不需要外电源。但现代传感器集成了越来越多的信号处理功能，而这些电路是需要电源的，所以，很多发电式传感器在实际工作时也是要配置电源的。

因而，在具体应用时，也常常不严格界定“电动势”与“电参量”的区别，也就是不强调“参量式传感器”和“发电式传感器”的概念，而将传感器的输出统称为“电量”或“电信号”。

根据对理想测试系统的要求，传感器的输出电信号与输入非电量之间应具有单值确定的函数关系，而且尽可能成线性。性能良好的传感器还应该有较高的精确度（精确度的概念参见第五章第一节）、灵敏度、分辨率和信噪比，频率响应范围宽，工作稳定性和可靠性好。另外，还应力求结构简单、成本合理、经久耐用和环境适应能力强。

本节从“输入量→传感器→输出量”的转换角度出发，介绍几类典型的汽车试验用传感器的基本工作原理、性能特点，以及其在汽车试验方面的应用和注意事项等。至于详细、深入的物理变换原理和数学特性，以及输出信号的调节与修正电路等，可以参考机械测量与传感技术等方面的课程教材或有关资料。

一、电阻式传感器

凡是能将被测非电量转化为电阻变化的传感器，都可称为**电阻式传感器**。如前所述，电阻是一种电参量，电阻式传感器产生的电阻变化需要经转换电路转换为电动势，才能进行进一步的传输、处理和记录。

根据产生电阻变化的机理不同，电阻式传感器又可分为电阻应变片式传感器和滑变电阻式传感器。

1. 电阻应变片式传感器

电阻应变片，简称应变片，是一种将材料或零件的线应变转化为电阻变化率的传感装置（应变片不能直接测量切应变）。事实上，任何物理机械量，只要能设法转换成线应变，都可以由应变片来测量。而且应变片还具有尺寸小、重量轻、使用方便、响应速度快、对被测系统影响小以及环境适应性较强等优点，因此广泛应用于力、力矩、压强、温度及加速度等的测量。

（1）电阻应变片的基本构造和工作原理　电阻应变片的基本构造如图 2-15 所示。细长的金属丝构成线栅，是应变片的敏感元件，其有效长度 l 称为基长，有效宽度 b 为基宽。基底和盖片起到定位、保护、防潮和密封的作用。应变片是通过在基底的下表面涂胶粘贴在被测零件上的，引线则通过焊接等方式与下级变换电路（通常是应变仪）连接。

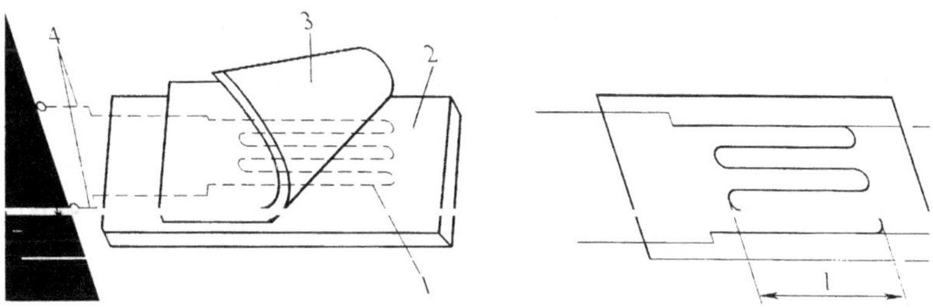

图 2-15　电阻应变片的基本构造

1—敏感线栅　2—基底　3—盖片　4—引线

应变片的工作原理是基于金属导线的**电阻应变效应**，即金属导体在外力作用下，不仅发生机械变形，其电阻也会发生改变。

由电阻定律可知，一根金属导线的电阻 R 与其长度 L、横截面积 A 和电阻率 ρ 的关系为

$$R=\rho\frac{L}{A} \tag{2-16}$$

将式（2-16）两侧取自然对数后再微分，可得

$$\frac{\mathrm{d}R}{R}=\frac{\mathrm{d}\rho}{\rho}+\frac{\mathrm{d}L}{L}-\frac{\mathrm{d}A}{A} \tag{2-17}$$

式中，$\frac{\mathrm{d}R}{R}$是单位电阻的电阻变化量，称为**电阻变化率**，也就是金属导线的输出；$\frac{\mathrm{d}\rho}{\rho}$是电阻率的变化率；$\frac{\mathrm{d}L}{L}$是金属导线长度的变化率，也就是线应变，通常记作$\varepsilon$。应变片的直接输入就是应变$\varepsilon$（这个应变可能是由力、力矩、压强、位移、温度或加速度等物理量作用在试件上产生的）。

金属导线横截面为圆形，其面积$A=\pi r^2$，r为半径。$\frac{\mathrm{d}A}{A}$是面积的变化率，有

$$\frac{\mathrm{d}A}{A}=\frac{2\pi r\mathrm{d}r}{\pi r^2}=\frac{2\mathrm{d}r}{r}$$

式中，$\frac{\mathrm{d}r}{r}$是导线半径方向的变化率，也就是横向应变。

由材料力学可知，$\frac{\mathrm{d}r}{r}=-\mu\varepsilon$，其中，$\mu$为导线材料的泊松比，故可得$\frac{\mathrm{d}A}{A}=-2\mu\varepsilon$，再代入式（2-17）中，得

$$\frac{\mathrm{d}R}{R}=\frac{\mathrm{d}\rho}{\rho}+(1+2\mu)\varepsilon \tag{2-18}$$

式（2-18）就是金属导线材料的输出电阻变化率$\frac{\mathrm{d}R}{R}$与输入线应变ε之间的关系。

将电阻变化率与应变之比称作**导线材料的灵敏系数**，记作K_0，即

$$K_0=\frac{\mathrm{d}R/R}{\varepsilon}=\frac{\mathrm{d}\rho/\rho}{\varepsilon}+(1+2\mu) \tag{2-19}$$

> K_0反映的是装置的输出与输入的变化关系，其实就是上一节中定义的“灵敏度”，由于它是没有量纲的，故专门称作“灵敏系数”。

金属材料在单纯机械变形作用下，当温度变化不大时，电阻率变化极小，上式中的$\mathrm{d}\rho/\rho$可以忽略不计，则灵敏系数K_0基本上等于$1+2\mu$。应变片敏感线栅的材料主要有铜镍合金、镍铬合金、铁铬铝合金和康铜等，其泊松比μ在0.3～0.6范围内。所以导线材料的灵敏系数K_0约为2。

注意，K_0是一根金属直导线的灵敏系数，并不是应变片的灵敏系数。

（2）应变片的种类

1）金属丝式应变片。应变片的敏感线栅是贴在塑料薄膜基底上的金属丝。有的敏感线栅就是由一根金属丝构成的，如图2-15所示的形式，这种敏感线栅的转弯处一般是圆角式的；有的则是若干根较短金属丝并列，再将两端的横向部分按“之”字形焊接起来形成一个金属线栅回路，如图2-16所示。

金属丝式应变片制造简单，性能一般。

2）金属箔式应变片。金属箔式应变片的工作原理与金属丝式应变片完全相同，只是敏感线栅的制作工艺不同。它不是采用成形的金属丝构成，而是采用类似“印制电路板”（PCB）的方法，利用光刻、腐蚀等工艺，通过高精度的模具，把构成线栅的合金材料制成金属箔，“印刷”在应变片的基底上。

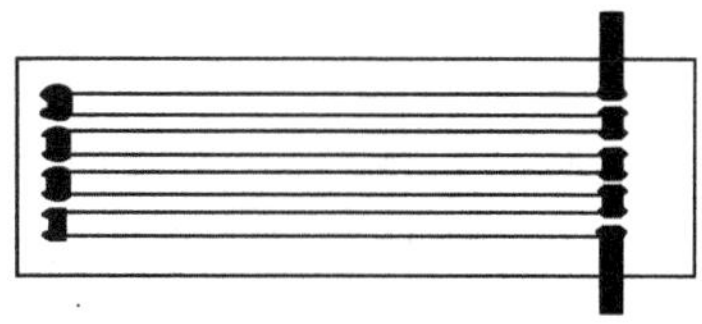

图 2-16　直角线栅式应变片

金属箔式应变片可以非常精确地设计敏感线栅的尺寸，能根据需要制成各种复杂的形状。例如，当需要降低横向效应（该概念见下文）时，可以将线栅的横向部分做得非常粗；当需要测量圆轴表面的扭转应变时，可以将线栅的敏感部分制成与应变片轴线成45°；当进行平面应变状态分析时，可以制成应变花；还能做出各种定向标志或其他符号，便于应变片在试件上的定位、粘贴固定和辨认。金属箔式应变片还有金属箔层与基片接触好、应变传递失真小、疲劳寿命长、散热好、允许通过较大电流等优点，使用非常广泛，目前基本上取代了金属丝式应变片。

3）半导体应变片。从严格意义上来说，半导体应变片不属于“电阻应变片”，因为它并不是基于金属导线的电阻应变效应来工作的。

半导体应变片的工作原理是半导体材料的**压阻效应**——当半导体感受到应变 ε 作用时，由于载流子迁移率的变化，其电阻率 ρ 发生变化的现象，即

$$\frac{\Delta\rho}{\rho}=\Pi E\varepsilon \tag{2-20}$$

式中，Π 称为半导体应变片的压阻系数；E 是半导体材料的弹性模量。ΠE 为单位应变的电阻率变化率，可视作半导体应变片的灵敏系数。

半导体应变片最大的优点在于灵敏系数高，可以达到电阻应变片的几十倍，其电阻变化经电桥电路处理后，可以直接与记录器连接而不需要放大器。其缺点是价格较高，而且半导体材料对温度的变化非常敏感，测量大应变时非线性度也较大。所以与金属电阻应变片，尤其是金属箔式应变片相比，半导体应变片的应用并不是很广泛。

需要注意的是，金属电阻应变片在受到压力时，电阻变化率$\frac{\mathrm{d}R}{R}$都是负值，因为所有金属丝在受压时都会变短、变粗，电阻都会下降。而半导体元件的电阻率则取决于材料中电子和空穴的数量和比例，并非机械变形。同样受到压力时，N 型（电子型）半导体的阻值变小，P 型（空穴型）的则变大。也就是说压阻系数 Π 可正可负。

（3）应变片的主要特性

1）灵敏系数 K。应变片可以看成是由一根长的金属直导线迂回盘曲构成，当受到外力作用时，也会发生电阻变化，存在电阻变化率与应变的比例关系，即灵敏系数。

当试件在一维应力作用下，应变片主轴线与主应力方向一致时，应变片的电阻变化率与试件主应变的比值，称为应变片的**灵敏系数**。灵敏系数 K 也是量纲一的系数，其可表

示为

$$K=\frac{\mathrm{d}R/R}{\varepsilon} \tag{2-21}$$

从形式上看，式（2-21）和式（2-19）的定义是一样的，都是电阻变化率与应变之比。但是应变片的灵敏系数 K 和导线材料的灵敏系数 K_0 的准确含义是不同的。由于存在横向效应和胶层传递应变失真等因素，应变片的灵敏系数 K 略小于导线材料的灵敏系数 K_0。其具体数值需要通过标定试验来确定。

> 在研究 K_0 的模型中，全部的应变都直接作用在一根直导线上，而且受拉时导线所有部分都在变长、变细，电阻都在增大。而对于 $K=\frac{\mathrm{d}R/R}{\varepsilon}$ 来说，输入应变 ε 是作用在试件上的，输出电阻变化率 $\frac{\mathrm{d}R}{R}$ 是应变片的。应变要通过胶层传给应变片的基底，再由基底传给敏感线栅，所以线栅材料感受到的应变比试件的应变小，这就是胶层传递应变失真；此外，应变片的敏感元件呈曲折的栅状，存在横向部分，受拉时横向部分的电阻下降，所以与直线导线相比，敏感栅的总电阻变化较小，这就是横向效应。可见，在相同的分母（就是应变 ε）下，K 的分子比 K_0 的分子小，所以有 $K<K_0$。

2）横向效应。应变片对于垂直于其主轴线方向应变的响应，称为应变片的**横向效应**。粘贴在试件上的应变片，受到拉应变时，线栅的主体部分（即纵向部分）电阻变大，而横向部分的电阻变小。所以横向效应会抵消一部分电阻变化，降低应变片的灵敏系数。金属箔式应变片可以将横向部分做得很粗，其初始电阻就很小，横向效应就几乎没有了。

3）温度特性。温度特性指的是在应变不变的条件下，随着温度的变化，应变片输出的电阻变化率发生变化。显然，这对于测量工作来说是一种干扰（除非试验目的就是测量温度的变化）。

温度特性来源于两方面。当温度变化时，应变片敏感线栅的电阻率发生变化，导致应变片的电阻输出发生变化。另外，试件、应变片基底和敏感线栅等材质不同，热膨胀系数就不同，当温度改变时敏感线栅会受到一个附加应变（热应变），这也会导致应变片的输出电阻值改变。

在测量工作中一定要采取补偿措施，消除温度特性带来的影响。具体方法可参见本章第三节电桥部分。

4）应变片的阻值。应变片的阻值指的是应变片未粘贴、不受力、处于室温（20℃）环境下的电阻值。有60Ω、120Ω、200Ω、…、1000Ω 等多种规格，其中以120Ω 最常用。

（4）应变片的粘贴工艺　应变片的粘贴工艺大致包括以下步骤：在贴片前先要清理试件的待粘贴表面，必要时在粘贴部位划线。选用黏合剂将应变片粘贴在指定部位，低温和中温环境应选用无机黏合剂，高温环境则要选用有机黏合剂。粘贴后要根据黏合剂的不同给予足够的固化时间。然后焊接引线、检查粘贴质量和导线的绝缘性。最后采用蜡封等方法将应变片与外界环境隔绝开。

（5）应变片式传感器　应变片具有简单轻便、使用部位灵活、连接方式多种多样等优点，但是也存在着自身强度低、防护能力差的缺点。而且如果每次试验都要操作者自行清理试件和贴片，势必影响试验效率，试验人员的操作差异也会使得贴片质量的均一性、试验数据的重复性和可比性降低。

因此，开发了各种以电阻应变片为核心元件的专用传感器，称为应变片式传感器。此种传感器应变片已经贴在传感器里面，不需要操作者做试验时自行安装。

应变片式传感器一般由应变片、弹性元件和其他附件组成。弹性元件是精确设计和制造的一个金属弹性体，在力、力矩、加速度和温度等被测量的作用下会发生应变。应变片粘贴在弹性体上，负责将应变转换成电阻变化率。而且应变片式传感器通常采用多个应变片，接成电桥电路，以适应不同的被测量特点。附件主要包括一些防护和连接固定件、接线器以及简单补偿电路等。应变片式传感器在使用前一般要进行标定，也就是本章第一节所说的“定度”，确定被测物理量与传感器的输出电阻变化率（或者电桥的输出电压）之间的转换关系。

图 2-17 所示为一种采用圆柱形弹性元件的力传感器，通常称为拉压传感器。关于其贴片和接桥原理，可参见本章第三节电桥部分。

当被测力较小时，为提高弹性元件的应变，可采用图 2-18 所示的梁式力传感器。弹性元件是一根经特殊设计的等强度梁，抗弯截面系数较小，能在外力 $\boldsymbol{F}$ 不大的情况下产生较大的表面正应变，从而提高传感器的输出。

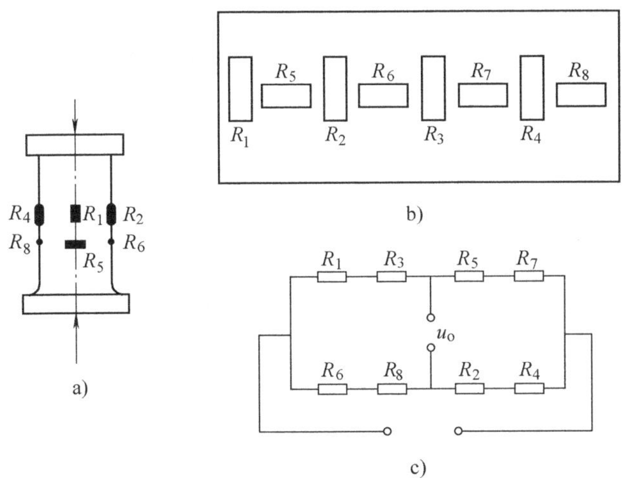

图 2-17　圆柱式力传感器

a）圆柱传感器　b）圆柱面展开　c）电桥电路

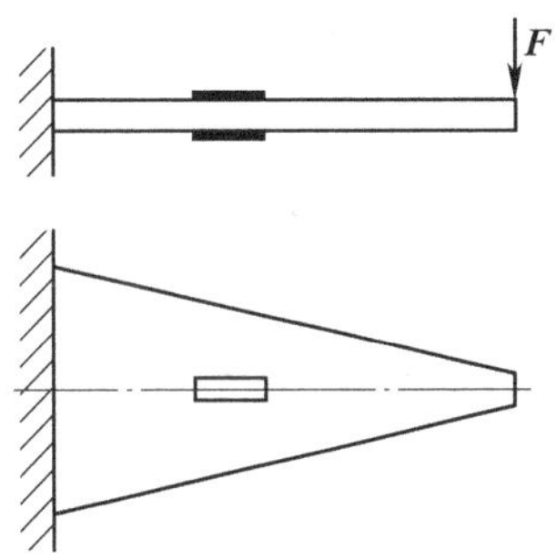

图 2-18　梁式力传感器

应变片式传感器还可以进行加速度或者流体压强的测量。

图 2-19 所示为悬臂梁式应变加速度传感器。被测物体的加速度 $\boldsymbol{a}$ 在质量块 m 上产生惯性力 $\boldsymbol{F}$，使得悬臂梁发生弯曲，表面出现正应变，被一对相对粘贴的应变片拾取。这种加速度传感器体积较大，高频响应不佳，一般不用于平顺性分析的振动测量，可以用于汽车制动减速度的测量。

应变式压力传感器采用膜片式弹性元件，通过膜片的凹凸变形，可以测量膜片两侧的压力差，如图 2-20 所示。

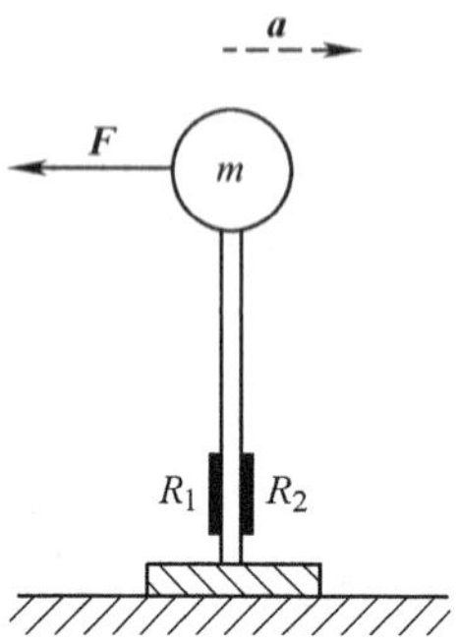

图 2-19　应变式加速度传感器

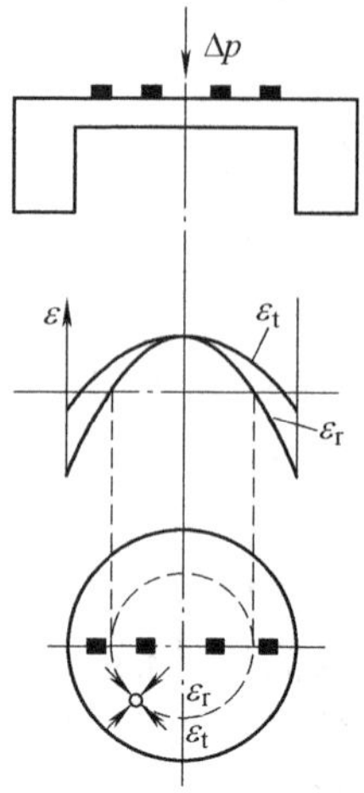

图 2-20　膜片式压力传感器

2. 滑变电阻式传感器

滑变电阻式传感器，又称为电位计式传感器，主要用于位置或位移的测量，也可以测量角位置或角位移。其传感核心相当于一个滑线变阻器，也就是电位计。当被测物体带动滑动触点移动时，电阻器的有效接入长度发生改变，从而改变电阻值，如图 2-21 所示。通常，加在整个电阻器（电位计）上的电压 U_{AB}是不变的，那么，触点变化所引起的有效电阻的变化，就可以转化成有效电阻分压的变化。所以，滑变电阻式传感器的输出往往是电压，即 U_{AC}或 U_{BC}。

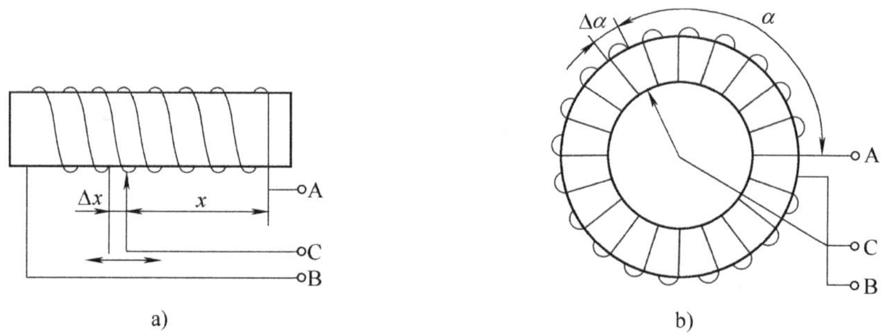

图 2-21　滑变电阻式传感器
a）线位移型　b）角位移型

滑变电阻式传感器原理简单、制造容易、输入—输出的线性度较好。主要问题在于，为确保良好接触，触点和电阻器之间需要一定的预接触压力，当触点运动时，产生一定的摩擦力，其趋势是阻碍被测物体运动的，有可能影响被测物体原来的运动状况，特别是对于低输入能量[⊖]的运动量。这就是一种“单向性”差的表现。

⊖ “低输入能量”指的是被测系统的运转能力较弱，较小的阻力就能影响乃至阻碍其正常运转。

另外，如果按图 2-21 所示制成绕线式电阻器，会有一定的电感，其感抗值对后续电路的变换和处理均会有一定影响，所以现在的滑变电阻器通常采用碳膜电阻或导电塑料。

汽车发动机电控系统中的翼片式空气流量计，采用的就是电位计式原理。

在图 2-22 中，翼片转轴上安装有扭转弹簧，作用在测量板上的进气流量的大小会改变翼片的扭转角度，从而改变内部电位计的滑臂触点位置，引起输出电压 U_S 的变化。

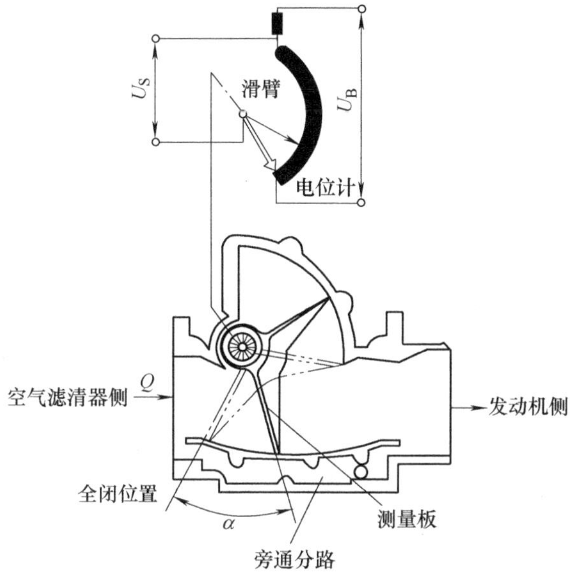

图 2-22 翼片式空气流量计

线性输出型节气门位置传感器有的也采用滑变电阻式。节气门开度（转角）带动电位计转动，引起输出电压的变化，其原理与图 2-22 类似。

> 上述应变片式和滑变电阻式传感器，主要都是靠机械运动或变形来改变电阻值的。还有一类电阻式传感器，不依赖运动和变形，而是单纯靠温度变化来改变电阻材料的电阻率，从而改变输出。例如，用于测量发动机冷却液温度和进气温度的**绕线电阻式温度传感器**，其传感核心是高纯度的镍线电阻，其电阻值随冷却液或气体的温度的改变而变化。这种传感器响应速度较慢，不能用于追踪迅速变化的温度。

二、电容式传感器

电容式传感器是将被测物理量的变化转换为电容值变化的一种传感装置，也属于参量式传感器。其基本构造就是一个具有可变参数的电容器。

1. 工作原理

在一对相距很近、平行相对的电极板两侧施加电压，在不是紧靠极板边缘的区域内将产生匀强电场，两极板会带上等量异号电荷，这就是电容效应，这对极板就构成了一个典型的平行板电容器，如图 2-23 所示。

平行板电容器的电容值 C 为

$$C = \frac{\varepsilon_r \varepsilon_0 S}{d} \tag{2-22}$$

式中，S 为两极板的正对面积；d 为两极板的间距；ε_0 为真空中的介电常数，为 8.85×10^{-12}（C/V）；ε_r 为极板间实际介质的相对介电常数，极板间填充不同物质，其相对介电常数不同，对于空气，取 $\varepsilon_r = 1$。

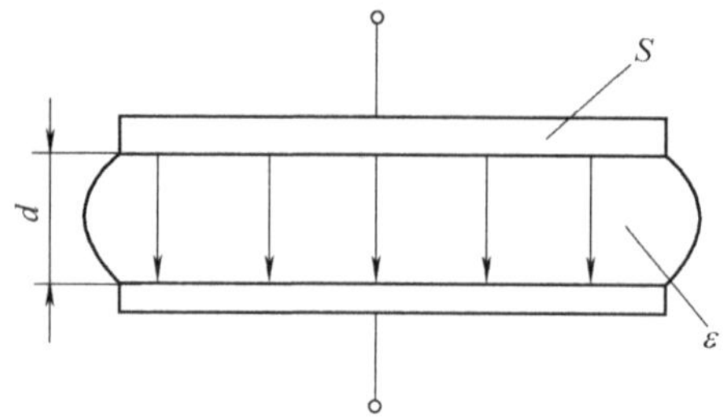

图 2-23　平行板电容器

如果被测量能使电容器结构参数中的 S、d 或 ε_r 中的任一项变化，那么电容值 C 就会发生变化。测量电路将这个电容变化进一步转换为电流、电压或频率等输出信号，根据输出信号的特性，就可求得被测量的大小。

2. 主要类型和应用

根据被测量对电容器结构参数的不同影响，电容式传感器可以分为三类：如果被测量改变的是极板间距 d，称为变极距型电容式传感器；如果改变的是极板的正对面积，称为变面积型电容式传感器；如果改变的是极板间的介质，就是变介电常数型电容式传感器。

（1）变极距型　这是最常见的电容式传感器。电容器的一个极板固定，另一个极板在被测物理量的带动下发生位移，改变极板间距 d，从而引起传感器输出电容的改变。

显然，变极距型电容式传感器最擅长的是测量位移，特别是微小的位移。如果被测量能够通过某种物理效应转化为一个（或两个）极板的位移，那么就可以通过电容式传感器测量。

在汽车噪声的测量中，广泛使用声级计，精密声级计的核心就是一个电容式传感器，称为电容式微音器，如图 2-24所示。

振动膜片 1 作为电容器的活动极板，在被测噪声的声压下发生位移；背板 2 是固定极板。外壳 5 和中心电极 4 分别为两者提供连接线。绝缘体 3 兼起支承定位作用。

电容式传感器也可以测量流体压强的变化。例如，在 D 型电控发动机喷射系统中，发动机进气量可由进气歧管压力（真空度）和发动机转速推算。而进气压力的测量就可以利用电容式传感器，如图 2-25 所示。

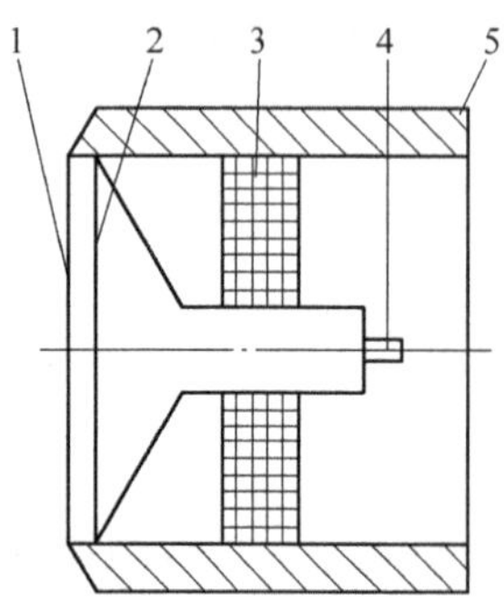

图 2-24　电容式微音器
1—振动膜片　2—背板　3—绝缘体
4—中心电极　5—外壳

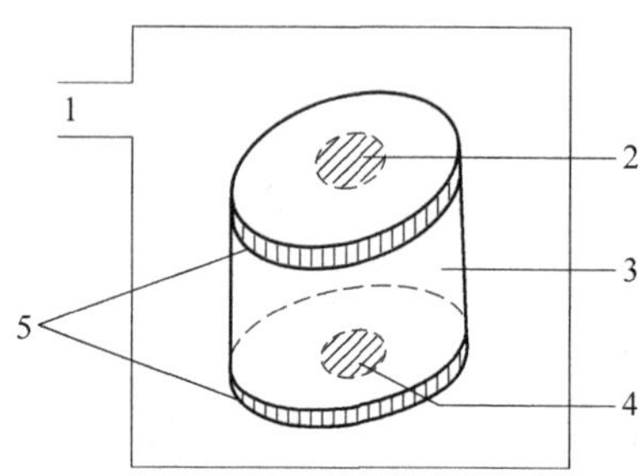

图 2-25　电容式进气压力传感器
1—接进气歧管　2、4—厚膜电极
3—绝缘介质　5—氧化铝膜片

图 2-25 中，1 接进气歧管，整个传感器外表面处于该气体压力环境中。两个氧化铝膜片 5 都可以在气压变化下运动。厚膜电极 2 和 4 构成电容器的两个极板。3 是内部填充的绝缘介质。进气压力的波动转变成电容值的变化，该电容参与构成一个振荡器谐振电路，其输出信号的频率与进气歧管压力成正比。

在汽油车排放污染物的分析检测中，广泛使用不分光红外气体分析仪。其核心传感部分也是一个电容式传感器。详见第七章第四节中“排气污染物的检测原理”部分。

（2）变面积型　电容器的两个极板中，一个固定，另一个与其平行并在自身平面内做平动或转动，两者的正对面积 S 就发生变化，根据式（2-22），电容值 C 就发生改变。

显然，如果活动极板做平动，那么可以测线位移；如果活动极板做转动，则可以测量角位移，如图 2-26 所示。

由于电容器的电容值与相对面积成正比，而相对面积又与位移或角位移成线性关系，所以变面积型电容式传感器的线性非常好，而且可以测量较大的位移。

但是，由于平板式电容器的电容值对间距非常敏感，而活动极板运动时很难确保与固定极板绝对平行，所以变面积型电容式传感器很多都做成同轴圆筒形结构，如图 2-26c 所示。因为筒式电容器的内、外筒同轴度的误差对电容值影响较小。

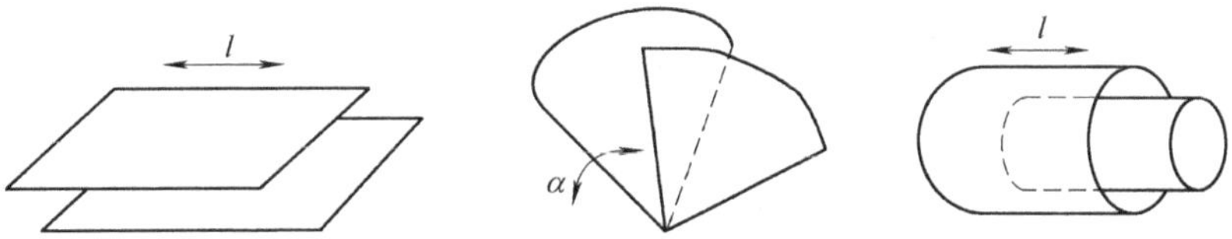

a)　b)　c)

图 2-26　变面积型电容式传感器
a）测线位移　b）测角位移　c）圆筒形

（3）变介电常数型　两个极板均不动，改变极板间的填充物质或者物质的尺寸、位置等，电容值随之发生改变。

变介电常数型电容式传感器通常用于测量电介质插入极板的位置、电介质的厚度、电介质液体的高度或者成分变化等，如图 2-27 所示。例如，检测汽车润滑油的品质，就可以利用不同技术状况下的机油其介电常数不同的特性，通过变介电常数型传感器的电容值变化来反映润滑油中杂质的含量。还可以根据电介质的介电常数随温度、湿度改变的特性来测量介质材料所处的环境温度和湿度。

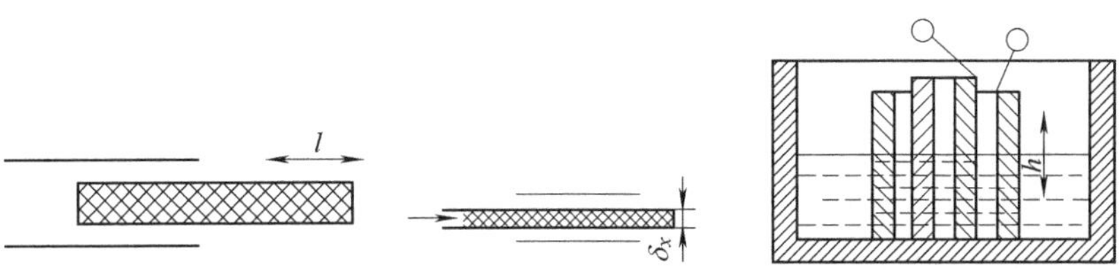

a)　b)　c)

图 2-27　变介电常数型电容式传感器
a）测物体位置　b）测物体厚度　c）测液面高度

3. 性能特点

电容器的电容值一般与电极材料无关，所以电容式传感器的温度稳定性好，结构简单，环境适应能力强。电容式传感器的运动部分（主要是活动极板）质量极小，因此固有频率非常高，特别适合高频动态测量，如声音信号。电容器极板间的静电作用力很小，适宜进行低输入能量的测量，可以测量极低的压力、极小的加速度和极其微小的位移，灵敏度和分辨力非常高，甚至能够感受到纳米级的位移。

但是，电容式传感器也存在一些问题。

（1）输出阻抗高 受到结构尺寸和工艺的限制，电容式传感器的电容值一般很小，只有几十到几百 pF，当采用交流电路处理和变换时，容抗很大（容抗 $X_C=\frac{1}{\mathrm{j}\omega C}$，$\omega$ 为交流电路的圆频率），要求绝缘电阻极大、放大器输入阻抗也很大。提高供电频率可以降低容抗，但高频信号的放大和传输复杂，寄生电容的影响也会增大。

（2）受寄生电容的影响 相对于电容式传感器自身的电容（就是电容器两平行板间的电容量），传感器的引线电缆电容、测量电路的杂散电容以及传感器极板与周围导体形成的电容等，共同构成寄生电容。寄生电容会降低传感器的灵敏度，而且寄生电容常常随机波动，影响测量结果的精度。这就对电缆的选择、安置、连接方法和周围环境等提出了比较严格的要求。一个应对措施是，将电容式传感器的电容值设计得大些，这样寄生电容的影响就相对减小。

（3）极板间距和厚度的问题 平行板电容器靠近边缘的部分电场强度降低，这会降低传感器的灵敏度，而且增大非线性度。为了降低这种边缘效应，同时进一步减小寄生电容的影响，需要降低极板原始间距、增大极板面积、降低极板厚度（如采用镀金或镀银工艺）。但是，过分降低极板原始间距受到电容器击穿电压的限制，对极板的制造和装配技术也提出了一定的要求。

对于变面积型和很多变介电常数型电容式传感器来说，输出与输入的线性关系良好。但是，对于最常见的变极距型电容式传感器，由式（2-22）可以看出，由于输入 d 是分母，其与电容值 C 之间的关系是非线性的，这是需要重视的一个问题。简单的数学推证还可以得出：只有在被测位移 Δd 较小时，如图 2-28 所示，电容传感器的输出电容变化 ΔC 与输入 Δd 之间才有较好的线性关系。

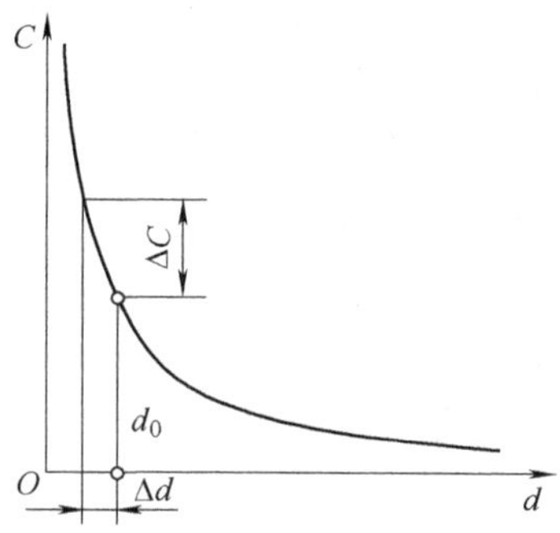

图 2-28 变极距型电容式传感器的转换特性

也就是说，为了提高传感器的灵敏度和抗干扰能力，电容式传感器的极板原始间距 d_0 要做得很小；而为了进一步提高线性度，测量位移 Δd 还要远小于原始间距 d_0。所以，电容式传感器只能测量微小的位移。

近年来，由于广泛使用集成电路技术，使得测量电子线路紧靠传感器的极板，导线寄生电容干扰、传感器转换特性非线性等缺点得以逐渐克服。

为了进一步提高测量的灵敏度和线性度，同时降低外界干扰的影响，可以采用差动测量技术。**差动测量**是一种应用广泛的测试方法，其基本思想是设计两套相同的测量装置，同一个被测量同时施加于这两个装置，但两者的输出相反，一个增大、一个减小。将两个测量装置的输出相减，最终得到的输出就提高了一倍；同时，由于两个装置相同，工作环境也相同，可以在很大程度上抵消外界干扰的影响。

打个比方，同一输入量分别作用于甲、乙两元件。甲元件的输出是 $(a+b)$，其中 a 是被测量引起的，b 是外界干扰引起的；乙元件的输出是 $(-a+b)$，a、b 的含义同甲。两者的输出相减，则有 $(a+b)-(-a+b)=2a$。可见，差动测量可以将灵敏度提高一倍，同时将外界环境影响对两个测量元件的干扰抵消掉。

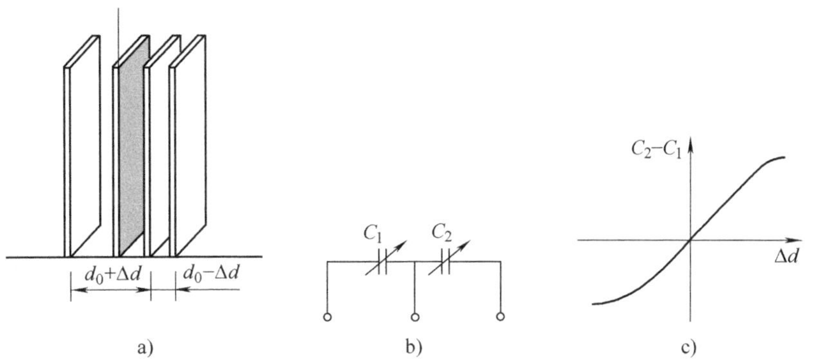

图 2-29 差动测量的原理和输出特性

a）固定极板和活动极板 b）等效电路 c）特性曲线

在图 2-29 中，两侧极板固定不动，中间极板向一侧运动时，就会引起两侧电容器的间距反向变化，进而造成两侧电容值的“差动”变化。其输出—输入特性的灵敏度提高了一倍，而且在相当大的测量范围内线性度良好。

三、电感式传感器

顾名思义，电感式传感器，就是将被测非电量转换为电感变化的传感器，属于参量式传感器。这类传感器的结构特征是具有参数可变的电感绕组（即线圈）。传感器直接输出的电感发生变化，而后续处理电路通常将这个电感变化进一步转换为电压或电流信号。

> 在某些资料中，认为电感式传感器是利用电磁感应工作的。严格来讲，这是不准确的。电感式传感器只是在被测量的带动下改变了线圈的自感系数或互感系数，线圈中的输出电压是激励电压引起的，传感器并没有“主动”产生感应电动势（即使对于互感式电感传感器，二次线圈中产生的感应电压也是源于一次线圈的激励电压，而不是线圈在做某种“切割磁感线”的运动）。因此，电感式传感器并不会产生电势能，也不需要很大的输入能量。

电感量包括自感和互感，所以电感式传感器也可以分为自感式和互感式两类。

1. 自感式电感传感器

电感绕组的自感系数（即电感量）与磁路的几何尺寸、线圈的匝数和介质的磁导率有关。一般来说，线圈的匝数和介质的磁导率不易改变，所以，被测量通常是位移，改变的是磁路的几何尺寸。图 2-30 所示为自感式传感器的类型和原理。

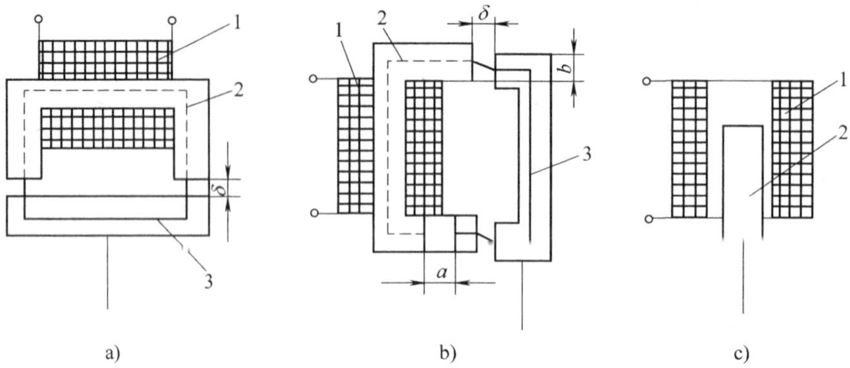

图 2-30　自感式传感器的类型和原理

a）变气隙型　b）变截面型　c）螺管型

1—线圈　2—铁心　3—衔铁

设铁心和和衔铁间的空气隙厚度为 δ，空气隙的截面积为 S（见图 2-30b，$S=ab$），线圈的匝数为 N，μ_0 为真空或空气的磁导率（$\mu_0=4\pi\times10^{-7}$ [H/m]），同时铁心和衔铁采用良好的导磁性材料（如硅钢片或者坡莫合金等），可以确保铁心的磁导率远大于空气的，于是线圈的电感量 L 为

$$L=\frac{N^2\mu_0 S}{2\delta} \tag{2-23}$$

可见，如果衔铁在被测物体的带动下相对于铁心做正向运动，改变的是气隙厚度 δ，就是图 2-30a 所示的变气隙型；如果衔铁相对铁心保持距离不变而做平行切向运动，改变的是空气隙的截面积 S，就是图 2-30b 所示的变截面型。相对而言，变气隙型比变截面型使用得更广泛。

如果铁心可以在线圈内做线性运动，那么改变的就是铁心所穿入的线圈匝数，线圈的自感系数也会发生变化，就是图 2-30c 所示的螺管型。例如，检测汽车传动系统角间隙时采用的倾角传感器，其传感核心就是一组弧形铁心和线圈，如图 2-31 所示，被测角位移 α 转换成弧形线圈的电感值，该电感值进而控制后续振荡电路的振荡频率，由振荡频率的变化反应所测角度的变化。螺管型的测量精度不及变气隙型和变截面型。

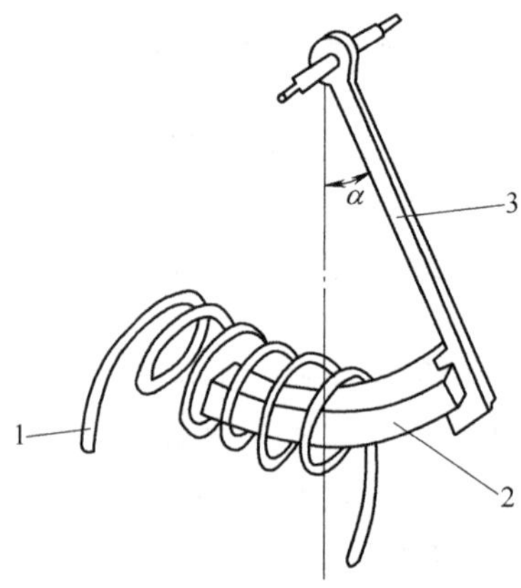

图 2-31　电感式倾角传感器

1—弧形线圈　2—弧形铁心　3—摆动杆

也可以将变气隙型和变截面型称为可动衔铁型电感式传感器，将螺管型称为可动铁心型电感式传感器。

对于常见的变气隙型，由式（2-23）可见，传感器的输出电感 L 和被测位移 δ 之间是非线性关系，其输出—输入特性类似于图 2-28 所示的变极距型电容式传感器。为了提高线性度，同时提高灵敏度和抗干扰能力，同电容式传感器一样，电感式传感器也经常采用差动测量方式。如图 2-32 所示，两个铁心共用一个衔铁，衔铁的运动引起两个线圈的电感反向变化，将这两个电感量差接进测量电路，以实现差动测量。

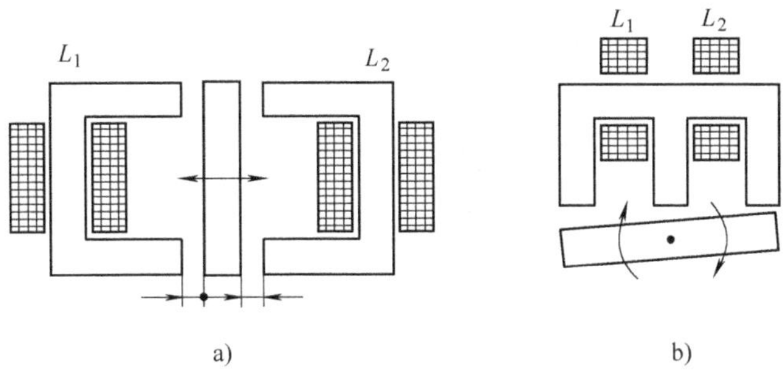

图 2-32　自感式电感传感器的差动测量
a）测量线位移　b）测量角位移

2. 互感式电感传感器

互感式电感传感器，其构造就等效于一个互感系数可变的变压器。将激励电压（注意，传感器的输入是位移等机械量，不是这个激励电压）加在变压器的一次线圈上，二次线圈将输出一个感应电压。当被测位移引起变压器的互感结构发生变化时，感应电压就会发生相应变化。这种传感器一般都做成差动式的，采用两个二次线圈，铁心的运动对这两个线圈的影响趋势相反，常被称作差动变压器，如图 2-33 所示。

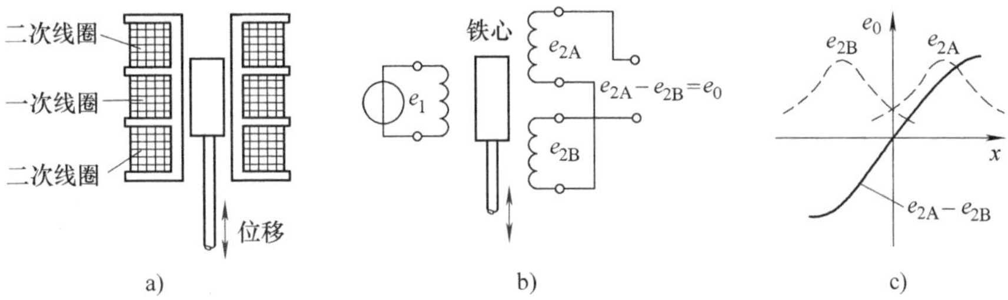

图 2-33　差动变压器
a）断面结构图　b）连线图　c）输出特性

由图 2-33 中可以看出，这个传感器结构对称，两个二次线圈反向连接，做差动输出。当铁心位于中央位置时，两个二次线圈的输出电压相等，输出的差动电压信号为零；当铁心向某一侧运动时，两个线圈的输出电压一个增加、一个降低，输出的差动电压增加，在很大范围内与铁心的位移成良好线性关系。

还有一种电涡流式传感器，其等效电气参数是互感系数的函数，所以也属于一种电感式传感器。其基本原理是电涡流效应，如图 2-34 所示。

激励线圈和检测线圈共同构成电涡流式传感器，可将其称为“探头”。在激励线圈中输入高频交流电，就会产生交变磁场，将其置于被测导体旁边，就会在导体中感应出旋涡状的感应电流，即电涡流，也称为涡电流。电涡流产生的磁通反作用

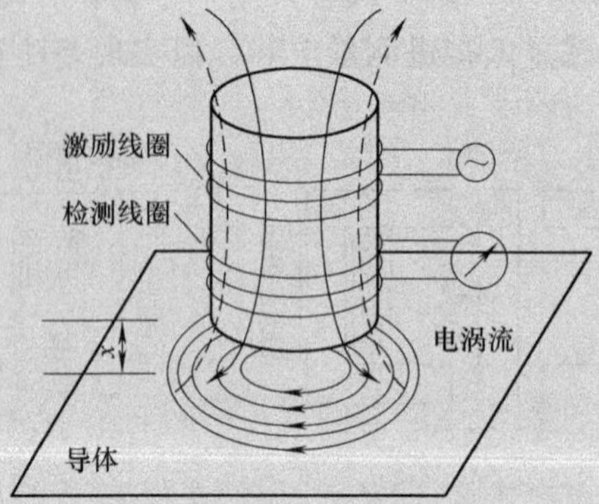

图 2-34　电涡流式传感器的基本原理

于传感器探头，于是在检测线圈中激起感应电压，测量该电压，即可推断电涡流的强弱。电涡流的幅值与线圈至被测导体的距离（图中 x）、导体的厚度、导体的电阻率、导体的磁导率以及激励电流的频率有关。也就是说，只要被测量能改变上述参数之一，就可以由电涡流传感器测量。

在工业生产和科学试验中，电涡流式传感器常用于测量板材的厚度、接缝的均匀程度以及进行金属零件的无损探伤，也可以测定运转的主轴的轴向窜动量以及振动幅度等。

图 2-34 是一种示意性的表示，实际使用中的电涡流式传感器，其探头通常制成扁平状。

3. 电感式传感器的特点

与电容式传感器相比，电感式传感器可以测量较大的位移。即使衔铁或铁心的运动超出量程也不会造成短路或机械损坏。

无论是螺管型还是变气隙型或变截面型，电感式传感器的运动部件与固定部件之间都没有摩擦，而且电感效应本身不同于电磁感应，不需要很大的输入机械能。因此，电感式传感器的动作阻力小、对被测系统的影响小、本身无机械磨损，同样作为位移测量装置，其单向性和工作寿命都强于电位计式传感器。而且，电感线圈允许输入较大的激励电压，传感器的灵敏度和分辨率都较高。

电感式传感器比较突出的一个问题是动作部分的惯量非常大。惯量大导致固有频率低，为了满足不失真测量的条件，只能测量更低频的信号。所以，电感式传感器不能用作高频动态测量。而且，电感式传感器的分辨率受测量范围的影响，测量范围越大，分辨率越低。

四、压电式传感器

1. 基本原理和性能特点

压电式传感器的工作原理是**压电效应**：某些材料当沿着一定的方向对其施加压力（或拉力）时，材料不仅发生机械变形，而且内部发生极化，在两侧表面出现等量的异号电荷，电荷量与压力大小成正比。当外力去掉后，该材料又重新回到不带电的状态。如图 2-35 所示，图中 X 表示受力方向。

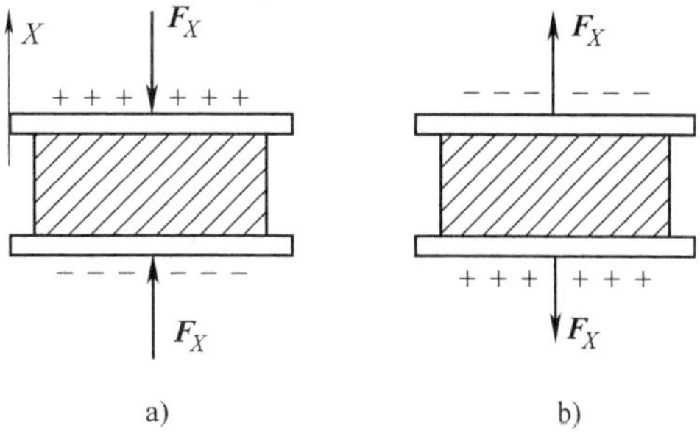

图 2-35 压电效应
a) 受压力 b) 受拉力

这种压电材料相当于一个对压力敏感的电荷源，压力越大，产生的电荷越多。可见，压电式传感器是一种发电式传感器。传感器内的压电材料常被称为压电元件、压电晶体或压电片。常见的压电材料有石英（SiO_2）、压电陶瓷（钛酸钡 $BaTiO_3$ 和锆钛酸铅 PZT 等）和聚二氟乙烯（PVF_2）高分子薄膜等。其中，石英晶体的强度、刚度大，动态特性好，输出特性对温度变化不敏感，绝缘性、重复性好；缺点是压电系数较低。压电陶瓷的压电系数高，可以测量较小的力；但是并不适用于有高稳定性要求的测量。

压电效应原理中的电荷量 Q 与压力 F 的关系式可表达为

$$Q = KF \tag{2-24}$$

式中，K 为压电系数（C/N）。

广义的压电效应包括正压电效应和逆压电效应。上述“外力→电荷”的模式为**正压电效应**。压电材料通常都有**逆压电效应**，就是在压电材料的两个极面上施加交流电压，压电材料能产生机械振动，在电极方向上有伸缩变形，所以逆压电效应也称为**电致伸缩效应**。本节介绍的压电式传感器利用的是正压电效应，在某些控制系统中压电执行器利用的则是逆压电效应。由于压电效应具有可逆性，所以压电式传感器属于一种“双向传感器”。

另外，压电效应本身对压力和拉力都是敏感的（见图 2-35），且压电元件的同一个表面在拉力和压力下产生的电荷极性是相反的，只不过在实际测试中通常只用压电元件承受压力，测量压力。

压电式传感器的直接输入是力，所以各种能够转化为力的机械量，如位移、变形、压强或加速度等，都可以由压电式传感器来测量。在汽车试验中比较广泛的应用就是测量振动加速度。另外，在很多发动机电控系统中，电控单元需要感知爆振率信号，发动机的爆振程度通常由机体振动反映，也可以采用压电式加速度传感器来测量。

压电式加速度传感器的种类较多，其基本原理大致相同，如图 2-36 所示。传感器基座固定附加于被测物体并与之同步运动，传感器内的压电晶体上布置一定质量的重块。当传感器与被测物体一同向上加速运动时，质量块的惯性力作用在压电晶体上，加速度越大，其惯性力就越大，作用在压电晶体上的压力就越大，从而输出更大的电荷量。图中弹簧 1 的作用是提供一定的预紧力，当加速度向下时，质量块与压电晶体之间仍然存在压力，可供测量。剪切式加速度传感器比压缩式的低频特性更好、环境适应能力更强，已成为目前的主要结构类型。

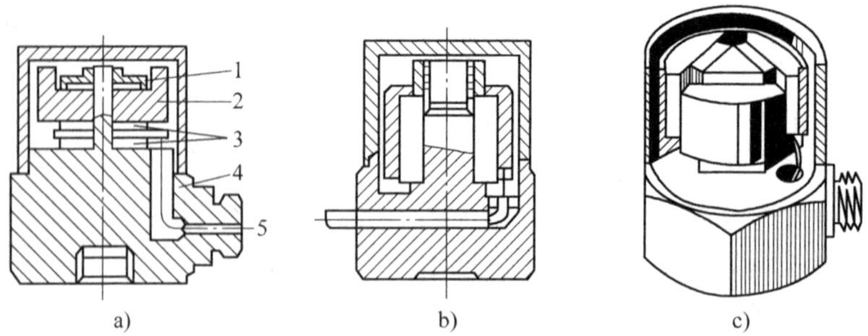

图 2-36 压电式加速度传感器
a）中心压缩式 b）环形剪切式 c）三角剪切式
1—弹簧 2—质量块 3—压电晶体 4—基座 5—导线

压电式传感器的主要优点是体积小、重量轻、结构简单、工作可靠、固有频率高，灵敏度和线性度都较高。

压电式传感器的主要缺点包括：①通常作为振动加速度传感器，当被测运动频率较低时，测试有一定困难；②输出信号弱，压电片的阻抗高。所以，一个压电式传感器里通常包含两个压电片，而且传感器输出端必须连接前置放大器。根据两片压电片连接方式的不同，配套不同的放大器。

2. 前置放大器

压电式传感器的前置放大器有两个作用：一是将传感器输出的微弱信号放大；二是阻抗匹配，将传感器的高阻抗输出转变成低阻抗输出，才能传给常规放大器继续放大、处理。所谓“前置”，就是指该放大器置于常规放大器的前面，即压电式传感器→前置放大器→常规放大器。实际上，很多测试系统所采用的放大器，内部集成了前置放大和常规放大两级的功能，所以我们看到的放大器只有一个。也有的压电式传感器内部已经集成了阻抗变换功能。

压电片是有极性的，就是说当它受到压力时，出现正、负电荷的表面是固定的。当一个传感器里面的两片压电片的异极性表面相连时，就是串联；当同极性表面相连时，就是并联，如图 2-37 所示。

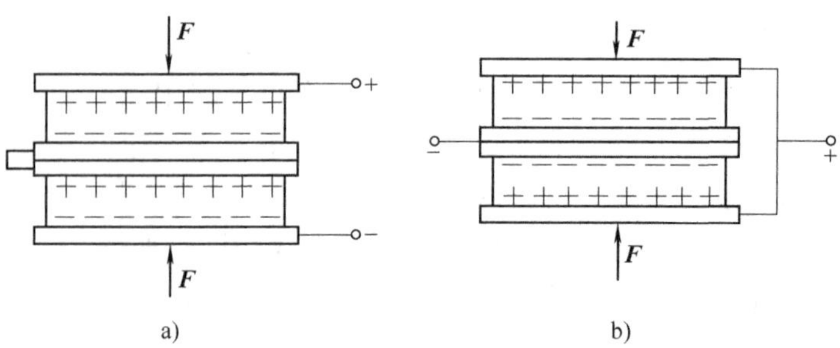

图 2-37 两片压电片的连接
a）两片压电片串联 b）两片压电片并联

当压电片串联时，其输出电压相当于单片的两倍，适于采用**电压式**前置放大器。这种放大器的输出电压与传感器输入电压成正比，但也会受到被测信号频率和导线分布电容的影响。放大器的高频响应良好，但低频响应不好。对导线电缆的品质要求高，导线不能过长（特别是要求高灵敏度的场合），更换电缆后需要重新标定灵敏度。电压式前置放大器的优点是结构较简单，工作可靠，价格较低。

两片压电片并联，其输出电荷相当于单片的两倍，适用于采用**电荷式**前置放大器。这种放大器线路结构复杂，调节困难，成本较高。但是其性能优点是很突出的——放大器输出电压仅与输入电荷量和放大器反馈电容[⊖]有关，而与信号频率和导线分布电容无关。高频和低频响应都很好，传输距离可长达数百米，对导线品质要求不高，更换导线后不需要重新标定。在线性度和信噪比等方面也优于电压放大式。所以目前多采用电荷放大式前置放大器。

还有一种**半导体压电效应**，即在单晶半导体上，人为添加一些不同物质，就会形成一定的电阻值，对此电阻施加一定的应力（应变），其阻值就会发生变化。

例如，D型电控喷射发动机的进气压力传感器，有的就采用了这种原理，如图2-38所示。

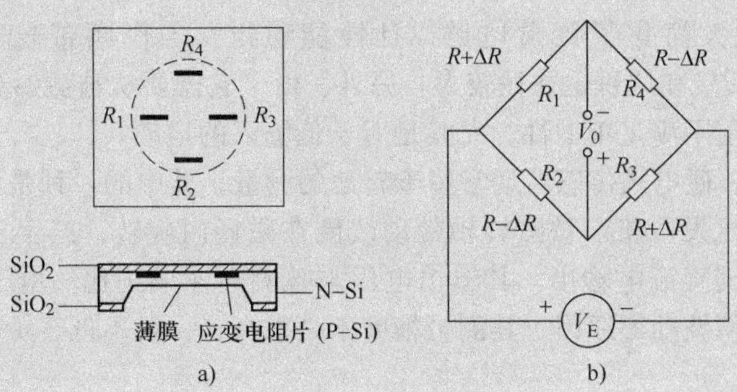

图2-38 半导体的压电电阻效应

a）原理 b）检测电路

N型硅片的中央部位减薄，形成膜片，用光刻腐蚀工艺在膜片上形成4个P型应变电阻，各电阻的初始阻值都是R。当膜片两侧有压力差时，就会向一侧膨胀，导致R_1和R_3、R_2和R_4的阻值变化相反，由电桥电路转化成输出电压V_E。这种传感器体积小、精度高、成本低、抗振性和可靠性高，是目前非常先进的一种进气压力传感器，应用十分广泛。

五、磁电式传感器

磁电式传感器，也称为感应式传感器，是一种发电式传感器，其工作原理是电磁感应（也称为电磁效应）。由法拉第电磁感应定律可知：通过闭合回路面积内的磁通量发生变化时，回路内会产生感应电动势，其大小正比于磁通量的变化率，可表达为

⊖ 电荷放大器的本质是一个具有深度电容负反馈的高增益放大器，其反馈电容属于结构设计参数，是固定的或可选的。

$$e = -N\frac{\mathrm{d}\phi}{\mathrm{d}t} \tag{2-25}$$

式中，e 为感应电动势（V）；N 为闭合回路线圈的匝数；$\frac{\mathrm{d}\phi}{\mathrm{d}t}$为磁通量的变化率（Wb/s）；负号表示感应电流的磁场方向与上述磁通量的增长方向相反。

请注意，磁电式传感器与电感式传感器不同。电感式传感器属于参量式传感器，线圈上的感应电压（无论自感还是互感）是外界施加交流激励电压引起的，传感器本身并不产生电能，也不需要外界输入机械能。而根据楞次定律："感应电流的磁场总是阻碍引起感应电流的磁通量的变化"，也就是说，要想获得感应电流，就必须克服感应电流产生的安培力做功，将其他形式的能转化为电能。磁电式传感器对外输出的电能，就是外界输入机械功、克服阻力做功转换得到的，也就是类似发电机的原理。

由于磁电式传感器是基于这种"发电机"的原理工作，它可以"主动"输出电压，而且功率较强，大大简化了测量电路，且性能稳定，工作频带较宽（一般为 10 ~ 1000Hz）。但是其质量和体积也往往较大。另外，由于它需要从被测对象吸收机械能来发电，所以测量时可能不满足单向性，尤其是对于低输入的运动。

在汽车试验中，磁电式传感器通常用于转速的测量，其中的一种是测速发电机。其本质就是一台小型直流发电机。被测转轴带动线圈在磁场内旋转，产生正弦交流电，再经过整流和滤波，得到直流电输出，其输出电压与被测转速成正比。由于传感器自身技术参数变化和测量环境波动等原因，其测量精度不是很高，一般不低于 1%。另外低转速时的线性度较差。

另一种应用较广的转速传感器是频率输出式转速计，其原理如图 2-39 所示。

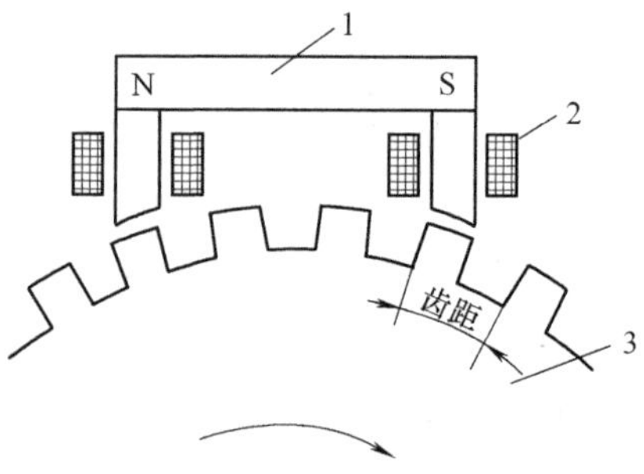

图 2-39 频率输出式转速计
1—定子 2—线圈 3—转子

在图 2-39 中，转子 3 与被测轴同步转动，其外缘制出若干齿和槽。在固定支架上安装定子 1，定子两端相当于磁极，其外部绕有线圈 2。被测转轴转动时，定子磁极的前端依次与转子的齿顶和齿槽正对，空气间隙发生周期性变化，使得闭合磁路的磁阻发生变化，导致线圈的磁通量发生变化，在线圈中感应出电脉冲。脉冲个数对应转过的齿数。脉冲电压经整形后送入计数电路，根据单位时间通过的脉冲数以及转盘一圈的齿数，算出平均转速。平均时间很短，刷新频率很快，只要被测转速变化不是非常剧烈，这个平均转速完全可以代替瞬时转速。还有其他结构形式的脉冲计数式磁电转速计，基本原理与此相同。

这类频率输出式转速计的低频响应更好，抗干扰能力更强，广泛应用于五轮仪、测功机等试验设备的转速测量以及汽车电控系统的曲轴转速（或位置）和车轮转速的测量等。

从信息转换的角度对比磁电式测速发电机和频率输出式转速计，可以发现，测速发电机的基本思想是利用输出电压的幅值信息来反映被测量；而频率输出式转速计的基本思想则是利用输出脉冲的频率信息来反映被测量。信号的幅值在传输、处理中比较容易受到干扰。例如，传感器元件老化导致性能参数改变，或者周围电磁环境、温度环境的变化使得原标定特性失准。举例来说，一个测速发电机的标称输出特性是“600（r/mim）/V”，就是说在得到3V的输出电压时认为被测转速是1800r/min，但真实转速可能是1900r/min或1700r/min。而频率信号在传输和处理过程中，抗干扰能力相对更强，因为线性系统的基本特性之一就是频率保持性。频率输出式转速计就是利用频率来计数的，信号幅值的偏差不会影响测量结果。

推而广之，很多测试设备，都要把传感器直接输出的物理量转换成某种频率信号，用以反映被测量，利用的就是这种“**测频率比测幅值更可靠**”的思路。

磁电式传感器直接测取的是转速或角速度，如果再接入微分或积分电路，也可以测量角加速度或角位移。

在发动机电控系统的传感器中，有一种磁致伸缩式爆燃传感器，也是利用电磁感应原理工作的。传感器安装在发动机的机体上，由磁心、永久磁铁和感应线圈等组成。当发动机机体振动时，磁心受振偏移，致使感应线圈内的磁通量发生变化，感应线圈产生感应电动势，即为该爆燃传感器的输出信号。

六、霍尔式传感器

1. 工作原理

霍尔式传感器的工作原理是**霍尔效应**，如图2-40所示。

长度l、宽度b、厚度d的N型（N型为电子型）半导体薄片，处在磁感应强度为B的磁场中，磁场方向垂直于薄片，在薄片长度方向上施加控制电流I，那么在垂直于磁场和电流所形成的平面的方向（即图中宽度方向）上，将产生电动势U_H。U_H称为霍尔电动势或霍尔电压，该半导体薄片就是霍尔元件。由分析计算可得霍尔电压公式为

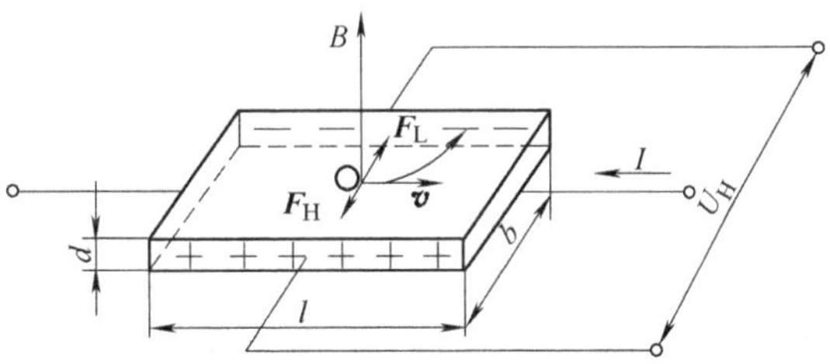

图2-40　霍尔效应原理

$$U_H = R_H \frac{IB}{d} \tag{2-26}$$

式中，R_H为霍尔系数，与载流材料的电阻率和载流子迁移率成正比。

可以看出，其他条件不变时，载流材料厚度d越小，霍尔电压越大，所以霍尔元件都比较薄，薄膜型霍尔元件可薄至1μm。

将霍尔元件的霍尔系数R_H和厚度d视作元件的结构参数，则霍尔电压U_H与控制电流与磁感应强度之积IB成正比。因此，可以定义霍尔传感器的灵敏度K_H为单位电流I与

单位磁感应强度 B 所产生的霍尔电压，即 $K_H = \frac{R_H}{d}$。

霍尔效应的基本解释：N 型半导体作载流材料，其载流子主要是电子。控制电流方向向左（见图 2-40），意味着电子向右运动。运动的电荷在磁场中会受到洛伦兹力 $\boldsymbol{F}_L$，由左手定则可判断其受力方向指向薄片的后侧。因此该半导体薄片的后侧因电子聚集而带负电，前侧则带正电，形成电场，这个电场给电子的静电作用力 $\boldsymbol{F}_H$ 又使得电子有向前侧运动的趋势。当 $\boldsymbol{F}_L$ 和 $\boldsymbol{F}_H$ 达到动态平衡时，就在前、后侧面之间建立起霍尔电场 E_H，两侧面之间的电动势就是霍尔电动势 U_H。

研究表明，霍尔系数 R_H 与载流材料的电阻率和载流子迁移率成正比。金属材料的电阻率太低，而 P 型半导体的载流子是空穴，其迁移率也小于电子，故都不适合，所以霍尔元件常采用 N 型半导体材料。

2. 传感器特性及应用

霍尔式传感器通常由霍尔元件（常称为霍尔片）、引线和外壳组成，如图 2-41 所示。霍尔片是长方形的薄片，长度方向上焊有两根控制电流引线 c 和 d，宽度方向上焊有两根霍尔电压输出引线 a 和 b。

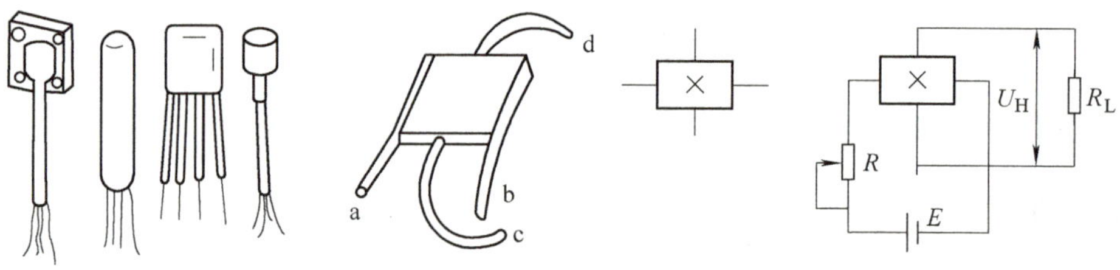

图 2-41　霍尔式传感器

a）外形　b）结构　c）符号　d）基本电路

霍尔式传感器的转换效率不高，对温度变化较敏感，对转换精度要求较高时需要采取温度补偿措施。但由于其结构简单、体积小、耐久性好、频率响应范围宽（从直流到微波频段）、可靠性高、易于微型化和集成化等优点，霍尔式传感器在测量技术、信息处理和自动控制等方面仍然有广泛的应用。

另外，和磁电式传感器一样，霍尔式传感器也属于发电式传感器，会对外输出电动势。但是霍尔式传感器输出的电能来源于控制电流 I，而磁电式传感器的输出电能来自被测对象的动能，可能会影响被测对象的运动特性（尤其是对于低输入能量的运动），所以霍尔式传感器的单向性更好。

霍尔式传感器最直接的应用，是施加一个给定的控制电流，通过测量输出霍尔电压，来测量所在位置的磁场方向和磁感应强度。其他物理量如位移、电流或者转速等，如果能引起某个磁场的变化，那么也可以使用霍尔式传感器来测量。

在汽车试验中，霍尔式传感器通常用来进行转速的测量，其基本原理如图 2-42 所示。

在图 2-42 中，被测轴带动齿形轮转动，齿形轮和永久磁铁的磁极之间布置一霍尔元件，通以恒定电流。轴转动带动轮齿和齿槽依次与磁极对正，穿过霍尔元件的磁感应强度周期性地增大和减小，引起霍尔电压周期性波动。其波动频率与被测转速成正比。显然，这也是一种频率输出式转速计。

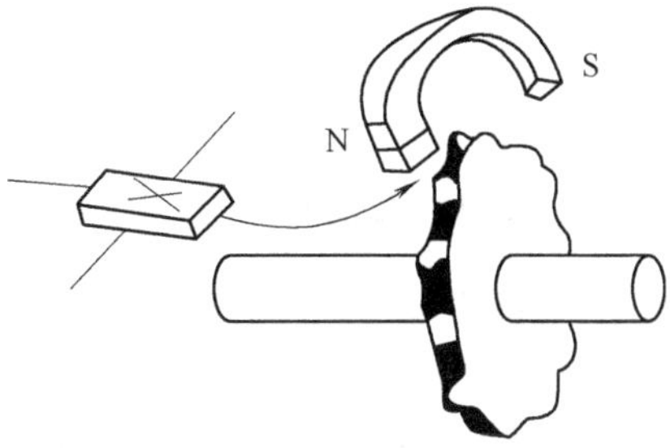

图 2-42　霍尔元件用于转速测量

输出霍尔电压的幅值仅取决于控制电流和磁感应强度，而与磁感应强度的变化速度无关，也就是与被测转速无关。在这一点上，霍尔式优于磁电式，因为磁电式转速计，输出的电压幅值会随被测转速的增高而增大，给后续波形的整理和标准化等带来一定困难。

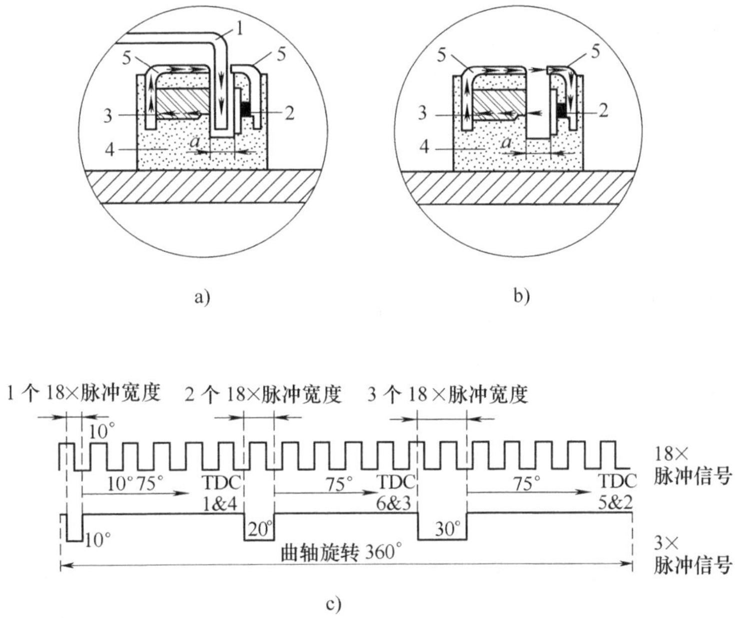

图 2-43　发动机转速与曲轴位置传感器

a）触发叶轮进入空气隙　b）触发叶轮离开空气隙　c）传感器输出信号

1—触发叶轮　2—霍尔元件　3—永久磁铁　4—基座　5—导磁板

图 2-43 所示为一种发动机转速与曲轴位置传感器。永久磁铁 3 和导磁板 5 构成磁路，两者之间布置有霍尔元件 2，4 是基座。触发叶轮 1 有内外两圈，外圈叶轮有 18 个等间距齿，内圈叶轮有 3 个不等间距齿，两叶轮都和发动机的曲轴同步旋转。触发叶轮进入空气隙时，磁感线大部分经叶片流回永久磁铁，因此霍尔元件感受到的磁感应强度降低，输出的霍尔电压呈低电平信号；当触发叶轮离开空气隙时，霍尔元件处在强磁场中，则输出高电平。根据 18 × 脉冲信号，可以计算出曲轴转角和发动机转速；根据 3 × 脉冲信号，可以判断出曲轴相位和点火缸号（3 × 脉冲信号上边沿分别对应 1、4 缸，3、6 缸和 2、5 缸压缩行程上止点前 75°）。两者结合，可以精确测量（和控制）各缸点火时刻。

有的资料将电感式传感器、磁电式传感器和霍尔式传感器等与磁场有关的传感器，统称为**磁敏式传感器**。

七、光电式传感器

1. 工作原理

光电式传感器的工作原理是光电效应。光电效应是一个统称，具体包括：

（1）外光电效应　又称为**光电子发射效应**。金属或半导体光电材料在光照下其表面逸出光电子，这是最经典、最狭义的光电效应。典型器件是光电管和光电倍增管。

（2）光伏特效应　半导体 PN 结在光照下产生电动势。典型器件是光电池和光敏二极管、晶体管。

（3）光导效应　又称为**内光电效应**。高电阻率的半导体在光照下导电载流子增加，电阻率下降。典型器件是光敏电阻，或称为光导管。

（4）热电效应　某些陶瓷材料在光照下受热，表面产生移动电荷（但不逸出）。锆钛酸铅（PZT）等压电陶瓷具有压电效应，同时也具有这种热电效应。

也有的资料认为，光导效应、光伏特效应以及热电效应，都属于广义的“内光电效应”。

可见，光电式传感器的输出电信号可能是电流、电压、电荷或者电阻变化，这些电信号要送入各自对应的信号调节电路进行处理和变换。

2. 性能特点和主要应用

光电式传感器通常是发光器件和接收器件（光电元件）配套使用。

光电式传感器体积小、精度和集成度高，在工业制造和控制领域常用于测量物体的形状和位置、位移和距离、感光光学特性，以及非接触测量高温物体的温度等。

在汽车试验测试中，光电式传感器经常用于转速的测量，或者判断物体的位置。图 2-44所示为一种典型的光电式转速传感器的原理示意图，广泛应用于五轮仪、底盘测功机等试验装置。被测轴 1 带动转盘 2 旋转，转盘上开有一圈孔（或光栅）。光源 3 发出的光由透光器 4 汇聚，投向转盘上孔所在的半径处。如果转盘转到孔对准光源的方位，光线就穿过孔并被受光器 5 里面的光电元件 6 所接受，产生一个电信号脉冲。很显然，电脉冲的频率等于单位时间内转过的孔数，也就是和转速成正比。这也是一种频率输出式转速计。但是光电式传感器对光学环境和仪器元件的清洁度要求较高，这一点不如磁电式或霍尔式。另外，图 2-44a 的结构是在圆盘上开孔，有时被称作“投射式”；还有一种“反射式”，如图 2-44b 所示，光源持续发光，在圆盘的外缘涂上黑白相间的条纹，圆盘的轴转动时，反光与不反光交替出现，光电元件接受间断的反光信号，进而形成电脉冲频率输出。

在进行给定路段的车速试验时，有时采用一种光电管遮蔽的原理测量汽车到达起点或终点的时刻，即在起点和终点位置的道路一侧设置一个光源，道路对面布置一个光电元

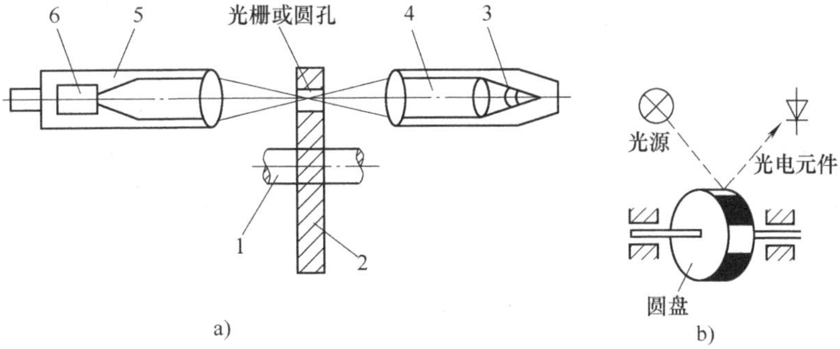

图 2-44　光电式转速传感器
a）投射式　b）反射式
1—被测轴　2—转盘　3—光源　4—透光器　5—受光器　6—光电元件

件，光电元件在光照下输出电信号。当汽车（车头）到达此线时，光路被切断，光电元件的输出信号消失或急剧减小，产生一个下降沿的脉冲，以此推断出汽车到达此位置的时刻。

另外，在机油品质的检测或柴油机烟度的测试等需要判定被测物质清洁度的试验中，也常采用光电式传感器。光源发出的光，经由被测物质反射或透射后由光电元件接受，物质脏污程度越严重，光电元件的受光量就越小，输出的电信号就越弱。

一些四轮定位仪，也采用光电式测量原理，由车轮与车轮之间或车轴与车轴之间相互发光、受光，通过受光器上光敏元件感受到的光点位置来判定车轮或车轴之间的相对位置是否正常。这种光电测试系统的发光器发出的通常是不可见的红外线（见图 2-45）。

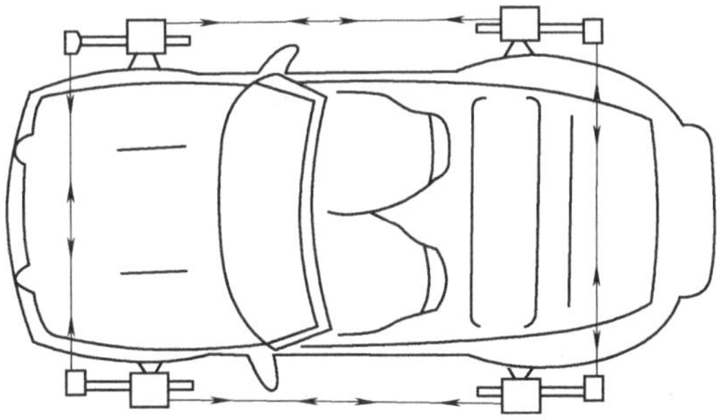

图 2-45　检测左右轮或前后轴是否平行

八、热电式传感器

1. 原理和性能

某些材料在温度变化时，其电学参数发生相应的变化，利用这种特性，可以制成各种类型的热电式传感器，主要有以下几种。

（1）热电偶　热电偶的工作原理是**热电效应**。如图 2-46所示，两种不同性质的导体 A 和 B，两端紧密地连接在一起，形成一个回路。当两个结合点 T_0 和 T 存在温差时，则在导体 A 和 B 之间产生电势差，称为热电动势，进而在回路中形成电流。导体 A 和导体 B 是两个热电极，T_0 端称为参比端或自由端、冷端，T 端称为工作端或热端。由这两种对偶导体材料组成并将温度（实际上是 T 与 T_0 的温差）转换成热电动势的传感器就称为**热电偶**。

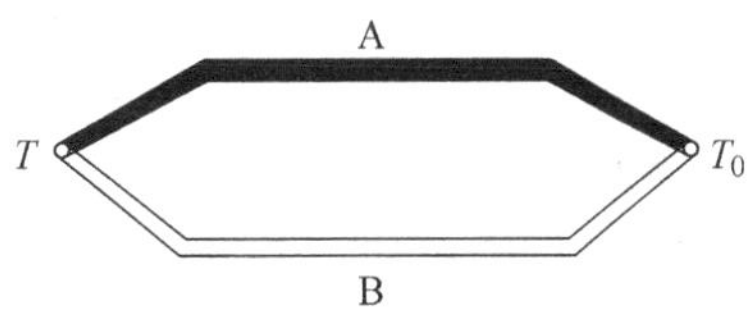

图 2-46　热电偶

热电偶的两个热电极 A 和 B 必须由不同材料制成，热电偶的两端 T_0 和 T 的温度必须不同，否则热电动势为零。

热电偶在测量时应确保冷端温度 T_0 不变或可控，使输出的热电动势是热端温度（即待测温度）T 的单值函数。通常希望冷端温度 T_0 保持在 0℃。而在实际工作中，由于冷端距热端（工作端）很近，又经常处于大气中，其温度受到被测对象和环境条件变化的影响，难以保持恒定，需要设法进行温度补偿。具体方法请参阅相关资料。如果待测温度很高，也可以不考虑冷端的实际温度，将其看作某固定数值，这样造成的误差也不大。

另外，如果在由 A、B 两极构成的热电偶回路中接入中间电路（也称为“中间导体”），只要确保中间电路的两端温度相同，那么热电偶的输出热电动势仍只取决于两端的温度差 $T-T_0$，和引入的中间电路无关，如图 2-47 所示。在实际应用中，中间电路可以是其他测量仪表、电路或连接导线。

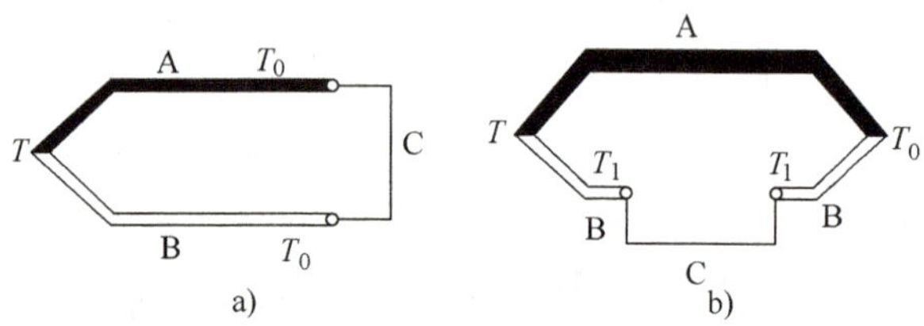

图 2-47 热电偶两极间接入中间电路的方式

a）在同一端处断开、接入 b）在同一极上断开、接入

热电偶最突出的优点是温度测量范围广，高温热电偶的工作温度可以超过 2000℃，低温热电偶则可低至 -200℃以下。而且热电偶体积小，热惯性小，动态响应快，可以测量复杂结构狭小处的温度或零件表面的温度，例如离合器和制动器摩擦副表面的发热温度，是一种比较完善的热电式传感器，应用很广。

（2）热电阻 热电阻的热敏元件是金属导体电阻。一般来说，金属导体的电阻率随着温度的升高而增大。常用的热电阻材料是铂、铜、镍、铁等纯金属。为进行低温和超低温测量，开发了铟、锰、碳等材料。

热电阻传感器一般用于测量的温度范围为 -200 ~ 500℃。材料的电阻—温度特性稳定（注意，其对应关系一般不是线性的），试验结果的精度和重复性好。与热电偶相比，不存在冷端温度 T_0 的控制问题。

（3）热敏电阻 与热电阻类似，热敏电阻也是利用材料的电阻率随温度变化而变化的特性工作的。

与热电阻不同的是，热敏电阻采用的不是纯金属导体，而是半导体材料，通常是钴、锰、镍等金属氧化物的混合烧结物。热敏电阻的电阻温度系数[⊖] 比热电阻高很多，可达

⊖ 电阻温度系数是指单位温差引起的电阻率变化，即 $\Delta\rho/\Delta T$。

10～100倍。另外，热电阻的电阻率都是随着温度升高而升高的，即为正温度系数的，而热敏电阻的电阻率则随温度的升高可能升高或降低，所以热敏电阻分为正温度系数（PTC）热敏电阻和负温度系数（NTC）热敏电阻，其中应用较多的是NTC型。

热敏电阻的优点主要在于温度系数高，而且热惯性很小，适于动态测量。缺点是温度系数随温度变化而变化，也就是输出电阻率与输入温度不成线性关系，尤其是高温时线性度更差，所以使用上限温度约为300℃。目前，开发了各种新型NTC热敏电阻，线性度有明显改善。半导体材料的稳定性和互换性也较差，测试系统中更换元件需要重新标定。

另外，由于采用半导体材料，热敏电阻的自身电阻值很高，因此导线电阻对于测量的影响很小，这是优点。但是，电阻值过高，使得通过不大的电流就会产生较大的发热量和温升，这种温升是施加测量电流产生的、而不是被测对象产生的，对测量来说是一种误差，因此要严格控制测量电流。

2. 应用

热电偶的主要特点是高温性能好，所以可以用于测量发动机气缸内的温度和排气门温度。通过埋入的方法，可以测量活塞表面及浅表层、离合器和制动器摩擦片等的表面温度。热电阻和热敏电阻通常测量较低的温度，或者表面的平均温度。例如，用热敏电阻制成的点温计，可以在万向节磨损试验中测量十字叉轴端的温度，以判定其磨损程度。

第三节　信号的中间变换、传输与记录

传感器将被测非电量转换为电信号后，一般还不能直接读取或记录，要通过信号调节器进行中间变换。针对不同的传感器和不同的试验目的，需要进行的中间变换方法很多，所使用的变换装置（信号调节器）可能是通用的，也可能是针对某种测量专用的。这里按大类介绍几种典型的信号调节器。

另外，本节还要介绍信号的记录和传输问题。

一、电桥

电桥是将电阻、电容或电感等电参量的变化转变为电压输出的一种中间变换电路，一般与应变片式传感器配合使用。其输出可以直接送给负载进行记录与显示，也可以送给放大器等装置进一步处理。

由于电阻电桥的电路较简单，调节容易，灵敏度和线性度较理想，而且与之配套的电阻应变片式传感器技术十分成熟，因此在测试信号的处理变换中得到广泛应用。

电桥按照供桥电压（激励电压）的不同，可分为**直流电桥**和**交流电桥**。按照输出量的测量方式不同，可分为**平衡式电桥**与**非平衡式电桥**。目前应用较多的是非平衡式交流电桥。直流电桥和交流电桥的基本原理完全相同，只是交流电桥的调节和测量方式更复杂一些。下面主要以直流电桥为例介绍电桥的基本理论。

1. 电桥电路与平衡条件

图2-48所示为一个直流纯电阻电桥，包括四个桥臂，a、c间施加供桥电压（激励电压）U_0，b、d间是输出电压U_{bd}，可视作开路。四个桥臂的电阻值分别为R_1、R_2、R_3和R_4。注意，这些指的是某桥臂的电阻值，而构成该桥臂电阻值的不一定是一个电阻器件，

例如，R_1 可能是两个实物电阻器串联或者并联得到的。

电桥平衡，是指如果在 b、d 之间连接一块电流计，其指示为零，也就是 b、d 两点等电动势。所以，电桥平衡的条件就是输出电压 U_{bd} 为零。

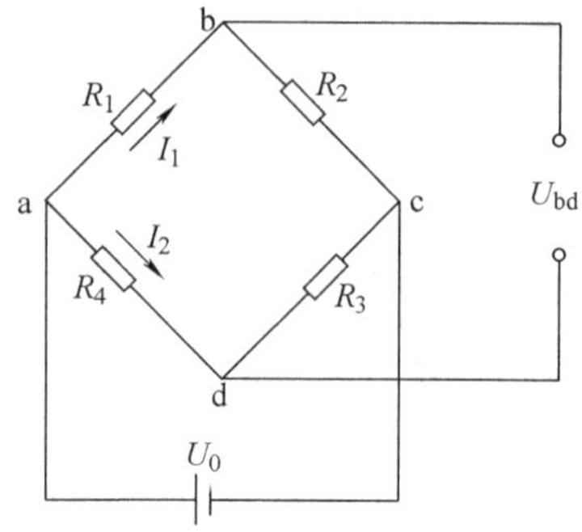

图 2-48　直流纯电阻电桥

输出电压　$U_{bd}=U_{ab}-U_{ad}=\frac{R_1}{R_1+R_2}U_0-\frac{R_4}{R_3+R_4}U_0$

得

$$U_{bd}=\frac{R_1R_3-R_2R_4}{(R_1+R_2)(R_3+R_4)}U_0 \tag{2-27}$$

可见，**电桥平衡的条件**为

$$R_1R_3=R_2R_4 \tag{2-28}$$

式（2-27）是电桥输出电压的统一式，没有任何限制条件，可用于推导电桥的各种特性。如果只是想确定平衡条件，可以按以下思路：电桥平衡→b、d 等电动势→b点在 a→b→c 电压降中的位置，相当于 d 点在 a→d→c 电压降中的位置→$\frac{R_1}{R_2}=\frac{R_4}{R_3}\to R_1R_3=R_2R_4$。

一般的电桥在初始状态下，四个桥臂阻值都相等，即 $R_1=R_2=R_3=R_4=R_0$，平衡条件自然满足。

2. 电桥输出电压与加减特性

当初始状态 $R_1=R_2=R_3=R_4=R_0$ 时，电桥平衡，输出电压为零。现在令每个桥臂的电阻值都发生变化，即 $R_1=R_0+\Delta R_1$，$R_2=R_0+\Delta R_2$，$R_3=R_0+\Delta R_3$，$R_4=R_0+\Delta R_4$。把这些变化后的电阻值代入式（2-27）中，用于计算输出电压 U_{bd}，即

$$U_{bd}=\frac{(R_0+\Delta R_1)(R_0+\Delta R_3)-(R_0+\Delta R_2)(R_0+\Delta R_4)}{(R_0+\Delta R_1+R_0+\Delta R_2)(R_0+\Delta R_3+R_0+\Delta R_4)}U_0$$

当各桥臂的电阻变化量 ΔR 均远小于初始电阻 R_0 时，将上式展开，可得

$$分子=R_0(\Delta R_1-\Delta R_2+\Delta R_3-\Delta R_4)+\Delta R_1\Delta R_3-\Delta R_2\Delta R_4$$

$$\approx R_0(\Delta R_1-\Delta R_2+\Delta R_3-\Delta R_4)$$

$$分母=4R_0^2+2R_0(\Delta R_1+\Delta R_2+\Delta R_3+\Delta R_4)\approx 4R_0^2$$

对于电桥来说，各桥臂的电阻变化量 ΔR 通常来自应变片，由式（2-21）可以看出，应变片的电阻变化率$\frac{\Delta R}{R}=K\varepsilon$。其中，应变片的灵敏系数 K 大约为 2；试件通常是金属材料，其应变 ε 是非常小的（工程上常用微应变，即 10^{-6} 这一数量级）。所以$\frac{\Delta R}{R}\ll 1$，上述对于分子和分母的近似，相对误差是非常小的。

则电桥输出电压为

$$U_{\mathrm{bd}} = \frac{U_0}{4}\left(\frac{\Delta R_1}{R_0} - \frac{\Delta R_2}{R_0} + \frac{\Delta R_3}{R_0} - \frac{\Delta R_4}{R_0}\right) \tag{2-29}$$

注意，各桥臂初始电阻相等，都是 R_0，但是其变化量 ΔR_1、ΔR_2、ΔR_3 和 ΔR_4 可能各不相等。

各桥臂的电阻变化率$\frac{\Delta R}{R}=K\varepsilon$，且各应变片的灵敏系数 K 都相同，所以输出电压又可以写作

$$U_{\mathrm{bd}} = \frac{K}{4}U_0(\varepsilon_1 - \varepsilon_2 + \varepsilon_3 - \varepsilon_4) \tag{2-30}$$

上述两式的特点在于，电桥的输出电压可以分解为 4 个分量的简单加减，而且每个分量只取决于某个桥臂的电阻变化，不同桥臂之间没有互相影响。例如，在供桥电压 U_0 给定的条件下，式（2-29）中的第一项电压分量$\frac{U_0}{4}\frac{\Delta R_1}{R_0}$只取决第一个桥臂的电阻变化率$\frac{\Delta R_1}{R_0}$。因此可以将电桥输出电压公式总结为电桥加减特性，即电桥可以把各桥臂电阻变化所引起的输出电压自动加减后输出。

桥臂 1 和 3、2 和 4 是相对的，而桥臂 1 和 2、2 和 3、3 和 4 以及 4 和 1 是相邻的，观察式（2-29）中各项分量的正负号关系，可以将电桥加减特性概括为**对臂相加、邻臂相减**（同号就是相加、异号就是相减。）

再次强调，式中的电阻指的是某个桥臂的电阻，而不一定是某个电阻元件的电阻值。因为在有的电桥电路中，一个桥臂上有若干个电阻器件。

3. 电桥的不同接法与灵敏度

电桥是与应变片配套工作的，但是并非所有电桥的每个桥臂都是电阻应变片，电阻应变片也不一定都是工作片（即：贴在试件上直接测量被测量的应变片）。如果电桥只有一个桥臂上有工作片，即只有一个工作臂，称为**惠斯顿电桥**（俗称单臂电桥），如果两个或四个桥臂上有工作片，就称为**开尔文电桥**（俗称双臂电桥）或**全桥**，如图 2-49 所示。注意，完整的电桥一共有四个桥臂，这里的“单臂”、“双臂”指的是拥有工作片的桥臂数目。

另外，有些资料上习惯将“开尔文电桥”称作“半桥双臂”。但事实上开尔文电桥的工作片未必都处于邻臂，不一定能体现出“半桥”。例如，在图 2-49b 中，R_1和 R_2 两个邻臂接成“上半桥”，但在有的测试场合中也可以是 R_1 和 R_3 为工作臂，两者相对，这时就没有必要采用“半桥”的说法。

电桥的输入是电阻变化率 $\Delta R/R_0$（亦即应变片的输出 $\mathrm{d}R/R$），电桥的输出是电压 U_{bd}。因此，**电桥灵敏度**就是输出电压与电阻变化率之比，即

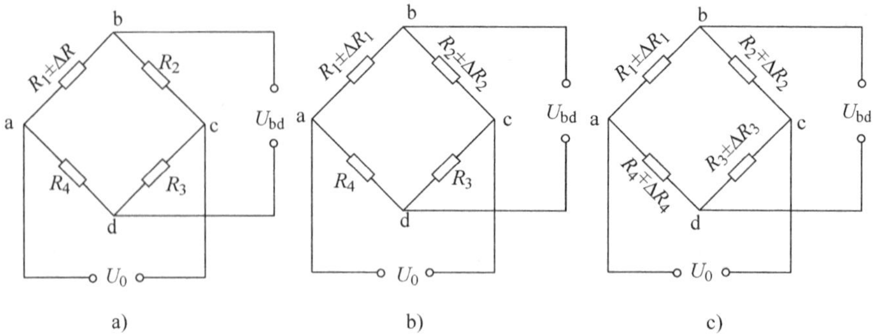

图 2-49　电桥的接法

a）惠斯顿电桥　b）开尔文电桥　c）全桥

$$S = \frac{U_{bd}}{\Delta R / R_0} \tag{2-31}$$

注意，电桥的输出电压当然只有一个数值，就是上式的分子；而其分母 $\Delta R/R_0$ 则是仅指某一个桥臂的（习惯上通常取第 1 臂）。

（1）惠斯顿电桥　对于惠斯顿电桥，只有一个桥臂参与电阻变化，假定为第 1 臂，电桥的输入就是电阻变化率 $\Delta R_1/R_0$。电桥的输出电压 U_{bd}，由式（2-29）可以看出，也只有第一项$\frac{U_0}{4}\frac{\Delta R_1}{R_0}$。所以**惠斯顿电桥的灵敏度**为 $S = \frac{U_0}{4}$。

（2）开尔文电桥　对于开尔文电桥，令第一个工作臂为 1，那么另一个工作臂可能是对臂 3、也可能是邻臂 2（或 4）。接两个工作臂的目的是放大输出、提高灵敏度，所以如果两个应变片的应变是同号的（例如，都是拉应变），应该接为对臂，如 1 和 3；如果两个应变片的应变是异号的（例如，一个是拉应变，另一个是压应变），则应接为邻臂，如 1 和 2。那么，当两个应变片输出的电阻变化率绝对值相等时，由式（2-29）可以看出，电桥的输出电压是单片的 2 倍，那么**开尔文电桥的灵敏度就是惠斯顿电桥的 2 倍**，灵敏度 $S = \frac{U_0}{2}$。

有时开尔文电桥的两个工作臂的应变并不相同，那么其灵敏度就不能简单按“开尔文电桥是惠斯顿电桥的 2 倍”来计算。例如，测量轴上的拉力，可以采取如图 2-50 所示的贴片方法。两个应变片一个受拉、一个受压，所以在电桥中接为邻臂，类似于图 2-49b。

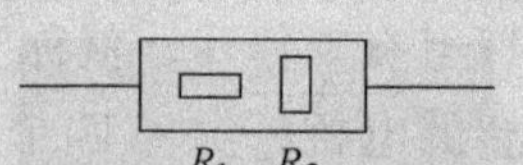

图 2-50　测拉力的贴片方法

由材料力学可知，试件受纵向拉应变 ε 时，R_2 受到的横向应变为 $-\mu\varepsilon$（μ 为试件材料的泊松比，“$-$”表示压应变）。所以，取 R_1 为基准，其输出电压为 $\frac{U_0}{4}\frac{\Delta R_1}{R_0}$，则 R_2 的输出电压为 $-\mu\frac{U_0}{4}\frac{\Delta R_1}{R_0}$。由加减特性易知，电桥的输出电压

$$U_{bd}=\frac{U_0}{4}\frac{\Delta R_1}{R_0}(1+\mu)$$

灵敏度则为
$$S=\frac{U_{bd}}{\Delta R_1/R_0}=\frac{U_0}{4}(1+\mu)$$

材料的泊松比小于1，所以灵敏度达不到 $S=\frac{U_0}{2}$。

（3）全桥 对于全桥，也就是四个桥臂都是工作臂，为了将输出电压尽可能提高，1、2、3、4 四个桥臂的应变符号应该是“正、负、正、负”，如图 2-49c 所示。显然，当各桥臂应变的绝对值相等时，全桥的输出电压相当于惠斯顿电桥的 4 倍，所以**全桥的灵敏度相当于惠斯顿电桥的 4 倍**，即 $S=U_0$。

4. 电桥加减特性的应用

电桥加减特性，通常用于以下三个目的。

（1）消除温度变化的影响 应变片具有温度特性，即在应变不变的条件下，随着温度的变化，应变片的输出电阻变化率发生变化。这种温度变化引起的电阻变化率的变化，传送给电桥，引起输出电压的变化，最终对被测量造成一种影响，试验结果的指示应变中包含了温度变化引起的干扰成分，可以称为“温度应变”。

为了消除温度变化的影响，可以将温度相同的应变片接为邻臂。利用“邻臂相减”的规律，抵消两个应变片的温度应变。具体办法有以下两种。

1）补偿片法。一个桥臂上接工作应变片，贴在试件上测量被测载荷。再选取一块和试件同样材质的零件，称为补偿件，放在试件附近，以保证两者温度相同。将另一个同样型号的应变片贴在补偿件上，称为温度补偿片。补偿片感受到的温度应变与工作片相同，两者接为邻臂，“邻臂相减”，就可以把温度变化引起的干扰消除掉。这种接法粘贴了两片应变片，但是工作片只有一片，其本质属于一种惠斯顿电桥，不能提高灵敏度，$S=\frac{U_0}{4}$。

2）工作片自行消除。两个应变片都是工作片，粘贴在同一个试件上，在电桥中接为邻臂。此时，两个工作片感受到的有用信号的应变必须是异号的，例如图 2-50 所示的情形，否则有用信号也互相抵消掉了。显然，利用“邻臂相减”，这种方法既能提高电桥的灵敏度，也能抵消两个工作片的温度效应。

对于温度，很难找到两个一高一低、刚好能互相抵消的温度环境，所以消除温度变化的影响只能利用“邻臂相减”的方法，而不能利用“对臂相加”。

（2）尽量放大输出，提高灵敏度 可利用“对臂相加”，即将两个感受同号应变的应变片，接在电桥的对臂；也可利用“邻臂相减”，即将两个感受异号应变的应变片，接在电桥的邻臂。

（3）消除干扰载荷的影响 干扰，指的是试件实际受到的、而试验者并不想测取的载荷。例如，试件同时承受拉力和弯矩，试验目的是测量拉力，那么弯矩就是干扰。消除干扰载荷的影响，可以采用以下两种方法。

1）利用“对臂相加”。将感受异号干扰应变的应变片，接在电桥的对臂。

2）利用“邻臂相减”。将感受同号干扰应变的应变片，接在电桥的邻臂。

对于惠斯顿电桥或者开尔文电桥，四个桥臂不都是工作臂。工作臂以外的其他桥臂，要么是温度补偿片，要么是仪器内部的固定电阻，由应变仪自动接入电桥。显然，接入仪器内部的固定电阻比温度补偿片简单，不需要手动处理试件表面、贴片和接桥，但固定电阻必须成对使用、接为邻臂，以保证其温度始终相等，自行抵消。例如，在图 2-49 中，如果只有 R_1 是工作片，那么 R_2 必须是温度补偿片；R_3 和 R_4 既可以都是温度补偿片，也可以都是仪器内部固定电阻。如果 R_1 和 R_2 是工作片，那么 R_3 和 R_4 既可以都是温度补偿片，也可以都是仪器内部固定电阻。

对待具体测量问题要具体分析，灵活运用电桥加减特性，实现各种目的。

现举一例：一根转动的圆轴，同时受到弯矩和扭矩，要求测量扭矩，也就是要消除弯矩的影响，同时还要消除温度变化的影响、尽量放大输出。应如何贴片和接桥？

受扭的零件，其表面存在着切应力和切应变，如图 2-51 所示。但是应变片只能测量正应变、不能测量切应变。

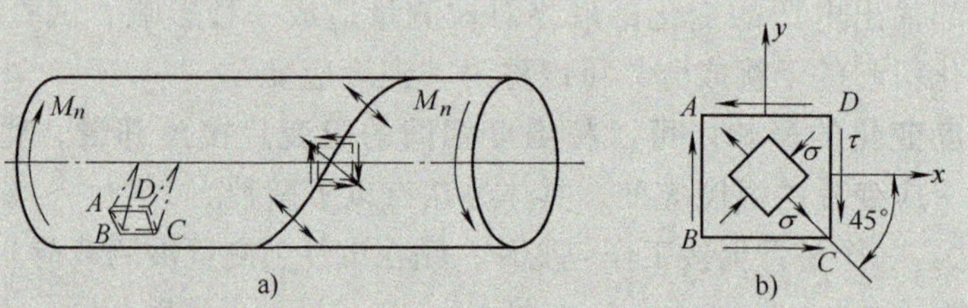

图 2-51　受扭的试件及其表面单元体应力分析

由二向应力状态理论可知，受扭的圆轴，其表面与轴线成 45°方向和 135°方向存在着最大拉应力和最大压应力，而且拉应力和压应力的绝对值 σ 都等于扭转切应力 τ。所以应该沿着与试件轴线成 45°和 135°的方向粘贴应变片。

贴片和接桥方法如图 2-52 所示。

对于被测扭矩，四个应变片按 45°、135°、45°、135°的方向粘贴，感受到的正应变符号一定是“正、负、正、负”；在接桥图中，按电桥加减特性的次序，形成（正 − 负 + 正 − 负）的电压输出，相当于单片应变片的 4 倍。

对于弯矩干扰，R_1 和 R_3 相隔 180°贴片，感受到的弯曲正应变绝对值相等、符号相反；在接桥图中，接为对臂，相加，互相抵消。R_2 和 R_4 也如此。所以电桥的输出中没有弯矩信号。

对于温度变化，四个应变片都是工作片，位于

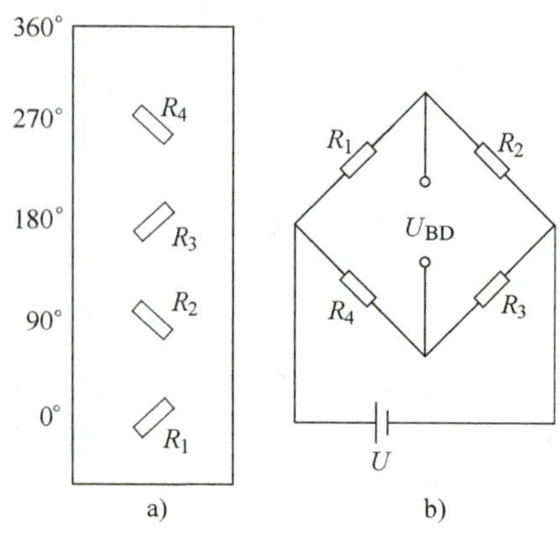

图 2-52　圆轴展开示意和电桥接法
a）贴片图　b）接桥图

同一试件上，温度始终相同；全部接入电桥，显然，温度应变经“＋－＋－”的加减运算，全部抵消掉。

由于轴在连续转动，应变片和固定设备之间不可能用导线连接，必须采用集流环，可参见本节中“五、信号的传输”部分。

实际上各相邻应变片之间在圆周方向上并不需要间隔90°，只要确保 R_1 和 R_3、R_2 和 R_4 相隔180°即可。

上述电桥电路，每个桥臂上都有一个应变片或电阻器，四个桥臂的初始阻值均相等。而有的电桥电路，在左右对称的两个桥臂上（如图2-48中的 R_1 和 R_2，或 R_4 和 R_3）串联若干片应变片。由电桥输出电压公式可知，某桥臂对于总输出电压 U_{bd} 的贡献，取决于该桥臂的电阻变化率。桥臂串联应变片后的电阻变化量 ΔR 和初始电阻 R 都是两片之和，电阻变化率 $\frac{\Delta R}{R}$ 并不提高。所以，桥臂上串联应变片并不能提高电桥的输出电压，或者说**不能提高电桥的灵敏度**。但是，当两片应变片的测试信号不同时，可以**利用串联法测量其均值**。而且一个桥臂的阻值增加，通过的电流减小，能够**减轻应变片的发热**。

例如，在图2-53中，试件同时受到拉力和弯矩，R_1 和 R_2 贴在试件表面的对称位置，串接在一个桥臂上；两个 R 均为温度补偿片，串接在另一个桥臂上，这两个桥臂相邻。注意，此图是一种简化画法，两个桥臂共一个节点，所以是邻臂。另外两个未画出的桥臂阻值都是 R，为仪器内部固定电阻。

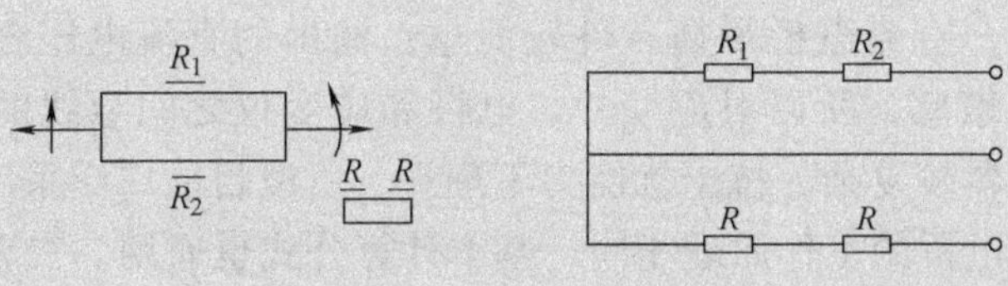

图2-53　利用串联的不等臂电桥测量拉力、消除弯矩

R_1 和 R_2 感受到的由弯矩导致的正应变是绝对值相等、符号相反的，串接在一个桥臂上，求平均值，结果互相抵消掉。R_1 和 R_2 感受到的由拉力导致的正应变完全相同，求平均后就相当于一个应变片的输出。两个温度补偿片串接在另一个桥臂上，其输出当然也就相当于一个温度补偿片产生的温度应变。注意，温度补偿片也必须采用两片，否则两个桥臂电阻不相等，电桥初始不平衡。

理论上也可以采取两片应变片并联在一个桥臂上，但这样做没有任何好处，所以不采用。

读者可以回顾上一节图2-17所示的圆柱式力传感器，尝试解释其贴片和接桥的原理。

5. 平衡式与非平衡式电桥

测量是利用测试系统，观察输出，以确定输入的过程。如果输入信号改变，输出仪表的显示值也会直接改变，这种测量方法称为**非平衡法**，或者称为**偏位法**。例如，用弹簧测力计测量物体的质量，质量越大，弹簧变形越大，指针示数越大。如果输入信号改变，通过试验人员调节测试装置，确保输出仪表示值不变，通过调节量来反映被测输入量，这种方法称为**平衡法**，或者称为**零位法**，例如天平。

上述电桥，是通过输出电压 U_{bd} 来反映输入应变 $\frac{\Delta R}{R}$ 的，输入量越大，输出信号越强，属于非平衡式电桥。非平衡式电桥的线路相对简单，调节容易；但是由式（2-29）或式（2-31）可以看出，当电源电压波动时，会引起电桥输出电压或灵敏度的改变，造成误差，或者需要频繁标定。为此，可以采取平衡式电桥，如图 2-54 所示。

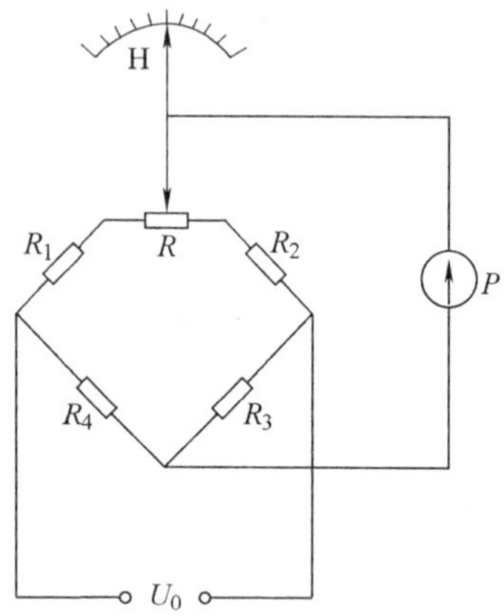

图 2-54　平衡式电桥

当被测量为零时，调节可调电阻 R，使指针 P 归零。当某桥臂的电阻随被测载荷发生变化时，调节 R，使指针再次归零。事前将可调电阻的调节量与桥臂电阻的变化做好标定，就可以用调节量来反映被测桥臂的电阻变化率。可见，这种零位测量法，其输出—输入关系以及系统的测试误差仅取决于可调电阻标度的精确度，与电源电压无关。

由于零位法测量需要随着输入量的变化由操作者主动调节可调电阻，不适于跟踪快速变化的信号，所以零位法一般用于测量静态信号。

6. 交流电桥

供桥电压 U_0 为直流电源的电桥，即为直流电桥。直流电桥的优点很多，如高稳定度的直流电源容易获得；直流电桥平衡条件较简单；输出的直流电压容易测量和显示；直流电对容抗和感抗不敏感，所以对应变片、电桥和应变仪之间导线的要求较低。直流电桥的缺点是直流放大器较复杂，抗干扰能力不理想，所以目前广泛采用交流电桥。

交流电桥和直流电桥的工作原理相同，基本计算公式也通用。二者的区别在于，交流电桥的供桥电压是交流电源 u，各桥臂上除了有纯电阻，还可能有电感和电容。（事实上直流电桥的各桥臂上也有电感和电容，但是对于直流电，电感相当于短路、电容相当于断路，不需考虑。）

直流电桥的平衡条件是 $R_1R_3=R_2R_4$。对于交流电桥，只需将各桥臂阻值用复阻抗 Z_1、Z_2、Z_3 和 Z_4 表达，平衡条件仍然为

$$Z_1Z_3=Z_2Z_4 \tag{2-32}$$

从表面上看，式（2-32）与式（2-28）只是标记符号的改变，都是一个等式。事实上，直流电桥平衡条件的数学本质是两个实数相等，式（2-28）是一个条件；而交流电桥平衡条件的数学本质是两个复数相等，其成立需要两个独立的条件。

以交流电容电桥为例，如图 2-55 所示。桥臂 1 是一个纯阻抗和一个容抗串联，其复阻抗为 $Z_1=R_1+\frac{1}{\mathrm{j}\omega C_1}$；桥臂 2 和桥臂 3 都只有纯阻抗，即 $Z_2=R_2$，$Z_3=R_3$；桥臂 4 与 1

类似，复阻抗 $Z_4 = R_4 + \frac{1}{j\omega C_4}$。$\omega$ 为交流电的圆频率。

代入式（2-32），计算可得交流电容电桥的平衡条件为

$$\begin{cases} R_1 R_3 = R_2 R_4 \\ \frac{R_3}{C_1} = \frac{R_2}{C_4} \end{cases} \tag{2-33}$$

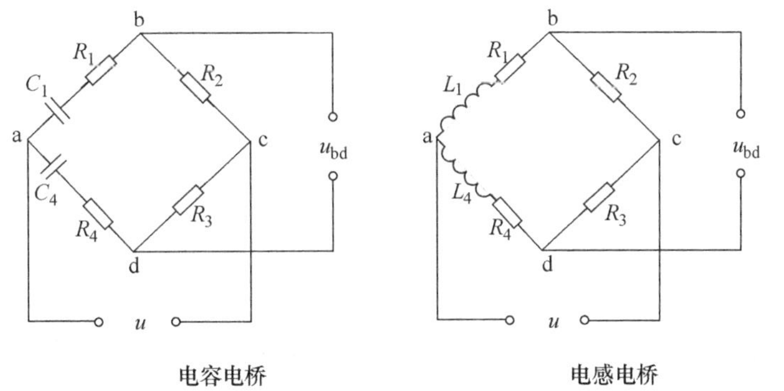

图 2-55　交流电桥

对于交流电感电桥，由于感抗 $X_L = j\omega L$，可求得平衡条件为

$$\begin{cases} R_1 R_3 = R_2 R_4 \\ L_1 R_3 = L_4 R_2 \end{cases} \tag{2-34}$$

可见，无论是式（2-33）还是式（2-34），都是两个独立的条件，有一个不满足，电桥就不平衡。

上述电容电桥的两个臂都带电容（容性的），电感电桥的两个臂都带电感（感性的），这是有其必要性的。如果随便混接一个电桥，例如将图 2-55 的两个电桥“杂交”一下，第 1 臂带电容、第 4 臂带电感，那么按 $Z_1 Z_3 = Z_2 Z_4$，简单地计算就会发现，这两个复数的虚部肯定是一正一负，不可能相等，这个电桥永远不会平衡。所以，如果交流电桥的两个邻臂是纯电阻，那么**另两个臂必须具有相同性质的电抗**，即都是容性的或者都是感性的。

交流电桥，除了平衡条件较复杂外，与直流电桥相比，还容易受到分布电容的影响。传感元件、测试仪器和导线等都带有杂散分布的电容和电感，其中电感的影响较小。由于分布电容的存在，即使是纯电阻电桥，也相当于在各桥臂上并联了一个小电容，如图 2-56所示。

研究分析表明，分布电容会降低交流电桥的灵敏度，供桥电压频率越高，影响越严重。所以要使用高品质的元件和导线，并力求缩短传输距离，以减小分布电容。

如果分布电容不平衡（如图 2-56 中 $C_1 \neq C_2$），在后续放大处理过程中信号会产生非线性畸变和波形失真，供桥电压频率越高，影响越严重。所以在应变仪使用操作中，必须调节电容平衡，如图 2-56b 所示。调节平衡后，还要减小环境温度变化，固定导线。因

为温度变化以及导线移动都会引起分布电容的改变。

可见，由于交流电桥存在分布电容及其不平衡，对测试系统和试验操作都提出了更高的要求。

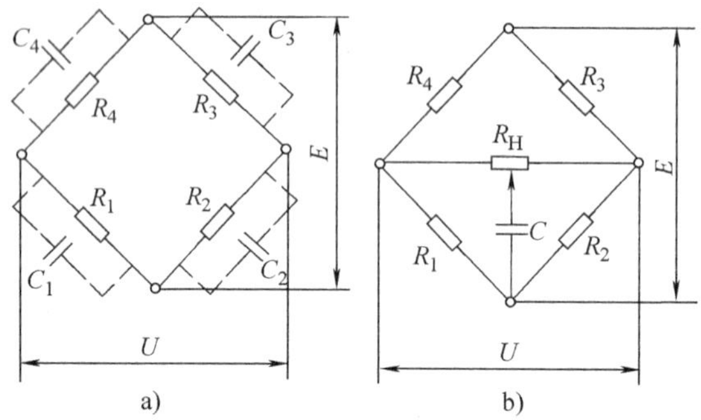

图 2-56　交流电桥的分布电容及电容平衡的调节

电桥输出电压公式、电桥加减特性、电桥灵敏度的定义等直流电桥的基本关系，对于交流电桥同样适用。

7. 应变仪

应变片是手动粘贴的或者事先固定在应变片式传感器内部，而供桥电压的施加、输出电压的拾取、输出和放大、电桥平衡的调节等，都要由应变仪来完成。

应变仪的核心功能是信号放大，根据放大器的工作原理，应变仪分为直流放大和交流载波放大两类。注意，这里的“直流”和“交流”指的是电桥的供桥电压，不是被测试信号的变化规律。直流放大式应变仪对电桥提供直流供桥电压，构成直流电桥，交流载波放大式应变仪构成的则是交流电桥。直流电桥操作简单，工作频率（即被测应变的变化频率）可达 10kHz，但零漂问题较难解决；交流载波放大器稳定性好，零漂小，目前使用较多。

按被测信号的变化规律，应变仪分为静态应变仪和动态应变仪。静态应变仪用于测量静止的或变化缓慢的应变，可以采用零位法（平衡式）测量。动态应变仪的工作频率为 0～2kHz，高频被测信号的输出一般不能直读，也不能采取零位测量法，而是与各种记录仪配合使用，记录电桥输出电压。

应变仪的详细操作，请参阅具体仪器的说明指导文件。

二、滤波器

滤波器，是一种频率选择装置，根据信号的频率高低对信号进行取舍，将不需要的频率成分极大地衰减。其频率选择特性可以分为高通、低通、带通和带阻四类，如图 2-57 所示。

$A(f)$ 为幅频特性，反映输出信号与输入信号的幅值比。幅频特性值越大、越接近 1，说明信号通过越容易；反之，$A(f)$ 越小，说明滤波器对输入信号衰减得越严重、“阻”得越厉害，所以用幅频特性来评价滤波器的工作特性。

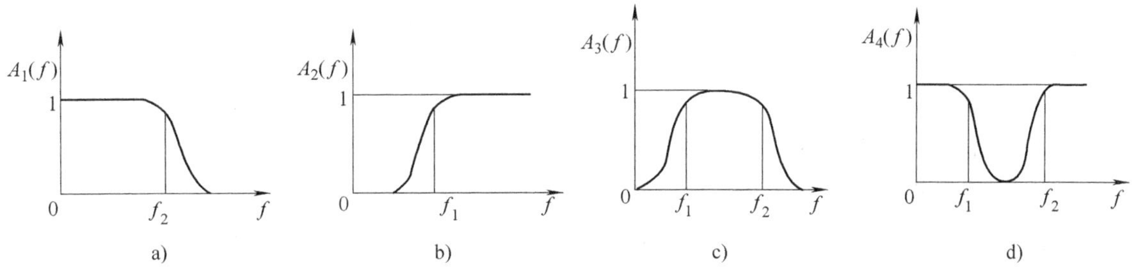

图 2-57　滤波器的工作特性
a）低通　b）高通　c）带通　d）带阻　f_1，f_2—导通频率

当输入信号频率高于某一数值或低于某一数值时，幅频特性值将急剧下降，也就是说输入信号被急剧衰减，那么该频率值就称为**截止频率**。导通频带的上限称为上截止频率，即图中 f_2；下限称为下截止频率，即 f_1。

滤波器的基本功用是进行频率选择，常用于消除测量干扰、平滑信号或者选择、分离信号中的不同频率成分。

例如，在进行悬架装置的固有频率和阻尼比测试时，得到的振动原始信号通常包含了很宽的频带。而由汽车的平顺性理论可知，车身或车轮部分做自由衰减振动时，有其固有频率。对于车身部分而言，固有频率一般为 1～2Hz，车轮部分则为 10～15Hz。那么就可以将加速度传感器得到的原始信号先进行低通滤波，对于车身部分以 5Hz 为上截止频率，车轮部分则可取 20Hz 为上截止频率。

经过滤波后，得到的信号非常平滑，易于判定峰值，从而计算周期等信息。图 2-58 所示为低通滤波与信号的平滑处理。

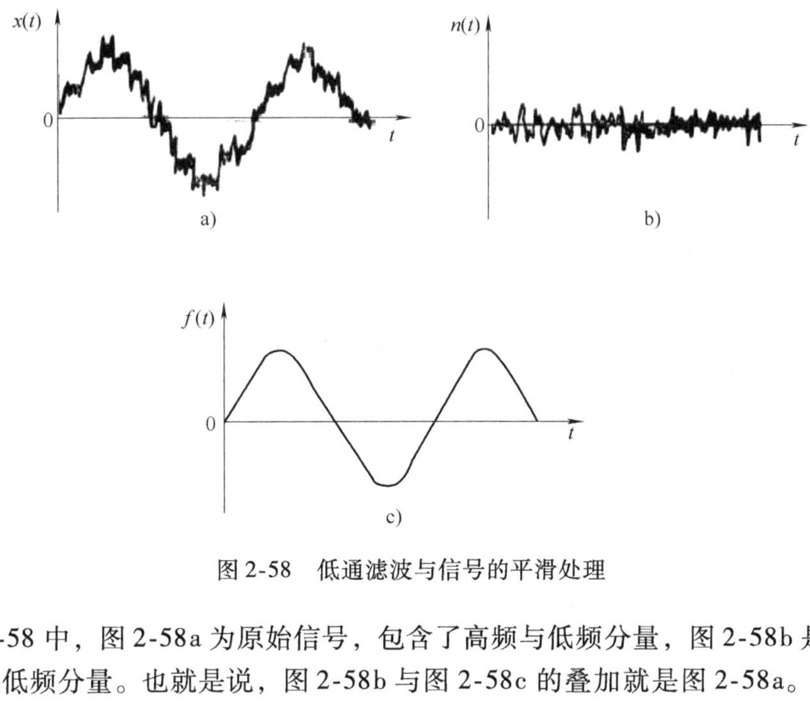

图 2-58　低通滤波与信号的平滑处理

在图 2-58 中，图 2-58a 为原始信号，包含了高频与低频分量，图 2-58b 是高频分量，图 2-58c 是低频分量。也就是说，图 2-58b 与图 2-58c 的叠加就是图 2-58a。当确知高频

分量是干扰时，就可以将原始信号送入具有某一上截止频率的低通滤波器，去掉高频成分（见图 2-58b），滤波器的输出信号就是平滑规整的低频分量（见图 2-58c）。

如果想单独分析上述信号中的干扰噪声，则可以将原始信号送入一个高通滤波器，从图 2-58a 中消除掉图 2-58c，仅留下高频干扰（见图 2-58b）。

除了截止频率外，滤波器的性能参数还包括：

(1) 带宽 带宽反映频率分辨能力，即滤波器分离信号中相邻频率成分的能力，通常用 B 表示。对于带通滤波器，$B=f_2-f_1$。带宽越窄，频率分辨能力越强，越容易从复杂信号中将特定频率成分鉴别出来，或者在总频带有限的情况下容纳更多的频带数目。但是带宽太窄，当目标频率发生变动或存在干扰偏差时，有可能检测不到所需信号。

(2) 倍频程选择性 倍频程选择性反映滤波器的频率选择能力，它是指从上截止频率 f_2 处再向上移动一个频程至 $2f_2$ 处或从下截止频率 f_1 处再向下移动一个频程至 $0.5f_1$ 处，幅频特性的衰减率，通常用 dB（分贝）表示。这个衰减率越大，即表示倍频程选择性越强，说明滤波器对于超出导通频带以外的信号衰减得越厉害。

> 分贝 $\mathrm{dB}=20\lg\dfrac{x}{x_0}$，指的是某信号 x 与其基准 x_0 之间的比率。分贝值大于 0，说明被研究信号 x 比基准 x_0 大；分贝值小于 0，则说明被研究信号 x 比基准 x_0 小。例如，衡量声强所用的声压级 L_p，就是这种“分贝”值，即 $L_p=20\lg\dfrac{p}{p_0}$，p 是被测点的实际声压，p_0 是基准声压（又称为听阈声压，为 $2\times10^{-5}\mathrm{Pa}$）。

关于滤波器的详细物理原理和操作方法，请参考有关电工电子方面的书籍以及相关试验标准文件。

三、放大器

传感器通常是和被测试件直接连接的，和试件一起运转，为了提高工作可靠性和环境适应能力，并减小对被测系统的影响，传感器的设计力求结构简单，做得非常紧凑，没有复杂处理电路，所以其输出电信号的电量偏低、功率偏小，不足以直接带动负载（通常是记录器）。

所以，对于来自传感器的电信号，通常要采用放大器进行放大，提高其输出功率。

放大器的种类繁多，工作原理和结构设计都非常复杂，有兴趣的读者可以参考有关方面的书籍和文献。在此，仅介绍对于汽车试验操作者和仪器选用者来说非常重要的一个问题——阻抗匹配。

放大器介于传感器和负载之间，即传感器→放大器→负载。可见，其阻抗匹配包括两方面：放大器与其前端传感器的阻抗匹配和放大器与其后端负载的阻抗匹配。

1. 传感器与放大器的阻抗匹配

传感器作为信号源，令其输出电压为 u_x，自身内阻为 z_x；放大器输入阻抗为 z_1，输入端获得的电压为 u_1。

传感器与放大器的阻抗匹配的基本原则是：传感器的输出电压 u_x 尽可能多地转换为放大器的输入电压 u_1。匹配原理如图 2-59 所示。

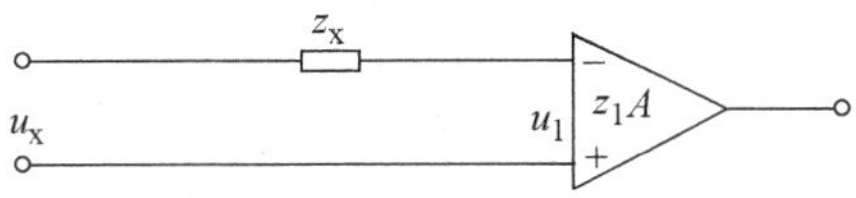

图 2-59　传感器与放大器输入端

> 这个模型就相当于一个经典的电工学问题：电源的电动势为 u_x、内阻为 z_x，为了使该电动势尽可能多地转化为路端电压 u_1，应满足什么关系？很显然，答案是用电器阻抗 z_1 远高于电源内阻 z_x。

因此，**传感器与放大器合理的阻抗匹配要求是**：放大器的输入阻抗尽可能高于传感器的内阻抗，即 $z_1 \gg z_x$。

所以，放大器的输入阻抗一般都很高。如果信号源内阻 z_x 非常高，致使普通放大器不能满足 $z_1 \gg z_x$ 的要求，这时就要求采取特殊的放大器。例如，压电式传感器的内阻很高，就需要采用输入阻抗极高的前置放大器来做阻抗匹配。

2. 放大器与负载的阻抗匹配

放大器的输出用于推动负载（记录器）工作，负载工作需要的是功率。

所以，**放大器与负载的阻抗匹配的基本原则**是：负载获得的功率尽可能大。注意，这里要求的是功率数值，而不是功率转换比率。阻抗匹配的电路模型如图 2-60 所示。

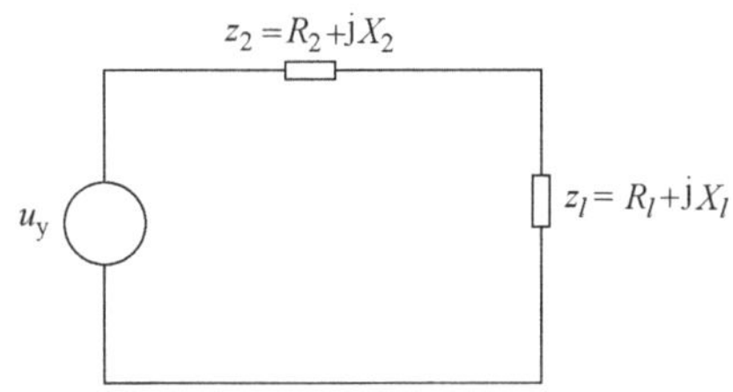

图 2-60　阻抗匹配的电路模型

考虑到放大器与负载的阻抗都可能有电抗部分（感抗或容抗，即不是纯电阻），令放大器的输出电压的均方根为 u_y，输出阻抗为 $z_2 = R_2 + jX_2$；负载阻抗 $z_l = R_l + jX_l$。按交流电路理论，可得负载的有功功率（不是视在功率）为

$$P = \frac{u_y^2 R_l}{(R_l + R_2)^2 + (X_l + X_2)^2}$$

为使功率 P 取极大值，显然需要 $X_l + X_2 = 0$，也就是两个纯电抗部分刚好抵消掉。此时问题转化为两个纯电阻的串联，负载功率 $P = \dfrac{u_y^2 R_l}{(R_l + R_2)^2}$。

> 这个模型类似另一个经典的电工学问题：电源内阻与用电器电阻如何匹配，能够使得用电器获得的功率尽可能大？答案是：用电器电阻等于电源内阻。对应此处的阻抗匹配问题就是 $R_l = R_2$。

因此，负载功率最大，需要同时满足两个条件，分别是负载阻抗与放大器输出阻抗的实部（纯电阻部分）相等和虚部（电抗部分）互为相反数，即 $R_l = R_2$，$X_l = -X_2$。两个实部相等、虚部相反的复数，在数学上称为共轭复数。即**放大器与负载的阻抗匹配的要求**是：负载阻抗与放大器输出阻抗互为共轭复数。

电阻部分的匹配较容易实现，因为纯电阻 $R_l=R_2$ 达成后，基本上不会改变。而电抗部分的匹配，要求 $X_l=-X_2$，显然，X_l 与 X_2 必然一个是感性、另一个是容性，才有可能符号相反（容抗 $X_C=\frac{1}{\mathrm{j}\omega C}$，感抗 $X_L=\mathrm{j}\omega L$）。即使在某种测试条件下实现了 $X_l=-X_2$，随着测试信号频率的变化，两者的绝对值一定是一个增加、一个减小，匹配势必被打破，而且信号频率变化幅度越大，电抗部分不匹配就越严重，这一点要引起注意。

四、调制与解调

一般来说，高频交变信号的放大比较简单，而直流或者缓变信号的放大比较复杂，存在一些较难克服的困难。

单就信号的放大处理来说，直流放大存在零漂和级间耦合等难题；阻容耦合交流放大器能够抑制零漂，但低频响应差，失真严重，不能放大静态或低频信号。

那么，当被测信号属于某种静态或者低频缓变的信号时，为了放大该信号，往往采取一种“迂回”的处理方法：先将低频信号转变为高频信号，然后对信号进行高频放大，最后再将信号还原为低频信号，就得到了与原频率一样且放大了的信号，如图 2-61 所示。

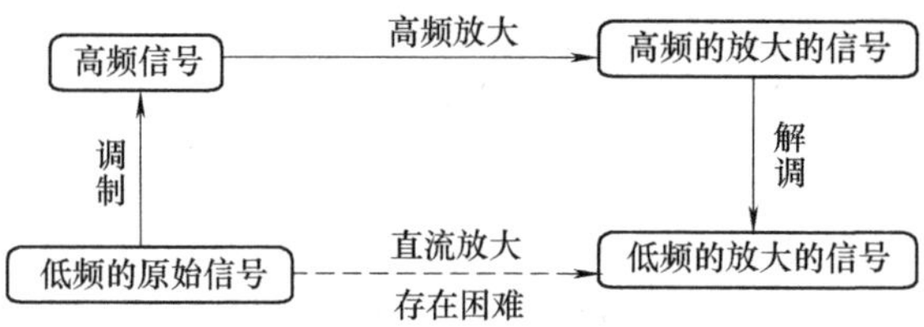

图 2-61　低频信号的放大途径

其中，将低频信号转变为高频的过程，称为**调制**；而将高频信号转变为低频的过程，称为**解调**。下面简单介绍调制的种类和基本特点。

调制过程不仅要改变信号的频率，还要确保信号的原始信息不能丢失。一般称原始低频信号为**调制信号**，载送低频信号的高频振荡为**载波**，经调制后得到的高频信号为**已调波**。调制的过程，就是用载波来搭载调制信号的原始信息，又或者说是利用调制信号控制载波，将载波转变成已调波的过程。已调波保留了载波的部分特征，同时包含调制信号的信息。

如果调制信号控制的是载波的幅值，这个调制过程就称为**调幅**，即 AM，如果控制的是频率和相位，则分别称为**调频**和**调相**，即 FM 和 PM。其中调相技术的实现比较复杂，在一般的民用测试领域采用的不多。

调幅和调频的基本原理，如图 2-62 所示。

由图中可以看出，载波是一个纯净的高频等幅振荡。调幅的过程，就是用调制信号的幅值去控制载波的幅值，得到的已调波就称为调幅波，调制信号强的地方对应的调幅波幅值就大；调频的过程，则是用调制信号的幅值去控制载波的频率，调制信号强的地方，对应的调频波频率就高。

在前面的内容中，已经提出了“频率信号的抗干扰能力强于幅值信号”的思想（可以参看本章第二节“磁电式传感器”或“霍尔式传感器”的内容）。在此，依然存在这种对比：与调幅波相比，调频波是用频率体现原始信号的信息，频率信号在进一步的传输和处理过程中，不易跌落、错乱和失真，便于远距离传输和采用数字处理技术。调频波的幅值（和相位）在传输、处理过程中可能受到干扰，发生变化，但对信息的传递基本没有影响。

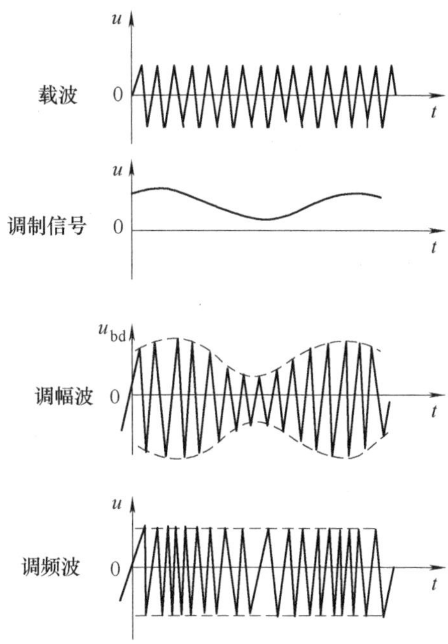

图 2-62　调幅和调频的基本原理

五、信号的传输

一个完整的测试系统，由若干个装置（子系统）组成。各装置之间或者复杂子系统的内部，需要进行信号输入、输出的交流，即信号的传输。若汽车试验系统中的每一个装置均相距很近，且试验系统中各装置的位置相对固定，则通常采用信号线（有线）传输。但如果试验系统各装置的相对位置较远，则要视信号的类型、性质及信号传输的方便性与成本等诸多因素采用合理的信号传输方式。

信号传输包括**接触传输**和**非接触**（无线）**传输**。接触传输又包括**导线传输**和**集流环传输**。其中导线传输的应用最为广泛。

1. 导线传输

导线传输，从基本电学意义上来说，其目的就是通过良好导体的连接，使两个或多个被连接点等电动势。也就是说，导线传输对信号不做变换，而是强调要忠实地传递原信号，抵抗干扰信号。

有线传输的优点是抗外界干扰能力强，但有线传输所存在的问题也很明显。当有线传输介质较长时，分布在介质上的电阻、电容和电感不可忽视，这样就相当于在测试系统的两个环节中串进了另一个环节，此环节的介入，不可避免地会产生负载效应。因此，在汽车试验中，在可能的情况下力求缩短导线的长度。若必须采用长信号线传输时，则应在测试系统的组成及测试电路上采取相应的技术措施，以减小或消除其影响。

（1）传输介质　导线传输方式中有双绞线传输、同轴电缆传输和光纤传输等多种。

1）双绞线传输。双绞线（Twisted Pair，TP）是工程中最常用的一种传输介质，是由两根具有绝缘保护层的铜导线组成的。把两根绝缘的铜导线按一定密度互相绞在一起，每一根导线在传输中辐射出来的电波会被另一根导线上发出的电波抵消，从而有效降低信号干扰的程度，“双绞线”的名字也是由此而来。双绞线可传输模拟信号和数字信号。

目前，双绞线可分为非屏蔽双绞线和屏蔽双绞线。屏蔽双绞线电缆（见图 2-63）的外层由铝铂包裹，以减小辐射，但并不能完全消除辐射。屏蔽双绞线价格相对较高，安装时要比非屏蔽双绞线电缆困难。

屏蔽双绞线在双绞线与外层绝缘封套之间有一个金属屏蔽层。屏蔽双绞线分为 STP（Shielded Twisted-Pair）和 FTP（Foil Twisted-Pair），STP 指每条线都有各自的屏蔽层，而 FTP 只在整个电缆有屏蔽装置。屏蔽层两端都正确接地时才起作用，所以要求整个系统是屏蔽器件，包括电缆、信息点、水晶头和配线架等，同时建筑物需要有良好的接地系统。屏蔽层可减少辐射，防止信息被窃听，也可阻止外部电磁干扰的进入，使屏蔽双绞线比同类的非屏蔽双绞线具有更高的传输速率。

非屏蔽双绞线（Unshielded Twisted Pair，UTP）是一种数据传输线，如图 2-64 所示，由四对不同颜色的传输线组成，广泛用于以太网路和通信线路中。非屏蔽双绞线电缆具有以下优点：①无屏蔽外套，直径小，节省所占用的空间，成本低；②重量轻，易弯曲，易安装；③将串扰[㊀]减至最小或加以消除；④具有阻燃性；⑤具有独立性和灵活性，适用于结构化综合布线。因此，在综合布线系统中，非屏蔽双绞线得到广泛应用。

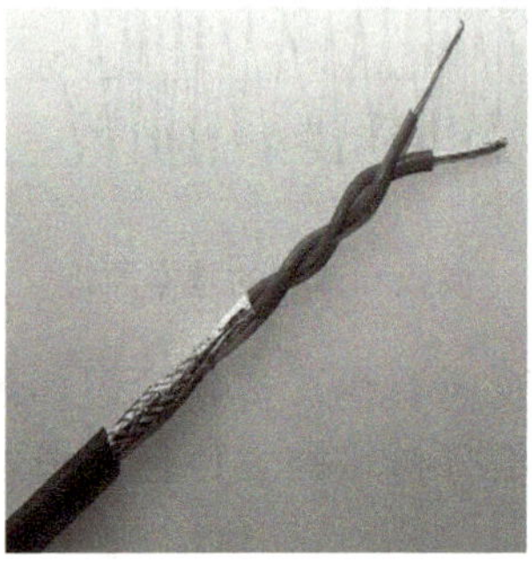

图 2-63　屏蔽双绞线

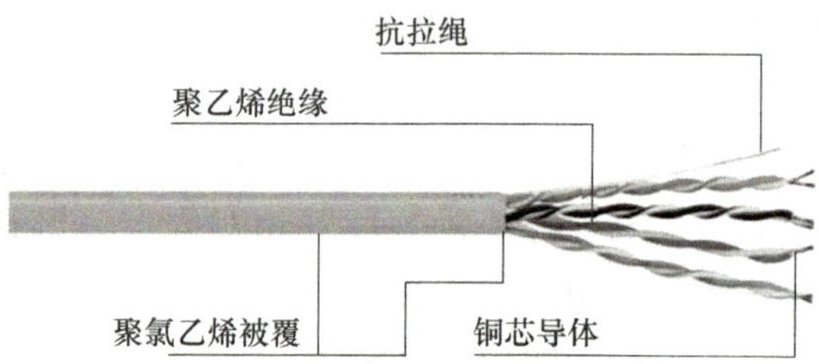

图 2-64　非屏蔽双绞线

2）同轴电缆传输。同轴电缆最早应用于有线电视网络，可以很高的速率传输很长的距离，所以同轴电缆也是局域网中最常见的传输介质之一。

如图 2-65 所示，同轴电缆由里到外分为四层：中心铜线，塑料绝缘体，网状导电层和电线外皮，因为中心铜线和网状导电层为同轴关系而得名。

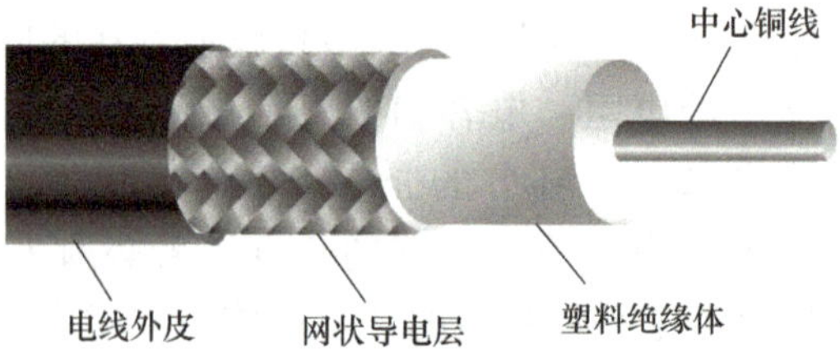

图 2-65　同轴电缆结构简图

如果使用一般电线传输高频率电流，这种电线就会相当于一根向外发射无线电的天

㊀ 串扰是指两条信号线之间的耦合、信号线之间的互感和互容引起线上的噪声，即它是一个信号对另外一个信号耦合所产生的一种不受欢迎的能量值。

线，这种效应损耗了信号的功率，使得接收到的信号强度减小。同轴电缆的设计正是为了解决这个问题。中心电线发射出来的无线电被网状导电层所隔离，网状导电层可以通过接地的方式来控制发射出来的无线电。

同轴电缆也存在一个问题，就是如果电缆某一段发生比较大的挤压或者扭曲变形，那么中心铜线和网状导电层之间的距离就不是始终如一的，这会造成内部的无线电波被反射回信号发送源。这种效应减低了可接收的信号功率。为了克服这个问题，中心铜线和网状导电层之间被加入一层塑料绝缘体来保证它们之间的距离始终如一。这也造成了这种电缆比较僵直而不容易弯曲的特性。

3）光纤传输。光纤是光导纤维的简写，是一种利用光在玻璃或塑料制成的纤维中的全反射原理而达成的光传导工具，是目前发展最为迅速、应用广泛的传输介质（见图 2-66）。微细的光纤封装在塑料护套中，使得它能够弯曲而不至于断裂。通常，光纤一端的发射装置使用发光二极管或一束激光将光脉冲传送至光纤，光纤另一端的接收装置使用光敏元件检测脉冲。

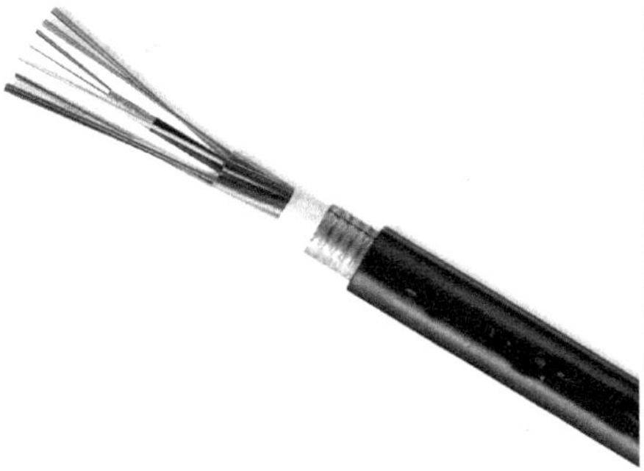

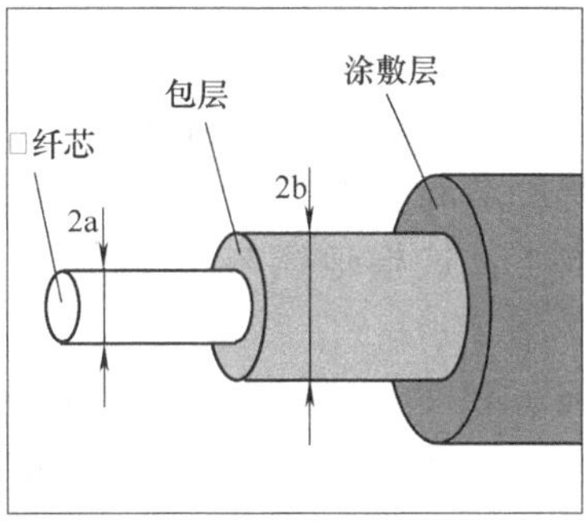

图 2-66　光纤及其结构

由于光在光导纤维中的传导损耗比电流在电线传导中的损耗低得多，光纤可以用作长距离的信息传递。

光纤传输有很多优点，如频带宽、传输速率高、传输距离远、抗冲击和抗电磁干扰性能好、数据保密性好、损耗和误码率低、体积小和重量轻等，最突出的特点是传输信息量大。

但它也存在连接和分支困难、工艺和技术要求高、需配备光电转换设备、单向传输等缺点。由于光纤是单向传输的，要实现双向传输就需要两根光纤或一根光纤上有两个频段。

因为光纤本身脆弱，易断裂，直接与外界接触易产生接触伤痕，甚至被折断，因此在实际通信线路中，一般都把多根光纤组合在一起形成不同结构形式的光缆。

（2）干扰抑制　在导线传输过程中，不可避免地要受到外界环境干扰。主要的干扰源包括电力线路、电器设备和电磁波等。**电力线路**，尤其是交流电力线路，包括大功率的变电设备，是最常见的干扰源，它产生的工频干扰会以电感和电容耦合的形式叠加到传输信号中。**电器设备**，尤其是大功率的电器设备，不可避免地存在磁场泄漏，会引起测试现场磁场强度的改变或者磁场方向的改变（通常是施加了某种旋转磁场），对测试设备和导线传输会造成电磁感应，相当于在信号电路中串联了一个干扰电压源。**电磁波**，试验场所周围的电磁辐射，包括各种无线电发射和接收设备，以及汽车或汽车试验设备的电磁辐射，也会对导线传输造成电磁干扰。

针对这些导线传输的外界干扰，通常采取以下措施加以抑制。

1）屏蔽。屏蔽是最常见的抑制静电耦合的方法。由物理学可知，将被保护对象用良导体形成的“绝缘罩”与外界环境隔绝开，可以断绝外界电磁环境对其内部的影响。对于一个电路设备，可以采取金属网罩，将其密封起来，并将该网罩可靠接地。更常见的对于传输导线的屏蔽，是采用屏蔽线，如上述屏蔽双绞线。

2）合理接地。很多处理电路都有接地。设置接地点的目的，是希望这些点等电动势。但是“地”[⊖]并不一定是绝对等电动势的，尤其是测试系统采取多点接地后，“地”的各点之间存在电位差。所以，要采取合理的接地连线方式。图2-67所示为几种常见的接地线连接方式。

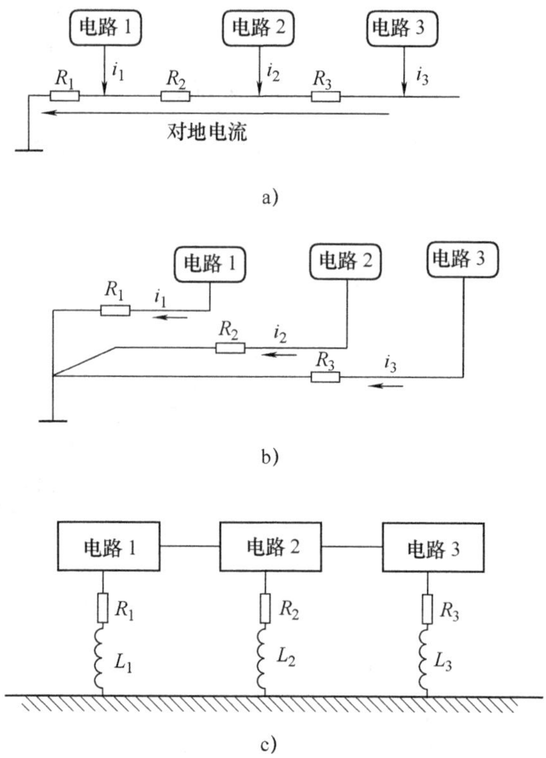

图2-67 几种常见的接地线连接方式

a）串联接地 b）并联接地 c）高频多点接地

由图2-67a中可以看出，**串联接地**是复杂电路系统的各个需要接地的点，都接到一根地线上，这根地线与接地点相连接。

这种接地方法的优点是布线简单。缺点是：由于地线的各段电阻 R_1、R_2 和 R_3 串联在一根“总地线”上，各接地点之间的接地电流和对地电压互相影响。例如，流过 R_1 的电流是 $i_1+i_2+i_3$，受电路2和电路3的影响；电路3的对地电压则是 $i_3R_3+(i_2+i_3)R_2+(i_1+i_2+i_3)R_1$，受电路1和电路2的影响。所以，这种接地方法在确保各接地电路等电动势方面不理想，而且要求低电平的电路布置在距接地点最近处，如图2-67a中电路1。

并联接地则是将各电路需要接地的点，各用一条单独的地线接到接地点，各线（电阻）之间是并联关系，如图2-67b所示。很显然，由于各线之间并联，接地电流和对地电压互不影响，各点是否与接地点等电动势仅取决于自身地线的阻抗。这种并联接地的缺点是布线较复杂；而且当地线较长、信号频率较高时，导线的电感不能再忽略不计，同时导线之间距离较近，可能有互感效应。

为了解决并联接地法的互感问题，对于复杂电路、高频信号的场合，可以采取**高频多**

⊖ 对于实验室环境来说，最常见的“地”就是试验台架的铁地板基础或者其他可靠的大型接地物体；随车试验时，“地”往往取车身搭铁。

点接地的方法，如图2-67c所示。各电路需要接地的点，直接接到“地”（台架铁地板等金属基础），各接地线尽可能短、尽可能远离，就近接地。

对接地点的连接工艺要求：不能利用滚轮、铰链等活动物，避免使用螺纹联接件，尽量使用焊接方式。

（3）抑制电磁感应的干扰　增大信号线与干扰源的距离；合理布线，减少信号线与旋转磁场的交链[㊀]；将产生干扰的回路导线和可能受到干扰的回路导线分别扭绞；采用具有高磁导率屏蔽材料的双芯屏蔽线和同轴电缆。

注意，“（1）屏蔽”和“（3）抑制电磁感应的干扰”不是一回事。屏蔽可防止外来电磁场的干扰，又可防止本身电磁场辐射对外界的干扰，主是针对静电场，若采用高导磁材料罩实现磁屏蔽，也可防止磁场干扰。但即使采用了金属网或者屏蔽线，如果导线相对磁场运动，致使“通过闭合回路面积内的磁通量发生变化”，导线中照样会感应出电动势，依然会受到干扰。

2. 集流环

在很多试验中，传感元件随试件一同连续旋转，而信号处理设备固定布置。例如，测量转轴上的载荷，应变片组成电桥并粘贴在转轴上，随轴一同旋转；而应变仪是固定放置的，应变仪要给电桥提供供桥电压，电桥的输出电压要传输给应变仪。在此情况下，旋转试件和固定设备之间电信号的传输，就需要采用**集流环**。集流环分为接触式和非接触式两类，接触式主要包括滑环式和水银槽式，非接触式主要是旋转变压器式。其中滑环式应用较为广泛，有些场合将“集流环”简称为“滑环”。

（1）滑环式　滑环式集流环是利用固体导体直接接触，靠固定件和运动件端部之间的滑动接触传递电信号，类似于各种电机的固定电源线与旋转绕组之间的电刷—滑环配合。

滑环式集流环经常与应变片配合使用，此时要注意接触电阻的影响。接触电阻广泛存在于固体导体的交界面处，其数值r很小，对于一般的电能传输或电量传递影响不大。但是电阻应变片的输出就是电阻变化，由$\Delta R=K\varepsilon R_0$可知，其数值就很小，因此，接触电阻及其变化，有可能与应变片的电阻变化相当，会影响应变片的输出，造成试验误差。为了减小接触电阻的影响，可以采取以下措施：

1）采用高阻值的应变片。应变片的初始电阻R_0提高，电阻变化量ΔR就变大，接触电阻r的影响就相对减轻。

2）改进滑环结构，减小接触电阻及其变化。在常规应变片测试下，一般要求接触电阻的变化幅度小于0.00024Ω。

3）采用全桥接法。如图2-68所示，采用

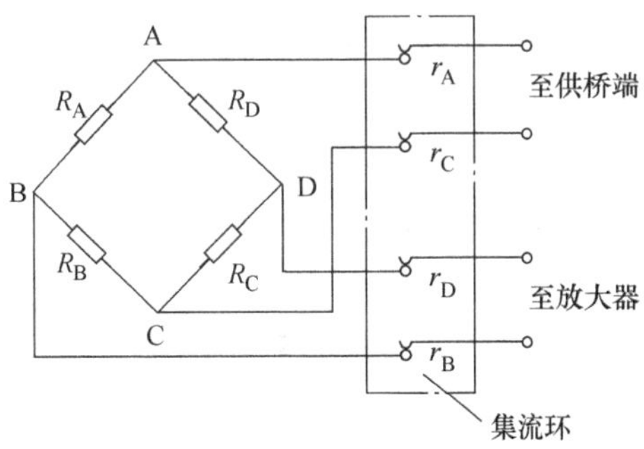

图2-68　全桥电路的接触电阻

㊀ 交链：导线与磁场的相对运动引起导线回路内磁通量的变化，即“导线切割磁感线”。

全桥接法，集流环各滑动触点的接触电阻 r_A、r_B、r_C 和 r_D 都被移出电桥，对电桥工作特性的影响大大减轻。

由电路分析可以看出，对于供桥端A、C来说，接触电阻 r_A 和 r_C 的存在相当于串联了两个小电阻。以A、C为电源，电桥本身相当于两个 R 串联后再与另两个 R 并联，电路的总电阻为 R，常见的 R 值为120Ω；接触电阻的数量级则远小于此。也就是说，在 R 的基础上串联两个 r，分去的电压极小，真正施加到电桥上的供桥电压基本不变。

对于B、D端，由于通常令电桥的输出端为开路（事实上电桥的输出端、也就是放大器的输入端，阻抗的确非常大），在此基础上串联两个阻值极小的接触电阻 r_B 和 r_D，更是显得无足轻重。

如果不是全桥，而是惠斯顿或者开尔文电路，那么接触电阻就会进入某个桥臂，对电桥输出特性的影响就不能忽略了。有兴趣的读者可以验证一下。

（2）水银槽式 水银（汞）是唯一在常温下成液态的金属，利用水银的导电性，水银槽式集流环在内外圈之间传递电信号。其结构类似滚动轴承，外圈壳体固定，内圈和试件同步旋转，内外圈之间有若干条轴向排列、相互独立绝缘的水银槽，水银将试件上的电信号传递到外圈，由引线传出。图2-69所示为其横截面的示意图。

水银槽式集流环的接触电阻较小，且不存在固体材料之间的磨损；但汞（蒸气）有毒性，需注意安全。

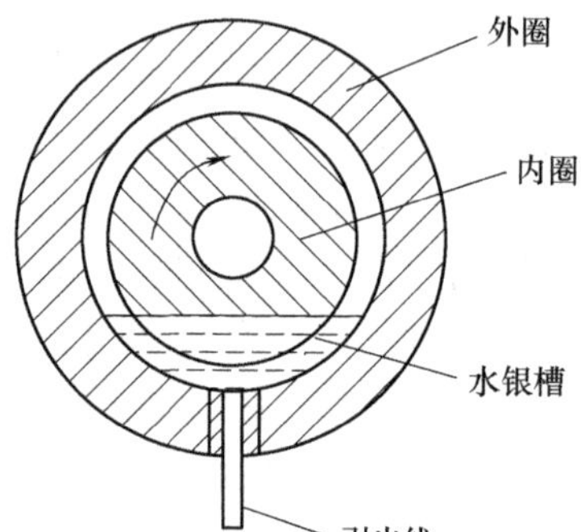

图2-69 水银槽式集流环横截面示意图

（3）旋转变压器式 旋转变压器式集流环利用电磁感应（互感）工作。集流环有两套变压器，分别用于将供桥电压从应变仪感应到电桥以及将输出电压从电桥感应到应变仪。这种非接触式传输不存在接触电阻；但是内外圈之间存在磁路损失，对应变仪的电桥平衡调节功能有影响。为了减小这种损失，需要将内外圈之间的间隙做得尽量小，试件上的应变片要接成等臂电桥（即各应变片初始阻值一致），引线的布置也要尽量对称。

3. 信号的无线传输

无线传输常称为“无线电遥测”。当运动件与固定件之间的相对运动速度很高，或者试件与固定设备之间的相对位置发生急剧变化（如室外道路试验）时，可以采取无线传输。信号的无线传输是利用电磁波来传输信号的，传感器与试件固定在一起，装有信号发射天线，在固定设备上则设置信号接收装置。

由于信号的无线传输不存在导线分布及电阻、电容和电感所组成的导线环节，且应用方便灵活，因此近年来在汽车试验领域，信号的无线传输得到了较大的发展。无线传输存在测试信号在传输过程中容易受到干扰等问题，故信号无线传输的关键是抗干扰。由前面对信号的调制与解调的讨论中发现，频率调制信号具有较强的抗干扰能力，因此，为尽可能减小对测试信号的干扰，在汽车试验中，测试信号的无线传输常采用频率调制信号。

无线传输方式中主要有无线模块传输、无线网桥传输、无线局域网传输等。

（1）无线模块传输　无线模块是一种中短距离无线通信设备，目前广泛应用于工业自动化、数据采集、无线通信、安全监控系统等领域。无线模块传输的突出特点主要是低功耗、低成本、接口灵活、安全性能高。

（2）无线网桥传输　无线网桥，顾名思义就是无线网络的桥接，它利用无线传输方式实现在两个或多个网络之间搭起通信的桥梁；无线网桥通常用于室外，主要用于连接两个网络，使用无线网桥不可能只使用一个，点对点必须是两个以上。无线网桥具有功率大、传输距离远（最大可达约50km）、抗干扰能力强等优点，不自带天线，一般配备抛物面天线实现长距离的点对点连接。它的特点是不再有信息传输的物理性障碍，如公路、铁路、河流及沟壑等，可大大降低布线安装费用，保证了在设备扩展或地点移动时能够快速地重新部署，是汽车试验信息远距离传输领域中性价比最高的设备之一。

无线网桥有点对点、单点对多点等不同类型的架设方案。其中，在点对点（PTP）直接传输方式中，无线网桥设备可用来连接分别位于不同建筑物中两个固定的网络。它们一般由一对桥接器和一对天线组成。两个天线必须相对定向放置，室外的天线与室内的桥接器之间、桥接器与网络之间是物理连接，如图2-70所示。

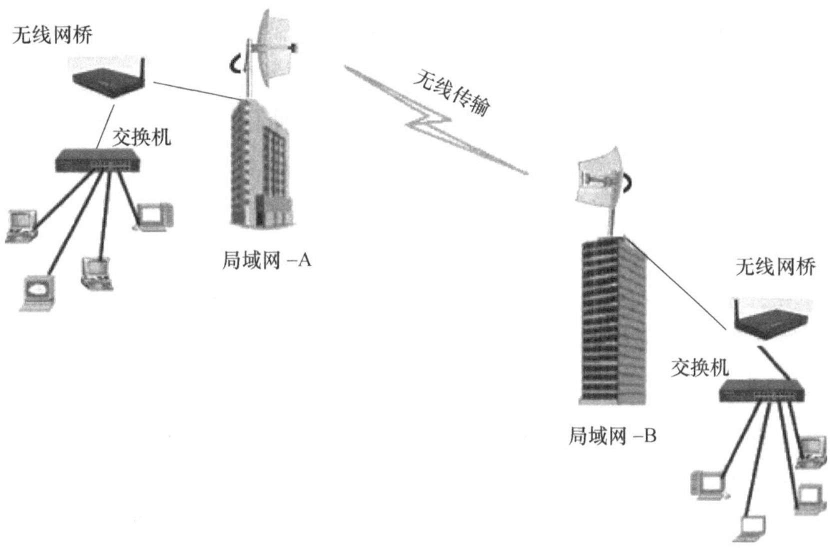

图2-70　点对点无线网桥架设

（3）无线局域网传输　如图2-71所示，无线局域网传输的核心部件是无线AP（无线接入点），无线局域网的覆盖范围与无线AP的数量有关。常用的无线AP的覆盖半径为50～100m。在无线局域网的覆盖范围内，汽车试验系统的各类设备，如数据处理计算机、各类传感器、控制器等均可实现无障碍的无线通信。

有关无线传输的详细理论和技术可参看相关教材和资料。

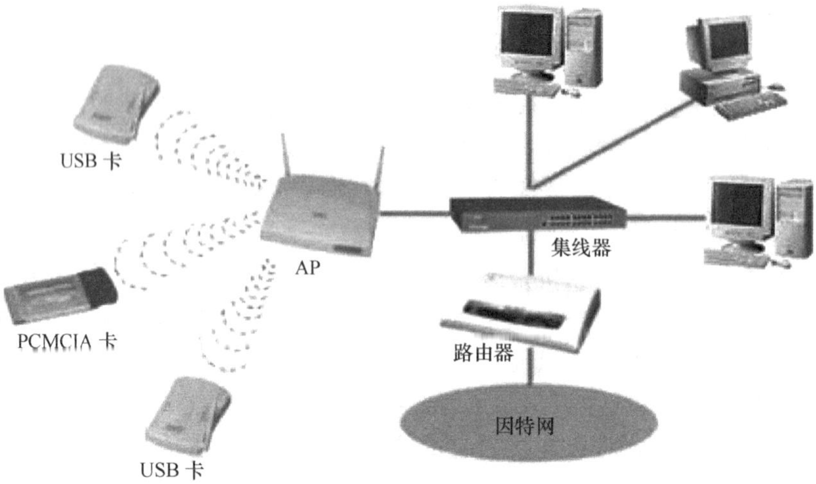

图 2-71 无线局域网示意图

六、记录器

典型的测试系统，记录器是最后一个环节，也被称作“负载”，用以记录测试数据，供后续分析计算或显示、打印。

根据记录信号的性质，可以将记录器分为**模拟记录**和**数字记录**两大类。模拟记录是用连续的模拟量（波形变化）来记录信号的。数字记录的结果是数字，用一系列间断的数码反映被测信号，其记录精度高，信息量大，可以直接使用计算机处理。

模拟记录又包括可以直接看见信号波形的**显性记录**和不能直接看到波形的**隐性记录**。

显性记录可以将信号显示在屏幕上，如各种射线示波器，也可以将信号波形输出到纸带上，如光线示波器等。具体来说，显性记录又包括电位计式和检流计式。电位计式记录的是电压信号，检流计式则记录电流。显性记录直观、方便，但信号的储存、传输和复制比较困难，不利于试验检测的自动化和智能化，使用日益减少。

在现代试验测试中，广泛使用各种隐性记录器。隐性信号不能直接观察，但能以电信号的形式记录、传递和处理运算，应用广泛。隐性记录器大多采用磁介质记录。可以使用专业的磁带记录器，也可以记录在计算机的磁盘上。

各种专业试验用磁带记录器，简称磁带机，其基本工作原理和家用录音机一样，记录时，被记录信号经放大器的放大，由记录磁头感应到磁带上。磁带的表层有铁磁性物质，经过磁头正前方时被磁化；磁带在传动机构的带动下离开磁头后，磁带上磁性层的磁场减退，但不会全部消失，信号就以剩余磁化的形式记录在磁带上。重放时，重放磁头检测到磁带上的剩余磁化，将磁信号还原为电信号。

按具体工作原理的不同，磁带记录器可以分为三类，分别是直接记录式、调频记录式和数字记录式。直接记录，就是将被测信号转换成剩余磁场的幅值，用幅值来记录信号。调频记录，就是将被测信号转换成剩余磁场的频率，用频率来记录信号。已经讨论过，频率信号的失真小、抗干扰能力强，所以调频记录的效果优于直接记录；但是调频记录方式对于磁带传动速度的稳定性要求很高。数字记录，则是将信号以0或1的离散代码形式，记录在磁带上（磁带的磁头控制或检测磁化或剩余磁场的方向，实现两种物理状态的记录或读取。）数字记录准确可靠，对带速的波动不敏感，信号的重放线路简单。

家用录音带有所谓的“A、B两面”，可以看作两个记录通道，但是只能同时使用一个。专业的磁带记录器则可以实现多通道同时记录。其中，可以选择一个通道作为语音通道，将试验现场的情况用话筒记录下来，便于重放时提醒试验者当前信号所对应的试验工况。还可以选择一个通道作为补偿通道，该通道在记录时对地短接，也就是不输入任何有用信号，和其他通道一同“空走”一趟，实际上是将各通道都感受到的各种干扰误差都记录下来。在重放时将其信号反向施加到其他通道上，刚好可以将各种干扰和误差抵消掉。其基本思想类似于电桥电路的温度补偿片。

第四节　计算机数据采集系统

汽车试验中需要采集大量的数据信息，所以数据采集在汽车试验中的重要性显而易见。在计算机广泛应用的今天，计算机数据采集系统发展迅速，已在社会各领域中得到了广泛应用。

计算机数据采集系统以PC为核心，运行于操作系统下，能够实现多种信号并行同步数据采集，如CAN总线信号、模拟信号、频率信号等，具有可裁减的组件配置，用户可以根据自己的需求添加或减少通道数，通过模块组合以及分散的结构来适应不同的任务需要。通常，数据采集系统的性能主要取决于其精度和速度。实际应用中，在保证精度的条件下，应尽可能采用高采样速度，以满足实时采集、实时处理和实时控制的要求。

一、计算机数据采集系统的发展

20世纪80年代，随着计算机的普及应用，数据采集系统得到了极大的发展，开始出现了通用的数据采集与自动测试系统。该阶段的数据采集系统主要有两类，一类以仪器仪表、采集器、通用接口总线和计算机等构成。这类系统主要用于实验室，在工业生产现场也有一定的应用。第二类以数据采集卡、标准总线和计算机构成，在工业现场应用较多。20世纪90年代至今，在国际上技术先进的国家，数据采集技术已经在军事、航空电子设备及宇航技术、工业等领域中广泛应用。

计算机数据采集技术的发展得益于两个方面：采集芯片硬件的发展以及总线技术的发展和应用。随着微电子技术、计算机技术、测控技术和数字通信技术的发展，目前计算机数据采集技术主要的发展可以概括为功能多样、体积减小和使用方便等方面。同时，现代计算机数据采集系统完全是按照一体化和模块化来设计制造的。它具有一整套的信号调理模块和A－D转换模块，可以处理电压、电流、功率、频率、速度、加速度、噪声、应变、温度、扭矩、湿度、位移、阻抗和流量等传感器信号，还可以根据用户的要求定制信号调理模块。而A－D转换器可以拥有多种通道选择（8通道～64通道）、多种精度选择（12bits～24bits）、多种单通道采样频率选择（10kHz～10MHz）、多种总线选择（PCI，USB，Firewire，串口，CAN 等）和多种方案选择（桌面方案、移动方案）。实际应用中可根据具体要求选择相应的模块来构建具体的测试系统。

目前，并行、高速、大量存储、实时分析处理、集成化等是计算机数据采集系统的发展方向。

二、计算机数据采集系统组成

计算机数据采集系统主要由传感器、信号调理器、多路模拟开关、放大器、A－D 转换器、采样保持器、控制器和数据记录装置等组成，如图 2-72 所示。图 2-73 所示为多通道数据采集系统。

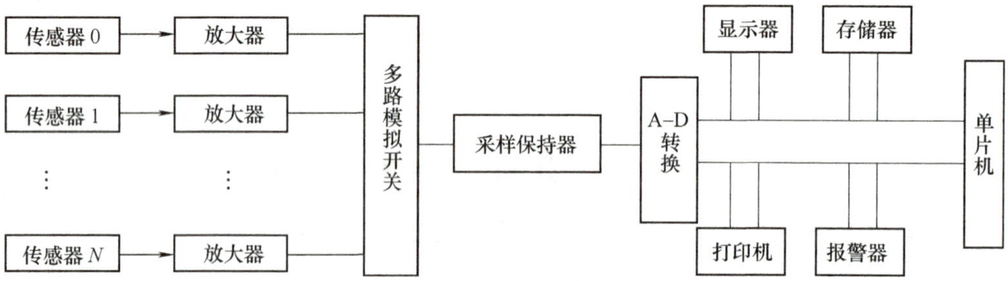

图 2-72　数据采集系统的组成

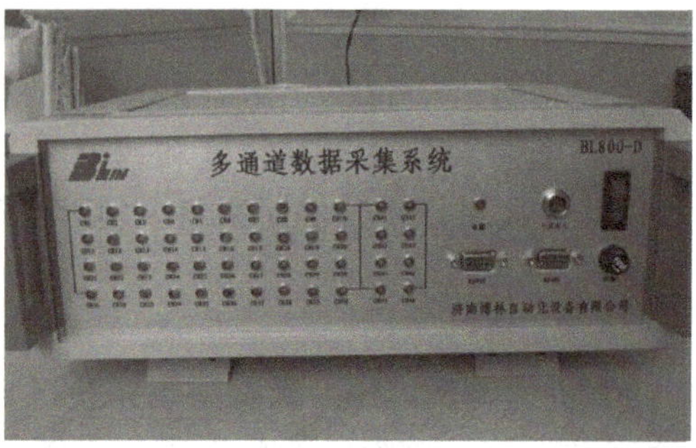

图 2-73　多通道数据采集系统

1. 多路模拟开关

在工程测试中，经常会遇到多路数据采集的问题，如果每一路都单独采用各自的输入回路，即每一路都采用放大、采样/保持和 A－D 转换等环节，不仅成本会成倍增加，还会导致系统体积庞大以至于从结构上无法实现。因此，除少数特殊情况外，常采用公共的采样保持器及 A－D 转换电路，而要实现这种设计，就需采用多路模拟开关。

多路模拟开关的主要作用是把多个模拟量参数分时地接通并送达到 A－D 转换器，即完成多到一的转换。通常，多路模拟开关通道数有 4 路、8 路和 36 路等。

2. 采样保持器

采样保持器是计算机系统模拟量输入通道中的一种模拟量存储装置，是连接采样器和模数转换器的中间环节。采样器是一种开关电路或装置，它在固定时间点上取出被处理信号的值。采样保持器则把这个信号值放大后存储起来，保持一段时间，以供模数转换器转换，直到下一个采样时间再取出一个模拟信号值来代替原来的值。在模数转换器工作期间采样保持器一直保持着转换开始时的输入值，因而能抑制由放大器干扰带来的转换噪声，提高模数转换器的精确度和消除转换时间的不准确性。一般生产过程控制计算机的模拟量输入可能是每秒几十点、几百点，对于大型系统甚至是上千点，往往需要高速采样（如5000～10000点/s）。为将这些模拟量信号逐个地送到模数转换器，而不至降低被测信号的真实性，必须采用采样保持器。在低速系统中一般可以省略这种装置。

3. 模－数转换

将模拟信号转换成数字信号的电路，称为模－数转换器（简称A－D转换器或ADC，Analog to Digital Converter），A－D转换的作用是将时间连续、幅值也连续的模拟量转换为时间离散、幅值也离散的数字信号，因此，A－D转换一般要经过取样、保持、量化及编码四个过程。在实际电路中，这些过程有的是合并进行的，例如，取样和保持、量化和编码往往都是在转换过程中同时实现的。

模－数转换的精度取决于其分辨率，而分辨率是指，对于允许范围内的模拟信号，它所能输出离散数字信号值的个数。这些信号值通常用二进制数来存储，因此分辨率经常以bit（比特，二进制数字中的位）为单位，且这些离散值的个数是2的幂指数。例如，一个具有8位分辨率的模拟数字转换器可以将模拟信号编码成256个不同的离散值（因为$2^8=256$），从0到255（即无符号整数）或从－128到127（即带符号整数），实际选择取决于具体的应用。

模－数转换过程包括量化和编码。量化是将模拟信号量程分成许多离散量级，并确定输入信号所属的量级。编码是对每一量级分配唯一的数字码，并确定与输入信号相对应的代码。最普通的码制是二进制，它有2的n次方个量级（n为位数），可依次逐个编号。模－数转换的方法很多，按照转换原理可分为直接法和间接法两大类。直接法是直接将电压转换成数字量。它用数模网络输出的一套基准电压，从高位起逐位与被测电压反复比较，直到二者达到或接近平衡。控制逻辑能实现对分搜索的控制，其比较方法如同天平称重。先使二进位制数的最高位$D_{n-1}=1$，经数－模转换后得到一个整个量程一半的模拟电压V_S，与输入电压V_{in}相比较，若$V_{in}>V_S$，则保留这一位；若$V_{in}<V_S$，则$D_{n-1}=0$。然后使下一位$D_{n-2}=1$，与上一次的结果一起经数－模转换后与V_{in}相比较，重复这一过程，直到使$D_0=1$，再与V_{in}相比较，由$V_{in}>V_S$还是$V_{in}<V_S$来决定是否保留这一位。经过n次比较后，n位寄存器的状态即为转换后的数据。这种直接逐位比较型（又称为反馈比较型）转换器是一种高速的数－模转换电路，转换精度很高，但对干扰的抑制能力较差，常用提高数据放大器性能的方法来弥补。它在计算机接口电路中用得最普遍。

用半导体分立元件制成的模－数转换器常常采用单元结构，随着大规模集成电路技术的发展，模数转换器体积逐渐缩小为一块模板、一块集成电路。

三、典型车载计算机数据采集系统

车载数据采集系统可用于记录汽车上各种传感器所提供的数据以便工作人员对整车或

零部件进行状态监测、性能比较、技术分析等。以某个基于 GPS 的车载数据采集系统为例，它是一种功能强大的仪器，基于新一代的高性能卫星接收器，主机一套用于测量移动汽车的速度和距离并且提供横纵向加速度值，减速度，平均减速度 MFDD（Mean Fully Developed Deceleration），时间和制动、滑行、加速等距离的准确测量；外接各种模块和传感器可以采集油耗、温度、加速度、角速度及角度、转向角速度及角度、转向力矩、制动踏板力、制动踏板位移、制动风管压力、车辆 CAN 接口信息等其他数据。由于其体积较小及安装简便，故非常适合在汽车综合测试时使用。同时由于其本身带有标准的模拟、数字、CAN 总线接口，整个系统的功能可以根据用户的需要进行扩充。

汽车试验使用的传感器种类繁多、原理各异。有些试验使用的专用传感器，没有包含在本节的传感器分类定义中，在第三章、第七章和第八章的相关部分会有所介绍。

思考与习题

1. 测试系统由哪些主要部分组成？对测试系统有哪些基本要求？

2. 什么叫回程误差？它的产生原因有哪些？试联系汽车理论中轮胎滚动阻力的产生机理，解释滞后现象对回程误差的影响。

3. 如何理解“频率为 0 时的幅频特性值就是灵敏度”这一说法？

4. 通过本章的理论，可由微分方程出发，求解系统的频率响应特性，包括一些系统特性参数。那么，对于一辆被测试汽车，能否采用这种方法确定其悬架系统的阻尼比和固有频率？为什么？

5. 不失真测量的条件是什么？对于二阶系统，有哪些具体要求？固有频率和灵敏度之间存在怎样的矛盾？

6. 简述金属材料的电阻应变效应。导线材料的灵敏系数 K_0 和应变片的灵敏系数 K 有何异同？

7. 结合电容式传感器和电感式传感器的实例，解释差动测量的原理和优点。

8. 压电式传感器为什么要配置前置放大器？前置放大器有哪些种类？各自特点如何？

9. 结合两种测量转速的磁电式传感器，解释“测频率比测幅值更可靠”的原因。

10. 热电式传感器有哪几种？各自的工作原理和应用特点如何？

11. 什么是电桥的加减特性？有哪些应用？

12. 什么是电桥灵敏度？双臂电桥的灵敏度一定是$\frac{U_0}{2}$（U_0 为供桥电压值）吗？

13. 什么是滤波器的截止频率？什么叫低通滤波器？

14. 导线传输常用的传输介质有哪几种？各有什么特点？

15. 在何种试验场合下需使用集流环？集流环有哪几种？使用时各需注意哪些问题？

第三章 典型汽车试验设备与设施

第一节 典型汽车试验仪器及设备

一、车辆速度测量仪

1. 接触式车速仪（五轮仪）

五轮仪，又称第五轮仪，因其工作时拖在汽车后面像第五个轮子而得名，如图 3-1 所示。五轮仪的核心传感部分多采用磁电式脉冲计数原理（可参见图 2-39）。第五轮是从动轮，行驶中与地面无滑转，能较准确地测定汽车的行驶速度。但是在颠簸路面上，第五轮与地面不能保证时刻接触做纯滚动，有一定误差，而且五轮仪及其配套二次仪表的连接和安装略显费时。

图 3-1 车用五轮仪

2. 非接触式车速仪

现在更多采用的是非接触式车速仪，其核心是一种基于空间滤波器的光电技术，测量范围大，测速精度高，工作时一般安装在汽车的前后保险杠上，使用方便，如图 3-2 所示。

非接触式车速仪是利用空间滤波原理检测车速的，如图 3-3 所示，其由投光器和受光器组成。投光器将强光射到地面上，由于地面凹凸不平，形成明暗对比度不同的反射，由受光器中梳状光电管接收。

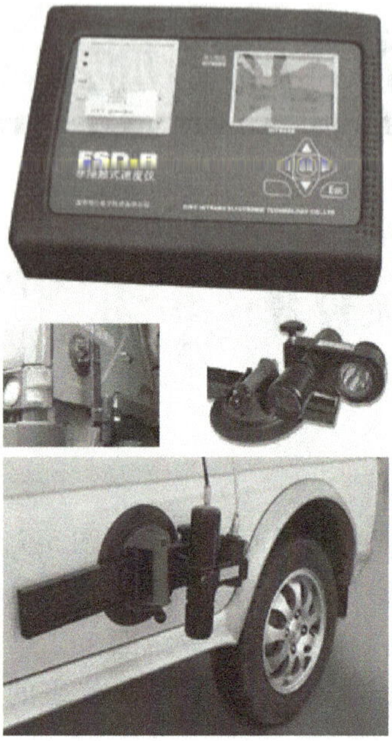

图 3-2　非接触式车速仪

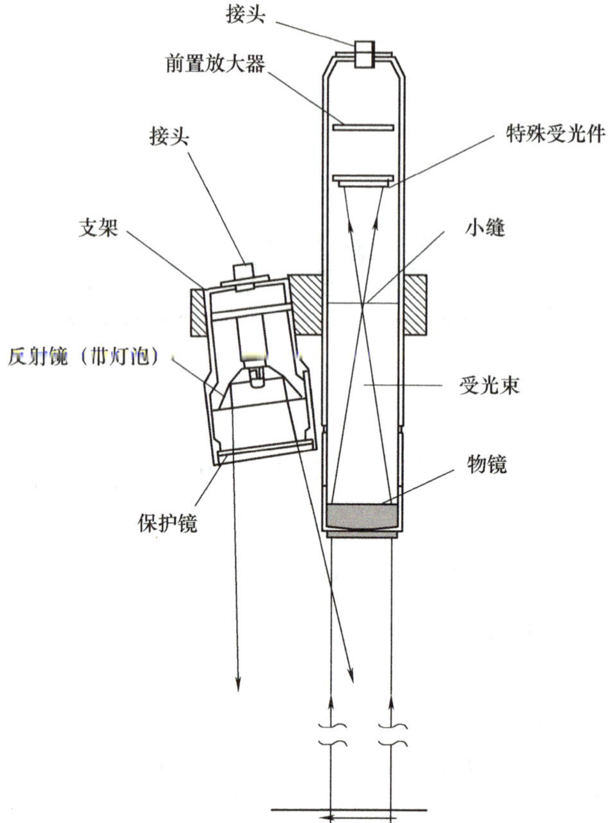

图 3-3　空间滤波式速度测定原理

空间频率传感器基本工作原理是以一定间距 P 排列的一排透光格子，如图 3-4 所示。当路面以一定速度相对格子移动时，通过格子列后光的强度就变成了忽明忽暗、反复出现的脉冲状态，此脉冲频率与光穿过格子的次数相对应，即每移动一个 P 距离变换一次。假设路面移动速度为 v，光学系统的放大率为 m，则在格子列上移动的光点速度为 mv。这样一明一暗的脉冲周期为 P/mv，即频率 $f=mv/P$。v 的变化可通过频率 f 表现出来。这就是空间滤波器的基本工作原理。

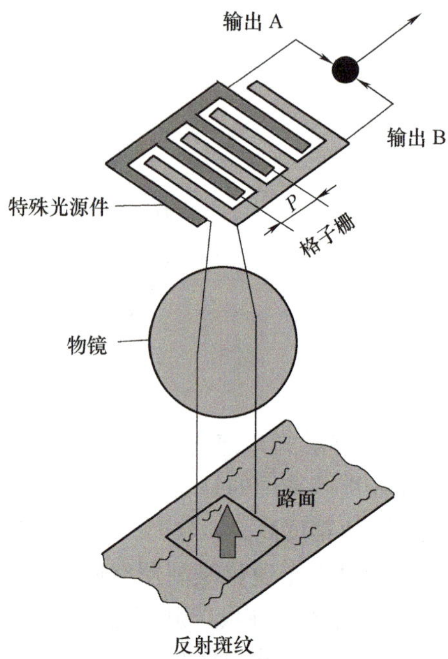

图 3-4　空间滤波原理

当然，由于地面的凹凸不均，点光源的分布和强度都不同，结果导致相位和亮度的全然不同，但因频率完全相同，结果组成了许多仅仅相位和振幅不同的信号，其平均频率为 mv/P。从而可得相位和振幅均随机平稳变化的信号，并可通过推测此中心频率来解出移动速度和移动距离。

非接触式车速仪的特点是安装方便，测量精度高，适用于高速测量，最高测量速度可达250km/h。其缺点是光源耗电量大，在车速很低时，测量误差大。

二、扭矩测量仪

在机械传动系统中，扭矩是各种机械的最重要的特征参数之一。扭矩测试是各种机械产品开发、质量检验、优化控制、工况监测和故障诊断等必不可少的内容。扭矩传感器已广泛应用于各种机械设备的动力驱动系统优化设计和智能控制中，如汽车发动机试验和传动系统部件动力测试等。

1. 扭矩测量仪的测量方法及分类

（1）扭矩测量仪的测量方法　根据扭矩测量原理的不同，扭矩测量仪的测量方法有平衡力法、能量转换法和传递法三类。

1）平衡力法。对于匀速旋转的机械，当其主轴受到扭矩作用时，在它的壳体上必然同时作用着方向相反的平衡力矩。通过测量壳体上的平衡力矩以确定机器主轴上作用扭矩大小的方法，即为平衡力法，也称为反力法。采用平衡力法测量扭矩，没有从旋转件到静止件的扭矩信号的传输问题，但是只能测量匀速旋转情况下的扭矩，而不能测量动态扭矩。

2）能量转换法。能量转换法是根据能量守恒定律，通过电能和热能等其他能量参数来间接计算扭矩的一种方法。利用能量转换法可以测定内燃机运转时输入的化学能，或者测定水泵和风机对输出水流或气流的温升（热能），来计算工作扭矩的大小。但是采用能量转换法测量时误差通常比较大，可以达到±（10%～15%），所以应用十分有限。

3）传递法。受到扭矩作用时，弹性元件的物理参数会随之产生变化，利用这种变化与扭矩之间的对应关系来进行扭矩测量的方法称为传递法。伴随着电阻应变电测技术的不断成熟，传递法扭矩测量技术突飞猛进，得到了广泛的应用。

（2）扭矩测量仪的分类　在现代测量中，基于传递法的扭矩测量仪应用最广泛，根据统计数据，传递类扭矩测量仪的应用在三大类扭矩测量仪中约占80.5%。根据测量物理参数和方法的不同，可将传递类扭矩分为4种，分别为应变型、磁弹性型、相位差型和其他类型。

1）应变型扭矩测量仪。应变型扭矩测量仪是采用电阻应变片对被测轴进行直接测量，是目前国内外应用最广泛、发展最成熟的测量仪之一。它是将电阻应变片粘贴在弹性元件的适当位置上，使得弹性元件受到扭矩作用而产生机械应变时应变片的电阻发生微小变化，致使应变电桥失去平衡，而输出和扭矩值成正比的微弱电压信号，然后利用信号调理电路对信号进行放大和滤波等处理，最终由力学中应变和扭矩的关系式计算出与之对应的扭矩值。

由材料力学的理论可知，在受到扭矩作用时，轴表面主应力的方向和轴线的夹角为±45°。故在扭矩传感器的弹性轴上，在与轴线成±45°的两个方向上分别粘贴两个电阻应变片，组成差动的全桥形式，则电桥输出的微弱电压信号与扭矩值成正比。此种扭矩测量方式性价比很高，所以被广泛地应用于测量低速和静态扭矩的场合中。对于信号和能量的传输，传统的方式一般是集流环（参见第二章第三节有关集流环的内容），但会引起接触部位的摩擦、磨损和发热等问题，存在着较大的振动和噪声而使得信号传输不稳定，且不易维护，使用周期短。

关于应变型扭矩测量仪的理论基础，可参见第二章第二节和第三节有关电阻应变片和电桥等内容。

2）磁弹性扭矩测量仪。磁弹性扭矩测量仪是利用铁磁材料及其他合金材料的磁弹性效应（又称为磁致伸缩效应）来实现扭矩测量的。在进行扭矩测量时，转轴中的应力变化将引起磁导率的变化，而磁导率的变化又会导致磁路磁阻的变化，最后使检测线圈中磁通发生变化，从而引起感应电压的变化，其转换过程如下：

$$T \rightarrow \Delta\sigma \rightarrow \Delta\mu \rightarrow \Delta R_m \rightarrow \Delta V$$

其中，T 是扭矩；$\Delta\sigma$ 是被测轴表面的最大正应力改变量；$\Delta\mu$ 是被测轴磁导率的变化量；ΔR_m 是被测轴磁阻的变化量；ΔV 是输出电压的改变量。

磁弹性扭矩测量仪属于非接触式（测量元件不与转轴接触，不随转轴运动）的传感器，因此信号的引出较方便，不用集电环，安装方便，操作简单，尺寸小巧。磁弹性扭矩测量仪的最大缺点是其在工作时，受到周围电磁干扰时误差可能会比较大，故不适于在恶劣的工业环境下工作。

3）相位差型扭矩测量仪。相位差型扭矩测量仪是利用被测轴在扭矩作用下的扭矩和转角间的对应关系来进行扭矩测量的。实际上它是一个测量角位移的编码系统，通常由产生信号的扭矩传感器和测量信号相位差的测量电路两部分构成。由于信号变换器的类型不同，相位差型扭矩测量仪又可分成磁电式和光电式两类。具体工作原理可参见有关教材和资料。

为解决扭矩测量仪中能量和信号接触式传输所带来的各种问题，无线电应变测量技术得到了较快的发展，而采用无线电方式的扭矩仪也得到了更多的应用。20 世纪 80 年代以后，国内外陆续出现了应用无线电技术的扭矩测量产品。

2. 扭矩测量仪的应用

汽车试验测试中，对于转动运行的关键被试件，通常除了测试转矩外，还要测试其转速值，所以在汽车试验实际应用中，多采用转速转矩传感器。该传感器通常采用联轴器与被试件相连，在扭矩测量仪的基础上集成转速测量装置，且其转速测量部分多采用磁电式或霍尔式，其外形结构如图 3-5 所示。

从目前国内外扭矩测量技术的发展状况来看，尽管已经存在很多性能稳定、传输精度高和抗干扰能力强的扭矩测量系统，但是由于部分测量电路随转轴共同旋转，故如何实现系统化，是一个很关键的问题。

三、燃油消耗量测量仪

燃油消耗量试验，必须采用油耗传感器，也称为**油耗仪**。按测量方式的不同，油耗仪分为容积式、质量式、流量式和流速式等。目前采用较多的是容积式和质量式油耗仪，尤其以容积式中的行星活塞式油耗仪应用最为广泛。

1. 容积式油耗仪

容积式油耗仪的代表产品就是行星活塞式油耗仪。其机械部分是一个四缸液压马达，

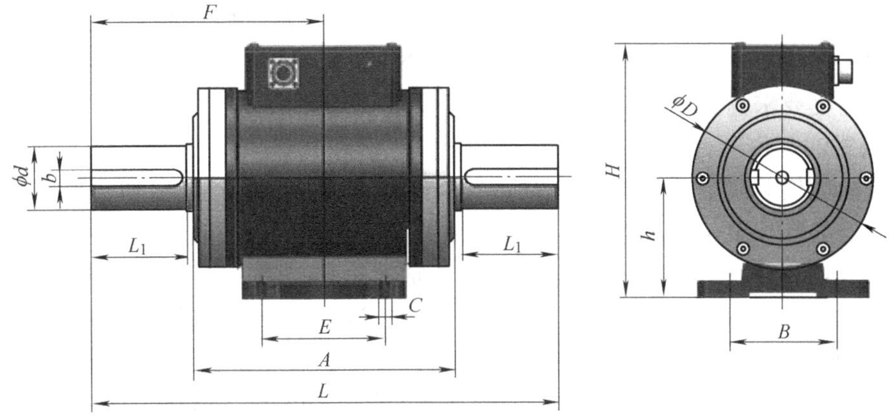

图 3-5　通用型转速转矩传感器

如图 3-6所示。燃油流过时带动各活塞运动，活塞通过各自的连杆进而带动曲轴旋转。四个活塞及其液压缸各完成一次进、排油，曲轴转动一周，对应固定的燃油容积。

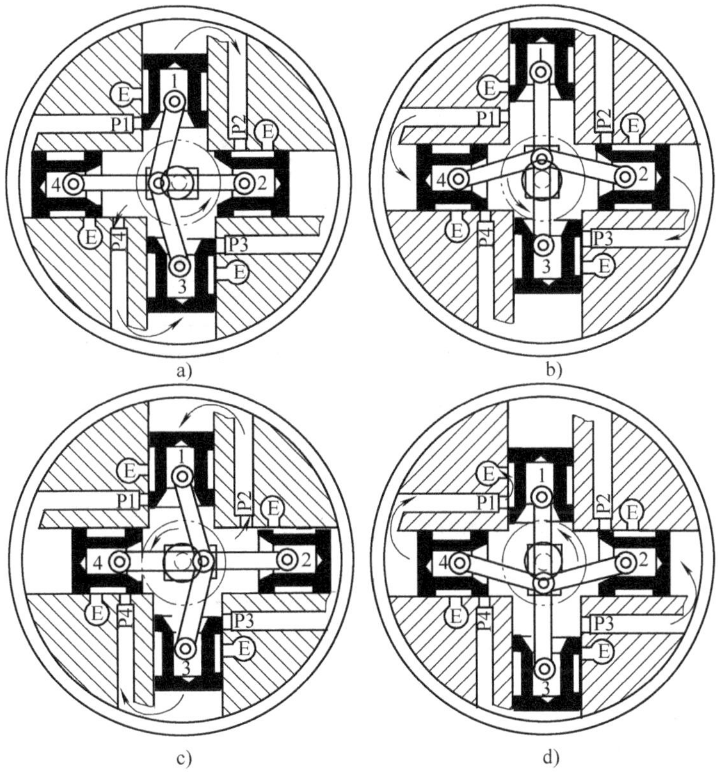

图 3-6　行星活塞式油耗仪的液压马达工作原理

油耗仪的传感部分利用光电原理，把曲轴的转动转变为电脉冲信号，每个脉冲信号对应一定容积量的燃油，再送入计数器，进行计算、累计和显示。

行星活塞式油耗仪的详细构造和具体原理，可参阅汽车理论中有关燃油经济性试验的内容。

上述提及的这种四活塞式油耗仪，具有结构紧凑、布置对称、工作平稳、计量精度高等优点，特别适用于需要精确测量燃油消耗量的试验和检测。其缺点是结构相对复杂，加工和装配精度要求高，以及对燃油的清洁度要求较高等。

2. 质量式油耗仪

质量式油耗仪的典型结构如图3-7 所示。秤盘上有油杯1，燃油经电磁阀3 流入油杯，装在平衡块上的行程限位器8 拨动两个微型限位开关6 和7 以控制电磁阀的开闭。光敏二极管5 和10 与装在棱形指针上的光源9 共同构成光电传感器，用于提供油耗始点和终点信号。光敏二极管5 固定，10 则装在活动滑块上，滑块通过齿轮齿条机构带动，齿轮轴与鼓轮 12 相连，鼓轮带有以 g 为单位的刻度盘，燃油消耗量通过鼓轮的转动显示在刻度盘上。计数器有两个，分别记录发动机的转速和时间。测量前，首先给油杯1 充油，秤盘左端下沉，当行程限位器8 达到限位开关7 的位置时，电磁阀3 关闭，停止充油。随着油杯中燃油的消耗，秤盘左侧升高，通过杠杆机构带动指针摆动，当光源9 的光束照射在光敏二极管5 上时，光敏二极管5 发出信号使计数器13 开始计数。当油杯中燃油耗尽时，光束照射到光敏二极管10 上，其会发出信号，使计数器停止计数。

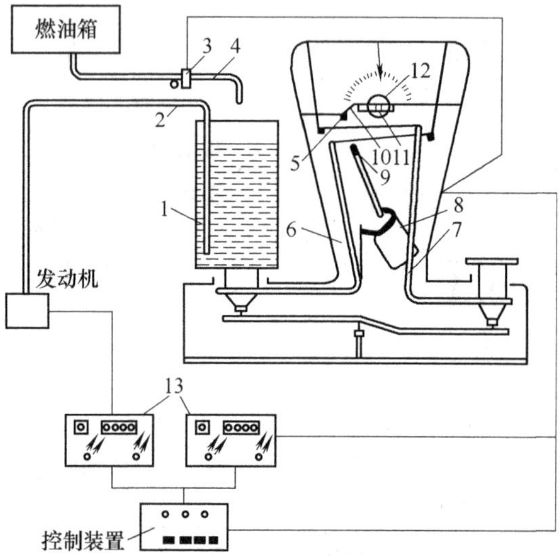

图3-7　质量式油耗仪

1—油杯　2—出油管　3—电磁阀　4—加油管　5、10—光敏二极管　6、7—限位开关　8—行程限位器　9—光源　11—鼓轮机构　12—鼓轮　13—计数器

四、负荷拖车

负荷拖车是一种车辆测试设备，利用该设备，可以在平坦的试验路面上模拟车辆的各种行驶工况。负荷拖车有两类，即动力负荷拖车和无动力负荷拖车。两者的区别在于前者既可以被拖动，也可以自行。后者只能被拖动行驶。

负荷拖车主要应用在牵引性能试验、测量滚动阻力及滚动阻力系数、爬坡试验等测试中。

以无动力负荷拖车为例，其工作原理如下：负荷拖车在实验室作为一个可调负荷拖挂于试验车之后，用以调节试验车的阻力。试验时，试验车拖挂负荷后受力平衡，为了测取试验车拖钩牵引力，在负荷拖车上设有力传感器。负荷拖车由被测车辆牵引前进，拖车车轮滚动，通过传动系统带动交流发电机给车载蓄电池充电；同时还带动功率吸收器，通过功率吸收器吸收能量，对转子产生制动阻力矩，制动阻力矩传到拖车车轮使其制动，由车轮与地面的摩擦所产生的摩擦阻力给前面的被测车辆施加负荷。而负荷拖车的控制单元计算机由蓄电池提供电源。试验人员可以通过操作计算机输入所要求的各种不同的负荷及速度目标值，再由计算机向控制器发出指令，由控制器调节蓄电池供给功率吸收器定子中电磁线圈的电流大小，从而改变负荷拖车的负荷，达到所要求的目标。

五、陀螺仪

在汽车操纵稳定性等试验中，经常要在汽车运动状态下测定其一些动态运动参数，例如横摆角速度、车身侧倾角等。这些运动参数通常用陀螺仪进行测量。

1. 工作原理

陀螺是围绕着某个固定的支点而快速转动起来的刚体。平时所说的陀螺其实专指呈对称性的陀螺，它的质量是均匀分布的，形状是轴对称的，自转轴就是它的对称轴。在一定的初始条件和一定的外在力矩作用下，陀螺会在不停自转的同时，环绕着另一个固定的转轴不停地旋转，这就是陀螺的旋进，又称为回转效应。这是在平时的生活中普遍存在的现象，例如很多孩子小时候玩的陀螺。

如图 3-8 所示，传统陀螺仪属于机械仪器，其主要部分是一个对旋转轴以极高角速度旋转的转子，转子装在一支架内；再在转子的中心轴上加一内环架，那么陀螺仪就可环绕平面两轴做自由运动；如果再在内环架的外边添加一个外环架的话，它就可以拥有两个平衡环，这个时候，它能够围绕着物体的三轴做自由运动，如图 3-9 所示。

图 3-8　陀螺仪

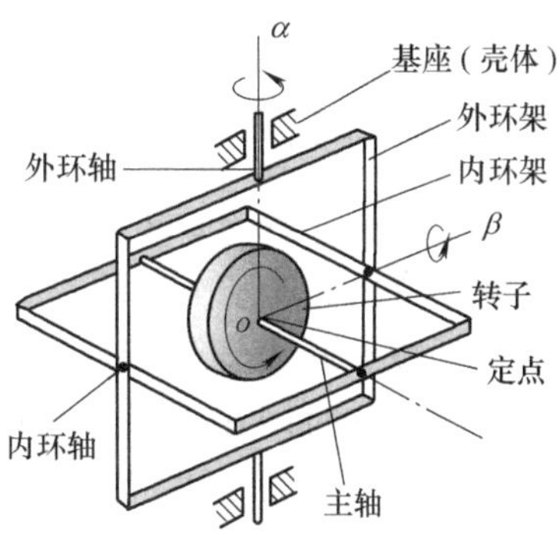

图 3-9　三自由度陀螺仪的结构示意图

陀螺仪的工作原理基于它的两个基本特性，即稳定性和进动性。小时候在玩陀螺时就知道它以高速旋转时，可以竖直起来并且不会倒地，而是一直与地面保持着垂直的状态，这个就说明了陀螺仪的稳定性。当转子不自转时，若把一个重物挂在内框架上，在重力作用下，内框架将向着重物作用的方向翻转；当转子高速自转时，内框架受外力作用时并不翻转，外框架将绕其自身的转动轴线发生偏转，这就是陀螺仪的进动性。

具体地，当陀螺转子以高速旋转时，在没有任何外力矩作用在陀螺仪上时，陀螺仪的自转轴在惯性空间中的指向保持稳定不变，即指向一个固定的方向；同时反抗任何改变转子轴向的力量。这种物理现象称为陀螺仪的定轴性或稳定性。其稳定性随以下物理量的改变而改变，即转子的转动惯量越大，稳定性越好；转子角速度越大，稳定性越好。进动性是指当转子高速旋转时，若外力矩作用于外环轴，陀螺仪将绕内环轴转动；若外力矩作用于内环轴，陀螺仪将绕外环轴转动。其转动角速度方向与外力矩作用方向互相垂直。这种特性，称为陀螺仪的进动性。进动角速度的方向取决于转子自转角速度的方向和外力矩的方向，而且是自转角速度矢量以最短的路径追赶外力矩，这可用右手定则判定。右手定则：伸直右手，大拇指与食指垂直，手指顺着自转轴的方向，手掌朝外力矩的正方向，然后手掌与四指弯曲握拳，则大拇指的方向就是进动角速度的方向。进动角速度的大小取决于转子自转动量矩（转子对自转轴的转动惯量 × 自转角速度）的大小和外力矩的大小。进动性的大小也有三个影响因素，即外界作用力越大，进动角速度越大；转子的转动惯量越大，进动角速度越小；转子的角速度越大，进动角速度越小。

陀螺仪的种类很多，按用途可分为传感陀螺仪和指示陀螺仪。传感陀螺仪作为水平、垂直、俯仰、航向和角速度传感器。指示陀螺仪主要作为驾驶和领航仪表使用。

现代陀螺仪分为压电陀螺仪、微机械陀螺仪、光纤陀螺仪和激光陀螺仪，它们都是电子式的，其结构组成和工作原理与传统陀螺仪不同，具体内容可参考相关技术资料。

2. 三自由度陀螺仪和二自由度陀螺仪

如图 3-9 所示，三自由度陀螺仪由转子、内环和外环组成。转子在内环中高速转动，内环又可以沿其轴线在外环中转动，外环则通过基座安装在被测物体上。可以看出，当转子轴线垂直于地面时，陀螺仪外环相对于基座的转角可以用来测量汽车的侧倾角，而内环相对于外环的转角则可用来测量汽车的俯仰角。

二自由度陀螺仪主要用来测量角速度，所以又可称为角速度陀螺仪。在测量过程中，应当使其输入轴（敏感轴）与通过汽车质心并垂直于地面的轴线相重合或平行。

六、汽车 GPS 传感器

GPS 是英文 Global Positioning System（全球定位系统）的简称。

GPS 导航定位系统的基本原理是测出已知位置的卫星到用户接收机之间的距离，然后综合多颗卫星的数据就可知道接收机的具体位置。要达到这一目的，卫星的位置可以根据星载时钟所记录的时间在卫星星历中查出。而用户到卫星的距离则通过记录卫星信号传播到用户所经历的时间，再将其乘以光速即可得到（由于电离层的干扰，这一距离并不是用户与卫星之间的真实距离，而是伪距 PR）。当接收机接收到卫星发出的导航电文时，提取出卫星时间并将其与自己的时钟做对比便可得知卫星与被测物体的距离，再利用导航电文中的卫星星历数据推算出卫星发射电文时所处的位置，由此便可得知被测物体在大地坐标系中的位置速度等信息，如图 3-10 所示。

当 GPS 接收设备移动时，其坐标发生变化，将坐标的变化量进行求导，便可得到接收设备在各坐标方向上的运行速度，这就是 GPS 的测速原理。

GPS 传感器已大量应用于汽车性能试验中，其测试内容包括最高车速、加速性能、爬

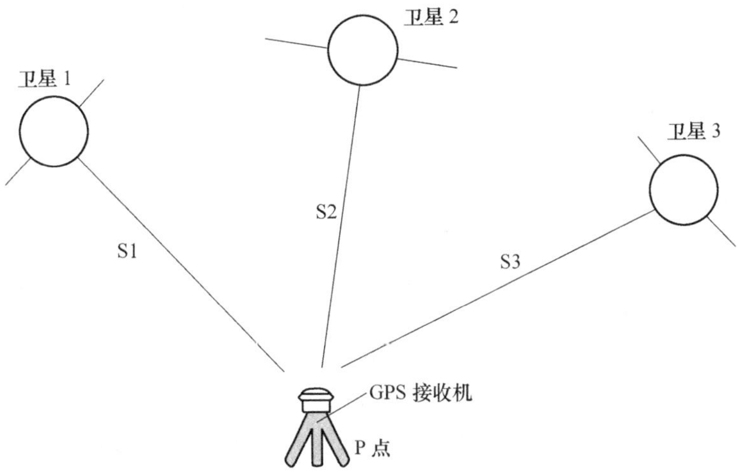

图 3-10　GPS 测量原理

坡性能、制动性能、滑行性能、操纵稳定性等。

七、噪声测量仪器

噪声测量仪器有声级计、声强测量仪和频率分析仪等，其中应用最多的是声级计。它不仅可以单独用于噪声声压级的测量，而且还可以和相应的仪器设备配套，用于频谱分析和振动测量等。在有关汽车噪声试验方法和噪声允许限值等国家标准中，均规定使用声级计作为汽车噪声试验的测量仪器。

根据测量精度的不同，声级计可以分为普通声级计和精密声级计。与普通声级计相比，精密声级计除了频率响应更宽、灵敏度更高、指向性和稳定性更好外，还能与各种带通滤波器配合使用。

精密声级计的核心是一个电容式微音器。

声级计通常由传声器、放大器、衰减器、计权网络、检波电路和指示表头等部分组成，如图 3-11 所示。

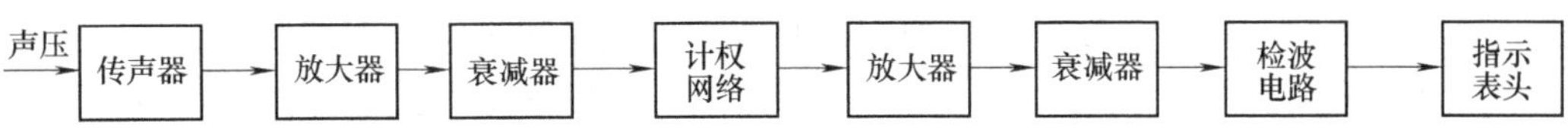

图 3-11　声级计的基本原理

声级计的基本工作原理是将被测声波的声压信号通过传声器转换成电压信号，经放大器放大，交由衰减器调整量程后，再经过计权网络修正、检波，最后由表头显示相应的声压级数值。

传声器是声级计的声－电转换器件，也就是传感器。普通声级计一般采用动圈式或压电式传声器，而精密声级计则采用电容式传声器，也就是电容式微音器，可参阅第二章第二节中有关电容式传感器的部分。

声级计中的放大器是用来放大传声器的输出信号的，对其基本要求是高增益，在声频范围（20～20000Hz）内线性好，固有噪声低，工作性能稳定等。衰减器则是用来控制指示表头的显示量程，通常每一档的衰减量为10dB。

声级计设有A、B、C三种计权网络，当旋钮指向某计权位置时，该计权网络便被接入输入放大器和输出放大器之间。声级计的最终显示也要标明所用计权网络的名称，例如显示“85dB（A）”就表示采用A计权网络得到的声压级，也称为A声级是85dB，记作 $L_A=85\text{dB}$。噪声试验测量的一般是混音，也就是说声场中存在若干频率不同的声音，而声级计只显示一个声压级，必然要考虑不同频率的声音对最终测量结果的“贡献程度”，也就是各声音要按频率加权（实际上是对次要的、不重视的频段加以衰减），这就是计权网络的功用。三种计权网络中，A声级的加权方式和人耳的生理特征最为接近，在汽车试验中应用最广。另外，由于不同的计权网络反映的是重点考察的频段不同，在噪声测量中，如果测出一个噪声的A、B、C三个声级，就可以依据三者的关系进行粗略的频谱估计。例如，如果B、C声级读数相同但小于A声级读数，即 $L_A>L_B=L_C$，则表明噪声中的高频成分较突出。因为A计权网络和人耳的生理特征类似，故对高频声音更敏感。

声级计的指示表头上有“快”、“慢”两档，它们表示表头的阻尼特性，或称为动特性。“快”档用来测量随时间起伏变化较小的噪声。当采用“快”档测量而指示读数波动大于4dB时，应采用“慢”档测量。

这只是声级计基本的、共性的原理，进行具体测量工作时，应仔细阅读所用声级计的说明书。

八、轮胎力测量——六分力

1. 车轮六分力测试的目的和原理

车辆在行驶时，车轮会经历直行、转向和颠簸，在极端情况下，车轮部件会超负荷并损坏，直接导致事故的发生。道路车辆的安全行驶性能依赖于纵向运动（制动、牵引控制）、横向运动（转向控制）和垂直运动（道路起伏）是否正常。如果这些载荷和力矩不正常地加载在车体上，会使其某些部件产生额外的载荷，在恶劣的情况下，可能使该部件乃至整车损坏。以上各种车辆运动载荷的性能影响到整车的安全性、可靠性以及舒适性，而六分力测试系统能为以上种种所关心的项目提供测试及数据支持。

六分力测试系统能对车轮的纵向力 F_x、横向力 F_y 和垂直力 F_z 以及翻转力矩 M_x、牵引力矩 M_y 和回正力矩 M_z（统称六分力）进行精确测量，还可以采集车轮转速、转角位置以及 x 和 z 方向的加速度信号。

六分力车轮测试系统，测试项指标满足SAE坐标系统的要求，能够快速测量车轮所受的三方向力和三方向力矩。传感器安装在轮毂和轮辋之间，这样车轮受力在传输至轮毂上时，会先经过传感器。六个独立的电桥测量力和力矩，各通道之间干扰度较低，不受温度变化和电磁的干扰。由于传感器在旋转坐标系中测量力和力矩，因此当车轮旋转的时候，径向通道的输出将发生变化。在应用采集到的数据前，必须先把它们转化为车辆坐标系。

六分力测试系统同时能够提供精确的路谱采集功能，为汽车在实验室内的测试提供全面的路谱信号。同时由于六分力测试系统采集的载荷是车辆的外部载荷，可以通过该外部载荷对车体模型中的各个部件的载荷进行计算，从而得到所有部件的疲劳寿命。这些计算数据在车身还处于建模阶段时就有重要的指导意义，可以在设计阶段发现问题，而不是在整车改造好后再慢慢改进。六分力测试方法不同于以往测试车辆内部载荷的方法，因为内部载荷是无法通过计算得出其他部件载荷的。

2. 车轮六分力测试系统的结构组成

如图3-12所示，六分力车轮测试系统由轮辋适配器、轮毂适配器、车轮六分力传感器、放大器滑环总成、电子调节装置、数据采集系统及数据分析软件组成。其中信号放大器具有防止温度漂移和共模干扰的能力。轮辋适配器连接轮辐、轮胎和传感器。轮毂适配器用于连接轮轴和传感器。电子调节装置配合六分力传感器使用，用于传感器的自动归零调整。选件允许传感器用于转动和非转动模式，并能控制传感器内的电桥激励。通过选择传感器的部署位置，使其满足SAE的标准坐标体系。

3. 车轮六分力的测试项目

车轮六分力的测试项目包括机车翻转测试、牵引力研究、ABS及制动系统的开发与测试、减振器受力、减振器耐久性实验室测试、动态悬挂系统性能测试、车胎磨损和路面数据（载荷谱、路谱）。

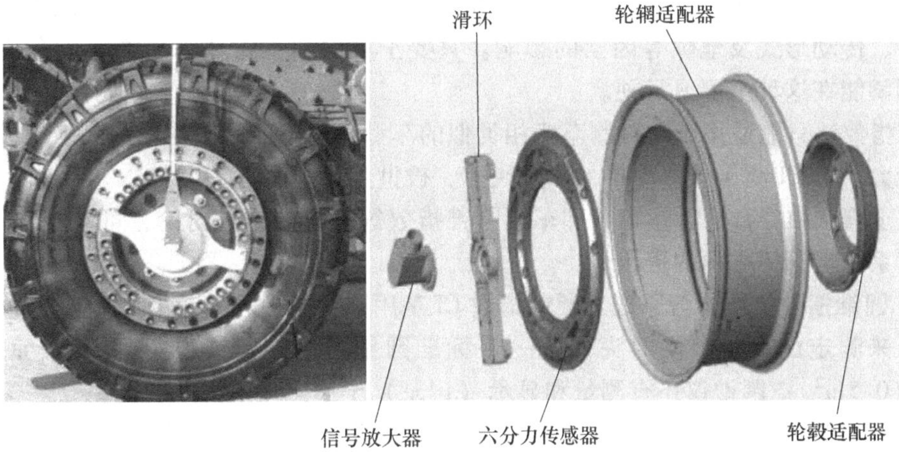

图3-12　轮胎六分力的测量

九、土壤特性测量仪器及试验技术

地面车辆力学是研究各种越野车辆（越野汽车、拖拉机、农业用汽车和工程用车辆、装甲车、坦克等）与地面、地形之间的关系，以改进车辆设计并提高其通过性的一门边缘学科。

车辆地面力学理论和试验研究表明，土壤条件是影响车轮力学性能的主要参数之一，相同的车轮在不同情况的土壤下运行，其力学性能会呈现不同的状态。目前，各国的地面力学实验室都设置模拟土壤槽、测力车和其他试验设备，以测定土壤参数和土壤与车辆行走机构之间的力的关系。其中，在生产和科研工作中广泛使用的土壤参数测量仪器主要有圆锥指数仪、剪切仪、贝氏土壤参数测定仪（贝氏仪）。

1. 圆锥指数仪

（1）土壤圆锥指数 目前，在地面机器系统研究中所使用的土壤参数有10组之多，其中圆锥指数CI（Cone Index）作为土壤机械强度（或土壤承载能力）的一个综合参数已为世界上许多国家所采用。

依ASAE（America Society of Agrieultural Engineering，美国农业工程师协会）的标准，圆锥指数可定义为，圆锥在贯入土壤过程中圆锥头上单位底面积所受到的土壤阻力，单位为N/cm^2（或kgf/cm^2，或$1b/in^2$，$1b = 0.453\ 592\ 37kg$，$1in = 0.0254m$）。

根据测得的有关土壤的圆锥指数值CI，可采用一些经验或半经验公式计算车辆下陷量、运动阻力、切线牵引力和农机具阻力，为判断车辆在松软土壤上的通过性及为在各种土壤上行驶作业的车辆、农机具的研究和设计提供依据。

将欲测土壤不经扰动装入一小圆筒中，以规定的重锤自规定的高度落下，按规定次数来回锤击，称为重塑。将重塑后的圆锥指数与重塑前的圆锥指数相比，称为重塑指数。土壤的可行驶性是以额定圆锥指数来表示的，额定圆锥指数是圆锥指数与重塑指数的乘积。

（2）车辆圆锥指数 为了可与土壤比较，又为各种车辆定出车辆圆锥指数。它是车辆在同一车辙中通过50次后的土壤的最小额定圆锥指数。它受车重、行走机构类型、发动机功率、传动形式及地隙等因素的影响。只要土壤的圆锥指数等于或大于车辆圆锥指数，车辆就能在这种土壤上行驶。

圆锥指数法只能适用于与被测车辆相类似的车型，而不能用来精确预测新设计的车型的通过能力。但CI测量仪器简单，测量快速，被世界各国广泛采用。

有关土壤圆锥指数、重塑指数和车辆圆锥指数等概念的详细讨论，可参阅地面力学、地面车辆系统理论等方面的资料。

（3）圆锥指数仪结构与原理 圆锥指数CI是用圆锥指数仪（亦称圆锥贯入仪，简称圆锥仪）来测定的。圆锥仪的头部是一个标准圆锥压头，其锥顶角为30°，底面积为$3.2cm^2$（$0.5in^2$）。圆锥仪还有测量和显示（记录）土壤穿入阻力的装置。

圆锥指数仪结构简单，应用很普遍，还可用飞机投掷。（这类空投型的圆锥仪不显示土壤阻力值，而是按穿入深度不同，尾部张开不同颜色的翼片，或者点亮不同颜色的指示灯，能快速查明大面积地面的土壤可行驶性。）

圆锥仪可以按贯入方式、测力原理和读数方法进行分类。图3-13所示是一种手动贯入、机械测力、目测读数的圆锥仪。手动贯入方法虽然简单，但难以控制贯入速度，特别是难以保证圆锥仪在贯入过程中始终保持与地面的垂直状态，而圆锥仪与地面的不垂直度是影响圆锥指数测量精度的一个重要因素。同时，机械测量和目测读数误差大，处理数据所需时间长。

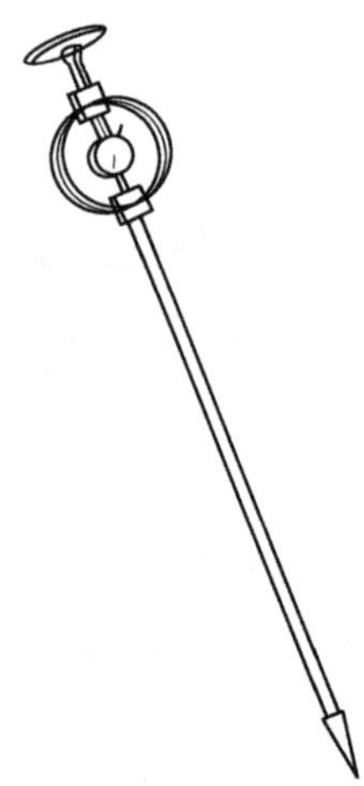
图3-13 手动贯入式圆锥指数仪

因此，研制一种机械贯入、电测量、自动记录和处理数据的机械式电测圆锥仪是圆锥指数仪的发展方向。

2. 土壤剪切仪

车辆在松软地面上行驶时，土壤切向抗剪切强度将限制其所能产生的最大牵引力，因此土壤的剪切特性是影响车辆在松软地面通过性的重要特性。土壤的剪切特性用土壤在一定单位压力下的切应力和土壤位移的依赖关系表示。对于不同的土壤这种关系是不一样的。

土壤剪切仪（见图 3-14）主要用于快速测试黏性土壤的剪切强度，可在现场或实验室内使用；使用简单、轻巧便携，适于现场快速测试；只需将剪切头插入土中，旋转手柄，使测头在土中转动，形成圆柱形剪切面，此时手柄上的测力装置即可读出强度，每一个单位读数即为 $1kg/cm^2$，配有 3 个由金属制成的探头仪器，较塑料材质的设备更加经久耐用。

图 3-14　土壤剪切仪

3. 贝氏仪

土壤应具有足够的承载性能，才可以满足车辆的地面行驶。在研究土壤承载能力时，大多采用贝氏仪进行试验，这种方法只能测得垂直载荷—沉陷关系。

车辆地面力学奠基人贝克借鉴土木工程方面的公式推导出含承载面最小宽度的垂直载荷—土壤沉陷变形关系式，并为测定土壤参数而研制出了相应的贝氏仪。近年来，世界各国根据自己的研究目的和特点对贝氏仪做了种种改进，但其工作原理均相同。贝氏仪工作原理如图 3-15 所示。

贝克模型是对车辆与土壤的相互作用进行力学分析的，通过确定和测量适当的土壤性质，推导出包含车辆和土壤参数的简化方程式。贝克在进行了大量的平板压力沉陷试验后得出土壤表层的压力沉陷关系为

$$p=(k_c/b+k_\varphi)z^n \tag{3-1}$$

式中，p 为压力；z 为沉陷量；k_c 为土壤的黏聚变形模量，与载荷加载的面积有关；k_φ 为土壤内摩擦角变形模量，与加载面积无关；n 为土壤的沉陷指数，表示土壤特性，对于给定的土壤条件下，对所有的加载面积 n 都是不变的；b 为承压板宽度。其中 k_c，k_φ，n 是试验获得的土壤参数，也是评估土壤承载强度的主要量度。

式（3-1）即为车辆行驶于松软路面上时，土壤的压力沉陷公式，即表层土壤的承载能力的表示。可以对式（3-1）进行以下简化得

$$p=Kz^n \tag{3-2}$$

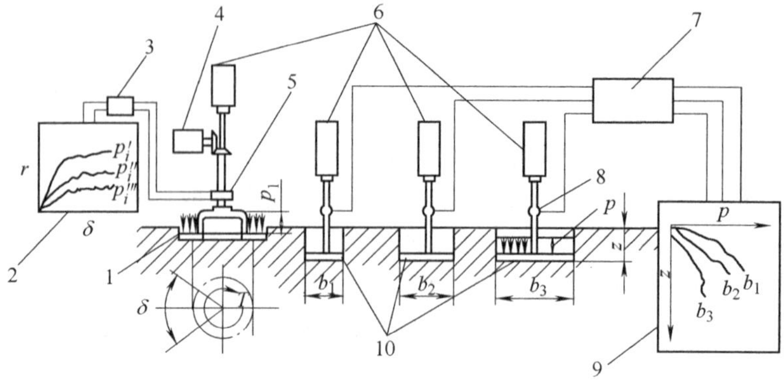

图 3-15　贝氏仪工作原理

1—剪切头　2—不同压力下转矩与角位移关系　3、7—放大器　4—转矩液压马达　5—转矩和角位移传感器　6—加载液压缸　8—压力表　9—不同板宽下压力与沉陷量关系曲线　10—承压板

式中，K 为土壤变形模量，且 $K = k_c/b + k_\varphi$。

目前，在理论研究中，有时一些参数受试验条件所限难以获得，通常根据已知的土壤的物理与力学特性参数参照与其相近的其他土壤的参数选定。

4. 土槽试验系统

土槽试验是车辆地面力学研究的重要手段。土槽试验的作用是研究土壤的行驶性，测定不同行走机构的滚动阻力、牵引力、行驶的滑转率、牵引效率与接地面积、接地比压及其在土壤中的下陷量等参数，研究行走机构与土壤的相互作用机理，从而优化行走机构的结构尺寸，为车辆的设计和改进提供参考数据。

土槽试验不受外界自然条件的影响，易于控制试验参数和试验条件，具有较高的测试精度及良好的重复性和可对比性，大大缩短研究周期，加快研究进度，为推动车辆地面力学的研究发挥了重要的作用。

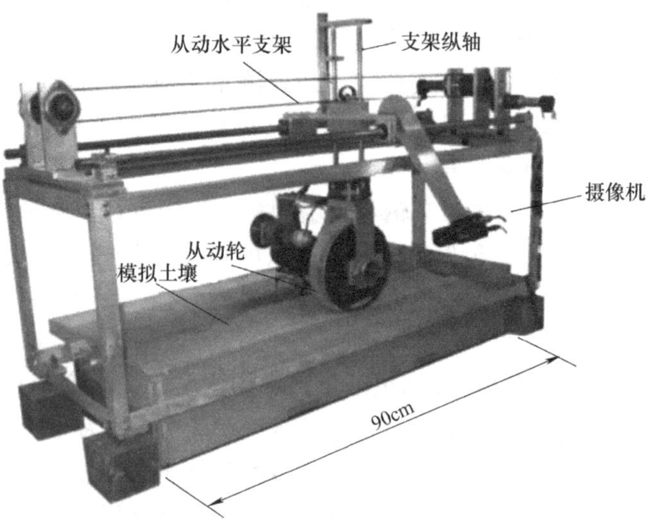

图 3-16　土槽试验系统

图 3-16 所示为一土槽试验系统，由美国麻省理工学院搭建。该测试台可测量车轮行驶过程中的挂钩牵引力、车轮下陷量、车轮的滑转率以及前进驱动转矩等参量，根据这些参数可以动态地估测土壤的力学特性参数；通过协调控制车轮转动速度和托架的水平移动速度可以进行车轮滑转率控制；可使用图像处理技术进行车轮沉陷量的测量；同时可对安装多个轮齿的金属车轮的行走性能进行试验和分析。

第二节　典型汽车试验设施

一、汽车转鼓试验台

底盘测功机，又称为**转鼓**试验台，因为该设备最显著的标志就是顶部露出地面的转鼓（也称为滚筒），如图 3-17 所示，图中仅画出了滚筒装置。

底盘测功机为汽车提供了一个可以在室内条件下模拟室外道路行驶的平台，除了可以进行汽车的动力性试验外，如果结合其他测量仪器和实验室环境，还可以进行燃料经济性、排放性、噪声和振动性能以及电磁兼容性等方面的试验。

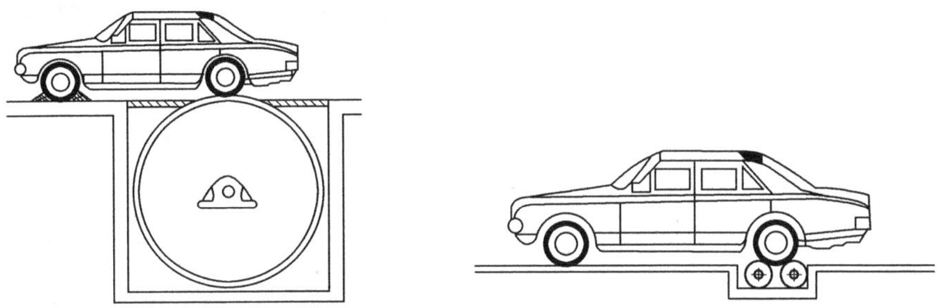

图 3-17　单滚筒式和双滚筒式底盘测功机

底盘测功机主要由滚筒装置、测功装置、测量装置、飞轮机构和控制与指示装置等部分组成。

（1）滚筒装置　滚筒相当于连续移动的路面，供汽车的驱动轮在其上模拟道路行驶。驾驶人像正常开车一样踩加速踏板，汽车的驱动轮转动，带动测功机的滚筒转动，再带动测功机的后续机构，如图 3-18 所示。按滚筒数量，底盘测功机可分为单滚筒底盘测功机和双滚筒底盘测功机，如图 3-17 所示。

单滚筒底盘测功机，滚筒直径大，表面曲率小，最突出的优点是轮胎—滚筒的接触状况与实际道路行驶较为接近，行驶工况模拟得更真实，测试精度高。其缺点是试验台占地面积大、建造成本高，轮胎在滚筒外表面顶点的对中、安置和定位较困难，使用不便。单滚筒底盘测功机多用于大型制造企业、科研单位和高校实验室等。

双滚筒底盘测功机，滚筒直径小，前后两排滚筒便于轮胎的定位和安放，台架成本低，操作简便，作业快捷。但是轮胎—滚筒的接触状况与实际路面行驶差别很大，轮胎—地面间的受力和变形模拟得很不真实（最大的问题就是滚动阻力比实际道路行驶大很多），测试精度较差。多用于检测机构和销售、维修企业。

需要注意的是，图 3-17 是左视平面图，实际上右侧驱动轮也需要安置在滚筒上，而测功机的左、右滚筒一般是分开的。所以，“单滚筒底盘测功机”实际上有两个滚筒，“双滚筒底盘测功机”则是有四个滚筒。

上述的“单、双滚筒”，指的是汽车的一根车轴下面有几排滚筒。例如，在图 3-17 中，示意的是后轴驱动的汽车，后轮置于滚筒上，前从动轮则置于地上，并加以锁定。而对于多轴驱动的车辆，为了精确测定其多轴驱动的动力性能，可以采用多轴测定底盘测功机。例如在试验/检测行业中常见的“四轮转鼓”，指的就是可以同时测定 4×4 车辆的所有车轮的驱动能力的底盘测功机。

(2) 测功装置 测功装置也称为功率吸收装置，就是测功器。注意，此处的“测功器”是整套“底盘测功机”的一部分。其目的是为试验台提供一个阻力，将汽车驱动轮输出的、经由滚筒和测功机台架的机械传动装置传来的功率耗散掉。

对于单滚筒底盘测功机，滚筒当然与测功器相连。对于双滚筒底盘测功机，只有一排滚筒连接测功器，称为主动滚筒；另一排只是随同车轮空转，并无动力输出，称为从动滚筒。而同一车轴两侧驱动轮下的主动滚筒，一般都通过联轴器等装置连接在一起，也就是说，无论是单滚筒式还是双滚筒式底盘测功机，汽车的一根驱动轴（两个驱动轮），只需要一个测功器，如图 3-18 所示。当然，高端的“四轮转鼓”，会分别测量四个驱动轮的动力输出，那么同一车轴的两侧滚筒是分开的，每个车轮都需要一个测功器。

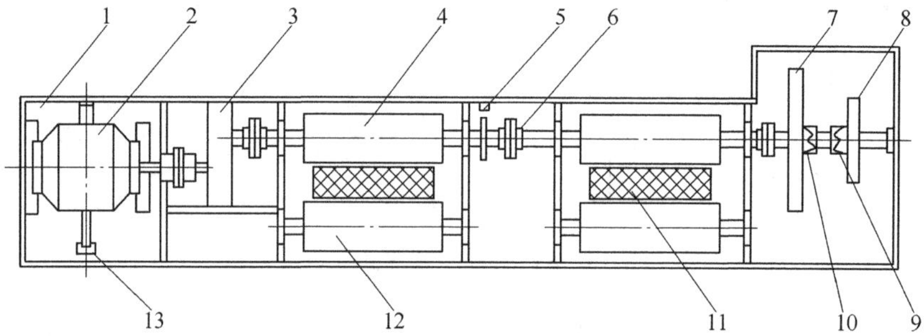

图 3-18 底盘测功试验台机械部分结构示意图

1—框架 2—电涡流测功器 3—变速器 4—主动滚筒 5—速度传感器 6—联轴器
7、8—飞轮 9、10—电磁离合器 11—举升器 12—从动滚筒 13—压力传感器

底盘测功机常用的测功器有三种，其名称及特点如下：①**水力测功器**，原理简单，调控精度差，已趋淘汰；②**电力测功器**，结构紧凑、功能强大，作为发电机时充当负载、提供阻力，且能实现能量回收，作为电动机时则能提供动力、拖动被测汽车运转，但结构复杂，成本很高；③**电涡流式测功器**，作为国内生产和使用较多的一种测功器其只能作为负载、提供阻力，但其测试精度高、结构较简单、易于调控、测量的转速和功率范围都较大。电涡流测功器不能将能量回收，最终要以热能的形式耗散掉，所以一般需采用较高效的水冷式冷却方式，实验室要有配套的基础设施。

(3) 测量装置 作为测功设备，必须要有测量转矩和转速的功能。

转矩的测量体现的就是驱动轮输出的驱动力，一般整合在测功器中，多采用测力杠杆式，如图 3-18 中的压力传感器 13。其具体原理可参考本节的“扭矩测量仪”部分。

转速的测量体现的就是车速，测速装置一般安装在滚筒的一端，如图 3-18 中的速度传感器 5。测速原理有磁电式、光电式或霍尔式等。滚筒转速结合滚筒半径，就能算出车轮的线速度，前提是假定车轮在滚筒上做纯滚动。

(4) 飞轮机构 如果只是测量驱动轮的稳态输出功率或转矩，那么车辆的惯量不起作用。但是在很多变工况试验，例如加速、滑行试验，或者多工况燃油消耗量试验中，需要模拟汽车在一定工况下的变速运动，这就要求模拟汽车在道路上行驶时的惯量（或者说动能）。对于采用电力测功器的底盘测功机，由于电力测功器的调控精度高、时间响应迅速，可以利用测功器体现汽车的加速阻力。而对于非电力测功器，例如常见的电涡流测功器，就需要利用飞轮机构来模拟整车惯量。由于试验台需要适应不同质量的试验车，而同一辆车在不同档位下的旋转质量换算系数也不同（参见汽车理论），所以一套飞轮机构一般具有多个飞轮，如图 3-18 中的飞轮 7 和 8，通过不同转动惯量的飞轮的组合来模拟当前被试汽车的惯量。注意，图 3-18 只是一种示意图，实际测功机的飞轮机构往往与滚筒并不是同轴直接相连的，而是靠一套升速机构将滚筒转速提升后再连接飞轮，这样可以用较小的飞轮获得更大的当量汽车质量。

（5）控制与指示装置 底盘测功机的控制与指示装置通常制成一体，构成控制柜，放在易于操作和观察的位置。上面的各种按键、显示窗、旋钮、显示灯等供使用者操控与观察。

除了上述装置，双滚筒底盘测功机还有举升装置，设置在两排滚筒之间，方便车辆进出试验台。举升装置最常见的是气动式，另外还有电动式和液压式。

为防止试验过程中汽车前后位移以及滚筒意外锁止时汽车驶出滚筒，底盘测功机必须设置纵向约束装置。纵向约束的手段有在从动轮前后设置三角铁（木）来约束汽车的，也可以在汽车前后设置钢制锁链拉住汽车。

底盘测功机的具体使用方法和操作步骤，请参阅仪器说明书和试验标准文件。

二、室内硬件在环试验平台

1. 诞生的背景

在现代的汽车部件和控制器的开发过程中，系统越来越复杂，而对其性能要求也越来越高，同时要求尽可能地降低开发时间和开发成本。性能和功能测试是产品设计过程中非常重要的一个环节。目前国内外对汽车电控系统的研究开发主要通过计算机离线仿真（虚拟控制器和虚拟对象组成的动态仿真系统，是纯粹的计算机仿真）、台架模拟试验和道路实车试验来实现。其中，计算机离线仿真研究可以初步检验控制系统的有效性，但无法验证控制系统软、硬件匹配的好坏，而实车试验不仅周期长、在初期研究阶段可重复性较差，同时在某些极限工况下可能给试验人员带来危险。台架模拟试验既能加载静态载荷，又能有效地动态模拟道路状况和汽车行驶状况，从而准确地测试汽车电控系统的关键部件（如电机、电源和变速器）和动力总成性能，验证控制策略的有效性，同时又可以减少产品的开发时间，缩短研制周期，降低开发的风险和成本，试验可重复性高，可应用半实物仿真且不受突发条件的影响等。同时，在测试过程中，可以很好地控制被测部件的温度、湿度、载荷以及路面的环境（如附着系数、坡度、风阻系数、风速等），使得测试结果更加准确，更具有参照性。

近年来，随着计算机和电子技术的发展，作为一种台架模拟试验技术，硬件在环试验技术在汽车电控系统的开发过程中得到了广泛的应用，它能够通过计算机接口技术将实际硬件与仿真模型有机地结合起来，既可以更为精准地模拟控制系统的实际工作环境，又能够降低成本、缩短开发周期，同时还可以消除试验危险。

2. 硬件在环试验系统

（1）概念 硬件在环（Hardware-in-the-Loop，HIL）试验系统是以实时处理器[⊖]运行仿真模型来模拟受控对象（如车辆）的运行状态，通过I/O（输入/输出）接口与被测ECU（电控单元）连接，对被测ECU进行全方面的、系统的测试。从安全性、可行性和合理的成本上考虑，HIL测试已经成为ECU开发流程中非常重要的一环，减少了实车路试的次数，缩短开发时间和降低成本的同时提高ECU的软件质量，降低汽车厂的风险。

传统的硬件在环试验系统是指在进行系统测试时，控制器是真实的（如电控单元ECU、自动变速器控制单元TCU），其余部分采用虚拟模型来代替（难以建立数学仿真模型的部件，如发动机喷油系统、底盘液压系统等可以保留在闭环中）。现代硬件在环试验系统结合传统HIL与快速控制原型（RCP）仿真系统（虚拟控制器和实际部件组成的一种半实物仿真），能采用实际的部件就用实际的，如装备真实传感器的转向制动系统、装备执行机构的变速器、动力总成等，不能采用实际的产品，就采用实时的虚拟模型来模拟零件和策略所面对的真实环境。

（2）硬件在环试验系统的分类 对于汽车电控系统的硬件在环试验平台，可分为三个层次，即信号层、电功率层和机械层。

信号层的硬件在环系统，即为传统的针对控制器测试的系统。输入信号来自车辆模型，输出执行信号并非控制真实执行器，而是传输给计算机执行器模型。即测试系统中没有任何的电功耗设备，不需要机械台架。例如，对于电动汽车电机驱动控制器而言，如图3-19所示，通过硬件在环仿真测试，验证电机或者整车的控制算法和控制策略。模型的输入信号为控制电流和电压的控制信号，输出信号为电机速度、温度、转矩等信号；由于接口信号只是传递算法数据，功率很小，所以测试中没有传递功率和安全限制。

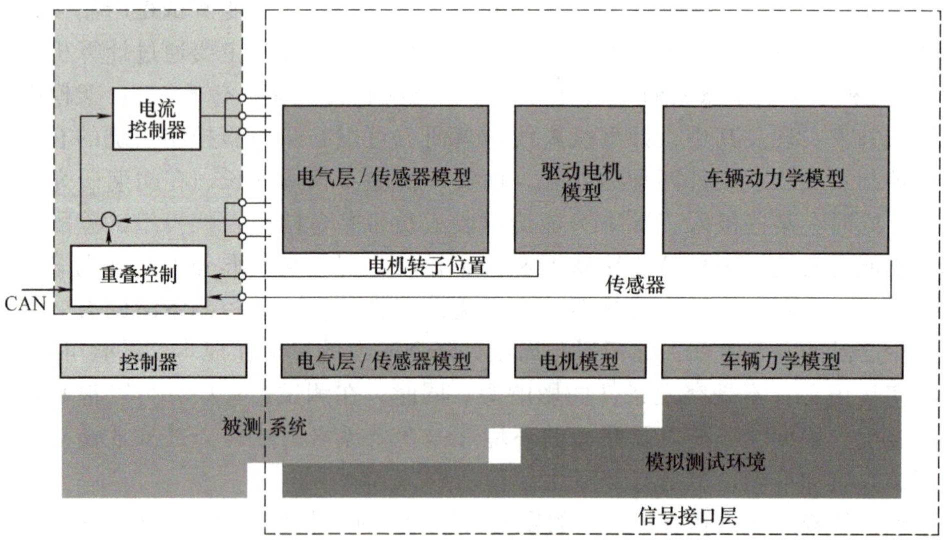

图3-19 信号层硬件在环系统

⊖ 实时处理器是指，能及时响应外部事件的请求，在规定的时间内完成对该事件的处理，并控制所有任务协调一致运行的处理器。

在电功率层的硬件在环系统中，被测件为驱动控制器，而测试系统模拟控制对象和环境，如电机、变速器等。因而系统处于功率状态。因此，测试系统有一定的功率和安全限制。在图 3-20 中电机控制器与模拟电负载相连。同样，在此测试中，不需要机械台架，系统可以灵活配置，但是，要求电负载的模拟具有很高的性能。

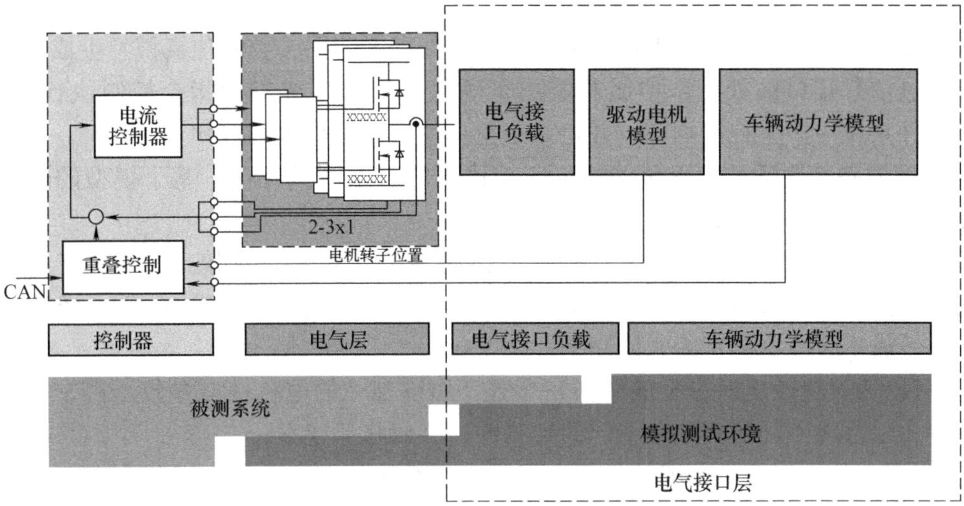

图 3-20　电功率层硬件在环系统

在机械层的硬件在环测试系统中，需要机械台架模拟机械载荷或者实际的系统环境。对于电动汽车的电机而言，模拟的负载是指某一工况下的电机载荷，包括变速器、差速器、半轴、车轮、车身的共同载荷，如图 3-21 所示。这一测试系统的好处在于可以较真实地模拟动态载荷，同时不需要非常充分的电机控制知识。

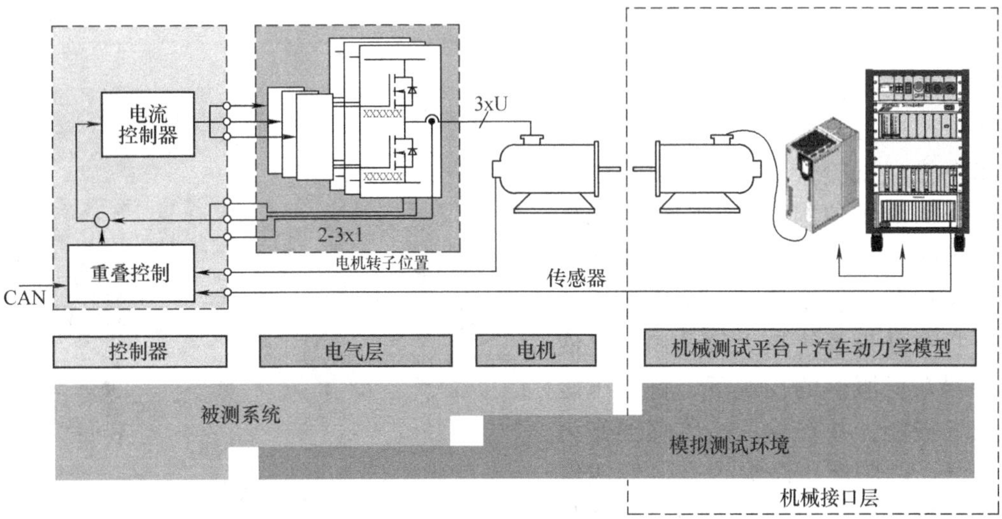

图 3-21　机械层硬件在环系统

（3）硬件在环试验系统的组成　硬件在环试验台由软件系统、硬件系统和信号接口系统三部分组成。软件系统主要由用户界面（GUI）部分和仿真模型部分组成。用户界面用于控制和修改测试系统，仿真模型部分主要包括物理汽车模型，用于仿真汽车、驾驶人和环境条件。硬件系统用于仿真汽车的传感器和执行器，接收由控制单元输出的控制信号，产生控制单元的输入信号。信号接口部分用于软硬件之间信号的转换，即测量、产生甚至在必要时修正信号。

试验过程中，操作者通过操纵机构实时输入驾驶人意图，控制仿真模型生成车辆运行状态，通过信号接口的处理，控制器监测车辆状态信号生成控制指令控制执行器动作，在实车硬件系统中产生控制响应，并将状态量反馈给车辆模型形成闭环。

(4) 室内硬件在环试验平台的特点 与传统的台架测试相比，基于模型的硬件在环实时测试系统具有的特点如下：

1）通过整车仿真模型控制台架系统，能够提供真实的测试环境，具有良好的动态测试性能，在前期开发过程中代替样车试制，提高了台架试验验证的有效性，降低了技术风险和试验成本，减少测试的时间周期。

2）可以通过更改实时模型的结构和参数，如模型中的电机性能参数、汽车参数、道路参数等，以适应不同的环境和不同的被测件，有效降低成本。

3）不需要深入了解控制器的知识，但是由于系统处于强电、高速状态中，对系统的安全性能和安全保护措施要求很高。

该系统的不足之处在于，当模型结构发生改变时，需要对系统进行重新部署，对接口重新配置。所以所建立的模型需要尽可能地完善。同时，硬件在环系统对控制器的要求较高，价格比较昂贵，开发过程比较复杂。

三、四轮液压激振台

激振试验作为振动的典型应用之一，是由激振源给被测物体施加振动，通过测试物体在振动工况下的运动、动力等参数以了解物体的性能。

基于液压伺服系统和位移反馈的整车四轮液压激振台可以被看作是一液压伺服道路模拟试验台，是一套以液压为动力、采用电子控制、有伺服能力的机械执行系统。如图3-22所示，四轮液压激振台由试验激振系统、响应拾振系统以及分析和处理系统三大部分组成。液压作动器在伺服阀的控制下，将液压能转换成机械能，并安装位移传感器作为反馈信号。四轮液压激振台是研究四轮车辆动态特性的重要试验设施，它将整车置于试验台激振器台面上，使车辆产生与路面行驶条件相同的振动。使用这种试验系统可以为工程技术人员提供一个可控的、可以重复的振动环境，这种振动环境极接近于实际车辆工况。因此可以实现野外实车道

图3-22 四轮液压激振台

路试验室内化，便于车辆工程技术人员在试验中观察车辆特性和状况。

四轮液压激振台还可对汽车零部件进行可靠性试验，即减少试验时间，重复性好，而且试验不受外界条件，诸如气候，道路情况、驾驶人主观感觉等的限制。

四、汽车风洞

1. 概述

风洞是用来产生人造气流（人造风）的管道。在这种管道中能产生一段气流均匀流动的区域，汽车风洞试验就是在这段风洞中进行的，如图 3-23 所示。

图 3-23　汽车风洞

汽车风洞中用来产生强大气流的风扇是很大的，风洞内用来进行实车试验段的空气流速达 270km/h。建造一个如此规模的汽车风洞往往耗资巨大，而且每做一次汽车风洞试验的费用也是相当大的。

汽车风洞有模型风洞、实车风洞和气候风洞等，模型风洞较实车风洞小很多，其投资及使用成本也相对小些。在模型风洞中只能对缩小比例的模型进行试验，其试验精度也相对低些。实车风洞则很大，建设费用及使用费用极高。目前世界上的实车风洞还不多，主要集中在日、美、德、法、意等国的大汽车公司。

1871 年英国人建成了世界上公认的第一个风洞。1977 年，中国空气动力研究与发展中心建成亚洲最大的低速风洞。

2. 工作原理

风洞是指，能人工产生和控制气流，以模拟飞行器或物体周围气体的流动，并可度量气流对物体的作用以及观察物理现象的一种管道状试验设备。它是进行空气动力试验最常用、最有效的工具。风洞试验是飞行器研制工作中一个不可缺少的组成部分。它不仅在航空和航天工程的研究和发展中起着重要作用，随着工业空气动力学的发展，在交通运输、房屋建筑、风能利用和环境保护等部门中也得到越来越广泛的应用。用风洞做试验的依据是运动的相对性原理。

3. 分类

（1）全尺寸风洞和模型风洞　为试验 1∶1 模型（全尺寸模型）或真车的风洞称为“全尺寸风洞”，为试验缩比模型或零部件的较小尺寸的风洞称为“模型风洞”。日本和前苏联多采用比例为 1∶5 的模型；欧美国家则多采用 1∶3 或 1∶4 比例模型。

（2）全天候风洞、声学风洞和气动力风洞　全天候风洞（或气候风洞）可改变气流温度、湿度、阳光强弱和其他气候条件（雨、雪等）；声学风洞在建造过程中采用了多种降噪措施，背景噪声极低，可以分离并测量出汽车行驶时产生的气动噪声。这两种风洞统称为特种风洞。其余一般风洞都是气动力风洞。近年来新建的风洞，都是气动/声学风洞，或气动/气候风洞，甚至是气动/声学/气候风洞，这类风洞又称为多用途风洞。

(3) 试验段尺寸 一种是截面积 $S<10\text{m}^2$ 的风洞（包括缩比模型风洞和全天候风洞），有些小喷口的全天候风洞，主要用来把空气直接导向热源集中的发动机舱周围区域进行试验，如 MIRA 模型风洞。

一种是 $10\text{m}^2\leqslant S\leqslant 30\text{m}^2$ 的风洞。这种风洞主要用于试验各种轿车及其他较小的车辆（实车试验）。如丰田全尺寸风洞，中国国内建设中的上海同济气动/声学风洞。

一种是 $S\geqslant 30\text{m}^2$ 的风洞。这类风洞主要的试验对象是轿车到中级载货汽车以及大客车。例如 GM 全尺寸风洞，中国国内气动中心 8m×6m 风洞。

4. 汽车风洞组成

风洞主要由洞体、驱动系统和测量控制系统组成，各部分的形式因风洞类型而异。

5. 汽车风洞特点

“汽车风洞”中巨大的人造风，可模拟各种行车环境中遇到的空气阻力、噪声、热力学状态，以及天气环境甚至太阳辐射等，用以测试样车的安全性和操纵稳定性，最大限度地减少汽车在行驶中损失的动力，为设计更加节能、美观的汽车提供条件。

五、汽车消声室

随着汽车工业的迅速发展，除了对整车的安全性和使用寿命等要求的不断提高，对整车舒适性的要求也越来越高。评价整车舒适性的一个重要指标是其噪声与振动水平，降低汽车零部件与整车噪声已成为提高产品质量的一项重要指标。因此，汽车制造商，包括它的零配件供应者更加重视 NVH（噪声振动舒适性）的控制，而利用声学测量技术开展汽车新产品的研究开发和性能鉴定也就显得越来越重要。要降低产品噪声，首先必须掌握其噪声与振动的特性，而能够营造一个很好的噪声与振动测试环境的房间就是消声室。也就是说，消声室是开展汽车“声鉴定”、“声研究”的重要手段和条件。由于整车噪声在室外测量易受环境噪声、场地、天气等因素影响，许多情况难以使用声强技术（如轮胎噪声、加速噪声等），致使测量精度低、重复性差。在如今大量的汽车产品 NVH 工作中，还要考虑工作效率和保密，整车消声室就更显得必不可少了。

1. 分类

根据室内做强吸声装修的内表面的数量，可将消声室分为全消声室、半消声室及卦限消声室。在全消声室内测得信号的不确定度最小，由于这个原因，如果没有其他限制，实验室最好建成全消声室。但是某些类型的设备要在全消声室中测量是很困难的。例如：有些声源太大，不能安装在消声室内，有些太重无法悬挂在消声室的中心，另外还要考虑到有些声源在正常工作情况下，是用或连接坚硬反射面作支撑的。由于上述种种原因，半消声室内反射面上方的自由场是一种实验室环境，它对测量很多类型的设备是很有用的。

2. 整车噪声测试对声学环境的一般要求

在标准 ISO 362、ECE R51、GB 1495、GB/T 18697 中，理想的噪声测量环境场地的

要求基本上都是除了地面是反射面外，没有其他反射物的半自由声场，适合上述标准的测试环境如半消声室，就是具有坚硬、平坦的地面，满足环境要求的室外开阔场地。标准还要求任何背景噪声（包括风的噪声）至少比测量值低 10dB（A），如果背景噪声与测量值差在 10dB(A)~15dB(A)之间，被测车辆的噪声还应按规定修正。

3. 整车半消声室

由于实际需要，半消声室自 20 世纪 70 年代起开始出现、发展并迅速得到应用。此半消声室除要求地面为硬质刚性反射面外，其余与消声室相同。其原理是当声源或接收器置于地面上时，声源和接收器之间只有直达声而没有反射声，故在地面上的半空间中有同消声室中那样的自由场。半消声室的优点是由于地面是硬的，能承受较大的质量，适宜测量如车辆、大型机器、设备等的噪声功率且使用方便，造价比消声室低。其缺点是当声源的等效声中心或接收器高出地面较多时，声反射的影响使声场严重偏离自由场，这种现象在频率高时更为显著，因此半消声室存有高频限。

在标准 ISO 3745、GB 6882 中，推荐半消声室应具有：①足够的体积；②在测试的频率范围内，界面上具有很大的声吸收；③除了良好的反射地面和与被测声源有关的以外，没有声学反射面和障碍物；④足够低的背景噪声。另外还应考虑控制、照明、通信、信号传输、安全、环保、节能、美观、耐用、维护方便性、成本等方面因素。

通常，半消声室具有试验车运行所需的底盘测功机系统、空调通风系统、迎面风冷却尾气排放系统以及试验测量分析系统等。

目前，为保证半消声室的本底噪声[㊀]能达到设计指标要求，建筑设计采用房中房结构，半消声室的车辆进出大门和控制室人员进出小门均采用外置防火隔声门、内置吸声隔声门的声轧结构，门缝采取严密的隔离和密封措施。对于空调、通风等设施应采取消声处理。为防止外界的低频振动传到半消声室内，在建筑设计时对半消声室进行减振处理。消声室的吸声处理，使用较多的是用多孔材料填充的吸声尖劈，如图 3-24 所示。吸声尖劈结构是当声波由尖端（垂直）入射时，由于吸声层的逐渐过渡性质，材料的声阻抗与空气的声阻抗能较好地匹配，使声波传播至吸声体时能高效地吸收。

图 3-24　汽车半消声室

六、环境舱

1. 淋雨实验室

汽车淋雨实验室主要用来模拟自然降雨环境，用于测试汽车的防雨密封性能，是新车

㊀ 本底噪声是指在测试对象噪声不存在时，周围环境的噪声。

下线必不可少的检测设备。

（1）淋雨实验室组成 淋雨实验室主要由房体、喷淋系统、吹干系统和控制系统组成。其中，房体的主要作用是形成封闭的试验区域与非试验区隔离，一般采用复合墙体结构，内层用镀锌钢板，外层为彩钢板，中间添加隔音材料，骨架用型钢焊接而成，实体侧面设有玻璃窗，便于观察室内情况。喷淋系统产生模拟人工降雨，由水泵、水过滤装置、回水槽、回水池、吸水池、管路及喷嘴等组成。喷淋水由水泵从吸水池泵出，经过滤器进入管路从喷嘴喷出，进回水槽流入回水池，通过回水池沉淀过滤进入吸水池进行下一轮循环。为保证车辆清洁，车辆完成淋雨测试后对车身表面试验水进行吹干，吹干形式有冷风、热风两种。吹干系统由风机、风箱、风管等组成。风机产生强风经过滤后由风箱分配进入风管，均匀吹在试验车辆表面，使水与车身分离。控制系统由控制电器、流量计、压力表等组成，对车辆试验时间、淋雨强度、喷射压力进行调整控制。汽车淋雨实验室结构组成如图 3-25 和图 3-26 所示。

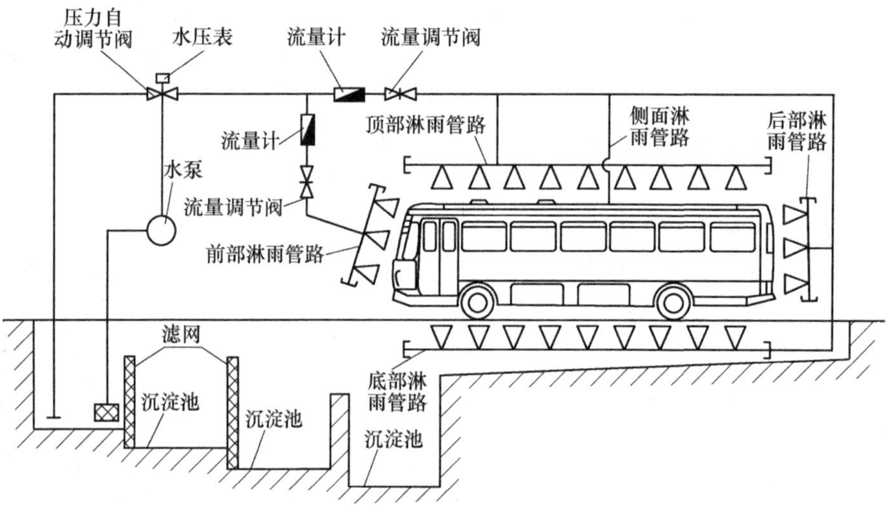

图 3-25 客车淋雨装置示意图

图 3-26 淋雨实验室

（2）淋雨实验室参数 淋雨实验室主要设计参数有淋雨标准面积、降雨强度、喷射压力等。其中，淋雨标准面积由所试验车型外形尺寸决定，是车身顶部、侧面、前后围及底部六个面积之和。降雨强度（单位为 mm/min）是单位时间内的降雨量。气象学上一般以 24h 内降雨量来确定降雨强度的大小，10 ~ 25mm/min 为中雨，25 ~ 50mm/min 为大雨，50 ~ 100mm/min 为暴雨。汽车淋雨密封试验降雨强度一般大于 10mm/min，为缩短试验时间有的大于 20mm/min。QC/T 476—2007 规定水泵供水压力为（150 ± 10）kPa，喷射压力为 69 ~ 147kPa。

2. 高低温模拟实验室

（1）高温实验室 为了让汽车适应高温、高热环境，了解其性能及部件老化情况，各汽车厂家根据各自汽车产品的需要纷纷兴建高温实验室。

高温实验室结构上主要包括日照装置、供风系统、加热装置和路面辐射装置。其中，日照装置主要在实验室顶壁与侧壁均匀安置红外线灯，灯光照射强度及光照区域均可按实验要求进行调节，用以模拟在炎热的阳光下，测试汽车各部位的温升及受热状态。供风系统模拟汽车实际形式的迎面行驶风，由大型鼓风机产生，再配以风道及风速控制，组成供风系统。与空气动力风洞不同的是，风道出口截面积很小。同时，风速调节范围要尽可能地覆盖汽车的车速。加热装置采用电加热与蒸汽加热两种形式。一般大型实验室采用蒸汽加热。为了再现路面热辐射状态，路面辐射装置一般使用加热箱，并将它铺装在试验地面上。设定的温度范围为 40 ~ 80℃。

试验项目包括：

1）冷却性能试验。在炎热的地带和夏季气温很高的条件下，以是否能保证汽车主要部件保持合适的温度来评价其散热性能。检测内容包括发动机冷却液温度、发动机及变速器润滑油油温、发动机进气温度以及燃油油温和气阻。

2）动力性能试验。在高温条件下，在燃油及进气温度上升，发动机功率降低的状态下评价汽车的动力性能或评价在高温条件下，汽车熄火停车后的再起动性能。

3）耐热性能试验。在高温条件下高速行驶、爬坡行驶、城市市区行驶，以及行驶之后的停车怠速等各种行驶工况下，评价汽车结构部件的耐热性以及发动机舱内和车身各部位的橡胶件、塑料件的耐热性等。

4）空调性能试验。在高温潮湿强烈日照的条件下，评价车内环境的舒适性，检测内容包括驾驶室内的温度、湿度、凉风、风速、换气及车窗视野等。

（2）低温实验室 低温实验室模拟低温环境状态。与实地寒区试验比较，具有节约人力、物力、财力，不受外界气候环境的影响，不受季节限制等优点。同时，具有环境控制精度高、稳定性好、重复性好的特点。

结构上，低温实验室一般由以下系统构成。

1）低温实验间要求密封、保温、防腐、有足够的面积和高度，以及足够的地面承载能力，所以内设防潮照明、冷风机和蒸发器及温度、压力、转速、CO 报警器等各类传感器，并配有测试传感器、电源等。同时，还要设有保温除霜观察窗、报警器等，保证试验安全、有效地进行。如果低温实验室设置功率吸收装置，如底盘测功机，就可完成车辆在低温条件下的各种行驶工况的模拟试验。

2）制冷机房和制冷系统提供冷源，包括制冷压缩机、冷却器、中冷器、蒸发器、阀门、测量参数显示装置和有关报警装置。

3）换气系统排除室内有害废气，更换和补充低温实验室的新鲜低温冷空气，排除人员及试验样品散发的热量，维持试验规定的低温状态。

4）冷却液系统是制冷系统必需的辅助设施，用以冷却制冷机组。

5）试验测量仪器和试验数据的采集与处理系统。

试验项目包括：

1）汽车发动机的低温起动性能试验。

2）发动机低温行驶性能匹配。

3）汽车行驶安全性检验。

4）汽车寒区适应性试验。

5）刮水器等总成的低温性能试验。

6）非金属零件的低温适应性试验。

7）汽车燃油、润滑油等的低温性能验证试验。

8）其他必要的低温性能、低温适应性试验。

（3）高低温实验室 高低温实验室是综合上述低温与高温的技术要求而设立的，其结构也是将两者合一。

第三节 汽车试验场

汽车试验场是进行汽车整车道路试验的场所。为满足汽车的实际行驶要求，汽车试验场的主要设施是集中修建的各种各样的试验道路，包括汽车高速行驶的环形跑道、可造成汽车强烈颠簸的凸凹不平的坏路以及坡道、ABS 试验路、噪声试验路等，给汽车提供稳定的路面试验条件。汽车试验场有大有小，试验道路的种类和长短也不尽相同，而且随着汽车技术的发展，不断会提出修筑新的试验设施的要求。

一、汽车试验场功用

重现汽车使用过程中遇到的各种道路条件和使用条件，进行汽车整车道路试验。试验场将实际存在的各种道路经过集中、浓缩、不失真地强化形成典型化的道路，从而满足企业对汽车新产品定型试验及强制性检验试验等方面的要求。试验场的主要任务是汽车产品的质量鉴定试验；汽车新产品的研发、认证试验；为实验室试验提供路谱采集条件；汽车法规、标准的研究和验证试验等。

二、试验道路设施

汽车试验场的主要试验设施是集中修筑的各种试验道路，由于各试验场所处的地理位置不同，气候差异较大，试验设施也不尽相同。汽车试验场按地域分为热带、寒带、温带和高原试验场；从功能上分为综合试验场和专业试验场；按所有权分为政府、军队、企业和科研机构拥有的试验场；按行业可分为汽车试验场、轮胎试验场、拖拉机试验场和工程机械试验场；按规模分为大、中、小三种类型。随着计算机技术的发展，又出现了虚拟试验场（详见第九章第二节相关内容）和数字化试验场。

由于汽车试验在汽车开发过程中处于极为重要的地位，不少汽车企业及相关部门投入巨额资金修建大型的汽车综合试验场。例如通用汽车公司的米尔福德试验场、日本汽车研究所试验场、英国汽车工业研究协会（MIRA）试验场；中国交通部公路交通试验场（通州汽车试验场）、定远汽车试验场、东风（襄樊）汽车试验场、海南汽车试验场、一汽农安汽车试验场、上海大众汽车试验场等。图 3-27 所示为国内某汽车试验场的布局图。

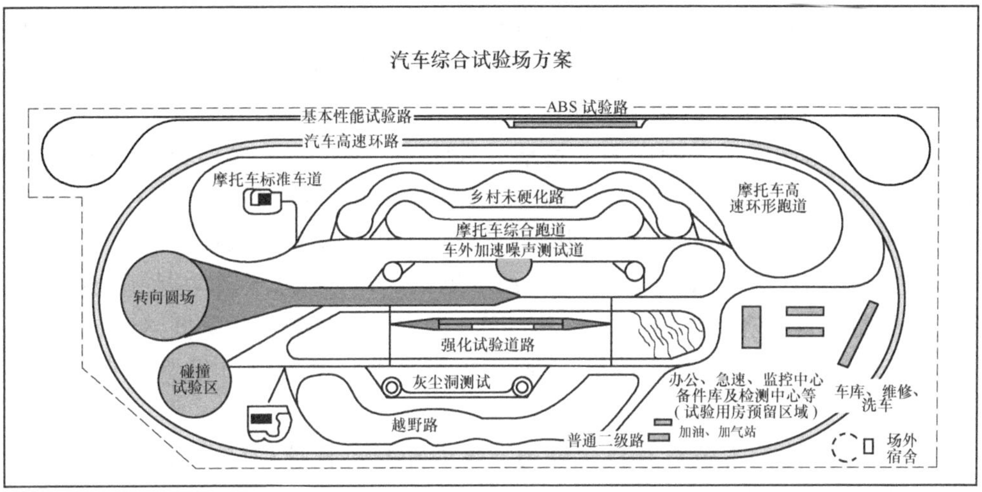

图 3-27　汽车试验场总体布局

汽车试验场的道路设施分为两部分，即可靠性试验道路和专项试验设施。为使汽车试验顺利进行或完善试验项目，有些试验场内还有实验室、维修车间等。

其中，可靠性试验道路包括：

1）高速跑道。可供汽车长时间持续高速行驶，以考验汽车的高速性能和零部件的可靠性。

2）强化坏路。强化坏路主要包括搓板路、石块路、卵石路、扭曲路、坑洼路、鱼鳞坑路、砂石路、混凝土路、沥青路、长短波路、陡坡路、公路强化特性模拟路、不平整水泥路、水泥凸块路、铁轨道口、沙滩路等。试验场根据车辆类型规定试验车所行驶的路段及长度。

3）山路。山区公路一般设置在试验场外，模拟车辆在山区道路上行驶的状况。海南试验场选用海榆中线穿越海拔高度 670m 的阿陀岭路段，全长 25km，最大坡度为 9.6%；一汽农安汽车试验场选用吉林省集安市境内 0 ~ 40km 路段，最高海拔高度达 724m，最大坡度为 8.0%。

4）一般公路。考核汽车在常规道路上行驶的情形，一般公路试验多选择在试验场外的公路上进行。

5）越野路。为考核越野汽车而设计，常由山坡、侧坡、荒野、碎石、沙土、沙地、泥泞坑、灌木林、草地、急弯等特征路段组成。

专项试验设施包括：

1）标准坡道。由一组不同坡度的坡道组成，满足不同类型车辆的试验要求，用以考核汽车的爬坡能力，还可考察驻车制动器在坡道上的停车能力、汽车在坡路上起步时离合器的工作状况等。试验场坡道的坡度通常在6% ~60%范围内，宽度为4 ~8m，为沥青或浆砌片石或混凝土铺装。

2）综合性能试验路。长直线性能路，长度为2 ~3km，沥青混凝土铺装，中间常加宽到数百米，用于汽车加速、滑行、最低稳定车速、制动等多种性能的试验。

3）操纵稳定性测试广场。最常见的是圆形广场，直径为100m，可供汽车转向或绕“8”字形行驶（可参见第七章第七节之“五、转向轻便性试验”）。有的圆形广场还备有洒水装置，使地面生成均匀的水膜以测试汽车侧滑情况。

4）车外噪声测试广场。噪声测试场地要求水平、坚实、平整，以场地中心为基点、半径50m范围内无大的声反射物，并且试验路面不应产生过大的轮胎噪声。噪声测试的目的是限制不符合国家标准要求的车型生产，以降低机动车环境噪声污染。

5）防抱死制动系统（ABS）测试路。ABS测试路用来试验汽车在冰雪或附着条件很低的路况下的行驶性能和制动性能，采用磨光、洒水、冰雪等方法降低路面的附着系数。

6）通过性试验路。通过性试验路常包括涉水池、溅水池、垂直障碍、路沟、壕沟等。

7）灰尘洞。灰尘洞考核汽车抗尘能力，常选用抗湿性能较佳的天然材料作为尘粒，尘粒的规格及比例严格按照有关国际通行标准配备。

8）淋雨室。淋雨室考核汽车防渗漏密封性能。淋雨试验设备依据国际要求配置，淋雨喷嘴的高度和长度可以调节。

9）盐水槽。盐水槽水深易做调整，盐水浓度保持在3% ~5%范围内，主要考核汽车耐腐蚀性。

三、国内汽车试验场发展及现状

1958年一汽技术中心在海南省琼海市开始建设我国第1个汽车试验场，最初只是一个汽车热带试验基地。20世纪80年代初，国外大批汽车进入我国市场，使得客户对汽车质量特别是可靠性有了更高的要求，海南汽车试验场修建了以比利时石块路为代表的可靠性试验路，直到1987年，才建成了我国真正意义上的第1个汽车试验场。试验场的建立使政府部门有了提高汽车质量的试验手段，促使我国的汽车平均首次故障里程由500km提高到几千千米直至10 000km，为我国汽车工业的发展做出很大的贡献。1990 ~2002年是我国汽车工业跨越式发展时期，总装定远、东风（襄樊）汽车、交通部通州、一汽农安、上海大众5家试验场相继建成，标志着我国整车道路试验手段进入了国际先进行列。

随着近几年我国汽车工业的发展，国内各大汽车试验场也配备了技术先进、配套齐全的试验设施、设备、装置及各类专用测试仪器。但与一些发达国家相比，还缺少零部件专用试验场、热带沙漠试验场和高海拔试验场。

思考与习题

1. 测量车辆速度的典型试验仪器有哪些？各自的使用特点是什么？

2. 简述扭矩测量仪的测量方法及分类。

3. 简述噪声测量仪器——声级计的工作原理。什么叫计权网络？

4. 试述车轮六分力测试的目的及其测试系统的结构组成。

5. 目前广泛使用的土壤参数测量仪器有哪些？查阅相关资料，解释车辆圆锥指数和土壤圆锥指数的概念及确定方法，并阐述如何用两者关系确定土壤的可通过性。

6. 汽车转鼓试验台（即底盘测功机）主要由哪几部分组成？各部分的功用是什么？

7. 什么是硬件在环试验系统？其特点是什么？

8. 汽车风洞有哪些分类方法？各类风洞的特点和应用如何？

9. 试述整车半消声室的工作原理及特点。

10. 汽车试验场的功用是什么？试述汽车试验场的道路设施。

第四章 试验设计理论与方法

通过前面几章的学习，对测试系统的数学变换特性、测试装置的常见组成元件以及典型汽车试验仪器设备与设施的原理和应用等已有了较全面的掌握和了解，这些是汽车试验的必备基础知识。为了合理地组织并成功地实施一项汽车试验，还需根据试验目的、被测对象和被测参数的特性以及具体的试验条件等，在正确理论的指导下，科学、合理、高效地进行试验的设计与筹划。

有关试验设计的理论和方法有很多，涉及较深入复杂的理论知识。本章以相似理论和正交试验设计方法为代表，介绍其基本原理和在汽车试验方面的部分典型应用。

第一节 相似理论

人们研究自然与工程现象、进行科学探索的方法，概括起来可以分为两种，即理论分析和试验研究。在本书概述部分已经讨论过，理论不能代替试验，尤其对于汽车技术，试验研究有其独特的价值和作用。

较常见的试验方法，可以称为“直接试验”或“原型试验”，就是对被研究对象的实物进行测试，这个实物就是“原型”。直接试验的优点，是真实、可信，且试验结果直接与被研究对象的特性相对应。

直接试验方法也有其局限性，主要体现在：①试验得出的结论只能适用于与试验条件完全相同的现象；②对于处在开发、探索阶段的新产品和新技术，没有可供试验的原型，或者制作实物原型成本过高；③已经建造出来的原型对象，有时由于条件的限制（体积或质量过大或过小等），也难以进行直接试验。

因此，人们开发了另一种试验方法——“模型试验”，即运用物理的和数学的分析方法建立若干相似准则，在相似准则指导下制作模型（注意，这里的“模型”，不仅指对原型实物的模拟，也包括对原型试验条件的模拟），用以代替原型实物及其工作条件，重演或预演原型的工作过程，并根据相似准则，由模型试验的结果来推断原型的特性。

模型试验方法，在汽车技术中有广泛的应用。例如进行车身空气动力学试验，或者研究车辆的行走机构与土壤的相互作用关系等。

相似理论是模型试验方法的理论基础，用于指导相似模型的制作、模型试验条件的确定和试验实施，并通过模型试验的结果预测原型的工作性能。

一、相似的基本概念

相似的概念，其基本含义指的是几何学中的“相似图形”。我们知道，如果两个多边形（或多面体），其各对应边的长度成等比例、各对应角的角度相等，那么这两个多边形相似。反之，两个多边形相似，则其各对应边长度等比例、各对应角相等。

推而广之，在一对可以互相比拟的物理现象之间，例如试验研究的原型和模型之间，有很多物理性质可以具有相似性。

常见的相似性有：

1）空间（几何）相似。模型和原型的所有对应线段的长度成等比例，所有对应角的角度相等。

2）时间相似，又称为谐时性，即模型过程和原型过程对应的时间间隔等比例。例如，原型过程总计 1h，A 工况占 15min，B 工况占 30min，那么在时长 4min 的模型试验中，对应 A 工况的 A′工况就应占 1min，对应 B 工况的 B′工况就应占 2min。

3）运动相似。在各对应瞬时，各对应点的速度和加速度方向一致，数值大小成等比例。对应瞬时由时间相似关系确定，对应点由空间相似关系确定。

4）力相似。在各对应瞬时，各对应点上的作用力方向一致，数值大小成等比例。例如，在上述“时间相似”的示例中，“工况”的描述中就包括作用力，A 工况与 A′工况的各对应点受力之比，应该等于 B 工况与 B′工况的各对应点受力之比。

此外，还可以有温度相似、浓度相似等。

简言之，一对互相比拟的相似现象，在空间、时间、运动、力等方面，都存在着各自固定不变的比例。

于是，两个**现象相似的充分必要条件**是：在对应瞬时，各对应点上表征该现象的所有参量其大小各有确定不变的比值，如果是向量则其方向一致。注意，这个“确定不变”是针对某一方面的。例如，模型与原型的尺寸比，与两者之间的速度比可以不同。

另外，需要强调的是“表征该现象的所有参量”，换言之，与该现象无关或影响极小的参量，无须相似。例如，在用模型车轮研究原型轮胎与地面之间的相互作用时，轮轴的几何形状、轮体的电阻率和外观颜色等参量就不重要，无须相似。

二、相似准则

相似理论的核心是相似准则，它在试验操作之前的模型设计与工况确定，以及试验操作结束后的数据处理中，都有着重要应用。

1. 相似准则与相似现象的关系

现以两个质点系的动力学相似为例，进行定义和论证。

对于质点系 1，存在牛顿第二定律 $F_1 = m_1 \dfrac{\mathrm{d}v_1}{\mathrm{d}t_1}$。设质点系 2 与质点系 1 力学相似，即存在

$$F_2 = C_F F_1,\ m_2 = C_m m_1,\ v_2 = C_v v_1,\ t_2 = C_t t_1$$

式中，C_F，C_m，C_v 和 C_t 分别为力、质量、速度和时间方面的**相似倍数**，这些系数可以不

相等。

对于质点系 2，必然有 $F_2=m_2\dfrac{\mathrm{d}v_2}{\mathrm{d}t_2}$。

由简单冲量理论和相似理论可推证，$\dfrac{F_1t_1}{m_1v_1}=\dfrac{F_2t_2}{m_2v_2}$。显然，其数值与质点系 1 或 2 无关，可记为$\dfrac{Ft}{mv}=\Pi=$常数。

即，对于同一物理本质的若干相似现象，存在一个或多个数值相同的无因次的综合量（这个综合量与现象的物理背景有关，在本例中是$\dfrac{Ft}{mv}$），称为**相似准则**，用符号 Π 表示。

可见，相似准则一定是由物理关系方程（组）中所包含的几个或全部参量按照一定函数关系组成的无因次量。

另外，同一现象中不同点或不同截面的相似准则可以具有不同的数值。但在对应瞬时，彼此相似的现象的同一对应点或对应截面的相似准则必然具有相同的数值。

对于复杂的现象，可能包含几个不同物理本质的相似准则。例如，对于黏性不可压缩流体的稳定等温运动问题，同时存在以下准则：

雷诺准则 $$\Pi_1=Re=\frac{\rho vl}{\eta}$$

弗劳德准则 $$\Pi_2=Fr=\frac{gl}{v^2}$$

欧拉准则 $$\Pi_3=Eu=\frac{p}{\rho v^2}$$

式中，ρ 是流体的密度；v 是速度；l 是彼此相似的系统的任意对应尺寸，通常可取某一截面的水力直径；η 是流体的动力黏度；p 是压力；g 是重力加速度。雷诺准则 Re 又称为雷诺数、弗劳德准则 Fr 又称弗劳德数、欧拉准则 Eu 又称为欧拉数，分别对应黏性力相似、重力相似和压力相似三个物理关系。

在相似现象中的对应点或对应截面上，上述三个相似准则的数值对应相等。这些准则，均在风洞等空气动力学试验设施的建设方面得到运用。

可以通过相似准则来设计或发现相似现象——彼此相似的现象必定具有数值相同的相似准则。反之，若干同类现象（即可由同一关系方程或方程组描述），由方程中某些（或全部）物理量所组成的相似准则相等，则这些现象必定相似。

上述关系也可以表述为：现象相似，等价于其相似指标等于 1。在上述质点系的动力相似问题中，易证 $C=\dfrac{C_FC_t}{C_mC_v}=1$，这里的 C 就是**相似指标**。也就是说，彼此相似的系统，各参量的相似倍数按参量之间的关系方程进行乘除运算，如本例按$\dfrac{F\mathrm{d}t}{m\mathrm{d}v}$的次序计算$\dfrac{C_FC_t}{C_mC_v}$，所得结果就是相似指标，其值必为 1。

2. 相似准则与试验结果的整理

可以看到，在试验模型的设计过程中，需要相似准则的指导。在试验实施完毕，进行试验结果的处理时，相似准则还有助于将模型试验的结论延伸到原型上。

彼此相似的现象，相似准则相等。这就提示我们，应该把模型试验的结果数据，整理成相似准则的形式，这个（些）准则式必将适用于与模型相似的原型研究对象。

以前述的两个质点系的动力相似问题为例，令质点系 1 为原型、质点系 2 为模型，则模型试验的结果数据为 F_2、t_2、m_2 和 v_2，这里不区分哪些量是试验实施前设计好、做试验时施加的控制量，哪些量是到运用测试系统进行测量得到的，而是将 F、t、m 和 v 这四个量一律视作“试验数据”。另外注意，力 F 和速度 v 信号，无论对于系统 1 还是系统 2，都表现为时间 t 的函数（当然，对于系统 1 没有进行实测）。

已经知道该现象的相似准则是$\frac{Ft}{mv}$，即有$\frac{Ft}{mv}=\Pi=$常数。因此，将试验数据整理成$\frac{F_2t_2}{m_2v_2}$，由于$\frac{F_1t_1}{m_1v_1}=\frac{F_2t_2}{m_2v_2}$，就可以得到原型的特性$\frac{F_1t_1}{m_1v_1}$。注意，在 F_1、t_1、m_1 和 v_1 中，一定有些是已知的控制量，另一些是待定的未知量，这里不讨论其区别。

这只是一个简单易懂的例子，在进行具体的试验数据整理时，关系式可能更复杂，而相似准则也可能不止一个，但是基本思想是一致的。

相似准则的普遍确定方法，可以采取方程分析或因次分析等方法，具体计算可参阅相关教材和资料。

三、相似理论应用举例

1. 汽车模型风洞试验

汽车模型的风洞试验是进行汽车空气动力学研究的重要手段之一。在试验时，以不动的汽车模型经受做强迫流动的空气流的作用来模拟汽车在道路上行驶时受到环境空气的作用。

为确保汽车模型在风洞中受到的作用力与实际汽车原型在道路上行驶时受到的作用力相似，模型试验需要满足三方面的相似条件，分别是模型和原型尺寸相似、模型和原型具有数值相等的空气动力学相似准则以及模型试验条件和原型汽车在道路上行驶时的边界条件相似。完整的相似条件还应包括初始条件相似，由于只研究稳定流动，所以可不考虑这一条件。

尺寸相似很简单，就是将实车原型，按等比例缩小，制成模型。

空气动力学相似准则方面，前文已述，对于黏性不可压缩流体的稳定等温运动问题㊀，同时存在雷诺准则 $\Pi_1=Re=\frac{\rho vl}{\eta}$、弗劳德准则 $\Pi_2=Fr=\frac{gl}{v^2}$和欧拉准则 $\Pi_3=Eu=\frac{p}{\rho v^2}$，分别对应黏性力相似、重力相似和压力相似三个物理关系。

如果追求模型与原型的雷诺准则和弗劳德准则同时对应相等，由流体力学知识和相似

㊀ 当车速不是特别高，例如，不超过 0.3 ~ 0.4 倍音速时，空气可视作不可压缩流体，密度近似不变。

理论可知，必然要求：当尺寸相似倍数为 C_l，即模型尺寸为原型尺寸的 C_l 倍时，模型中流体的流速应为原型流速（即车速）的 $C_l^{\frac{1}{2}}$倍，同时模型中流体的运动黏度应为原型的 $C_l^{\frac{3}{2}}$倍。上述要求中的第二点内容，意味着模型的风洞试验，不能采用空气介质，其运动黏度值要依据尺寸相似倍数 C_l 来确定，这无疑为试验带来了困难。

根据流体力学理论，黏性流体做强迫流动时，起主要作用的是黏性力，而不是重力。因此，反映重力因素的弗劳德准则可以忽略，在模型和原型之间只需考虑雷诺准则 $\Pi_1 = Re = \frac{\rho v l}{\eta}$，也就是说模型和原型的雷诺数 Re 相等即可，这是一种“近似模型”。在该近似模型下，试验条件变为：模型试验采用空气介质，其密度 ρ 和动力黏度 η 均与原型工况相等，当模型尺寸为原型尺寸的 C_l 倍时，模型试验中流体的流速应为原型流速（即车速）的$\frac{1}{C_l}$倍。风洞试验采用的就是这种近似模型，当模型尺寸相对于原型按比例缩小时，风洞中的气流速度就要达到实际行驶车速的同样倍数（即尺寸比例的倒数）。例如，如果采用$\frac{1}{4}$的比例模型，那么为了模拟 100km/h 的车速，风洞中的模拟风速就要达到 400km/h。也就是说，模型设计得越大，同样试验风速下模拟的车速就越高，试验就越全面。

至于反映压力相似的欧拉准则 $\Pi_3 = Eu = \frac{p}{\rho v^2}$，其揭示的是“力和速度”之间的关系，对于风洞试验研究问题来说，这个关系就是求解的对象，相当于因变量。

由相似准则理论和量纲分析可以证明，当模型与原型的雷诺准则和弗劳德准则分别对应相等时，原型现象和模型现象之间的物理相似性即唯一确定，两者的欧拉准则也必然相等。试验结果应该整理成 $Eu_{原型} = Eu_{模型}$ 的形式。

这是因为在三个相似准则中，雷诺准则和弗劳德准则是**定性准则**，而欧拉准则是**非定性准则**，现象的相似性唯一地决定于所有定性准则。也就是说，模型和原型的雷诺准则与弗劳德准则对应相等，模型和原型在空气动力学特性上就必然相似，两者的欧拉准则也必然相等。这方面的深入理论可以参考有关资料。

综上所述，几何相似用于指导模型的制作；雷诺准则用于指导模型试验条件和原型工作条件的对应，即试验风速的模拟；为了降低试验难度，弗劳德准则可不考虑；欧拉准则用于指导试验数据的整理，也就是将模型试验的结果扩展到与之相似的原型上。

当模型和原型的介质密度 ρ 相同时，两者的欧拉准则（有时称为欧拉数）相等，这就意味着速度的平方越大、空气作用力越大。这个准则用于试验结果的处理，例如，计算空气阻力系数。

汽车的空气阻力 $F_W = \frac{1}{2} C_D A \rho v^2$。如果将空气密度 $\rho = 1.2258\text{kg/m}^3$ 代入，空气阻力又可写为

$$F_W = \frac{C_D A u_a^2}{21.15} \ (\text{N})$$

式中，A 为迎风面积（m^2）；u_a 为车速（km/h）；C_D 为空气阻力系数，量纲为一。

欧拉准则中的 p 为原型和模型对应点处的压强，可以表达为 $p=K\frac{F_W}{A}$，K 为某种取决于几何轮廓的量纲一系数，当模型和原型满足尺寸等比例相似这一条件时，两者的 K 值必然相等。注意，原型和模型之间，空气阻力 F_W 与迎风面积 A 是不同的。

结合空气阻力的计算公式，将欧拉准则变形为

$$Eu=\frac{p}{\rho v^2}=\frac{K\frac{F_W}{A}}{\rho v^2}=\frac{\frac{1}{2}C_D K\rho v^2}{\rho v^2}=\frac{1}{2}KC_D$$

显然，模型和原型的 $\frac{1}{2}K$ 是相同的，那么模型和原型的欧拉数相等，这就意味着两者的空气阻力系数相等。

所以，只要同时满足模型和原型尺寸相似、模型和原型的雷诺数相等、模型和原型的边界条件相似（边界条件问题，详见下文）这三个条件，那么模型风洞试验得到的空气阻力系数，就是原型车辆的空气阻力系数。

例如，等比例汽车模型的尺寸是原型尺寸的 $\frac{1}{4}$，将其置于风洞中施加 300km/h 的试验气流，利用风洞中的测力装置测出模型受到的空气阻力 F_W，按 $F_W=\frac{C_D A u_a^2}{21.15}$ 计算得到空气阻力系数 C_D，这个 C_D 值就是原型汽车在速度为 75km/h 时的空气阻力系数。注意，在进行一般性的汽车动力学分析时，为简便起见，将 C_D 视作常数。实际上同一汽车的空气阻力系数 C_D 与雷诺数 Re 有一定关系，尤其是车速不是很高、空气的黏性摩擦不能忽略时。风洞试验就可以揭示这种 C_D—Re 的关系。

推而广之，所有由与现象有关的物理量经乘除法运算得到的、可用于描述系统物理特征的无因次参数，对于彼此相似的模型和原型来说，都是相等的。例如此处的空气阻力系数 C_D，再如评价车辆行走机构的支承通过性的牵引系数 T_C 和滑转率 s 等。

汽车模型风洞试验可以缩短汽车改型和新车型设计的周期，并能节省大量费用。但是，制作与实物完全等比例相似的模型是有一定难度的，而且模型试验忽略了弗劳德准则等因素，同时，汽车模型也无法模拟发动机进排气和车室通风等因素，因此，模型试验是有一定误差的，有时还相当大。要想提高试验结果的精确度和可信度，最好采取原型风洞试验，也就是整车风洞试验。

另外还需指出，无论是模型风洞试验还是整车风洞试验，相对于真实汽车在实际道路上行驶的工况来说，都有一些模拟不够准确的地方。最主要的不准确来源于空气与风洞内表面的相互作用。也就是前文所述的模型试验需要满足的第三方面条件——“模型试验条件和原型汽车在道路上行驶时的边界条件相似”的问题。实际汽车是行驶在敞开的大气环境中的，而在风洞中，试验气流受到洞壁的约束，空气扰流模型的状态会产生畸变，会对模型或实车产生附加作用力，降低试验的准确度。为此，一般要求风洞试验段的横截面积要达到试验对象迎风面积的 10 倍以上，从而使汽车模型（或实车）近似处在“敞开”的空气环境中。另一方面，汽车在道路上行驶时，空气相对于路面基本上是静止的，而在风洞中，空气与风洞支承面之间有相对运动，会产生“附面层”，这也会降低气

流与汽车模型下部（车轮、车身底板等）相互作用的模拟真实程度。为了降低这种影响，可以使汽车模型离开支承板一定的距离，尽量减少附面层效应，或者设法在模型不动的前提下使地面向后运动，以模拟空气与地面相对静止。还需指出，无论是模型试验还是整车试验，在风洞试验中都很难模拟车轮的转动。

2. 车轮模型土槽试验

地面车辆行走机构的牵引性能，主要取决于轮胎（履带）和地面（土壤）之间的相互作用。总体来说，包括轮胎的设计参数、土壤的机械特性以及轮胎—土壤的相对运动三方面因素。一般的研究思路是，给定某种土壤特性，控制轮胎与土壤的滑转率 s，将轮胎的牵引性能看成是轮胎设计参数的函数，寻求轮胎设计的最优化。

如果要进行原型试验，就要设计并制作不同结构参数的试验轮胎，安装在试验车上，通过试验，选取牵引性能最好的轮胎结构，这个难度和成本是相当高的。此外，还要确保在相当大的试验地面范围内，土壤的机械特性符合要求，甚至人工铺设特种土样，这个也很费时、费力。进行实车试验，挂钩牵引力的测量也是一个难点，尽管可以测出整车的总牵引力，但驱动轮和从动轮的受力不易分开。另外，实际车辆在真实地面上行驶时，随时会有因速度波动或车身抖动造成各车轮载荷的变化，而且各个车轮的转速也难以精确控制，这给各车轮牵引系数和滑转率的精确计算也带来了困难。

为了降低制造新轮胎样品的成本并简化试验过程、缩短试验周期，对于新开发的轮胎结构和轮胎技术的试验研究，往往采取模型试验的方法进行。较常见的一种就是土槽试验。其装置组成可参见图 3-16。

根据新的设计思路和研究成果，制作模型车轮。模型车轮一般为木质，外面可以根据需要粘贴橡胶层。如果试验目的仅仅是对比研究轮胎的外轮廓尺寸和花纹形状等几何参数对牵引性能的影响，不考虑胎面材质和受力后变形的影响，也可以直接采取木质车轮模型，不加橡胶层。由于车轮的垂直载荷与沉陷量之间的关系非常复杂，涉及车轮宽度的绝对值，所以，有可能的话尽量制作 1∶1 模型，也就是模型和原型的尺寸完全一致。

行走机构与地面的垂直载荷—沉陷量关系，机理复杂，影响因素较多，目前尚无普遍成立的理论模型。按较简化的模型式（3-1），即

$$p=\left(\frac{k_c}{b}+k_\varphi\right)z^n$$

式中，p 为行走机构的接地压强，k_c 为土壤的黏聚变形模量，k_φ 为土壤的摩擦变形模量，b 为承载面积的宽度（或接地印迹椭圆的短轴长度），z 为沉陷量，n 为土壤的沉陷指数。这个模型只考虑轮胎等行走机构在垂直压入工况下的静止沉陷，事实上车辆在地面上行驶时，轮胎的推土效应、轮胎和土壤之间的滑转率等因素还会进一步影响垂直载荷—沉陷量关系。

可见，在确保土样一致和滑转率相等的前提下，上述关系还取决于轮胎（车轮）的宽度数值。所以，只有制作尺寸相似倍数为 1 的模型，才能确保模型与原型的垂直载荷—沉陷量的关系相同，模型试验的数据才有全面意义。

模型车轮安装在转轴上，试验台可对其施加垂直载荷和转矩，垂直载荷和转矩可以控制和测量，车轮的转速可以调节。

土槽，就是一个轮廓呈长方体的箱槽，在其上表面深度足够的范围内用待研究的土样覆盖。土槽由电动或液压机构驱动，能沿其长轴方向运动，速度可调。

试验时，用加力装置在模型车轮上施加确定的垂直载荷 W。调节模型车轮的转速和土槽的速度，就可以实现某一给定的滑转率 s。注意，有的土槽不能运动，而是模型车轮一方面转动、一方面沿其框架平动。这也可以实现滑转率控制。当各运动件均做匀速或匀角速度运动时，测出模型车轮轴上的转矩，除以模型车轮的半径（当模型花纹很深时，可取轮缘齿顶和齿根半径的平均值），就可得到模型车轮的牵引力 F。

牵引力 F 除以垂直载荷 W，即可得到牵引系数 T_C。注意，该牵引系数是对应试验工况的滑转率 s 的。试验结果一般整理成牵引系数 T_C—滑转率 s 曲线，如图 4-1 所示。

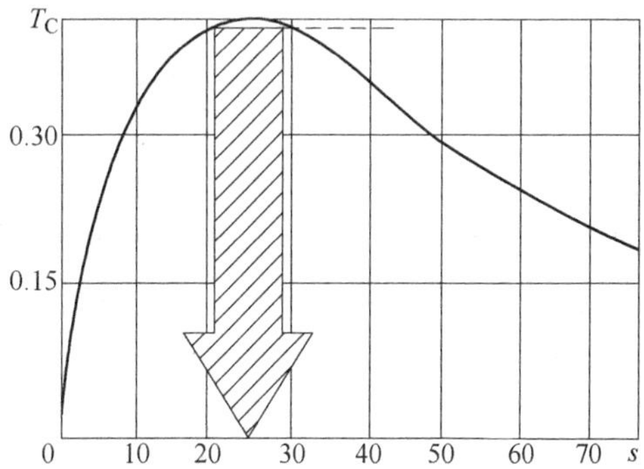

图 4-1　牵引系数 T_C—滑转率 s 曲线

由相似理论可知，无因次的牵引系数 T_C 和滑转率 s，对于相似的模型和原型是相等的。因此，模型试验得到的 T_C—s 曲线，可以用来预测原型车轮的牵引系数 T_C 和滑转率 s 关系。

例如，采用 1∶1 的模型车轮，施加 5000N 的垂直载荷，测得在 26% 的滑转率下，牵引系数为 0.41。因此，可以推测，原型轮胎在同样的土壤上，垂直载荷为 5000N，滑转率达到 26% 时，牵引系数也可以达到 0.41，也就是能输出相当于自身垂直载荷 41% 的挂钩牵引力。

对于干沙或偏于沙性的土壤，其黏聚性远小于摩擦性，且沉陷指数近似于 1，$p=\left(\frac{k_c}{b}+k_\varphi\right)z^n$ 关系可近似为 $p=k_\varphi z$，可以认为模型和原型的沉陷量与接地压力的关系都是线性的，且比值相同。因此，也可以制作缩小的比例模型。可以证明，在上述沙性土壤条件下，模型和原型的沉陷量之比等于尺寸相似倍数，两者在垂直载荷方面的相似倍数就是尺寸相似倍数的三次方。就上例而言，如果制作$\frac{1}{2}$比例模型，即尺寸相似倍数 $C_l=\frac{1}{2}$，模型车轮的垂直载荷为 1000N，相当于原型轮胎的垂直载荷为 8000N。

如果对于其他土壤条件，制作缩小的比例模型，也可以进行模型的土槽试验。由于滑转率和牵引系数是无因次量，而根据相似理论，“所有由与现象有关的物理量经乘除法运算得到的、可用于描述系统物理特征的无因次参数，对于彼此相似的模型和原型来说，都是相等的。”模型车轮的试验数据，例如图 4-1，也可适用于原型轮胎，但是垂直载荷的对应关系不易确定。

除了垂直载荷的相似倍数问题外，土槽试验的另一个问题是，模型车轮和原型轮胎，在花纹尺寸等细节方面不易做到完全等比例，材质、充气压力和受力—变形关系方面更是难以完全相同。

总之，由于土壤机械特性描述的复杂性和行走机构 - 土壤相互作用机理的不确定性，行走机构的牵引性能模型试验实际上存在着数量众多的相似准则，要求原型和模型之间的所有相似准则都相等是很困难的，实际工作中运用了诸多假设和忽略等简化手段。尽管存在缺陷和不准确之处，模型试验法还是广泛应用于地面力学研究和新型行走机构的研发课题中。

通过性方面的模型试验，并不仅限于土槽试验，有兴趣的读者可以参阅其他教材和文献。

第二节　正交试验设计

对于一些较复杂的试验，影响试验结果的因素很多，有些因素单独起作用，有的则相互制约联合起作用。为了探究这些因素的作用，以及寻求最优的因素组合，就要变换各因素的水平，进行多次试验。这就要进行试验设计。

试验设计是统计数学的一个分支，它可以指导试验者合理地制订试验方案，科学地分析试验数据，以便尽可能地减少试验次数，迅速而圆满地得到所需要的结论。试验设计得好，只要做次数较少的试验，就能完成预期的试验任务，发现各因素之间的关系。如果试验设计得不够科学、不够合理，那么即使做了多次，也不能完全发现待研究的规律。

试验设计的方法有很多，涉及较多的统计学知识，在这里简要介绍一种常用的方法——正交试验设计法，也称为正交试验法或正交设计法。

一、基本概念

假定要做一项试验，研究汽车的总质量、发动机排量和驱动形式这三个因素，对等速百公里燃油消耗量的影响，试验车速限定为 80km/h，基本数据列于表 4-1 中。

表 4-1　等速百公里燃油消耗量的因素水平表

水平＼因素	A 总质量/kg	B 发动机排量/L	C 驱动形式
水平 1	1600	2.0	前轮驱动
水平 2	2000	2.5	四轮驱动

这只是一个简单易懂的统计学示例，此处不再深入讨论诸如“总质量的变化是由更换试验车型还是同一车型改变装载质量引起的”等细节技术问题。而且，假定除此三个因素外，其余对燃油经济性有影响的因素均不变。

在一项试验中，用来评价试验效果的，称为**试验指标**。在此例中，等速百公里燃油消耗量就是试验指标。

在试验中需要考察的且对试验指标可能有影响的因素，简称为**因素**。本例中有 A、

B、C 三个因素，分别是汽车的总质量、发动机排量和驱动形式。再如，车速已经限定为 80km/h，所以本次试验中速度不是影响因素。

某因素在试验中可能处于的状态，称为该因素的**水平**。显然，一个因素起码要有两个水平。简单起见，本例中的三个因素各有两个水平，见表 4-1。

如果两个因素不同水平的搭配，对试验指标有影响，即相互制约联合起作用，则称这两个因素具有**交互**作用。在本例中，发动机排量这一因素，和另两个因素没有交互作用，因为由试验结果（表 4-3）可以看出，无论总质量和驱动形式处于哪个水平，2.0L 排量的油耗普遍低于排量为 2.5L 的。因素间的交互性不是固定不变的，它与试验工况的组合以及因素水平的取值有关。假如总质量这一因素的水平差异非常大，那么有可能出现这样的结果："小排量发动机 + 大整车总质量" 组合的油耗大于 "大排量发动机 + 小整车总质量" 组合的油耗。以表 4-3 为例，如果总质量的水平 2 取 2400kg 或更大，那么试验 3 的油耗可能超过试验 2 的，也就是总质量和发动机排量这两个因素将会具有交互性。

每个因素各选一个水平，就组合成一种**试验条件**，也就是可以进行一次试验，如 $A_1B_1C_1$ 或 $A_1B_2C_2$ 等。本例是一项包含三个两水平因素的单指标试验，总共可能有 $2^3=8$ 种不同组合的试验条件。对所有不同组合的试验条件都进行试验，称为**全面试验**。随着因素的增多和水平划分的细化，全面试验所包含的试验条件的组合数目将迅速增加。例如，根据汽车的燃油经济性理论，影响汽车综合油耗的因素共有六个，分别为行驶阻力、发动机燃油消耗率、传动系统效率、停车怠速油耗、汽车附件消耗和制动能量损失。即使每个因素仍只取两个水平，也会有 $2^6=64$ 种试验条件的组合，对其进行全面试验，是很困难的。因此，对于多因素多水平的试验，往往进行**部分试验**，即在全部可能的试验条件组合中，选择一部分进行试验。

正交试验设计的目的，就是设计一个部分试验方案，以期用尽可能少的试验次数，发现因素和指标之间的内在规律，完成试验任务。

二、正交试验设计的基本方法

1. 试验方案的设计

用正交法设计试验方案，主要是绘制正交表。简单起见，假定试验指标的各影响因素之间都没有交互作用，也就是说各因素都是独立起作用的。

仍以表 4-1 所示的试验任务为例，对于这项包含三个两水平因素的试验来说，可以绘制出 $L_4(2^3)$ 正交表（表 4-2），要进行 4 次试验。

表 4-2 L_4（2^3）正交表

试验序号 \ 因素	1	2	3
1	水平 1	水平 1	水平 1
2	水平 1	水平 2	水平 2
3	水平 2	水平 1	水平 2
4	水平 2	水平 2	水平 1

正交表的每一列安排一个因素，在不考虑因素之间的交互时，各因素可以随意安排在

某列。正交表的每一行，对应于各因素的一种确定组合，也就是一次试验。例如，第一次试验，是总质量取1600kg、发动机排量取2.0L、驱动形式取前轮驱动，第四次则是分别取2000kg、2.5L和前轮驱动。很明显，在全部8种可能的试验条件中，选取了4种。

正交表的设计，要依据的准则如下：

1）在正交表的每一列中，不同的数字出现的次数相等。也就是说，每个因素的各个不同水平，在试验中出现的次数相等。在本例中，每个因素的两个水平，在总共4次试验中都出现了2次。

2）在正交表的任意两列中，将同一行的两个数看成是一个有次序的两位数，每种两位数出现的次数相等。这就保证了任意两个因素之间，各种不同水平的所有可能的搭配都出现了，且概率相等。例如，表4-2中的因素为1、2的两列，总共构成了1-1、1-2、2-1以及2-2四种搭配，也就是全面考察了总质量和发动机排量这两个因素的全部可能的组合。

可见，利用正交表设计的试验方案，对各因素的所有组合来说是部分试验，但是对于任意两个因素来说，是重复次数相等的全面试验。试验条件是均衡搭配的，具有很强的代表性。以表4-2中因素为2的一列为例，发动机排量取2.0L和2.5L各两次，每种排量，又分别与不同的总质量和不同的驱动形式各组合一次。因此，这样设计试验条件，既可减少试验次数，又能较为全面地反映各因素的不同水平对试验指标的影响。

正交表绘制完毕，就意味着试验总体方案已经确定。

2. 试验结果的分析

确定了试验总体方案，结合具体条件，拟定详细的试验大纲，进行试验。试验操作结束后，就要对试验结果进行分析，主要解决两个问题：①在试验所考察的各因素中，哪个因素对试验指标的影响最大、哪个小些；②各因素分别取何种水平，对试验指标最有利。

试验结果分析的方法有很多，这里仅介绍一种简便易行的方法——**极差分析法**。

仍以上述油耗试验问题为例，将表4-2中的因素及其水平用文字表达，并将试验指标的测试结果补充到表的右端，得到表4-3。

表4-3　等速百公里燃油消耗量的试验方案和试验结果

因素 试验序号	总质量/kg	发动机排量/L	驱动形式	等速百公里油耗/(L/100km)
1	1600	2.0	前轮驱动	8.4
2	1600	2.5	四轮驱动	9.7
3	2000	2.0	四轮驱动	9.3
4	2000	2.5	前轮驱动	9.5

在下文的叙述中，为方便起见，各因素的水平值以及试验结果值均不再注明单位。

按四种不同条件进行了试验，试验指标得到了四个结果，记为

$$y_i = 8.4,\ 9.7,\ 9.3,\ 9.5\ (i = 1 \sim 4)$$

显然，i 就是正交表里的试验序号。

（1）分析各因素的不同水平对试验指标的影响 例如，汽车总质量这一因素，水平值1600出现在1号和2号试验中，将其视为一个组，这组试验的指标平均值记为

$$\bar{y}_{A1} = \frac{1}{2}(y_1 + y_2) = 9.05$$

式中，$\bar{y}_{A1}$中的A表示第一个因素，即总质量；1表示其第一个水平，即1600。

总质量的水平值2000出现在3号和4号试验中，也将其视为一个组，这组试验的指标平均值记为

$$\bar{y}_{A2} = \frac{1}{2}(y_3 + y_4) = 9.4$$

可以看到，在总质量的1600组和2000组中，发动机排量和驱动形式两个因素的两个水平都出现了，而且次数相等，在假定这两个因素没有交互作用的前提下（前文已述，发动机排量与另两个因素都没有交互），$\bar{y}_{A1}$和$\bar{y}_{A2}$的差异反映了总质量这一因素对试验指标的影响。正交试验设计法的这种性质，称为试验结果的**综合可比性**。由$\bar{y}_{A1} < \bar{y}_{A2}$可以看出，在本次试验的条件下，汽车的总质量小些，有利于降低油耗。

上述方法，可以类推到其他因素。通过计算可得

发动机排量因素 $\bar{y}_{B1} = 8.85$，$\bar{y}_{B2} = 9.6$ （1表示排量为2.0，2表示排量为2.5）

驱动形式因素 $\bar{y}_{C1} = 8.95$，$\bar{y}_{C2} = 9.5$ （1表示前轮驱动，2表示四轮驱动）

可以看出，在本次试验的条件下，除了降低汽车的总质量外，选择小排量发动机和将四轮驱动改为前轮驱动，也都有利于降低油耗。

各因素的最优水平组合起来，就是**最优试验条件**（或称为最优设计方案）。显然，就本例来说，最优条件就是：总质量取1600kg、发动机排量取2.0L、驱动形式取前轮驱动。

> 这个最优组合及其结果，就是表4-3中的试验序号1，用表4-2表达就是试验序号1对应的“1－1－1”。而在理论上，最优组合不一定出现在真正实施的试验方案中。假如，以“燃油消耗量最大”为最优，那么显然，结合上文对三个因素的讨论，可以推断出，最优组合将是“2－2－2”，而这个组合并没有出现在表4-2中。根据实测数据的趋势，推断出未进行的试验的结果，这正是正交设计的优势。

（2）对比各因素对试验指标的影响程度 由上文可知，对某一个因素，取不同的水平，得到若干试验“组”，每组都得到一个试验指标的平均值。不同组的平均值之中，最大值与最小值之差，就是这个因素的**极差**，用R来表示。在上例中，有

总质量因素的极差 $R_A = 9.4 - 9.05 = 0.35$

发动机排量因素的极差 $R_B = 9.6 - 8.85 = 0.75$

驱动形式因素的极差 $R_C = 9.5 - 8.95 = 0.55$

这说明，在本试验条件下，发动机排量这一因素的变动，对试验指标（80km/h的等速百公里燃油消耗量）的影响最大，驱动形式次之，汽车总质量的影响相对最小。

某因素的极差反映了试验指标在这个因素水平变动时的变动幅度。极差越大，该因素对指标的影响越大，也就是越重要。因而，极差的大小是判断因素的重要程度的依据，这就是“极差分析法”名称的由来。对于极差较大的、较重要的因素，应该力求其取最

优水平，以尽量提高试验指标。相反，那些相对不太重要的因素，可以参考其他情况（成本、功能、使用的便利程度等），适当选取其水平。就本试验来说，以等速油耗为指标，应该尽量采用排量为2.0L的发动机而不是2.5L的；而总质量这一因素，也是小些为好，但不应以过分提高设计制造成本、降低使用性能乃至削弱结构强度为代价。

需要指出的是，在利用正交表设计试验方案、应用极差分析法等数学原理分析试验结果时，必须结合实践经验和专业知识，对具体问题做具体分析。单纯依靠数学方法，可能无法得到全面、合理的结论。

例如，极差的大小不仅取决于该因素与试验指标的内在物理关系，也与方案设计中该因素的不同水平的差异有关。一个因素的不同水平的取值，应该合理，差异不能过大或过小。如上例，假如保持发动机排量和驱动形式两个因素的水平值不变，而将整车总质量的两个水平分别取为1200kg和2400kg，在如此巨大的差异下，其极差很可能会超过驱动形式因素甚至发动机排量因素。而造成这种结果的主要原因，就是不恰当地赋予了总质量因素两个差异过大的水平值，人为“夸大”了总质量因素对燃油经济性的影响。换个角度说，当总质量在1200kg和2400kg之间大幅度变动时，发动机排量只在2.0~2.5L的较小范围内变动，这是不大合理的设计参数组合。

思考与习题

1. 两个现象相似，需要满足什么条件？

2. 什么叫相似准则？它有什么重要应用？

3. 对于汽车模型的风洞试验，为什么说“模型设计得越大，同样试验风速下模拟的车速就越高，试验就越全面”？这利用了哪个相似准则？

4. 车轮模型的土槽试验，为什么最好制作尺寸比例1∶1的模型？

5. 本章第二节中“研究总质量、发动机排量和驱动形式对等速百公里油耗影响”的实例中，如果进行全面试验，则有8种试验条件。运用正交试验设计法，是如何将试验条件数目降低到4种的？按此方案进行试验，是否能完全替代全面试验？

6. 为什么说利用正交法设计试验方案，并应用极差分析法等数学原理分析试验结果时，必须结合实践经验和专业知识？

第五章 测量误差分析

第一节 误差分析概述

一、测量误差的基本概念

1. 测量及其分类

测量，就是以确定被测参数的数值为目的进行的一系列试验操作。从“测试系统”的角度讲，就是通过输出 y 和系统特性 h，来推断输入 x 的过程。测量包括直接测量和间接测量两种。

（1）直接测量 通过测试装置，将被测量参数与同一物理量的标准量直接比较，或是用事先经过标准量校正的测量仪器进行测量，直接求得被测量参数的数值。例如，用尺测量距离就属于“将被测量参数与同一物理量的标准量直接比较”，而用温度计测量温度则属于“用事先经过标准量校正的测量仪器进行测量”。简言之，直接测量就是从测量仪器上直接读出被测量参数的数值。

（2）间接测量 被测量参数与某些独立的参数存在确定的函数关系，对这些独立的参数进行直接测量，然后利用该函数关系计算得出被测量参数。例如，对矩形的长度和宽度进行直接测量，然后计算得出面积，就是间接测量。包括汽车试验在内的各种机械测试，为求得功率，往往是直接测量转轴的转速和转矩，再算出功率，这也是间接测量。注意，在这个例子中，“测出转矩和转速求功率”是一次测量，得到的功率数值是测定值，但转速和转矩不是。

有的资料认为，间接测量一定是直接测量了两个或两个以上的独立参数，然后再进行计算，也就是说，一定是利用了某个多元函数。其实，间接测量就是要求在直接测量的基础上进行计算，即使只测了一个参数，只要进行了计算，运用了某种函数关系，也属于间接测量，因为这种操作已经包含了测量误差的传递（可参见本章第三节），这是间接测量的本质。例如，用卡尺测量圆形截面的直径，然后算出面积，这里的面积就是间接测量的结果，无论是绝对误差还是相对误差，面积的和直径的都不同。

无论直接测量还是间接测量，测量结果都不等于被测量的真实值，因为存在误差。

2. 测量误差及其分类

测量误差，简称**误差**，是被测量参数的测定值 l 与真实值 X 之间的差值，即

$$\Delta = l - X \tag{5-1}$$

注意，测定值指的是对被测量参数进行一次测量得到的数值，这次测量可能是直接测量，也可能是间接测量。但“测定值”通常不是最终的“测量结果”。

真实值，有时简称“真值”，是被测量参数客观存在的本质属性，但是无法精确求得。实际工作中一般将以下几种情况视作真实值。

理论真实值：例如两条平行线间的夹角为0°。

规定真实值：一般是国际标准对于标准量的约定，例如1s的概念是“铯原子基态的两个超精细能级之间辐射周期的9192631770倍的持续时间”。

相对真实值：当高等级测试装置的误差是低等级装置的$\frac{1}{20}$~$\frac{1}{3}$时，可将前者看成是后者的相对真实值。例如，和家用弹簧秤相比，物理天平的示值可以看成是相对真实值，可以用于研究弹簧秤的测量误差。

测量及其误差分析，就是要得到一个尽可能与真实值接近的测量结果。在下文的讨论中，不再讨论真实值本身的属性，就将其视为测量误差分析的“目标”。

根据产生因素和变化规律的不同，可以将误差分为以下三类。

（1）系统误差　保持恒定或按一定规律变化的误差。产生系统误差的因素是可以确定的，例如仪器标尺刻画不准确，或操作者读数习惯斜视等。系统误差是可以发现并加以消除的，应该追求没有系统误差的测量结果。

（2）过失误差　又可以称为“粗大误差”或“粗差”，是因操作者在测量工作中犯错误或疏忽大意而产生的明显偏离真实值的误差。过失误差的出现毫无规律可循，而且对测量结果的歪曲又可能很严重。含有过失误差的测定值一般认为是要剔除的。

（3）随机误差　无论如何提高测试装置的精度等级，规范试验操作和试验条件，在对同一被测参数进行多次重复测量时，每次得到的测定值都不相同。（如果示值相同，那是由于仪表分辨率有限、存在舍入误差造成的。）在确定排除了系统误差和过失误差后，测定值之间依然存在差异，这种误差就是**随机误差**，也称为“偶然误差”。每个测定值的随机误差可大可小，符号有正有负，产生因素多种多样且无法确定。随机误差就其个体而言是没有规律的，但其总体符合统计学规律。理论分析和实践都表明，随机误差的统计特性基本上都服从正态分布。由于随机误差的产生因素不确定，所以只能对其水平进行估计，或采取措施降低其影响，而不能消除随机误差。

从表象上来说，随机误差的出现在事先无法预测、事后不能确定重复，毫无规律可言。但就其本质而言，所谓的“随机”，是由于人类对客观世界的认知能力有限，对现实现象的理论解释能力有限造成的。随着科学技术水平的进步，很多曾被

视为“随机”的现象，已经有了科学的解释，而且可以对这些“随机”的结果加以选择或控制。

图 5-1 所示为系统误差和随机误差的性质及其对测量结果的影响。X 是被测参数的真实值。由于系统误差 θ 的存在，测定值的中心趋势 L 偏离了 X。由于随机误差的存在，各测定值不重合，围绕 L 以一定幅度波动。$\delta_{\lim}$是随机误差的最大值，称为**极限误差**。注意，过失误差的出现和数值毫无规律，图中未演示。

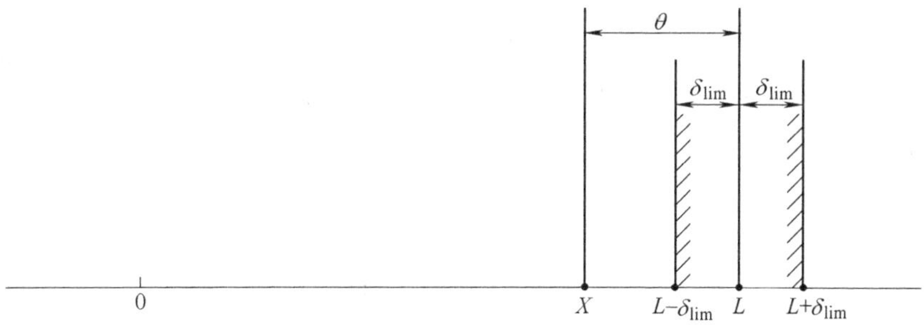

图 5-1　系统误差和随机误差的性质及其对测量结果的影响

系统误差、过失误差和随机误差的内在性质不同，不应混淆。但在具体测量工作中，有时又难以区分。较大的随机误差有时会被认为是过失误差，规律尚未被发现和掌握的系统误差也会被随机误差所掩盖。提高仪器的测量精度，完善试验方法，深入研究各种误差的规律，就有可能将不同种类的误差区分开来。

3. 测量误差的来源

在测量工作中，测量误差主要来源于以下几方面。

1）仪器误差：仪器结构缺陷或调整校正不当等引起的误差。

2）环境误差：实际测试环境与标准规定不一致引起的误差。

3）方法误差：测试或计算方法不完善或不合理造成的误差。

4）人员误差：由于试验操作者技术不熟练或其他主观原因造成的误差。

4. 测量误差的表达方式

（1）绝对误差　被测量参数的测定值与真实值之差，即 $\Delta = l - X$。通常说的“误差”，指的就是绝对误差。显然其单位就是被测物理量的单位。

（2）相对误差　绝对误差与真实值之比，通常用百分比表示。由于真实值无法精确求得，所以通常用测定值代替真实值，来计算相对误差，即

$$\text{相对误差} = \frac{\text{绝对误差}}{\text{真实值}} \approx \frac{\text{绝对误差}}{\text{测定值}}$$

当然，上式也未必具有可操作性，因为真实值无法精确求得，那么绝对误差的精确值也是不知道的。绝对误差通常也是统计估计值。

相对误差比绝对误差更能确切、合理地反映测量的准确度和可靠度。

绝对误差和相对误差都是可正可负的。

（3）允许误差 也称为应用误差，是指被测量参数的最大绝对误差与仪器量程之比。允许误差是一种简化和实用方便的相对误差，常用于划分仪器仪表的精度等级。允许误差用百分比表示，其百分比数值，就是仪器精度等级。例如，“1 级精度”，就是指允许误差为1%，也就是该仪器的最大绝对误差不超过量程的1%。可见，对于数值不大的被测量，如果不恰当地选用了量程过大的仪器，会造成测定值的绝对误差和相对误差变大。

二、精确度的概念及其影响因素

在日常生活中，对于“精度”、“精密度”、“准确度”和“精确度”等，界定得不是非常严格，或者说运用比较随意；但在专业误差分析领域，这几个概念是不一样的。

精度就是精确度的简称，由精密度和准确度组成。

（1）精密度 对同一被测参数进行多次重复测量，各测定值之间的接近程度。在图5-1中，$\pm\delta_{\lim}$之间的误差带越大，精密度就越差。随机误差波动范围越大，测定值之间就越离散，精密度就越低。所以，**测量的精密度受随机误差控制**。

（2）准确度 对同一被测参数进行多次重复测量，测量结果（通常就是测定值的算术平均值）与被测参数的真实值之间的接近程度。在图5-1中，L偏离X越远，准确度就越低。如果存在较明显的系统误差，测量结果就会明显偏离真实值。所以，**测量的准确度受系统误差控制**。

（3）精确度 顾名思义，精确度就是精密度与准确度的综合。只有精密度和准确度都高的测量，才能说是精确度高。换言之，高精确度要求随机误差和系统误差都很小。测量工作就是希望得到精确度高的结果。

以射击打靶为例，图5-2形象地解释了精密、准确和精确的含义。

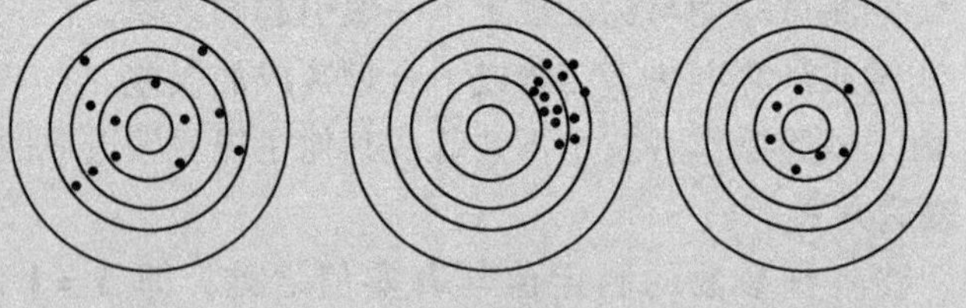

a)　b)　c)

图5-2　射击打靶的弹着点分布

在图5-2a中，各弹着点之间相隔较远，相当于测定值之间差异较大，这就是精密度差，这一定是射击时存在随机性干扰引起的；但是各弹着点的几何重心，基本都在靶心处，说明没有明显偏于一侧的系统误差。在图5-2b中，弹着点较集中、离散度小，说明精密度高；但普遍偏于靶心一侧，说明存在系统误差，也就是准确度差。图5-2c所示的射击结果相对来说最理想，弹着点之间非常接近，而且都围绕靶心，也就是说精密度和准确度都高，即精确度高。

还有一个较为抽象的概念：不确定度。**不确定度**是由于测量误差的存在而对被测参数不能肯定的程度。这种“不能肯定”，有可能源于系统误差，也可能是随机误差引起的。这里只讨论随机误差引起的，即随机不确定度。其定量评价一般用置信区间［$-K\sigma$，$K\sigma$］来表示，σ 是所讨论参数的标准差，K 是置信系数（标准差和置信系数的概念在下节中将加以讨论）。

不确定度越大，置信区间就越大，真实值出现在其中的可能性就越大。

第二节　直接测量参数的处理与计算

在三种误差中，过失误差毫无规律可言，不需要讨论其本质特性，只需根据某种统计学原则加以界定，被认为含有过失误差的数据将被删除。

系统误差，具有很强的规律性，可以通过对测定值序列进行统计研究，设法发现并加以消除。

比较复杂的是随机误差。随机误差的个体出现看似无章可循，但其存在总体性的内在规律。而且测定值中一定会存在随机误差，不可能完全消除，只能采取统计的方法对其水平进行估计。

一、随机误差的统计学规律

1. 随机误差的概率密度函数

随机误差服从正态分布，其数学模型用概率密度函数描述为

$$f(\Delta)=\frac{1}{\sqrt{2\pi}\sigma}e^{-\frac{\Delta^2}{2\sigma^2}} \tag{5-2}$$

式中，Δ 为所讨论的随机误差；σ 为随机误差的标准差，即

$$\sigma=\sqrt{\frac{1}{n}\sum_{i=1}^{n}\Delta_i^2}\,(n\to\infty) \tag{5-3}$$

式中，n 为重复测量次数。

由图 5-3a 可见，随机误差的分布规律是：绝对值相等的随机误差，正、负值出现的概率相等；绝对值越小的随机误差，出现的概率越大。

> 如果测定值中没有系统误差和过失误差，测量误差就是随机误差，那么测量误差也是围绕 0 对称波动的（误差围绕 0 波动，等价于测定值围绕真实值波动）。如果包含固定的系统误差，测量误差仍成正态分布，但是会围绕某一非零值波动，参见图 5-1。如果包含过失误差，随机误差本身仍成正态分布，但由于过失误差的产生和数值大小毫无规律，测量误差将不再成正态分布。

随机误差的定量水平，取决于标准差 σ。由图 5-3b 可以看出，标准差 σ 越小，概率密度函数曲线中间部分越高耸、向两侧衰减越迅速，说明小绝对值的随机误差占的比例很大，随着绝对值的增大，随机误差出现的概率迅速降低；标准 σ 差越大，曲线越平坦、由中间向两侧衰减越慢，说明绝对值大小不同的随机误差占的比例差异不大，随着绝对

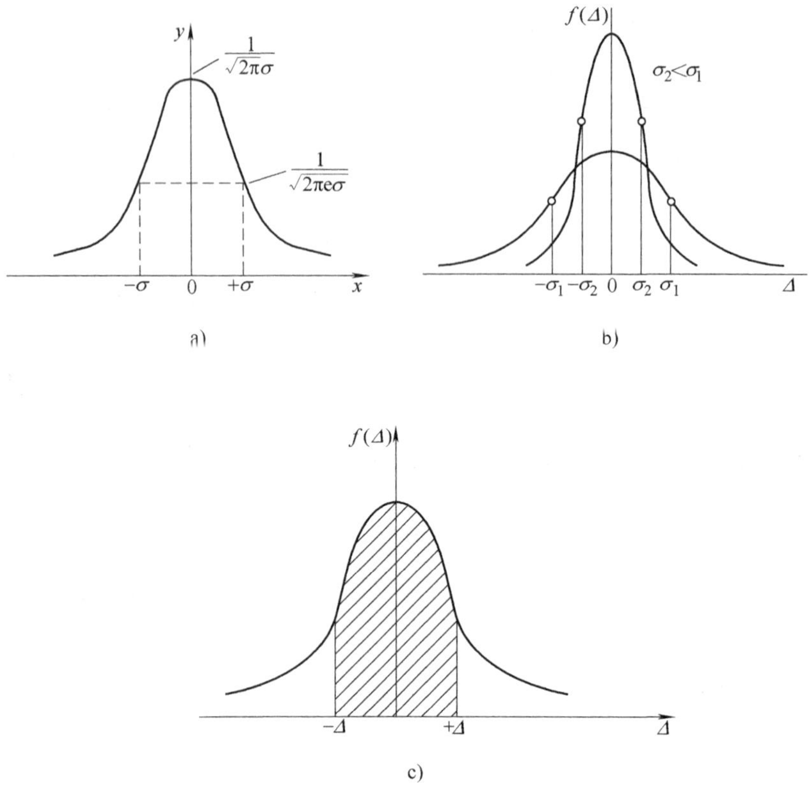

图 5-3　随机误差的概率密度函数

a）概率密度函数　b）标准差的意义　c）正态概率积分

值的增大，随机误差出现的概率降低得较缓慢。由于随机误差控制测量的精密度，所以标准差 σ 是一个精密度参数，标准差越小，精密度越高。

注意，标准差用以评价随机误差水平，是表征精密度的一个重要参数，但标准差本身不是随机变量。在给定测量条件的情况下，标准差是一个确定的、客观存在的数值。

除了标准差 σ 外，还有几个精密度参数：极限误差 $\Delta_{1im}=3\sigma$，概然误差 $\gamma\approx\frac{2}{3}\sigma$，平均算术误差 $\delta\approx\frac{4}{5}\sigma$。详见其他教材与资料。就数学本质而言，标准差、极限误差、概然误差和平均算术误差的地位是相同的，只是在实际工作中标准差 σ 应用得更多。

2. 正态概率积分

在实际应用中，由于随机误差是连续型随机变量，取某一固定值的概率为零，没有意义，值得讨论的是随机误差出现在某一区间内的概率。由于随机误差的概率分布密度具有对称性，只研究随机误差出现在任意对称区间内的概率即可。

由图 5-3c 可见，在给定标准差 σ，也就是概率密度函数曲线确定的前提下，随机误差出现在某一对称区间内的概率，取决于区间的宽度 Δ。将区间宽度看成是标准差的若干倍，即 $\Delta=K\sigma$，显然，区间宽度就取决于置信系数 K。

也就是说，随机误差出现在某一对称区间内的概率，是该区间的置信系数 K 的一元函数。（前提是标准差 σ 给定，也就是等精密度测量。）

随机误差出现在 $\pm K$ 倍标准差内的概率，记为 $\Phi(K)$，有时称为正态概率积分，即

$$\Phi(K)=P(-K\sigma<\Delta\leqslant K\sigma)$$

根据概率密度函数的定义，其定量数值为

$$\Phi(K)=\int_{-K\sigma}^{K\sigma}f(\Delta)\mathrm{d}\Delta$$

显然，$\Phi(K)$是增函数，$\Phi(\infty)=1$。

经计算，得　　$\Phi(1)=0.683$，$\Phi(2)=0.95$，$\Phi(3)=0.9973$

例如，$\Phi(1)=0.683$ 的意思是"随机误差的绝对值不超过 1 倍标准差的概率是 68.3%"。而 $1-\Phi(3)=0.0027$ 则意味着"绝对值超过 3 倍标准差的随机误差出现的可能性只有 0.27%，也就是约为 1/370。"因此，当样本容量不是十分巨大时，可以认为：服从正态分布的随机变量的绝对值超过 3 倍标准差是不可能的。

二、系统误差分析

由其定义可知，系统误差是规律性很强的一类误差，甚至可能是固定的，它不具有抵偿性，也就是说不能通过"多次重复测量再求平均"的方法加以抵消。

1. 系统误差的分类

系统误差总体上可分为两类：固定的和变化的，变化的系统误差又包括累进的、周期的和复杂变化的，如图 5-4 所示。

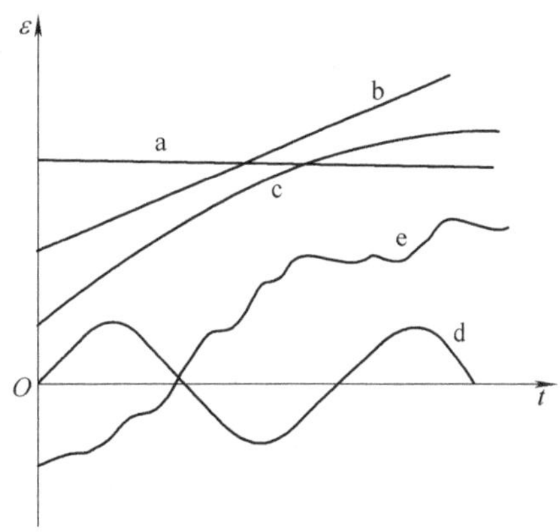

图 5-4　系统误差的种类

在图 5-4 中，直线 a 表示固定的系统误差；b 为线性累进的；c 为非线性累进的；d 为周期的；e 则是某种复杂变化的系统误差。横坐标 t 可以是时间，也可以理解为重复测量序号。

2. 系统误差的发现

系统误差产生的原因复杂，它可能涉及测试设备、被测对象、测量方法、测量条件以及测量人员的经验与习惯等，而且多次重复测量又不能抵消其影响，所以必须加以重视。

目前还没有能够发现各种系统误差的普遍适用的方法，可以根据具体情况，尝试选用下列方法，发现系统误差。

（1）残差分析法　对同一被测量，进行多次重复测量，计算各测定值的残差（残差的概念见下文中的式（5-5））。将各残差按测量序号绘成曲线，如图 5-5 所示。

经分析可知，图 5-5a 表示不包含变化的系统误差；图 5-5b 表示存在线性变化的系统误差；图 5-5c 表示存在周期变化的系统误差；图 5-5d 表示某种复杂的系统误差，可能是由图 5-5b 和图 5-5c 叠加所得，可以认为同时包含线性变化的和周期变化的系统误差。

如果系统误差的水平很低，其规律性可能被随机误差所"淹没"，图 5-5 中的各曲线看不出明显规律，可以尝试将残差按测量的先后次序排列，对前一半的残差和后一半的

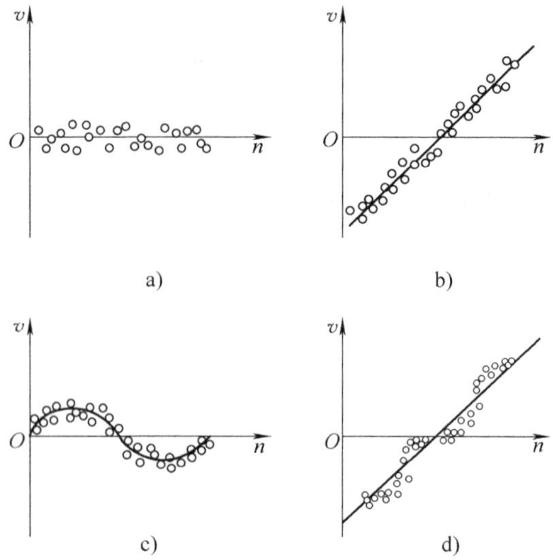

图 5-5　利用残差分析法发现系统误差

残差分别求和，如果两者存在较显著区别，则可以认为包含比较微弱的、依测量次序累进的系统误差。

如果测量中存在固定的系统误差，它将使所有测定值均偏离真实值一个相同的幅度，统计其残差，必然得到类似图 5-5a 所示的结果。因此，残差分析法不适于发现固定的系统误差。

还有一种“分布检验法”，它是直接对重复测量的各测定值进行分析。分布检验法的基本思想是：如果包含变化的系统误差，那么测定值就不会成正态分布。它要求将测定值绘制在特殊的“正态概率坐标”上，如果基本呈线性，就意味着成正态分布，不包含变化的系统误差。就数学本质来说，分布检验法和残差分析法是相同的。因为固定的系统误差不会改变测量的精密度，所以分布检验法也不能发现固定的系统误差。由于需要采用特殊的坐标纸，该方法应用不多。

（2）试验对比法　我们已经看到，固定的系统误差是很难发现的。目前认为，只有采用试验对比法，才能发现固定的系统误差。所谓“试验对比”，就是改变测量条件，例如，改变测量仪器和环境，改变操作方法，更换试验人员等。如果发现测量数据有较显著变化，则可以认为，存在固定的系统误差，这种误差是受测量条件控制的。

为了人为地改变测量条件，需要有高精度的测量仪器和理想的、可控的试验环境。

3. 系统误差的消除与修正

同系统误差的发现一样，系统误差的消除也没有普遍适用的方法。只能根据实际情况，灵活选用各种方法，尽最大努力消除或减小系统误差的影响。

（1）消除根源法　顾名思义，消除根源法，就是在试验前就除掉系统误差发生的根源。采用完善的测量方法，正确地选择和使用测量仪器，保证符合标准的试验条件，配置较高素质的试验人员并严格按操作规范进行测量，都可以在根源上消除或降低系统误差的影响。

目前来看，这是最好的、最可取的一种方法。

（2）测定值修正法　在测量前预先对测量设备进行校正，将仪器设备的系统误差检定或计算出来，建立仪器示值与真实值之间的关系，二者之差即为修正量。在后续试验测量中，在测定值中扣除该修正量。

由于真实值不可能完全确定，所以修正量本身也有误差。也就是说修正之后的测定值还是含有误差的，这部分没有完全消除掉的系统误差，通常可将其视作随机误差。

（3）抵消补偿法　在测量中，改变某些测量条件，比如方向、位置等，使两次测量的系统误差大小相等、方向相反，取其平均值，即可抵消系统误差。

显然这种方法主要针对固定的系统误差，如风向或坡度等因素。

在下文中，通常认为，测量数据中不包含系统误差，或者系统误差已被发现并消除。

三、等精密度直接测量参数测定值的处理与计算

在相同的测量条件下（即精密度不变），对某一被测参数进行 n 次重复测量，得到的测定值数列，就是**测量列**，通常写作 l_1，l_2，…，l_n。这里的任务就是根据这些原始测量数据，求得最终的测量结果。

假定不包含系统误差，或者已经发现并修正。

1. 算术平均值和残差

由于测量误差，尤其是随机误差的存在，使得各测定值不相等。一般来说，对其求算术平均值，可以作为测量结果的粗略估计。算术平均值 L 的表达式如下：

$$L = \frac{1}{n}\sum_{i=1}^{n} l_i \tag{5-4}$$

假定测量列中不包含过失误差和系统误差，那么可以证明：重复测量次数 n 越多，算术平均值 L 越接近真实值 X；有限次测量条件下，L 是 X 的最可信赖值。

根据误差的定义，有 $l_i = X + \Delta_i$（$i = 1$，2，…，n）

两侧累加，得

$$\sum_{i=1}^{n} l_i = nX + \sum_{i=1}^{n} \Delta_i$$

再除以 n 求均值，并注意到 $L = \frac{1}{n}\sum_{i=1}^{n} l_i$，则有

$$L = X + \frac{1}{n}\sum_{i=1}^{n} \Delta_i$$

式中，$\frac{1}{n}\sum_{i=1}^{n} \Delta_i$ 可称为随机误差的算术平均值。

由于随机误差具有“绝对值相等的随机误差，正、负值出现的概率相等”的性质，当重复测量次数很多时，大量的随机误差正负相抵，其算术平均值 $\frac{1}{n}\sum_{i=1}^{n} \Delta_i$

极小，也就是说，测量列的算术平均值 L 与真实值 X 非常接近。当 $n\to\infty$ 时，$\frac{1}{n}\sum_{i=1}^{n}\Delta_i\to 0$，亦即 $L=X$。

而对于有限次测量来说，真实值不能用简单求平均的方法确定，需要讨论其最可信赖值。

假定采用某估计值 E 来代替真实值，定义：各测定值与该估计值之差为残余误差，简称残差，记作 v_i，即 $v_i=l_i-E$。

所谓“最可信赖值”，就是能使残差的平方和最小的估计值 E。（使某种偏差的平方和最小，就是“最小二乘法”的数学思想。可参阅第六章第一节的有关内容。）设残差平方和为 S，则有

$$S=\sum_{i=1}^{n}v_i^2=\sum_{i=1}^{n}(l_i-E)^2=(l_1-E)^2+(l_2-E)^2+\cdots+(l_n-E)^2$$

求其最小值问题，显然，需要在其二阶导数大于零的基础上，求解其一阶导数等于零的条件，简单计算可得 $E=\frac{1}{n}\sum_{i=1}^{n}l_i$。可见，最可信赖值就是算术平均值 L。注意，这个结论不需要重复测量次数 $n\to\infty$。

于是，定义残差为测定值与算术平均值之差，即

$$v_i=l_i-L \tag{5-5}$$

2. 测量列的标准差估计

按式（5-3），标准差的定义为 $\sigma=\sqrt{\frac{1}{n}\sum_{i=1}^{n}\Delta_i^2}\ (n\to\infty)$。但在实际测量工作中，重复测量次数 n 不可能达到无穷大；同时，在有限次测量条件下，真实值 X 无法确定，误差 $\Delta_i=l_i-X$ 也无法确定。所以，我们说标准差是一个客观存在的、表征测量的精密度水平的统计参数，但其精确值无法求得。

在有限次测量情况下，标准差可以采用**贝塞尔方法**进行估计。贝塞尔方法的核心就是：用残差代替误差。于是，测量列的标准差估计为

$$\hat{\sigma}=\sqrt{\frac{1}{n-1}\sum_{i=1}^{n}v_i^2}=\sqrt{\frac{1}{n-1}\sum_{i=1}^{n}(l_i-L)^2} \tag{5-6}$$

注意，在这种估计处理中，不仅用残差代替了误差，而且计算中分母也减 1。贝塞尔方法的统计思想是：估计处理中引入了几个不精确的量，均方根计算的分母就要减几。在这里，引入了 1 个不精确的量——用算术平均值 L 代替了真实值 X。

由于贝塞尔方法的核心思想是用残差 v_i 代替误差 Δ_i，也就是用算术平均 L 代替真实值 X，所以其成立的前提是重复测量次数 n 不能太少，否则难以保证用 L 代替 X 的可靠性。

3. 过失误差与异常数据

在具体计算步骤中，得到上述测量列的标准差估计 $\hat{\sigma}$ 后，就可以进行异常数据的取舍判定。

所谓“**异常数据**”，就是指该数据与其他数据相比，显得非常大或者非常小，也就是说，该测定值的残差的绝对值很大。

系统误差是不会造成测定值的残差过大的，因为系统误差会使得测量列的算术平均值整体偏移，参见图5-1，各测定值的残差不会改变。所以，异常数据的取舍判定，就是要判定该误差属于随机误差还是过失误差。

过失误差的数值一般较大，有可能造成数据异常，而数值很大的随机误差也有类似的效果。如果是过失误差，应该将该数据舍弃，因为过失误差的出现及其数值的大小毫无规律，测定值中的过失误差会严重歪曲测量结果，甚至造成试验失败。而随机误差，即使其绝对值很大，但有规律可循，尤其当重复测量次数达到一定数量时，随机误差的正态分布特性比较显著，不会影响测量结果的准确度。所以，异常数据取舍判定的任务，就是发现含有过失误差的测定值，将其舍弃。

然而，仅根据试验测试得到的测量数据，想绝对准确可靠地界定过失误差和随机误差，是很困难的，甚至是不可能的。因而只能从统计学的角度，在一定概率上断定某个数据有多大可能包含了过失误差，如果这种可能性大到一定程度，就认为它是过失误差所造成的，将其舍弃。

用统计学的方法进行异常数据的取舍判定，可以采取拉依达准则或者格拉布斯准则。

（1）拉依达准则　由正态概率积分可知，$\Phi(3)=0.9973$。也就是说，某个服从正态分布的随机变量，其绝对值不超过3倍标准差的概率是99.73%；反之，随机变量的绝对值超过3倍标准差的可能性只有大约1/370，是比较罕见的。随机误差就是服从正态分布的。如果在容量不大的测量列中，出现了某个测定值的残差 v_i 超过了3倍标准差（估计值），即 $|v_i|>3\hat{\sigma}$，就有理由认为这个误差不服从正态分布，不完全是由随机误差造成的，也就是包含过失误差，应将该测定值舍弃。拉依达准则因此又称为 3σ 准则。

拉依达准则的基础之一是贝塞尔方法，也就是用测量列的算术平均值 L 来代替被测量的真实值 X，从而用 $\hat{\sigma}$ 来代替 σ。所以重复测量次数不能太少，否则用 L 代替 X 不可靠。

另一方面，如果重复测量次数非常多，那么就有可能出现绝对值很大的随机误差（具体计算中用残差表示）。注意，这种出现完全是遵循正态分布规律的，之所以绝对值很大是因为重复测量次数很多。如果该残差的绝对值超过了 $3\hat{\sigma}$，按照拉依达准则就会舍弃该测定值，显然这是错误的。所以，运用拉依达准则的另一个要求是，重复测量次数不能太多。

“随机误差的绝对值超过3倍标准差的概率是1/370”，以此计算，10个测定值中，每一个的随机误差都不超过3倍标准差的概率是0.973。也就是说，完全遵循正态分布规律，只有2.7%的可能性出现至少一个误差超过3倍标准差。按拉依达准则将该测定值舍弃，判定错误的可能性是2.7%。拉依达准则是比较可靠的。

如果重复测量次数较多，如 $n=50$，那么50个测定值中，每一个的随机误差都不超过3倍标准差的概率是0.874。在此情况下运用拉依达准则，有12.6%的可能性将“好数”——完全遵循随机误差的正态分布规律出现的测定值舍弃掉。如果 n 增大到100，舍弃错误的概率将增大到23.7%，拉依达准则已经很不可靠了。

(2) 格拉布斯准则 由于拉依达准则的取舍阈值固定在 $3\hat{\sigma}$，所以当重复测量次数 n 较少时，显得过于保守，会把一些较小的过失误差保留下来；而当 n 较大时，又显得过于激进，会把一些绝对值较大的随机误差舍弃。

格拉布斯准则就是对拉依达准则的一种改进，将取舍阈值 $G_0\hat{\sigma}$ 和重复测量次数 n 以及危险率 α 联系起来。格拉布斯准则的判据是：测定值的残差为 v_i，如果某测定值存在 $|v_i| \geqslant G_0\hat{\sigma}$，则认为该测定值中包含过失误差，应将其舍弃。

其中，G_0 称为临界值，取决于重复测量次数 n 和危险率 α。危险率 α 又称为信度、显著性水平或检出水平，其含义是：按某种准则判定某数据含有过失误差并将其舍弃，而实际上该数据不含有过失误差的概率，也就是“误删除”的概率。如果危险率太大，则较容易将“好数”删除；如果危险率定得过低，又容易使“坏数”保留下来。危险率 α 常见的数值是5%、2.5%或1%。

临界值 G_0 与 n 和 α 的关系见表5-1。

表5-1 格拉布斯准则的临界值 G_0（部分）

n	$\alpha=0.05$	$\alpha=0.01$
	G_0	
3	1.15	1.16
4	1.46	1.49
5	1.67	1.75
6	1.82	1.94
7	1.94	2.10
8	2.03	2.22
9	2.11	2.32
10	2.18	2.41
11	2.23	2.48
12	2.28	2.55
20	2.56	2.88
30	2.74	3.10
50	2.96	3.34
100	3.17	3.59

临界值 G_0 与 n 和 α 的关系：在危险率 α 不变的前提下，重复测量次数 n 越多，出现大随机误差的可能性越大，为了不将过多的“好数”去掉，舍弃的阈值就要

增大，所以 n 越大，G_0 越大。另一方面，在重复测量次数 n 不变的前提下，危险率 α 越小，就意味着更加不允许做“误删除”，舍弃阈值就要增大，所以 α 越小，G_0 越大。

无论是拉依达准则还是格拉布斯准则，都可以反复应用。即利用该准则判定测量列中的某测定值包含有过失误差，将其舍弃。在去掉了这个测定值的新测量列中，重新计算算术平均值 L、各测定值的残差 v_i、测量列的标准差估计 $\hat{\sigma}$，然后再次运用该准则进行取舍判断，直到保留下来的测定值中不再含有过失误差。

4. 测量结果的标准差及其估计

通过贝塞尔方法，可以计算得到测量列的标准差估计 $\hat{\sigma}$。这只是测定值之间的相互接近程度，反映的是测量列的精密度；而我们最终要求的是测量结果的精密度。

这里的“**测量结果**”，指的就是测量列的算术平均值 L。算术平均值 L 也是一个随机变量，需对其进行区间估计，也就是要计算其标准差。

从表面上看，一个试验得到一个测量列，有 n 个测定值，只生成了一个算术平均值 L。但是从本质上说，每一个测定值都是随机变量，也就是说 n 个测定值在试验前是无法预测的。那么，作为 n 个随机变量的平均值，测量结果 L 也必将是一个随机变量。只不过每次试验只得到一个。如果我们把思路延伸一下，即 n 次重复测量得到一个 L；如果再做 n 次重复测量，势必又得到另一个 L。所得的这些个 L 不会相等，其数值是随机的。

统计学分析表明，测量结果的标准差（也就是算术平均值的标准差）σ_L 与测量列的标准差 σ 和重复测量次数 n 有关，即

$$\sigma_L = \frac{\sigma}{\sqrt{n}} \tag{5-7}$$

由于测量列的标准差的精确值 σ 无法求得，所以测量结果的标准差的精确值 σ_L 也无法确定。当我们对测量列的标准差采用估计值 $\hat{\sigma}$ 时，也可以得到测量结果的标准差估计 $\hat{\sigma}_L$ 为

$$\hat{\sigma}_L = \frac{\hat{\sigma}}{\sqrt{n}} \tag{5-8}$$

由式（5-7）或式（5-8）可以看出，测量列的精密度越高，测量结果的精密度就越高。另一方面，随着重复测量次数的提高，测量结果的精密度也能提高。但 n 的增加与 $\hat{\sigma}_L$ 的降低是非线性的，尤其是当重复测量次数已经较多时，再单纯增加重复测量次数 n，测量结果的标准差降低幅度非常小，此时如欲进一步提高测量结果的精密度，应重点考虑提高测量的精密度（即降低 $\hat{\sigma}$）。也就是说，片面提高重复测量次数是不经济的，同时考虑到拉依达准则关于“重复测量次数不能太多”的要求，一般认为重复测量次数取 $n=10\sim15$ 较合适。

5. 测量结果的表达

一个完整的测量结果，应包括被测量参数真实值的最可信赖值，及其在给定概率下的区间估计。例如，$X=25.4\pm0.2(p=0.95)$，意味着被测参数的真实值 X 有95%的可能出现在以25.4为中心、0.2为“半径”的区间内，也就是(25.2，25.6]。

我们已经知道，最可信赖值就是算术平均值 L。下面讨论其区间估计的方法。

$\hat{\sigma}_L$ 是 L 的标准差，即精密度参数，那么根据正态概率积分的含义，有

$$\Phi(K)=P(-K\hat{\sigma}_L<L-X\leqslant K\hat{\sigma}_L)$$

也就是说，被测量的真实值有 $\Phi(K)$ 的概率出现在以 L 为中心、$K\hat{\sigma}_L$ 为半径的区间内。所以，测量结果可以写为

$$X=L\pm K\hat{\sigma}_L(p=\Phi(K)) \tag{5-9}$$

式中，p 是置信概率，即真实值出现在以 L 为中心、$K\hat{\sigma}_L$ 为半径的区间内的概率。换言之，当我们以算术平均值 L 代替被测参数的真实值 X 时，造成的误差（绝对值）不超过 $K\hat{\sigma}_L$ 的可能性是 p。显然，进行具体计算时，除了要已知试验测试所产生的测量列之外，还要事先给定（或由操作者自行决定）置信系数 K 或置信概率 p。给定 p 或 K，另外一个可由正态概率积分表获知，常用数据如前所述，即

$$\Phi(1)=0.683, \Phi(2)=0.95, \Phi(3)=0.9973$$

这种方法可以称为“**正态概率积分法**”，就是置信系数和置信概率之间具有正态分布的数学关系，适用于测量次数较多的场合，如本节前面建议的“$n=10\sim15$”。

> 还有一种测量结果的表达方法——t 分布法，就是置信系数和置信概率之间具有 t 分布的数学关系：$X=L\pm t_p(f)\ \hat{\sigma}_L$。其中，$f=n-1$，$t_p(f)$ 是一个自由度为 f、置信概率为 p 的 t 分布随机变量，在此计算中就相当于一个置信系数。为进行此种表达，也需事先确定置信概率 p 或置信系数 $t_p(f)$。给定 p 或 $t_p(f)$，另一个可由 t 分布表查得。

现将“等精密度直接测量参数测定值的处理与计算——随机误差分析”部分的基本步骤总结如下：

对同一被测参数进行 n 次等精密度重复测量，得到的原始数据是若干个测定值，即一个测量列：l_1，l_2，…，l_n。同时给定置信概率 p 或置信系数 K(或 $t_p(f)$)。

假定测定值之中已不包含系统误差。

1）计算算术平均值 $L=\dfrac{1}{n}\sum\limits_{i=1}^{n}l_i$

2）计算各测定值的残差 $v_i=l_i-L$

3）计算测量列的标准差估计 $\hat{\sigma}=\sqrt{\dfrac{1}{n-1}\sum\limits_{i=1}^{n}v_i^2}$

4）运用拉依达准则或格拉布斯准则，进行异常数据的取舍判断。如果有数据被认定包含过失误差，则将该测定值舍弃，测量列容量减1，即 $n-1\to n$，返回步骤1）重新计算；如果判定没有过失误差，则进入下一步。

5）计算测量结果的标准差　　$\hat{\sigma}_L = \frac{\hat{\sigma}}{\sqrt{n}}$

6）测量结果的表达为　　$X = L \pm K\hat{\sigma}_L (p = \Phi(K))$

例如，给定一测量列，$n = 11$，事先确定置信概率 $p = 0.9973$，即要求最可信赖值的区间估计的可靠性要达到99.73%，要求表达测量结果。

假定经上述步骤 1）~5）的计算和取舍操作，去掉了一个测定值，即 n 变成了 10，得到算术平均值 $L = 35.62$，测量结果的标准差估计 $\hat{\sigma}_L = 0.45$（具体数据及计算从略）。由于指定了置信概率 p 为 0.9973，按照正态概率积分，可得置信系数 $K = 3$。那么，测量结果的表达为 $X = 35.62 \pm 1.35 (p = 0.9973)$。这里是给定了 p，按正态概率积分确定 K。

如果题目要求中给定的是置信系数，如取 $K = 2$（也就是说事先指定最可信赖值的区间估计为测量结果标准差的 2 倍），那么还是按照正态概率积分，可以求得置信概率 $p = 0.95$。测量结果的表达为 $X = 35.62 \pm 0.9 (p = 0.95)$。

两者对比，再次验证了“不确定度越大，置信区间就越大，真实值出现在其中的可能性就越大”的思想。

如果按照 t 分布法，应将测量结果表达为 $X = L \pm t_p(f)\hat{\sigma}_L$。依题意，取置信概率 $p = 0.9973$，按自由度 $f = n - 1 = 9$，查 t 分布表，可得 $t_p(f) = t_{0.9973}(9) = 4.09$。于是，$X = 35.62 \pm 1.84 (p = 0.9973)$。

至此，我们介绍了系统误差的发现方法、过失误差的消除准则，以及如何从一个测量列出发，通过随机误差的分析计算，表达测量结果。这些是直接测量参数的处理与计算方法。

第三节　间接测量参数的误差分析

间接测量，是指通过直接测量与被测量参数有一定函数关系的其他参数，然后根据函数关系算出被测参数。其关系可写为

$$y = f(x_1, x_2, \cdots, x_n) \tag{5-10}$$

式中，x_1，x_2，…，x_n 为互相独立的可以直接测量的参数，简称自变量。y 为间接测量参数，简称函数。

可以看出，由于 y 是 x_1，x_2，…，x_n 的函数，所以直接测量参数的误差，势必影响间接测量参数的精确度。

间接测量参数误差分析的任务，主要有以下三个。

1）已知各自变量的误差，求函数的误差，即误差的传递问题。

2）已知函数的误差，求各自变量的误差，即误差的分配问题。

3）测量设计问题，也就是寻求最佳函数关系，或称为最有利测量条件。

间接测量参数误差分析的主要数学工具是多元函数及其微分的知识。本节简要介绍其基本理论和方法。

一、测量误差的传递

设直接测量参数与间接测量参数存在式（5-10）的函数关系，将各直接测量参数的误差记为 Δx_1，Δx_2，…，Δx_n，则在误差远小于测定值的条件下，间接测量参数的绝对误差 Δy 可近似表达为

$$\Delta y = \frac{\partial y}{\partial x_1}\Delta x_1 + \frac{\partial y}{\partial x_2}\Delta x_2 + \cdots + \frac{\partial y}{\partial x_n}\Delta x_n = \sum_{i=1}^{n}\frac{\partial y}{\partial x_i}\Delta x_i = \sum_{i=1}^{n}\alpha_i\Delta x_i \tag{5-11}$$

式中，$\alpha_i = \frac{\partial y}{\partial x_i}$，称为某自变量 x_i 的误差传递系数或误差积累系数。

如果讨论相对误差，则函数 y 的相对误差 δy 为

$$\delta y = \frac{\Delta y}{y} = \frac{1}{y}\sum_{i=1}^{n}\alpha_i\Delta x_i = \sum_{i=1}^{n}\frac{\partial \ln y}{\partial x_i}\Delta x_i \tag{5-12}$$

如果讨论标准差，当各自变量 x_i 相互独立，将其标准差记为 σ_i 时，则函数 y 的标准差 σ_y 为

$$\sigma_y = \sqrt{\sum_{i=1}^{n}\alpha_i^2\sigma_i^2} \tag{5-13}$$

式（5-13）有时被称作**平均误差传递（积累）定律**，它表达了各直接测量参数的标准差如何“生成”间接测量参数的标准差。标准差也可以改为极限误差、概然误差或平均算术误差等其他与标准差存在确定线性关系的精密度参数。

【例 5-1】 间接测量参数与直接测量参数之间存在 $y=\frac{x_1x_2}{x_3}$ 的关系，直接测量参数的测定值为 $x_1=35.1$，$x_2=87.4$，$x_3=2.37$，各在末位数字上允许有一个单位的误差。求函数值 y 的最大绝对误差和最大相对误差。

解 将 $y=\frac{x_1x_2}{x_3}$ 关系运用于式（5-12）中，可得函数的相对误差为

$$\delta y = \frac{1}{x_1}\Delta x_1 + \frac{1}{x_2}\Delta x_2 - \frac{1}{x_3}\Delta x_3$$

由于各 Δx_i 的正负不确定，则一律取同号时可得到 y 的最大相对误差为

$$\delta y_{\max} = \left|\frac{1}{x_1}\Delta x_1\right| + \left|\frac{1}{x_2}\Delta x_2\right| + \left|\frac{1}{x_3}\Delta x_3\right| = \frac{0.1}{35.1} + \frac{0.1}{87.4} + \frac{0.01}{2.37} \approx 0.82\%$$

于是，最大绝对误差 $\Delta y_{\max} = 35.1 \times 87.4 \div 2.37 \times 0.82\% \approx 10.6$

二、测量误差的分配

误差的分配问题，可以看成是前面误差的传递问题的逆问题，基本数学依据还是式（5-11）、式（5-12）和式（5-13）等。

存在的问题是，这些公式所建立的是多个自变量的误差与一个函数的误差的关系，当只给定函数的误差时，仅凭一个公式无法确定那些自变量的误差。解决办法是引入**等效法则**，又称为等误差原则，即令每个自变量引起的误差（或标准差）相等，即 $\alpha_i \Delta x_i$（或 $\alpha_i \sigma_i$）相等。

对于绝对误差，对式（5-11）运用等效法则可得

$$\Delta x_i = \frac{\Delta y}{n\alpha_i} \tag{5-14}$$

对于标准差，对式（5-13）运用等效法则可得

$$\sigma_i = \frac{\sigma_y}{\sqrt{n}\,\alpha_i} \tag{5-15}$$

【例 5-2】 电阻消耗的焦耳热功率 $P = I^2R$，电流的测定值为 $I = 5\text{A}$，电阻的测定值为 $R = 1\Omega$，要求功率的标准差不大于 0.1W，求电流和电阻的标准差应在多大范围内？

解 $$P = I^2R,\ \sigma_P = 0.1\text{W}$$

由式（5-15）可得 $$\sigma_I = \frac{0.1}{\sqrt{2} \times 2IR} = 0.007(\text{A})$$

$$\sigma_R = \frac{0.1}{\sqrt{2}I^2} = 0.0028(\Omega)$$

应用等效法则，可以很简便地由一个误差传递公式，逆推出所有直接测量参数的标准差（或误差）。但是单纯应用该法则，没有考虑各自变量测量的难易，完全按式（5-15）分配的 σ_i 未必合理。应该根据具体情况进行调整，给那些容易测量精密的参数更小的标准差，允许那些不易测量精密的参数有更大的标准差。在例 5-2 中，电流的测量标准差达到 7mA 比较容易实现，而电阻的测量标准差要控制在 3mΩ 以下的水平，在技术上是有一定困难的。可以在此基础上，结合试验条件适当调节两者的标准差，最终满足式（5-13）即可。

三、最有利测量条件——最佳函数关系

同一个间接测量问题，在自变量和函数之间，可以建立起不同的函数关系。最佳函数关系就是可以使函数的误差最小的，这属于测量设计问题。

【例 5-3】 对于如图 5-6 所示的两个圆形，如何测量其圆心之间的距离 L？可供使用的直接测量参数如图所示，各参数的精密度水平如下：$\sigma_{d1} = 0.5\mu\text{m}$，$\sigma_{d2} = 0.7\mu\text{m}$，$\sigma_{l1} = 0.8\mu\text{m}$，$\sigma_{l2} = 1.0\mu\text{m}$（注意：这些标准差与给定的试验条件相对应，不能改变）。

解 很显然，圆心距 L 无法直接测量，只能采用间接测量方法。分析可知，可以采用以下三种具体方法。

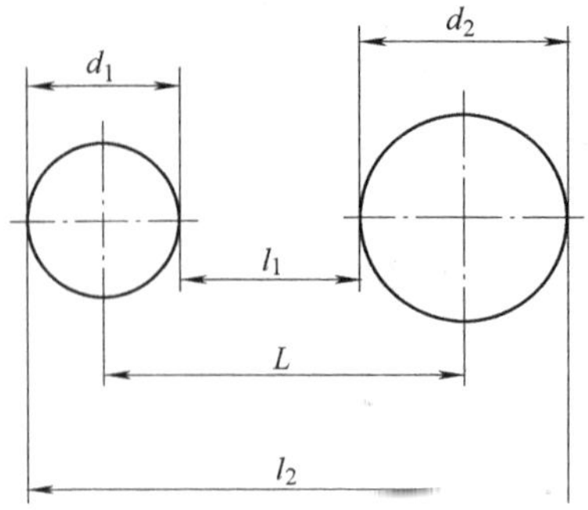

图 5-6　圆心距的测量设计问题

（1）$L=l_1+\frac{1}{2}d_1+\frac{1}{2}d_2$

（2）$L=l_2-\frac{1}{2}d_1-\frac{1}{2}d_2$

（3）$L=\frac{1}{2}l_1+\frac{1}{2}l_2$

按误差传递公式 $\sigma_y=\sqrt{\sum_{i=1}^{n}\alpha_i^2\sigma_i^2}$，并代入各直接测量参数的标准差数值，计算三种方法对应的 L 的标准差 σ_1、σ_2 和 σ_3，分别为

$$\sigma_1=\sqrt{\sigma_{l1}^2+\frac{1}{4}\sigma_{d1}^2+\frac{1}{4}\sigma_{d2}^2}=0.91\mu\text{m}$$

$$\sigma_2=\sqrt{\sigma_{l2}^2+\frac{1}{4}\sigma_{d1}^2+\frac{1}{4}\sigma_{d2}^2}=1.09\mu\text{m}$$

$$\sigma_3=\sqrt{\frac{1}{4}\sigma_{l1}^2+\frac{1}{4}\sigma_{l2}^2}=0.64\mu\text{m}$$

可见，应该采取第三种测量方法，它可以使被测量 L 的标准差最小，也就是精密度最高。或者说，方法三就是最有利测量条件，$L=\frac{1}{2}l_1+\frac{1}{2}l_2$ 就是最佳函数关系。

事实上，选取最有利测量条件时不仅要追求函数的误差尽量小，还要考虑试验条件、实施成本等。在例 5-3 中，方案三不仅测量误差最小，而且与其他方案相比直接测量参数也较少，显然综合效果最好。

本章所介绍的是测量误差分析的基本思想和一些经典方法，有助于读者建立起试验误差及其分析处理的基本概念，并对各项专业汽车试验中消除或降低误差的措施有所启示。在实际的试验工作中，要严格按照试验标准、试验大纲和仪器设备的使用说明书等技术文件的规定，进行具体的分析和计算处理。

思考与习题

1. 测量误差分为哪几类？各自特点如何？

2. 解释精确度（精度）、精密度、准确度和不确定度的含义。

3. 服从正态分布的随机变量（如测量的随机误差）在给定其精密度水平的条件下，该随机变量处在某对称区间（$-a$，a］内的概率取决于什么？什么叫正态概率积分？

4. 系统误差的发现有哪些方法？如何消除系统误差？

5. 对某参数进行等精密度重复测量，得测量列如下（单位略）：20.42，20.43，20.40，20.43，20.42，20.43，20.39，20.30，20.40，20.43，20.42，20.41，20.39，20.39，20.40。假定其中不包含系统误差，请按拉依达准则判断是否存在需要舍弃的异常数据，并按正态概率积分法表达测量结果（令置信概率为0.95）。

6. 什么叫“平均误差传递定律”？它有什么应用？

7. 什么叫“等效法则”？单纯运用该法则进行测量误差的分配，有什么缺点？如何克服？

第六章 试验数据处理

在上一章中，介绍了测量误差分析，通过对试验所得到的测量结果进行误差分析可以提高试验数据的准确性和可靠性。然而，试验的目的往往是为了揭示被测对象的变化规律，仅仅对试验数据做误差分析还是远远不够的。为了实现试验目的，既要从试验数据中寻求待发现的规律和结论，还需对数据进行处理和分析。

由于试验数据变化规律的不同，将其划分为静态测量数据和动态测量数据，其分析和处理的方法和侧重点各有不同，在本章中将分别对两种测量数据的处理方法和分析工具进行介绍。

第一节　静态测量数据处理

一、试验数据结果的表达

1. 概述

静态测量数据是指不随时间变化的测量数据。一般是在等精密度或不等精密度测量条件下获得的离散的带有误差的测定值序列。测量的结果通常可以用列表、图形和经验公式三种方式表达。列表表达可以准确、清晰及全面地展示试验数据，易于参考比较；图形表达是根据试验结果绘制尽可能反映真实情况的曲线；经验公式表达则是利用回归分析的方法确定经验公式的函数模型及其参数。其中，通过拟合方法提出经验公式的表达能够比较客观地反映数据的内在规律和自变量权重，而且形式紧凑，便于用数学分析方法进一步从理论上进行研究。

2. 试验数据结果的图形表达

测量结果的图形表达形象直观，易显示出数据变化的趋势和特征，便于找出数学模型和预测某种现象。但若在作图过程中对某些问题处理不当，则会造成一些假象而得出错误结论。因此，正确地使用图形法表达试验数据，必须对坐标的选择、分度和数据描点等问题进行认真考虑。

（1）坐标的选择与分度　常用的作图坐标有直角坐标和极坐标两种。在直角坐标中，又可分为均匀分度的和非均匀分度的，后者如对数坐标、三角函数坐标等。作图时应根据具体情况合理选择。工程上多采用直角坐标。在数据变化具有指数特征时，用对数坐标可压缩图幅。

通常把 x 作为自变量，以横坐标表示；而 y 代表因变量，以纵坐标表示。在直角坐标中，线性分度应用较多，分为 1、2、5 最为方便，应尽量避免使用易引起读数误差的 3、6、7、9 这类分度。坐标分度取值应与测量精密度相吻合。分度值过小会人为地夸大测量精密度，造成错觉。反之，分度值过大会人为地降低原有的测量精密度。无论是自变量还是因变量，坐标线的标度值不一定从零开始。在分度值与测量精密度相适应的前提下，坐标线标度值的起点可取低于试验数据最小值的某一整数，终点可取高于最大值的某一整数，以便使试验数据的图像占满整个幅面。两坐标轴的比例尺不一定相同，根据具体情况选择。坐标线标度值标出的有效数字应与测量数据的有效数字相同。每个坐标轴都应注明名称与单位。

（2）数据描点与曲线描绘　在一般情况下，根据试验数据即可在坐标线上标出数据点。如果考虑试验的误差，则应采用空心圆、三角形、矩形、正方形、十字形以及叉号等表示不同的数据，其中心代表算数平均值，半径或边长代表测量误差，如图 6-1 所示。矩形的一边等于自变量标准误差的两倍，即 $2\sigma_x$，另一边则等于因变量标准误差的两倍，即 $2\sigma_y$。如果自变量与因变量的标准误差相等，则习惯用空心圆代表各数据点，圆心为算数平均值，半径为标准误差值。

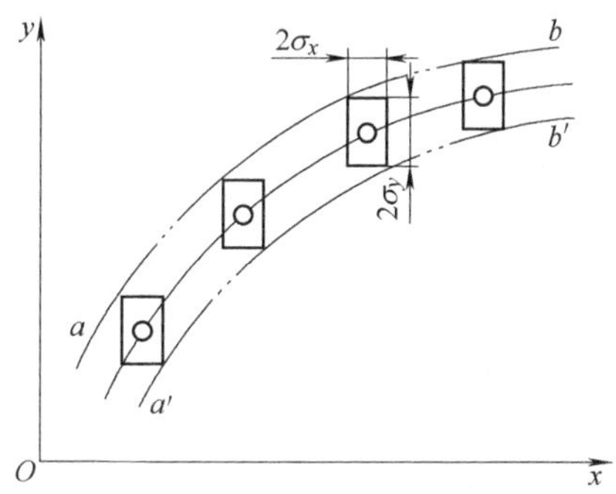

图 6-1　在坐标纸上标出试验数据点

在曲线描绘中，数据点不可能全部落在一条光滑曲线上。一般作曲线的原则是：曲线应光滑匀整，所有数据点要靠近曲线，大体上随机地分布在曲线两侧并落在误差带范围内，但不必都在曲线上。在曲线急剧变化的地方，数据点应选密一些，如图 6-2 所示。

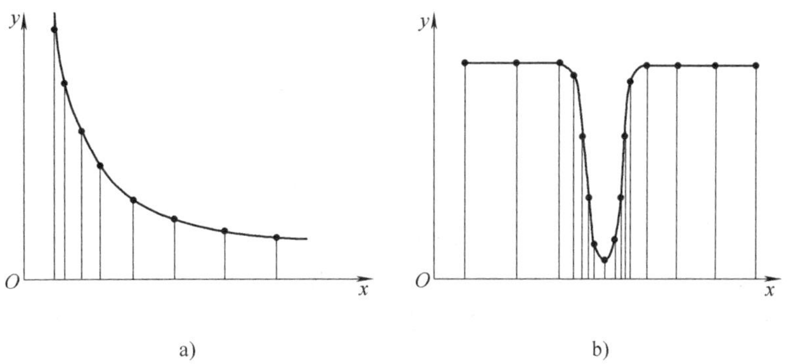

图 6-2　试验数据点的曲线描绘

有人习惯上通过第一个试验点连线，认为第一点最正确，这是不对的。实际上由于仪表工作条件开始不稳定，最初读数往往误差较大。当数据的分散度较大时，徒手绘制曲线较困难，在要求不太高时，可以采用分组平均法。

分组平均法是把试验数据点分成若干组，每组包含 2 ~ 4 个数据点，然后按分别求出各组数据点几何质心的坐标（$\bar{x}_1$，$\bar{y}_1$），（$\bar{x}_2$，$\bar{y}_2$），…，（$\bar{x}_m$，$\bar{y}_m$）进行曲线描绘的方法。

图6-3a所示为取相邻两个数据点平均描绘的曲线，图6-3b所示为取3～4个数据点平均描绘的曲线。

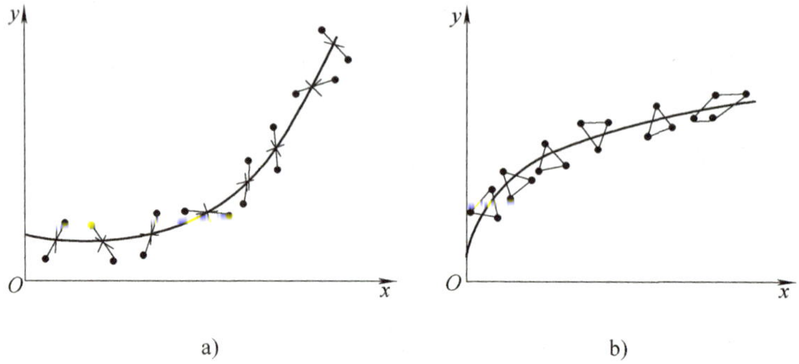

图6-3 利用分组平均法描绘的曲线

利用分组平均法描绘的曲线，由于进行了数据平均，因此在一定程度上减少了测量过程中随机误差的影响。各几何质心点的分散程度显著减少，从而使作图较为方便和准确。分组的数目应视具体情况而定。分组太细，平均效果不明显；分组太粗，则平均点较少，给作图增加困难，还可能掩盖函数本来的特性。因此，曲线斜率较大或变化规律重要的部分可细分，曲线较平坦的部分可粗分。

二、回归分析与曲线拟合

在实际工程测量中，对于描述同一过程中的若干变量往往会存在互相制约和依赖关系，这种相互关系大致可分为两类。一种属于确定性关系，变量之间的关系可以用确定的函数关系来表示。例如，欧姆定律所描述的内容：在同一电路中，导体中的电流跟导体两端的电压成正比，跟导体的电阻成反比。电压与电流关系可由 $I=\frac{U}{R}$来确定。另一种关系属于非确定性关系，这种关系属于相关关系，或者可以说是以目前的认知水平和科技手段还不能对其采用确定性关系描述。例如，某商品的价格与销售量之间存在一定关系，价格越便宜，则销售量增加，但很难指出价格与销售量之间准确的定量对应关系。

在静态测量数据的处理中，通常使用回归分析的方法来分析非确定性关系的变量。**回归分析**是指确定两种或两种以上变量之间依赖度（不确定性）的定量关系的一种统计方法。处理两个变量之间的关系称为一元回归分析。处理两个以上变量之间的关系称为多元回归分析。通常在试验数据的分析中，一元回归分析较为多用。

利用回归分析方法解决静态数据处理问题，需要解决以下三个问题：①确定回归公式的类型；②确定公式中的回归系数及常数项；③对回归分析的精度和显著性做出评价。

1. 一元线性回归分析

若两个变量之间的关系是线性的，则称为一元线性回归。一元线性回归分析是工程上和科研中常见的直线拟合问题。线性回归分析是非线性回归的基础。

(1) 回归方程的确定 设两个变量 x 和 y，通过试验可得到 n 组数据，记为（x_i，

y_i)，$i=1$，2，…，n。在直角坐标系内表示出这 n 组试验数据。若所得的 n 组数据的分布近似于一条直线，则可认为变量 x 和 y 的回归方程是一个线性方程，属于一元线性回归问题。

例如，某车辆在水平的直路上行驶，在不同的距离 s 测出车辆行驶的时间 t，对应的数据见表 6-1。

表 6-1　距离与时间试验数据表

序　号	1	2	3	4	5	6	7	8
距离 s/m	700	900	1160	1190	1270	1490	1620	2130
时间 t/min	3.8	4.2	4.7	4.8	4.9	5.4	5.6	6.7

取距离 s 为自变量，用横坐标表示；时间 t 为因变量，用纵坐标表示。将表 6-1 中的数据画在坐标纸上，如图 6-4 所示。

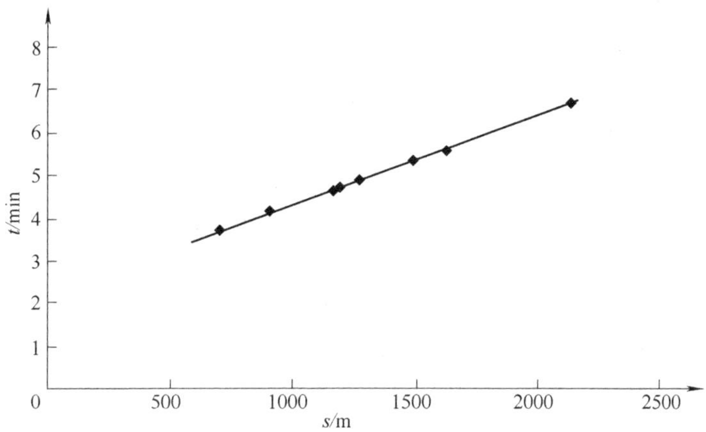

图 6-4　距离 s 与时间 t 的关系曲线

从图 6-4 中看出，这些数据点的分布近似于一条直线，可利用某一条直线来代表变量之间的关系，一元线性方程的一般形式如下：

$$\hat{y}=a+bx \tag{6-1}$$

式中，$\hat{y}$ 为公式中算出的 t 值；x 为距离 s 的值；a，b 为线性回归系数。

利用这条回归直线算出的 $\hat{y}$ 值，代表测定数据的理论计算值，实测值 y 与理论值 $\hat{y}$ 之差 $v=y-\hat{y}$ 代表残差。残差 v 越小，说明回归直线越接近最优直线。因此，确定回归直线的原则是找出一条直线，使其与实测数据之间的误差，比任何其他直线与实测数据之间的误差都小，即残差的平方和最小，这就是**最小二乘法**的基本思想。可写为

$$Q_y=\sum_{i=1}^{n}v_i^2=\sum_{i=1}^{n}(y_i-\hat{y}_i)^2 \tag{6-2}$$

式中，Q_y 为残差的平方和；y_i 为实测值；$\hat{y}_i$ 为回归直线上的理论计算值。

将式（6-1）代入式（6-2），并令 Q_y 取最小值（min），则有

$$Q_y = \sum_{i=1}^{n}[y_i - (a + bx_i)]^2 \to \min \tag{6-3}$$

令$\frac{\partial Q_y}{\partial a}=0$，$\frac{\partial Q_y}{\partial b}=0$，即可求出 a、b 的数值，分别为

$$a = \bar{y} - b\bar{x}, \quad b = \frac{l_{xy}}{l_{xx}}$$

式中

$$\bar{x} = \frac{1}{n}\sum_{i=1}^{n}x_i$$

$$\bar{y} = \frac{1}{n}\sum_{i=1}^{n}y_i$$

$$l_{xx} = \sum_{i=1}^{n}(x_i - \bar{x})^2 = \sum_{i=1}^{n}x_i^2 - \frac{1}{n}(\sum_{i=1}^{n}x_i)^2$$

$$l_{xy} = \sum_{i=1}^{n}(x_i - \bar{x})(y_i - \bar{y}) = \sum_{i=1}^{n}x_iy_i - \frac{1}{n}\sum_{i=1}^{n}x_i\sum_{i=1}^{n}y_i$$

其中，n 为试验数据个数。

根据表 6-1 的数据，利用上述各式可以求出回归系数 a 和 b，并确定车辆行驶时间和距离之间关系的回归方程为

$$\hat{y} = 2.373 + 0.002x$$

从上例可知，当数据较多时，进行回归分析需要很大的计算量。目前，计算机结合统计软件可以替代人工计算解决线性回归问题，例如著名的统计软件 SPSS（Statistical Product and Service Solutions）——统计产品与服务解决方案软件。本节中以 SPSS 软件 19.0 版本为例介绍其线性回归分析方法。首先，将表 6-1 的数据按列输入 SPSS 的数据视图，每一列代表一个变量，如图 6-5 所示。

图 6-5　数据输入 SPSS 视图

选择菜单栏中“分析”→“回归”→“线性”，打开“线性回归”对话框，如图 6-6 所示。

取 s 为自变量，t 为因变量，所以将变量 VAR00001 设为自变量，将变量 VAR00002

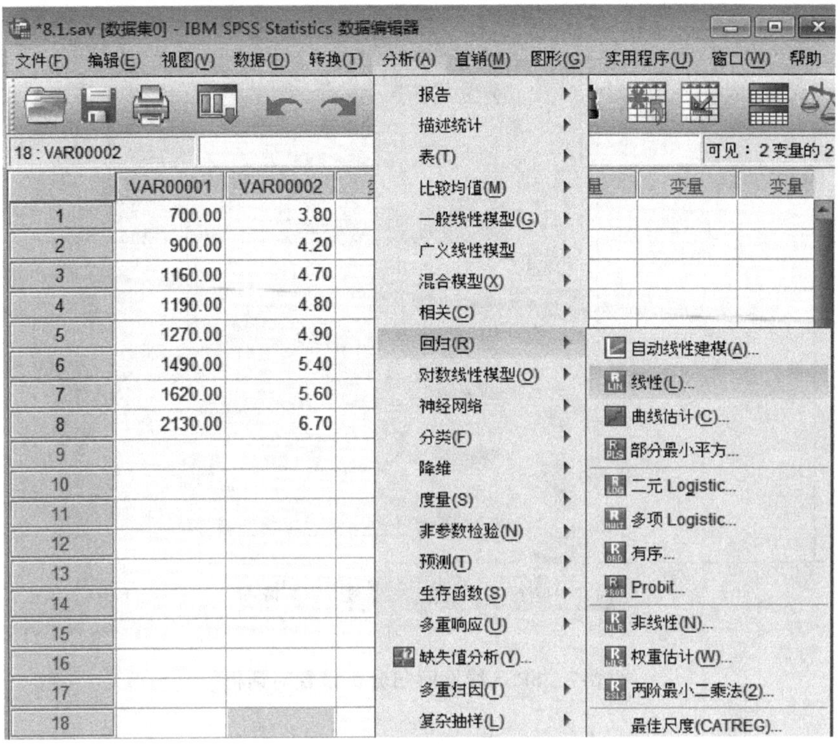

图 6-6　SPSS 打开线性回归对话框

设为因变量，如图 6-7 所示。单击对话框下方的确定按钮后，经计算，会自动弹出统计结果查看器。在查看器中，会根据用户的设置提供相应的计算结果。

其中比较重要的结果都是以表格的形式体现的，如模型汇总（表 6-2）中的 R 是相关系数，R 和 R^2 代表着模型的拟合度，有

$$R^2 = \frac{\sum_{i=1}^{n} (\hat{y}_i - \bar{y})^2}{\sum_{i=1}^{n} (y_i - \hat{y}_i)^2}$$

$|R|$ 越接近 1，则拟合度越好。所谓拟合度就是对已制作好的预测模型进行检验，比较预测结果与实际数据的吻合程度。通常可以对若干个预测模型同时进行检验，采用拟合度较好的拟合函数。

表 6-2　模型汇总

模　型	R	R^2	调整 R^2	标准估计的误差
1	1.000	0.999	0.999	0.03015

Anova 是指方差分析（Analysis of variance，简称 Anova），分别显示了回归平方和、残差平方和以及自由度等信息，见表 6-3。

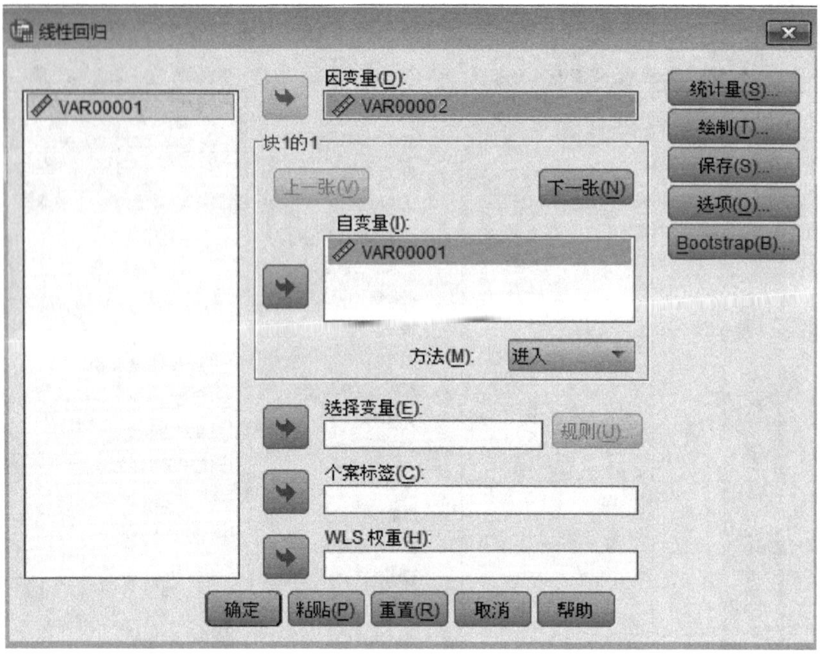

图 6-7　SPSS 线性回归分析设置对话框

表 6-3　Anova

模　型		平　方　和	自由度（*Df*）	均　　方	检验统计量（*F*）	显著性水平（Sig.）
	回归	5.623	1	5.623	6185.887	0.000[①]
1	残差	0.005	6	0.001		
	总计	5.629	7			

系数表格（表 6-4）给出了线性回归方程的自变量系数和常数项，以及显著性检验的 Sig 项。

表 6-4　系数表格

模　型		非标准化系数		标准系数	统计值（*t*）	显著性水平（Sig.）
		截距（*B*）	标准误差	试用版		
1	（常量）	2.373	0.035		67.377	0.000
	VAR00001	0.002	0.000	1.000	78.650	0.000

注：VAR00001 表示回归方程的自变量。

在本例中经 SPSS 计算出的线性回归方程为 $\hat{y}=2.373+0.002x$，Sig 近似为零，说明该回归模型是有效的。

（2）回归分析的精度及显著性检验　在求回归方程的过程中，回归直线是在误差最小的条件下推导出来的，但是还不能肯定两个变量之间的关系的确是直线关系。因此，当从一组试验数据中求出回归直线后，必须进一步判断做直线方程回归是否有意义，这就是回归分析的显著性检验。另外，确定回归直线后，可以根据自变量 x 值预报或控制因变量 y。预报或控制的效果，就是回归方程的精度问题。

1）回归方程的精度。通常采用方差分析来检验回归直线的回归效果，来确定回归方程的精度。在一组试验数据中，变量 y 的变动情况可以用各测量值 y_i 与其平均值 $\bar{y}$ 之差的平方和来表示，称为总离差平方和，记为 Q_z，即

$$Q_z = l_{yy} = \sum_{i=1}^{n}(y_i - \bar{y})^2 = \sum_{i=1}^{n}[(y_i - \hat{y}_i) + (\hat{y}_i - \bar{y})]^2$$

$$= \sum_{i=1}^{n}(y_i - \hat{y}_i)^2 + \sum_{i=1}^{n}(\hat{y}_i - \bar{y})^2 + 2\sum_{i=1}^{n}(y_i - \hat{y}_i)(\hat{y}_i - \bar{y}) \qquad (6\text{-}4)$$

由于 y_i 随机地分布在估计值 $\hat{y}_i$ 两边（见图 6-4），当试验点数很多时，可以证明式（6-4）中的等式右侧第三项为零，则

$$Q_z = \sum_{i=1}^{n}(y_i - \hat{y}_i)^2 + \sum_{i=1}^{n}(\hat{y}_i - \bar{y})^2 = Q_y + U \qquad (6\text{-}5)$$

式中，

$$Q_y = \sum_{i=1}^{n}(y_i - \hat{y}_i)^2;\quad U = \sum_{i=1}^{n}(\hat{y}_i - \bar{y})^2$$

U 称为回归平方和，它反映了回归直线上的点 $\hat{y}_i$ 对平均值 $\bar{y}$ 的变动，标志着因变量中的不确定性能被自变量所解释的部分。Q_y 称为残差平方和，它反映了试验数据 y_i 对回归直线的偏离程度，如图 6-8 所示。Q_y 的均方根值 $\hat{\sigma}$ 称为残差标准误差，它可以用来衡量所有随机因素对 y 的一次性观测的平均变化的大小，$\hat{\sigma}$ 越小，回归直线的精度越高。

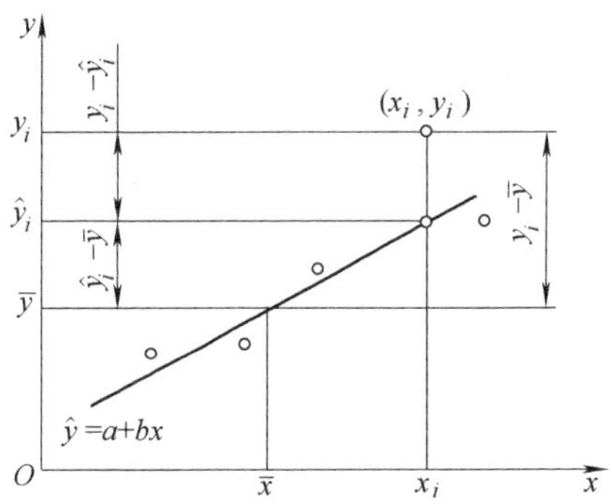

图 6-8　确定回归方程精度的示意图

$$\hat{\sigma} = \sqrt{\frac{Q_y}{n-2}} = \sqrt{\frac{\sum_{i=1}^{n}(y_i - \hat{y}_i)^2}{n-2}}$$

$$= \sqrt{\frac{\sum_{i=1}^{n}[y_i - (a + bx_i)]^2}{n-2}} \qquad (6\text{-}6)$$

式中，U 和 Q_y 可按下式计算，即

$$U = \sum_{i=1}^{n}(\hat{y}_i - \bar{y})^2 = \sum_{i=1}^{n}(a + bx_i - a - b\bar{x})^2 \qquad (6\text{-}7)$$

$$= b^2\sum_{i=1}^{n}(x_i - \bar{x}_i)^2 = b^2 l_{xx} = bl_{xy}$$

$$Q_y = l_{yy} - U = l_{yy} - b^2 l_{xx} = l_{yy} - bl_{xy} \qquad (6\text{-}8)$$

2）回归分析的显著性。一个回归分析是否显著，即 y 与 x 的线性关系是否密切，取决于 $y_i - \bar{y}$ 中 U 与 Q_y 的占比。Q_y 的成分越小，说明 y 与 x 的线性关系越密切。

回归分析显著性检验通常采用 F 检验法（即方差分析法）和相关分析法。

① F 检验法。方差表示随机变量的取值相对于其数学期望的总体偏离程度，而自由

度是表征计算随机变量平方和时，有多少个随机变量独立线性函数要考虑的数。因此，方差分析的关键是在正确计算平方和的基础上，决定其自由度。

总离差平方和 Q_Z 的自由度f为（$n-1$）。由于平方和相对应的自由度具有可叠加性，因此总的自由度f也等于回归平方和的自由度f_U 与残差平方和的自由度f_{Qy}之和，即

$$f=f_U+f_{Qy} \tag{6-9}$$

而回归平方和的自由度f_U 对应的自变量的个数，在一元线性回归中，$f_U=1$，因此

$$f_{Qy}=f-f_U=n-2$$

令统计量 F 为

$$F=\frac{U/f_U}{Q_y/f_{Qy}} \tag{6-10}$$

对一元线性回归，则有

$$F=\frac{U/1}{Q_y/(n-2)}=\frac{U(n-2)}{Q_y}$$

然后，根据显著性水平 α 及自由度f_U、f_{Qy}，查 F 分布表得到 F_α（1，$n-2$）的值，F 分布表中两个自由度f_1 和f_2 分别对应于f_U 和f_{Qy}。检验时，一般需查出 F 分布表中所对应的三种显著水平 α 的数值，记为 F_α（1，$n-2$），并将这三个数值与通过公式计算的 F 值进行比较，判断回归是否显著及其程度。

若 $F \geqslant F_{0.01}$（1，$n-2$），则回归高度显著；

若 $F_{0.05}$（1，$n-2$）$\leqslant F \leqslant F_{0.01}$（1，$n-2$），则回归显著；

若 $F < F_{0.10}$（1，$n-2$），则回归不显著。

高度显著，又称为在0.01 水平上显著；显著，又称为在0.05 水平上显著；不显著，则是指 y 与 x 的线性关系不密切。

② 相关系数法。检查变量间的线性相关性还可以采用相关系数法。由于回归平方和 U 与总离差平方和 Q_Z 的比值反映了回归的效果，比值越大，则两变量的线性关系越密切。因此令

$$r=\sqrt{\frac{U}{Q_Z}}=\sqrt{\frac{bl_{xy}}{l_{yy}}}=\frac{l_{xy}}{\sqrt{l_{xx}l_{yy}}} \tag{6-11}$$

式中，r 称为相关系数，$0 \leqslant |r| \leqslant 1$。若 $|r|=1$，表示所有的试验点都严格地分布在一条直线上，即具有确定的线性关系；若 $0<|r|<1$，则认为变量 x 与 y 之间具有一定线性关系；若 $|r|$ 趋近于零，则认为 x 与 y 之间不存在线性关系。根据相关系数 r 的值，可以检验变量之间的线性相关性，$|r|$ 的值越接近于1，线性相关性越好。图6-9 为读者提供不同的相关系数 r 所代表的试验观察点分布情况的直观感受。

注意，精度和显著性的含义是不同的。准确地说，显著性的主体是某个回归问题，考查的是两个待回归的变量是否“真的非常像一条直线”，显著性的高低与具体的回归方程无关；精度的主体则是某个回归方程，是讨论“哪条回归直线最能代表原始数据的变化趋势”，同一回归问题，不同的解具有不同的精度，最小二乘解的精度最高。

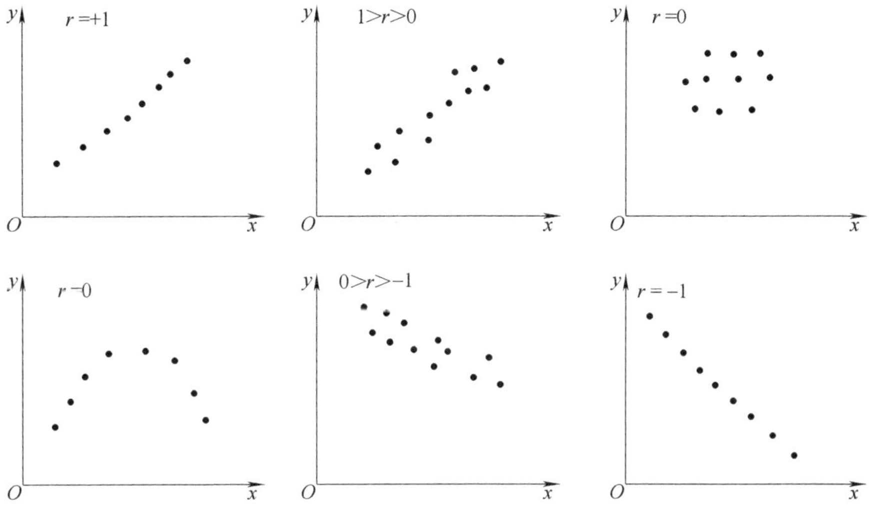

图 6-9　相关系数与试验数据观察点分布

2. 一元非线性回归

在实际工作中，很多时候两个变量之间不符合线性关系，但具有一定非线性关系。对于这种非线性回归问题，首先要选择合适的回归方程类型，然后根据试验数据求解回归方程中的待定系数和常数项。一元非线性回归分析是试验数据处理中的曲线拟合问题。这类曲线拟合问题通常可以采用两种方法，一种是通过变量转换把回归曲线转换成直线，然后用一元线性回归方法求解；另一种则是用最小二乘法直接求解非线性回归方程，直接用回归多项式来描述两变量之间的关系。

（1）可线性化的非线性回归方程　非线性回归分析要比线性回归分析更加复杂，但是有的非线性问题可以化成线性问题进行解决，通常采用变量代换的方法，将原本的非线性回归问题转化为线性回归问题。

可线性化的非线性回归问题，常通过四个步骤来完成，具体内容如下：①选取合适的拟合函数类型；②通过变量转换把非线性关系转化为线性关系；③进行一元线性回归分析；④再通过变量反转换，将求出的线性关系还原为非线性关系，即得到所要求的拟合曲线。

在选取确定合适的函数类型时，通常要根据试验数据在坐标系内的分布情况来确定回归方程的类型，也可以根据专业知识，从理论推导或根据试验经验确定两变量之间的函数类型。为便于读者选择合理的回归方程，图 6-10 提供了常用的回归方程类型。

常见的典型曲线通过变量转换化成直线的经验公式如下：

1）双曲线

$$\frac{1}{y} = a + \frac{b}{x}$$

令

$$Y = \frac{1}{y},\ X = \frac{1}{x},\ A = a,\ B = b$$

则

$$Y = A + BX$$

2）对数曲线

$$y = a + b\lg x$$

令

$$Y = y,\ X = \lg x,\ A = a,\ B = b$$

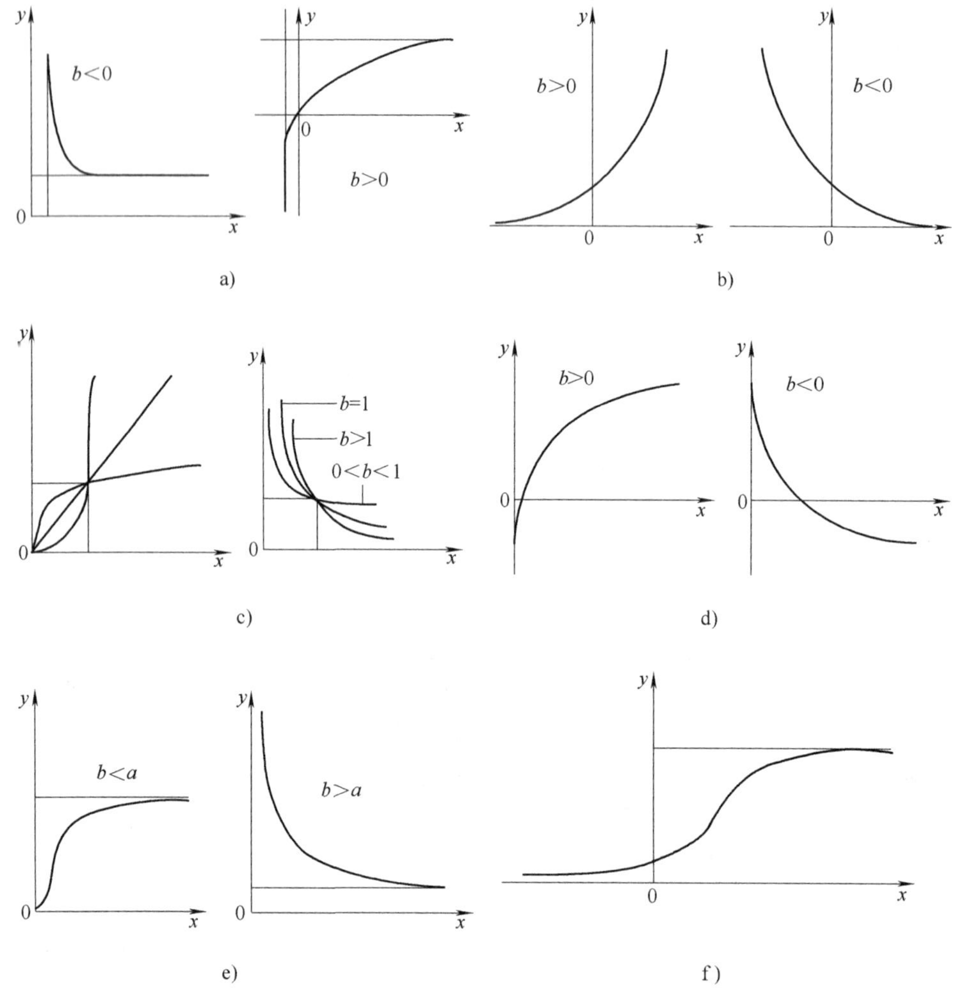

图 6-10　各种常见的典型函数曲线

a）双曲线 $\frac{1}{y}=a+\frac{b}{x}$　b）指数曲线 $y=ae^{bx}$　c）幂函数曲线 $y=ax^{b}$

d）对数曲线 $y=a+b\lg x$　e）指数曲线 $y=ae^{\frac{b}{x}}$　f）S 形曲线 $y=\frac{1}{a+be^{-x}}$

则
$$Y=A+BX$$

3）指数曲线
$$y=ae^{bx}$$

令
$$Y=\ln y,\ X=x,\ A=\ln a,\ B=b$$

则
$$Y=A+BX$$

4）幂函数曲线
$$y=ax^{b}$$

令
$$Y=\lg y,\ X=\lg x,\ A=\lg a,\ B=b$$

则
$$Y=A+BX$$

值得注意的是，经变量转换后的数据所得的最佳回归方程 $Y=A+BX$，再经过逆变换后所得的回归方程 $\hat{y}=f(x)$，虽在多数情况下，可以对原始试验数据具有较好的拟合精度，但不一定是最佳组合，也就是其精度未必最高。所以，在计算能力允许的情况下，最好用多种不同方程进行拟合并比较其精度，然后择优选用。目前，由于计算机的运算速度和能力完全可以替代人工进行不同方程的拟合，因而可以通过比较拟合后的精度，选择最合适的非线性方程作为拟合方程。值得注意的是，无论最终选取哪个曲线模型都不能保证得到理论上精度最高的解，因为很可能所有的备选拟合函数模型与实际数据的变化趋势都有差异。

在 SPSS 软件中，可以通过曲线回归分析功能对变量进行非线性回归分析，如图 6-11 所示。

图 6-11　SPSS 曲线回归分析类型

SPSS 软件中曲线回归模块中提供了线性模型（Linear）、二次曲线模型（Quadratic）、复合曲线模型（Compound）、增长曲线模型（Growth）、对数曲线模型（Logarithmic）、三次曲线模型（Cubic）、S 曲线模型（S）、指数曲线模型（Exponential）、反函数曲线模型（Inverse）、幂函数曲线模型（Power）和逻辑曲线模型（Logistic），使用者可以选中若干种函数进行拟合，最后可以通过比较回归系数等方法选择合适的拟合函数形式。表 6-5 提供了各个回归模型所对应的回归公式。

表 6-5　SPSS 中涉及的曲线回归公式

回归模型名称	回归公式
线性模型	$E(Y_t)=\beta_0+\beta_1 t$
二次曲线模型	$E(Y_t)=\beta_0+\beta_1 t+\beta_2 t^2$
复合曲线模型	$E(Y_t)=\beta_0\beta_1^t$
增长曲线模型	$E(Y_t)=\exp(\beta_0+\beta_1 t)$
对数曲线模型	$E(Y_t)=\beta_0+\beta_1\ln(t)$
三次曲线模型	$E(Y_t)=\beta_0+\beta_1 t+\beta_2 t^2+\beta_3 t^3$
S 曲线模型	$E(Y_t)=\exp(\beta_0+\beta_1/t)$
指数曲线模型	$E(Y_t)=\beta_0 e^{\beta_1 t}$
反函数曲线模型	$E(Y_t)=\beta_0+\beta_1/t$
幂曲线曲线模型	$E(Y_t)=\beta_0 t^{\beta_1}$
逻辑曲线模型	$E(Y_t)=\left(\frac{1}{u}+\beta_0 t^{\beta_1}\right)^{-1}$

在 SPSS 软件实际曲线拟合操作中，可以勾选若干项可能的拟合曲线，SPSS 软件无需人工干涉会按照所选进行拟合并输出全部结果，最终可通过比较各拟合后曲线的显著性和相关系数，选择具有显著统计学意义且拟合度最优的模型。

【例 6-1】 在一项试验工作中，对变量 x 和 y 进行了实测，其数据见表 6-6，试确定其回归方程。

表 6-6 试验数据表

序号	1	2	3	4	5	6	7	8
x	2	3	4	5	6	7	8	9
y	6.42	8.20	9.85	9.50	9.70	10.00	9.93	9.99
序号	9	10	11	12	13	14	15	—
x	10	11	12	13	14	15	16	—
y	10.49	10.59	10.60	10.80	10.60	10.90	10.76	—

解 1）确定回归方程的函数类型。

将表 6-6 中数据画在坐标纸上，如图 6-12 所示。

从图中可以看出，数据点的分布与图 6-10a 所示的曲线接近，故初步判断回归方程是一条双曲线，于是可表示为

$$\frac{1}{y}=a+\frac{b}{x}$$

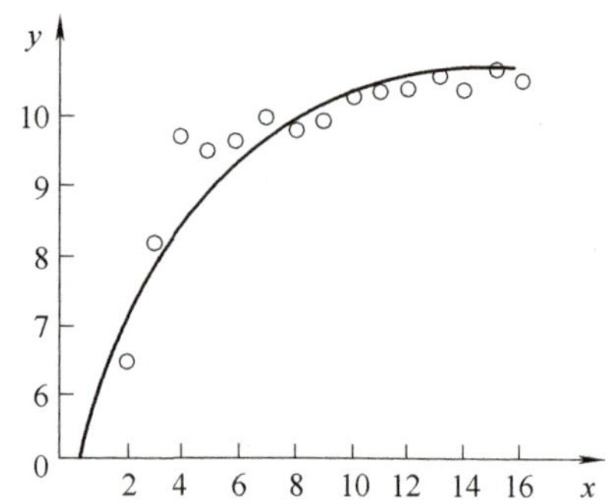

图 6-12 用双曲线拟合试验数据

2）通过变量转换化曲线函数为直线函数。

令 $Y=\dfrac{1}{y}$，$X=\dfrac{1}{x}$，则双曲线函数变成

$$Y=a+bX$$

3）进行一元线性回归。

将表 6-6 中的 x 和 y 取倒数后，分别得到 X 和 Y，并进行相应的计算，然后列于表 6-7中。根据表 6-7 中数据可算出

$$l_{xx}=\sum X^2-\frac{1}{n}\left(\sum X\right)^2=0.5843-0.3779=0.2064$$

$$l_{xy}=\sum XY-\frac{1}{n}\left(\sum X\right)\left(\sum Y\right)=0.2719-0.2451=0.0268$$

$$\overline{X}=\frac{1}{n}\sum X=0.1587,\quad \overline{Y}=\frac{1}{n}\sum Y=0.1029$$

于是可得线性回归系数

$$b=\frac{l_{xy}}{l_{xx}}=\frac{0.0268}{0.2064}=0.1298$$

$$a=\overline{Y}-b\overline{X}=0.1029-0.1298\times0.1587=0.0823$$

得到回归直线为

$$Y=0.0823+0.1298X$$

4）通过变量反转换求回归曲线。

将 $Y=\frac{1}{y}$，$X=\frac{1}{x}$ 代入上式，则可得回归曲线为

$$\frac{1}{\hat{y}}=0.0823+\frac{0.1298}{x}$$

表 6-7　一元回归计算表

序　号	X	Y	X^2	Y^2	XY
1	0.5000	0.1560	0.2500	0.0243	0.0779
2	0.3330	0.1220	0.1111	0.0149	0.0407
3	0.2500	0.1020	0.0625	0.0103	0.0254
4	0.2000	0.1050	0.0400	0.0111	0.0211
5	0.1670	0.1030	0.0278	0.0106	0.0172
6	0.1430	0.1000	0.0204	0.0100	0.0143
7	0.1250	0.1010	0.0156	0.0101	0.0126
8	0.1110	0.1000	0.0123	0.0100	0.0111
9	0.1000	0.0950	0.0100	0.0091	0.0095
10	0.0910	0.0940	0.0083	0.0089	0.0086
11	0.0830	0.0940	0.0069	0.0089	0.0079
12	0.0770	0.0930	0.0059	0.0086	0.0071
13	0.0710	0.0940	0.0051	0.0089	0.0067
14	0.0670	0.0920	0.0044	0.0084	0.0061
15	0.0630	0.0930	0.0039	0.0086	0.0058
Σ	2.3810	1.5440	0.5843	0.1627	0.2719

这种“化曲为直”的方法，可能更多地依赖计算者根据工程实际意义或自身经验选取较合适的回归函数模型，而并不只是单纯地在数学上追求最小二乘解。

（2）多项式回归　在一元非线性回归分析中，并不是所有的非线性问题都可以通过变量转换的方法，化曲为直地进行回归分析。如果试验数据很难用前边内容介绍的典型函数曲线来描述时，那么总可以使用多项式拟合的方法来进行回归分析。

设多项式为

$$y=a_0+a_1x+a_2x^2+\cdots+a_mx^m \tag{6-12}$$

对试验数据进行多项式回归，首先要确定多项式的次数，然后再求出系数值。

1）多项式次数的确定。

多项式次数的确定一般采用差分法。设自变量的取值是等间距的，即

$$x_2-x_1=x_3-x_2=\cdots=x_m-x_{m-1}=\Delta x$$

计算出因变量 y 的相邻值之间的差值，成为一阶差值 Δy，即

$$\Delta y_1=y_2-y_1,\ \Delta y_2=y_3-y_2,\ \cdots,\ \Delta y_{m-1}=y_m-y_{m-1}$$

二阶差值 $\Delta^2 y$ 为

$$\Delta^2 y_1=\Delta y_2-\Delta y_1,\ \Delta^2 y_2=\Delta y_3-\Delta y_2,\ \cdots$$

三阶差值 $\Delta^3 y_1$，…，n 阶差值 $\Delta^n y$ 分别为

$$\Delta^3 y_1 = \Delta^2 y_2 - \Delta^2 y_1,\ \Delta^3 y_2 = \Delta^2 y_3 - \Delta^2 y_2,\ \cdots$$

$$\vdots$$

$$\Delta^n y_1 = \Delta^{n-1} y_2 - \Delta^{n-1} y_1,\ \Delta^n y_2 = \Delta^{n-1} y_3 - \Delta^{n-1} y_2,\ \cdots$$

当某阶差值之间的最大差值不大于 y 的测量误差 δ_y 累积起来的该阶差值的误差时，此阶数即为多项式的次数，即

$$(\Delta^{n-1} y)_{\max} \leqslant 2^n |\delta_y| \tag{6-13}$$

这时差值的阶数 n 即为多项式的次数 m。

【例 6-2】 测量数据列于表 6-6 中的第一、二列。已知 y 的测量误差 $\delta_y = \pm 0.05$，试确定回归多项式的次数。

解 差值计算见表 6-8。可知，二阶差值之间的最大差值（$\Delta^3 y$）$_{\max}=0.2$，而由测量误差带来的二阶差值的误差为

$$2^2 |\delta_y| = 2^2 \times 0.05 = 0.2$$

即（$\Delta^3 y$）$_{\max} \leqslant 2^2 |\delta_y|$，因此多项式的次数为 2，即

$$y = a_0 + a_1 x + a_2 x^2$$

表 6-8 差值计算表

x	y	Δy	$\Delta^2 y$	$\Delta^3 y$
20	5.4			
		3.6		
40	9		2.3	
		5.9		0.2
60	14.9		2.1	
		8.0		0.1
80	22.9		2.2	
		10.2		0.1
100	33.1		2.3	
		12.5		
120	45.6			

2）多项式系数的确定。

多项式系数的确定通常采用最小二乘法。实际测量值与回归多项式计算值的残差的平方和为最小，即

$$\begin{aligned} Q_y &= \sum_{i=1}^{n} (y_i - \hat{y}_i)^2 = \sum_{i=1}^{n} [y_i - (a_0 + a_1 x_i + a_2 x_i^2 + \cdots + a_m x_i^m)]^2 \\ &= \sum_{i=1}^{n} [y_i - \sum_{i=1}^{m} a_j x_i^j]^2 = \min \end{aligned} \tag{6-14}$$

令 $\dfrac{\partial Q_y}{\partial a_0}=0$，$\dfrac{\partial Q_y}{\partial a_1}=0$，…，$\dfrac{\partial Q_y}{\partial a_m}=0$，即可求出 a_0，a_1，…，a_m 的数值。

其主要计算工作量转化为求解一个 $m+1$ 元线性方程组。

（3）回归曲线方程的效果评定——显著性与精度检验 回归曲线拟合的效果可以用相关系数来评价。相关系数 R 为

$$R = 1 - \frac{\sum_{i=1}^{n}(y_i - \hat{y}_i)^2}{\sum_{i=1}^{n}(\hat{y}_i - \bar{y})^2} \tag{6-15}$$

式中，$i=1, 2, \cdots, n$。

这里 R 越接近 1，则表明所拟合曲线的效果越好，其回归越显著。

与线性回归一样，曲线拟合的精度也可用残差标准差误差 $\hat{\sigma}$ 来表示，即

$$\hat{\sigma} = \sqrt{\frac{Q_y}{n-q}} = \sqrt{\frac{\sum_{i=1}^{n}(y_i - \hat{y}_i)^2}{n-q}} \tag{6-16}$$

式中，q 为回归方程中待定系数的个数，显然 $q=m+1$。

$\hat{\sigma}$ 越小则说明回归曲线的精度越高。

第二节 动态测量数据的处理与分析

一、动态数据的类型

动态测量数据是指随时间变化的测量数据。通常动态数据表现为时间历程 $x(t)$，也就是被测物理量 x 随时间 t 的变化规律。测量数据，尤其是各项汽车试验所得到的测量数据，多以动态数据为主。

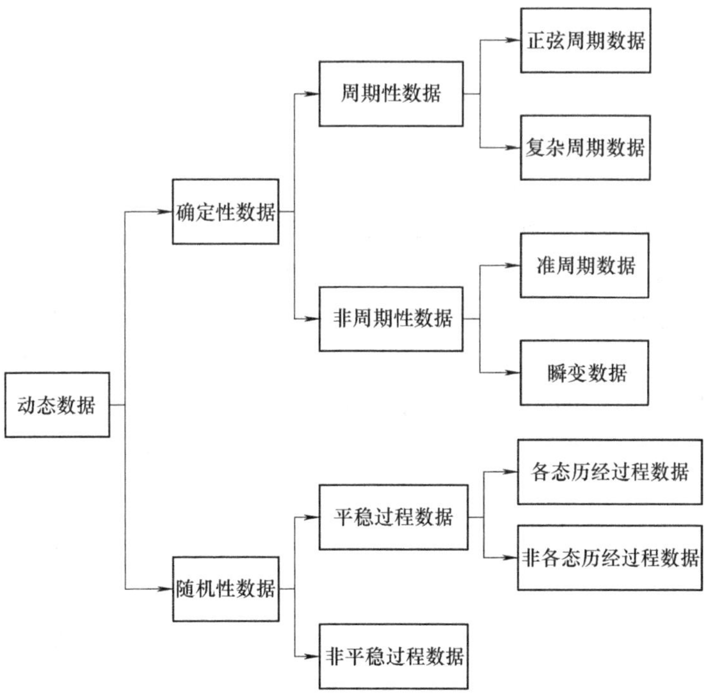

图 6-13 测量数据的分类

如图6-13所示，测量数据总体上可分为两大类，分别是确定性数据和随机性数据。确定性数据是能够用时间历程函数 $x(t)$ 进行明确描述的数据。通常确定性数据来自确定性现象，如果对确定性现象进行多次重复试验，所得到的确定性数据是能够重复再现的，而且对未来时刻的数据可通过以前的确定状态进行预测。确定性数据根据其变化特点，又进一步分为周期性数据和非周期性数据两类。

1. 周期性数据

周期性数据就是固定间隔时间又重复出现的数据，可以表示为 $x(t)=x(t+nT)$，$n=1, 2, \cdots$；T 为周期，$T\neq\infty$。周期性数据又包括简单的正弦周期数据和复杂周期数据。

（1）正弦周期数据 周期性数据中最简单的数据类型是正弦周期数据。

任意一个正弦函数可以写作

$$x(t)=X_0\sin(2\pi f_0 t+\varphi)$$

式中，X_0 为幅值，f_0 为频率，φ 为初始相位。

图6-14所示为正弦数据的时间历程和频谱。

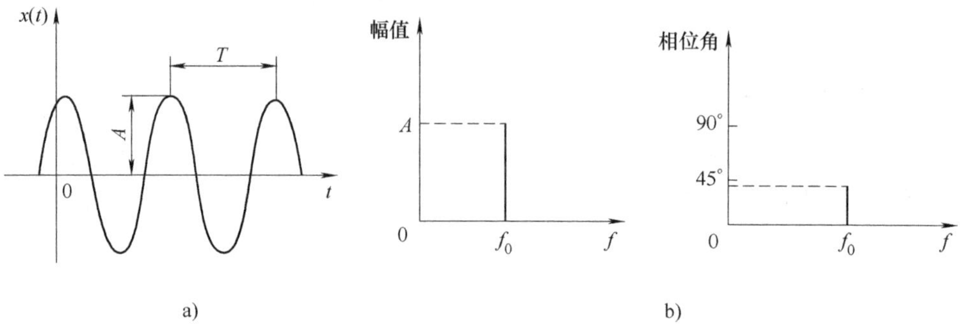

图6-14 正弦数据的时间历程和频谱
a）波形图 b）频谱图

对其进行频谱分析，由图6-14可知，正弦数据是由单一频率 f_0 组成的，其谱线只有一条，即单一线谱。许多常见的物理现象，例如交流发电机的输出电压波形，以及各种简谐振动的位移、速度或加速度曲线，都是随时间做正弦变化的。

（2）复杂周期数据 复杂周期数据不再成正弦规律变化，但仍然存在一个确定的周期。复杂周期数据时域与频域表达如图6-15所示。根据傅里叶级数理论，任何一个满足狄利克雷条件的周期函数，都可以展开成若干频率间隔相等的简谐函数的叠加。所谓的狄利克雷条件（Dirichlet Conditions），其表述如下：

1）在一个周期内，如果有间断点存在，则间断点的数目应是有限个。

2）在一个周期内，极大值和极小值的数目应是有限个。

3）在一个周期内，信号是绝对可积的，即 $\int_{t_0}^{t_0+T}|f(t)|\,dt$ 为有限值。

一般的，周期信号都会满足狄利克雷条件。

综上所述，对于任意周期函数 $x(t)$，都可以展开成若干个简谐函数之和，在展开的简谐函数中存在一个基频（或基波频率）f_1，其余谐波的频率均为基频的整数倍，如 $2f_1$，$3f_1$，…。所以复杂周期数据的频谱图表现为等间隔的离散谱线，任意两个谐波的频率之比为有理数。

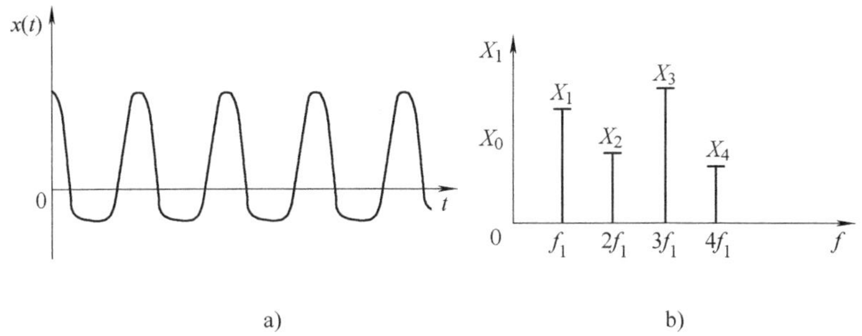

图 6-15　复杂周期数据的时间历程和频谱

上文中提到的简谐函数来源于物理学中的“简谐振动”。“简谐”就是“正弦”，二者是等价的。复杂周期数据是由若干简谐函数叠加得到，这些参与叠加的简谐函数（正弦函数），通常也称为“谐波”。

实际工程应用中的复杂周期数据要多于简单正弦数据。事实上，很多认为是正弦数据的测试信号，是忽略了次要谐波分量后而得到的近似信号。例如，交流发电机的输出电压，经过精密测试可以发现包含有高频分量。多缸发动机的输出机械量（如转矩、功率或有效压力等），实际上也不是简单正弦的，而是包含了各种频率成分的谐波分量。

2. 非周期性数据

非周期性数据是指不能在固定间隔时间又重复出现的数据。非周期性数据又可分为准周期数据和瞬变数据。

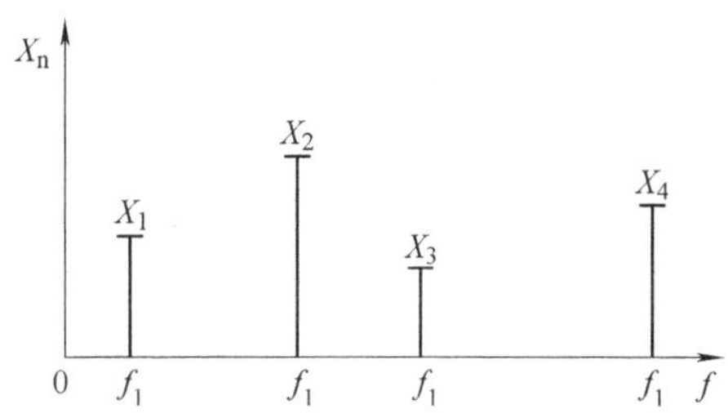

图 6-16　准周期数据的频谱

（1）准周期数据　所谓“准周期数据”，指的是这种数据的时间历程没有周期（或者说“周期无穷大”），但准周期数据的频谱仍然是离散谱线，但是谱线之间不再是等间距，任意两阶相邻的谐波的频率之比为无理数，如图 6-16 所示。

可见，如果若干个频率之比为无理数的正弦函数进行叠加则可以得到准周期的确定性数据。也就是说，当几个无关联的周期现象混合作用时，得到的测量数据将具有“准周期”的特性。

（2）瞬变数据　瞬变数据与其他确定性数据不同，瞬变数据的谱线是连续的。由频谱分析的基本思想可知，谱线越离散、越单一，说明数据组成越简单；反之，谱线越连续、涉及的频带越宽泛，说明组成该信号的谐波分量的频率成分越丰富，数据就越复杂。可见，瞬变数据是最复杂的确定性数据。例如，电容放电过程、有阻尼系统经初始扰动后的自由衰减振荡等都是瞬变数据，如图 6-17 所示。

3. 随机性数据

随机性数据是时间历程函数 $x(t)$ 不能明确写出的数据。随机性数据是由随机现象产生的，这种现象的每一次观测记录——时间历程 $x(t)$ 都是随机的，特点是事先无法预测、事后不能重复。

显然，随机性数据比确定性数据复杂，所以其谱线都是连续的。不能按频谱图的特性

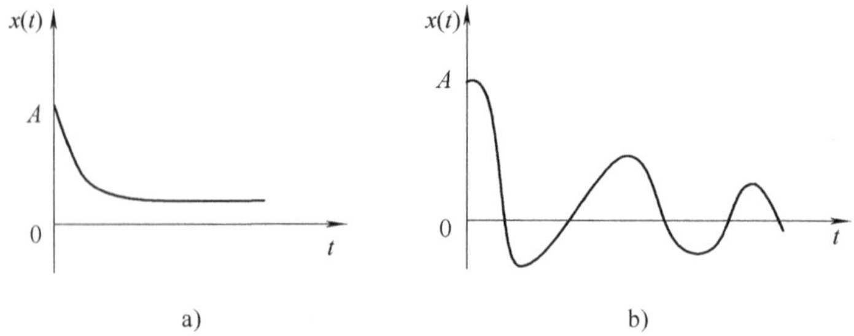

图 6-17　瞬变数据实例
a）电容变化　b）阻尼自由振动

分类。对于随机性数据，往往按随机过程的统计特征进行分类。

通俗地讲，“随机过程”是一个可以重复进行的物理过程，每进行一次，就得到被测量的一个时间历程 $x(t)$，也称为样本，该过程每次重复得到的样本均不同。例如，“给定车辆在给定道路上以给定速度行驶”，这就是一个随机过程。如果测量车上某点的振动加速度 a，当这个过程重复进行时，每次得到的加速度时间历程曲线 $a(t)$ 都不同。

随机过程包括平稳随机过程和非平稳随机过程。平稳随机过程是指统计特性不随时间的推移而变化。也就是说，平稳过程的概率密度函数、均值、均方值和方差等是与时间无关的常量。同时，平稳过程的相关函数（相关函数的概念参见本节中的“三、时域分析”）等是时移 τ 的函数，而与过程的起止时刻 t 无关。

注意，“统计特性不随时间的推移而变化”是理论上的，而实际工程中样本数据会受到随机误差的干扰，同一次时间历程如果采取不同的样本记录长度，统计特性会有所不同。为了尽可能抵消这种随机差异，记录时间应尽可能长些。

平稳过程又分为各态历经过程和非各态历经过程。所谓的各态历经性，是指这个平稳随机过程的总体平均参数可用任意样本按时间平均所求得的统计参数代替。

事实上，在对随时间连续变化的数据进行统计计算时，通常就是按“时间平均”操作的。例如，对某被测量 x 进行了总时长为 T 的记录，x 的取值处于某区间（a，b）的时长为 T_1，则认为 $p(a<x\leqslant b)=\dfrac{T_1}{T}$。

实践证明，很多随机过程都可以在不同程度上看成是各态历经过程。那么，根据各态历经性，对这种过程进行统计分析时，可以只测取一个时间充分长的样本，以其时间平均代替该随机过程的总体平均参数。这给试验操作和数据处理都带来了极大的方便。

二、动态数据处理的基本步骤

测试系统所提供的原始数据，通常是某种电量（如电压）的时间历程，它包含了与被测量有关的一切信息，必须经过一系列的处理和分析，才能从原始数据中提取出有用的信息，并以简洁、直观、合理的形式展示出来，如图 6-18 所示。

根据不同的试验目的并结合数据类型，数据处理的具体手段和步骤各不相同。总体而言，大致包括数据准备、数据检验和数据分析等。

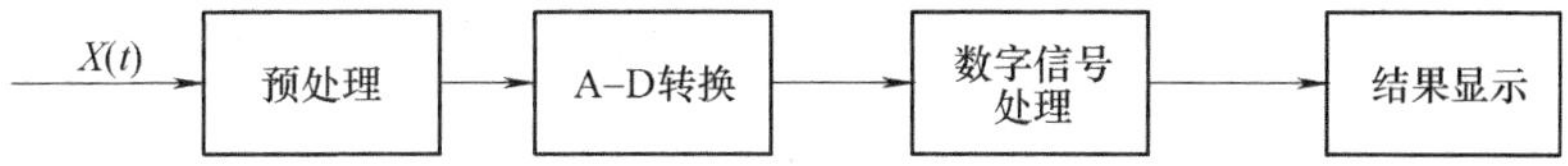

图 6-18　数据的处理

1. 数据准备

为了使数据适用于分析处理，首先要进行数据的预处理，其目的是检测和剔除在测量过程中由于严重的外界干扰、操作失误和数据丢失等造成的异常数据。这项工作可通过人工直观检查进行，也可由专门仪器完成，或者利用计算机使用编制剔除异常数据的专门程序进行。

后续的具体数据处理计算可以采用模拟处理法或数字处理法。利用模拟仪器对连续时间历程进行运算处理属于**模拟处理法**。如果采用模拟法，那么在数据预处理后还要进行数据标定，即将原始电压信号换算成被测量的工程单位。随着快速傅里叶算法问世，数字处理以其速度快、精度高等优点大行其道。在采用数字分析时，在预处理后要进行波形的采样、数据标定、零均值化和消除趋势项等操作。如果确知信号中存在高频干扰，还要进行滤波处理，既能平滑信号，又能消除干扰噪声。其中，数字化处理的采样是一个很重要的环节。

数字化处理因其精度高、抗干扰能力强、便于采用计算机处理，应用日益广泛。数字信号必然是间断的、离散的，而测试系统提供的原始数据是电压等电信号的时间连续量，所以对连续信号进行数字化处理首先要将连续的模拟量转换为离散的时间序列。这种将连续时间信号离散化的过程，就是采样。

（1）采样　最常见的采样方式是等间隔采样，也就是对连续的信号，每间隔一段固定的采样间隔 Δt 获取一个离散点，用所采集的离散点的逐点变动代替原始信号随时间变化的规律。从数学角度解释，可以认为采样就是用等间隔的单位脉冲序列去乘连续信号，各采样点上的信号大小就变成了脉冲序列的权值，如图 6-19 所示，即

$$x_s(t) = x(t)g(t) = x(t)\sum_{n=-\infty}^{\infty}\delta(t-n\Delta t) \tag{6-17}$$

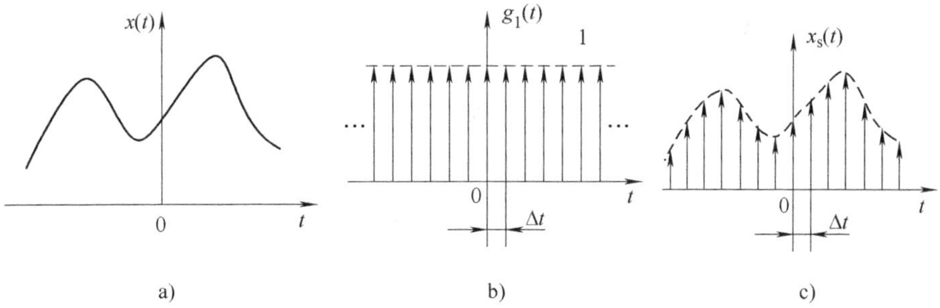

图 6-19　等间隔采样

采样时间间隔 Δt 的选择是很重要的问题。如果 Δt 太小，所得到的时间序列就很长，所以计算量就会相应加大。如果 Δt 太大，则会丢掉有用的信息，形成频率混叠并产生较大的处理误差。随着数值计算方法和计算技术的进步，这个缺陷显得相对次要，而采样

间隔过大造成有用信号的丢失则更加不能容忍，所以有必要对采样间隔的上限，也就是采样频率的下限做出限定，这就是采样定理。

采样间隔 Δt 的倒数就是采样频率 f_s，采样定理要求（证明从略）：采样频率 f_s 不能低于信号中最高频率 f_c 的两倍，即 $f_s \geqslant 2f_c$。

（2）频率混叠 根据采样定理可知，当采样频率 $f_s \geqslant 2f_c$ 时，采样信号才能唯一确定原连续函数。很显然，采样间隔越小，离散的数据点越密集，对原始模拟信号的表达就越精确，后续计算处理就越可靠。反之，如果采样间隔太大，就有可能“看不清”原信号的变化规律，特别是对于变动剧烈的高频信息，丢失有用成分，造成“混淆”，如图 6-20所示。

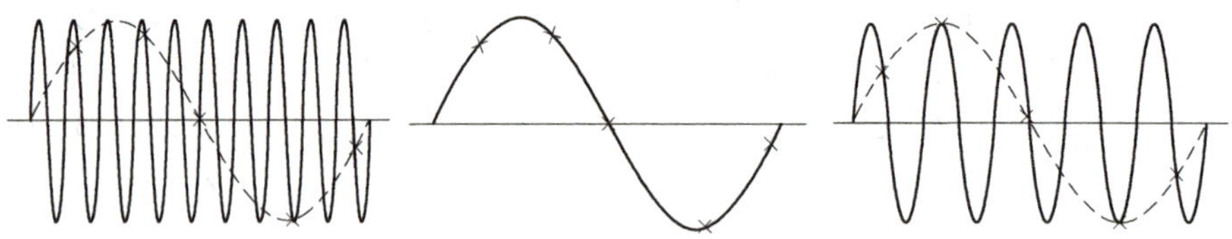

a)　　b)　　c)

图 6-20　采样间隔过大造成混淆

如果 $f_s < 2f_c$，就会发生原始信号中的高频成分折叠到低频成分上去的现象，就是混叠。产生混叠现象后，改变了原信号的频谱的部分幅值，从而无法还原原来的时域信号。

在实际工作中，可以将采样频率取为信号中最高频率的 3 ~4 倍。如果确知测试信号中的高频分量是噪声干扰引起的，那么可以将信号先送入低通滤波器，去掉高频干扰后，再以较低的采样频率进行采样，这样既可以满足采样定理，不会造成混淆，又可以减少数字计算量。

2. 数据检验

数据检验首先要进行确定性检验，就是要判定数据是确定性的还是随机性的。确定性检验最有效的方法就是频谱分析。如果信号的谱线是离散的，那么一定是确定性信号。如果其谱线是连续的，那就需要进行重复测试。如果多次重复的结果相同或基本相同，那么就是确定性的瞬变数据；如果各次之间的结果明显不同，那么就是随机性数据。试验数据确定性检验流程如图 6-21 所示。

对于随机性数据，还要进行如下的平稳性、周期性和正态性检验，随机性数据是否具有这三个特性对于分析结果的解释有很大影响。

（1）平稳性检验 平稳性检验，就是判断产生随机性数据的过程是否为平稳随机过程。平稳性检验最简便的方法，就是根据产生此数据的物理背景，结合时间历程的图形做出分析，重点是考察测试过程的物理背景。如果产生此数据的基本物理因素不随时间变化，基本上就可以认为数据具有平稳性；反之，则是非平稳的。例如，对汽车车身上某点的振动加速度信号进行分析，按汽车理论中平顺性的内容可知，振动响应量取决于车速、路面不平度系数和车辆振动系统的结构参数。按前述的“给定车辆在给定道路上以给定速度行驶”的模型，这个加速度信号来自随机行驶，是随机的，但是具有平稳性。

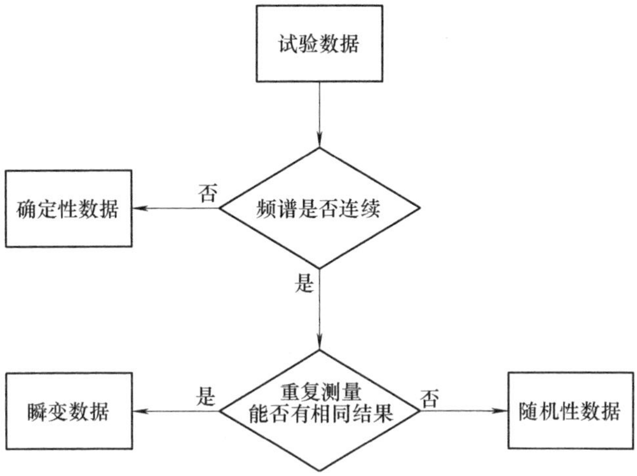

图 6-21　试验数据确定性检验流程

采用这种直观分析方法，需要一定的试验对象理论基础和实践经验。

在不能采用直观判断时，可以采用轮次检验法进行。这种方法的主要思想是把一个时间历程记录分为相等的若干段，计算每一段的均值、方差和自相关函数，然后根据轮次检验法判断数据是否具有非平稳的趋势。

(2) 周期性检验　随机性数据的周期性检验，并不是要判断数据是否是周期性数据（因为周期性数据属于确定性数据），而是判断随机性数据中是否含有周期分量。周期性检验最有效的方法是通过数据分析，再根据样本的概率密度函数、自相关函数或自功率谱密度函数的图形来判断，见表 6-9。

表 6-9　周期性检验的方法

	时间历程	概率密度函数	自相关函数	自功率谱密度函数
正弦波	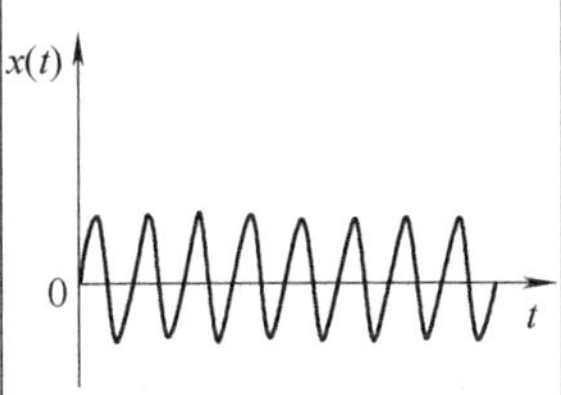	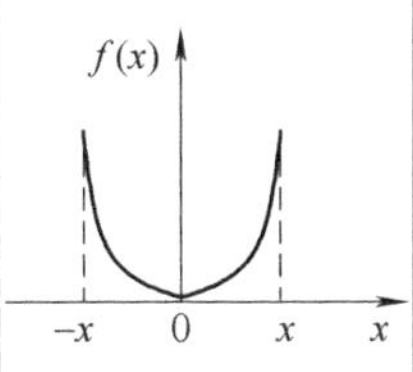	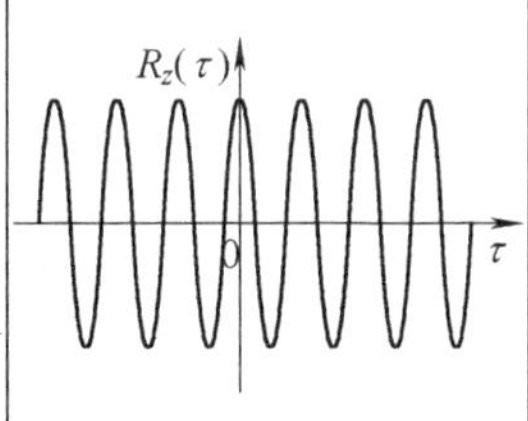	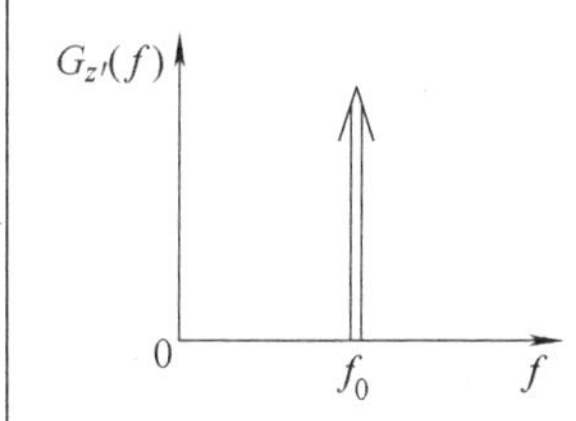
正弦波加随机过程	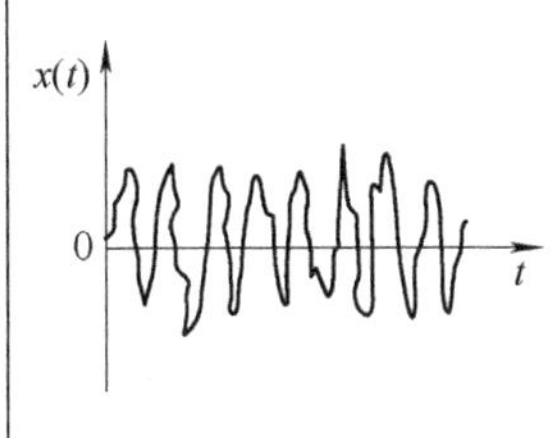	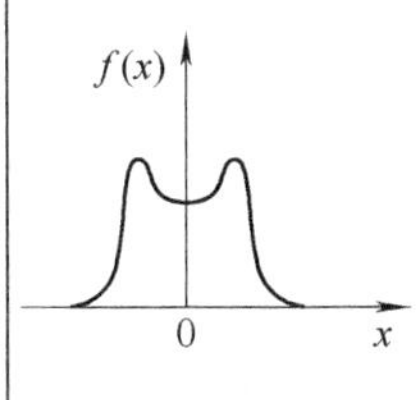	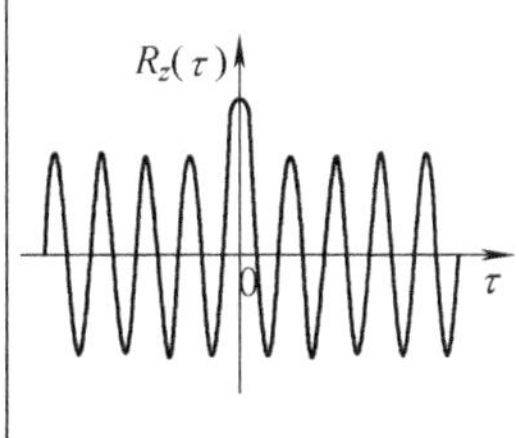	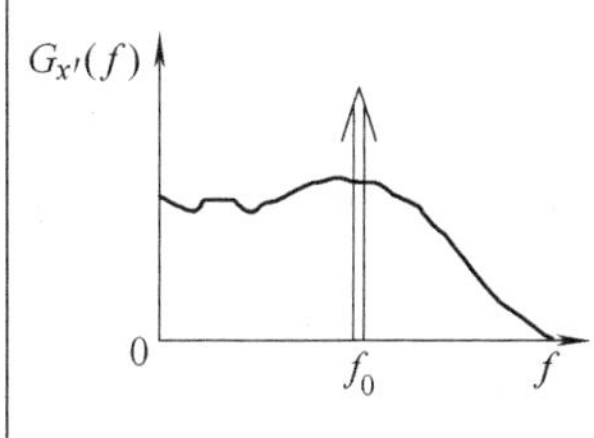

（续）

	时间历程	概率密度函数	自相关函数	自功率谱密度函数
窄带随机过程	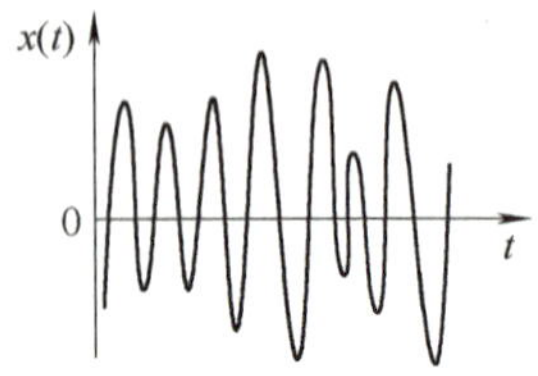	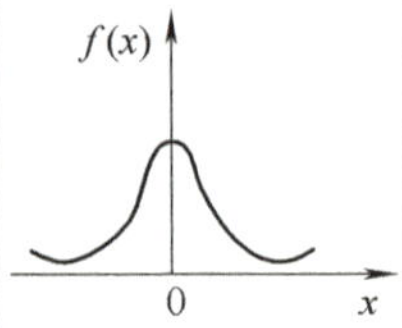	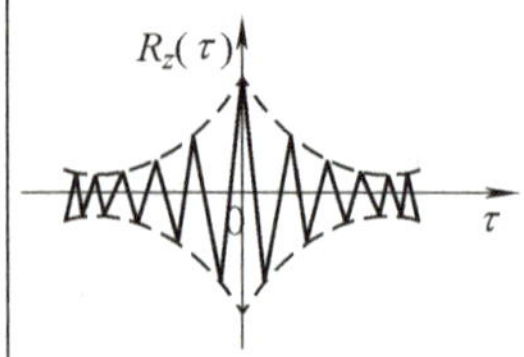	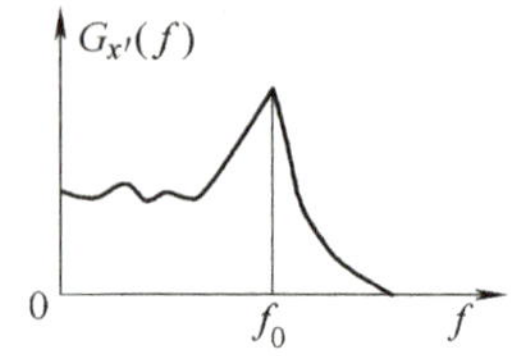
宽带随机过程	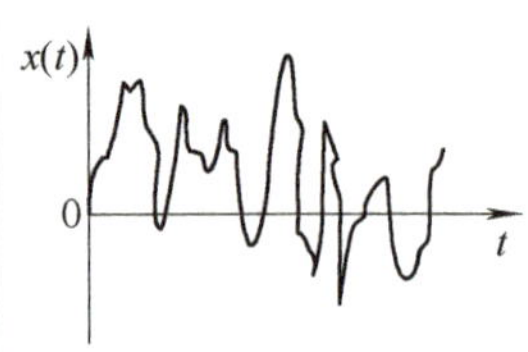	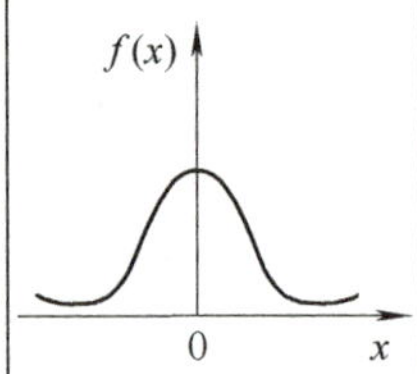	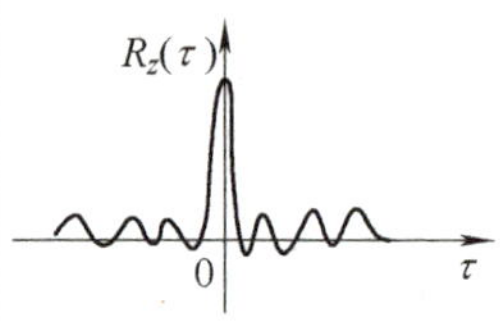	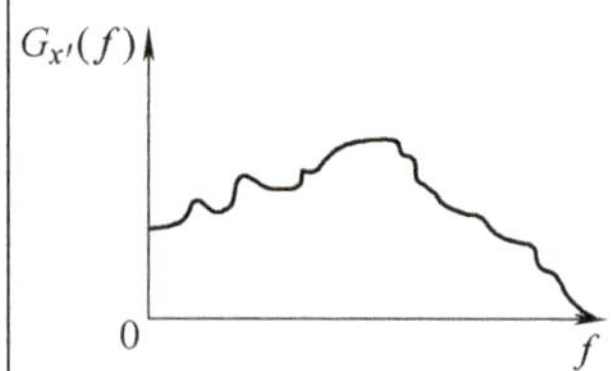

周期性数据的概率密度呈碗形，“单纯”随机信号（即不包含周期分量）的概率密度呈钟形，混有周期分量的随机信号则是两者的结合，其概率密度呈驼峰形。对自相关函数来说，周期信号的自相关函数仍然是周期函数，单纯随机信号的自相关函数呈收敛的衰减振荡，混有周期分量的随机信号则是衰减振荡，但随着时移绝对值的增大并不收敛而是呈连续振荡。对功率谱密度函数来说，周期性数据只有一个频率分量，功率谱图形表现为单一脉冲线谱，单纯随机数据具有连续谱线（某频率处功率谱密度值较大，反映该频率分量的强度较大），两者结合，则可以看到混有周期分量的随机信号的谱密度图形有一个尖峰。

（3）正态性检验 正态性检验是判定随机数据的数值分布是否具有正态分布的特性。常见的办法是利用计算机进行概率密度函数的计算，然后将其图形与正态分布作比较，做出判断。

3. 数据分析

试验数据的类型不同，分析方法也有所不同。对于确定性数据，可以通过列表、图形或经验公式等来表达，如回归分析等。对于随机性数据，可以从以下三个层面进行描述。

（1）时间域描述 即时域分析，是以时间为自变量的数学工具，主要是自相关函数和互相关函数，所以时域分析通常也称为相关分析。

（2）幅值域描述 即值域分析，是以幅值为自变量的数学工具，主要是均值、均方值、方差和概率密度函数等统计量。

（3）频率域描述 即频域分析，是以频率为自变量的数学工具，涉及内容较多，根据数据类型和分析目的的不同，主要包括傅里叶级数展开、傅里叶积分变换、功率谱密度分析、相关分析和频率响应特性的求解等。

这三个层面的分析是从不同角度来观察同一个客观事物，无论从哪个角度描述都不会改变被观测的客观事实。

三、时域分析

1. 相关系数

对于确定性数据来说，两个变量之间可以用确定的函数来描述。而对于随机变量来说，则不具有确定的关系，但是如果两个随机变量之间具有某种内涵的关系，可以通过大量统计发现它们之间会存在着某种不精确但可表征其特征的近似关系。例如，人的身高和体重的关系，通过统计可以发现通常身高高的人，体重也相应重一些。由于随机变量无法写出确定的函数关系式，变量之间的线性相关程度采用统计的方法。

所谓“相关”，在这里指的就是两个变量 x 和 y 之间的线性关系。定义相关系数用 ρ_{xy} 表示，$|\rho_{xy}|$ 越接近1，相关性越强。ρ_{xy} 接近 +1，称 x 和 y 之间成“正相关”，也就是 x 越大、y 越大；ρ_{xy} 接近 -1，则是成“负相关”。

如果 x 和 y 的分布几乎就在一条直线上，相关性极强，相关系数 ρ_{xy} 则接近于1；如果 x 和 y 没有完全确定的对应关系，但是总体上看还是存在比较明显的线性关系，则 ρ_{xy} 也较大；如果 x 和 y 分布点明显不呈线性（比如某种抛物线形状），x、y 之间可以说完全没有线性关系，则 ρ_{xy} 接近于0。

变量 x 和 y 之间的相关系数 ρ_{xy} 可表示成

$$\rho_{xy}=\frac{E[(x-\mu x)(y-\mu y)]}{\sigma_x\sigma_y} \tag{6-18}$$

式中，x、y 是两个随机变量；μ_x 为变量 x 的数学期望，$\mu_x=E(x)$；μ_y 为变量 y 的数学期望，$\mu_y=E(y)$；E 为求数学期望；σ_x 和 σ_y 分别为 x 和 y 标准差。

数据的时域分析通常称为“相关分析”，但指的不是相关系数，而是在此基础上得出的相关函数。

2. 自相关函数

（1）定义　设 $x(t)$ 是来自某各态历经随机过程的一个样本，则任意时刻的 $x(t)$ 是一个随机变量，相隔给定时间段 τ 后的 $x(t+\tau)$ 也是一个随机变量，这个给定的时间段 τ 称为时移。按定义，变量 $x(t)$ 和变量 $x(t+\tau)$ 之间的相关系数为

$$\rho_{x(t)x(t+\tau)}=\frac{E[(x(t)-\mu_{x(t)})(x(t+\tau)-\mu_{x(t+\tau)})]}{\sigma_{x(t)}\sigma_{x(t+\tau)}}$$

由各态历经性，求数学期望 E 的操作可以按时间平均来计算；同时，各态历经过程必然属于平稳过程，由平稳性可知，均值 μ 和标准差 σ 等统计特性都不随时间的推移而变化，即 $\mu_{x(t)}$ 和 $\mu_{x(t+\tau)}$ 都可以记作 μ_x，$\sigma_{x(t)}$ 和 $\sigma_{x(t+\tau)}$ 都可以记作 σ_x，则

$$\rho_{x(t)x(t+\tau)}=\frac{\lim\limits_{T\to\infty}\frac{1}{2T}\int_{-T}^{T}[x(t)-\mu_x][x(t+\tau)-\mu_x]\mathrm{d}t}{\sigma_x^2}$$

经计算，且 μ_x 为常数，$\lim\limits_{T\to\infty}\frac{1}{2T}\int_{-T}^{T}x(t+\tau)\mathrm{d}t=\lim\limits_{T\to\infty}\frac{1}{2T}\int_{-T}^{T}x(t)\mathrm{d}t=\mu_x$，得到

$$\rho_{x(t)x(t+\tau)}=\frac{\lim\limits_{T\to\infty}\frac{1}{2T}\int_{-T}^{T}x(t)x(t+\tau)\mathrm{d}t-\mu_x^2}{\sigma_x^2}$$

将上式分子的第一项称为自相关函数，记作 $R_x(\tau)$，即

$$R_x(\tau) = \lim_{T\to\infty}\frac{1}{2T}\int_{-T}^{T}x(t)x(t+\tau)\,\mathrm{d}t \tag{6-19}$$

注意，自相关函数 $R_x(\tau)$ 是时域分析的重要工具，但其自变量不是时间 t，而是时移 t。

其含义可以理解为各态历经随机过程存在任一样本 $x(t)$，任意时刻的函数值 $x(t)$ 与时移 τ 后的函数值 $x(t+\tau)$ 两者的“总体”相关性，就是自相关。所谓“总体”，就是指时刻 t 从 $-\infty$ 变动到 $+\infty$，$x(t)$ 与 $x(t+\tau)$ 的相关性的综合表现，如图 6-22 所示。在此图中，时移 τ 是不变的，时刻 t 则从 $-\infty$ 变动到 $+\infty$。如果改变时移 τ，前后两点——t 和 $t+\tau$ 的相对位置就会发生改变，自相关函数值 $R_x(\tau)$ 也就改变了。

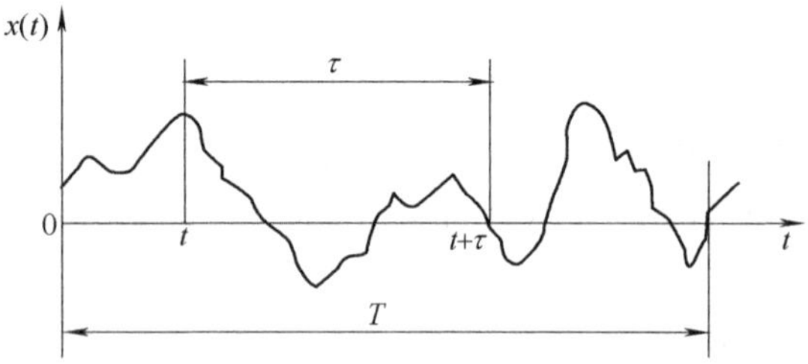

图 6-22　自相关函数的含义

另外，可以看出，相关系数实际上也仅取决于时移 τ，而与无 t 关，所以可以将相关系数 $\rho x(t)\ x(t+\tau)$ 写作 $\rho_x(\tau)$。

于是有 $$\rho_x(\tau)=\frac{R_x(\tau)-\mu_x^2}{\sigma_x^2}\text{或}R_x(\tau)=\rho_x(\tau)\sigma_x^2+\mu_x^2$$

显然，对于各态历经过程的样本 $x(t)$ 来说，均值 μ_x 和标准差 σ_x 都是常数，相关系数 $\rho_x(\tau)$ 和自相关函数 $R_x(\tau)$ 存在线性关系，如果是零均值样本，二者则成正比。

（2）主要性质

1）自相关函数的最大值是 $R_x(\tau)=\sigma_x^2+\mu_x^2$。

当时移 $\tau=0$，显然相关系数 $\rho_x(\tau)=1$。因为此时讨论的就是经 $x(t)$ 和 $x(t)$ 之间的线性关系，两者相等，完全成正相关，相关系数为 1。

由 $R_x(\tau)\ =\rho_x(\tau)\ \sigma_x^2+\mu_x^2$，易得 $R_x(\tau)\ =\sigma_x^2+\mu_x^2$，这是自相关函数的最大值。

2）自相关函数 $R_x(\tau)$ 是偶函数。

如果将 $-\tau$ 代入自相关的定义式，可得

$$R_x(-\tau) = \lim_{T\to\infty}\frac{1}{2T}\int_{-T-\tau}^{T-\tau}x(t)x(t-\tau)\,\mathrm{d}t$$

采用高等数学常用的手法，令 $t'=t-\tau$，则

$$R_x(-\tau) = \lim_{T\to\infty}\frac{1}{2T}\int_{-T-\tau}^{T-\tau}x(t'+\tau)x(t')\,\mathrm{d}t' = \lim_{T\to\infty}\frac{1}{2T}\int_{-T}^{T}x(t')x(t'+\tau)\,\mathrm{d}t' = R_x(\tau)$$

可见 $R_x(\tau)\ =R_x(-\tau)$，自相关函数 $R_x(\tau)$ 是偶函数。

当时移 $\tau\to\infty$ 时，对于随机信号来说显然 $x(t)$ 与 $x(t+\tau)$ 毫无关联，相关系数 ρ_x

$(\tau \to \infty)=0$。由 $R_x(\tau)=\rho_x(\tau)\sigma_x^2+\mu_x^2$，易得 $R_x(\tau \to \infty)=\mu_x^2$。也就是说，自相关函数的无穷极限是均值的平方 μ_x^2。对于零均值，则收敛到0，也就是函数图形的水平渐进线就是横轴。

自相关函数的上述性质如图6-23所示。

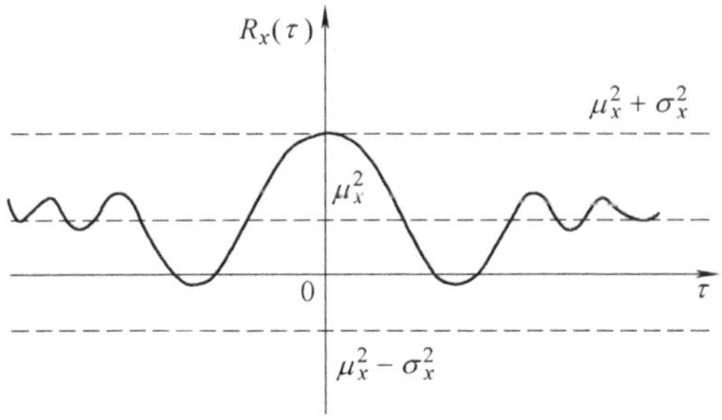

图6-23　随机信号的自相关函数

3）周期函数的自相关函数仍然是周期函数，且频率相同，但不包含原函数的相位信息。

【例6-3】　求任意正弦函数 $x(t)=X_0\sin(\omega t+\varphi)$ 的自相关函数。

解　按照自相关函数的定义式，有

$$R_x(\tau) = \lim_{T\to\infty}\frac{1}{2T}\int_{-T}^{T}X_0\sin(\omega t+\varphi)X_0\sin(\omega t+\omega\tau+\varphi)\mathrm{d}t$$

上式中的被积函数 $X_0\sin(\omega t+\varphi)\ X_0\sin(\omega t+\omega\tau+\varphi)$ 具有周期 $T_0=\dfrac{2\pi}{\omega}$，显然其无穷区间上的平均值等于一个周期内的平均值，所以

$$R_x(\tau) = \frac{1}{T_0}\int_{0}^{T_0}X_0\sin(\omega t+\varphi)X_0\sin(\omega t+\omega\tau+\varphi)\mathrm{d}t$$

运用三角函数的积化和差公式之一，即

$$\sin\alpha\sin\beta=\frac{1}{2}[\cos(\alpha-\beta)-\cos(\alpha+\beta)]$$

得

$$R_x(\tau) = \frac{1}{T_0}\int_{0}^{T_0}\frac{X_0^2}{2}[\cos\omega\tau-\cos(2\omega t+\omega\tau+2\varphi)]\mathrm{d}t = \frac{X_0^2}{2}\cos\omega\tau$$

可见，正弦函数的自相关函数是一个同频率的标准余弦函数，在自变量 $\tau=0$ 时有最大值，而不再出现原函数的初始相位 φ。

因此，对周期函数做自相关分析，可以保留原函数的幅值和频率信息，但是会丢失初始相位信息。

（3）主要应用　在测试信号的分析处理中，通常利用“周期函数的自相关函数仍然是周期函数，且频率相同”这一性质，对信号进行周期性检验，也就是鉴定杂乱无章的随机信号中是否混有周期分量。

无论信号中是否有周期分量，只要有随机成分，该信号总体而言就是随机性质的，其时间历程 $x(t)$ 是没有规律的杂乱曲线，无法直接判断，需要对 $x(t)$ 做自相关分析。

如果测试信号是单纯的随机信号，也就是没有周期分量，那么其自相关将呈现收敛衰减振荡，其无穷极限是均值的平方 μ_x^2，如图 6-22 所示。

如果随机信号中混有周期分量，则可将该信号看作单纯随机分量和周期分量叠加所得，那么，“总信号”的自相关就是两个分量的自相关的叠加（由自相关函数的定义式很容易看出，自相关分析具有这种叠加性）。单纯随机分量的自相关呈收敛的衰减振荡，而周期分量的自相关仍是一个周期函数，两者叠加后的表现就是：随着时移 τ 向两侧扩展，自相关的幅值衰减，但不会收敛。因为当 $|\tau|$ 足够大时，单纯随机分量的自相关已经非常接近其无穷极限（均值的平方 μ_x^2），基本上不做振荡，但是周期分量的自相关则会一直做周期振荡，见表 6-9。

例如，某汽车在特定试验路面上行驶，记录其车身上某点的振动加速度时间历程，为杂乱的随机信号，而对该信号进行自相关分析，得到的曲线则表现出比较明显的周期性振荡，如图 6-24 所示。

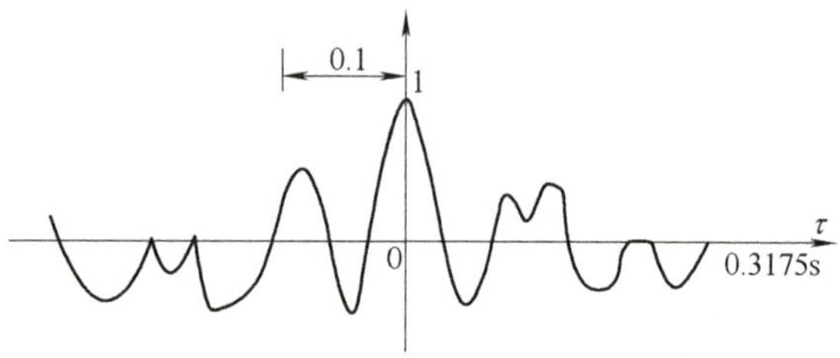

图 6-24　车身振动加速度的自相关分析

选取最高峰值和第二峰值之间进行测量，时间差约为 0.1s（或者根据连续三个波动之间的总时间差为 0.3175s，合算每个波动的周期约为 0.1s），就是说自相关函数中包含有周期为 0.1s，也就是频率为 10Hz 的周期成分，这表明信号中有频率为 10Hz 的周期分量。对试验工况进行研究发现：试验车速为 20km/h（也就是 5.55m/s），现场给定路面大约相隔 0.55m 就有一个不平度起伏冲击，显然路面不平度输入的时间频率就是 10Hz，刚好和加速度信号的自相关分析相吻合。说明该车的这个周期振动分量来自路面不平度输入，而不是车辆自身的激振。

3. 互相关函数

在工程实际中，有时需要对两个随机过程进行分析。此时不仅要研究两个随机过程各自的统计特征，还需研究两个随机过程之间的相关程度。

（1）定义　互相关函数 $R_{xy}(\tau)$ 的定义和自相关函数 $R_x(\tau)$ 类似，有

$$R_{xy}(\tau) = \lim_{T\to\infty}\frac{1}{2T}\int_{-T}^{T}x(t)y(t+\tau)\mathrm{d}t \tag{6-20}$$

或

$$R_{yx}(\tau) = \lim_{T\to\infty}\frac{1}{2T}\int_{-T}^{T}y(t)x(t+\tau)\mathrm{d}t$$

两者含义完全相同。

自相关函数的含义是“某一函数在任意时刻的函数值 $x(t)$ 与时移 τ 后该函数的值 $x(t+\tau)$ 的总体相关性”。而互相关，指的则是“某一函数 x 在任意时刻的函数值 $x(t)$ 与时移 τ 后另一函数 y 的值 $y(t+\tau)$ 的总体相关性”，如图 6-25 所示。

（2）主要性质及应用　在图 6-26 中，在特定时移 τ_0 时，互相关函数值 $R_{xy}(\tau)$ 达到

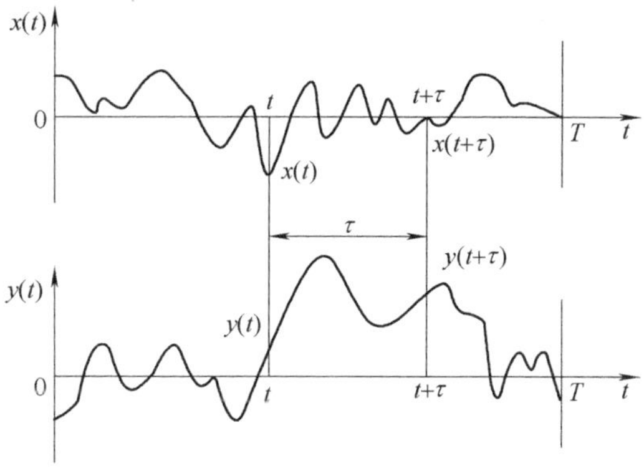

图 6-25　t 时刻的 x 与 $t+\tau$ 时刻的 y 的相关性

最大值，则该时移 τ_0 反应 $x(t)$ 和 $y(t)$ 之间基本物理因素的滞后时间。

对此可以理解为：同样的基本物理作用，先引起信号 x，间隔一段时间 τ_0 后引起另一信号 y，所以，“函数 x 在任意时刻的函数值 $x(t)$ 与时移 τ_0 后另一函数 y 的值 $y(t+\tau)$ 的总体相关性”最强，也就是滞后特定的时移 τ_0 后 $R_{xy}(\tau)$ 达到最大。

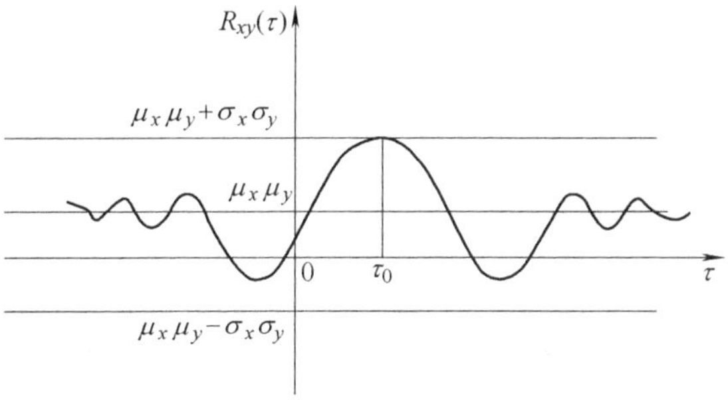

图 6-26　互相关函数的性质

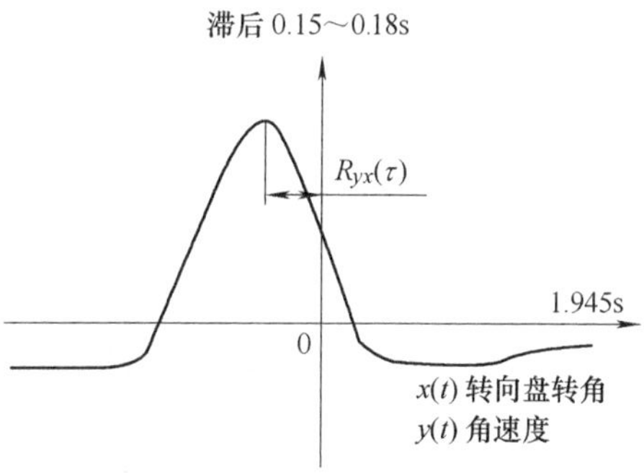

图 6-27　利用互相关测定操纵稳定性的滞后时间

利用互相关函数的这一性质，可以进行以下测量。

1）测量滞后时间。例如，在汽车的操纵稳定性评价中，反应时间是一个重要的指标。如果进行直接测量，需要在汽车等速直线行驶过程中施加一个转向盘角阶跃输入，然后测量汽车的横摆角速度达到第一峰值的时间相对于施加转向盘角阶跃输入时滞后了多少（可参阅汽车理论操纵稳定性的有关内容）。这种测试占用场地面积大、有一定危险性，而且计时起点不易掌握，会造成误差。

改用互相关分析法，则可以在汽车直线行驶过程中，做转向盘间隔性地脉冲输入，使汽车产生周期性地往复摆动（类似绕桩运动）。以转向盘转角为输入 x，以汽车的横摆角速度为输出 y，对二者进行互相关分析，$R_{yx}(\tau)$ 的最大值所对应的时移 τ_0，就是该车操纵系统的滞后时间。在图 6-27 中，$R_{yx}(\tau)$ 在时移为 $-0.18\sim-0.15$s 时达到最大，表明 y 比 x 滞后约 0.15 ~0.18s。

2）测量速度或距离。除了直接测定滞后时间 τ_0 外，还可以利用 τ_0，结合已知的距离或者速度，求解待测速度或距离。

例如，在汽车前、后相距的两处各安装一个振动加速度传感器，分别产生信号 $x(t)$ 和 $y(t)$，两者的互相关函数在时移 τ_0 处有最大值。显然，同样的地面不平度输入经过时移 τ_0 后，由前点移动到后点，运动了 l，引起的两个信号的相关性最强。则车速为 $v=\dfrac{l}{\tau_0}$，如图 6-28 所示。

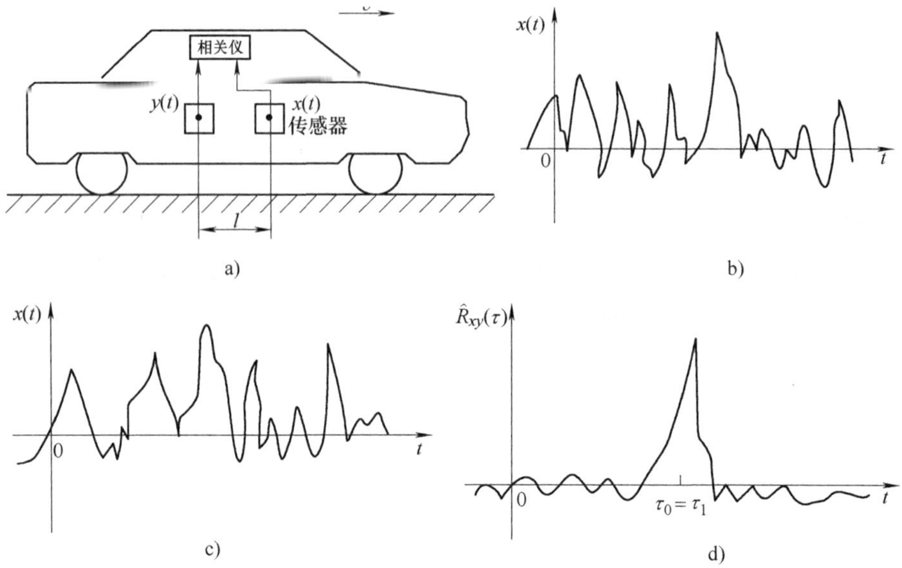

图 6-28　利用互相关分析测量车速

再如，地下管路发生漏损，需要确定位置，但不能将路面全部掘开，就可以在漏损点两侧选定位置各布置一个声音传感器，将两者的信号做互相关处理。互相关函数的最大值所对应的时移，就是声音沿管道传递到两个传感器的时间差。结合声音在管道材料中传递的速度，就能确定漏损位置。

互相关函数的另一个性质是：如果两个随机数据中都含有相同频率的周期分量，那么两者的互相关函数也含有该频率的周期分量（即时移 $\tau\to\infty$）。

四、值域分析

值域分析主要是进行各种统计学计算，主要包括以下参数。

1. 均值

均值，也就是统计学中的数学期望。注意，这和误差分析中介绍的“算术平均值”不是一回事。

均值表示信号的常值分量，也就是直流分量，是信号变化的中心趋势。

对各态历经过程的样本 x（t）来说，均值 μ_x 就是对信号进行简单时间平均，即

$$\mu_x = \lim_{T\to\infty}\frac{1}{T}\int_0^T x(t)\,\mathrm{d}t \tag{6-21}$$

例如，对于交流市电来说，其均值代表直流分量，就是 0。

2. 均方值 ψ_x^2

均方值 ψ_x^2 是样本函数 $x(t)$ 平方的均值，信号平方的均值，代表信号的强度，即

$$\psi_x^2 = \lim_{T\to\infty}\frac{1}{T}\int_0^T x^2(t)\,\mathrm{d}t \tag{6-22}$$

均方值的算术平方根就是均方根值，可以记作 ψ_x 或 x_{rms}。

均方值代表信号的强度，有时也被形象地称作“能量”或“功率”。与均方值相比，均方根值也代表信号的强度，而且其单位与所描述的物理量相同，使用起来更加直观。例如，对于交流市电来说，常说的“有效电压”为220V，指的就是正弦电压信号 $x(t)$ 的均方根值。

3. 方差 σ_x^2

方差 σ_x^2 用来描述信号的波动分量，也就是信号 $x(t)$ 相对其中心趋势——均值 μ_x 的总体偏离程度，即

$$\sigma_x^2 = \lim_{T\to\infty}\frac{1}{T}\int_0^T [x(t)-\mu_x]^2\,\mathrm{d}t \tag{6-23}$$

在很多概率与统计学的教材和资料中，方差常常被定义为 $D(X)=E\{[X-E(X)]^2\}$，$E(X)$ 表示求随机变量 X 的数学期望（即均值）。可以看出，这个定义和上述 σ_x^2 的定义是一样的。

方差的算术平方根就是标准差，“标准差”的这个定义和“测量误差分析”部分介绍的标准差 σ 也是吻合的。

另外，当信号 $x(t)$ 的均值为 0 时，方差 $\sigma_x^2 = \lim\limits_{T\to\infty}\frac{1}{T}\int_0^T x^2(t)\,\mathrm{d}t$，也就是均方值。所以，对于零均值信号，均方值就是方差，均方根值也就是标准差。例如，在研究汽车的平顺性时，振动响应量的定量表达常采用均方根值，而符号则习惯采用标准差 σ_x，因为汽车的平顺性分析使用的就是典型的“零均值”信号，即振动模型的平衡位置取在悬架弹簧的静平衡位置。

4. 概率密度函数 $p(x)$

要定义概率密度函数 $p(x)$，首先要研究随时间连续变化的随机函数 $x(t)$ 在某幅值区间内的概率。

如图 6-29 所示，各态历经过程的任一样本 $x(t)$，在某区间 $(x, x+\Delta x]$ 内取值的总时间为 $T_x = \sum_{i=1}^{n}\Delta t_i$。各态历经性允许用任一样本的时间平均代替总体平均，故当记录时

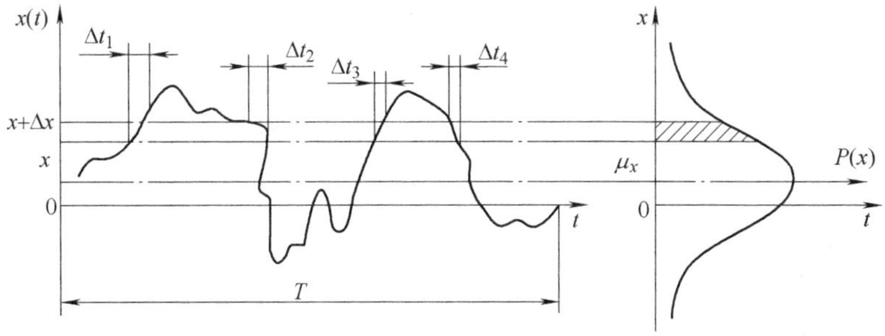

图 6-29　概率密度的定义及计算

间 $T\to\infty$ 时，$x(t)$ 在区间 $(x, x+\Delta x)$ 内取值的概率就是 T_x/T，即

$$\lim_{T\to\infty}\frac{T_x}{T}=p[x<x(t)\leqslant x+\Delta x]$$

注意，其中 x 是随机函数 $x(t)$ 取得的某一给定值。

由数理统计的定义，概率密度函数 $p(x)$ 可表示为

$$p(x)=\lim_{\Delta x\to 0}\frac{p[x<x(t)\leqslant x+\Delta x]}{\Delta x}=\lim_{\Delta x\to 0}\left(\frac{1}{\Delta x}\lim_{T\to\infty}\frac{T_x}{T}\right) \tag{6-24}$$

概率密度函数从本质上提供了测量数据（信号）在幅值域的分布信息。不同类型的数据，其时间历程（样本）具有不同形状的概率密度函数图形，可以据此识别试验数据的基本类型，进行各种数据检验。

概率密度函数从本质上提供了测量数据（信号）在幅值域的分布信息，就这个意义上来说，其理论价值高于均值、均方值和方差等统计量。因为已知分布信息，必然可以求得上述各统计量，而由各统计量却无法确定数据在不同幅值区域的分布信息。但是，概率密度是函数，其应用的直观性和求解的便捷性又不如均值、均方值和方差等简单统计量。

注意，在值域分析的各公式计算中，都出现了时间 t，因为原始数据是物理量（通常体现为测试系统提供的连续电压量）的时间历程 $x(t)$，对其进行统计分析一定要在时间域上进行积分、累加或平均等计算。但得到的各统计参数取决于信号的幅值水平和分布特性，与时间本身无关，所以上述数学工具属于“值域分析”。

在对实际信号求解时，上述各公式中的极限当然无法实现，只能令记录时间 T 充分长、幅值区间 Δx 足够小。

五、频域分析

对于动态测量数据，除了上文中讲到的对时域和幅值域进行分析外，通常还需在频域内进行频谱分析。测量数据的频域分析，就是各种以频率为自变量的数学工具。

频域分析的基本思想是，把待研究的动态数据看作若干简谐信号（即正弦波）的叠加，研究该数据就等价于研究这些参与叠加的正弦波。一个正弦波有频率、幅值和相位三个独立信息，如果能做到“任意给定一个正弦波的频率，就能指出该频率分量的幅值和相位”，那么就能得到所有参与叠加的正弦波的信息，也就是获取了待研究的数据的信息。这种以频率信息为“索引”，研究各频率分量信息的方法，就是频域分析（频谱分析）。

以图 6-30 所示的“周期方波的频谱分析——傅里叶级数展开”为例。傅里叶级数展开相当于一面“棱镜”，时域上的信号经过这面“棱镜”后使我们可以从频域的角度来了解它。如图 6-30 中的三个箭头的投影方向所示，一个信号在本质上可以从时域、幅频域和相频域三个角度来解释它。

认为待研究的原始方波信号由频率分别为 f_1、$3f_1$、$5f_1$、…、$(2n-1)f_1$、…的谐波叠加得到，问题就转换为求这些频率分量的幅值和相位，于是得到幅值谱和相位谱。

如图 6-30 所示，1 阶谐波（就是频率为 f_1）分量，是频率与原周期方波相同、具有

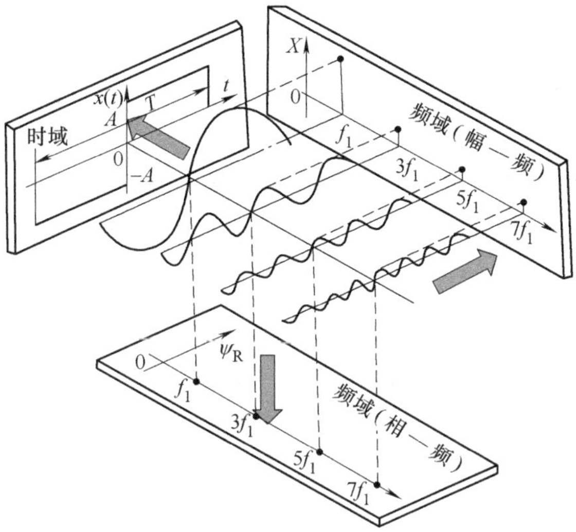

图 6-30　周期方波的频谱分析——傅里叶级数展开

一定的幅值、初始相位为零（即曲线过原点）的一个正弦信号；在此基础上，加上 3 阶谐波信号，就是同样过原点、频率加快到 3 倍，而幅值适度变小的正弦波；再加上 5 阶谐波……分别表示 1、3、5、…阶谐波的波形，在时域投影方向看则是叠加之后的效果。随着叠加阶数的增加，叠加曲线之和在对应方波的“竖线”的位置越来越趋向于铅垂线，而在“横线”位置则抖动越来越剧烈但起伏越来越小。即随着阶数的增加，各阶谐波的叠加越来越趋向于周期方波。

一般来说，数据的频域信息比时域或值域信息更重要。通过频域（谱）分析，可以确定数据中包含的频率组成成分；确定各频率成分的幅值或强度的分布；分析各数据间的相互关系；通过谱分析求解实际系统的传递特性（频率响应特性）和特性参数；确定干扰噪声分量，寻求其来源。

根据数据类型的不同，频域分析的方法不同，频谱表达的形式也不同。

1. 周期性数据的频谱分析——谐波分析

在本节的“动态数据的类型”部分已讲述过，周期性数据的谱分析结果是等间隔的离散谱线。其数学理论就是傅里叶级数展开。

任何一个满足狄利克雷条件的周期函数，都可以展成若干简谐函数（即正弦函数）之和，可以写为

$$x(t) = X_0 + \sum_{n=1}^{\infty} X_n \sin(2\pi n f_1 t + \varphi_n) \tag{6-25}$$

式中，X_0 为信号的均值，也就是直流分量，即

$$X_0 = \frac{1}{T}\int_{-\frac{T}{2}}^{\frac{T}{2}} x(t)\,\mathrm{d}t$$

f_1 为所有参与叠加的正弦函数中的最低频率，称为基频，基频就是该周期函数的频率，也就是周期 T 的倒数，即 $f_1 = \frac{1}{T}$；X_n 为第 n 阶谐波的幅值，即

$$X_n = \sqrt{a_n^2 + b_n^2} \qquad (n=1,\ 2,\ 3,\ \cdots)$$

其中 $$a_n = \frac{2}{T}\int_{-\frac{T}{2}}^{\frac{T}{2}} x(t)\cos 2\pi n f_1 t\mathrm{d}t,\quad b_n = \frac{2}{T}\int_{-\frac{T}{2}}^{\frac{T}{2}} x(t)\sin 2\pi n f_1 t\mathrm{d}t$$

φ_n 为第 n 阶谐波的初始相位 $$\varphi_n = \arctan\frac{a_n}{b_n}$$

已知待研究的原始周期信号 x（t）（当然也包括其周期 T），就可以按上述公式求得 f_1、a_n 和 b_n。

这样，只要任意给出一个谐波的阶数 n，就可以确定其频率 nf_1，幅值 X_n 和初始相位 φ_n。原周期函数 x（t）就是从 1 阶到无穷阶谐波的叠加。

由于傅里叶级数展开的结果是频率间隔为基频的离散谐波之和，所以其频谱图为等间隔的离散线谱。上面提到的周期方法是一种特例，逢偶数阶谐波的幅值都是 0，任何阶谐波的初始相位都是 0。

周期性数据的频谱具有离散性、谐波性和收敛性，即叠加构成该周期数据的各正弦波的频率是离散的、有间隔的；各正弦波之间的频率间隔是相等的；无穷个谐波的叠加结果不是无穷大（该结果当然就是原周期信号）。

其中，根据收敛性，可以在满足精度要求的条件下，对傅里叶级数展开进行截断，以前面若干项之和近似代替原周期函数，即略去后面的无穷项高阶谐波分量。

该原理类似于高等数学中用泰勒级数展开的方法求某些复杂函数的近似解。

2. 非周期确定性数据的频谱分析——傅里叶变换

此处的“非周期确定性数据”包括了准周期数据和瞬变数据（可参见本节中“动态数据的类型”部分）。

非周期函数可以看作周期为无穷大的周期函数。那么利用上述傅里叶级数展开理论，周期 $T\to\infty$ 就意味着频率间隔 $f_1\to 0$，间隔为零的累加就是积分。所以对于非周期确定性数据要进行傅里叶积分变换。注意，时间历程 $x(t)$ 存在傅里叶积分，一方面仍需满足狄利克雷条件，另外还需满足“无穷区间上的绝对可积性”，即 $\int_{-\infty}^{+\infty}|x(t)|\mathrm{d}t < \infty$ 。

式（6-26）是傅里叶变换，将时间历程 $x(t)$ 转换为频谱 $X(f)$；式（6-27）则是傅里叶逆变换，将频谱 $X(f)$ 转换为时间历程 $x(t)$。两者构成一个傅里叶变换对，即

$$X(f) = \int_{-\infty}^{+\infty} x(t)\mathrm{e}^{-\mathrm{j}2\pi ft}\mathrm{d}t \tag{6-26}$$

$$x(t) = \int_{-\infty}^{+\infty} X(f)\mathrm{e}^{\mathrm{j}2\pi ft}\mathrm{d}f \tag{6-27}$$

【例 6-4】 求矩形窗函数 w（t）的频谱。

解 矩形窗函数的定义为

$$w(t) = \begin{cases} 1, & |t| \leqslant T \\ 0, & |t| > T \end{cases}$$

w（t）满足狄利克雷条件和无穷区间的绝对可积性，存在傅里叶变换，其频谱即傅里叶变换为 $W(f) = \int_{-\infty}^{+\infty} w(t)\mathrm{e}^{-\mathrm{j}2\pi ft}\mathrm{d}t$。

代入 $w(t)$ 的表达式，经计算并结合正弦形式的欧拉公式$\frac{1}{2}$（$e^{j\varphi}-e^{-j\varphi}$）$=j\sin\varphi$，可得 $W(f)=2T\frac{\sin 2\pi fT}{2\pi fT}$。可见，当频率 $f=0$ 时，频谱达到峰值 $W(f=0)=2T$，即时间窗宽度 T 越大，频谱的峰值越大。

有时将窗函数的时间历程 $w(t)$ 的图像称作时间窗，其频谱 $W(f)$ 的图像则为谱窗，如图 6-31 所示。

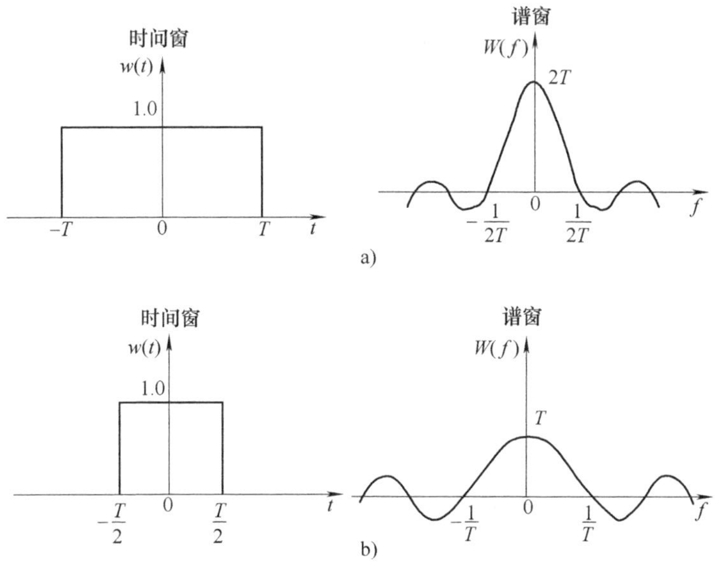

图 6-31　不同宽度 T 的时间窗与谱窗

谱窗曲线与横坐标的两个交点之间的部分，也就是谱窗中间最高大的部分，称为“主瓣”。显然，令 $W(f)=2T\frac{\sin 2\pi fT}{2\pi fT}=0$，可得两个交点分别是$\left(-\frac{1}{2T},0\right)$和$\left(\frac{1}{2T},0\right)$，也就是说矩形谱窗的主瓣宽度（单边）为$\frac{1}{2T}$。

由主瓣的概念及图 6-31 的对比可见，时间窗和谱窗的变动趋势截然相反，时间窗宽度 T 越大、越平坦，谱窗的主瓣就越窄、越高，高频分量衰减越迅速；反之，时间窗宽度越小，谱窗的主瓣就越宽、越低，变动越平缓。

由频谱分析的基本思想可知，谱窗反映的是原始信号——时间历程 $w(t)$ 由哪些频率分量组成、各频率分量的相对关系如何。矩形窗函数可以看作是在无穷长的零信号基础上，添加了一个“上跳—拉平—下跳”的突变分量。时间窗越宽，说明稳定“拉平”的时间越长，信号的突变相对不明显，也就是信号相对简单，那么参与叠加的谐波频率成分就不是非常多，高频分量显得较少，所以谱窗尖耸、高频成分衰减迅速；如果时间窗很短，则可以看作“跳上跳下的突变”很剧烈，一定是有非常复杂的物理背景造成这种巨变，那么信号的频率成分一定很丰富，高频成分相对低频成分不会衰减得很快，所以谱窗较平缓。

由此，可以大胆推想，如果能采取其他形式的窗函数，使得这种“跳上、跳下”的突变不像矩形窗函数般地直上直下，而是具有某种坡度甚至弧度，那就会使信号的“抖动”变得更平缓，一定可以使信号的谱分析结果更趋于集中在低频带（更趋于图6-31a所示的谱窗）。这种思想可以用于后文所述的泄漏误差的抑制。

3. 随机性数据的频谱分析——功率谱分析

前文已述，傅里叶积分变换的存在，需要满足无穷区间上的绝对可积性，即 $\int_{-\infty}^{+\infty}|x(t)|\mathrm{d}t<\infty$。而随机性数据，其时间历程一般表现为无穷区间上的“没头没尾”的杂乱振荡，不满足该要求，所以不能直接对该随机数据本身进行傅里叶变换，而是采用功率谱分析法。

令 $x(t)$ 为某各态历经过程的任意样本，其均值 $u_x=0$，且其中没有周期分量。那么其自相关函数的无穷极限收敛于0，即 $\lim\limits_{\tau\to\infty}R_x(\tau)$。

因此，这个样本的自相关函数满足无穷区间上的绝对可积性，即

$$\int_{-\infty}^{+\infty}|R_x(\tau)|\mathrm{d}t<\infty$$

于是，可以对随机信号的自相关函数 $R_x(\tau)$ 做傅里叶积分变换，并将其定义为自功率谱密度函数，简称自谱，记作 $S_x(f)$，即

$$S_x(f)=\int_{-\infty}^{+\infty}R_x(\tau)\mathrm{e}^{-\mathrm{j}2\pi f\tau}\mathrm{d}\tau \tag{6-28}$$

$$R_x(\tau)=\int_{-\infty}^{+\infty}S_x(f)\mathrm{e}^{\mathrm{j}2\pi f\tau}\mathrm{d}f \tag{6-29}$$

同时间历程 $x(t)$ 和频谱 $X(f)$ 的关系一样，自相关函数 $R_x(\tau)$ 和自谱 $S_x(f)$ 也构成一个傅里叶变换对，式（6-28）是傅里叶变换，而式（6-29）是傅里叶逆变换。自相关函数 $R_x(\tau)$ 和自谱 $S_x(f)$ 互相包含对方的全部信息，即自相关是偶函数，自谱也是偶函数；自相关分析会丢失原始信号中的初始相位信息，自谱亦然。

自谱 $S_x(f)$ 的数学定义域是（$-\infty$，$+\infty$），有时称为双边谱。但在工程实际中只能在非负区间定义频率，因此将双边谱 $S_x(f)$ 在“负频率”区间的数值折叠到正频率区间，定义为

$$G_x(f)=\begin{cases}2S_x(f) & (f\geqslant 0)\\ 0 & (\text{其他})\end{cases}$$

频谱 $X_x(f)$ 和自谱 $S_x(f)$ 都是频率分析的工具，都是时间函数的傅里叶变换。但频谱反映的是信号的幅值在频域的分布信息，而功率谱反映的则是信号的强度（也就是信号的均方值，形象地称作“功率”或者“能量”）在频域的分布信息，其频率结构特征更为明显。频谱 $X(f)$ 是复数，其模反映幅频信息，其相角反映相频信息；自谱 $S_x(f)$ 是非负实数，不包含相位信息。

与自谱的定义类似，互相关函数 $R_{xy}(\tau)$ 做傅里叶积分变换就能得到互功率谱密度函数，简称互谱，记作 $S_{xy}(f)$。显然，互谱的傅里叶逆变换就是互相关，即

$$S_{xy}(f) = \int_{-\infty}^{+\infty} R_{xy}(\tau)\, e^{-j2\pi f\tau} d\tau \tag{6-30}$$

$$R_{xy}(\tau) = \int_{-\infty}^{+\infty} S_{xy}(f)\, e^{j2\pi f\tau} df \tag{6-31}$$

将角标 x 和 y 互换，当然还有

$$S_{yx}(f) = \int_{-\infty}^{+\infty} R_{yx}(\tau)\, e^{-j2\pi f\tau} d\tau$$

$$R_{yx}(\tau) = \int_{-\infty}^{+\infty} S_{yx}(f)\, e^{j2\pi f\tau} df$$

互相关不是偶函数，所以互谱不是实数。

4. 谱密度分析的应用

功率谱密度函数是随机信号的频域分析的有力工具，应用很广泛。例如在汽车理论的平顺性分析中，路面不平度输入和汽车系统的振动响应量的定量评价，都采用功率谱密度函数。

在试验测试中，谱密度除了可以直接表征信号的能量（即均方值）在频率域上的分布特征、模拟随机环境、设备故障诊断及探测振动源（噪声源）等外，还有其他应用，下面举两个例子。

（1）确定系统的频响特性 在本书的第二章，有关系统动态特性的内容中，介绍了根据系统间联系及物理定律建立系统数学模型，写出系统的微分方程，求解系统的动态特性的方法，但是实际中往往由于系统参数未知，使得系统微分方程不容易写出。该方法体系的基础在于认为系统的频率响应特性取决于系统参数。这种思路适用于系统的原理分析、设计和选择等工作。例如，在悬架设计时，可以根据“固有频率低些，振动加速度会低些”的结论来设计弹簧刚度（及其与簧上质量的匹配等）。但是，在实测环节，如果试验研究的目的就是确定某个给定系统的特性，那么上述系统参数很可能是不知道的。例如，很难确定一辆汽车某车轴的簧上/下质量、悬架弹簧刚度和减振器阻尼系数等精确值，因而无法写出运动微分方程（无论采用单质量还是双质量模型）。

此时，就需要采用试验的方法，给系统施加一个已知的、特定的输入，测量并分析其输出，利用输出和输入的关系来求解系统的频率响应函数，或者其他系统特性参数，例如偏频和阻尼比，其测试及计算方法可参考汽车理论中汽车的平顺性的试验部分。

此处介绍的谱密度分析法就是基于这种思想。

一个线性系统，如果其输入为 $x(t)$、输出为 $y(t)$，那么通过对输入和输出信号的分析和处理（过程方法略），可以得到输入的自谱 $S_x(f)$、输出的自谱 $S_y(f)$ 和输入输出的互谱 $S_{xy}(f)$。

于是，系统的频率响应函数可以表达为

$$H(f) = \frac{S_{xy}(f)}{S_x(f)}$$

有的时候，只需得到频响特性中的幅频特性 $|H(f)|$，而不需要相频特性（例如做汽车的平顺性分析），则有

$$|H(f)|^2 = \frac{S_y(f)}{S_x(f)}$$

再次看到，自相关分析会丢失相位信息，而自谱来自自相关，所以，分子和分母都是自谱的计算，势必不包含相频特性。

（2）相干分析 试验信号在传输和处理过程中，不可避免地受到其他无关干扰信号的影响，也就是说，通过测试系统 $H(f)$ 得到的输出 $y(t)$，不完全来自输入 $x(t)$，还有一部分来自干扰 $z(t)$。相干分析就是判断 $y(t)$ 中有多少成分来自 $x(t)$、多少来自 $z(t)$，如图 6-32 所示。注意，在该模型中，认为干扰噪声来自系统的输出端。

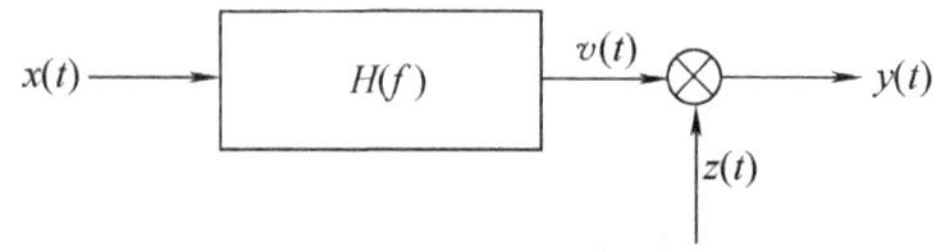

图 6-32 相干分析模型

相干分析利用的数学工具是相干函数 $K_{xy}^2(f)$，又称为凝聚函数，定义为

$$K_{xy}^2(f)=\frac{|S_{xy}(f)|^2}{S_x(f)S_y(f)} \tag{6-32}$$

其判定方法如下：

相干函数 $K_{xy}^2(f)=1$，说明测试系统中没有干扰，输出 $y(t)$ 完全来自输入 $x(t)$。

另一个极端，则是相干函数 $K_{xy}^2(f)=0$，这说明测试系统中没有输入（或输入端对地短路），输出 $y(t)$ 完全来自干扰 $z(t)$。

相干函数 $K_{xy}^2(f)$ 介于0 和 1 之间，则又有以下 3 种可能。

1）测试系统是非线性的。

2）同时存在正常输入 $x(t)$ 和噪声干扰 $z(t)$。

3）在输入端存在 $x(t)$ 以外的其他信号，也就是输入端有干扰。

在线性系统中，相干函数用来说明输出与输入之间在频域上的相关程度。一般，当相干函数 $K_{xy}^2(f)\geqslant 0.8$ 时，可以认为输出与输入是相关的或“凝聚”的。

5. 泄漏简介

随机性数据的时间历程，就其数学本质而言是无限时长的，而测试系统只能记录和处理有限长度的信号，也就是必然要对该时间历程进行截断。

截断可以看作是用无限长的时间信号乘以有限宽的窗函数，最简单的就是矩形窗。由例 6-4及其结论可知，无论时间窗宽度 T 多大，其谱窗必然扩展到无限宽频带上。

根据积分变换理论，即使时间历程 $x(t)$ 和自相关函数 $R_x(\tau)$ 是有限频带的函数，进行截断后，其傅里叶变换是频谱 $X(f)$，自谱 $S_x(f)$ 将成为无限带宽函数，其最高频率趋于∞，也就是信号的能量将扩展到“全频带”。

前文已述，数字化处理首先要进行采样，采样定理要求采样频率不能低于信号中最高频率的2 倍。截断导致信号的最高频率趋于∞，当然任何采样方法也不能使采样频率达到无穷大的2 倍。可见，只要进行了信号截断，在进行数字处理时就不可能满足采样定理，必然造成混淆。

因此给出以下定义：在数据处理中，由于信号截断导致能量分散，必然会产生一些误差，这一现象称为泄漏。

为了抑制泄漏，最容易想到的办法就是增大截断长度。由例 6-4 的推论可以看出，时间窗 T（就是截断长度）越大，谱窗就越窄、越尖耸，谱分析的能量越集中于低频带，泄漏误差就越小。

但是单纯增大截断长度意味着记录时间的延长，这会导致试验难度加大、工作量和成本上升。因此，追求在不改变截断长度的条件下，抑制泄漏比较有效的措施就是采用其他形式的窗函数。例 6-4 的推论表明，矩形窗这种“直上直下”的窗函数属于变动比较剧烈的，导致高频分量较多，不利于抑制泄漏。可以采取三角窗或者汉宁窗，如图 6-33 所示（时间历程的公式略）。

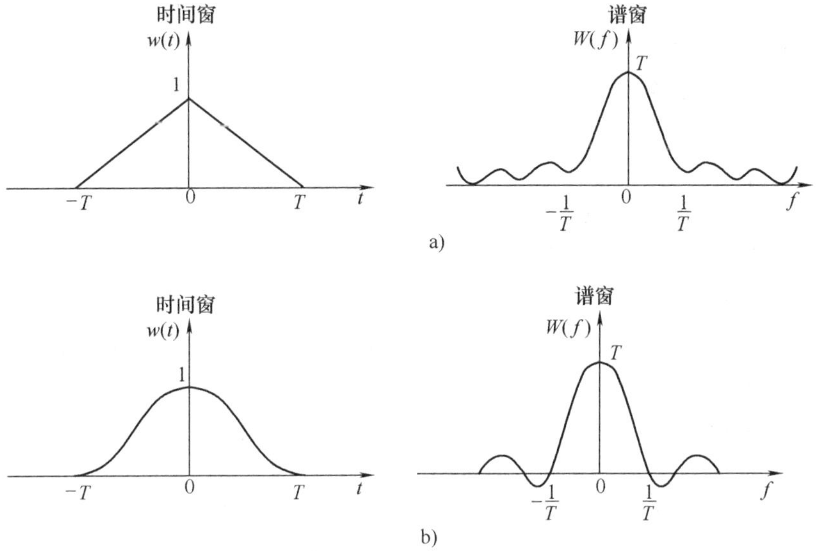

图 6-33 三角窗和汉宁窗的时间窗和谱窗
a）三角窗 b）汉宁窗

可见，相比于“直上直下”的矩形窗，三角窗采用了“斜坡变化”的形式，突变较为平缓，因而谱窗的能量较为集中；而汉宁窗进一步又采取了“圆弧过渡”，谱窗的高频成分衰减得更快。因此三角窗，尤其是汉宁窗，抑制泄漏的效果优于矩形窗。

但是，在某些需要分辨系统特征频率的场合，例如测定汽车悬架系统的固有频率时，矩形窗的效果优于三角窗和汉宁窗。对比图 6-31 和图 6-33 可以看出，同样的截断长度——时间窗宽度 T 下，矩形窗的峰值（即主瓣高度）为 $2T$，三角窗和汉宁窗的峰值则为 T，另一方面矩形窗的主瓣宽度为$\frac{1}{2T}$，三角窗和汉宁窗的主瓣宽度为$\frac{1}{T}$，矩形窗的主瓣“又细又高”，显然更容易分辨其峰值频率。

6. 最大熵谱分析方法

最大熵谱分析方法（Maximum Entropy Spectral Method，MESM）是一种现代谱分析方法，它克服了传统谱分析方法中需要采样点多及精度低等缺点，尤其对于瞬变过程的分析更有优势。最大熵谱分析方法的理解需要运用到信息学科的基础知识，特别是熵在信息论中的定义等内容具有一定深度，本部分只对最大熵谱分析方法在信息熵的定义、最大熵和最大熵外推自相关分析方法三个方面做简要介绍，最后再引入一个工程实例与传统谱分析方法做对比，对本部分内容有更深要求的读者可自行参阅相关参考文献。

在平稳过程随机数据理论分析中，功率谱是自相关函数在无限时域内进行的傅里叶变换。而在实际测量中，自相关函数则只能由有限的测量数据估计得到。因此，由有限数据得到的功率谱估计是由真正的功率谱与方波函数的谱所得到的。方波函数的谱是 sinc 函数，它有很多副瓣，且幅值有正负之分，所以对原功率谱的影响很大。为了克服这种现象，可通过使用适当的窗函数来消除，但这时主瓣加宽，又带来分辨力降低的不良后果。因此，有必要把自相关函数外推。

1967 年，伯格首先提出对自相关函数值按最大熵的原则进行外推，克服了经典谱估计中的窗函数法的缺点，提高了分辨度，在信号及数据处理中有重要的作用。本节中对该方法做了简要介绍。

最大熵谱分析方法将信息熵的概念引入信号处理中，这是一种把自相关函数外推的算法。在分析过程中，没有固定的窗函数，在每一步外推自相关函数中，使估计的相关函数包含过程的信息最多，即要求在过程的熵达到最大的条件下，确定未知的自相关函数值，借以达到谱估计的逼真和稳定程度最好的目的。总之，最大熵谱估计方法是采用谱熵最大的准则来估计功率谱的。

(1) 信息熵的定义 最大熵谱分析方法中的熵指的是信息熵。因此，在学习最大熵谱分析方法之前，需先理解何谓信息，何谓信息熵。这一范畴的知识属于信息科学学科中的信息论的内容。为能够更清晰地了解信息熵这一较抽象的概念，本部分引用信息论的逻辑进行介绍。

自 20 世纪中叶克劳德·艾尔伍德·香农开创影响深远的信息论之后，人类才终于对质量、能量和信息都有了定量计算的方法。信息是个相对宽泛的概念，对于不同的研究领域，会有不同的理解，可能很难用一个简单的定义对其完全准确地把握。香农认为信息是用来消除随机不确定性的东西。因此，对于任意一个概率分布，可以定义一个称为熵（entropy）的量，它具有很多特性符合度量信息的直观要求。这个概念可以推广到互信息（mutual information），互信息是一种测度，用来度量一个随机变量包含另一个随机变量的信息量。熵恰好变成一个随机变量的自信息。相对熵（relative entropy）是个更广泛的量，它是刻画两个概率分布之间的距离的一种度量，而互信息又是它的特殊情形。以上所有这些量密切相关，存在许多简单的共性。

熵的概念是随机变量不确定度的度量。设 X 是一个离散型随机变量，其字母表（即概率论中的取值空间）为 χ，概率密度函数 $p(x)=Pr(X=x)$，$x\in\chi$。为方便起见，记概率密度函数为 $p(x)$ 以代替 $p_X(x)$，由此，$p(x)$ 和 $p(y)$ 是指两个不同的随机变量，实际上分别表示两个不同的概率密度函数 $p_X(x)$ 和 $p_Y(y)$。

定义一个离散型随机变量 X 的熵 $H(X)$ 为

$$H(X) = -\sum_{x\in\chi} p(x)\log p(x) \tag{6-33}$$

有时也将上面的量记为 $H(p)$。其中对数 log 所用的底是 2，熵的单位是 bit。例如，抛掷均匀硬币这一事件的熵为 1bit。由于当时 $x\to 0$，$x\log x\to 0$，今后约定 $0\log 0=0$，因为加上零概率的项不改变熵的值。

如果使用底为 b 的对数，则相应的熵记为 $H_b(X)$。当底数为 e 时，熵的单位用奈特（nat）表示。如无特别声明，一般选取对数底为 2，因而熵的量纲一般情况下为 bit。注意，熵实际上是随机变量 X 的分布的泛函数，并不依赖于 X 的实际取值，而仅依赖于其概率分布。

用 E 表示数学期望。如果 $X \sim p(x)$，则随机变量 $g(X)$ 的期望值可记为

$$E_p g(x) = \sum_{x \in \mathcal{X}} g(x) p(x) \tag{6-34}$$

或者当概率密度可由上下文确定时，简记为 $E_g(X)$。需特别注意的是，当 $g(X) = \log \frac{1}{p(X)}$时，$g(X)$ 关于分布 $p(x)$ 的怪异的自指涉数学期望。

注释 X 的熵又解释为随机变量 $\log \frac{1}{p(X)}$的期望值，其中 $p(x)$ 是 X 的概率密度函数，于是

$$H(X) = E_p \log \frac{1}{p(X)} \tag{6-35}$$

其实通过定义随机变量的熵必须满足的某些性质，可以采用公理化的方法获得熵的定义。不使用公理化方法来确立熵的定义，相反是根据许多自然问题的答案确立熵的定义，如“随机变量的最短描述的平均长度是多少”。这里，我们先来看熵这个定义的一些直接结果。

性质1 $H(X) \geqslant 0$。

证明 由 $0 \leqslant p(x) \leqslant 1$ 知 $\log \frac{1}{p(x)} \geqslant 0$。

性质2 $H_b(X) = (\log_b a) H_a(X)$。

证明 由 $\log_b p = (\log_b a) \log_a p$ 即可得到。

熵的第二个性质告诉我们可以改变定义中对数的底。只要乘上一个恰当的常数因子，熵就可以从一个底变换到另一个底了。

【例6-5】 设

$$X = \begin{cases} 1 & 概率为\ p \\ 0 & 概率为\ 1-p \end{cases}$$

于是，$H(X) = -p\log p - (1-p)\log(1-p) \overset{\det}{=} H(p)$。

特别地，当 $p = \frac{1}{2}$时，$H(X) = 1\text{bit}$。函数$H(p)$的图形如图6-34所示，图示说明熵的一些基本性质：$H(p)$ 为分布的凹函数，当 $p=0$ 或 1 时，$H(p)=0$。这很有意义，因为当 $p=0$ 或 1 时，变量不再是随机的，从而不具有不确定度。另外，当 $p = \frac{1}{2}$时，变量的不确定度达到最大，此时对应的熵也取得最大值。

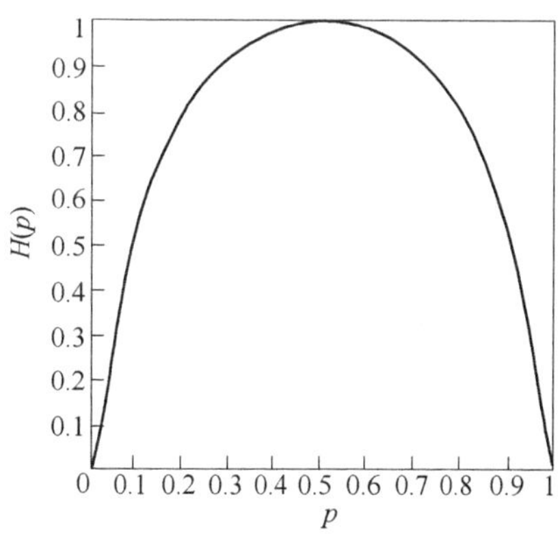

图6-34 $H(p)$ 与 p 的关系曲线

【例 6-6】 设

$$X=\begin{cases} a & \text{概率为}\dfrac{1}{2} \\ b & \text{概率为}\dfrac{1}{4} \\ c & \text{概率为}\dfrac{1}{8} \\ d & \text{概率为}\dfrac{1}{8} \end{cases}$$

则 X 的熵为

$$H(X)=-\frac{1}{2}\log\frac{1}{2}-\frac{1}{4}\log\frac{1}{4}-\frac{1}{8}\log\frac{1}{8}-\frac{1}{8}\log\frac{1}{8}=\frac{7}{4}\text{bit}$$

假定利用最少二元问题数的方案确定变量 X 的值。有效的第一个问题是"$X=a$ 吗?"此问题分担了一半的概率。如果第一个问题的回答是否定的，则第二个问题可能是"$X=b$ 吗?"第三个问题可能是"$X=c$ 吗?"结果所需的二元问题数目的期望值为 1.75。可以证明，这是为确定变量的值所需的二元问题数的最小期望值。

(2) 最大熵 由上文可知，在不同条件下，最大熵与信号的概率分布有关。对于具有概率密度分布函数 $p(x)$ 的连续信源，当其输出信号的平均功率一定时，符合最大熵条件的最佳概率分布是一维正态分布，即

$$p(x)=\frac{1}{\sigma\sqrt{2\pi}}e^{-\frac{x^2}{2\sigma^2}}$$

其中

$$\sigma^2=\int_{-\infty}^{+\infty}X^2p(\chi)\mathrm{d}x$$

最大熵为 $H_{\max}=\ln(\sqrt{2\pi e})\sigma$。

均值为零与协方差矩阵为 $\boldsymbol{R}$ 的 N 维正态随机变量 X 的概率密度函数为

$$p(x_1,x_2,\cdots,x_n)=(2\pi)^{-N/2}\cdot(\det\boldsymbol{R})^{-1/2}\exp\left(-\frac{1}{2}X^{\mathrm{T}}\boldsymbol{R}^{-1}X\right)$$

式中，

$$X=\begin{pmatrix} X_1 \\ X_2 \\ \vdots \\ X_n \end{pmatrix}=\begin{pmatrix} \sigma_1^2 & \sigma_{12} & \cdots & \sigma_{1N} \\ \sigma_{21} & \sigma_2^2 & \cdots & \sigma_{2N} \\ \vdots & \vdots & & \vdots \\ \sigma_{N1} & \sigma_{N2} & \cdots & \sigma_N^2 \end{pmatrix}=\begin{pmatrix} r(0) & r(1) & \cdots & r(N-1) \\ r(1) & r(0) & \cdots & r(N-2) \\ \vdots & \vdots & & \vdots \\ r(N-1) & r(N-2) & \cdots & r(0) \end{pmatrix}$$

$$\sigma_i^2=\mathrm{Var}\{X_i\}=E\{X_iX_i\}=r(0)$$

$$\sigma_{ij}=\mathrm{Cov}\{X_i,X_j\}=E\{X_iX_j\}=r(i-j)=\mathrm{Cov}\{X_j,X_i\}=E\{X_jX_i\}=r(j-i)$$

可以证明具有这种概率密度分布的信号的熵为

$$H=\ln(2\pi e)^{N/2}(\det\boldsymbol{R})^{1/2}$$

欲使式中的熵为最大，必须使其中的 $\det R=|R|$ 为最大。

（3）最大熵外推自相关函数　若已知具有平稳正态概率分布的自相关函数的 $N+1$ 个值 $r(0)$，$r(1)$，…，$r(N)$，现在要计算下一个在最大延迟之外的自相关函数值 $r(N+1)$。假定 $r(N+1)$ 确实是自相关函数的一个值，则根据自相关函数的性质，由 $N+2$ 个自相关函数值 $r(k)$（$k=0,1,2,\cdots,N+1$）组成的矩阵

$$\boldsymbol{R}(N+1)=\begin{pmatrix} r(0) & r(1) & \cdots & r(N) & r(N+1) \\ r(1) & r(0) & \cdots & r(N-1) & r(N) \\ \vdots & \vdots & & \vdots & \vdots \\ r(N+1) & r(N) & \cdots & r(1) & r(0) \end{pmatrix}$$

必定是半正定矩阵，其行列式和主子式必须是非负数，即

$$\det[\boldsymbol{R}(N+1)]=\begin{vmatrix} r(0) & r(1) & \cdots & r(N) & r(N+1) \\ r(1) & r(0) & \cdots & r(N-1) & r(N) \\ \vdots & \vdots & & \vdots & \vdots \\ r(N+1) & r(N) & \cdots & r(1) & r(0) \end{vmatrix}$$

和

$$\det[\boldsymbol{R}(0)],\ \det[\boldsymbol{R}(1)],\ \det[\boldsymbol{R}(N)]\geqslant 0$$

展开行列式，可知 $\det[\boldsymbol{R}(N+1)]$ 是 $r(N+1)$ 的二次函数，该 $[r(N+1)]^2$ 项系数的符号是 $(-1)^{1+N+2}(-1)^{1+N+1}=(-1)^{2N+5}=-1$。又 $\det[\boldsymbol{R}(N+1)]$ 对 $r(N+1)$ 的二次导数是 $-2\det[\boldsymbol{R}(N-1)]$，为负值。这表明 $\det[\boldsymbol{R}(N+1)]$ 对 $r(N+1)$ 的一次导数是减函数，$\det[\boldsymbol{R}(N+1)]$ 为 $r(N+1)$ 的函数是凹向下的，只有一个最大值。所以，$r(N+1)$ 的取值范围只能限制在使 $\det[\boldsymbol{R}(N+1)]=0$ 到最大值之间。

$N+2$ 维正态概率分布的信号的熵为

$$H=\log(2\pi e)^{\frac{(N+2)}{2}}\det[\boldsymbol{R}(N+1)]^{\frac{1}{2}}$$

要使这个熵为最大，必须使 $\det[\boldsymbol{R}(N+1)]$ 为最大，也就是要选择 $r(N+1)$ 使 $\det[\boldsymbol{R}(N+1)]$ 达到最大。根据上述 $\det[\boldsymbol{R}(N+1)]$ 的二次导数为负值的性质，只要令 $\det[\boldsymbol{R}(N+1)]$ 对 $r(N+1)$ 的一次导数为零，就可求得 $\det[\boldsymbol{R}(N+1)]$ 的最大值。用归纳法可证明 $\dfrac{\mathrm{d}|\boldsymbol{R}(N+1)|}{\mathrm{d}r(N+1)}=0$ 相当于

$$\begin{vmatrix} r(1) & r(0) & \cdots & r(N-1) \\ r(2) & r(1) & \cdots & r(N-2) \\ \vdots & \vdots & & \vdots \\ r(N+1) & r(N) & \cdots & r(1) \end{vmatrix}=0$$

这是 $r(N+1)$ 的一次函数，解之就得到合适的 $r(N+1)$。然后继续采用相同的方法，把 $r(N+1)$ 代入矩阵 $\boldsymbol{R}(N+1)$ 和 $\det[\boldsymbol{R}(N+2)]$，求 $\det[\boldsymbol{R}(N+2)]$ 对 $r(N+2)$ 的最大值，得到 $r(N+2)$ 等。

这种满足最大熵为准则外推自相关函数而确定功率谱，从而提高其分辨力的方法，称为**最大熵谱分析方法**。

对上述伯格提出的按最大熵外推自相关函数的最大熵谱分析，1973 年爱德华特与菲蒂尔森，做了进一步研究，提出了新的定义方法。下面就来介绍它，并研究它与伯格提

出的最大熵谱分析是否一致。

若一平稳随机信号序列 $\{X_k\}$ 的自相关函数为 $r\{k\}$，当 $k \leqslant N$ 时，$r\{k\}$ 给定。现欲在最佳情况下，将 $r\{k\}$ 外推至 ± ∞ 。此最佳情况为 $r\{k\}$ 的功率谱。

$$S(\omega) = \sum_{k=-\infty}^{\infty} r(k)\mathrm{e}^{-\mathrm{j}k\omega T} = \sum_{k=-N}^{N} r(k)\mathrm{e}^{-\mathrm{j}k\omega T} + \sum_{|k|>N} \epsilon_k \mathrm{e}^{-\mathrm{j}k\omega T}$$

所确定的谱熵 $H = \int_{-\omega_{\max}}^{\omega_{\max}} \log S(\omega)\mathrm{d}\omega$ 为最大。

这种在给定 $k \leqslant N$ 时 $r(k)$ 的约束条件下，使谱熵 H 为最大的功率谱估计准则，称为**最大熵谱分析**。这是一个泛函求极值的问题，可用拉格朗日法来求。由拉格朗日法，得

$$\frac{\partial}{\partial S(\omega)}\left[\int_{-\omega_{\max}}^{\omega_{\max}} \log S(\omega)\mathrm{d}\omega + \sum_{k=-N}^{N} \lambda_k r(k)\right] = 0$$

式中，λ_k 为拉格朗日乘数，现令 $\lambda_k = -\lambda'_{-k}$，$-\lambda'_k$表示 λ_k 的复共轭值，并且

$$r(k) = \int_{-\omega_{\max}}^{\omega_{\max}} S(\omega)\mathrm{e}^{\mathrm{j}k\omega T}\mathrm{d}\omega$$

得

$$\frac{\partial}{\partial S(\omega)}\int_{-\omega_{\max}}^{\omega_{\max}}\left[\log S(\omega) - \sum_{k=-N}^{N} \lambda'_{-k} S(\omega)\mathrm{e}^{\mathrm{j}k\omega T}\right]\mathrm{d}\omega = 0$$

因此

$$\frac{1}{S(\omega)} - \sum_{k=-N}^{N} \lambda'_{-k}\mathrm{e}^{\mathrm{j}k\omega T} = 0$$

可以求出

$$S(\omega) = \frac{1}{\sum\limits_{k=-N}^{N} \lambda'_{-k}\mathrm{e}^{\mathrm{j}k\omega T}} = \frac{1}{\sum\limits_{k=-N}^{N} \lambda'_{k}\mathrm{e}^{-\mathrm{j}k\omega T}}$$

由上式可见，只要找出 $2N+1$ 个系数 λ'_k 就可以得到 $S(\omega)$。

即

$$S(\omega) = \sum_{k=-\infty}^{\infty} r(k)\mathrm{e}^{-\mathrm{j}k\omega T}$$

当 $k \leqslant N$ 时，$r(k)$ 已知。故将右边展开，令它与上式中同幂项 $\mathrm{e}^{-\mathrm{j}k\omega T}$项系数相等，得 $2N+1$ 个将已知的 $r(k)$ 值与未知的 λ'_k联系起来的方程，从而可以求出 λ'_k。然而一般来说，得到的方程是非线性的，难于求解。因此，须另外想办法求解。为了解决这个问题，先介绍下列定理。

1）费耶尔—瑞依兹（Fejer-Riesz）定理。

如果

$$W(Z) = \sum_{n=-m}^{m} \omega_n Z^{-n}, W(\mathrm{e}^{\mathrm{j}\omega T}) \geqslant 0$$

则可求得一个函数

$$Y(Z) = \sum_{n=0}^{m} y_n Z^{-n}$$

使得

$$W(\mathrm{e}^{\mathrm{j}\omega T}) = |Y(\mathrm{e}^{\mathrm{j}\omega T})|^2$$

如果加上函数 $Y(Z)$ 的所有根都在圆 $|z| \leqslant 1$ 以内（即为最小相位）的条件，则函数 $Y(Z)$ 是唯一的。此定理的证明可参阅文献。

2）功率谱 $S(\omega)$ 的确定。

由该式
$$S(\omega) = \frac{1}{\sum_{k=-N}^{N} \lambda'_k \mathrm{e}^{-\mathrm{j}k\omega T}}$$

令
$$S'(\omega) = \sum_{k=-N}^{N} \lambda'_k \mathrm{e}^{-\mathrm{j}k\omega T}$$

因为功率谱 $S(\omega)$ 为非负的连续谱，即 $S(\omega) > 0$，故 $S'(\omega) > 0$。因此，对上式可应用费耶尔－瑞依兹定理，得

$$S'(\omega) = \frac{1}{P_B} | B(\omega) |^2$$

或
$$S(\omega) = \frac{1}{S'(\omega)} = \frac{P_B}{| B(\omega) |^2}$$

式中，$B(z) = \sum_{k=0}^{N} b_k Z^{-k}$ 是最小相位的，且 $b_0 = 1$。因此，只要选择 $|B(\omega)| = |A(\omega)|$，$P_B = P$，即可应用最小相位预测误差滤波器的功率谱公式

$$S(\omega) = \frac{P}{| A(\omega) |^2} = \frac{P}{\left| 1 - \sum_{k=1}^{N} a_k \mathrm{e}^{-\mathrm{j}k\omega T} \right|^2}$$

来确定所需的功率谱。

由上可见，在约束条件下使谱熵

$$H = \int_{\omega_{-\max}}^{\omega_{\max}} \log S(\omega) \mathrm{d}\omega$$

为最大的最大谱熵分析与伯格提出的按最大熵外推自相关函数的最大谱熵分析，都可用最小相位预测误差滤波方法来确定功率谱。因此，这两种最大熵谱分析虽定义方式不同，但实际上是一致的。

（4）最大熵谱分析的应用实例 图 6-35 为某客车偏频试验车身和车轮部分的振动信号。经典谱估计法和 MESM 处理结果分别如图 6-36 和图 6-37 所示。

可以看出，两种方法得到的谱图波峰位置几乎相同，验证了 MESM 的正确性，但 MESM 的谱图清晰光滑，谱峰突出且分辨率较高，在对短记录数据的频谱分析问题上 MESM 具有优势。

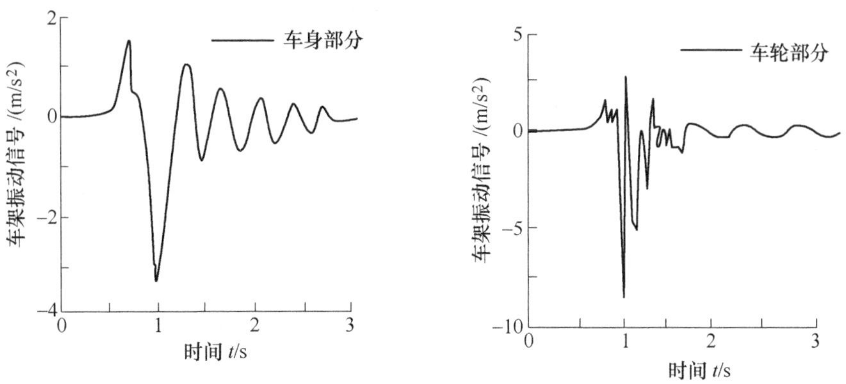

图 6-35 自由衰减振动曲线

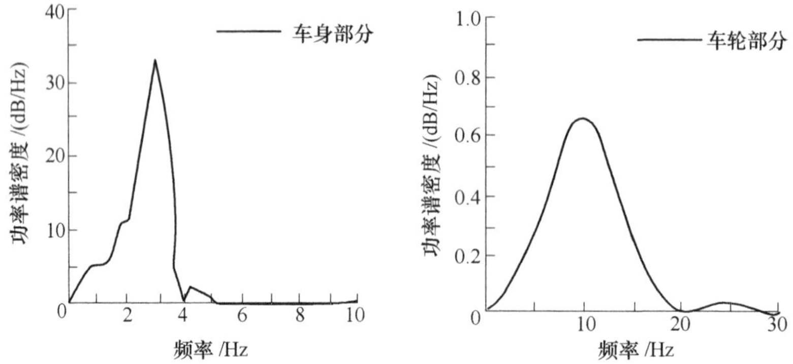

图 6-36　经典谱估计法结果

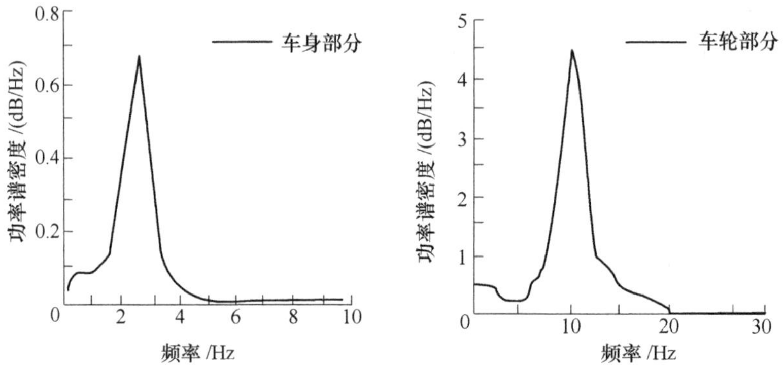

图 6-37　MESM 处理结果

本节先后介绍了动态测量数据的类型，数据处理的基本步骤，测试信号的时域、值域和频域分析的原理及应用等内容。需要注意的是，很多术语和概念，尤其是涉及频域分析部分的，并不是绝对固定、普遍适用的。在其他领域和文献中，出于讲述目的和应用场合等的不同，可能有另外的解释和定义，请注意区分。

思考与习题

1. 求下列实测数据的线性回归方程，并进行显著性检验（$a=0.05$）。

X	1	3	8	10	13	15	17	20
Y	7.5	10.1	14.8	17.5	20.2	22.4	25.1	27.6

2. 在一定的径向载荷下，对某拖拉机轮胎的气压 p 和静力半径 r 进行了测量，测得的数据如下：

p（×105Pa）	1.0	1.2	1.4	1.5	1.6	1.8
r/（mm）	633	635	637	639	641	643

试确定轮胎的静力半径 r 与气压 p 之间的经验公式并求出回归精度。

3. 试说明下列一组数据是否可用 $y = e^{(a+bx)}$ 表示？

X	1	2	3	4	5	6	7	8	9
Y	1.19	1.34	1.51	1.71	1.92	2.17	2.44	2.76	3.11

4. 已知某种产品单位成本与产量间近似满足双曲线型关系：

$$y = \beta_0 + \frac{\beta_1}{x}$$

试利用下表的数据求出 y 对 x 的回归方程。(有条件的，可使用 SPSS 软件。)

x_i	5.67	4.45	3.73	2.98	4.31
y_i	17.4	18.5	17.6	16.5	19.1

5. 已知实验数据如下：

X	0	0.2	0.4	0.6	0.8	1.0	1.2
Y	1.0	2.4	6.6	14.2	25.7	40.1	57.5

试利用 SPSS 软件进行多项式回归确定经验公式，并进行 Anova 分析。

6. 某型大客车等速油耗实测数据如下：

v/(km/h)	25	30	35	40	45	50	55	60	70
Q/(L/100km)	22.5	22.4	22.5	24.5	26.8	28.9	32.5	34.9	42

运用回归分析的方法绘制“等速百公里燃油消耗量曲线”(参见汽车理论)，并进行曲线拟合的精度检验。

7. 根据一个信号的自相关函数图像，如何确定该信号中的常值分量和周期成分？

8. 对连续时域信号进行加窗截断处理，为什么会产生泄漏现象？

9. 已知信号的自相关函数 $A\cos 2\pi f\tau$，确定该信号的均方值 ψ_x^2 和均方根值 x_{rms}。

第七章 汽车整车性能试验

汽车的整车性能，也就是汽车的使用性能，是指汽车在一定的使用条件下，以最高效率工作，从而满足驾乘人员的意图及相关社会需求的能力。对汽车性能的要求是多方面的。例如，汽车理论中介绍的汽车的动力性、燃油经济性、制动性、操纵稳定性、平顺性和通过性；另外还有关于安全性、环保性、舒适性和可靠性等方面的要求。本章讲述的就是这些汽车性能方面的试验原理、试验组织思想和测试要点等内容。

整车性能试验一般以汽车的整车为对象，即不对车辆进行解体。当然，为了施加载荷或提取信号，允许对车辆进行必要的改动，附加必要的元件。整车性能试验大部分采用室外道路（包括非铺装路面）试验或试验场试验的方法。

前面的章节以传感器、中间变换与传输装置和记录器等核心元件为主线，讲述了典型的机械量的电测量系统，分析了各元件的物理原理、工作特点和适用范围等。本章和下一章将结合具体的汽车试验项目，进一步介绍一些专用的汽车试验仪器和设备。

无论是整车性能试验还是零部件试验，都要在有关标准的指导下进行，标准包括国家标准、部门（行业）标准、企业标准或试验者自拟的标准。汽车试验项目繁多，标准文件更新频繁，本书的出发点和定位是车辆工程及汽车相关专业高级人才的试验技能培养教材和汽车试验方法的参考资料，而不是单纯的标准宣贯或岗前培训。所以，本章和下一章在介绍试验项目时，会在不同程度上涉及试验标准，目的是以标准为参照，讲述试验的组织思想和信号的测量方法，对标准中的重要步骤和关键参数还会进行分析和讨论；但不会全面细致地讲述各项试验标准中的所有要求。而且，有些列举的标准数据，在读者阅读时可能已经废止或更新，所以在具体进行各项汽车试验的实际操作时，请试验工作者一定要查阅最新的、有效的标准文件，制订合理、详细且具有可操作性的试验大纲。

汽车的整车性能包括动力性、燃油经济性等诸多方面，每个性能下面更是规定了众多的试验项目。本章仅选取有代表性的性能和项目进行讲述。

第一节 通用试验条件

在讲述各项性能试验之前，首先需要了解通用试验条件。

汽车的整车性能试验种类很多，各项试验所要求的具体条件也不尽相同，但大多数的试验条件是通用的。这些具有共性的试验条件总结起来就是通用试验条件。

1. 装载质量

除有特殊规定之外，试验车辆在试验时均应处在厂定最大装载质量状态或最大总质量状态，装载质量应均匀分布在车厢内。对于货车，较好的装载物为大小适中的铁块或混凝土块（沙袋等在货厢内可能会因冲击振动而移动，或受雨雪影响而改变质量，并不适用于货车）；对于客车、轿车，则以沙袋、卵石为宜。对于乘员质量，一般的客车、轿车按60kg/人来模拟，其他车辆按65kg/人模拟。

2. 车辆装备及试验仪器

试验车的各总成、零部件必须齐全有效，包括备胎和随车工具等附属装置，也必须放在规定的位置上。试验仪器、设备必须经合法计量检定，处在有效期内。测试系统在正式测量之前要经过标定，确定输出信号和输入物理量之间的定量关系。对于随车使用的设备，应选择好合适的位置并妥善固定，如果质量较大，要考虑其对试验车总质量（以及质心位置）的影响，合理估算。

3. 轮胎气压

轮胎充气压力对很多整车行驶试验都有显著影响。试验前的冷态气压要符合试验车技术条件的规定，误差不超过±10kPa。

4. 燃料、润滑油（脂）和其他液媒

试验车应使用符合技术条件规定的燃料和润滑油（脂），以及制动液、转向助力液、液压离合器助力液和空调制冷剂等。除可靠性行驶试验、耐久性道路试验（包括整车和零部件的耐久性试验）及使用试验无法控制外，同一次试验的各项性能测定必须使用同一批次的油液媒。

5. 试验车调整、保养和修理工作的要求

不能随意进行作业。必须按照汽车技术条件、使用说明书或者试验标准进行，并做详细记录。

6. 预热行驶

在进行性能试验之前必须进行预热行驶，使车辆达到技术条件规定的热状态，并保持稳定。其目的是使燃料雾化良好、燃烧完全，发动机和底盘的润滑剂达到理想温度，降低摩擦阻力和磨损，同时轮胎也达到热状态。

一般要求发动机出水温度达到80～90℃，发动机润滑油温度达到50～95℃，变速器和主减速器润滑油温度不低于50℃。当环境温度较低，难以达到规定的热状态时，须采取必要的保温措施，例如在发动机罩和后桥壳等部位蒙上防寒被。

另外还有一种“检查行驶”，它和“预热行驶”是不同的。

检查行驶是在车辆磨合行驶之后、整车性能试验之前进行。要求在平坦的平原公路上进行，交通流量较小，单程不少于50km，最好有里程标志，车速为设计最高时速的55%～65%，尽量保持匀速、不用空档滑行。行驶中检查各总成的工况、噪声及温度，密切注意转向器和制动器等部件的效能。检查行驶的目的是检查车辆的技术状况是否符合要求，如果存在异常和故障则要进行调整或修理，否则试验结果无效。

通过检查行驶的试验车，在进行某项具体性能试验之前还要进行预热行驶。

7. 气象条件

除对气象有特殊要求的试验项目（如极端温度下的可靠性试验或者防雨密封性试验等）外，整车性能试验都要求在无雨、无雾的环境下进行，风速不超过3m/s，气温为0～40℃，相对湿度小于95%。

8. 道路条件

除强化可靠性试验或支承通过性试验等项目外，各项整车性能试验都应在干燥、平坦、坚硬以及附着良好的路面上进行。道路的宽度和长度要满足安全行驶的要求，纵向坡度要满足试验工况的要求。有条件的话，最好在专用试车场或飞机场跑道上进行。

在讲述各项整车性能试验之前，先简要介绍一下整车技术参数的测量方法。

（1）整车几何参数的测量 整车几何参数的测量主要包括整车外部宽度、高度、长度、轴距、轮距等测量项目，可参考GB/T 12673—1990。车身长度定义为汽车长度方向两个极端点间的距离，即从车前保险杠最凸出的位置量起，到车后保险杠最凸出的位置，这两点间的水平距离。车身宽度是汽车宽度方向两个极端点间的距离，也就是车身左右最凸出位置之间的水平距离。根据业界通用的规则，车身宽度是不包含左、右后视镜伸出的宽度，即应按后视镜折叠后的宽度计。车身高度定义为从地面算起，到汽车最高点的垂直距离，而所谓最高点也就是车身顶部最高的位置，但不包括车顶天线的长度。

测量设备最理想的是三维坐标测量仪，但由于其价格昂贵，使用较少。目前，最常用的是高度尺、钢卷尺、水平仪、铅锤、油泥、划针等。

测量前将汽车调整到符合技术条件的状态，并将汽车载荷装载到规定的状态。水平尺寸的测量可以用钢卷尺直接测量，也可以使用铅锤将测量尺寸两端投影到地面上，而后测量两投影点的距离。高度尺寸的测量通常用高度尺、离地间隙仪、钢卷尺及铅锤等进行直接或间接测量。

（2）质量参数测量 汽车质量参数包括汽车质量和质心位置。汽车质量又包括整备质量、最大总质量、各轴的轴载质量等。

其中，测量汽车质量通常使用地中衡（地秤），也可用车轮负荷计，使用地中衡时要求台面与地中衡出入口地面处于同一水平面。使用车轮负荷计时，应保证各车轮负荷计之上平面处于同一水平面内。首先将地中衡调零，然后令汽车以低速驶上，将待测车轮停止在要求位置，并关闭发动机，变速器置于空档，行车制动器和驻车制动器均置于放松状态。测量顺序为前轴轴载质量、整车质量、后轴轴载质量。

汽车质心位置由纵向、横向和高度几何参数确定。一般认为汽车的质心横向位置处于汽车纵向对称平面内，实际上由于汽车动力总成的尺寸设计，以及燃料箱、蓄电池、随车工具及备胎等的布置，汽车质心并不是绝对位于汽车纵向中心平面内的。对于前后轴轮距B相等的汽车，可在地中衡上分别测量出其左右侧车轮负荷，而后计算出质心的横向位置，即

$$B_1=\frac{BZ_2}{Gg},\ B_2=\frac{BZ_1}{Gg}$$

式中，B_1、B_2分别为质心至左、右侧车轮连线距离，单位为mm；G为汽车整备质量，单位为kg；Z_1、Z_2分别为左、右侧车轮负荷总和，单位为N。

根据已测量出的汽车整备质量和前、后轴轴载质量，便可通过以下公式计算质心纵向位置。

$$a=\frac{LZ_{\mathrm{r}}}{Gg}=L\frac{G_2}{G},\ b=\frac{LZ_{\mathrm{f}}}{Gg}=L\frac{G_1}{G}$$

式中，a、b分别为前、后轴到汽车质心的距离，单位为mm；L为轴距，单位为mm；Z_{f}、Z_{r}分别为汽车前、后轴轴荷，单位为N；G_1、G_2分别为汽车前、后轴轴载质量，单位为kg；G为汽车整备质量，单位为kg。

汽车质心高度的测量方法有力矩平衡法、摇摆法、侧倾法等。本文仅对力矩平衡法进行简单介绍。将汽车的前后悬架锁死在正常位置上，把汽车的一根车轴放置在地中衡上，而将另一根车轴抬高到一任意高度n，在抬高车轴时，一般不要在置于地中衡上的车轮的前后放三角木，同时，也不要使举升器触及车轮以外的任何零部件，以免产生附加力矩而影响测量结果。以前轮接地、抬升后轮的测量为例，汽车质心高度h_{g}的计算公式为

$$h_{\mathrm{g}}=r+\frac{Z'_{\mathrm{f}}-Z_{\mathrm{f}}}{Gg}\frac{L}{n-r}\sqrt{L^2-(n-r)^2}$$

式中，Z_{f}为汽车水平放置时的前轴轴荷，单位为N；Z'_{f}为后轴抬起后，地中衡称量的前轴轴荷，单位为N；r为车轮静力半径，单位为mm；n为后轴抬起的高度，即后轮中心距地面的距离，单位为mm；L为轴距，单位为mm。

第二节 动力性试验

通过汽车理论可以知道，汽车的动力性指标包括最高车速、最大爬坡度和加速时间。因此汽车的动力性试验一定包含这三个项目，同时还有其他一些汽车理论中未涉及、但本质上也属于汽车动力性范畴的试验项目。

一、底盘测功试验

底盘测功，是指测定汽车在特定工况下的驱动轮输出功率或驱动力。

从严格理论意义上来说，驱动轮输出功率不属于汽车的使用性能，而是与动力性有关的结构参数。（这个道理类似“制动轮缸直径或管路压力是与制动性能有关的结构参数，但不是汽车的使用性能”。）但是该试验也是在整车不解体条件下进行的，其结果与汽车的动力性评价密切相关，故本书将其放在本节介绍。在其他一些资料中，可能将该项试验划入汽车底盘或传动系统的试验（检测）。

底盘测功试验在底盘测功机上进行，这也是为数不多的可以在室内台架上进行的整车性能试验之一。

底盘测功的被测参数是汽车的驱动轮输出功率或者驱动力。测试工况一般选取三个，分别为发动机额定转速（即发动机外特性的最大功率对应的转速）所对应的车速、发动机最大转矩转速所对应的车速和汽车常用车速（如经济车速）。测量功率时，要求从静止起步逐级换入最高档，节气门全开，动力输出达到稳定时读数。

我们知道，功率＝力×速度，或者功率＝力矩×转速。测功的过程就是寻求功率的最大值。将此问题看成是一个数学的寻优问题，这是一个二元函数。无论是按解析的求导法还是近似的数值法，都要对两个变量依次寻优。

这种寻优体现在测功试验上，就是工况的控制方式。控制方式有两种，分别是恒速控制和恒矩控制。**恒速控制**，就是预选一个试验车速，当达到这个试验车速后，如果驱动轮输出功率继续增大，节气门的开度会加大，使滚筒转速有升高的趋势，测功器的控制系统能自动加大励磁线圈的电流，从而加大滚筒的阻力矩（这里指的是常见的电涡流式测功器），使车速保持在原先预定的数值上，该速度乘以最大阻力，就是该速度下的最大功率。改变预选车速，再次“搜索”最大阻力……而恒矩控制，指的是保持励磁线圈中的电流不变，因而施加到滚筒上的阻力矩也固定不变，当加大节气门开度使发动机输出功率变大时，车速提高，直至最大，该阻力乘以最大车速，就是该阻力下的最大功率。改变预选阻力矩，再次“搜索”最大车速……也就是说，恒速法的思想是在给定速度的前提下通过在“阻力域”内搜索来确定最大值，而恒矩法的思想则是在给定阻力矩的前提下通过在“速度域”内搜索来确定最大值。上述内容“测试工况一般选取三个……”，指的就是采用恒速法。

走合期的新车和刚刚大修完的汽车不宜做底盘测功。

由于汽车是原地运转，缺乏迎面风，应防止发动机、后桥和驱动轮等部位过热，可以在车外相应部位设置风扇强制冷却。

在底盘测功机上测得的汽车驱动轮输出功率，取决于发动机输出功率、汽车传动系统的机械效率、轮胎－滚筒之间的滚动阻力损失和测功机传动效率等，如果采用的是风冷式测功器，还要考虑冷却风扇的功率消耗（该风扇的动力源自汽车发动机，与上述发动机、后桥、轮胎等部位的强制冷却风扇不同）。由于传动环节多、效率差、特别是轮胎－滚筒间的滚动阻力大，使得底盘测功试验得到的测量结果比发动机标称功率小很多，决不能认为“应等于发动机额定功率乘以传动系统效率”。其标准数据，应结合具体被试汽车的传动系统类型、发动机和传动系统的技术状况、试验台的类型和技术状况等因素合理估算。

二、滑行试验

滑行试验用于测定汽车在规定初速度下的滑行距离。滑行并不是汽车的使用性能要求，但是滑行试验很重要。通过滑行距离的测量，可以推算滑行阻力和底盘传动系统的效率。如果滑行距离不合格，说明汽车的底盘技术状况不佳，应进行调整和修理。所以滑行试验是汽车基本性能试验的首做项目。

滑行试验要求汽车在（50±0.3）km/h的速度下，迅速踩下离合器踏板[㊀]，变速器挂空档，滑行直至停车。测量汽车在滑行阶段驶过的距离即可。所以，滑行试验的一个要点就是确定车速。

在室外道路试验中，五轮仪是一种典型的测速设备。现在更多采用的是非接触式速度仪。另外还有基于GPS原理的测速设备。

所有这些测速设备，也可以用来测量行驶距离和时间等参数。

滑行试验要求沿相同路段往返各进行一次，取其平均值作为试验结果。如果起始车速与标准值偏差较大，还应换算为标准初速度下的滑行距离。公式为

$$S=\frac{-b+\sqrt{b^2+ac}}{2a}$$

式中，S为初速度为50km/h时的滑行距离，即标准值，单位为m；$a=\frac{v_0^2-bS'}{S'^2}$，单位为$1/s^2$；b为当汽车总质量≤4000kg且滑行距离≤600m时，其值取0.3，其他情况下，取0.2；c为常数，$c=771.6m^2/s^2$；v_0为实测滑行初速度，单位为m/s；S'为实测滑行距离，单位为m。

滑行试验也可以在底盘测功机上进行。试验前选取合适的飞轮组惯量，然后起动汽车、加速，带动滚筒转动。当汽车达到预定的初速度（实质上是滚筒达到预定的转速）时，摘档滑行，储存在测功机的滚筒装置和飞轮机构中的动能释放出来，克服轮胎－滚筒的滚动阻力以及汽车传动系统的内阻，拖动滚筒继续转动。或者说，该滑行过程就是汽车给滚筒制动的过程，制动力来自汽车底盘和轮胎，制动初速度就是滑行初速度，汽车惯性由飞轮机构模拟。由于底盘测功机上的阻力比真实道路上的阻力大得多，所以测功机上的标准滑行距离与道路试验的标准值不同，请注意区别。

三、最低稳定车速试验

最低稳定车速指的是汽车在直接档[㊁]条件下能够达到稳定行驶的最低车速。“稳定行驶”的含义是以某一车速匀速通过一段距离后，急踩加速踏板全力加速，发动机不熄火、传动系统不抖动。

此车速越低，汽车就可以尽量用高档行驶而不必频繁换档，尤其是在交通不畅通、汽车起停频繁的路段，既简化了驾驶操作，又能保证汽车维持较高的平均技术速度。当然，对于装备自动变速器的汽车，该指标的价值不大。

最低稳定车速试验的操作很简单。规定的稳速路段一般是50m。在进入起点前用直接档行驶、将车速控制在某一预选车速。匀速通过该路段，其间不允许为控制车速而切断

㊀ 很多标准中都有“踩离合器”的要求，目的是切断发动机动力输出，对于自动档等没有离合器踏板的车型，则无此要求，下同。

㊁ 标准中的“直接档”要求，对于没有直接档的汽车，可以理解为传动比最接近1的档位，下同。

离合器或使用制动器。通过稳速路段后全力踩下加速踏板，如果发动机不熄火、传动系统不抖动，则说明可以达到此速度。同一车速至少往返各进行两次，取平均速度。通过这个速度后，就可以尝试更低的速度，再次测试。测速方法可以采用五轮仪或非接触式车速仪，简陋一点的用秒表计时的方法计算平均速度也可以。

对于客车、轿车、货车、专用汽车和重型矿用汽车等，最低稳定车速指的都是在直接档下实现的，如上所述；而对于越野汽车，还要增加传动系统最低档下的最低稳定车速试验，这也就是汽车理论在讨论“传动系统的最大传动比”选取原则时，提到的“最低稳定车速”。

四、最高车速试验

最高车速试验应在室外道路上进行。

有时在底盘测功机上也可以测试汽车的最高车速，但这样做的目的主要是进行不同车辆的横向对比或同一车辆维修前后的质量检查，由于汽车在底盘测功机上的行驶工况与实际道路行驶差别较大，测功机上得到的最高车速定量数值通常不认为是该汽车的真实最高车速。

按标准的规定，汽车的**最高车速**，是指在水平、良好的直线路段上（沥青或混凝土路面），汽车所能达到并保持行驶的最高车速。该车速不是瞬时值，而是可以连续行驶一段距离的稳定速度。

因此，进行最高车速试验的理想场地是足够长的直线路段，其中供加速的直线路段至少长1~3km，视车辆动力性不同而定；在测速路段后面还要有足够长的制动路段。另外，也可以在试验场的高速环形跑道上进行，但是测速路段应该是直线。

试验前，要确保汽车技术状况良好，特别是制动和转向等系统，道路应干燥、清洁，无其他车辆和行人。试验时，要关闭门窗和空调等附件设备。车辆起步后逐级换档，确保在进入测速路段之前节气门全开，车辆达到稳定的最高车速。

测速时，变速器应置于汽车设计最高车速相对应的档位，该档位通常是最高档。但是由汽车理论可知，如果最高档传动比设计得很小（如某些超速档），汽车的最高车速就不一定在最高档实现，所以对于动力性较强、档位数较多的车辆，应进行最高档和次高档测试，选取最高车速较高者作为试验结果。对于自动档汽车，在正常驾驶的D位测试即可。

国家标准要求测速路段为200m、加速路段和测量路段的纵向坡度不超过0.5%，在该路段两端设置标志杆，测量通过该路段的时间，算出速度。同一路段往返各进行一次，取平均值作为试验结果。

可以采用秒表计时，但是该方法误差较大。

较为理想的方法是利用光电元件遮蔽的原理，非常准确地测量出车辆通过测速路段所用的时间。可以参阅第二章第二节中“光电式传感器”部分。

另外，也可以采用五轮仪或者非接触式速度仪等测速设备，测量精度较高，操作简便，而且由于设备直接测出速度，省去了在测速路段两端设置标记等工作。

很多标准文件对于具体数据都有严格的定量要求，如此处的200m测速路段。标准数据的选取，一方面当然是要选择圆整的、容易记忆的，例如同为最高车速试验的测速距离标准，日本工业标准是200m，德国标准是1000m，都是比较整的数值。另一方面，则是出于理论价值和可操作性的考虑，如果将测速路段选得非常短，那么不符合“该车速不是瞬时值，而是可以连续行驶一段距离的稳定速度”的要求，也就是说，只能坚持很短距离的“高速”是没有什么实用价值的；反之，如果将测速路段选得很长，其实用价值是很高的，值得肯定，但是对于试验路段和场地的选取和建设、安全保障及警戒措施、车辆和人员的准备等又提出了过高的要求。

如果因实际条件的限制，无法完全按标准操作，在试验报告中一定要注明。

五、加速试验

汽车理论对“加速时间”有两个定义，分别是原地起步加速时间和超车加速时间。与此对应，加速试验也包括两项，即起步连续换档加速性能试验和固定档加速性能试验。两项试验都是测量汽车从某一低速全力加速至某一高速所需的时间。操作过程和环境要求，与最高车速试验类似。

（1）起步连续换档加速性能试验 该试验要求车辆停在试验路段起点，起步档位应保证在车轮滑转最小的条件下车辆能达到最大加速度。起步后将加速踏板踩到底，当发动机达到最大功率转速或高一档的加速度大于当前档位的加速度时，力求迅速、无声地换入高一档，然后立刻将加速踏板踩到底。直至车速达到100km/h（对于最高车速的90%达不到100km/h的汽车，则取最高车速的90%向下圆整至5km/h的整倍数为终了车速）。也可以原地起步连续换档全力加速通过400m距离，测量加速过程所用的时间。相同路段往返各进行至少3次，取平均值作为试验结果。测速设备安装后不应影响驾驶操作或改变车辆性能。

需要注意的是，某些车型存在加速过渡性不良的问题，即在刚刚起步阶段，如果马上把加速踏板踩死，加速过猛，会造成传动系统严重抖动和汽车“点头”的现象，反而会使加速性能下降。所以对于这类汽车，应进行反复预试，找出加速时间最短的加速方式，也就是寻求起步阶段最合理的加速踏板开度。

（2）固定档加速性能试验 该试验反映的是汽车的超车加速能力，通常进行最高档和次高档的加速时间测量。试验时，变速器置于预定档位，汽车由60km/h全力加速至100km/h（对于最高车速的90%达不到100km/h的汽车，则取最高车速的90%向下圆整至5km/h的整倍数为终了车速），测量加速过程所用的时间。相同路段往返各进行至少3次，取平均值作为试验结果。测速设备安装后不应影响驾驶操作或改变车辆性能。

上述两项加速试验中，自动档车型均应将变速器置于D位，即允许变速器按其控制器的控制规律换档。当然，这就无法严格保证“固定档”的加速工况了。

无论是起步连续换档加速性能试验还是固定档加速性能试验，不仅要求加速时间数据，一般还要求绘制加速性能曲线，如图 7-1 所示。

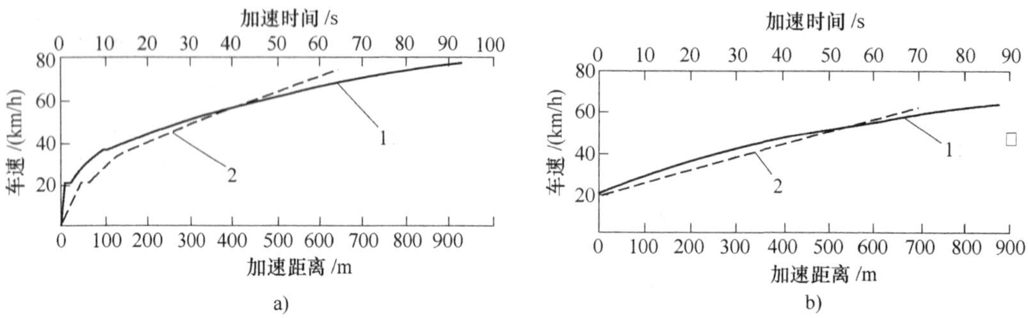

图 7-1　加速性能曲线

a）汽车起步连续换档加速性能曲线　b）汽车固定档加速性能曲线

1—车速—加速距离曲线　2—车速—加速时间曲线

六、爬坡试验

爬坡试验包括两项，分别为**爬陡坡试验**和**爬长坡试验**。

1. 爬陡坡试验

该试验测试的是汽车理论中的最大爬坡度。

爬陡坡试验有两种测试方法，分别为坡路实测法和负荷拖车法。

（1）坡路实测法　顾名思义，**坡路实测法**就是在实际坡路上测试车辆的极限爬坡能力。试验坡路是专门修建的具有一系列不同坡度和防滑措施的铺装坡道，当坡度大于 30% 时，必须采用混凝土铺装，小于 30% 时允许使用沥青。每个坡道长度不小于 25m，中部设置 10m 长的测速路段，坡道底部前端设有 8 ~ 10m 的平直路段。每条坡道的坡度应均匀一致，坡度超过 40% 时必须设置安全防护装置。

试验时，被试车辆达到正常热状态，停在坡道前面的水平路面上。变速器挂最低档（不允许挂倒档倒车上坡），起步，迅速将加速踏板踩到底，保持节气门全开，不换档爬至坡顶。在通过中间的 10m 测速路段时，测定通过时间、发动机转速，监测各仪表的示值。爬到坡顶后，检查汽车各部位有无异常，并做记录。

同一坡道可以爬两次，有一次通过就认为可以达到此爬坡度。

如果被试车辆克服了该坡道，可以到大一级坡度的坡道上再次进行爬坡试验，以此类推，直至搜索到所能克服的最大坡度，作为该车的最大爬坡度试验结果。

坡路实测法依赖于修建很多条坡度各异的高质量坡道，而且要求坡度数值要足够多、足够密集，试验时反复测量，才能适应不同试验车的要求。这无疑提高了试验场地的建设成本和试验难度。

（2）负荷拖车法　有时找不到接近被试车最大爬坡度的实际坡道，就可以在平路上采用**负荷拖车法**进行爬陡坡试验。负荷拖车是一种具有制动能力（一般采用电动机制动）

的拖车，由被试车牵引前进，被试车施加于负荷拖车的牵引力由两车之间的拉力传感器测出。

被试车挂低档、节气门全开，带动负荷拖车行驶，调节负荷拖车的制动力，使两车匀速行驶，此时两者之间的牵引力就是被试汽车的“剩余驱动力”，很容易换算为最大爬坡角度，即

$$\alpha_{\max} = \arcsin\frac{P_{\max}}{W}$$

式中，$P_{\max}$是被试车施加于负荷拖车的最大牵引力，W是被试车的满载总重量。

负荷拖车法可以在平路上测试最大爬坡度，大大降低了爬陡坡试验对于试验场地的要求。

负荷拖车法的成立需要一个条件：试验车的 1 档最大驱动力 $F_{t\max}$ 明显小于该车驱动轮在水平良好路面上的附着力 F_φ，具体定量关系与汽车的驱动形式和质心位置等因素有关。因为汽车的驱动力与坡度无关，而驱动轮的附着力则随坡度的增大而减小（对于前驱车影响更大），当 $F_{t\max}$ 和 F_φ 两者比较接近、甚至前者超过后者时，被试车在水平路面上带动负荷拖车所发挥出来的牵引力（基本上就是最大驱动力 $F_{t\max}$），在很大的坡度上发挥不出来，也就不能按这个牵引力来换算最大爬坡度。当然，“$F_{t\max}$明显小于 F_φ”这个条件，对于大多数汽车来说都是比较容易满足的。

2. 爬长坡试验

爬长坡试验的目的是考察汽车长时间在大负荷下运转的动力性、燃料经济性、发动机和传动系统的技术状况以及变速器的档位利用率、档位设置的合理性等。也就是说，所谓“爬长坡”的实质，是给汽车施加一个可以长期、稳定、安全行驶的大负荷工况。

试验路段要求为表面平整、坚实的连续上坡路，长度为 8 ~ 10km，其中上坡路段占总长度的 90% 以上，最大纵向坡度不小于 8%。

试验过程中，在保证安全和符合交通法规的前提下，尽可能高速、匀速行驶，尽可能使用较高的档位行驶。

由于该试验是利用长坡作为一种加载手段，考察车辆在大负荷下的各种工作能力，而不是追求克服该坡路的定量能力，所以无需多次测试求平均，更不能往返。

记录从起点到终点的行驶过程中各档位的使用次数、时间和里程，计算出各档位时间或里程的利用率，记录燃油消耗量，注意观察发动机及底盘零部件的工作状态，发现严重异常情况（例如发动机冷却液温度过高）时应立即停止试验。

如果爬长坡试验的目的是专门针对发动机冷却系统的工作能力，也可以用负荷拖车代替真实长坡路进行测试。

第三节　燃料经济性试验

一、概述

汽车理论中的“燃油经济性”，在各种试验标准中一般称为“燃料经济性”，含义是相同的，基本上都是测定燃油汽车的汽/柴油消耗量。

燃料消耗量试验主要考虑以下因素：装载质量、测试距离、行驶工况、操作规程和车速等。表 7-1 是我国燃料消耗量试验方法中对于多工况试验和等速试验的要求。

表 7-1　燃料消耗量试验方法（多工况循环和等速）

多工况燃料消耗量试验				等速燃料消耗量试验		装载质量	适用车型
工况名称	循环距离/m	平均车速/km/h	循环总时间/s	测量距离/m	车速		
15 工况	1014.3	27.0	195	500	从高于最低稳定车速的 10n 倍（n 为整数）至最高车速的 90%	规定乘员数的一半（取整）	轿车和总质量小于 3500kg 的货车
10 工况	663.7	24.1	135			空载加两名乘员	微型汽车
6 工况①	1075/1170	39.6/39.5	97.7/106.5			满载	总质量大于 3500kg 的货车和除城市客车以外的客车
4 工况	700	19.5	129.5			总质量的 65%	城市客车

① 同为 6 工况循环试验，总质量在 3500～14000kg 之间的汽车和总质量大于 14000kg 的汽车，具体的循环过程有所不同，分别列于表中“/”标记的前后。

按照试验时对各种因素的控制程度，燃料经济性试验可以分为以下四类。

（1）不控制的道路试验　这种试验对行驶道路、交通状况、驾驶习惯和周围环境不做任何控制，属于一种将被试车辆投放到试验点（使用单位）进行的使用试验。原则上要求试验车辆数量多，试验里程长。这种试验的工况与实际使用情况完全相同，数据结果真实可信，但是试验成本高、耗时长，也没有成形的标准可供参考，实际上很少采用。

（2）控制的道路试验　这种试验是在维持行驶道路和交通状况等使用因素基本不变的条件下，进行燃料消耗量的测定。其代表就是“**限定条件下的平均使用燃料消耗量试验**”（见下文）。

（3）道路上的循环试验　这种试验是指完全按照编制好的车速—时间规范在道路上进行的试验。循环试验包括针对不同车型编制的“**多工况燃料消耗量试验**”（见表 7-1），另外，“**等速燃料消耗量试验**”和“**直接档全负荷加速燃料消耗量试验**”，也可视作循环试验，只是整个循环分别只有等速行驶和直接档全负荷加速一个工况。（此三项试验分别见下文。）

（4）底盘测功机上的循环试验　这种试验是将道路上的循环试验移植到底盘测功机上进行。汽车在底盘测功机上的行驶工况与实际道路上有所不同，所以测功机上的循环试验结果不一定能代表被试汽车的真实油耗水平；但是台架试验能严格控制试验条件，排除外界无关因素的干扰，完成复杂的工况循环，而且效率很高，因而其作为不同车型的横向对比手段或者新技术、新产品的验证工具，是十分有效的。

二、燃料经济性试验项目

国家标准《汽车燃料消耗量试验方法》包括乘用车和商用车两部分，规定了以下几项汽车燃料消耗量试验，限定条件下的平均使用燃料消耗量试验、等速燃料消耗量试验和多工况燃料消耗量试验，现分述如下。

1. 限定条件下的平均使用燃料消耗量试验

该试验就是传统的“百公里油耗测定试验”，要求在3级以上平原干线公路上进行，单程距离不小于50km，往返各测量一次，取平均值作为试验结果。

试验时，交通情况应正常，被试车辆在保证交通安全和遵守交通法规的前提下尽量匀速行驶。车速标准随车型不同而异，轿车为60km/h，铰接式客车为35km/h，其他车辆为50km/h，允许偏差均为±2km/h。

试验过程中要记录制动次数、各档位使用次数和对应的时间与里程以及停车时间等。客车试验时每隔10km停车一次，怠速运转1min后重新起步。

限定条件下的平均使用燃料消耗量试验属于控制的道路试验，对驾驶环境和操作规范的约束并不严格，由于受到道路等级、交通流量、环境及气象条件等随机因素的影响，试验结果的重复性、典型性和可比性不佳。在新的标准《汽车燃料消耗量试验方法　第2部分　商用车辆燃料消耗量试验方法》中，已经不要求进行此项试验。但是受传统习惯的影响，目前尚不能抛开本项试验，很多汽车设计任务书和技术文件中仍采用本项试验结果作为汽车燃料经济性的评价指标之一。

2. 等速燃料消耗量试验

等速燃料消耗量试验是测定汽车燃料经济性最基本的试验，被世界主要汽车生产国广泛采用。该项试验方法简单、易于操作、数据结果精度高，而且外部因素对驾驶操作的影响很小。

试验的基本方法是测量汽车以稳定速度通过一定距离（如500m）的平直路段所消耗的燃料，换算得到该车速下的百公里油耗。改变车速，得到不同车速下的等速燃料消耗量。

试验时，变速器档位置于常用档位，如直接档；如果有超速档，则增加超速档下的等速燃料消耗量试验。对于配备自动变速器的车型，则选用D位。

试验车速从略高于该档位最低稳定车速的10km/h的整倍数起（通常取20km/h起；如果该档位最低稳定车速超过20km/h，则从30km/h起），至最高车速的90%，至少选定五个车速。

同一车速下往返各进行两次测试，测量每次行驶的燃料消耗量，经重复性检验（见下文）后取平均值作为试验结果。每次行驶的时间间隔尽量短，以保证车辆热状态一致。

试验道路选择坚实、平坦的铺装路面，中间测量路段长500m，两端做标记、并向外各延伸50m作为稳速路段。在测量路段行驶时尽量保持匀速，加速踏板尽量保持在固定位置，以避免反复“泵油”效应带来的油耗量的随机波动。

等速燃料消耗量试验也可以在底盘测功机上进行。事先要对测功机的加载装置进行模拟加载，使车辆在测功机上的阻力和在相同速度下的道路行驶阻力相等。

根据各车速下的燃料消耗量（L/100km），用最小二乘法拟合得出等速燃油消耗特性曲线（可参阅汽车理论中汽车燃油经济性的有关内容）。

对于等速燃料经济性的评价，着重考察三个方面，即最低燃料消耗量、经济车速（最低燃料消耗量所对应的车速区间）和高速油耗比低速油耗的相对增量（%）。

3. 多工况燃料消耗量试验

汽车在实际使用中工作状态的变化非常复杂，单纯采用等速燃料消耗试验或加速燃料消耗试验难以全面反映实际燃料消耗水平。编制多工况循环的目的，就是模拟某种类型汽车的实际运行工况，力图使试验数据能够代表被试车辆的真实燃料经济性。国家标准对于不同车型规定了不同的工况数量，可参见表3-1。

所谓“多工况循环”，就是对车速—时间关系（或车速—里程关系）做出明确、具体的定量约束，试验时必须按照既定的循环实时控制车辆的起步、加速、换档、匀速、减速和怠速停车等工况。例如，图7-2就是适用于轿车和总质量小于3500kg的货车的15工况循环。

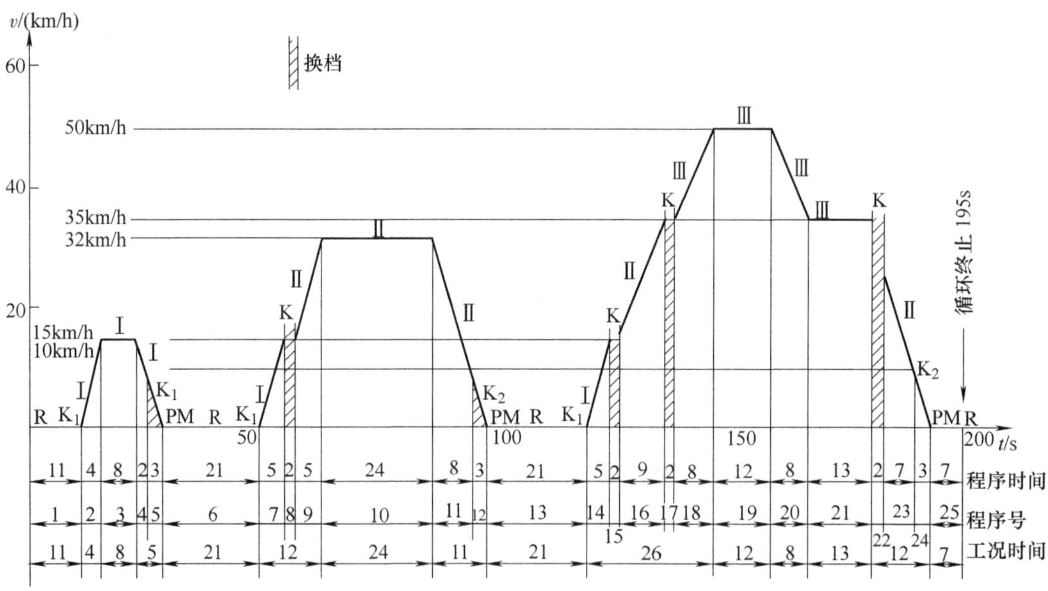

图7-2　15工况试验循环

K—离合器分离　K_1、K_2—离合器分离，变速器分别接合一档、二档

Ⅰ—一档　Ⅱ—二档　Ⅲ—三档　PM—空档　R—怠速

图中每一点允许有 ±2km/h 的车速误差和 ±1s 的时间误差。

由图中最后一行“工况时间”可以看出一共有 15 个工况：第 1 个工况持续 11s，第 2 个为 4s，第 3 个为 8s，……，第 14 个为 12s，第 15 个为 7s。

多工况循环的要点，在于试验车的驾驶人必须在标准允许的误差范围内严格按照给定的循环工况执行操作。因此对驾驶技术要求很高，试验成功率低，尤其是对于较复杂的循环（如 15 工况），道路试验非常困难，最好在底盘测功机上进行。

对于像 15 工况这样的复杂循环，在正式试验之前，需要进行预备性试验循环，使操作人员适应并能熟练操作试验车的加速踏板、制动踏板、离合器踏板和变速杆等，适应道路阻力特性或底盘测功机的加载模式，正确控制车辆的速度和加/减速度，以满足规范要求，使试验结果具有统一性和可比性。在预备性试验循环中，可以采用跟踪记录仪，预先将 15 工况模式板设定在跟踪记录仪上，驾驶人练习跟踪施加在模式板上的信号，直至能可靠、熟练地完成规定的工况操作。

事实上，很多国内的制造企业、科研单位和大专院校在进行多工况燃料消耗量试验时，并不都采取我国国家标准规定的多工况循环，而是针对当前的研究课题、试验目的和具体车型，采取一些其他国家、机构或企业制定的循环标准。

三、试验结果的重复性检验和数据的校正

1. 重复性检验及测量结果的区间估计

等速行驶燃料消耗量试验和多工况燃料消耗量试验，试验结果必须经过重复性检验，然后对测量结果做区间估计。

重复性检验按第 95 百分位分布来判断。第 95 百分位分布的标准差 R 与重复试验次数 n 的关系见表 7-2。

表 7-2　第 95 百分位分布的标准差 R 与重复试验次数 n 的关系

复试验次数 n	标准差 R/(L/100km)	重复试验次数 n	标准差 R/(L/100km)
2	$0.053Q$	5	$0.073Q$
3	$0.063Q$	10	$0.085Q$
4	$0.069Q$		

注：Q 为 n 次试验测得的燃料消耗量的算术平均值。

定义 n 次试验测得的燃料消耗量中最大值与最小值之差为**极差**，记作 ΔQ_{max}。则重复性检验判别原则如下：当极差小于标准差，即 $\Delta Q_{max} < R$ 时，试验结果的重复性良好，平均值有效；如果 $\Delta Q_{max} \geq R$，则重复性不好，需要增加试验次数直至 $\Delta Q_{max} < R$。

通过重复性检验后，就可以对测量结果（即 n 次试验测得的燃料消耗量的算术平均值）按置信度 90% 进行区间估计，可用下式表达：

$$Q_r = Q \pm \frac{0.031}{\sqrt{n}}Q \tag{7-1}$$

也就是说，燃料消耗量试验结果的真实值 Q_r 有90%的可能性出现在 $Q \pm \frac{0.031}{\sqrt{n}}Q$ 区间内，其中 Q 为 n 次试验测得的燃料消耗量的算术平均值。

上述理论与第五章“测量误差分析”有一定关联，可参阅。

2. 数据的校正

燃料消耗量的测定值应**校正**为标准状态下的数值，标准状态的含义是气温为20℃、气压为100kPa、汽油密度为0.742kg/L、柴油密度为0.830kg/L。校正公式为

$$Q_0 = \frac{Q}{C_1 C_2 C_3} \tag{7-2}$$

式中，Q_0 为校正后的燃料消耗量，即标准值，单位为L/100km；Q 为实测燃料消耗量的均值，单位为L/100km，同式（7-1）；C_1 为环境温度校正系数，$C_1 = 1 + 0.0025(20 - T)$；C_2 为大气压力校正系数，$C_2 = 1 + 0.0021(p - 100)$；$C_3$ 为燃料密度校正系数，对于汽油，$C_3 = 1 + 0.8(0.742 - G_s)$，对于柴油，$C_3 = 1 + 0.8(0.830 - G_d)$；$T$ 为试验时的环境温度，单位为℃；p 为试验时的大气压力，单位为kPa；G_s 为试验用的汽油平均密度，单位为kg/L；G_d 为试验用的柴油平均密度，单位为kg/L。

四、测量仪器

1. 油耗仪

燃料消耗量试验，采用**油耗仪**（详见第三章第一节中“油耗仪”的介绍）。

2. 燃油管路的连接

使用油耗仪测量燃料消耗量时，需注意供油管路的**回油问题**以及**空气泡**的排除等问题。

现代汽车发动机普遍采用燃油喷射技术，无论是汽油机还是柴油机，燃油泵（喷油泵）所供给的燃油量比喷油器的需要量大得多，在原车的燃料系统中，多余的燃油经回油管流回油箱。因此，在安装油耗仪时，应避免将回油量计入燃料消耗量。其基本要求是：经油耗仪出口流出的燃油，不能再返回油耗仪的“上游”。

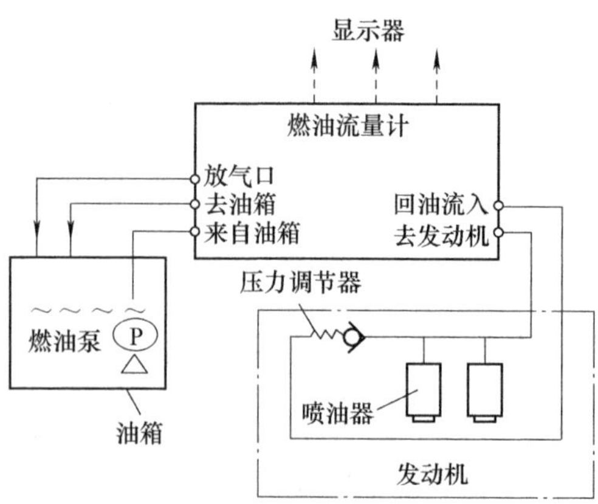

图7-3　汽油车的一种油耗仪连接方式

发动机的电喷技术种类繁多，供（回）油管路连接方式各异，应按试验车的具体情况妥善连接油耗仪。图7-3所示为汽油车的一种油耗仪连接方式，图7-4所示连接方式用于柴油车。

对于容积式油耗仪来说，如果油路中存在空气泡，则会将空气的容积计入燃料消耗量，造成误差。因此，在安装油耗仪后，须将空气泡排除干净。一般采取手动泵油的方

式，将输油管路和传感器（需旋松壳体上的放气螺钉）内的空气泡排出，直至泵出的油不含气泡。

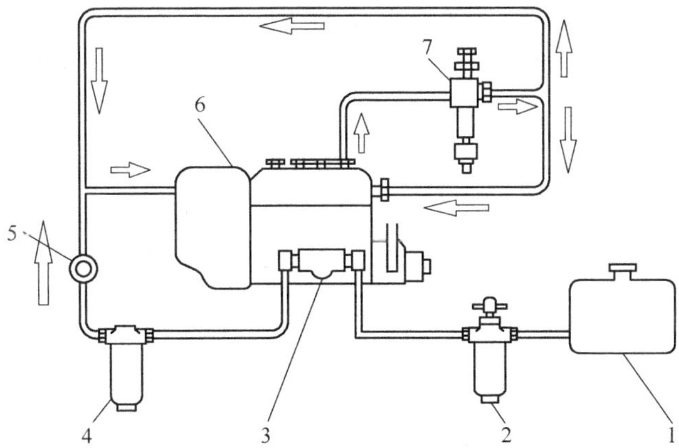

图 7-4　柴油车的油耗仪连接方式
1—油箱　2—粗滤器　3—输油泵
4—细滤器　5—油耗传感器　6—喷油泵　7—喷油器

关于燃料消耗量测定的排气法（碳平衡法）。

利用各种油耗仪能够连续测量燃料消耗量，也能记录累计油耗，测试精度高，试验效果好。但是使用油耗仪的前后需要对被试车原本的燃油供给管路进行断开和复装，安装油耗仪时需注意回油问题，安装油耗仪后还要排除空气泡，所以操作比较复杂，试验效率不高。因此，当采用室内台架（底盘测功机）进行燃料消耗量试验时，为了提高试验效率，减轻拆装作业量，可以采取“排气法”进行油耗的测量。

排气法，也就是汽车理论中介绍的**碳平衡法**。其基本原理是：排气中的碳元素完全来自燃油，分析排气成分，根据其中各种含碳化合物的数量，推算燃油消耗量。（这种思想类似于检测发动机的混合气质量时，不直接测量进入发动机气缸的空气和燃油量，而是通过排气中一氧化碳或二氧化碳的含量来推算空燃比。）

测量时，将排气采集装置安装在被试汽车排气管的开口处，连接部位安装固定好，不能有任何排气泄漏。采集分析所需的排气量（100L 左右），利用气体成分分析仪（不分光红外线分析仪和氢火焰离子分析仪，具体原理见下一节排放试验）分别测出排气中 CO、CO_2 和 HC 的成分，按公式换算出燃料消耗量为

$$Q=\frac{0.866G}{0.429\omega_{CO}+0.866\omega_{HC}+0.273\omega_{CO_2}} \tag{7-3}$$

式中，Q 为燃料消耗量计算值，单位为 km/L；G 为试验用燃油的密度，单位为 g/L；ω_{CO}、ω_{HC}和 ω_{CO_2}分别为一氧化碳、碳氢化合物和二氧化碳的比排放量，单位为 g/km。

比排放量的概念参见下一节。

排气法（碳平衡法）的精度主要取决于气体分析仪的测量精度、燃油化学成分和密度的随机波动、实验室环境空气中的碳元素含量（碳平衡法认为排气中的碳元素都来自燃油，但是当室内空气较污浊时，发动机进气中的CO、CO_2和HC不能再忽略不计，这对于碳平衡法的计算结果是一种干扰）以及气体采集装置在排气管上是否固定牢靠、妥善密封。因此，排气法的测量精度和数据可信度是较易受各种因素影响的。但是由于该方法方便快捷，不需对车辆进行解体拆装，目前已广泛应用于室内台架上的燃料消耗量试验，特别是底盘测功机上进行的复杂行驶工况下的油耗测量。在试验设备、油品和实验室环境较理想的条件下，碳平衡法与采用油耗仪的直接测定法相比，具有大体上一样的精度和稳定性。

第四节　排放性试验

排放，是指汽车由于使用化学燃料而对周围环境造成的化学污染。汽车排放污染有三个途径：①**排气**污染，即汽车燃料燃烧以后由排气管排出造成的污染；②**曲轴箱**污染，燃烧的废气以及少量未燃混合气从气缸内向下窜入曲轴箱进而排放到周围环境造成的污染；③**燃油蒸发**污染，即汽、柴油在燃油供给系统及发动机内蒸发，泄漏到周围环境中造成的污染。

显然，汽车排放污染物中，排气污染是主要的，而且一般的排放性试验也只对经由排气管排出的污染物进行测试，所以在本书中，“排放”和“排气”的含义是相同的，都是指化学污染物经由排气管排出。

一、汽车排气污染物的主要成分及危害

1. 一氧化碳CO

CO是燃料燃烧氧化不充分的产物，是汽油机排出的主要有害成分。柴油机的CO排放量相对较少，为汽油机的1/10～1/5。CO是无色无味的气体，人吸入后会和血液内的血红蛋白迅速结合，妨碍血红蛋白的输氧能力，引起头晕、头痛和恶心等中毒症状，严重时会导致死亡。

2. 碳氢化合物HC

HC不是一种物质，而是许多种由碳元素和氢元素构成的化合物的总称，也就是化学中的“烃”。HC是燃料燃烧不彻底、剩余燃料分解出来的产物，汽油机的HC排放比柴油机高很多。较高浓度的HC会引起人头晕和恶心等中毒症状。

3. 氮氧化物NO_x

发动机在大负荷、高温富氧的条件下工作时，少量氮气N_2会被氧化成NO和NO_2，在排气管排出时大部分NO又被氧化成NO_2。NO_x主要指的就是排气中的NO和NO_2。NO_x既是汽油机也是柴油机的主要污染物。NO_x随氧化程度的不同而呈白色、黄色或暗褐色。其中，NO_2有剧烈的毒性和刺激性。而且碳氢化合物HC和氮氧化物NO_x混合后在强

紫外线照射下，会形成极具刺激性的“光化学烟雾”。

4. 炭烟

炭烟是燃料不完全燃烧而产生的固体颗粒物，主要是多孔性碳粒，有白色、蓝色和黑色等不同颜色。由于可燃混合气形成方式以及燃烧机理的不同，柴油机的炭烟排放量比汽油机大得多，可达30～80倍。炭烟及其吸附物对人的呼吸系统有刺激和毒害，同时黑色炭烟还会妨碍驾驶人和行人的视线，破坏环境美观。

排气中还有少量硫氧化物（如二氧化硫 SO_2，是造成酸雨的主要物质）和醛类化合物，也属于对人体有害的污染物。氯氟烃等物质则会破坏大气臭氧层。另外，排放中含量最多的气体是二氧化碳 CO_2，二氧化碳本身对人体无害，但是“温室效应”理论认为二氧化碳属于温室气体，会导致地球变暖以及一系列宏观环境问题，因此汽车排气中的二氧化碳含量也日益受到人们的关注。

二、排气污染物的表示方法

污染物的排放量根据不同的场合和使用目的，常用**浓度排放量**、**质量排放量**和**比排放量**来表示。

1. 浓度排放量

常用体积分数和质量浓度表示。**体积分数**是指排气体积中污染物所占的比例，根据实际污染物浓度数量级的不同，可以选用%、$\times 10^{-6}$或$\times 10^{-9}$等形式表示。**质量浓度**则是指单位排气体积中污染物的质量，常用 mg/m^3 计量。

2. 质量排放量

质量排放量是指实际测试时每小时或每测试循环汽车排放的污染物质量，常用 g/h 或 g/循环来计量。在实际环境治理工作中，若对排放污染物进行总量监测，或在车辆排放检测中按规定的工况循环测量排放量，就可以使用质量排放量表示。

3. 比排放量

比排放量是指测试时汽车单位行驶里程（道路行驶里程或测功机上行驶里程）所排放的污染物质量或发动机单位输出功所排放的污染物质量，反映排放污染量与汽车使用功效之比。比排放量的常用单位是 g/km 或 g/（kW·h）。

三、排气污染物的取样方法

1. 直接取样法

直接取样法是将取样探头直接插入发动机排气管内，用取样泵直接采取一定量的气样，供废气分析仪分析。取样导管要设置粗、细滤器滤去气体中的灰尘，用冷凝法除去水分，并采用加热式导管以保证 HC 中的高沸点成分不会溶于水。直接取样法较简单，操作方便，所得到的气样随车辆运行工况时刻变化，适于连续观察变工况所引起的排气成分的改变。

2. 全量取样法

全量取样法是将汽车排出的尾气全部采集到一个足够容积的气袋中进行成分分析。这种取样法既能测定排气污染物的平均浓度，也能做排放量的计算。从样本气体进袋到最后测定期间，HC 易被气袋吸附，且 HC 中某些成分之间易发生反应或者与 NO_x 聚合氧化，所以取样完成后应尽快分析，以减小误差。为防止样本气体中的水蒸气在气袋中凝结，应在气袋前安置热交换器，热交换器以 10～15℃的水冷却，但高沸点的 HC 也容易凝聚而溶于水中随之被放掉，也会造成一定的误差。

3. 定容取样法

定容取样法（Constant Volume Sampling，CVS），也称为**变稀释度取样法**，是一种接近于汽车排气扩散到大气中的实际状态的取样方法。该方法是将排气全部用清洁空气稀释，并使稀释后的总流量保持一定，再将部分稀释后的排气与未被稀释排气的流量成一定比例地收集在气样袋里，然后导入气体分析仪进行分析，如图 7-5 所示。该方法测定的基本上就是汽车在实际行驶环境中的真实排气浓度，而且易于进行连续测量，能对有害成分的质量进行排放量自动实时计算。现在世界各国的排放法规均规定采用定容取样法。

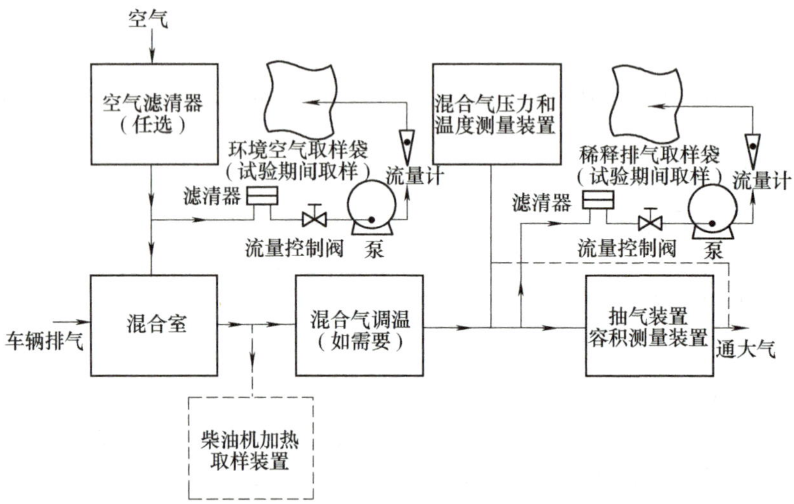

图 7-5　定容取样法原理

四、排气污染物的检测原理

排气污染物的**检测原理**是指用何种物理或化学的原理将排气中某种污染物的含量测定出来。不同的排气成分适用的检测原理也不同。

1. 不分光红外分析法（NDIR）

NDIR 是测定 CO 和 CO_2 最好的方法，也能测定 HC 或 NO_x，但测定 NO_x 时精度不高。

NDIR 的原理是：不同气体对不同波长的红外线具有选择性吸收的能力（如 CO 的吸收波段为 4.5～5μm，CO_2 为 4～4.5μm），而且气体浓度越高，吸收红外线的能力越强。根据待测气体对某种波段的红外线的吸收程度，就可以测定出对该波段所敏感的气体的浓度，如图 7-6 所示。

假定红外线光源发出的红外线处在 CO 的吸收波段内，即 CO 会吸收该红外线。旋转遮光片 1 能连续地导通、截止两个红外线光源，从而形成一定频率的红外射线脉冲，分别进入试样室2和对比室6。对比室内填充着对红外线无吸收作用的气体（如 N_2），红外线不经任何衰减地透过对比室进入检查室5左侧；试样室内则有待测气体通过，其中的CO浓度越高，对红外线的吸收程度就越高，穿过试样室进入检查室右侧的红外线越少。红外线是具有热能的，于是，检查室左右两侧就出现了温度差，温度差导致两侧压力差，中间的分隔膜片4就产生凹凸变形。该膜片是电容式微音器（就是一个高灵敏度的电容式传感器）的活动极板，其左侧是固定极板。可见，随着试样室内CO浓度的变化，检查室两侧产生压力差，电容传感器的电容值就发生变化。由于电容值的变化与旋转遮光片的频率同步，因此便产生了充电和放电电流，由后续二次仪表检出。电流信号越强，表明待测气体内的CO浓度越大。

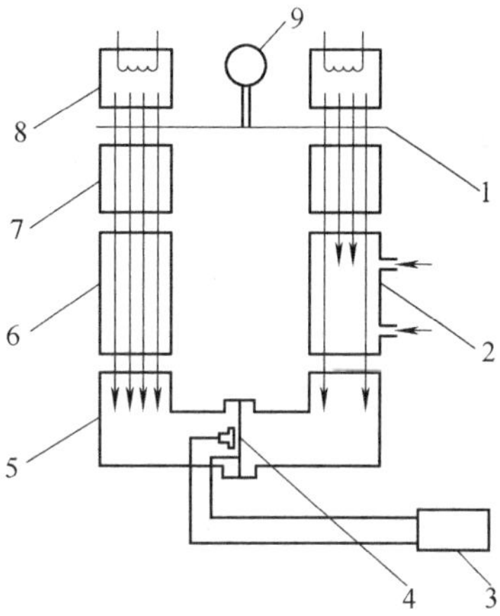

图7-6　NDIR原理图

1—旋转遮光片　2—试样室　3—电测量装置　4—膜片　5—检查室　6—对比室　7—滤波室　8—红外线辐射室　9—电动机

为使红外分析仪在测定某一种气体的浓度时不受其他气体浓度变化的影响，在红外光源和对比室与试样室之间设置了滤波室。滤波室内填充干扰气体，如 CO_2、水蒸气等，来滤掉红外线中干扰气体所对应波段的那部分辐射。例如，滤波室内的 CO_2 将其敏感频段的红外线吸收掉，剩余的红外线进入试样室就不会再受到 CO_2 的吸收了。

2. 氢火焰离子分析法（FID）

FID是检测排气中HC成分最有效的方法。它具有很高的灵敏度，对环境温度及大气压力也不敏感。

FID的原理是：大多数有机碳氢化合物在氢火焰的高温（2000℃左右）下产生热致电离，形成自由离子，离子数与引入火焰中的碳氢化合物分子中的碳原子数基本成正比。

这种方法对不同的碳氢化合物分子没有分辨能力，所以它用于测定总的HC排放量，在仪器上通常以正己烷的当量体积百万分数（即 10^{-6}）表示。

3. 化学发光分析法（CLD）

CLD是测定 NO_x 最好的方法，灵敏度非常高。

CLD的原理是：检测时令待测气体中的NO与臭氧 O_3 反应，生成 NO_2^*（NO_2 的激发态）分子，在 NO_2^* 由激发态向基态衰减的过程中，会发出波长为0.6～3μm的光量子，这一现象即为**化学发光**。其发光强度与NO的体积分数成正比。对于被测气体中的 NO_2，先通过适当的转换将其还原成NO，即可间接测出 NO_2 含量以及 NO_x 总量。

四气体与五气体分析仪

由上述原理可以看出，不同排气成分有各自最适用的检测手段，也就对应不同的仪器。当需要同时检测排气中多种气体成分时，可以分别使用不同仪器进行测定，但是这样做费时费力，而且难以保证各种气体的检测结果是同一时刻排气的成分（尤其是当采用直接取样法时）。

所以，需要开发一种能同时检测排气中各种气体成分的检测仪器。

能同时检测 CO、CO_2、HC 和 O_2 这四种气体成分的就是**四气体分析仪**。其中 CO、CO_2 和 HC 用不分光红外分析法就能获得足够的测量精度。O_2 本身对人体和环境没有危害，但是排气中的氧浓度往往可以反映混合气质量（即空燃比或过量空气系数的合理程度），可以通过在测试通道中设置氧传感器进行测定。氧传感器主要包括氧化钛式和氧化锆式，具体原理可参考汽车发动机电控燃油喷射方面的资料。

如果在上述四气体的基础上再增加 NO_x 检测功能，就成为**五气体分析仪**。测定 NO_x 最合适的方法是采用化学发光分析法，但是该方法仪器复杂，成本较高。所以，高端的五气体分析仪要同时具有不分光红外气体分析仪、氧传感器和化学发光分析仪，其成本是非常高的。一些供在线快速检测用的五气体分析仪没有采用化学发光分析法，而是将 CO、CO_2、HC 和 NO_x 都交由不分光红外线分析仪来检测，O_2 仍然由氧传感器测定。这无疑降低了成本，但 NO_x 的检测精度较低。

4. 烟度的测定原理

炭烟是柴油机的主要排放污染物。排气中炭烟含量的高低用烟度来表征，具体包括滤纸烟度和不透光烟度。

（1）滤纸烟度 从排气管抽取规定容积的排气，使之通过规定面积的标准洁白滤纸，滤纸被染黑的程度就是**滤纸烟度**。当污染滤纸为全黑时，定义滤纸烟度值为 10；全白的无污染滤纸烟度为 0。测定滤纸烟度的设备称为滤纸式烟度计，其机械结构和工作原理如图 7-7所示。

滤纸式烟度计的测量装置采取光电式原理，如图 7-8 所示。固定光源照射被排气染黑后的滤纸，其反光照射在一个环形光电池上。滤纸染黑度越高，其反光率越低，光电池产生的光电流就越小；反之，滤纸染黑程度越小，光电流越大。

滤纸式烟度计是一种比较传统的烟度检测设备，具有结构简单、调整方便、使用可靠、测量精度高、试验试样便于保存等优点，目前在检测和维修行业中使用较多。其缺点是，只能检测黑色炭烟，对于蓝烟灵敏度下降、测量失准，对于白烟则完全无效。另外，滤纸烟度的计量原理决定了其只能测量一张滤纸染黑全过程（也就是发动机一次测量工况的排气过程）的总染黑度，不能动态地显示柴油车（柴油机）在变工况过程中随着时间的变化排气中炭烟含量的变化。

（2）不透光烟度 **不透光烟度**又称为**消光式烟度**，它是利用不透光度来反映排气中炭烟等可见污染物的含量。**不透光度**是指光源的光线被排气中可见污染物吸收而不能到达光电检测单元的百分率，用 N 表示。测定不透光烟度的设备就是不透光烟度计。不透光烟度度计按 N 从 0 ~ 100% 的变化进行线性划分：$N=0$，表示完全透射，被测排气不吸光；$N=100\%$，表示光线完全被排气吸收。

不透光烟度计分为全流式和分流式两种。**全流式不透光烟度计**测量全部排气的不透光度；**分流式不透光烟度计**是先将排气中的一部分引入取样管，再送入不透光烟度计进行

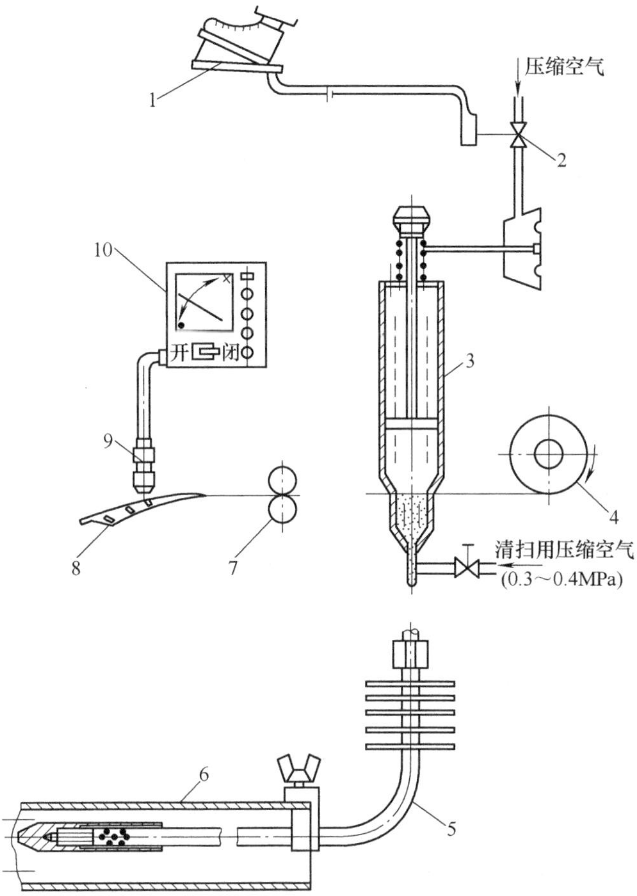

图 7-7　滤纸式烟度计的结构和工作原理
1— 脚踏开关　2—电磁阀　3—抽气泵　4—滤纸卷　5—取样探头　6—排气管　7—进给机构
8—染黑的滤纸　9—光电传感器　10—指示电表

连续分析。我国排放标准规定使用分流式不透光烟度计，如图 7-9 所示，这种分流式不透光烟度计又称为**哈特里奇烟度计**。

测量前，向空气校正器中吹入干净空气，转动转换手柄，使光源和光电池移至校正器两侧，做零点校正。然后再转动手柄，将光源和光电池移至排气测试管两侧，并将需要测定的一部分汽车排气连续不断地导入测试管。光源发出的光被排气中的可见污染物所吸收，烟度越大，光吸收率就越高，即不透光度越高，光电池接收到的光通量也就越小，并通过光电转换显示出测量结果。

滤纸式烟度计只能测定黑烟的烟度，而且不能做连续动态测量。不透光烟度计则充分考虑了排气中的黑烟、蓝烟和白烟等可见污染物对环境的综合污染，强调了排气中所有可见成分对人视觉感知的影响。而且不透光烟度计可对柴油车排气可见污染物进行连续的动态测量，便于分析发动机工况变化对炭烟排放的影响，目前在世界各国得到广泛应用。我国标准要求压燃式发动机和装用压燃式发动机的车辆（包括 2005 年 7 月 1 日以后生产的新车和 2001 年 10 月 1 日以后生产的在用车），其排气检测是测定其可见污染物的不透光烟度。

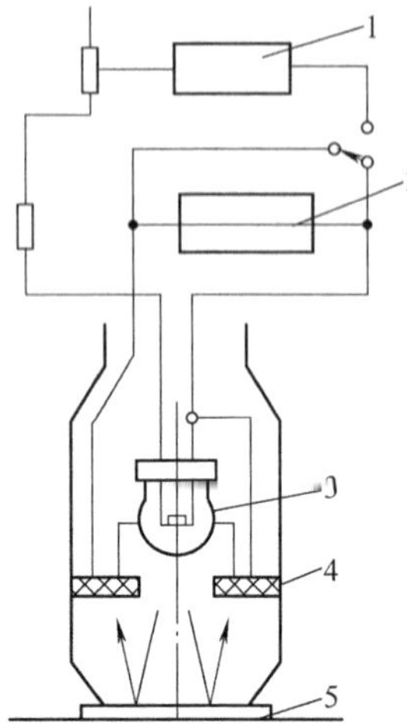

图 7-8　滤纸烟度值的测量
1—电源　2—指示仪表　3—光源
4—光电池　5—待测滤纸

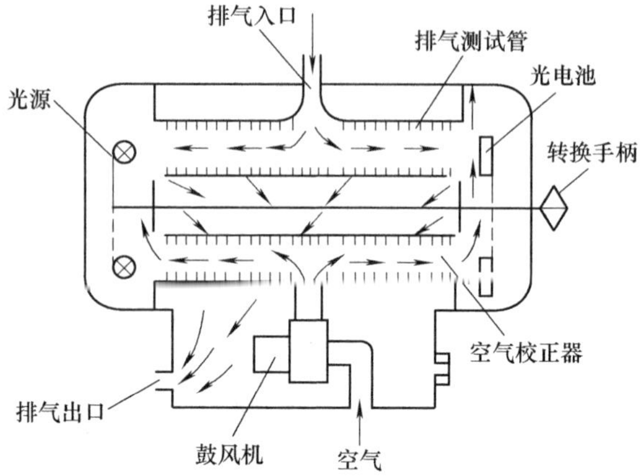

图 7-9　不透光式烟度计

五、排气污染物的试验方法

排气污染物的**试验方法**是指对汽油车和柴油车分别采取哪些试验工况来测定其排气污染物的含量。

不同国家和地区以及不同的组织机构，对不同种类的内燃机（主要是汽油机或柴油机）以及装用这些内燃机的不同种类的汽车，制定了不同的试验方法，供试验单位根据自身条件、测试对象和试验目的加以选择。试验方法的标准很多、更新很快，这里仅介绍几种较典型的试验方法，其中怠速法、双怠速法和工况法是针对汽油车的，稳态法和非稳态法是针对柴油车的。

1. 汽油车的排放试验方法

（1）怠速法　也即**单怠速法**，是一种经典的测量汽油机排气污染物的方法，就是选择怠速作为试验工况，一般仅测量 CO 和 HC。一般来说，汽油机（车）在怠速工况下的排放污染是较严重的，选取怠速作为试验工况有其合理性。但是，怠速时间占汽车运行总时间的比例并不大，而且装备电控燃油喷射系统和三元催化转化器的汽车，排放最严重的工况是急加速等非稳态工况，所以，仅以稳态的怠速排放量作为汽车排放污染水平的定量表征，缺乏全面性。怠速法突出的优点是简便易行、效率高，而且测试装置价格便宜、利于携带，较适用于汽车检测站对在用汽油车排放性能的年检测试。

（2）双怠速法　**双怠速法**是对怠速法的一种完善，即在怠速工况的基础上增加了高怠速工况。**高怠速**，按我国标准定义为 0.5 倍的额定功率转速（美国规定为 2500r/min，俄罗斯规定为 0.6 倍额定功率转速）。与怠速法相比，双怠速法能够在不显著增加试验复杂性的基础上，更全面地反映出汽车污染物的排放水平。双怠速法需要测定怠速工况下 CO 和 HC 的排放量，以及高怠速工况下 CO、HC 的排放量和过量空气系数 λ。所有数据都应符合标准限值。

（3）工况法 **工况法**是将汽车若干常用工况和排放污染较重的工况结合在一起，按规定工况循环模式测定排放污染物的方法。其出发点与燃料经济性试验中的多工况循环试验类似，都是力图最大限度地重现汽车的实际运行工况，使试验数据可以定量代表车辆的真实使用性能。不同的国家和组织，针对不同的车型和使用环境，编制了许多循环工况，供试验者参照选用。例如，图 7-10 所示为欧洲的轻型汽车排放循环工况，是在前面的 ECE15 工况的基础上增加一个郊外高速 EUDC 工况。工况法的优点在于试验结果更全面、可靠，但操作复杂，对仪器设备的要求较高，其应用受到一定的限制。

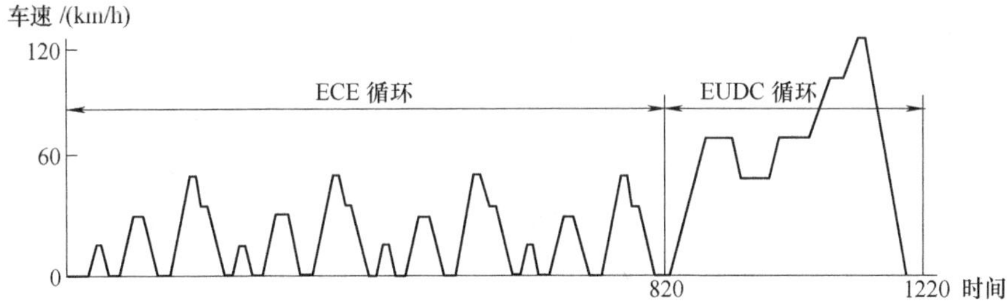

图 7-10 欧洲 ECE、EUDC 循环示意图

2. 柴油车的排放试验方法

柴油机（车）排气污染物的试验方法分为稳态法和非稳态法。

（1）稳态法 **稳态法**是指在柴油机稳定运转状态下，对其排气污染物进行测定。由于柴油车在全负荷运转时排黑烟较严重，所以稳态试验法通常就是测量柴油车全负荷运转时的排气烟度，国家标准要求采用不透光烟度。测量的基本过程是：由最低转速至额定转速之间选取适当分布且数量足够的转速点进行全负荷烟度测试，其中包括最大转矩转速和最大功率转速，最低转速是指 45% 的额定转速、1000r/min 或怠速控制器允许的最低转速中最高的一个。每一转速下烟度的测量必须在柴油机运转稳定后进行，任何一次测量结果都不得超过标准允许的限值。

由于需要准确控制柴油机的转速和负荷，稳态烟度试验适用于在发动机试验台架上进行，就车检测较困难。另外，只进行稳态烟度测定，不能反映柴油机的全部排烟特性。

（2）非稳态法 **非稳态法**是指按规定的控制程序，在柴油机非稳定运转状态下对其污染物进行测定的方法。非稳态法包括自由加速法和加载减速法，其中自由加速法的应用最为广泛。

自由加速法是指柴油机从怠速状态突然加速到高速空载转速过程中，在自由加速工况下进行排气污染物测定的一种方法。这里的自由加速工况是指在发动机怠速下，迅速但不猛烈地踩下加速踏板，使喷油泵供给最大油量，在柴油机达到调速器允许的最大转速前，保持此踏板位置；达到最大转速后立即松开加速踏板，使发动机恢复至怠速。

自由加速法不需对柴油机加载，易于就车进行，并且能客观地反映柴油机的排烟特性，因此该法适用于检测站对在用柴油车的年检以及环保部门对柴油车的监测。

对于机动车保有量大、污染严重的地区，也可以采用加载减速法进行检测。**加载减速法**是在一定工况条件下测量柴油车排气可见污染物的方法，加载减速过程必须完全自动化。自动控制系统采集实测最大轮边功率时的转鼓线速度 V_e、90% V_e 和 80% V_e，将上述三个工况下的轮边功率、发动机转速、转鼓线速度和排气光吸收系数作为检测结果。只有上述三个工况点测得的光吸收系数或烟度值均满足标准限值，排放测试才判定为合格。

加载减速法来自香港地区，北京、上海等地区也开始使用加载减速法检测在用柴油车的烟度。

排放试验标准是根据车型分类制定的，不同国家和机构对车型的分类标准不一样，同一类型汽车的试验方法很多，排放限值的标准数据更新很快，这里不再详述。希望试验者在进行汽车排放测试时，查阅最新的有效标准，并依据自身情况参照执行。

事实上，对于很多燃料经济性试验和排放性试验，或者其他汽车试验，试验单位在操作时并不一定完全按照国家标准执行，包括试验工况、操作规范、所采用的仪器设备和标准限值等。例如，国家标准规定轻型汽车（轿车和总质量小于3500kg的货车）除装备压燃式发动机的以外，都必须进行双怠速工况测试，但是很多检测单位仍然采用单怠速法；标准要求压燃式发动机和装用压燃式发动机的车辆（包括2005年7月1日以后生产的新车和2001年10月1日以后生产的在用车），其排气检测是测定其可见污染物的不透光烟度，而有些检测和试验单位仍然采用滤纸式烟度计；加载减速法的烟度限值目前只有中华人民共和国环境保护部给出的建议性原则，很多地区使用的是地方标准；而另一方面，很多科研单位和大专院校在进行科研创新性试验时，往往采用国外组织和机构的标准。这些是由于试验单位自身条件的限制或者试验目的的不同所造成的，可以说是一种可以接受的变通措施。但是在试验报告中一定要注明所采用的试验方法和仪器设备，而且要注意，其结果与采用现行正规国家标准得到的试验结果没有可比性。

第五节　噪声试验

所谓**噪声**，是泛指人们不欢迎的、不需要的和令人烦躁、讨厌的干扰声。在示波器上往往表现为一系列不规则或随机的声信号。

噪声会使人的听力减弱、视觉功能下降、神经衰弱、血压变化和胃肠道消化功能障碍，影响人的睡眠、谈话、学习、工作和情绪等。总之，噪声对人体的生理和心理都有诸多不利影响。

噪声按来源可分为交通噪声、工业噪声和生活噪声。其中交通噪声包括道路交通噪声、铁路交通噪声、航空交通噪声和内河航运噪声。道路交通噪声还可分为车辆噪声和道路噪声。本节研究的是车辆噪声。

车辆噪声（或称为汽车噪声）主要来源于两大方面，一方面是与发动机运转有关的噪声，另一方面是与汽车行驶有关的噪声。前者包括燃烧噪声、机械噪声、进/排气噪声和风扇噪声，后者包括底盘传动系统噪声、制动噪声和轮胎噪声。

汽车噪声试验并不着重考察汽车噪声的来源和产生机理，而是主要测定不同工况下、车内外不同位置所受到的噪声水平。

一、声音的评价指标

不仅要研究声音的客观物理评定量，还要考虑人对声音的生理感受。

1. 声压与声压级

声压是指声波波动引起传播介质压力变化的量值。设介质处于平衡状态时各处的静压强为 p_1，当声波通过时介质中某点的压强变化为 p_2，其变化量 p 即为声压，单位为 Pa，即

$$p = p_2 - p_1$$

正常人耳能够听到的最弱的声压为 1×10^{-5}Pa，开始感到疼痛的声压为20Pa，差距达数百万倍。可见，用声压的绝对值来表征声音的强弱很不方便，因此引入“级”的概念，用成倍比关系的对数值来评定声音的强弱。于是定义声压级为 L_p

$$L_p = 20\lg\frac{p}{p_0} \tag{7-4}$$

式中，p 为被描述点的声压；p_0 为基准声压，$p_0 = 2\times10^{-5}$Pa。

声压级 L_p 的单位是 dB，它是一个相对于基准的对数指标，由式（7-4）可以看出，声压变化 10 倍，声压级改变 20dB。

2. 声功率与声功率级

声压描述的是声场中某点的压强变化，而**声功率**表征的则是声源在单位时间内传播的声能，单位为 W。

同样采用“级”的概念，可以将声功率倍比关系的对数值定义为**声功率级**，即

$$L_W = 20\lg\frac{P}{P_0}$$

式中，P 为声源辐射的声功率；P_0 为基准声功率，$P_0 = 1\times10^{-12}$(W)。

3. 声强与声强级

声强是通过与声能传播方向垂直的单位面积的声能的时间平均，记作 I，单位为 W/mm²。声强描述的是声场中某一点的“功率密度”（但不是瞬时值，而是一个周期 T 内的平均值)，声强是矢量，方向指向该点的声能传播方向。

同样采用“级”的概念，可以将声强倍比关系的对数值定义为**声强级**，即

$$L_I = 20\lg\frac{I}{I_0}$$

式中，I 为被描述点的声强；I_0 为基准声强，$I_0 = 1\times10^{-12}\text{W/mm}^2$。

4. 响度级

响度级是人耳听到声音时的主观感觉的定量描述。它是同时考虑声音的声压级和人耳对不同频率声音响应的一个表示响度的主观评价量，单位是 PHON，其数值等于频率为 1000Hz 的纯音的声压级分贝值。例如，如果一个 1000Hz 纯音的声压级是 50dB，那么它的响度级就是 50PHON。

人耳的听觉生理特征是对各种频率的声音有不同的选择性和响应。一般来说，人耳对高频声音比对低频声音要敏感，感觉声音更响；但频率过高（大约超过 4000Hz）后敏感

度下降。这个关系可以用“等响曲线”表示，如图7-11所示。因此，除了1000Hz的纯音以外，人感觉到的响度级和声音的声压级是不同的。或者说，频率不是1000Hz的两个声音听起来一样响，但是其声压级是不同的。

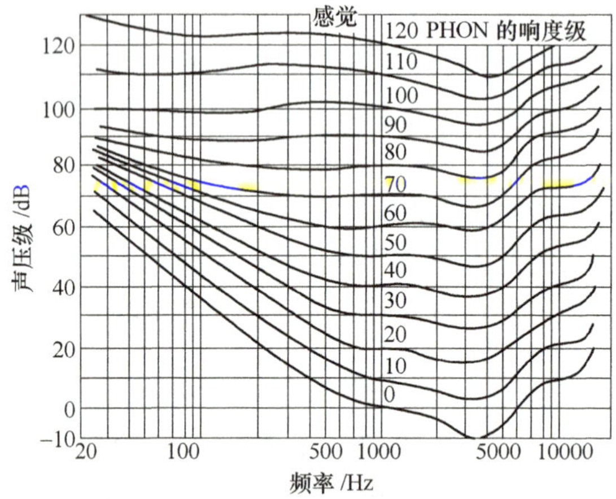

图7-11　等响曲线

噪声测量仪器有声级计、声强测量仪和频率分析仪等，其中应用最多的是声级计。

汽车噪声试验一般包括车外噪声试验、车内噪声试验和驾驶人耳旁噪声试验，另外对汽车喇叭的声级也有一定要求。每项试验的具体要求较复杂，以下仅介绍其基本思想和操作要点。

二、车外噪声试验方法

试验场地要求水平、坚实、平整，半径50m范围内不得有大的反射物。

使用两个声级计，其传声器分别位于试验路线中线两侧7.5m处，距地面高1.2m，用三脚架固定，其轴线水平并垂直于试验道路中线，如图7-12所示。

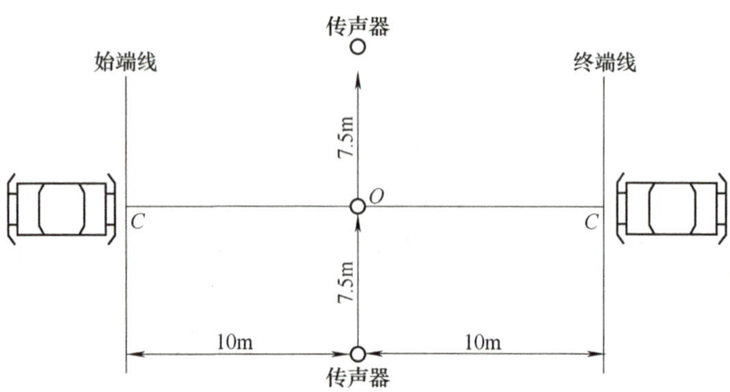

图7-12　车外噪声试验的试验路线和传声器布置

试验时包括风在内的本底噪声比所测汽车噪声至少低 10dB。为避免风的干扰，可以采用防风罩，但应注意防风罩对声级计灵敏度的影响。

被测汽车空载，分别进行加速行驶和匀速行驶时车外噪声的测量，关于车速、发动机转速、加速强度和变速器档位等，严格按有关标准执行。

声级计采用 A 计权网络、“快”档进行测量。

在进行数据处理时，需注意：汽车同侧的噪声值可以进行平均，但两侧的噪声值不做平均，取较大者作为该车的代表。

三、车内噪声试验方法

试验场地要求与车外噪声试验类似，周围不得有大型反射物的距离要求由 50m 降为 20m。本底噪声比所测汽车噪声至少低 10dB。

车内噪声试验的一个重点是车内测量点的选择：一个测量点必须选在驾驶人座位，基本处于驾驶人右耳旁；对于轿车，可以在后排无人座位上追加一个测量点；对于客车还应追加车厢中部和后部站立处的测量点，距地板高 1.5～1.7m，基本处在站立乘客的耳旁。

从以下三种运行工况中选出一种可以代表被试汽车车内噪声的运行条件——匀速行驶、全节气门加速和车辆定置。

声级计采用 A 计权网络、“快”档进行测量。

试验的具体操作严格按有关标准执行。

四、驾驶人耳旁噪声试验方法

驾驶人耳旁噪声试验可以认为是一种车内噪声试验，但前者对车辆测试工况有专门的要求，故本节将其单列为一项。

驾驶人耳旁噪声试验要求汽车处于静止状态，变速器处于空档，发动机以额定转速稳定运转。与此要求不同的是，车内噪声试验的定置工况要求变速器处于空档，发动机由低速空转开始，迅速踩下加速踏板，全力加速至发动机高速空转，测量 5s。

声级计采用 A 计权网络、“快”档进行测量。

五、汽车喇叭噪声试验方法

汽车喇叭应具有连续发声的功能，工作可靠，且声压级不得过强。测量喇叭声级时，声级计的传声器距地面高度为 1.2m，距被测汽车最前端为 2m。

测试时应注意不被偶然的其他声源峰值干扰，测量次数最好达到两次以上，并注意监听喇叭声音是否悦耳。其声压级应在 90～115dB（A）范围内。

第六节　制动性试验

由汽车理论可知，汽车的制动性包括制动效能、制动效能的恒定性和制动时汽车的方向稳定性等方面的要求。另外，就广义而言，汽车的制动性能还应包括驻车制动能力、应急制动系统的效能以及 ABS 系统（如果装备的话）的性能。这些要求，在汽车的制动性试验中均有所体现。

本节研究的是汽车的制动性能，属于整车性能试验，不是研究汽车制动系统的零部件。

制动性试验可以采取道路试验，也可以采取室内台架试验。道路试验的主要测试参数是汽车的制动距离和制动减速度，可以采用五轮仪，也可以采用非接触式速度仪和加速度计等。台架试验主要用于测量各车轮的制动力及制动力增长过程、平衡情况等，有的台架试验也可以用来测量制动距离，室内试验设备包括各种滚筒式或平板式制动试验台。

一、制动性的道路试验

试验道路应坚硬、水平、干燥，附着良好（测试防抱死制动系统性能的路面对附着系数的组成另有特殊要求），最好是混凝土路面，而且要有足够的宽度，相关试验要按规定绘制标线。

制动性的道路试验包含的主要试验项目及其要点如下所示。

1. 磨合试验

磨合试验包括磨合前的检查试验、磨合前的制动效能试验和磨合试验。

（1）磨合前的检查试验 磨合前的检查试验用于初步检查汽车的制动性能和各仪表状况。如存在较严重问题，则应在检修好后再进行试验，如果制动性能和仪表性能难以恢复，则中断试验。

试验时，初速度为30km/h，末速度为0，减速度为3.0m/s^2（具体操作时需保持相应的制动踏板力或制动管路压力），制动间隔距离为1.6km，制动10次。同时，测量制动管路压力、制动减速度和制动器初始温度，应符合相关要求。

（2）磨合前的制动效能试验 同时考察制动效能和制动时汽车的方向稳定性。

制动初速度分别取30km/h和65km/h（对于最高车速超过100km/h的车辆，增加80km/h的初速度），制动末速度均为0。

试验道路上按规定的通道宽度绘制标线。例如，对于各种总质量≤3500kg的汽车，通道宽度为2.5m。注意，在标线两侧要留有足够的道路安全宽度。

每次制动时，先将车速提升到略高于规定的初速度，然后分离离合器、摘档滑行，当车速降低到规定初速度时，以一定的力度踩下制动踏板并尽量保持该力度不变。制动踏板上套有脚踏开关，踩踏板的同时该开关也启动，五轮仪、减速度计等测量仪器开始测量速度、距离和制动减速度等信号。

其中，减速度计用于道路试验中测量汽车的制动减速度。减速度计包括摆锤式和滑块式两种。摆锤式减速度计是在车辆减速时，随着摆锤的摆动角位移而指示减速度值；滑块式减速度计是重块在惯性力作用下沿铜质导轨做线位移，按线位移的大小显示减速度值。滑块式减速度计的精度更高、误差更小。

制动时，监测制动踏板力、制动管路压力或制动减速度，以其中任意一个参数作为**制动强度**的代表（此处的“制动强度”与汽车理论中的制动强度 z 含义有所不同）。同时，检查是否**达到最大制动效能**。发生以下三种情况的任意一种，就认为达到了最大制动效能：①有任意车轮抱死；②车体任何部位对地面的投影超出划定的通道宽度；③制动踏板力超过规定的允许值㊀。

试验时，逐次搜索、提升制动强度，直到达到最大制动强度。以该工况下的制动效能作为试验结果。可以看出，制动效能的路试，要求反复调控制动强度，力争在不突破“达到最大制动效能”限制的条件下尽可能提高制动效能，这对于驾驶人的操作技能和抗疲劳能力有较高要求，同时对车辆的制动系统和轮胎等部件的技术状况也有较高要求。

制动效能的试验结果用制动距离或制动减速度表征，其中关于制动减速度，国家标准要求采用充分发出的平均减速度 MFDD，而汽车行业内也有采用平均减速度的 $\overline{a}$。（可参见汽车理论）。为计算方便，也有采用制动减速度曲线上的初期值、中期值和终期值 3 点的算术平均值代表制动减速度的。

国家标准中对于不同的车型，规定了不同的制动初速度、不得超出的通道宽、制动距离限值、制动减速度限值和制动踏板力限值等。具体数据参阅标准。注意，我们常说的制动性能试验限值，一般指的是下文“冷态制动效能试验”的限值，不是这里的“磨合前的制动效能试验”的限值。

（3）磨合试验　制动磨合试验，是指在一定初速度、末速度、减速度和制动间隔里程等条件下反复减速制动的过程，类似“磨合前的检查试验”。但是磨合试验对不同车型的制动初速度、末速度和减速度的要求不同，最大总质量 $<4500\text{kg}$ 的汽车，初速度为 65km/h、末速度为 0、制动减速度为 4.5m/s^2；最大总质量 $\geqslant 4500\text{kg}$ 的汽车，初速度为 65km/h、末速度为 30km/h、制动减速度为 3.0m/s^2。

制动间隔里程都不得大于 1.6km，制动器温度不得高于 120℃，制动次数均为 200 次。在试验过程中，记录第 1 次制动和以后每隔 25 次制动时的制动减速度、制动踏板力、制动管路压力及初始制动器温度。

2. 冷态制动效能试验

冷态制动效能试验的操作规范，与磨合前的制动效能试验相同。

国家标准中规定的、可以代表被试汽车的行车制动效能的，就是该试验的结果。国家标准中对于不同的车型，规定了不同的制动初速度、不得超出的通道宽、制动距离限值、制动减速度限值和制动踏板力限值等。例如，乘用车要求任意载荷下的制动初速度为 50km/h、制动时不得偏出的通道宽为 2.5m、制动踏板力不得超过 500N、制动距离不超过 20m、MFDD 不小于 5.9m/s^2。

3. 制动系统部分回路失效效能试验

制动系统部分回路失效效能试验，其试验规范同磨合前的制动效能试验。但为了模拟回路失效，允许配置必要的附加装置和管路，附加装置不得影响汽车原有的行车制动效

㊀ 出于实际驾乘体验的考虑，较大的踏板力下才能实现的制动效能，对于很多体力不够的驾驶人来说是不现实的，所以规定了该限制。例如，国家标准中对于乘用车的踏板力，是要求不得大于500N。

能和部分回路失效后的制动效能。

部分回路失效的模拟，对于气压制动来说，是将失效回路的气压直接排入大气；对于液压制动来说，可将失效回路的制动液通过另接的管路返回储液罐。在装有制动力调节装置的汽车上，应拆除其机械控制装置。

在进行部分回路失效试验时，可选择实现最严重的失效工况。例如对于载货汽车，可以断开后轴制动回路，轿车则可以分别断开前轴或后轴回路，具体失效模拟方案视试验车制动系统而定。部分回路失效后，其剩余制动效能（如制动减速度）应能保持原规定值的30%以上。

4. 应急制动试验

应急制动是指在常规的行车制动失效后，在适当的距离内将车停住。应急制动装置必须可控制、可调节。

国家标准要求汽车必须装有应急制动装置，同时允许应急制动装置与常规行车制动系统或驻车制动系统合为一体，但不得三者合为一体。而对于轿车等车型来说，应急制动装置往往与行车制动系统合为一体，所以其应急制动试验实际上就是制动系统部分回路失效效能试验，两者的试验方法与规范相同。两者的区别在于限值要求不同，应急制动效能尚无统一的规定，通常按车辆设计要求或试验目的进行评定。一般来说，应急制动的制动减速度，至少应达到正常行车制动的50%。而制动系统部分回路失效效能试验则要求达到30%。也就是说，对于轿车等车型来说，应急制动试验的通过，也就意味着制动系统部分回路失效效能试验的通过。

5. 制动器热衰退试验

注意，“制动器热衰退试验”并不是将制动器从车上拆下来进行台架测试，而是仍然进行整车道路测试。

评价制动器的抗热衰退性能，用制动效能衰退率来表示，即

$$\text{衰退率}=\frac{\text{第}\,i\,\text{次踏板力(管路压力)}-\text{基准踏板力(管路压力)}}{\text{基准踏板力(管路压力)}}\times 100\%$$

注意，该式中的数值均是在相同的制动减速度下取得的。显然，衰退率越高，说明为了获得相同的制动效能，衰退后的制动器需要更大的制动踏板力（或制动管路压力），抗热衰退性能就越差。

制动器热衰退试验包括基准试验、热衰退性能试验和恢复试验。

（1）基准试验 基准试验的制动初速度为65km/h，末速度为0，最大总质量≤4500kg的汽车的制动减速度为4.5m/s^2，最大总质量>4500kg的汽车的制动减速度为3m/s^2，制动器初始温度为90℃，共制动3次。在试验过程中，测量制动减速度作为制动效能的代表，另外，测量制动踏板力或制动管路压力。

（2）热衰退性能试验 热衰退性能试验的制动初速度为65km/h，最大总质量≤4500kg的汽车，其制动末速度为0、制动减速度为4.5m/s^2；最大总质量>4500kg的汽车，其制动末速度为30km/h、制动减速度为3.0m/s^2。制动时间间隔为60s，冷却车速为65km/h，制动次数为20次。试验时，测量并记录制动踏板力、制动管路压力、制动减速度和制动器初始温度（制动踏板力和管路压力可以选择其中一个测量）。计算衰退率，考

察制动器的抗热衰退性能。

（3）恢复试验　在完成热衰退性能试验后，立刻进行恢复试验。恢复试验的制动初速度、末速度和减速度，与热衰退性能试验相同。制动时间间隔则延长至180s，冷却车速仍为65km/h，制动次数为15次。试验时，测量并记录制动踏板力、制动管路压力、制动减速度和制动器初始温度（制动踏板力和管路压力可以选择其中一个测量）。要求最后一次制动器初始温度应降到120℃以下。

6. 涉水试验

制动效能的恒定性，除了抗热衰退性能外，还包括抗水衰退性能。涉水试验就是考察抗水衰退性能，其基本思想和操作要点与制动器热衰退试验类似。该试验也采用衰退率评价，同样的制动效能下衰退率越小，说明抗水衰退性能越强。

涉水试验包括基准试验、涉水试验和恢复试验。

（1）基准试验　基准试验的制动初速度为30km/h，末速度为0，最大总质量≤4500kg的汽车的制动减速度为4.5m/s^2，最大总质量>4500kg的汽车的制动减速度为3m/s^2，制动器初始温度为90℃，共制动3次。在试验过程中，测量制动减速度，另外，测量制动踏板力或制动管路压力。

（2）涉水试验　将汽车驶入水槽，车轮浸入水深大于车轮半径，并使制动器处于放松状态（确保水可以进入其内部），然后驾驶汽车以10km/h以下的速度往返行驶，行驶2min后驶出水槽。注意，涉水试验中不进行制动减速，也不测量数据、不计算衰减率。

（3）恢复试验　涉水后，驶出水槽1min后进行恢复试验。恢复试验就是进行反复制动行驶，每次的制动初速度、末速度和减速度，与基准试验相同。制动间隔时间为180s，行驶车速为30km/h。在试验过程中，测量制动减速度，另外，测量制动踏板力或制动管路压力。计算衰退率，考察制动器的抗水衰退性能。

7. 制动系统时间特性的测定

按汽车理论，制动过程包括驾驶人反应时间、制动器起作用时间、持续制动时间和制动释放时间四个过程。此处的制动系统时间特性，指的是制动器起作用时间和制动释放时间。这两个时间分别影响制动效能和解除制动后汽车迅速加速或减轻侧滑的能力，都要求越短越好。

在试验环节，制动器起作用时间一般用制动协调时间代表。**制动协调时间**是指从驾驶人踩制动踏板到制动管路压力（或制动器制动力，但路试一般难以测量制动器制动力）达到规定值的75%所需的时间，也称为制动促动时间。**制动释放时间**则是指从制动踏板开始松开到制动管路压力下降到规定值的10%所需的时间。

制动协调时间和制动释放时间是在汽车静止状态下测量的，而制动管路压力则是在液压管路或前后制动气室的进口处测量，装有制动力调节装置的应将其置于满载位置。试验时应快速踩下或松开制动踏板。

8. 防抱死制动系统性能试验

对于装有ABS的汽车，还应进行防抱死制动系统的指示灯检查试验、剩余制动效能试验、防抱死制动系统特性校核试验、附着系数利用试验、对开路面试验、对接路面试验、能耗试验和抗电磁干扰试验等。具体的试验项目和操作规范等，详见第八章第六节汽车主动安全电子控制系统试验。

二、制动性的台架试验

一般来说，整车的制动性能，采取道路试验是比较理想的，制动工况真实，数据精度和可信度都较高。但路试对于道路条件和气象条件要求较高，试验周期长，所需的人员和设备较多。因此，在很多检测、维修企业，采用台架试验法检测整车的制动性，以节约时间、提高效率。如果对台架检测的结果有争议，标准规定采用路试法进行复检，并以满载路试的试验结果为准。

下面介绍几种常见的制动性试验台，及其检测操作要领。

1. 反力式滚筒试验台

滚筒式制动试验台，其外观和基本测试思想与底盘测功机有相似之处，都是利用滚筒（转鼓）充当活动路面支承车轮，在试验台上测量力矩和转速，反映车轮和滚筒之间的相互作用力。滚筒试验台包括反力式和惯性式两类，其中反力式主要用于测量制动器制动力。图7-13所示为反力式滚筒制动试验台的基本结构。

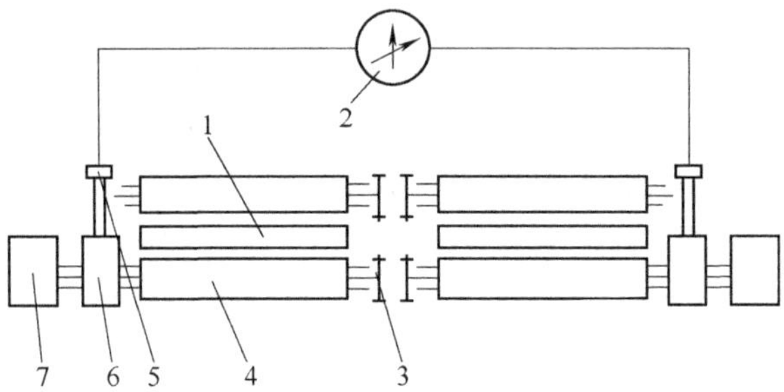

图7-13　反力式滚筒制动试验台的基本结构

1—举升器　2—测量表　3—链传动　4—滚筒　5—测力传感器　6—减速器　7—电动机

被试汽车驶入试验台，前、后车轴的左、右轮分别停放于左、右滚筒上，为保持制动助力可以使发动机运转。试验台的电动机开动起来，通过减速器、链传动等装置带动滚筒转动，滚筒带动被试车轮低速转动。在不施加行车和驻车制动的条件下，可以测出**车轮阻滞力**，也就是滚筒带动车轮空转所需的推力。

驾驶人踩下制动踏板，轮胎和滚筒之间的摩擦力（相当于汽车理论中的地面制动力 F_{Xb}）力图使车轮和滚筒减速。而试验台的电动机驱动系统会驱使滚筒继续转动，车轮在摩擦力的作用下也转动。也就是说，当踩下制动踏板时，车轮还在转动，这就意味着制动器内部的主、从动部分（制动盘 - 制动钳或制动鼓 - 制动蹄）产生了相对滑动，此时车轮和滚筒之间的摩擦力就是制动器制动力 F_{μ}。两侧车轮的制动器制动力及其变化过程，都可由试验台测量并显示出来。

反力式滚筒试验台一般都是**单轴式**的，一次只能测一根车轴，测完前轴左右车轮的制动力，再测后轴的。

单轴反力式制动试验台，结构较紧凑，制动力的测试较精确，但也存在一些缺点：为了能测得车轮的最大制动器制动力，要求轮胎和滚筒之间的附着力足够大。而由汽车理论可知，一般的汽车是最大制动器制动力大于附着力。因此，利用反力式试验台检测最大制动器制动力时，通常需在车辆上增加足够的附加质量，或施加相当于附加质量的作用力，以增大附着力。而这些力是不计入轴荷[㊀]的。为了维持较高的附着力，对滚筒表面技术状况以及日常维护的要求较高。

另外，反力式试验台只能在很低的车速下测试，工况模拟不够真实，也无法体现汽车的 ABS 功能，因为车速较低时 ABS 装置不起作用。

2. 惯性式滚筒试验台

惯性式试验台的外观与反力式类似。惯性式试验台具有飞轮机构，用于模拟汽车的惯性。惯性式试验台主要用于测量制动距离和制动减速度。

测试时，先使滚筒带动车轮在同一转速下转动，然后切断驱动滚筒旋转的动力并踩下制动踏板。于是车轮对滚筒产生切向阻力（相当于地面制动力 F_{Xb}），而滚筒在试验台飞轮机构的惯性作用下继续转动、逐渐减速。在此过程中，滚筒周缘的减速度和线位移，就相当于汽车的制动减速度和制动距离。

由于要模拟不同型号汽车的不同惯量值，惯性式试验台的飞轮机构需要具备多组飞轮，而且为了定量反映汽车的制动距离，惯性式试验台需同时测试所有车轮（一般称为双轴式试验台），因此占地面积大，结构较复杂，而且适应的车型有限。

3. 平板式试验台

上述两种滚筒式试验台所具有的一个共性的缺点是：由于汽车不运动，不会产生轴荷转移，也不会发生由轴荷转移造成的悬架系统动变形。而轴荷转移和悬架动变形对于汽车制动时的方向稳定性是有影响的。

平板式试验台的一个主要优点就是车辆是在动态减速过程中测试的，工况模拟更加真实。平板式试验台的结构如图 7-14 所示。

检测时，汽车以 5 ~ 10km/h 的速度驶上测试平板，紧急制动。显然，在车轮不打滑的情况下，制动器制动力就是车轮受到平板的地面制动力 F_{Xb}，而地面制动力与车轮给平板的切向力是一对作用力与反作用力，两者数值相等，车轮给平板的切向力由拉力传感器测出。该试验台可以测量各车轮的制动器制

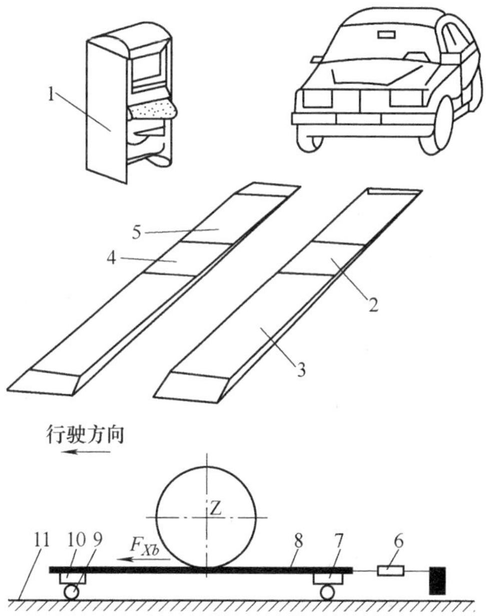

图 7-14　平板式制动试验台的结构
1—显示和控制台　2—侧滑测试平板
3、5—制动、轴荷测试平板　4—过渡板　6—拉力传感器
7、10—压力传感器　8—面板　9—钢球　11—底板

㊀ 轴荷用于计算制动力与轴荷之比，供与标准限值进行对比。

动力。

平板式试验台结构简单，测试过程与实际道路行驶较接近，能反映轴荷转移及悬架动变形等因素对汽车制动性的影响，不需增加垂直质量或模拟汽车的惯性，操作简便，效率较高，而且容易与轴重仪、侧滑仪等组合在一起。在检测单位应用广泛。

其主要缺点是测试的重复性差，占地面积较大，需要助跑车道，存在一定安全问题等。

第七节　操纵稳定性试验

汽车的**操纵稳定性**是指在驾驶人不感到过分紧张、疲劳的条件下，汽车能遵循驾驶人通过转向系统及转向车轮给定的方向行驶（操纵性），且当遭遇外界干扰时，汽车能抵抗干扰而保持稳定行驶（稳定性）的能力。

操纵稳定性的评价指标体系较复杂，需要采用较多的物理量从多方面进行评价。广义而言，汽车的操纵稳定性试验包括三类，分别为**操纵稳定性道路试验、汽车力学参数的测定和轮胎的机械特性试验**。汽车力学参数的测定主要包括汽车质量、质量分配、质心位置及转动惯量的测定、静态抗侧倾能力试验、转向器和转向系统刚度试验及车轮定位参数的测定等。轮胎的机械特性试验则主要研究轮胎-地面相互作用力、行驶工况、道路条件和车轮定位等之间的关系。

本节以操纵稳定性道路试验为主要对象，选取一些有代表性的试验项目加以介绍。主要讲述试验原理和测试工况，具体的被测物理量及数据处理，可参阅试验标准。

一、稳态回转试验

稳态回转试验，简单地说，就是通过试验方法判定汽车的稳态转向特性是不足转向还是过多转向，并且确定不足/过多转向量。

根据试验原理，稳态回转试验包括变侧向加速度 a_y 法和固定侧向加速度 a_y 法。其中，**变侧向加速度法**是通过改变前进车速 v 来获得不同的侧向加速度 a_y，该方法又包括**定转向盘转角法**和**定转向半径法**。而在采用**固定侧向加速度法**时，不仅要改变前进车速 v，还要改变转向半径，以维持 a_y 不变。

注意，在汽车理论中，强调“**转向盘角阶跃输入**下汽车进入的稳态响应”，这是为了与“**转向盘角阶跃输入**下的瞬态响应”做时间域的衔接和对比。事实上，稳态转向特性的研究前提就是要求车辆“等速圆周行驶”，然后提高车速或侧向加速度，以观察其稳态转向特性，对于是以何种转向盘输入进入这种等速圆周行驶的，理论上并无限制。因此，在进行试验时，并不一定要求做“转向盘角阶跃输入”，因为这种操作有一定难度和风险。

1. 定转向盘转角法

定转向盘转角法是判定稳态转向特性最直观的方法，其原理和汽车理论中对于“不足转向”、“过多转向”的描述是一致的：在汽车进入等速圆周行驶工况（无论是在何种转向盘输入下进入此工况）后，保持转向盘转角 δ_{SW} 不变，缓慢加速或以不同车速行驶时，随着车速的增加，转向半径增大的就是不足转向，转向半径减小的就是过多转向。

具体操作时，采用“缓慢加速”的，就是**连续加速法**，采用“以不同车速行驶”的就是**稳定车速法**。两者的本质要求是相同的，就是在行驶过程中汽车的纵向加速度尽量小，地面切向力对轮胎侧偏特性的影响尽量小。

（1）连续加速法　国家标准要求初始转向半径 $R_0=15\text{m}$，将该圆周用较明显的颜色画在试验场地上。汽车按初始转向半径以 3m/s^2 的侧向加速度行驶 500m，使轮胎升温。

正式测试时，汽车起步，沿该圆周以最低稳定车速行驶，固定转向盘转角 δ_{SW} 不变。缓慢加速，纵向加速度不超过 0.25m/s^2，直到汽车的侧向加速度达到 6.5m/s^2，或者汽车出现甩尾致使车速无法升高，或者轮胎发出尖叫声为止。整个过程保持转向盘转角 δ_{SW} 不变。显然，不足转向的汽车，随着车速（也就是侧向加速度）的提高，转向半径将变大；过多转向的汽车则相反。试验按向左转和向右转两个方向各进行 3 次，每次试验开始时车身均应处于正中位置。汽车行驶轨迹如图 7-15 所示。

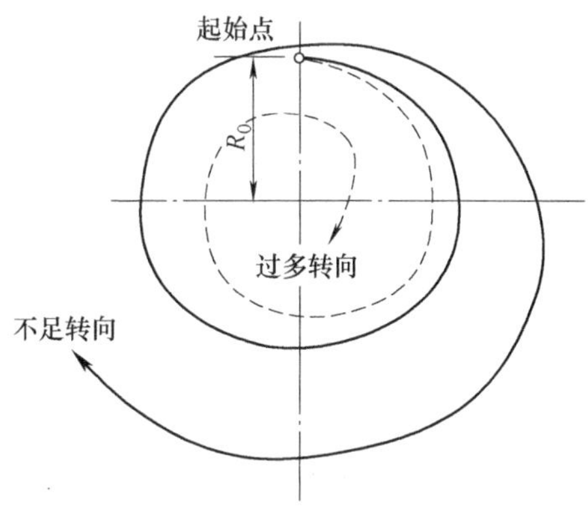

图 7-15　固定转向盘转角连续加速的试验车辆的运行轨迹

按试验目的和试验标准，测取被测量，进行数据处理。

（2）稳定车速法　稳定车速法和连续加速法的基本测试原理相同，只不过前者在每次行驶过程中均保持车速不变；不足转向还是过多转向的判定，则是在不同次行驶中变换车速、通过转向半径的变化看出。稳定车速法不需采用五轮仪（或非接触式速度计）和陀螺仪等设备，只需简单的喷水装置、秒表和皮尺等。

试验时，汽车先以极低的速度等速绕圈行驶，其半径可根据试验场地合理确定。稳定行驶后，打开喷水装置的开关，喷头（针）向地面喷水，显示出前、后轴中点的行驶轨迹，如图 7-16 所示。行驶一圈后，汽车开出圈外，用皮尺测量内、外圈半径 R_1 和 R_2。之后在相同的转向盘转角 δ_{SW} 下，分别以不同的、逐渐升高的稳定车速绕圈行驶，喷水，测量内、外圈半径 R_1 和 R_2。与连续加速法相同，不足转向的汽车，随着车速（或侧向加速度）的提高，转向半径将变大；过多转向的汽车则相反。

按试验目的和试验标准，测取被测量，进行数据处理。

该试验方法驾驶操作简便，成功率高，尽管所用器材简单，但同样可以准确判定汽车的稳态转向特性，还能计算前、后轮的侧偏角 α_1 和 α_2。

2. 定转向半径法

定转向半径法，顾名思义，就是在转向半径 R 不变的前提下，通过提高车速来改变侧向加速度 a_y，试验时通过转向盘转角 δ_{SW} 的变化来反映稳态转向特性。

在试验场地上画出半径 $R=30\text{m}$、圆心角为 120°的圆弧线，弧线的两边每隔 5m 放置一个标桩，以形成通道，如图 7-17 所示。通道宽 = 车宽 + B。轴距 $L\leqslant 2.5\text{m}$ 时，$B=$

0.6m；轴距 $L>2.5m$ 时，$B=1.0m$。

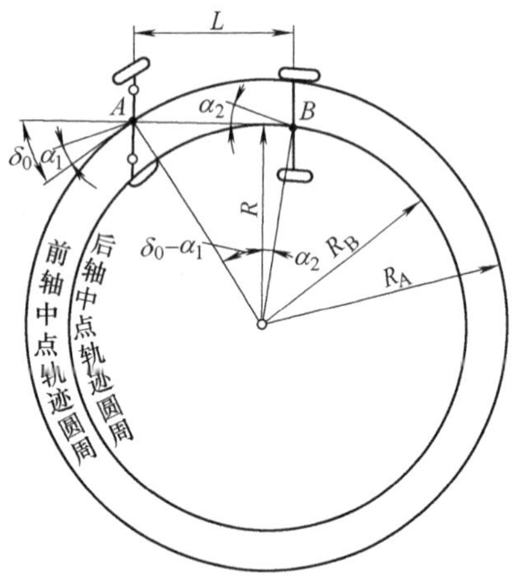

图 7-16　前、后轴中点喷水轨迹

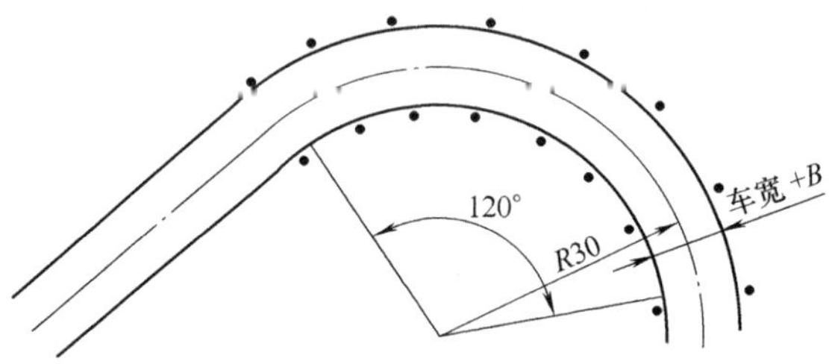

图 7-17　固定转向半径 $R=30m$ 的试验通道

试验时，汽车先以极低的速度驶过通道，测量转向盘转角 δ_{SW}。以后逐次提高车速进行试验，侧向加速度的每次增量不得大于 $0.5m/s^2$，直至汽车的侧向加速度达到 $6.5\ m/s^2$，或者汽车出现不稳定状态。汽车通过通道时，车速应稳定、转向盘转角 δ_{SW} 不变（指同一次行驶通过通道），不要撞倒标桩。记录每次的转向盘转角 δ_{SW}。显然，随着车速的提高，不足转向的汽车需要更大的转向盘转角，以维持转向半径不变的前提；过多转向的汽车则刚好相反。

定转向盘转角法和定转向半径法的关系：两者都属于变侧向加速度 a_y 法，试验行驶时都要提高车速；定转向盘转角法是固定转向盘转角 δ_{SW}，观察转向半径 R 的变化；定转向半径法则是固定转向半径 R，测量转向盘转角 δ_{SW} 的变化。

按试验目的和试验标准，测取被测量，进行数据处理。

定转向半径法的优点是对仪器设备和试验场地宽度的要求不高；其缺点是对驾驶技术要求较高，随着车速的提高，准确地给出转向盘转角 δ_{SW} 以保证顺利驶过通道并不容易，车速较快时容易撞到标桩，试验成功率低。

3. 固定侧向加速度法

试验时，汽车分别以 40km/h、80km/h 和 110km/h 等速度匀速行驶，调节转向盘转角，使汽车的侧向加速度达到 $a_y=(0.4\pm0.12)g$，维持 10s。测量汽车的横摆角速度 ω_r 和转向盘转角 δ_{SW}，计算横摆角速度增益 $\left(\frac{\omega_r}{\delta_{SW}}\right)s$，绘制横摆角速度增益 $\left(\frac{\omega_r}{\delta_{SW}}\right)s$—车速 v 的曲线，用于评价汽车的稳态转向特性。（其理论可参看汽车理论，此处的 δ_{SW} 是转向盘转角而不是前轮转角，两者的比例差异是汽车转向系统的角传动比。）

二、转向盘角阶跃输入下的瞬态响应试验

一些标准文件中称此试验为“转向盘转角阶跃输入试验”，其主要测试内容是车辆的

瞬态响应，为此，本节将此项目称为“转向盘角阶跃输入下的瞬态响应试验”。

汽车在等速直线行驶工况下，给转向盘一个突然的转角 δ_{SW} 并维持此转角不变，汽车一般经过一个短暂而复杂的过程进入等速圆周行驶，这一“短暂而复杂的过程”就是“转向盘角阶跃输入下的瞬态响应”。

试验前，行驶 10km，使轮胎升温。

试验车速为试验车最高车速的 70%，圆整至 10km/h 的整倍数，建议取 60km/h、80km/h、100km/h 或 120km/h。

汽车以试验车速匀速直线行驶，先按预想的转向方向轻轻靠紧转向盘（例如，准备向左转向，就将转向盘略用力向左轻轻靠紧，消除转向系统的角间隙），并将各测试变量的记录曲线调零。然后快速转动转向盘（时间不超过 0.2s 或转动角速度大于 200°/s），使其达到预先选定的位置并保持不变，同时维持车速不变，记录该过程的各参数，直至达到新的稳态，也就是等速圆周行驶。

试验中转向盘预选位置（角度）按稳态侧向加速度值 1 ~ 3m/s^2 确定，试验从 1m/s^2 的侧向加速度做起，每隔 0.5m/s^2 进行一次行驶测试。左转与右转两个方向的试验都要做，可以交替进行，也可以连续做完一个方向的、再做另一个方向的。

以转向盘转角达到终值的 50% 的时刻作为时间原点，至所测变量过渡到新稳态值的 90% 所需的时间为整个时间域。转向盘转角输入、汽车的横摆角速度和汽车的侧向加速度等的时间响应曲线，如图 7-18 所示。

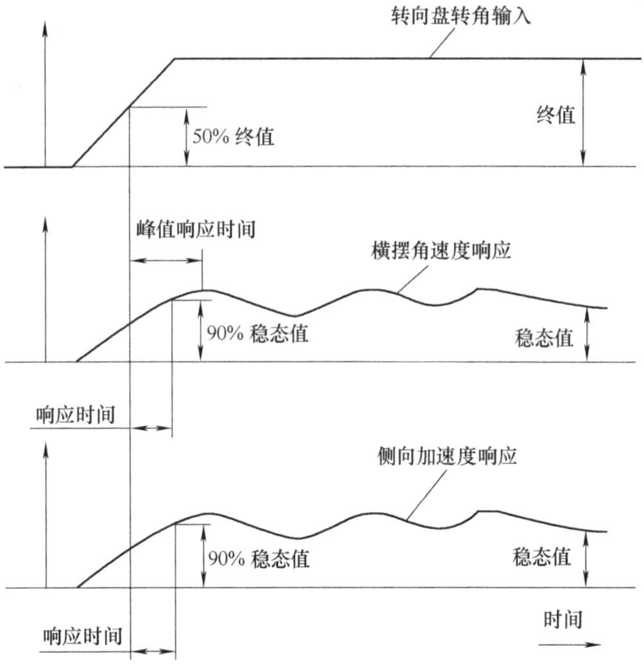

图 7-18　瞬态响应的时间历程曲线

按试验目的和试验标准，进行数据处理，并绘制不同的关系曲线。用于评价瞬态响应的指标，可以参考汽车理论的有关内容。

三、转向盘转角脉冲输入试验

为了得到汽车做横摆运动时的频率响应特性，对转向盘施加转角脉冲输入是一个简便的办法。

按频域分析的思想，脉冲信号的实质，就是很宽频带的各种频率谐波的叠加。（可参看第六章第二节“例 6-4 中矩形窗函数的频谱分析及其推论”。）施加一个脉冲激励，就相当于同时输入了很多不同频率的简谐信号，分析其输出，就可以利用谱密度分析等方法求解系统的频响特性。（可参见第六章第二节关于“谱密度分析的应用”的内容。）

脉冲输入试验对场地要求不高，宽度大于 20m 即可，试验操作简单，数据处理容易，而且能得到满意的结果。

为造成横摆角速度的明显振荡波动，要求汽车横摆系统的阻尼比 ζ 较小（此理论可参看第二章第一节有关“二阶系统”的内容），而由汽车理论可知阻尼比 ζ 随前进车速 v 的提高而减小，所以该试验的车速要求较高。

试验前，检查并调整转向盘自由行程，直线行驶时不得超过 ±10°。试验车速为试验车最高车速的 70%，圆整至 10km/h 的整倍数。

汽车以试验车速直线行驶，维持极小的横摆角速度 (0 ±0.5)°/s，记下转向盘中间位置。保持车速不变，给转向盘一个**三角脉冲输入**：向左或向右转动转向盘，并迅速转回原处保持不动，转角输入脉宽 0.3 ~0.5s，转角峰值应使本次试验过渡过程中的最大侧向加速度为 $4m/s^2$，如图 7-19a 所示。记录全部过渡过程，直至汽车恢复到直线行驶状态。试验至少按向左、向右转动转向盘做三角脉冲输入各 3 次，每次输入的时间间隔不少于 5s。

利用专门的数据处理机或电子计算机，进行数据处理，分析汽车横摆响应的幅频特性和相频特性。图 7-19b 所示为某轿车的频率响应特性曲线。

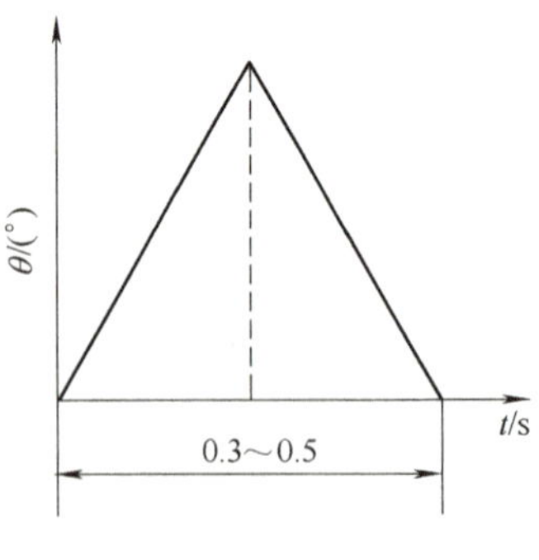

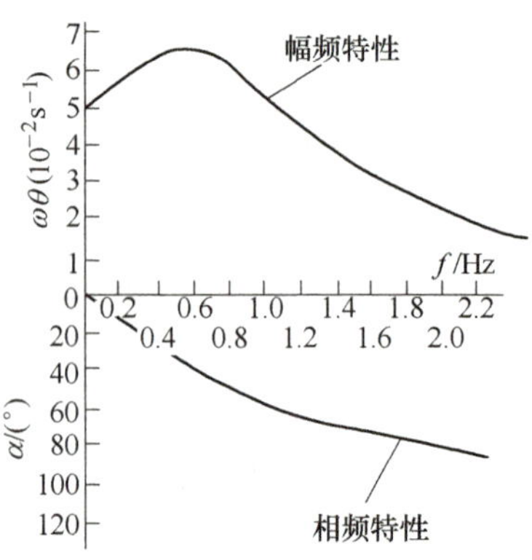

图 7-19 转向盘脉冲输入及频率响应特性曲线

a）三角脉冲转角输入 b）某款轿车的频率特性曲线

有关汽车操纵稳定性的频率响应特性，可参考汽车理论的有关内容。

四、转向回正性试验

转向回正性试验是转向盘的力输入试验的一个基本项目，用以表征和评价汽车从曲线行驶自动恢复到直线行驶的过渡过程和能力。

试验中，在驾驶人松开转向盘之前，驾驶人作用于转向盘上的力为一定值，当驾驶人松开转向盘的一瞬间，作用于转向盘上的力由该定值突然变为0，因此本试验也可看成是某种转向盘力阶跃输入的瞬态响应试验，在一定程度上还能反映汽车“路感”的好坏。

试验时要测试的变量有汽车前进速度、横摆角速度和侧向加速度。

在试验场地上用明显的颜色画出半径为15m的圆周，试验前，汽车以3m/s^{2}的侧向加速度沿该圆周等速行驶500m，使轮胎升温。

试验分低速回正性能试验和高速回正性能试验两项。每项试验均应向左转和向右转各进行3次测试。

1. 低速回正性能试验

汽车直线行驶，各测试量的记录曲线调零。调整转向盘转角，使汽车沿半径为15m的圆周行驶，调整车速，使侧向加速度达到（4±0.2）m/s^{2}后固定转向盘转角，稳定车速并开始记录。稳定3s后，驾驶人突然松开转向盘，至少记录松手后4s内的汽车运动过程，记录时间内保持节气门开度不变。试验应向左转和向右转各进行3次测试。对于侧向加速度无法达到（4±0.2）m/s^{2}的汽车，按试验车所能达到的最大侧向加速度进行试验，在试验报告中加以说明。

2. 高速回正性能试验

对于最高车速超过100km/h的汽车，要进行高速回正性能试验，试验车速为试验车最高车速的70%，圆整至10km/h的整倍数。试验过程与低速回正性能试验类似。

试验时，按试验车速沿试验路段直线行驶，各测试量的记录曲线调零。然后驾驶人转动转向盘，使侧向加速度达到（2±0.2）m/s^2，待稳定并开始记录后，驾驶人突然松开转向盘，至少记录松手后4s内的汽车运动过程，记录时间内保持节气门开度不变。试验应向左转和向右转各进行3次测试。

按试验目的和试验标准，进行数据记录和处理，并绘制关系曲线。

图7-20所示为记录的试验车的横摆角速度的时间历程曲线，由此可以计算汽车横摆系统的固有频率和阻尼比等，可参考汽车理论的有关内容。

五、转向轻便性试验

转向轻便性试验主要是测量转向时操舵力的大小。操舵力试验包括低速大转向角试验、中速小转向角试验、高速转弯操舵力试验和原地转向操舵力试验四种。国家标准采用低速大转向角试验。

试验场地上通常画出所谓“8字形”路线，具体包括以下四种：

① 两个相切圆的“8字形”路线；

② 转向盘以等速转动时形成的“8字形”路线；

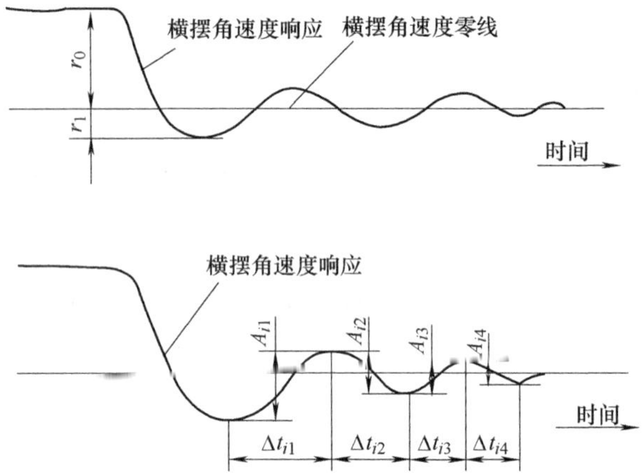

图 7-20　横摆角速度的时间历程曲线

③ 侧向加速变化率为常数时形成的“8 字形”路线；

④ 双扭线路线，如图 7-21 所示。

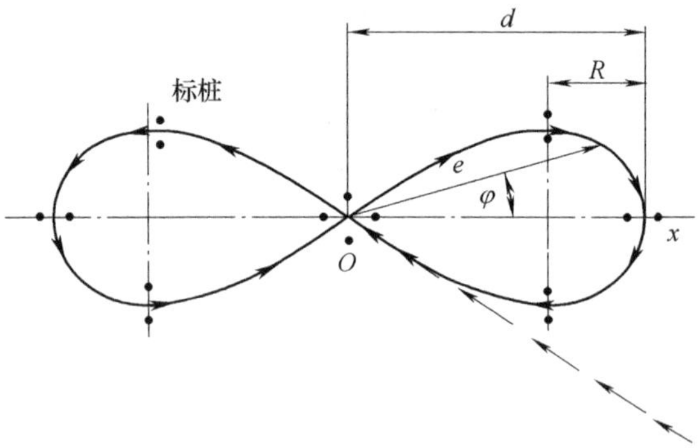

图 7-21　双扭线路线

其中，两个相切圆的“8 字形”路线，节省场地、试验方便，但获得的有用数据较少；转向盘以等速转动时形成的“8 字形”路线和侧向加速度变化率为常数时形成的“8 字形”路线，工况模拟真实，能消除无关因素的干扰，但驾驶人难以保证按要求操控，难度很高。

由于双扭线上各点的曲率各不相同，在整个试验过程中操纵转向盘的力（即所谓“**操舵力**”）是连续变化的，所以可以获得许多有用信息。而且双扭线路线对转向盘操纵动作没有事先的严格要求，实现难度不是很大。因此，转向轻便性试验一般都采用双扭线路线。

双扭线的轨迹方程用极坐标表示为

$$e = d\sqrt{\cos 2\varphi}$$

式中，e 为极径，单位为 m；$d = 3R$（R 为双扭线路径上的最小曲率半径），单位为 m。

在双扭线路线的最宽处、顶点和中点（即结点）的路径两侧各放置两个标桩，共计 16 个。标桩与试验路线中线的距离为车宽的一半加 50cm，或转弯通道圆（此概念参见汽车理论通过性的有关内容）宽度的一半加 50cm。

正式测试前，驾驶人可驾驶汽车沿双扭线路线行驶若干周，熟悉路径和相应操作。随后，使汽车沿双扭线中点（结点）O 的某切线方向向该点做直线滑行，停止于 O 点。松开转向盘，记录转向盘中间位置和操舵力矩的零线。

驾驶人操纵转向盘使汽车沿双扭线路线行驶，待车速稳定在（10 ±2）km/h 后开始记录转向盘转角和作用力矩，并记录车速作为监测参数。汽车沿双扭线路线行驶一周回到起始位置即完成 1 次行驶，全部试验应行驶 3 次。在驾驶和测试记录过程中，驾驶人应保持车速稳定，同时尽可能平稳地转动转向盘，而且不准撞倒标桩。

转向轻便性试验主要考察操舵力矩 M 和转向盘转角 θ 的关系，以评价汽车操控的轻便性。根据记录的转向盘转角和操舵力矩，按双扭线路径每行驶一周整理成 M—θ 关系曲线，如图 7-22 所示。

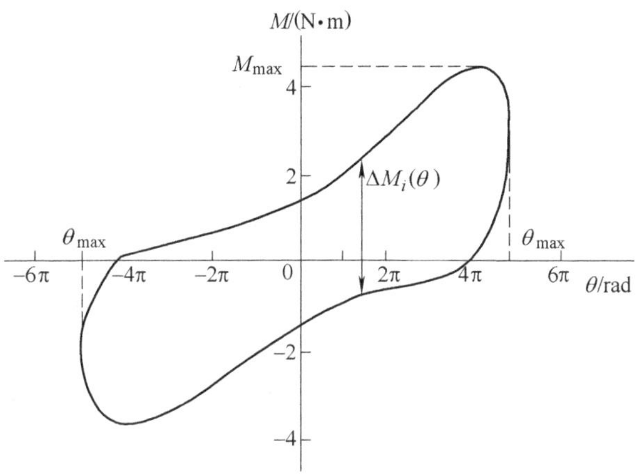

图 7-22 M—θ 关系曲线

又或是直接采用计算机采样得到的转向盘转角和操舵力矩数值，计算其他表征汽车转向轻便性的参数，如转向盘最大作用力矩平均值、转向盘最大作用力平均值、绕双扭线路径每行驶一周的作用功、绕双扭线路径行驶每行驶一周的转向盘平均摩擦力矩和摩擦力等，可参考有关标准。

六、蛇行试验

蛇行试验，是一种比较常见的全面评价汽车操纵稳定性的试验。和转向轻便性试验一样，蛇行试验也是要求按严格规定的工况、沿事先画定的复杂路径行驶，属于人 - 汽车 - 路组成的闭路试验，对于驾驶人的反馈和驾驶能力有一定的要求。（有关“开路”和“闭路”研究模型，可以参考汽车理论操纵稳定性的有关内容。）

蛇行试验综合考察汽车的随动性、收敛性、方向操纵轻便性以及事故的可避免性等。

蛇行试验的操作并不复杂，就是俗称的“绕桩”。蛇行试验场地的标桩布置如图 7-23 所示。标桩间距 L 和基准车速的具体数值参照标准选取。试验时测量的参数有转向盘转角、横摆角速度、车身侧倾角、侧向加速度和汽车通过有效标桩区的时间等。

试验驾驶人应具有丰富的驾驶经验，在正式试验前，应在试验场练习至少 5 个往返。

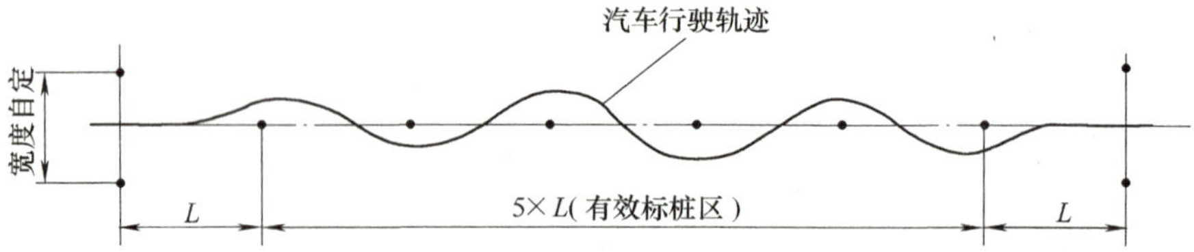

图 7-23　蛇行试验场地布置

试验时，汽车以接近基准车速一半的速度匀速直线行驶，在进入试验区段之前，各测量数据的记录曲线调零，然后蛇形通过试验路段，同时记录各参数的时间历程和汽车通过有效标桩区的时间。试验按自行规定的车速间隔，从低到高，每一个车速各进行一次，共 10 次（撞到标桩的次数视为失败，重新进行试验，不计在内）。试验的最高车速以保证安全为原则，自行选取，但不得超过 80km/h。基准车速与汽车的最大总质量有关。

作为一项典型的“闭路试验”，蛇行试验对于驾驶人的反应能力和驾驶技能要求较高，也就是说试验结果受试验员的影响较大。有的时候就采取**主观评价法**，也就是由有经验的驾驶人按规定工况和路线进行试验驾驶，然后对汽车的操纵稳定性给出“很好”、“较好”、“中等”、“较差”或“很差”的定性评价。事实上，有关操纵稳定性的很多道路试验项目都可以由驾驶人进行主观评价，根据各项分数进行加权，得到该车的操纵稳定性主观评价试验的综合结果。

当对蛇行试验采用客观评价法时，最简便的方法就是按汽车通过有效标桩区的时间评价，数值越小认为车辆的操控性越好。但这种评价一方面不可避免地受到驾驶人因素的影响，对于车辆性能来说难称“客观”；另外这样单纯追求高速通过，往往忽视安全，结果不够全面。目前，我国的标准已经采用基准车速下的平均转向盘转角峰值、平均横摆角速度峰值和平均车身侧倾角峰值等指标来进行客观评价，同样的基准车速下，这些峰值越大，说明车辆的“蛇行”越难以控制。

第八节　平顺性试验

一、汽车平顺性试验的思想和评价指标

1. 平顺性试验思想——车速特性

汽车的平顺性（很多情况下可以理解成“乘坐舒适性”）取决于三个因素：车辆结构参数、道路条件和行驶车速。在汽车理论的研究中，一般将道路和车速视为常数（例如，“路面不平度速度输入的功率谱密度为常数”这一重要结论的前提就是路面不平度系数 G_q（n_0）和车速 v 是常数），因此主要研究车辆结构参数对行驶平顺性的影响。而在试验环节，一般来说试验车辆和试验道路是给定的，因此，平顺性将取决于行驶车速。这种将平顺性视为车速的函数的思想，就是**“车速特性”**。进行平顺性试验，就是测定这种车速特性。也就是给定的试验车，在给定的路面上，以不同的车速行驶，测量其特定部位的加速度值并计算出平顺性的各项评价指标参数。如果针对不同车型做横向对比，则要在同样的路面上比较其车速特性，利用车速特性曲线的高低来评价平顺性。（类似用“等速燃油消耗特性曲线”来评价不同车辆的燃料经济性。）

2. 评价指标

关于评价指标，传统的方法是：对人体采用疲劳—降低工效界限 T_{FD}、降低舒适界限 T_{CD}以及总加权加速度均方根值 a_v 来评价，对货车车厢采用加速度均方根值 a_{rms}或加速度功率谱密度 $G_a(f)$。现在的趋势是，对人体采用总加权加速度均方根值 a_v，对货车车厢采用加速度均方根值 a_{rms}或加速度功率谱密度 $G_a(f)$。总加权加速度均方根值 a_v 和加速度功率谱密度 $G_a(f)$，可以参看汽车理论中汽车平顺性的有关内容。

但是很多试验单位在进行平顺性试验时，仍然采用疲劳—降低工效界限 T_{FD}和降低舒适界限 T_{CD}等评价指标。这种界限分级的评价方法，能够指出人体就平均而言在某种振动环境中能承受多长时间，其直观性要强于采用加速度等物理量的评价方法。

这种界限分级的方法，来自 ISO 2631，具体包括疲劳—降低工效界限、降低舒适界限和暴露极限。

疲劳—降低工效界限是指，超过该界限，就可能引起工作效率的显著降低。一般用于评价驾驶人长时间驾驶汽车引起的疲劳。人体对机械振动的反应取决于振动的强度、方向、频率和持续时间，所以疲劳—降低工效界限（以及其他界限）要同时考虑这些因素。

例如，在图 7-24a 中，“*”点的信息意味着在振动频率中心值为 4Hz 左右、振动加速度的均方根值约为 0.3m/s^2、振动方向为垂直的条件下，人体可以承受大约 8h 的振动，否则就会引起疲劳和工作效率的显著降低。而如果振动频率和振动方向不变，将振动强度提升到 0.8m/s^2，则可承受的时间将缩短至 2.5h 左右。此处的 8h 和 2.5h，就是各自工况下的疲劳—降低工效界限 T_{FD}，显然，该数值越大越好。

降低舒适界限则适用于评价汽车运行中车内乘员吃、读和写等动作感觉困难的程度。其界限曲线与疲劳—降低工效界限（见图 7-24）的曲线形状完全相同，只是曲线上所有点的纵坐标数值都降低了 1/3 倍振级，也就是说将疲劳—降低工效界限的曲线向下平移相当于 10dB 的距离，就能得到降低舒适界限曲线。

另外，还有暴露极限。超出该极限，将危及人的健康甚至生命安全。其界限曲线与疲劳—降低工效界限（见图 7-24）的曲线形状完全相同，只是曲线上所有点的纵坐标数值都增大了 1 倍振级，也就是说将疲劳—降低工效界限的曲线向上平移相当于 6dB 的距离，就能得到暴露极限曲线。

3. 试验方法

在整个汽车运行中，使用最多的工况是在接近平稳随机的路面上行驶，在此工况下激起的汽车振动是随机振动，与此对应的试验工况就是**随机输入行驶试验**。这是汽车的平顺性道路试验中最常见的方法。

汽车在道路上行驶时，有时还会遇到很凸出的不平障碍物，如石块、土堆、凹坑、管道或铁轨等，这些障碍物使汽车遭遇的振动输入突然增大很多，具有脉冲输入的性质。脉冲输入出现的次数不多、作用时间也很短，但会引起乘员的极度不适，甚至损害健康或使货物破坏，也是值得重视的。**脉冲输入行驶试验**就是考察在这类工况下汽车的平顺性。

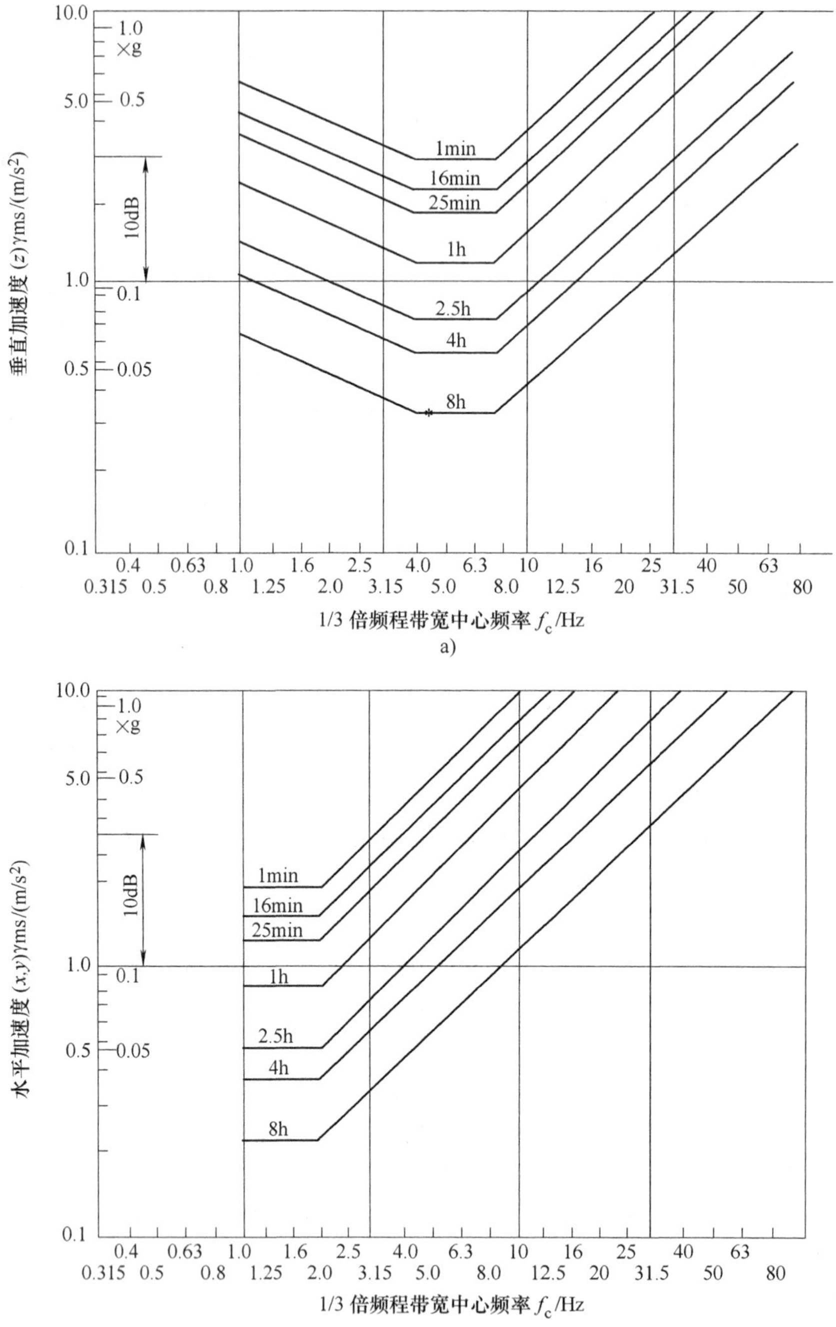

图 7-24 疲劳—降低工效界限

a）垂直方向（z） b）水平方向（x—纵向、y—横向）

二、平顺性道路试验的测试系统

平顺性道路试验的主要被测量是加速度，其测试系统简图如图 7-25 所示。测量加速度的传感器较常见的是压电式传感器，当要求测量频率的下限很低时，例如要求低于0.2Hz，可以考虑采用应变式加速度传感器。

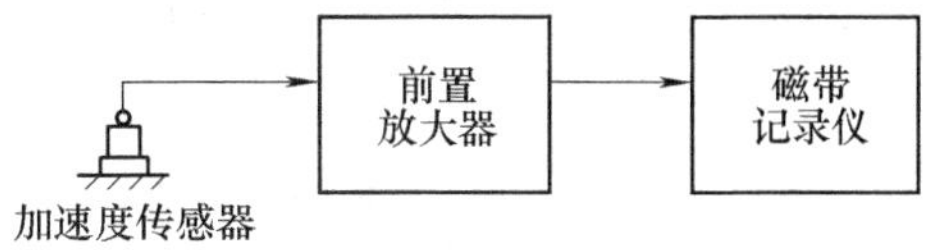

图 7-25　平顺性道路试验的测试系统

加速度传感器的安装位置如下：轿车安装在左侧前排和后排座椅上；客车安装在驾驶人座椅上、左侧后轴正上方座椅上和左侧最后排座椅上；其他类型汽车安装在驾驶人座椅上、车厢地板中心以及距车厢边板、车厢后板各300mm处的车厢地板上。安装在座椅上的传感器要能测量垂直、侧向（左右）和纵向（前后）三个方向的加速度。

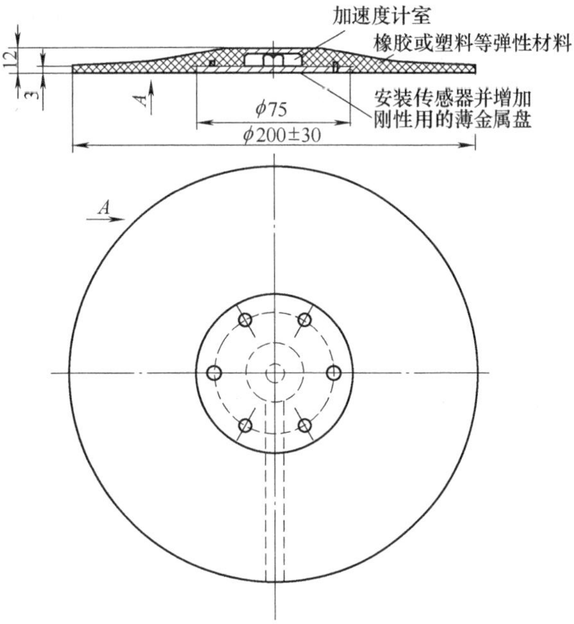

图 7-26　安装传感器用垫盘的结构图

所测试的座椅由真人乘员乘坐，其身高为（1.75 ± 0.05）m、体重为（65 ± 5）kg。乘员应全身放松，两手自然地放在大腿上，驾驶人允许双手自然地置于转向盘上。乘员应自然地靠在靠背上，否则应注明。试验过程中乘员姿势应保持不变。

传感器应与人体紧密接触，而且在人体和座椅间放置安装传感器的垫盘，推荐采用如图7-26所示的结构。

压电式传感器输出信号弱、阻抗高，应采取高输入阻抗的前置放大器与之配套。

三、随机输入行驶试验

按上述要求设置传感器、安排乘员。

试验车速的选择：至少有高于常用车速、低于常用车速和常用车速在内的三种车速。（简化的试验允许只测量常用车速下的平顺性。）

路面不同，常用车速的界定也不同。在沥青路面上，轿车的常用车速取70km/h，其他类型汽车为60km/h；在砂石路面上，轿车的常用车速取60km/h，其他类型汽车为50km/h。实际试验车速相对于预选值允许有 ±4% 的偏差。

试验时变速器采用常用档位。

试验开始前，标定传感器、调零。

试验时，汽车在稳速路段以规定的车速稳定行驶，然后以该稳定车速通过试验路段。在进入试验路段时，启动测试仪器开始测量并记录各测试部位的加速度时间历程，同时测量通过试验路段的时间以计算平均车速。驶出试验路段后关闭仪器。记录样本的时长不短于3min。

变换车速，重复上述试验过程。

将记录器（磁带机）内的信号重放至数据处理机或通用电子计算机，计算疲劳—降低工效界限 T_{FD}、降低舒适界限 T_{CD}、总加权加速度均方根值 a_v、加速度均方根值 a_{rms} 或加速度功率谱密度 $G_a(f)$ 等各评价指标。

图 7-27 所示为某货车在给定的不同路面上进行随机输入行驶试验得到的车速特性。可以看出，该车在沥青路面上的平顺性普遍优于砂石路面；但当车速较高，超过 50km/h 时，在砂石路面上的平顺性反而更好，其疲劳—降低工效界限 T_{FD} 值更高。

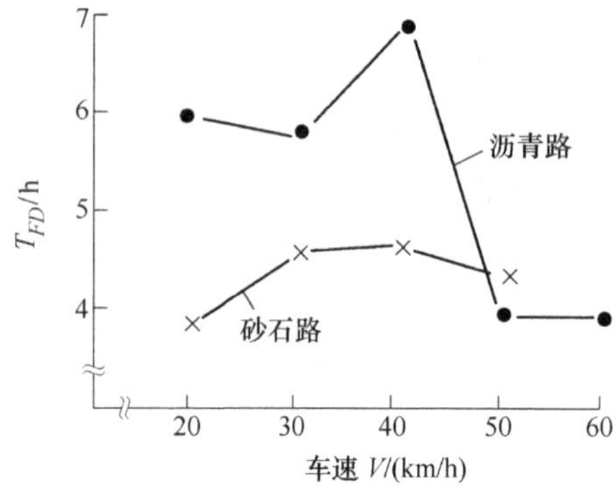

图 7-27　某货车的车速特性

四、脉冲输入行驶试验

为了人为获得较典型的脉冲输入，需在试验路面上放置障碍，也就是凸块。对凸块的基本要求是具有足够的脉冲强度和相当的频带宽度并能够模拟路面的形状、容易实现。

三角形凸块（见图 7-28）能激起汽车较强的振动，频率成分丰富，而且实际路面的许多障碍物都可以简化为三角形凸块。所以，选择三角形凸块作为脉冲输入行驶试验的障碍凸块。凸块采用木质，外包铁皮。凸块的高度 h 可以在 60mm、90mm 和 120mm 中根据车型选取，同时必须保证凸块的宽度 B 大于车轮宽度。

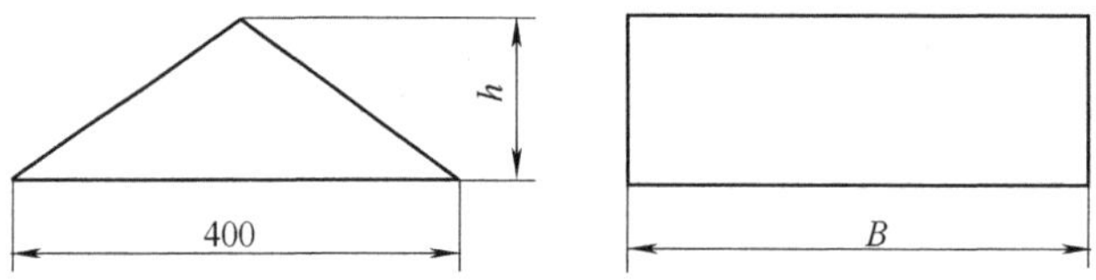

图 7-28　三角形凸块

试验时，将两个凸块放置在试验道路中间，并按汽车的轮距调整好两个凸块之间的距离。为保证同一车轴的左、右侧车轮同时驶上凸块，应将两个凸块放在与汽车行驶方向垂直的一条线上。

试验车速分别为 10km/h、20km/h、30km/h、40km/h、50km/h 和 60km/h，每种车速的试验次数不得少于 5 次。

当汽车行驶到距凸块 50m 时应稳定在试验车速上，然后以该稳定车速驶过凸块，注意要保证左右轮同时驶过。同时用记录器记录汽车振动的全过程，待汽车驶过凸块且冲击响应消失后，停止记录。

由于脉冲输入行驶试验是评价汽车的极端振动工况的，因此用响应量[㊀] 的最大值作为

㊀ 平顺性的振动响应量有三个，分别是振动加速度、悬架动挠度和车轮－地面的相对动载，参见汽车理论中汽车平顺性的有关内容。

定量评价。很多试验仅取振动加速度作为响应量。

任意车速下都进行不少于 5 次的重复测量，测出每次的响应量最大值，进行算术平均，作为该车速下的响应量最大值 X_{max}。

不同车速下的响应量最大值 X_{max} 是不同的，因而试验结果采用响应量的最大值 X_{max}—车速 v 的关系来表示，这也是一种车速特性。

第九节　通过性试验

汽车的**通过性**（越野性）是指汽车能以足够高的平均车速通过各种坏路和无路地带（如松软地面、凹凸不平地面等）及各种障碍（如陡坡、侧坡、凸岭、壕沟、台阶、灌木丛和水障等）的能力。其中，通过各种坏路和无路地带的能力称为**支承通过性**或**牵引通过性**，其主要影响因素是轮胎（或其他行走机构，如履带等）和地面之间的力学机械特性；通过各种障碍的能力称为**几何通过性**或**越障通过性**，其主要影响因素是车辆接地部分和地面障碍物的几何尺寸关系。

显然，单纯的几何通过性的研究是比较简单的，无论是理论分析还是试验，基本上只需确定汽车底部和地面凸起或凹陷部位的几何尺寸，与土壤和轮胎的力学特性无关（除了“跨越台阶和壕沟的能力”的研究，该项目与驱动轮的附着能力有关）。

而车辆的实际行驶地面，往往是几何障碍和坏路/无路地带同时存在，因此在试验过程中不必严格区分是几何通过性还是支承通过性。

由于目前对于通过性，尤其是牵引通过性的一些基本理论，例如轮胎和土壤的力学模型的建立，轮胎与土壤相互作用机理的理论解释和数学抽象，尚处于研究、分析阶段，还没有普遍适用的、高度准确的可用模型，所以对于通过性也没有非常规范化的评价指标和试验方法标准，主要采用比较试验的方法。

比较试验，就是根据被试车的特点和设计目的，适当选用比较试验车，用来和被试车进行比较。在一般情况下，当被试车是新研制开发的车型时，多选用现生产车，尤其是在市场上比较有竞争能力的且较新的同类车型作为比较试验车。比较试验车又称为基准车。

试验时，根据车型特点和试验目的，选择合适的实际道路（地面）或专用试验场地。选择 3~5 名有经验的驾驶人，轮流驾驶试验车和基准车。在试验场地行驶后，凭驾驶人对各车在上述试验行驶中通过性的主观印象给试验车打分。打分的方法有很多，比较常见的是“7 分制”打分法，即将试验车的成绩划分为七个，分别为 -3、-2、-1、0、1、2、3。各分值的含义是：0 表示试验车与基准车相同，这是比较成功的设计；1 表示试验车比基准车稍好，这是最成功的设计；2 表示试验车比基准车好，但可能造成生产成本的提高，可根据情况适当修改设计，以保证生产成本不至过高；3 表示试验车的性能和质量比基准车好很多，但很可能引起生产成本的大幅度提高，因此必须修改设计；-1 表示试验车比基准车稍差，可根据具体情况考虑修改或不修改设计；-2 表示试验车比基准车差，市场竞争能力差，应修改设计；-3 表示试验车的性能和质量比基准车差很多，是失败的设计，必须修改设计。

比较试验法的最终评定是一个或若干个定量分值，但其本质属于一种主观评价法，因为每位驾驶人的打分是来源于其主观经验、现场驾驶感受乃至个人好恶，而不是仪器设备给出的客观物理量。

通过性试验的项目大致包括：最大挂（拖）钩牵引力试验、行驶阻力试验、沙地通过性试验、泥泞地通过性试验、冰雪路面通过性试验、凸凹不平地面通过性试验、连续高速行驶试验、涉水性能试验和地形通过性试验等。其中地形通过性试验主要包括：通过垂直障碍物试验、通过凸岭试验、通过水平壕沟试验和通过路沟的试验等。

第十节　汽车可靠性试验的基本理论

一、基本概念

1. 可靠性与可靠度

可靠性是指产品在规定的条件下和规定的时间内，完成规定功能的能力。

可见，可靠性定义包含了四个要素，分别是产品、条件、时间和功能。

所谓“**产品**”[⊖]，产品可以是硬件、软件或者两者兼而有之，另一方面也可以兼指产品的总体或产品的一个子样。对汽车试验来说，通常指的是汽车整车或某个系统、总成或零件。关于产品，首先要明确研究对象和研究范围，区分产品是可修复的还是不可修复的，对于不同的对象，要区别对待，提出合理的要求，采取相应的研究方法、试验方法和评价指标（及其计算模型）。

规定的条件，包括产品使用时的环境条件（如道路、环境温度、湿度、化学气氛、振动和冲击等）、维修条件和储存条件等。

根据产品的特点，时间单位可采取工作小时或日历时间，也可用周期、次数、里程或其他可以反映使用寿命的单位。

规定的功能，是指依据设计任务书、使用说明书、国家标准或订货合同等，产品应具备的完成其设计任务所需具备的能力。其中包含了对产品工作时的载荷条件、使用者技能、维护管理能力等的要求。

可靠性的定量表达就是**可靠度**，即产品在规定的条件下和规定的时间内，完成规定功能的概率，一般用 $R(t)$ 表示，有

$$R(t)=P(T>t)$$

式中，T 为产品能在其内完成规定功能的时间，是一个随机变量；t 为规定的时间。

$R(t)$ 的含义就是“产品能够完成规定功能的时间超过 t 的概率”，也可以理解成“其寿命超过 t 的概率”。显然，可靠度是给定时间 t 的减函数。

⊖ 根据 GB/T 2900.13—2008《电工术语　可信性与质量服务》，是指“能够被单独考虑的任何零部件、元器件、装置、分系统、功能单元、设备或系统”。

对于汽车来说，可靠性不是独立于动力性、燃料经济性、通过性等基本使用性能之外的另一种使用性能，而是上述基本使用性能的可靠程度的反映。

另外，还有“**维修性**”的概念，它是指发生故障后能够快速、简单、可靠地恢复其技术状况和使用功能的能力，用“**维修度**”来评价，即可维修系统在规定的条件下和规定的时间内维修完毕的概率。

可靠性和维修性的综合，就是汽车的**有效性**。也就是说，我们追求的是产品不容易坏，而一旦损坏要容易修复。有效性的定量评价是**有效度**，如汽车发生故障不能工作的时间为 D，能工作的时间为 U，则

有效度
$$A(t)=\frac{U}{U+D}$$

例如，有效度函数 A（1000h）=90%，就是说在新产品出厂 1000h 内，某台机器能使用的概率是 0.9（或者说 1000h 内，某种机器在 100 台中始终有 90 台能用）。

2. 故障（失效）及其分类

产品不能完成规定的功能，就是不可靠，对于可修复产品来说称为“**故障**”，对不可修复产品来说就是“**失效**”。在汽车行业，由于汽车（及其零部件）基本上属于可修复产品，所以，尽管存在某些不可修复的零部件（如灯泡），比较通用的称呼还是“故障”。

汽车故障可以根据发生的后果，即按故障对总成、系统或整机及人身安全、周围环境等的影响，分为四类，或者说四个级别，具体内容如下：

第 1 类故障——致命故障：危及汽车行驶安全，导致人身伤亡，引起主要总成报废，造成重大经济损失或对周围环境造成严重危害的故障。

第 2 类故障——严重故障：可能导致主要零部件、总成严重损坏，或影响行车安全，且不能用易损备件和随车工具在较短时间（30min）内排除的故障。

第 3 类故障——一般故障：使客车、轿车停驶或性能下降，但一般不能导致主要部件、总成严重损坏，并可用更换易损备件配合随车工具在较短时间（30min）内排除的故障。

第 4 类故障——轻微故障：一般不会导致汽车停驶或性能下降，不需更换零件，用随车工具能轻易（5min 内）排除的故障。

为定量表达不同类型故障的危害程度，提出**当量故障数**的概念，就是某类故障发生一次相当于第 3 类故障（即一般故障）发生若干次。第 1 类故障的当量故障数是 20，第 2 类是 5，第 3 类当然就是 1，第 4 类是 0.4。

3. 累计故障概率

累计故障概率，又称为不可靠度或失效度，是产品在规定的条件下和规定的时间内，丧失规定功能而发生故障（对不可修复产品也可称为“失效”，下同）的概率，可以用 $F(t)$表示，即

$$F(t)=P(T\leqslant t)$$

式中，T 为产品能在其内完成规定功能的时间，是一个随机变量；t 为规定的时间。

$F(t)$ 的含义就是“产品能够完成规定功能的时间不超过 t 的概率”，也可以理解成“其寿命不超过 t 的概率”。显然，累计故障概率是给定时间 t 的增函数。累计故障概率和可靠度是相对的，即有 $R(t)+F(t)=1$。

4. 故障分布密度

当我们仅需知道“到某时刻还有多少产品有效”时，可以用可靠度 $R(t)$ 或累计故障概率 $F(t)$ 来表示。但在很多情况下，我们需要研究“产品在哪个（哪些）时间段更易发生故障”，也就是要研究故障在时间域上的分布信息，这就需要利用故障分布密度函数，记作 $f(t)$。

可以看出，**故障分布密度函数**是累计故障概率的变化率，也就是 $F(t)$ 对时间 t 的一阶导数，即

$$f(t)=\frac{\mathrm{d}F(t)}{\mathrm{d}t},\qquad F(t)=\int_0^t f(t)\,\mathrm{d}t$$

式中，$f(t)$ 的单位是 1/h（或%/h），意味着“产品在 t 时刻附近每小时失效了百分之若干”。

5. 故障率

故障分布密度 $f(t)$ 描述的是产品在整个时间域内发生故障的概率分布信息，“整个时间域”是指从产品生产出来，一直到无穷远的时间或者最后一件产品（样品）失效的时间。而我们更感兴趣的往往是“截至目前尚未失效的产品中，继续使用下去，再过某一单位时间发生故障的概率”，这就要用到瞬时故障率的概念，简称故障率，记作 $\lambda(t)$。

故障率是指工作到某时刻 t 尚未发生故障的产品，在该时刻后单位时间内发生故障的概率。

可以这样说：故障分布密度 $f(t)$ 是单位时间内产品故障数与产品总数之比；故障率 $\lambda(t)$ 则是单位时间内产品故障数与残存产品数之比。经分析可得，二者关系为

$$\lambda(t)=\frac{f(t)}{R(t)}$$

对汽车来说，故障率 $\lambda(t)$ 表示汽车、总成或零部件在使用中，其规定的工作能力丧失的频繁程度，故障率越高，可靠性越差。

6. 平均故障间隔时间 MTBF 与平均无故障时间 MTTF

平均寿命是评价产品质量所达到水平的一个重要指标。对于可修复产品，指的是平均故障间隔时间，对于不可修复产品则是平均无故障时间。

平均故障间隔时间 MTBF（Mean Time Between Failures）：可修复产品的两次相邻故障之间的平均工作时间。其定量度量为在规定的条件下和规定的时间内，产品的寿命总和与故障总数之比。

平均无故障时间 MTTF（Mean Time To Failures）：不可修复产品故障前工作时间的平均值。其定量度量为在规定的条件下和规定的时间内，产品寿命总和与故障产品总数之比。

对于汽车整车来说，这两个“时间”通常用行驶里程来度量。

7. 可靠寿命

可靠寿命指的是，当给定可靠度 $R(T_r)=r$ 时，所对应的产品工作时间 T_r。例如 $T_{0.9}$，的含义就是产品的可靠度为 0.9 所对应的工作时间，也就是同一批样品中已经失效了 10% 的时间。其具体计算取决于对产品的失效（故障）分布模式采取哪种数学模型。

$T_{0.5}$通常称为**中位寿命**，就是产品可靠度为 0.5 所对应的工作时间，也就是同一批样品中刚好失效了一半、还有一半能完成规定功能的时间。

在总成和零部件的疲劳寿命试验的结果评价中，可靠寿命的应用也很广泛。

二、可靠性分析中常用的理论分布模型

对于某一种或某一件产品而言，其工作时间（也就是失效时间）具有随机性，无法事先准确预测，而且单件样品的实测值也不能代表全体。但是，总体上存在一定的统计学规律，经假设和合理简化，抽象成**故障分布函数**，或称为**寿命分布函数**，反映故障率 λ 的高低在时间域上的分布特性。

针对不同的汽车产品和不同的失效物理机理，可以采取不同的理论模型。其中比较常见的有指数分布和威布尔分布。

1. 指数分布

指数分布是汽车可靠性分析中最常用的寿命分布函数，适用于汽车或发动机的可靠性试验中对故障间隔时间的预测。

指数分布的核心数学理论是，故障率为常数，即 $\lambda(t)=\lambda$。结合故障率的概念，可以看出，这种特性表现为一种“无记忆性”：对于寿命 T 服从指数分布的产品来说，如果时刻 t 产品正常，那么它在 t 以后的剩余寿命与新的产品一样，故障率与当前工作时间 t 无关。

可以这样理解：如果一批产品的失效规律是“每小时失效 1%”，那么无论工作了多长时间，对于尚未失效、仍能正常工作的产品来说，对于未来的预测仍然是“每小时失效 1%”。

该模型之所以称为“指数分布”，是因为其故障分布密度函数为

$$f(t)=\lambda e^{-\lambda t}(\lambda>0)$$

寿命分布服从指数分布的产品，其可靠度 $R(t)=e^{-\lambda t}$。

另外，指数分布存在特征寿命的概念，记作 η，$\eta=\dfrac{1}{\lambda}$，即特征寿命就是故障率的倒数。经计算，$F(\eta)=0.632$，也就是 $R(\eta)=0.368$。也就是说，特征寿命是产品可靠度为 0.368 时的平均寿命，可以记作 $\eta=T_{0.368}$。

2. 威布尔分布

威布尔分布适用于对汽车零部件的可靠性寿命的预测，尤其是疲劳和磨损失效形式。

威布尔分布的故障分布密度函数为

$$f(t)=\frac{m(t-\gamma)^{m-1}}{t_0}e^{\frac{(t-\gamma)m}{t_0}}(\gamma\leqslant t,m>0,t_0>0)$$

式中，m 为形状参数；γ 为位置参数；t_0 为尺度参数；t 是到出现故障为止的时间，是该函数的自变量。

关于可靠性研究的深入理论和各类数学模型的详细讨论，可以参考数理统计或交通运输专业关于汽车维修工程等课程的教材和文献。

三、快速可靠性试验的基本原理

通俗地说，可靠性试验就是研究产品寿命的试验。通过对若干试件的实测，将各样件的实测寿命值应用于某种理论分析模型，推算该类产品（或该批次产品）的平均寿命。

由于汽车及其零部件的设计寿命很长，用常规的试验条件进行可靠性试验要耗费很多资金和时间，给产品的改造、新产品的开发和产品质量的检查都带来很大的困难。因此，在汽车可靠性试验中广泛采用了快速试验方法。

快速可靠性试验可以在室外道路（包括越野条件）上进行，也可以在室内台架上进行。

从原理上讲，快速可靠性试验主要包括增大应力法和浓缩应力法。

1. 增大应力法

增大应力法，即为**强化法**。这里的“应力”是广义的，除了力学中的应力（单位为Pa或MPa）之外，还可能包括力、力矩、温度、湿度、压强、振动加速度或往复行程等各种加载量。例如，在总成或零部件的疲劳试验台上，对试件施加大于实际使用条件的载荷，使零件在比实际应用中更早的时间发生疲劳破坏；在人工老化试验装置中，通过提高平均温度（温差）、湿度、光照和空气流速等，加速材料或零件的老化。

根据材料力学等理论研究，可以得出零件寿命与应力等载荷的关系。于是可以通过强化试验的结果，推断出零件在正常使用条件下的平均使用寿命。

2. 浓缩应力法

浓缩应力法，即为**浓缩法**。这种方法不增大零部件的载荷，而是尽可能保持实际使用中的载荷状况，但将对试件寿命影响较小或无影响的实际载荷时间去除，也就是说，试验中试件都是在对寿命有影响的作用载荷下工作的，如图7-29所示。这种方法容易保持故障模式的一致性，越来越多地被采用。

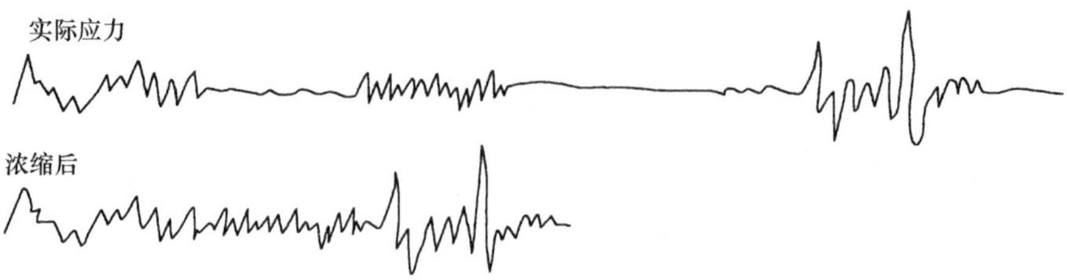

图7-29 应力浓缩的原理

例如，汽车试验场中的大卵石路、比利时路和长波路等，就是将实际行驶中可能遇到的不平度较大的路面集中起来，而去除实际上占大部分比例的良好路面，来考察汽车通过时的可靠性。

另外，快速可靠性试验还有贝叶斯法和增加试样数目或采用分组最小值法。

四、汽车可靠性行驶试验的要点

1. 基本测试条件

试验条件按整车道路试验方法通则（参见本章第一节）。

试验道路可选择常规可靠性试验道路或试验场可靠性试验道路。

应注意气象条件的选择，针对车辆设计用途和预期的行驶环境，应在相应的气候条件（如严寒、湿热或盐雾等环境）下进行可靠性试验。

2. 试验评价

（1）平均故障间隔里程 MTBF 的点估计

$$\mathrm{MTBF}=\frac{nt}{r}$$

式中，n 为试验样车数；r 为试验车发生 1、2 和 3 类故障的总数，如果没有则按 $r=1$ 计；t 为试验截止里程。

（2）各子系统平均当量故障数

$$C_r=\frac{\sum_{i=1}^{n}\varepsilon_i r_i}{n}$$

式中，n 为试验样车数；r_i 为试验样车某子系统发生第 i 类故障的故障数；ε_i 为第 i 类故障的当量故障数。

不同车型及其零部件的可靠性道路行驶试验的评价指标限值，可以查取最新的国家标准。

注意，还可以在可靠性试验台上进行整车的可靠性试验。台架试验可以排除不同驾驶人的技术或同一驾驶人疲劳状态的差异，试验条件统一，前车不会对后车行驶的地面造成影响，且比道路试验节省时间与费用。

台架试验的一个要点就是确定驱动信号，也就是载荷，使其再现程度和精度达到规定的要求。一般要经过道路载荷谱的采集和试验台载荷的编谱等计算过程，再由电控系统施加载荷，确保复现的精度。

第十一节　电动汽车整车性能试验

目前，传统汽车在能耗和污染方面所暴露出的问题日益突出，电动汽车以其清洁和节能的优势，越来越受到研究者、制造商和汽车用户的重视。对电动汽车的研究及其商业化和产业化处于日渐重要的地位。

广义上的电动汽车（EV）包括纯电动汽车（BEV）、混合动力汽车（HEV）和燃料电池汽车（FCEV）。纯电动汽车是指以车载电源为动力，用电机驱动车轮行驶，符合道路交通安全法规各项要求的车辆。本节所述“电动汽车”均指纯电动汽车。

一、电动汽车动力性能试验方法

电动汽车动力性能的试验与燃油汽车相似，试验标准参照 GB/T 18385—2005《电动汽车 动力性能 试验方法》。测试内容包括：最高车速、加速性能、最大爬坡度以及蓄电池放电试验等项目。

1. 术语定义

（1）电动汽车整车整备质量 包括车载储能器装置在内的整车整备质量，包括动力蓄电池，不包括乘员或装载质量，车辆充满冷却液、玻璃洗涤液、润滑油，并配有随车工具和备用车轮、车载充电器、手提式充电器或车辆制造厂作为标准设备提供的手提式充电器等。

（2）电动汽车试验质量 电动汽车整车整备质量与试验所需附加质量之和为电动汽车试验质量。附加质量分别为：

1）如果最大允许装载质量≤180kg，取最大允许装载质量。

2）如果最大允许装载质量>180kg，但<360kg，取 180kg。

3）如果最大允许装载质量>360kg，取最大允许装载质量的一半。

注：最大允许装载质量包括驾驶人质量。

（3）最高车速 电动汽车能够往返各持续行驶 1km 以上距离的最高车速的平均值。

（4）30 分钟最高车速 电动汽车能够持续行驶 30min 以上的最高平均车速。

（5）加速能力 电动汽车从速度 V_1 加速到速度 V_2 所需的最短时间。

（6）爬坡车速 电动汽车在给定坡度的坡道上能够持续行驶 1km 以上的最高平均车速。

（7）坡道起步能力 电动汽车在坡道上能够起动且 1min 内向上行驶至少 10m 的最大坡度。

2. 试验条件

（1）试验车辆状态 试验车辆应依据每项试验的技术要求加载。在现场环境温度下，车辆轮胎气压应符合制造厂的规定。机械运动部件的润滑油黏度应符合制造厂的规定。车上的照明、信号装置以及辅助设备应关闭，除非试验对这些装置有要求。除驱动用途外，所有的储能系统（电能、液压、气压等）应充到制造厂规定的最大值。车辆应清洁，对于车辆和驱动系统的正常运行不是必需的车窗和通风口应通过正常的操作关闭。试验驾驶人应按车辆制造厂推荐的规范程序进行操作；试验前 7 天内，试验车辆应至少用安装在试验车辆上的蓄电池行驶 300km。蓄电池的充电状态应满足各项试验的要求。

（2）环境条件 室外试验大气温度为 5～32℃；室内试验温度为 20～30℃；大气压力为 91～104kPa；高于路面 0.7m 处的平均风速小于 3m/s，阵风风速小于 5m/s；相对湿度小于 95%。试验不能在雨天和雾天进行。

（3）试验仪器 如果使用电动汽车上安装的车速表、里程表测定车速和里程，试验前必须进行误差校正。表 7-3 规定了测量的参数、单位及准确度。

表 7-3 测量的参数、单位及准确度

测量参数	单 位	准确度	分辨率
时间	s	±0.1	0.1
长度	m	±0.1%	1
温度	℃	±1	1
大气压力	kPa	±1	1
速度	km/h	±1%或±0.1取大者	0.2
质量	kg	±0.5%	1

3. 道路条件

（1）一般条件 试验应在干燥的直线跑道或环形跑道上进行。路面应坚硬、平整、干净且要有良好的附着系数。

（2）直线跑道 测量区的长度至少为1000m。加速区应足够长，以便在进入测量区前200m内达到稳定的最高车速。测量区和加速区后200m的纵向坡度均不超过0.5%，加速区其余路段的纵向坡度不超过4%。测量区的横向坡度不超过3%。为了减少试验误差，试验应在试验跑道的两个方向上进行，尽量使用相同的路径。当条件不允许在两个方向上进行试验时，可进行单一方向的试验。

（3）环形跑道 环形跑道的长度应至少为1000m。环形跑道与完整的圆形不同，它由直线部分和近似环形的部分相接而成。弯道的曲率半径应不小于200m。测量区的纵向坡度不超过0.5%。为计算车速，行驶里程应为车辆被计时所驶过的里程。

（4）单一方向试验 由于试验路面布置特点的原因，车辆无法在两个方向均达到最高车速时，允许只在一个方向进行测量，但应该满足以下条件：

1）试验跑道应满足上述（2）直线跑道的要求。

2）测量区内任何两点的高度差不能超过1m。

3）试验应尽快重复进行两次。

4）与试验道路平行方向的风速分量不能超过2m/s。

4. 试验车辆准备

（1）蓄电池充电 按照车辆制造厂规定的充电规程，使蓄电池达到完全充电状态，或按以下规程为蓄电池充电。

常规充电：在环境温度为20～30℃下，使用车载充电器（如果已安装）为蓄电池充电，或采用车辆制造厂推荐的外部充电器（应记录充电器的型号、规格）给蓄电池充电。

充电结束的标准：12h的充电即为充电结束的标准；如果标准仪器发出明显的信号提示蓄电池没有充满，则最长充电时间为

$$3\times\frac{\text{制造厂规定的蓄电池容量（kWh）}}{\text{电网供电功率（kW）}}$$

完全充电蓄电池：如果依据常规充电规程，达到充电结束标准，则认为蓄电池已处于完全充电状态。

（2）里程表的设定 试验车辆上的里程表应设置为0，或记录里程表上的初始读数。

（3）预热 试验车辆应以制造厂估计的30分钟最高车速的80%行驶5000m，使电机

及传动系统预热。

5. 试验顺序

按下列顺序安排试验：

1）车辆准备。

2）30 分钟最高车速试验。

3）蓄电池完全放电。

4）最高车速试验。

5）蓄电池 40% 放电。

6）加速性能试验。

7）4% 和 12% 的爬坡车速试验。

8）坡道起步能力试验。

试验应按照上述顺序进行，每项试验开始时，蓄电池的荷电状态（SOC）是前项试验后的状态。

如果每项试验都单独进行，最高车速、30 分钟最高车速试验开始时，蓄电池 SOC 应处于完全充电的 100% ~90%，而加速性能、爬坡车速、坡道起步能力试验开始时，SOC 值应处于完全充电的 60% ~50%。

6. 试验方法

（1）30 分钟最高车速试验 此项试验可以在环形跑道上进行，也可以在底盘测功机上进行。

1）将试验车辆加载到试验质量，增加的载荷应合理分布，然后进行车辆准备。

2）使试验车辆以该车 30 分钟最高车速估计值 ±5% 的车速行驶 30min。试验中车速如有变化，可以通过踩加速踏板来补偿，从而使车速符合 30 分钟最高车速估计值 ±5% 的要求。

3）如果试验中车速达不到 30 分钟最高车速估计值的 95%，试验应重做，车速可以是上述 30 分钟最高车速估计值或制造厂重新估计的 30 分钟最高车速。

4）测量车辆驶过的里程 S_1（m），并计算平均 30 分钟最高车速 V_{30}（km/h），$V_{30}=S_1/500$。

（2）蓄电池完全放电 完成 V_{30} 试验之后，试验车辆停放 30min，然后以 V_{30} 的 70% 恢复行驶，直到车速下降到当加速踏板踩到底时，车速为（V_{30} ±10）km/h 的 50%，又或是直到仪表板上的信号装置提示驾驶人停车，记录行驶里程。计算总的行驶里程 S_{tol}，包括预热阶段的行驶里程、V_{30} 试验时的行驶里程、完全放电时的行驶里程。

（3）最高车速试验 电动车最高车速试验方法与传统内燃机车辆的最高车速试验方法（详见本章第二节动力性试验）基本相同，只是测速路段长度由 200m 变为 1km。同时，当采用单一方向的试验道路进行此项试验时，也要尽快重复进行两次，各得到一个最高车速试验结果 V_i（i 取 1 或 2，代表第一次或第二次）。最高车速 V 取两次 V_i 的算术平均值。在每次试验中，考虑到风速的影响，按下式进行修正：

$$V_i = V_r \pm V_v \times f$$

$$V_r = 3600/t$$

式中，V_i 为每次实测的最高车速的修正直，单位为 km/h；V_r 为每次实测的最高车速，单位为 km/h；t 为通过测量区的时间，单位为 s；f 为修正系数，取 0.6；V_v 为风速的水平分量，单位为 m/s；如果 V_v 的方向与车辆行驶方向相反，选“+”；如果 V_v 的方向与车辆行驶方向相同，选“-”。

最高车速 V 取两次 V_i 的算术平均值。

（4）蓄电池的 40% 放电　将试验车辆以速度（$V_{30}\pm5$）km/h 的 70% 的恒定速度在试验跑道或测功机上行驶，使蓄电池放电，直到行驶里程达到总行驶里程 S_{tol} 的 40% 为止。

（5）加速性能试验　与传统内燃机车辆加速试验相同，电动车加速性试验测试内容也是原地起步加速时间和超车加速时间，而且试验操作过程也基本相同。但后者根据电动车种类对加速的初末速度重新规定。其中，M_1、N_1 类电动汽车加速性能试验包括 0～50km/h 加速性能试验和 50～80km/h 加速性能试验。

0～50km/h 加速性能试验，要求将试验车辆停放在试验道路的起始位置，并起动车辆。起步后将加速踏板快速踩到底，使车辆加速到（50±1）km/h。如果装有离合器和变速器的话，将变速器置入该车的起步档位，迅速起步，将加速踏板快速踩到底，途中适时地换档，使车辆加速到（50±1）km/h。记录从踩下加速踏板到车速达到（50±1）km/h 的时间。相同路段往返各进行一次，取算术平均值作为试验结果。

50～80km/h 加速性能试验，要求将试验车辆停放在试验道路的起始位置。将试验车辆加速到（50±1）km/h，并保持这个车速行驶 0.5km 以上。然后将加速踏板踩到底，或使用离合器和变速杆（如果装有的话）将车辆加速到（80±1）km/h。记录从踩下加速踏板到车速达到（80±1）km/h 的时间。如果最高车速小于 89km/h，则应达到最高车速的 90%，并记录最后车速。相同路段往返各进行一次，取平均值作为试验结果。

M_2、M_3 类电动汽车加速性能试验（M_1、N_1 类车以外的纯电动汽车可参照执行）包括 0～30km/h 加速性能试验和 30～50km/h 加速性能试验。操作过程同 M_1、N_1 类电动汽车加速性能试验。

（6）爬坡车速试验（M_1、M_2、N_1 类以外的纯电动汽车可不做此项）　此项试验在底盘测功机上进行，过程如下：

1）将试验车辆加载到最大设计总质量，增加的载荷应合理分布。

2）将试验车辆置于测功机上，并对测功机进行必要的调整以使其适合试验车辆最大设计总质量。

3）调整测功机使其增加一个相当于 4% 坡度的附加载荷。

4）将加速踏板踩到底使试验车辆加速或使用适当变速档位使车辆加速。

5）确定试验车辆能够达到并能持续行驶 1km 的最高稳定车速，同时，记录持续行驶 1km 的时间 t。

6）调整测功机使其增加一个相当于 12% 坡度的附加载荷。

7）重复上述 4）～5）的试验过程。

8）试验完成后，停车检查各部位有无异常现象发生，并详细记录。

9）用下式计算试验结果：

$$V = 3600/t$$

式中，V 为实际爬坡最高车速，单位为 km/h；t 为持续行驶 1km 所测的时间，单位为 s。

(7) 坡道起步能力测试 坡道起步能力测试应在有一定坡度角 α_1 的道路上进行。该坡度角 α_1 应近似于制造厂技术条件规定的最大爬坡度对应的坡度角 α_0，实际坡度和厂定坡度之差，应通过增减质量 ΔM 来调整。当未给定 α_0 时，可用式（7-5）计算。

试验规程要求将试验车辆加载到最大设计总质量。同时，选定的坡道应有 10m 的测量区，测量区前应提供起步区域，将试验车辆放置在起步区域，选定的坡度角 α_1 应尽可能接近 α_0，如果该坡道坡度与厂定最大爬坡度对应的坡度有差别，可根据下列公式通过增减装载质量的方法进行试验，即

$$\Delta M = M \frac{(\sin\alpha_0 - \sin\alpha_1)}{(\sin\alpha_1 + R)}$$

式中，M 为试验时的车辆最大设计总质量，单位为 kg；R 为滚动阻力系数；α_1 为实际试验坡道所对应的坡度角；α_0 为制造厂技术条件规定的最大爬坡度对应的坡度角。

ΔM 应该均布于乘客室和货箱中。然后以至少 10m/min 的速度通过测量区，如果车辆装有离合器和变速器，则在起动时应使用最低档。

在未给定最大坡度角 α_0 时，可进行如下估算：已知最大动力轴转矩，计算车轮的转矩为

$$C_r = C_a T \eta_r$$

已知轮胎动载半径，可得驱动力 F_t，该力必然等于滚动阻力与最大坡度阻力之和，有

$$F_t = C_r/r = Mg(\sin\alpha_0 + R) \tag{7-5}$$

式中，C_r 为车轮转矩；C_a 为最大动力轴转矩；T 为传动系统的总传动比；η_r 为传动效率；r 为轮胎动负荷半径，单位为 m；g 为重力加速度，单位为 m/s^2。

由上式可计算出 α_0，最大爬坡能力用 $\tan\alpha_0 \times 100\%$ 来表示。

二、电动汽车经济性能试验方法

评价电动汽车经济性的指标与燃油汽车不同。由于电动汽车没有内燃机，所以不能以燃料消耗量来衡量，而应以充电一次的续驶里程来评价。试验标准按 GB/T 18386—2005《电动汽车　能量消耗率和续驶里程试验方法》来进行。

1. 术语定义

整车整备质量及试验质量同电动汽车动力性试验定义。

(1) 能量消耗率 电动汽车经过规定的试验循环后对动力蓄电池重新充电至试验前的容量，从电网上得到的电能除以行驶里程所得的值即为能量消耗率，单位为 W · h/km。

(2) 续驶里程 电动汽车在动力蓄电池完全充电状态下，以一定的行驶工况，能连续行驶的最大距离称为续驶里程，单位为 km。

2. 续驶里程和能量消耗率的试验方法

(1) 测量参数、单位和准确度 试验的测量参数、单位和准确度见表 7-4。

表 7-4　测量准确度的要求

测量参数	单　位	准确度	分辨率
时间	s	±0.1	0.1
长度	m	±0.1%	1
温度	℃	±1℃	1
速度	km/h	±1%	0.2
质量	kg	±0.5%	1
能量	W·h	0.2S（根据 GB/T 17883）	0.2S（根据 GB/T 17883）

（2）试验条件　车辆条件：试验车辆按照每项试验的技术要求加载；在环境温度下，试验（在环形跑道上或在底盘测功机上）车辆的轮胎气压按照制造厂的规定进行调整；车辆的照明、信号装置以及辅助设备应关闭，除非试验和车辆的白天运行对这些装置有要求；除驱动用途外，所有的储能系统应充到制造厂规定的最大值（电能、液压、气压等）；试验驾驶人应按车辆制造厂推荐的操作程序使动力蓄电池在正常运行温度下工作；试验前，试验车辆应至少用安装在试验车辆上的动力蓄电池行驶 300km。

环境温度条件：在（5～32）℃的环境温度下进行室外试验；在（20～30）℃的室温下进行室内试验。

（3）试验程序

1）试验程序。试验程序包括以下 4 个步骤：①对动力蓄电池进行初次充电，测量来自电网的能量；②进行工况法或等速条件下的续驶里程试验；③试验后再次为动力蓄电池充电，测量来自电网的能量；④计算能量消耗率。

在每两个步骤执行期间，如需移动车辆，不允许使用车上的动力将车辆移动到下一个试验地点。不允许使用制动能量回收。

2）结束试验循环的条件。当车载仪器给出驾驶人停车指示时，应停止试验；或者进行如图 7-30 所示的试验循环，在车速≤70km/h 时，试验工况点所对应的运行速度和运行时间

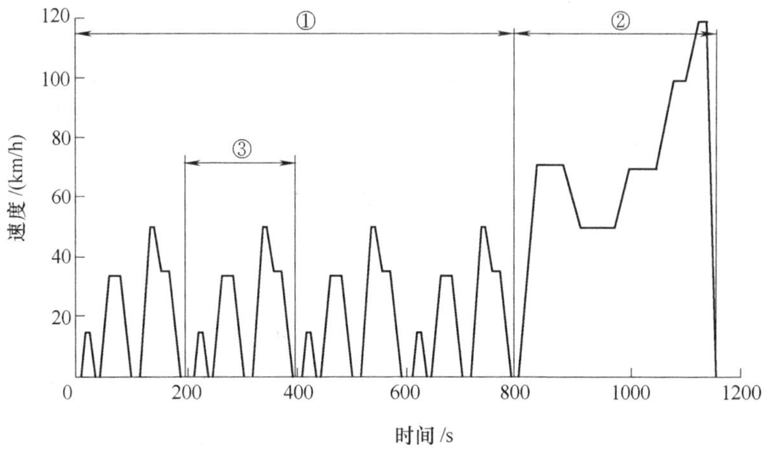

图 7-30　试验行驶工况

①—市区循环　②—市郊循环　③—基本的市区循环

注：该试验循环由 4 个市区循环和 1 个市郊循环程序组成，理论试验距离为 11.022km，时间为 19min40s。

超出速度公差（±2km/h）和时间公差（±1s）范围要求，且超过公差的时间超过4s，应停止试验；在车速>70km/h时，将加速踏板踏到底，允许超出如上公差要求。在进行等速试验时，当车辆的行驶速度达不到54km/h（M_1、N_1类车辆）或36km/h（M_1、N_1类以外的纯电动汽车）时停止试验。

3）动力蓄电池的初次充电和放电。动力蓄电池的初次充电是指接收车辆以后的动力蓄电池的第一次充电。如果所规定的几个试验或测量连续进行，第一次充电可认为是初次充电。除非车辆制造厂或动力蓄电池制造厂有其他规定，动力蓄电池的初次充电可以按照GB/T 18385中规定的充电程序为动力蓄电池充电，使蓄电池达到全充满。

动力蓄电池的放电：首先，试验车辆以30分钟最高车速的70%±5%的稳定车速（在环形跑道或测功机上）行驶，使车辆的动力蓄电池放电。当车速不能达到30分钟最高车速的65%时，或车辆制造厂安装在车上的仪器提醒驾驶人将车辆停止时，放电结束。

4）续驶里程试验。在动力蓄电池充电结束时记录时间t，在此之后4h之内开始按照规定的试验程序进行试验。

在进行试验前，底盘测功机应该按照GB 18352.3中的规定设定车辆道路负荷，并在底盘测功机上模拟。

试验方法分为工况法和等速法两种。

工况法适用于M_1、N_1类车辆，是在底盘测功机上进行图7-30所示的工况试验，直到达到上述结束试验循环的条件时停车；同时，除非有其他规定，工况试验循环期间的停车不允许超过3次，总的时间累积不超过15min；在工况循环结束时，记录试验车辆驶过的距离D，单位为km，测量值按四舍五入圆整到整数，该距离即为工况法测量的续驶里程，同时记录所用时间（用小时（h）和分钟（min）表示）以及工况试验循环期间车辆所达到的最高车速、平均车速和行驶时间。

等速法分为适用于M_1、N_1类车辆的等速法和适用于M_1、N_1类以外的纯电动汽车的等速法。两者的试验条件均应符合GB/T 18385—2005中4.1、4.2和4.3的规定。

对于M_1、N_1类车辆，在道路上进行（60±2）km/h的等速试验，试验过程中允许停车两次，每次停车时间不允许超过2min，当车辆的行驶速度达不到54km/h时停止试验。试验循环结束后，记录试验车辆驶过的距离D，单位采用km，测量值按四舍五入圆整到整数，该距离即为等速法测量的续驶里程。同时记录所用时间（用小时（h）和分钟（min）表示）。

对于M_1、N_1类以外的纯电动汽车，其等速法试验程序同上述适用于M_1、N_1类车辆的试验程序，不同之处在于等速试验速度为（40±2）km/h，且当车辆的行驶速度达不到36km/h时停止试验。

5）动力蓄电池充电和能量测量。在完成工况法或等速法规定的试验后，在2h之内将车辆与电网连接。按照GB/T 18385规定的充电规程为车辆的动力蓄电池充满电。在电网与车辆充电器之间连接能量测量装置，在充电期间测量来自电网的用W·h表示的能量。

注：如果电网断电，其断开的时间应该根据停电时间，适当延长相应时间。车辆制造厂和认证实验室的技术服务部门应该探讨充电的有效性。

6）能量消耗率的计算。能量消耗率 C，用 W · h/km 表示，并圆整到整数：

$$C=\frac{E}{D}$$

式中，E 为充电期间来自电网的能量，单位为 W · h；D 为试验期间行驶的总距离，即续驶里程，单位为 km。

三、电动汽车安全性评价

与传统汽车相比，电动汽车的不同之处在于动力电池、驱动电动机和整车控制系统这三部分，相对于驱动电动机，动力电池和整车控制系统的发展尚未成熟，其安全问题尤为突出。

1. 电动汽车用动力电池的安全性评价

电动汽车在充电及运行过程中，可能出现意外事故，如碰撞、翻车等危险工况，造成动力电池的窜动、挤压、短路、开裂、漏电、热冲击、爆炸、燃烧等，由此造成电动汽车对乘员的机械伤害、电伤害、化学伤害、电池爆炸伤害以及燃烧伤害等，并可能引发更大的连发性事故以及二次伤害。

目前，我国工信部对新能源产品准入中规定的电动汽车用动力电池，包括锂电池、镍氢电池、铅酸电池、锌空气电池及超级电容等，都必须按照相关的标准进行试验认证（GB/T 18384.1—2015《电动汽车　安全要求　第 1 部分：车载可充电储能系统（REESS）》），只有满足标准要求的产品才能获得准入资格，其认证项目包括绝缘电阻、电气间隙和爬电距离、有害气体排放、产生的热量及过电流等，在确保单体和模块在完成这些试验项目后不发生爆炸、燃烧、电解液泄露等危险情况的前提下，才能组合成电池包，装在整车上使用。

具体试验环境和操作过程详见第八章第七节电动汽车主要总成试验。

2. 电动汽车整车安全性评价

电动汽车本身是一个复杂的机电一体化产品，其中的许多部件包括动力电池、电动机、充电装置、能量回收装置、辅助电池充电装置等都会涉及高压电器安全问题。这些零部件的工作条件比较恶劣，经常受到振动、酸碱气体的腐蚀、温度及湿度的变化等影响，动力电缆及其他绝缘材料可能加速老化甚至绝缘破损，使设备绝缘强度大大降低，危及人身安全。鉴于上述情况，工信部将电动汽车的安全性检验纳入了汽车强制性检验规范中，GB/T 18384.1—2015 ~ GB/T 18384.3—2015《电动汽车　安全要求》中规定了对车载动力电池的绝缘电阻、整车操作安全要求、故障防护要求、耐电压、电位均衡、人员触电防护安全要求以及整车在经过模拟清洗、模拟暴雨和模拟涉水后的整车绝缘电阻等检验。

3. 安全性评价试验存在的问题及建议

目前，我国电动汽车的主要产品集中在 M 类城市客车，现行法规中针对 M_3 类电动城市客车的经济性测试仅限于采用等速法测试，依据法规测试得到的数据难以真实客观反映车辆的实际运行情况，建议按照中国典型城市工况进行续驶里程测试，这样更能接近实际运行情况。电池组及整车的安全性也能得到更真实的再现。

为电动汽车提供能源的动力电池是由许多单体电池通过不同的组合形式组合成一个或几个电池包安装在整车上使用，而目前国家标准中关于动力电池的测试仅限于电池单体和模块的测试，难以反映整个电池包的性能状况。另外，标准中也没有关于动力电池可靠性方面的测试。建议尽快完善有关动力电池包和动力电池可靠性方面的测试规范，以便提高整车行驶的安全性和可靠性。

四、电动汽车的电磁场辐射强度的限制和测量方法

电动汽车电子设备在所处的电磁环境中能否正常工作涉及其电磁兼容性的问题。

电磁兼容性（Electromagnetic Compatibility，EMC）是指设备或系统在其电磁环境中符合要求运行并不对其环境中的任何设备产生无法忍受的电磁干扰的能力。因此，EMC 包括两个方面的要求，一方面是指设备在正常运行过程中对所在环境产生的电磁干扰不能超过一定的限值；另一方面是指设备对所在环境中存在的电磁干扰具有一定的抗扰度，即电磁敏感性。电磁兼容是研究各种用电设备在有限的时间、空间及频谱条件下实现共存的领域。电磁兼容的三要素为时间、空间、频谱。形成电磁干扰的三要素为电磁干扰源、传输路径和敏感设备。电磁干扰形成机理如图 7-31 所示。

图 7-31　电磁干扰形成机理

与传统汽车相比，电动汽车采用的电气部件、电子控制单元等电器件更多，如众多高、低压线束、通信线束以及大量的电子电器。因此，电动汽车整车的电磁环境由多个电磁骚扰源[⊖]如电驱动系统、通信系统、辅助电气系统等综合构成，且复杂多变。尤其是电驱动系统，它是电动汽车的核心电气系统，由于该系统中包含大功率电力电子装置，相对于其他车辆电子器件，其电磁发射更大，更容易影响车载电子设备、车外附近电子设备和其他道路车辆的正常工作而危及道路交通的安全性。

因此，电动汽车的电磁辐射和抗干扰问题更为复杂、严重。国内外的标准化组织也已将电动汽车电磁骚扰及电磁兼容性问题作为重点研究课题，以期制定更加合理的且能够促进电动汽车产业化的标准法规。

⊖ 电磁骚扰是指任何可能引起装置、设备（系统）性能降低或对有生命/无生命物质产生损害作用的各种电磁现象。电磁骚扰可能是电磁噪声、无用信号或传播媒介自身的变化。

我国 2001 年发布了 GB/T 18387—2001《电动车辆的电磁场辐射强度的限值和测量方法带宽，9kHz～30MHz》，并于 2008 年对此标准做出了重新修订。该标准主要适用带宽范围为 9kHz～30MHz。

1. 测量仪器

手动或自动频率扫描均可使用，频谱分析仪和扫描接收机均可用于干扰信号的测量。对于过载、线性度、选择性和脉冲响应，应予以特别注意。频谱分析仪和扫描接收机的扫描速率应按表 7-5 进行调整。

表 7-5　最小扫描时间

频　带	峰值检波器
A　9kHz～150kHz	100ms/kHz
B　0.15MHz～30MHz	100ms/MHz

注：1. 频带定义引自 GB/T 6113。
2. 对某些信号（如低重复率或间歇信号）可能需要更低的扫描速率或多重扫描以确保测到最大值。

理论上，只要天线有足够的灵敏度和适当的修正系数，并且具有 50Ω 阻抗与测量接收机匹配，可以使用任何天线。

2. 测量场地要求

测量场地应符合开阔试验场地（OATS）的要求，或者符合线性吸波屏蔽室（ALSE）的要求，详见 GB 14023—2011。

若为棒天线，则置于地面上，距车辆的最近部分为（3±0.1）m。

若为环天线，其中心置于地面以上（1±0.05）m，距车辆的最近部分为(3±0.2)m。注意，环天线位于磁场的最大敏感度方向，此时与环天线平面垂直的轴线平行于磁场方向。

3. 测量方法

（1）预扫描

1）用绝缘的千斤顶举起驱动轮。如果车辆在无负载状态下运行会引起动力系统损害或降低辐射发射电平，那么可以使用测功机加载。

2）确定在高速档时车速为 40km/h 的稳定条件。

3）对电场的垂直方向和磁场的 3 个正交方向记录数据。

4）对车辆的其他 3 个侧面，重复进行。

5）依据上述步骤 3）和 4）的结果决定最大发射方向。这个决定是基于从车辆的四个侧面所得到的最高电平。如果车辆的两个不同的侧面的最高电平大致相等，那么选择其中一个侧面作为最大辐射方向。

6）天线的放置和定向为最大接收信号方向，即在步骤 5）确定的侧面，车辆以 16km/h 和 64km/h 的稳定车速运行，重复步骤 3），测量最大发射。

（2）车辆测量

1）频率范围。测量应在 9kHz～30MHz 的频率范围内进行。这个范围也可以分成至少 11 个频段，每个频率倍程为 1 个频段。每个频段既可以手动扫描也可以自动扫描，以确定辐射场强，该场强视为频率的函数。

2）运行条件。车辆在不带负载的测功机上或以定速在轮轴支架上运行。

五、电动汽车其他性能试验

电动汽车的平顺性、通过性、操纵稳定性、制动性以及噪声的试验与燃油汽车的试验方法基本相同，按照现有的国家标准能够完成电动汽车的各种试验。对于设置有能量回收装置的电动汽车，还需对能量回收性能进行测试。

思考与习题

1. 简述汽车整车性能试验的通用试验条件？

2. 什么是汽车的最低稳定车速？规定该项目有何意义？如何进行最低稳定车速试验？

3. 在水平路面上如何测试汽车的最大爬坡度？

4. 按照试验时对各种因素的控制程度，燃料经济性试验如何分类？

5. 使用油耗仪进行燃料消耗量测量，连接燃油管路时应注意哪些问题？

6. 什么是汽车排放？汽车排放污染的途径有哪几种？一般的排放性试验测量的是哪一种？

7. 汽车排气污染物的表示方法有哪些？

8. 试述汽车排气中一氧化碳、碳氢化合物、氮氧化物和炭烟的检测原理。

9. 汽油车的排放试验方法有哪些？各自特点如何？

10. 与汽车噪声有关的声学指标有哪些？试述“等响曲线”的含义。

11. 在进行汽车噪声试验的数据处理时，为什么汽车同侧的噪声值可以进行平均，但两侧的噪声值不做平均？

12. 整车制动性道路试验的主要试验项目有哪些？什么是制动效能衰退率？

13. 常见的整车制动性试验台有哪几类？各自的原理和应用特点如何？

14. 在汽车理论等课程中，常采用“转向盘（或前轮）角阶跃输入下汽车的稳态响应”这一术语，而在对应的稳态回转试验的国家标准中，并不要求施加转向盘角阶跃输入，请解释原因。

15. 如何进行转向盘角阶跃输入下的瞬态响应试验？可以用哪些参数评价车辆瞬态响应的优劣？

16. 在正常行驶中，驾驶人几乎从来不会急速转动转向盘，然后再立刻转回原位。那么在汽车的操纵稳定性试验中，为什么要规定“转向盘转角脉冲输入试验”？这个项目是要测试汽车的哪方面特性？其原理是什么？

17. 进行蛇行试验时，单纯利用通过时间（即平均速度）来评价汽车的操纵稳定性有何局限？还可以采用哪些评价参量？

18. 查阅相关标准，了解什么是疲劳—降低工效界限、降低舒适界限和暴露极限。这种界限评定法，与汽车理论主要介绍的计算加速度功率谱密度或均方根值的方法相比，各自特点如何？

19. 汽车的通过性比较试验的基本方法如何？

20. 什么是产品的可靠性及可靠度？快速可靠性试验的原理分为哪两种？

21. 电动汽车整车整备质量、最高车速和坡道起步能力是如何定义的？

22. 简述电动汽车整车动力性能试验的基本顺序。

23. 什么是电动汽车标定的能量消耗率和续驶里程？如何用等速法测量电动汽车的续驶里程？

24. 什么是电磁兼容性？为什么电动汽车更需重视电磁辐射和抗干扰问题？

第八章 汽车总成与零部件试验

汽车是由种类繁多的总成与零部件组成的复杂系统，总成与零部件的性能和质量决定了整车的性能品质，而除了通用的标准件外，绝大多数的汽车总成与零部件都有其专业的设计目的和使用环境，因此需要专门的测试项目与试验设备。本章针对汽车主要总成与系统及其重要零部件，介绍一些有代表性的和一定特色的试验项目，这些内容对了解和掌握其他试验项目的测试思想和操作方法也有一定的启示作用。

总成与零部件试验一般是对车辆进行解体（当然也包括未装车的新产品），将被试件装在专门的室内台架上进行测试。本章讨论的试验主要是性能试验，也就是被试件履行规定功能的能力和水平及其强度、刚度、可靠性和耐久性等，基本上不涉及产品制造方面的工艺性和技术经济性等问题。

第一节　发动机试验简介

发动机是使输送来的燃料燃烧而发出动力的部件，是汽车的动力装置。发动机性能的好坏直接关系到汽车的动力性、经济性，特别是随着各国对汽车排放标准的不断提升，对发动机性能的要求也越来越高。发动机试验主要包括功率试验、部分负荷特性与万有特性试验、性能匹配试验、可靠性试验、使用特性试验、各种专项试验（包括各子系统试验）和出厂试验等。

本节主要介绍功率试验和部分负荷特性试验。

一、发动机功率试验——外特性的测定

发动机功率试验主要测定发动机的最大功率及其对应转速、最大转矩及其对应转速、最低燃油消耗率及其对应转速，以及这些指标的变化特性等。

发动机功率试验分为总功率试验和净功率试验，区别在于发动机工作时所带的附件不同。

在进行总功率试验时，发动机仅带有确保其工作所必需的附件，如化油器（如果有的话）、润滑油泵、点火组件（如果有的话）等，没有这些附件，发动机无法运转。总功率试验结果表示发动机运转时有可能产生的最大性能指标。

在进行净功率试验时，发动机应带上在车上正常工作时安装的所有附件，而且要求这些附件是原生产装备件，安装位置尽可能与实际安装情况相同。净功率试验结果表示发

动机装在汽车上运转时曲轴端能输出的最大有效性能。由于净功率的测试工况更真实，而且发动机的动力性、燃油经济性和排放性的匹配调整试验必须在净功率状态下进行，所以现代发动机的性能指标常采用净功率指标来表示。

在进行功率试验时，将发动机装在专用的试验台架上，预热运转至正常冷却液温度和机油温度。测试时，节气门全开或柴油机喷油泵在最大供油量位置，在发动机转速范围内均匀地选择不少于 8 个转速点，其中必须包括最大转矩转速点。每个转速点测试读数时都要达到稳定运转状态。测量各稳定工况点的转速、转矩和耗油量，并计算功率和燃油消耗率。可以将试验结果用数据曲线表达，如图 8-1 所示。

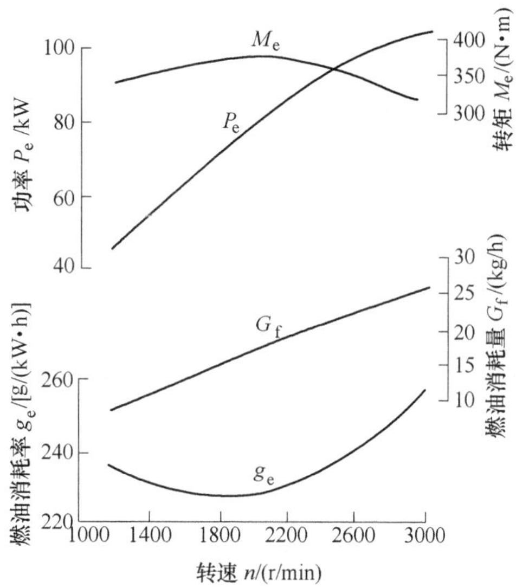

图 8-1　发动机净功率性能曲线

试验中，转矩和转速由测功机测定，燃油消耗量由油耗传感器测定。试验时，大气压力、湿度和进气温度等会随着试验地点和季节的不同而有所差异，这些环境状态的变动会影响发动机的工作特性。为了使试验数据规范、试验结果具有典型性和可比性，各国的试验标准都提出了修正公式，将实测数据换算成标准状态的数值。

很多检测和修理企业，采用“无负荷测功法”快速确定发动机的功率。无负荷测功，又称为无外载测功，是一种在汽车不解体条件下快速确定发动机动力性能的检测方法。汽车置于原地，变速器处于空档，起动发动机，快速踩下加速踏板，以发动机自身惯量的加速阻力及运转时的摩擦阻力等作为负载，用专用设备测量发动机全力加速时的加速时间或瞬时加速度，利用车型参数（例如发动机的当量转动惯量等）换算出发动机的功率。这种方法的定量精度不是很高，但是便捷迅速，用于鉴定发动机是否可以继续使用或者对比修理前后动力性能的恢复程度还是很有效的。

二、部分负荷特性试验——万有特性的确定

汽车正常行驶时，发动机往往并不工作在外特性状态，而是处于某种部分负荷状态。我们需要通过试验确定发动机在不同转速、不同负荷率时的动力性和燃油经济性。

部分负荷特性试验方法主要有以下三种：

1）在发动机转速不变的条件下，测量不同功率时的燃油消耗量（率），有时还要测定排放值，其特性曲线如图 8-2 所示，也就是“负荷特性曲线”。

2）在节气门开度保持不变的条件下，测量并计算不同转速下的转矩、功率和油耗，得到的曲线就是“部分负荷特性曲线”，而“外特性曲线”或“使用外特性曲线”（见图 8-1）实质上就是节气门开度保持 100% 时的测量结果。

3）根据计算或道路试验所获得的使用特性数据进行试验，测量转速、转矩、燃油消耗量等，这体现了汽车的实际使用工况，用于评价汽车使用的燃油经济性。也就是说，

结合汽车整车和动力传动系统的特性和信息，建立发动机工况—汽车使用工况模型，利用发动机台架试验确定整车的燃油经济性。

在负荷特性或部分负荷特性台架试验的基础上，将发动机转速、功率、转矩和燃油消耗率绘制在一个曲线图上，即可得到发动机的万有特性，可用来表示发动机在整个工作范围内主要参数之间的相互关系。

负荷特性、部分负荷特性和万有特性，三者所包含的信息是相同的，是同一个数学模型（发动机的功率或转矩、转速和燃油消耗率三者之间的关系模型）的不同几何解释，区别就在于所采用的坐标系不同。具体使用哪一个，可根据研究任务和研究对象的特点而定。在试验环节，万有特性图源于负荷特性或部分负荷特性的试验曲线，试验曲线越多，万有特性曲线图越准确。

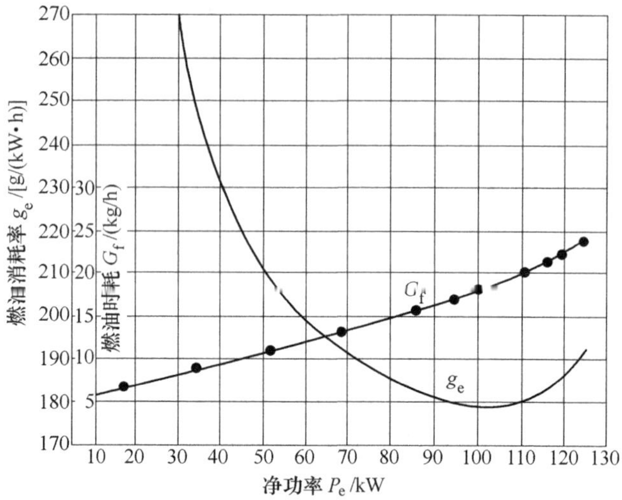

图 8-2　负荷特性曲线（某恒定转速下）

第二节　传动系统试验

汽车传动系统是位于发动机和驱动车轮之间的动力传动装置，其基本功用是将发动机发出的动力传递给驱动车轮。汽车传动系统试验，按试验内容和目的大致可以分为：动力传递性能的评价、变速性能的评价、操纵性能的评价、振动与噪声性能的评价、静强度的评价、刚度的评价、疲劳和磨损耐久性的评价等。

汽车传动系统主要包括离合器、变速器、万向节、传动轴以及由主减速器、差速器和半轴组成的驱动桥等。对于各种传动系统总成及零部件，有许多专用的试验台和试验项目，本节针对汽车传动系统的主要组成，介绍一些有代表性的试验项目。

一、离合器试验

离合器的设计和工作特点是：从动部分惯量很小，主动部分惯量很大；工作时利用摩擦力传递动力，由弹簧提供压紧力；接合后正常传动时要求主、从动部分没有相对滑磨，而在接合与分离工况的相互变化过程中，对滑磨有一定要求；要有一定的吸收冲击和振动的能力等。因此，这里介绍四项离合器试验：盖总成耐高速性能试验、离合器热负荷试验、从动盘总成扭转特性试验和盖总成静态分离耐久性试验。

1. 盖总成耐高速性能试验

本试验又称为离合器压盘及盖总成高速破坏实验，其对象实际上是离合器的压盘及离合器盖总成。离合器的压盘和离合器盖都属于离合器的主动部分，两者周向联接在一起同步转动，轴向有一定允许变形量，用以实现离合器分离及接合的动作。

为保证内外圈同步磨损，离合器主、从动部分的摩擦面通常设计成内径较大、外径与内径相对差异较小的环状；而为了使离合器接合时更柔顺、滑磨发热时温升更低，压盘及盖总成的尺寸和质量都设计得比较大，且质量分布比较靠近外圈。因此，在高速旋转时，离合器内部的离心力较大，比较容易在设计或制造的薄弱环节发生断裂破坏，所以，要对离合器压盘及盖总成进行耐高速性能试验。

图 8-3 所示为一种用于离合器盖总成耐高速性能试验的试验台。其中，真空泵用于将破坏舱抽成真空，以降低被试件高速旋转时的空气阻力；高速驱动装置的轴承采取喷油雾润滑，因为试验时间短，喷雾足够可靠，而且干净、简单，无搅油损失。

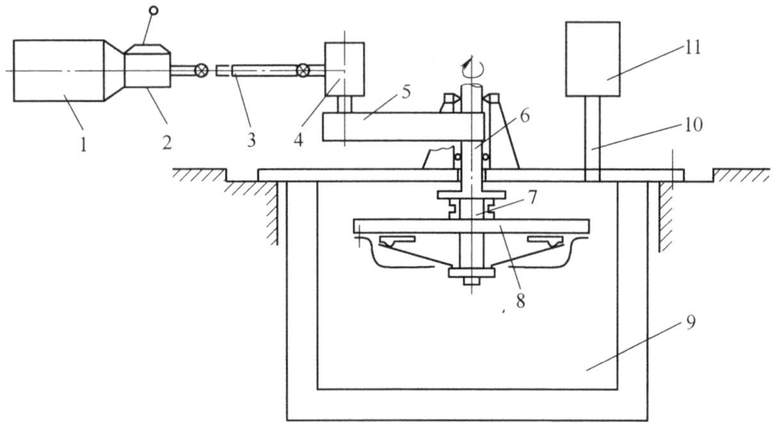

图 8-3　离合器盖总成耐高速性能试验台

1—发动机　2—变速器　3—传动轴　4—角传动齿轮箱　5—平带传动　6—驱动装置　7—联接法兰　8—被试压盘及盖总成　9—破坏舱　10—软管　11—真空泵

这种耐高速性能试验台的最高转速多在 20 000r/min 左右，测试时被试件的角加速度控制在 10.47 ~ 31.42rad/s^2 范围内。试验机的转速变化率应控制在 100 ~ 300（r/min）/s，在接近破坏转速（或限值转速）时转速变化率不能大于 100（r/min）/s。

被试离合器压盘及盖总成事先需经过静平衡，不平衡量应满足技术文件规定，盖总成与夹具装配后的不平衡量应满足试验机的要求。

耐高速性能试验的过程为：起动发动机（或其他动力源），带动被试压盘及盖总成加速旋转，直至发生破坏。

零件破坏的判定是利用装在破坏舱顶部角落里的声音传感器实现的。试验员听到响声或自动化仪器提示“破坏”时，记录此时的转速，即为破坏转速。要求破坏转速不低于配套发动机最高转速的 1.8 倍。

因此，该试验有时也可以这样进行：使被试压盘及盖总成在规定的限值转速（如发动机额定功率转速的 1.8 倍）下稳定运转一定时间，考察其零部件是否有破坏。这样做可以避免被试件的破坏，对试验设备的损伤也较小；但是试验结果只能判定“合格”还是“不合格”，无法得到试件所能达到的极值破坏转速。

试验时，转速很高，如果被试件发生破坏，那么即使是很小的碎片脱出、产生很小的不平衡量，也会造成极大的不平衡离心力的冲击，整个被试件——驱动装置主轴系统会受到极大的横力弯曲与剪切作用，很可能损坏主轴或者轴承。为此，在试验台的传动体系中设置一个联接法兰，又称为“牺牲法兰”，该法兰的轴颈断面人为设计得比较脆弱，抗弯截面系数较小，一旦零件破坏导致不平衡，离心力造成的弯矩就会将该法兰的轴颈折断，从而将破坏了的压盘及盖总成与驱动装置断开，保护试验设备。

另外，如果破坏舱的内壁是钢制的，被试件破坏后有部分零件高速飞出，撞击厚钢壁，会对零件造成二次破坏，难以辨认零件的破坏部位和破坏形式。为此，可以在破坏舱内壁镶木板或布置沙袋。

从动盘总成也有耐高速性能试验，试验方法和设备与盖总成耐高速性能试验类似。一个主要的区别是：由于摩擦片等非金属材料的机械特性对温度的变化比较敏感，所以从动盘总成在进行加速测试之前，要在规定温度的预热炉内加热并保温，在规定的热状态下进行测试。

2. 离合器热负荷试验

本试验的对象是离合器总成，即在试验时不对离合器进行拆解。

起步接合时，离合器主、从动部分存在转速差，为达到同速状态，摩擦片之间会产生较剧烈的滑磨。离合器热负荷测定试验的目的是模拟汽车起步工况下，离合器平均接合1次的滑磨功以及连续起步时的发热情况。滑磨功的定义是离合器在由分离到接合的滑磨过程中，由机械能转变为热能的能量。在从动部分获得相同动能的情况下，离合器的滑磨功越大，说明机械能损失越大，离合器摩擦副的发热和磨损就越严重。

试验在离合器综合性能试验台上进行，如图8-4所示。

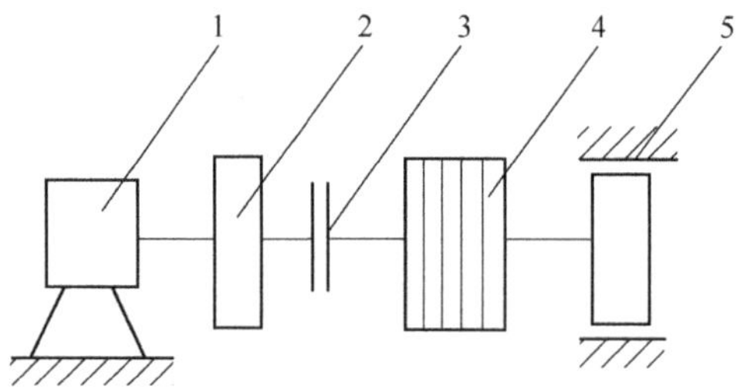

图8-4　离合器综合性能试验台
1—电动机　2—惯性飞轮　3—被试离合器
4—惯量盘　5—干式制动器

汽车起步时的阻力主要来自两方面：道路阻力（由滚动阻力和坡度阻力所构成）和加速阻力（包括平移质量产生的惯性阻力和旋转质量产生的惯性阻力偶矩）。该过程中由于车速较低，空气阻力极小，可以忽略不计。在离合器试验时，上述阻力要转化为阻力矩，由试验装置施加到被试离合器轴上。

道路阻力转化到离合器轴（从动盘毂）上的阻力矩 M_T（N·m）按下式计算，即

$$M_T=\frac{mg\psi r}{i_g i_0}$$

式中，m 为汽车总质量，单位为kg；ψ 为道路阻力系数，$\psi=f\cos\alpha+\sin\alpha$；$f$ 为轮胎的滚动阻力系数，乘用车取0.015，商用车取0.02；α 为道路的坡道角度，建议按 $\tan\alpha=0.08$ 确定；r 为轮胎的滚动半径，单位为m；i_g 和 i_0 分别为变速器和主减速器传动比，其中变速器的起步档位：半挂车或主车带拖挂为1档；单车使用四档或四档以上变速器的为2档；单车使用四档以下变速器的为1档；重型车，视具体情况由有关方面商定。

试验过程中道路阻力矩由电磁粉末离合器、湿式多片离合器或干式制动器施加。图8-4中采用的是干式制动器5，除了施加阻力矩，该制动器的另一个作用是使惯量盘组

件迅速减速，节约试验时间。

作用在离合器上的加速阻力矩可由惯量盘4调节，该惯量盘是一个可调惯量的飞轮组件，其转动惯量数值应调节到相当于整车的惯量转化到离合器轴上的当量惯量。也就是说，在试验台上离合器带动惯量盘加速转动，就相当于在道路上离合器带动整车加速行驶。当量惯量 J（$kg \cdot m^2$）可按下式计算：

$$J = \frac{mr^2\delta}{i_g^2 i_0^2}$$

式中，δ 为计入旋转质量的惯性力偶矩后得到的旋转质量换算系数，在试验中，一般取 $\delta = 1.025 \sim 1.045$，也可简化为 $\delta = 1$。

惯性飞轮2的作用不是提供加速阻力，也不完全是模拟汽车发动机的飞轮，其主要目的是储能、平滑转速波动，减小电动机功率需求。试验最理想、模拟效果最真实的动力源是原车所用的发动机，但在室内环境下内燃机的振动、噪声和排放污染较大，而且油耗较大。这项试验的一个特点是：只有在离合器从开始接合到接合完毕的滑磨过程中需要发动机输出机械能，而在主、从动部分转速一致时动力源是无负载的，该过程对动力源平均功率的要求并不高。因此，可以选用小功率的直流电动机，采用可控硅控制。当离合器滑磨时，控制电动机的电枢电流增大，动力源输出转矩增大；这时伴随整个旋转系统转速下降，惯性飞轮释放出储存的一部分旋转动能，克服阻力做功。惯性飞轮的作用就是在电动机转矩不是很大的情况下依靠其较大的转动惯量来减小转速的波动，这也是可以选择功率较小的电动机的原因。因此惯性飞轮的惯量没有必要严格模拟原车发动机飞轮的转动惯量，可以适当大些。

试验前，样件需经磨合，磨合表面温度不超过100℃，磨合后主、从动部分接触面积需达到80%以上。对压盘及盖总成和从动盘总成进行复验，确定夹紧厚度和对应的工作压紧力。

在压盘的中径或飞轮的中径并距工作表面（0.5±0.1）mm处，埋装热电偶或其他温度传感器。安装、连接好温度、转矩、转角或转速的测量和记录装置，有必要的话可采用集流环。调节制动器和惯量盘组件，使之符合起步工况的要求。

将被试离合器分离，起动电动机，使试验台整个主动旋转系统达到规定的转速：乘用车1500r/min，商用车1000r/min（由于离合器分离，此时惯量盘是不转的）。接合被试离合器，开始滑磨，主动部分转速略有下降，从动部分转速迅速上升，直至两者转速达到一致，也就是惯量盘的转速与驱动电动机的转速相等时，接合、滑磨过程完毕。每次接合的滑磨时间：乘用车取（1±0.1）s，商用车取（1.5±0.2）s。将离合器分离，利用制动器对惯量盘制动使之静止。至此，完成一个工作循环。再次接合离合器，如此反复循环10次，两次接合的间隔为30s。记录每次接合的转矩、主/从动部分转速、温度和滑磨时间等。

图8-5所示为离合器接合过程的曲线变化图。

热负荷测定属于间接测量，滑磨功 A（J）可由各直接测量参数计算得到，有

$$A = \int_{t_0}^{t} M_c(\omega_m - \omega_t)\,dt$$

式中，M_c 为摩擦力矩，单位为 N·m，在离合器的输入或输出轴上由转矩测量装置测出；ω_m、ω_t 为主、从动部分角速度，单位为 rad/s；t_0、t 为接合过程的起、止时间，单位为 s。

滑磨功除以离合器主、从动部分的名义摩擦面积，可以得到单位面积的滑磨功（J/cm^2），该数据应满足设计文件等的限值要求。

1）连续起步 10 次的累计温升按标准要求不得大于 100℃。

2）连续起步 10 次平均每次温升也应满足要求，一般要求不得高于 10℃/次。

图 8-4 所示的试验台具有惯量盘和驱动电动机，属于惯性式驱动型离合器综合性能试验台。除了可以进行热负荷测定试验，该试验台还可以进行离合器摩擦力矩的测定和离合器摩擦片磨损等项目的试验。

3. 从动盘总成扭转特性试验

本试验的对象是离合器的从动部分——从动盘总成。

从动盘总成扭转特性是指从动盘扭转减振器的力矩与转角之间的关系，也就是扭转刚度和摩擦阻尼。从动盘总成扭转特性对变速器的振动噪声影响很大。

从动盘总成扭转特性试验装置如图 8-6 所示。扭转力臂 8 和拉压力传感器 1 配合用于测量扭矩。

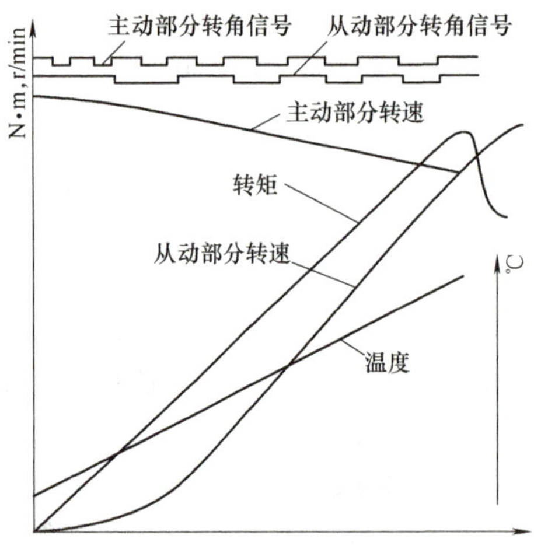

图 8-5　离合器接合过程的曲线变化图

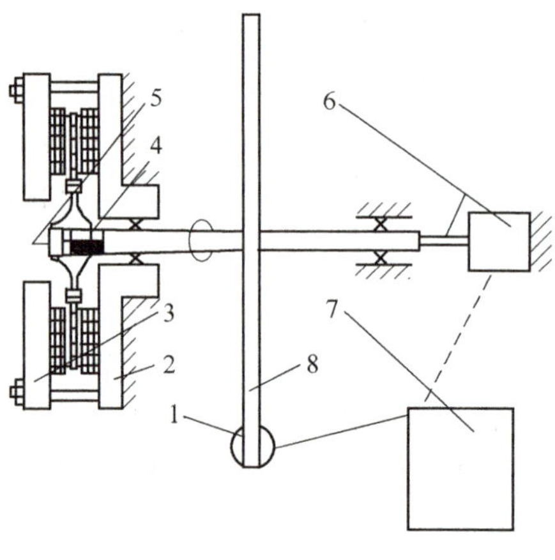

图 8-6　从动盘总成扭转特性试验装置
1—拉压力传感器　2—支承板　3—加紧盘
4—花键轴　5—转角轴　6—角位移传感器
7—$X-Y$ 记录仪　8—扭转力臂

将从动盘总成装到试验台的花键轴 4 上，该花键轴的花键参数应与离合器从动盘毂的内花键匹配。在摩擦衬片处将从动盘总成夹紧。安装转角测量装置，例如转角指针或角位移传感器 6，测量装置应可以与从动盘毂一同转动并调整零位，试验过程中应先将转角值调零。对从动盘毂施加扭转力矩，使从动盘毂转动，直到与扭转减振器的限位销接触为止，达到规定转角极限，然后卸载至零。反向加载，直到与另一侧限位销接触为止，达到另一侧规定转角极限，再卸载至零。重复上述步骤两次。在加载与卸载过程中，需记录转角及其对应的扭转力矩数值，同时注意在零位置检查并调整转角的零位。

根据试验数据，绘制从动盘总成扭转特性曲线，如图 8-7 所示，图中，相同转角下正向加载与反向加载扭矩的差，就是扭转减振器阻尼片摩擦力矩 M_1 的 2 倍。机构中的摩擦会导致回程误差，表现为正向加载与反向加载引起的输出不一致。

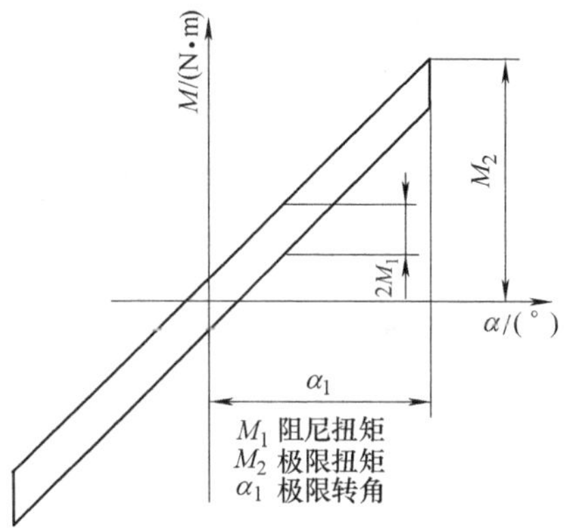

图 8-7　扭转减振器扭矩与转角曲线图

扭转减振器的扭转刚度 K 的计算如下：

$$K=\frac{M_2-M_1}{\alpha}$$

式中，M_2 为转至最大转角（接触限位销）时的力矩；M_1 为扭转减振器阻尼片的摩擦力矩；α 为最大转角（接触限位销）。其中，最大转角位置可以按扭转减振器接触限位销确定，也可以取发动机输出最大转矩对应的转角。

理论上，曲线的斜率就是扭转刚度，但实际上曲线会在试验过程中产生局部的随机波动，合理的公式应该能剔除曲线局部随机波动的影响，在曲线尽量大的范围内取平均值。

从动盘总成的扭转特性应符合企业技术文件的规定。

4. 盖总成静态分离耐久性试验

盖总成静态分离耐久性试验主要用来检验离合器的分离特性和负荷特性。

盖总成静态分离耐久性试验装置如图 8-8 所示，将盖总成和从动盘总成（或相当于从动盘总成夹紧名义厚度的垫块）安装到试验台上，试验台利用偏心曲柄机构产生往复运动。按规定的行程进行分离—接合动作，动作一次为一个循环，往复循环至规定的循环次数或试件发生损坏后，从装置上取出盖总成，直观检查有无裂纹、松动或破裂零件。

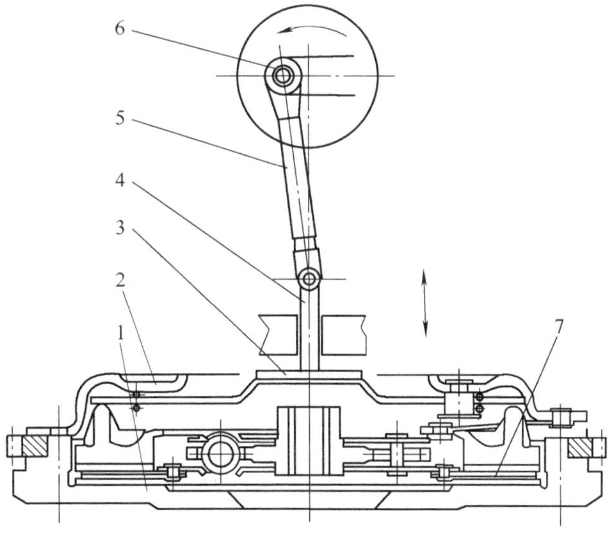

图 8-8　盖总成静态分离耐久性试验台

1—飞轮（或平板）　2—盖总成　3—代用分离轴承　4—滑动轴　5—连杆　6—曲柄销　7—从动盘总成（或标准块）

在技术文件规定的分离行程条件下，盖总成经 1.0×10^6 次分离耐久性试验后，或者在技术文件规定的强化分离行程条件下（螺旋弹簧离合器和拉式膜片离合器取图样规定分离行程 +1.5mm、推式膜片弹簧离合器取图样规定分离行程 +1.0mm），盖总成经 5.0×10^5 次分离耐久性试验后，应符合以下要求：

1）最大分离力变化量不大于初始值的 15%。

2）压盘工作压紧力，对于膜片弹簧离合器不小于初始值的90%，对于螺旋弹簧离合器不小于初始值的80%。

3）压盘升程不小于初始值的90%。

4）任何零件不得失效。

除了上述几项试验外，常见的离合器试验还有离合器盖总成分离特性和负荷测定试验、从动盘总成轴向压缩特性试验、离合器摩擦力矩测定试验、离合器防粘着性能试验等，具体试验方法和技术要求可参照汽车行业标准 QC/T 25—2014 及 QC/T 27—2014。

二、机械式变速器试验

在传动系统中，变速器承担着改变传动比、扩大驱动轮转矩和转速变化范围的重要作用，对于汽车的动力性、燃油经济性、排放性、操纵轻便性以及噪声有很大影响。

变速器总类较多、原理各异、结构复杂、组成零件繁多，可能出现的失效形式多种多样，其试验项目也很多。本节主要介绍机械式变速器的传动效率试验、变速器总成疲劳寿命试验、变速器单对齿轮疲劳寿命试验和变速器总成静扭强度试验。

在对变速器进行效率试验、寿命试验、高速试验和噪声试验时，要求对试验样品进行合乎规范的磨合。根据国家行业标准，具体的磨合规范有四点要求：输入轴转速为发动机最大转矩点转速 ±10r/min；输入轴转矩为发动机最大转矩的50%，偏差为 ±5N·m；前进档磨合时间分别不少于1h，倒档磨合不少于0.5h；磨合后的变速器应更换润滑油。

用于变速器试验的试验台形式很多，具体构造、加载原理和操作方法等各不相同。根据试验功率循环方式的不同，可将试验台分为开式试验台和闭式试验台两大类。

所谓“开式试验台”，指的是功率流不封闭的试验台。这类试验台，原动机将动力传给被试件（此处指的就是变速器），被试件受传动效率限制会损失一部分功率，剩余的功率由加载装置吸收掉，这种吸收是耗散性的，其能量以热能的形式散失掉，无法回收。

开式试验台结构简单，操作和控制方便，试件拆装容易，易于进行变负荷试验。对台架的组成没有过多要求，不需要陪试件或对陪试件的型号和档位无严格要求，可以选用强度高的组成元件，以提高疲劳试验台自身的寿命。

开式试验台主要缺点是能耗大。变速器的效率是很高的，从输入端输入的功率，只有很小一部分被其自身消耗掉，绝大部分都由负载装置吸收掉。开式试验台负载多采用电涡流测功机，无法将这部分功率回收，剩余的大部分能量最终只能转化为无用的热量发散掉。而为了满足试验转矩和转速的要求，输入功率不能降低；同时，疲劳寿命试验势必要进行长时间的连续运转，这就意味着能量消耗，也就是浪费的总量是巨大的，特别是对于大吨位车辆的疲劳寿命试验来说，这种浪费更为严重。

出于能量回收的考虑，产生了各种闭式试验台。

所谓“闭式试验台”，指的是功率流封闭的试验台。原动机输出的总功率由被试件消耗一部分后，剩余的大部分可以回收，功率流形成封闭的循环，以节约能源。据统计，维持闭式试验台运转（克服台架运动件及被试件、陪试件的运转阻力、发电机效率损失等）仅消耗总功率的20%～25%，也就是说可以将原动机总功率中75%～80%的能量回收再利用，其节能效果相当可观。

按功率流循环的实现方法，闭式试验台分为两种：电封闭和机械封闭。

电封闭试验台，相比开式试验台的区别主要是采用电力测功机作为试验台负载。其机械部分与开式试验台类似，有时要加装无级变速器等传动元件。如图 8-9 所示，其中的负载测功机 4 就是电力测功机。进行疲劳试验时，测功机作为发电机使用，将被试件传来的剩余机械能转换成电能，回馈到原动电动机或输入电网，以实现节能的目的。

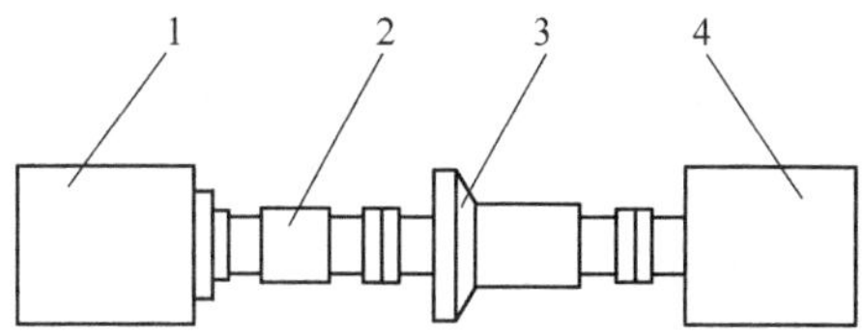

图 8-9　变速器总成传动效率试验台
（直接测量输入转矩和输出转矩）
1—电动机　2—转矩测量装置
3—被试变速器　4—负载测功机

电封闭试验台的优点是机械结构简单、台架的搭建和试件的拆装容易。其缺点是操纵控制系统复杂，电力测功机的成本高，在整个寿命试验期间该测功机都被占用、不能进行其他试验。

在变速器以及驱动桥的总成疲劳寿命试验中，广泛采用机械封闭式试验台。机械封闭的基本原理是利用齿轮箱、带/链传动等机械手段，将被试件输出轴的输出功率回馈至输入端，以降低原动机的能耗。几种典型机械封闭式试验台的布置形式如图 8-10 所示，每种方案的特点各不相同。

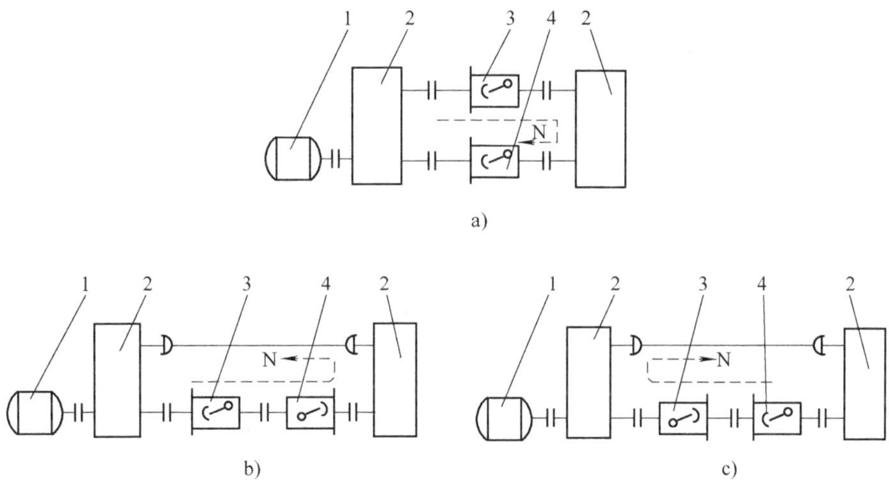

图 8-10　机械封闭式变速器试验台三种布置方案示意图
1—电动机　2—辅助齿轮箱　3—被试变速器　4—陪试变速器

机械封闭的缺点是传动环节较多，很多部件需要实验室加工和自制，安装和调整费时费力。为了实现机械封闭，要求回馈动力的转速与原动机转速一致，因此必须采用陪试件。陪试件必须与被试件同型号，且其寿命不高。

布置台架时需注意，转矩转速仪必须直接测量被试变速器的输入轴转矩。

另外，在机械封闭系统中无法设置测功机等负载设备（因为机械动力不能“透过”测功机，无法回馈），需要采取各种机械式的加载方法为被试变速器提供一个大小可控的阻力。机械加载的基本原理是：使被试变速器的主动轴和从动轴之间产生一个扭转角，这个角度可以调节，然后锁紧，当变速器运转时就相当于输入、输出两根轴上存在一对反向的转矩。具体结构和操作方法可参考试验台的说明和指导文件。

1. 变速器总成传动效率试验

变速器总成的传动效率是其输出功率与输入功率之比。传动效率标志着变速器的功率损耗水平，其高低将影响汽车的动力性、燃油经济性、排放性以及变速器自身的磨损和发热，是变速器非常重要的性能指标。传动效率同时也是变速器自身技术状况的诊断指标之一。

功率等于转矩乘以角速度。如果能确定当前传动比，则有

$$\eta = \frac{M_2\omega_2}{M_1\omega_1} = \frac{M_2}{M_1 i} \tag{8-1}$$

式中，M_2 为变速器输出转矩；ω_2 为变速器输出转速；M_1 为变速器输入转矩；ω_1 为变速器输入转速；i 为变速器传动比。

因此，通过测定变速器输入、输出轴的转矩，就可以得到变速器的传动效率。根据测量原理不同，可以分为以下几种测量方法。

（1）直接法　又称为高精度转矩法。该方法要求同时测量一个变速器的输入转矩 M_1 和输出转矩 M_2，这是测量变速器效率最直接的方法，可以在如图 8-9 所示的试验台上进行。

转矩测量装置 2（见图 8-9）测量变速器的输入转矩 M_1，可以采用转矩传感器（只能测量转矩），也可以采用转矩转速仪，后者的测试精度很高，使用更常见。变速器输出轴的转矩 M_2 一般由负载测功机测出。

将变速器的输入转矩 M_1 和输出转矩 M_2 代入式（8-1），结合变速器当前的传动比，就可以算出变速器的效率。

（2）对接法　将两个同型号变速器对接，同时测量其第一轴转矩，如图 8-11 所示。两个变速器的输出轴对接，选择相同的档位，一个降速、一个升速，各自的输入轴转矩分别由两个电力测功机测出。图中动力由左向右传递，输入转矩 M_1 从左侧变速器的左侧，由电动机 1 测出；输出转矩 M_2 在右侧变速器的右侧，由负载测功机 3 测出。也可以利用转矩转速仪测量这两个转矩。

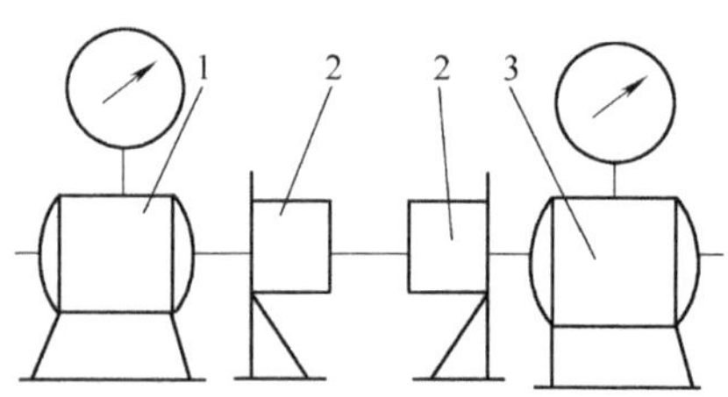

图 8-11　对接法测量变速器效率
1—电动机　2—被试变速器　3—负载测功机

该测试台架上，传动系统由两个变速器串联形成，同时测量了两个变速器的效率，即

$$\eta^2 = \frac{M_2}{M_1 i_1 i_1'}$$

由于两个对接的变速器选择相同档位，总传动比 $i_1 i_1' = 1$，故单个变速器的传动效率为

$$\eta = \sqrt{\frac{M_2}{M_1}}$$

（3）平衡法　利用浮动壳体上的平衡力矩求出一个转矩。前面的两种方法，变速器

的外壳（以及连接、测量设备的外壳）都是固定的。而在平衡法中，被试变速器的外壳不固定，采用“浮动支承”，就相当于仅用轴承将变速器的轴线支承住，不能限制其转动。当变速器输入轴和输出轴转矩不相等时，变速器的力矩就不平衡，其外壳会向某方向转动，而在此方向上设置平衡杆，平衡杆端部下面接触一个拉压传感器，根据平衡杆端部到旋转轴心的距离和拉压传感器的示值，就可以算出壳体上的平衡转矩 M_P。显然平衡转矩就是变速器输入轴和输出轴转矩之差，测出输入转矩 M_1 和输出转矩 M_2 中的一个，就可以求出另一个，代入式（8-1），即可算出变速器的效率。

变速器平衡法测转矩试验台如图 8-12 所示，浮动支承的变速器外壳上的平衡转矩 M_P 由拉压传感器 3 测出（结合平衡杆的长度）。再由转矩传感器 2 测出输入转矩 M_1（如果电动机 1 采用的是电力测功机，也可以不用转矩传感器 2，利用电动机 1 直接测量 M_1）。采用这种方式，可求得输出转矩 $M_2 = M_1 + M_P$，继而算出传动效率为 $\eta = \frac{M_1 + M_P}{M_1 i}$。

（4）平衡框架法　变速器平衡框架法试验系统如图 8-13 所示，将两个型号相同、档位相同的变速器对接，安装在平衡框架内。输入转矩 M_1 由转矩传感器 2 测出，再测出平衡框架杆端部的拉压传感器数值，算出作用于平衡框架的平衡转矩 M_P。在此体系中，输出转矩 $M_2 = M_1 - M_P$，由于两个变速器串联使用，每台变速器的传动效率为 $\eta = \sqrt{1 - \frac{M_P}{M_1}}$。

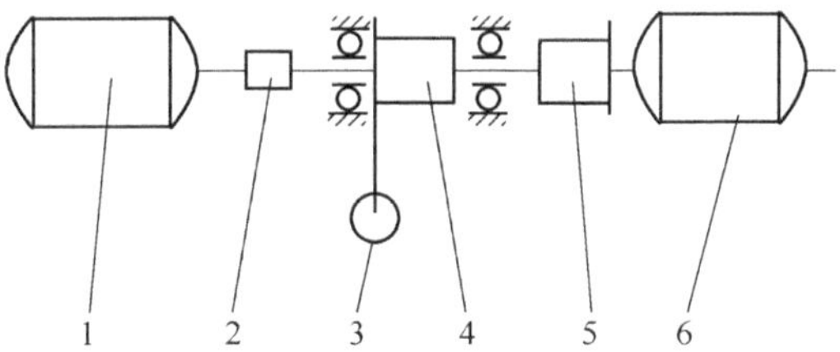

图 8-12　变速器平衡法测转矩试验台
1—电动机　2—转矩传感器　3—拉压传感器
4—被试件　5—陪试件　6—加载装置

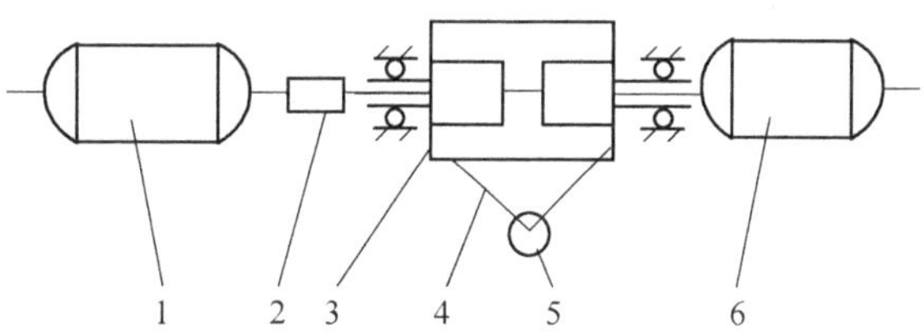

图 8-13　变速器平衡框架法测转矩
1—电动机　2—转矩传感器　3—被试件　4—平衡试架
5—拉压传感器　6—加载装置

需要注意的是，图 8-12 和图 8-13 中都有两个变速器，但是各自的功用不同。在图 8-13 中，两个变速器必须是同型号的、档位相同的，用以抵消传动比的影响，两个变速器都是被试件。而在图 8-12 中，4 是被试件，5 是陪试件。陪试的目的是将转速升高，以满足加载装置 6 的速度特性要求。由于动力并不循环，所以也不必严格要求陪试件 5 的升速比与被试件 4 的降速比完全抵消，所以陪试件 5 的型号和档位可以灵活选取，不必和被试件 4 相同。

上述四种效率试验的方法都是针对三轴式变速器，也就是输入轴和输出轴同轴的情况。对于两轴式变速器，可以适当修改方案，参照执行。

无论采用上述哪种方法，效率测定的工况基本相同，可参照以下规定。

1）试验转矩：取该汽车发动机最大转矩的 50% 和 100% 两种工况，转矩控制精度为 ±2%，测量精度为 ±0.5%。

2）试验转速：从 1000r/min 到发动机最高转速范围内均匀取 5 种转速，其中应包括发动机最大转矩点的转速，其控制精度为 ±5r/min，测量精度为 ±1r/min。

3）润滑油技术状况：按设计规定选取变速器润滑油的品种和数量，油温控制在40℃、60℃、80℃和100℃，其控制精度为±5℃，测量精度为±1℃。

试验按低档到高档的档位顺序，结合转速、转矩、油温组合的要求依次测定。实际上并不需要对所有组合都进行测试，只需选取对被试变速器具有代表性、典型性的若干工况组合进行测试即可。

机械式变速器效率的实测值随车型、变速器形式和试验工况的不同而异，一般在95%～99%之间。若条件工况不一致，则数据之间无可比性，故在试验结果中应注明试验工况。

2. 变速器总成疲劳寿命试验

变速器总成疲劳寿命试验的目的是通过室内台架试验快速、准确地确定变速器总成的耐久性，为新产品定型、新技术改进、设计、材料和工艺的检验与改进等提供依据。

试验装置可采用开式或闭式试验台。变速器输入端由发动机或电动机驱动，负载可选择电力测功机或其他加载设备。应具备油温控制装置，能够按照试验要求的温度及精度对变速器进行温度控制。

试验时应使用新样品，调整对耐久性能产生重要影响的螺栓拧紧力矩、轴承间隙等，使之处在图样标示的公差内不利于耐久性的一侧；传动轴万向节夹角应尽量和实车一致。试验前应对被试变速器总成进行磨合。

试验时可以采取下述四种试验工况。

（1）强化试验法 强化试验法是为了缩短试验周期，在变速器输入轴上施加的转矩等于或大于发动机最大转矩的方法。试验载荷转矩与发动机最大转矩的比值即为强化系数。

在强化试验中，试验转矩（或者强化系数）是根据预计达到的损坏形式来选取的。一般是根据被试变速器中有关齿轮的计算应力值，并参照相近车型变速器寿命试验的数据来确定的。

试验转速一般取发动机最大转矩转速，对不同档位都要进行测试（除了直接档）。一台变速器试件做完某一档位的疲劳寿命试验后，不仅该档位齿轮发生破坏，变速器内的各轴、轴承以及常啮合齿轮等各档位共用的零部件实际上也产生了疲劳损伤积累，因此，再做另一个档位的试验时往往要更换新的试件。

这种强化试验方法对试验结果的评价只能采取对比的方法，适用于工艺性试验，即评定不同工艺条件下产品耐久性的优劣。不宜用来预测产品在实际使用环境中的真实寿命。

（2）单一档位寿命试验法 该方法适合新设计变速器的总成定型试验，即只测量一档（有时可增加两档）的疲劳寿命，将试验结果与同类车型进行对比，以评价新型产品的优劣。

这种方法由于只测一个档位，因此速度快、效率高；但是工况单一，结果不够全面，各种隐藏缺陷暴露得不够充分。仅靠与同类型产品相对比，结果也缺乏说服力，当没有可比车型数据时，更是难下结论。

（3）档位循环试验法 为了克服单一档位寿命试验法的缺点，各国针对不同车型和不同形式的变速器都提出了档位循环法的试验标准，即在变速器输入轴上施加规定的载荷，要求每个档位能运转一定的循环次数。

我国汽车行业标准 QC/T 568.1—2011 中推荐的疲劳寿命试验指标见表 8-1。

表 8-1　疲劳寿命试验指标

变速器类型		输入轴循环次数/($\times10^5$)				
		1 档	2 档	3 档	4 档	5 档
乘用车变速器	四档变速器	≥10	≥100	≥100	≥100	—
	五档变速器	≥10.8	≥27	≥79	≥162	≥257.4
商用车变速器	四档变速器	≥10	≥100	≥100	≥100	—
	五档变速器	≥5	≥30	≥100	≥100	≥100

同时，要求倒档输入轴的循环次数不低于 7.2×10^5；直接档（如有的话）可以不进行试验。试验时间可按上表推荐，也可遵循整车厂的要求，或者根据轴承和齿轮的寿命进行试验。

标准中规定输入转速为发动机最大转矩点转速 ±10r/min，输入转矩为发动机最大转矩 ±5N·m，试验要从低速档到高速档、倒档依次进行，整个试验可划分为 10 个循环进行。

通过比较可知，强化试验法强调某档齿轮的疲劳强度，而档位循环法则是要求同一台变速器的各档位都要达到规定的循环次数，也就是考察变速器总成的综合耐久性。显然，档位循环法更能够反映变速器实际工作时的疲劳强度。

(4) S－N 曲线法　S－N 曲线指的是齿轮台架试验寿命与试验载荷的关系曲线。一些整车或变速器制造企业，消耗了很多齿轮进行了大量的齿轮寿命试验，整理出了齿轮寿命与载荷及齿轮结构设计参数的关系。在使用中，只要给定一个载荷转矩，再给出齿轮的参数，就可以查取 S－N 曲线确定该齿轮的疲劳寿命。这种方法直接确定的是变速器某档齿轮的寿命。

3. 变速器单对齿轮疲劳寿命试验

单对齿轮疲劳寿命试验需要将变速器解体，将待测齿轮副装在单对齿轮疲劳试验台上进行测试。试验台分为开式和闭式两种，其组成原理、性能特点和加载方式与上述变速器总成疲劳试验台类似。

试验载荷转矩是根据预计达到的损坏形式来选取的，以便能在试验台上再现使用中的损坏形式，并尽量缩短试验周期。

注意，对于三轴式变速器而言，“某档齿轮”通常指的是中间轴和输出轴上的齿轮，对该对齿轮做疲劳寿命试验，施加在主动齿轮上的试验载荷转矩应是变速器的中间轴转矩，其基准值是发动机最大转矩乘以变速器常啮合齿轮的传动比。根据试验要求也可以进行强化。

试验转速一般按变速器实际使用的常用转速确定。为缩短试验周期，在保证试验台架不发生激振、润滑油温度不过高的前提下，可以适当提高试验转速。

对于新齿轮，试验前应先进行磨合。磨合转矩为试验转矩的一半，磨合转速与试验转速相同，磨合时间为 2h。磨合结束后，清洗齿轮，更换润滑油。

进行齿轮接触疲劳寿命试验时，运转至20h后，开箱进行第一次齿面检查，以后每4h检查一次，记录试验参数和齿面状况。做齿轮弯曲疲劳寿命试验时，可不检查齿面，但要每隔4h记录一次试验参数，直到齿轮失效或达到规定的运转次数，试验结束。

对于多样件试验，将各齿轮的寿命值按威布尔分布进行统计，算出平均寿命。同时全面分析零件的材料工艺、断口和金相组织等。

4. 变速器总成静扭强度试验

静扭，就是将被试件的输出端固定，在输入端施加转矩，直至发生破坏，以暴露被试件的薄弱环节，同时确定其静扭强度后备系数。

变速器总成静扭强度试验台示意图如图8-14所示。

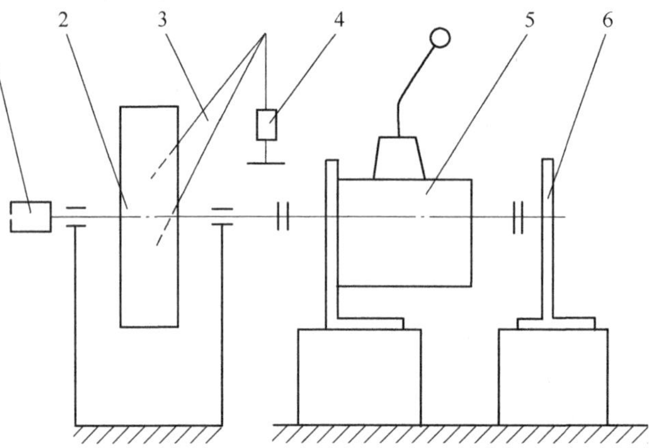

图8-14　变速器总成静扭强度试验台示意图

1—角位移传感器　2—扭力机　3—扭力机力臂　4—拉压传感器　5—被试变速器　6—固定支架

被试变速器在台架上的固定方式，应与其在车上的实际安装方式尽量一致。变速器外壳可靠固定，台架各元件之间保证足够的同轴度，确保变速器的输入轴和输出轴只受转矩，不受附加弯矩的影响。输入轴连接扭力机，输出轴固定。

变速器挂档时，应全齿长啮合，扭力机的扭转方向保证轮齿的受力方向与汽车前进时相同。

试验步骤为：调整和标定仪器，预热，把变速器挂入某一档位，起动电动机，连续缓慢加载，并记录转矩M和转角的关系曲线，直至变速器某处出现破坏或达到规定的转矩为止。若在试验中出现轮齿折断，需转过120°后再试验，一个齿轮测3个点，取平均值。

破坏转矩与配套发动机最大转矩之比为静扭强度后备系数，即

$$K=\frac{M}{M_{\mathrm{emax}}}$$

式中，M_{emax}为发动机最大转矩。

静扭强度后备系数大于或等于规定值则判定试验合格。

注意，静扭试验看似简单、平稳、没有动负荷，但其对安全防护的要求同样很严格。理论分析和许多实践都证明，被试总成出现静扭破坏时，断裂零件会突然释放出极大的弹性势能，如果该零件飞出被试件壳体，其破坏力是相当大的。所以进行静扭试验（包

括变速器、传动轴和驱动桥等各总成的静扭试验）时一定要设置可靠的安全防护罩，现场人员要在指定规划好的位置工作，不得随意走动。

对于变速器，台架试验标准中还规定了总成噪声试验、动态密封试验、同步器寿命试验、变速换档性能试验、变速器温升试验、变速器高速试验等项目，详细内容可参见汽车行业标准 QC/T 568.1—2011。

三、传动轴试验

此处的传动轴，指的是传动轴总成，也就是汽车传动系统中的整套万向传动装置，包括若干万向节和分段的带滑动花键的传动轴，有时还包括中间支承。由于变速器输出端和驱动桥输入端分属簧上质量和簧下质量两部分，在汽车行驶时其相对位置会发生变化，而且两端的轴线不重合（即使在静止时），所以要设置万向传动装置以适应这种距离和夹角的变动。

进行传动轴台架试验，首先应确定其标准安装状态、额定负荷和最高转速。

试件的标准安装状态是：传动轴的两个万向节中心之间的长度等于汽车在水平位置时静止、满载状态下的传动轴长度。而且传动轴水平放置，万向节的夹角都为零。注意，这与车上实际安装角度很可能是不同的。

在按照发动机最大转矩和驱动轮最大附着力计算得到的传动轴输入转矩中，取较小者作为额定负荷，记作 M_g（N·m）。这个“额定负荷”的定义，也适用于驱动桥试验的输入载荷转矩。它的计算公式为

$$M_g = \min\left(\frac{T_{tqmax} i_{g1} i_{p1}}{n}, \frac{G_2 r\varphi}{i_0}\right) \tag{8-2}$$

式中，符号“min”表示求后面若干元素中的最小者；T_{tqmax} 为发动机最大转矩，单位为 N·m；i_{g1} 为变速器 1 档传动比；i_{p1} 为多轴驱动汽车的分动器低档传动比；n 为分动器挂低档时的驱动桥数目；G_2 为驱动桥的满载轴荷（指全部重力，即接地压力），单位为 N；r 为车轮半径；φ 为轮胎和路面的附着系数，一般按良好的沥青或混凝土路面，取 $\varphi=0.8$；i_0 为主减速器传动比。

对于普通的前置后驱的 4×2 汽车来说，就是

$$M_g = \min\left(T_{tqmax} i_{g1}, \frac{G_2 r\varphi}{i_0}\right) \tag{8-3}$$

传动轴的最高转速 n_g 是发动机的最高转速与变速器的最小传动比（即最高档传动比）之比，即 $n_g = n_{max}/i_{min}$。

1. 传动轴总成的静态跳动量试验

汽车的传动轴总成属于轴向长度较长、支承刚度较差、工作转速变动较大的总成，当发动机高速运转、变速器挂高档时，传动轴转速很高，由于周向质量分布不平衡造成的离心力较大，从而造成传动轴的挠曲变形，影响传动的平稳性，同时增大磨损、噪声和发热。因此，传动轴试验中对于质量的周向分布（平衡）问题比较重视，规定了若干个项目。

测定质量分布平衡性首先要进行静态跳动量的测定，试验装置示意图如图 8-15 所示。

被试传动轴总成 4 以其基准面按标准安装状态安装于试验台的支承装置 2 上，用旋转装置 1 以缓慢的速度（转速不大于 60r/min）摇动被试传动轴总成，手动或电动皆可。用百分表 3 测量轴管两端的径向跳动量。显然，跳动量即为几何偏心量的 2 倍。

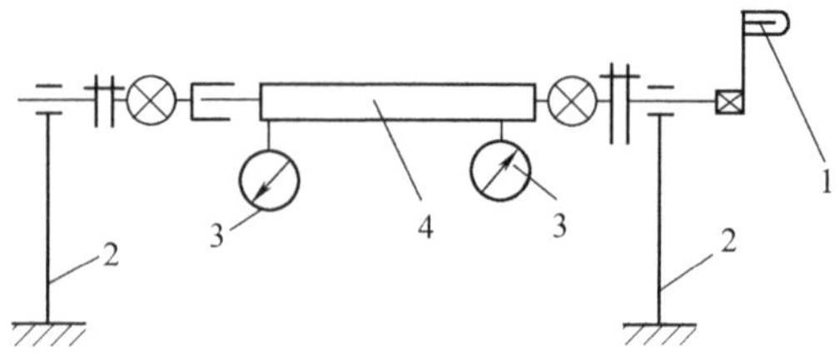

图 8-15　静态跳动量试验台示意图
1—旋转装置　2—支承装置
3—百分表　4—被试传动轴总成

各种标准根据被试传动轴总成所属的车型，以及该段轴在传动轴总成中属于固定轴还是滑动轴，规定了跳动量的限值，可参照执行。

对于带有中间支承的传动轴，也必须要控制中间轴后凸缘止口的摆差。

2. 传动轴总成的剩余不平衡量试验

静态跳动量试验只能确定传动轴总成的几何偏心量，难以完全代表力学不平衡量。所以一般在经过静态跳动量试验并经过初步平衡后，还要进行剩余不平衡量试验。

试验要在动平衡试验机上进行。使用前要阅读动平衡试验机的说明指导文件以熟悉试验机的技术特点。

该试验的操作要点如下：

1）被试传动轴总成以其基准面按标准安装状态安装于平衡机的支承装置上。

2）可以分初试和复试进行两轮试验。

3）为了精确测定不平衡量，试验转速应高些，原则上不低于传动轴最高转速 n_g 的 1/2。也可以根据初试的不平衡量确定复试的转速，不平衡量越小，复试转速应越高。

4）动平衡复试应在未加注润滑油/脂之前进行。

5）动平衡机具有自动焊接平衡片㊀的功能，平衡片通常焊接在传动轴的轴管上，每段最多不超过 3 片。

不平衡量限值可按 GB/T 9239. 1—2006 中规定的 G40 平衡品质等级，或者执行企业的设计标准。

3. 传动轴总成的临界转速试验

所谓“临界转速”，是指传动轴转动速度达到或接近该转速时，传动轴的抖动会急剧加大，表现为振幅或振动加速度迅速增大。显然，临界转速对应的频率就是传动轴总成系统的固有频率。

临界转速试验可以采用旋转法，也可以采用激励法。

（1）旋转法　如图 8-16a 所示，旋转法是将被试传动轴总成 4 按标准安装状态安装于试验台的支承装置上，由驱动装置 1 带动被试传动轴总成高速旋转，测量振动与转速之间的关系，振动的强弱由振动加速度传感器 2 或变形传感器 3 测出。

为达到并超过临界转速，旋转法要求的转速极高，两端支承处要具有足够的刚度，而且对试验台周边的安全防护有较高要求，高速转动时试验台支承处的轴承发热也很大。

㊀　平衡片的功用是纠正不平衡量、抵消其离心力，类似车轮动平衡检测时加补的配重片。

旋转试验的激振力是由传动轴总成自身的不平衡质量高速旋转时的离心力所造成的，为了降低上述不利影响，被试传动轴总成必须事先经过剩余不平衡量试验，尽量降低不平衡量。

（2）激励法　如图 8-16b 所示，激励法是将被试传动轴总成 4 按标准安装状态安装于试验台的支承装置上，但是没有驱动装置，不对传动轴施加旋转载荷，而是在径向由激振器 5 施加横力激振，逐渐提高激振器的激振频率，振动随之变化，振动的强弱由变形传感器 3 测出。由于系统不做转动，在支承处可以不设轴承，但支承装置须保证允许被试传动轴总成有轴向位移，但该位移不能过大（一般不超过 1～2mm）。由于激励法的激振力是外加的，传动轴总成自身剩余不平衡量的控制显得不太重要。

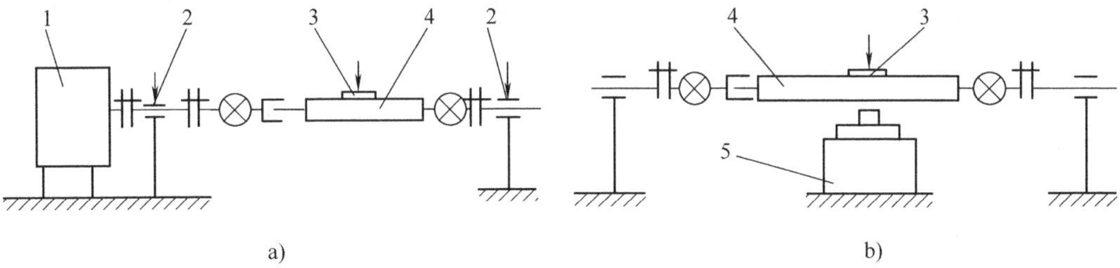

图 8-16　临界转速试验装置

a）旋转法　b）激励法

1—驱动装置　2—加速度传感器　3—变形传感器　4—被试传动轴总成　5—激振源

在进行试验时，将被试传动轴总成以其基准面按标准状态安装在试验台上，接着启动试验台的旋转或激振装置，逐渐升高转速或频率，直至充分超过临界转速（临界频率），测出临界转速（激振法则是测出临界频率，将数值乘以 60 得到临界转速）。

当采用旋转法时，缓慢加速后要做缓慢减速的测试，取两者振动峰值对应转速的平均值为临界转速试验结果，且希望两峰值的转速差不超过 300r/min，转速变化范围在理论临界转速的 0.5～1.2 倍范围内。

激振法时，要选取合适的激振力，使传动轴发生可以测出又不致过大的挠曲振动。转速变化范围要求同旋转法。

试验结果曲线类似图 8-17 中所示。

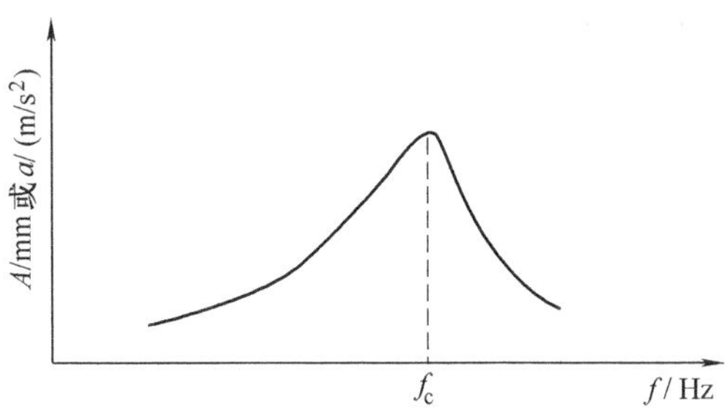

图 8-17　传动轴临界转速（激振试验时）

临界转速意味着传动轴的振动急剧增大，对传动的平稳性、安静性和传动轴自身的寿命极为不利，所以我们希望在行驶过程中不会遇到临界转速。因此希望传动轴的临界转速 n_k 明显高于传动轴的最高转速 n_g，即 $n_k > kn_g$。系数 k 按国家标准推荐取 1.5，国内外一些制造企业根据传动轴的结构形式、制造工艺和轴管内外径尺寸，对 k 进行了更为细化的规定。

4. 传动轴总成的静扭刚性与强度试验

静扭刚性和强度试验所使用的设备和操作方法类似，如果这两个项目都要做，可以在同一试验中依次进行。

传动轴静扭试验台如图8-18所示。将被试传动轴总成2按标准安装状态安装于扭转试验台上，一端固定，另一端由加载及测量装置1施加扭矩，并测量扭矩和扭转角。加载装置由扭力机和大传动比的减速箱构成，能输出扭矩极大、转速极低的动力。

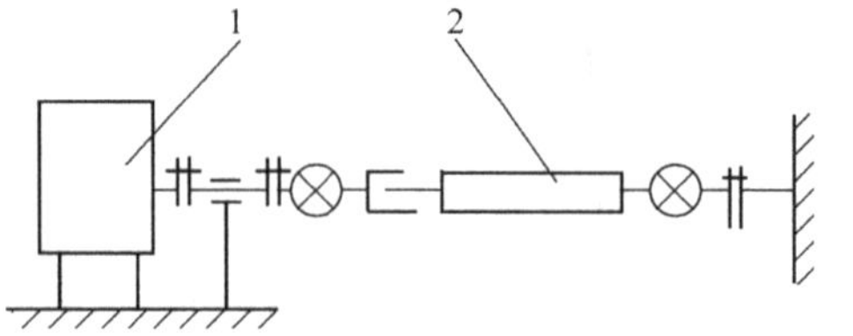

图8-18　传动轴静扭试验台
1—加载及测量装置　2—被试传动轴总成

试验时，首先将被试传动轴总成以其基准面按标准状态安装在静扭转试验台上。接着按一定方向对被试传动轴总成施加预扭，扭矩达到额定负荷位置后退回到原始状态。预扭后进行正式试验。

先进行刚性试验。按一定方向施加扭矩直至额定负荷 M_g，然后卸载到负荷扭矩为零。试验过程中连续记录施加的扭矩和相应的扭转角。

如果有需要的话可进行强度试验。按一定方向施加扭矩并缓慢增大，同时记录扭矩及其对应的扭转角，直至被试传动轴总成某一零件损坏时为止。注意，破坏扭矩并不是强度试验的结果。

试验结果曲线如图8-19所示，刚性和强度试验的结果都由此曲线算出。

首先计算出 α_T（°），即

$$\alpha_T = \frac{180 \times 0.1\% L}{\pi R}$$

式中，L 为传动轴两万向节的中心距，单位为mm，R 为传动轴轴管半径，单位为mm。

在横坐标上确定 α_T 点位置，过该点做刚度特性 $M=f(\alpha)$ 曲线中直线段的平行线，与 $M=f(\alpha)$ 曲线相交，该点的扭矩值（纵坐标值）就是被试传动轴的屈服扭矩 M_s。传动轴总成的静扭强度就用屈服扭矩 M_s 表示。

刚度特性 $M=f(\alpha)$ 曲线中额定负荷 M_g 以下直线段上任一点的斜率 $k=\frac{M}{\alpha}$，就是该传动轴的扭转刚度。扭转刚度就是传动轴总成静扭刚性的试验结果。（在图8-19中未示出额定负荷 M_g，一般来说，M_g 比屈服扭矩 M_s 小很多。）

对于静扭强度试验，后备系数 $n_s=\frac{M_s}{M_g}$。国家标准要求 $n_s>1.5$ 为合格。

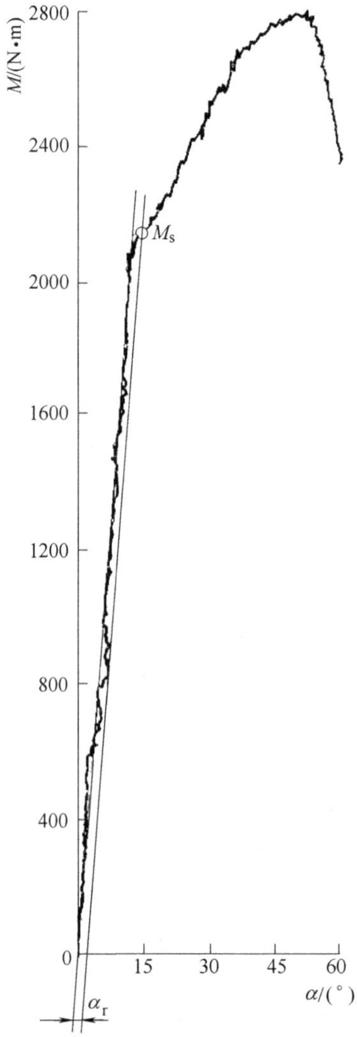

图8-19　扭转刚度特性

我们可以对比一下变速器的静扭强度试验，其后备系数要求大于2.5或3.0，明显大于传动轴的后备系数。这主要是因为变速器结构相对更复杂，对于单件或少量的抽样试验来说，试验过程中隐藏的不可预见缺陷更多，更大的后备系数才能保证其在实际使用中具有与传动轴大致相等的可靠程度。

传动轴总成的刚性对于十字轴式万向节传动的等速性有较大影响，刚性不足，会造成附加的不等速旋转，从而引起振动和噪声。刚性试验结果没有明确、统一的标准限值，可参照设计单位或制造企业的规定执行。

5. 传动轴总成的扭转疲劳试验

扭转疲劳试验台的基本原理如图 8-20 所示。

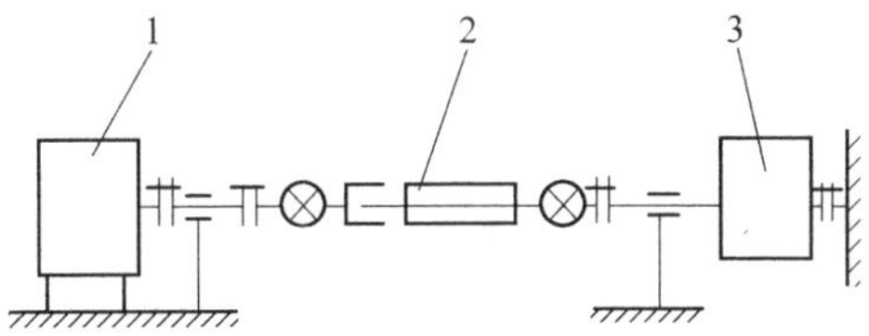

图 8-20　扭转疲劳试验台的基本原理

1—加载装置　2—被试传动轴总成　3—扭矩测量装置

需要注意的是，对变速器或驱动桥来说，内部有齿轮传动，即使在恒定的力矩和转速输入下，轮齿的接触—啮合—脱离的过程也会造成齿轮以及其他零件应力的变化，连续的力矩输入就是疲劳载荷。而对于传动轴来说，其内部没有齿轮啮合传动，如果像变速器或驱动桥一样，施加连续的、大小和方向都不变的旋转载荷，那么对于传动轴内部元件来说，受力是不变的，就相当于静载。因此，传动轴扭转疲劳试验台，必须能够施加脉动的、往复的扭转载荷，确保被试件受到周期性变化的应力作用。

图 8-20 中的加载装置 1 用于产生脉动的、往复的扭转载荷。

加载装置有机械式和电控液压式两大类。具体结构、原理和操作方法参阅其说明指导文件。

将被试传动轴总成 2 按标准安装状态安装于扭转疲劳试验台上，一端通过扭矩测量装置 3 固定，另一端由加载装置 1 加载。

试验负荷采用非对称交变循环。最大扭矩取额定负荷 M_g，最小扭矩取额定负荷 M_g 的 30%。加载频率没有统一规定，我国的试验大部分取 10 ~ 15Hz。

标准规定要求测试 3 件以上样件即可，为尽量消除样件数据随机波动的影响，建议测试 5 ~ 7 件样件。采用数理统计的方法，按威布尔分布，计算其中值寿命 B_{50}。

中值寿命达到 15 万次为合格。如果被试件的试验循环次数超过 22.5 万次，可以终止试验。

长期以来，对于国内的传动轴总成来说，万向节的磨损导致其寿命偏低，故传动轴的扭转疲劳寿命问题并不是特别突出。

6. 传动轴滑动花键磨损试验

因为汽车行驶时传动轴总成两端的相对位置会发生变化，所以采取传动轴分段、花键联接的形式。而对于键联接（包括平键和花键）来说，在周向传递转矩的同时存在轴向滑动，对齿面的磨损是相当严重的。如果磨损过大，会增加花键齿侧和齿顶的间隙，在传动时引起冲击噪声和扭转振动噪声，还可能导致传动轴总成临界转速的下降。因此，传动轴滑动花键磨损试验是传动轴总成台架试验的必做项目。

试验设备必须保证传动轴在传递转矩的同时发生轴向伸缩，图 8-21 所示为一种传动轴滑动花键磨损试验台方案。

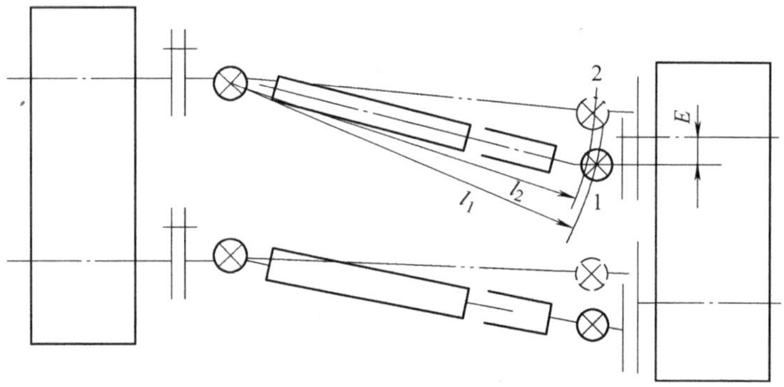

图 8-21　传动轴滑动花键磨损试验台

在后齿轮箱的法兰处安装偏心附具，当该法兰转过半周时，传动轴万向节由图中的位置 1 运动到位置 2，传动轴长度由 l_1 变动至 l_2。

试验前随机选取 4 个花键齿，测量其原始齿厚，并做好标记。测量时每个齿沿齿长度方向测 3 个点，取平均值作为齿厚记录值。然后将传动轴按装配技术条件规定的要求装复，加注润滑脂，直到润滑脂从花键缝隙溢出为止。

将被试传动轴总成按标准安装状态安装在滑动花键磨损试验台上，空载走合 4h，然后施加 16% 的额定负荷 M_g 开始测试。试验时花键副的轴向位移量应不小于 10mm，往复运动的频率不低于每分钟 30 次。

每试验 30h 后，拆检一次，观察花键表面的磨损状况，测量花键齿侧厚度，计算磨损量并记录。然后将传动轴按装配技术条件规定的要求装复，加注润滑脂，直到润滑脂从花键缝隙溢出为止。

试验过程中，如果滑动花键处温度过高，可采用鼓风机强制冷却。

磨损失效的标志：被试花键有半数的齿产生擦伤或者多于三个齿的齿厚磨损量达到 0.50mm，即认为该试件已磨损失效，停止试验。

磨损按其机理不同可分为磨料磨损、黏着磨损、表面疲劳磨损和腐蚀磨损等。此处的“擦伤”，基本上属于黏着磨损，主要是因为对偶材料的硬度和表面处理工艺有差异，或者运转中因发热产生了不同程度的固相焊合，一个齿的齿面材料转移到配合零件的对偶齿上。擦伤可以通过目视观察到。

以不少于 3 件样件（推荐使用 5 ~ 7 件）做抽样试验，采用数理统计的方法，按威布尔分布计算其中值寿命 B_{50}，达到 150 万次为合格。如果被试件的试验循环次数超过 225 万次，可以终止试验。

四、驱动桥试验

本部分主要介绍整体式后驱动桥的总成及其重要零部件的台架试验。

驱动桥和变速器一样，都是齿轮传动装置，都承担着汽车动力传动和动力匹配的任务，但两者也有很大区别。驱动桥处于传动系统的最末端，承受的载荷很大；驱动桥属于非悬挂质量，承受的载荷形式与变速器不同；驱动桥的齿轮种类与变速器有很大差异；驱动桥的壳体属于结构件，不仅起到总成自身的密封、定位和盛油等作用，还要承担汽车的全部驱动轴荷。因此，驱动桥试验与变速器试验既有类似之处，也有很大区别。

在一些标准文件中，将半轴等零部件的试验独立于驱动桥试验之外。但在本书的驱动桥试验中，则包括了半轴试验。

1. 驱动桥总成磨合试验

驱动桥在装配或修理后应在具有磨合功能的试验台上进行磨合试验，检查驱动桥的装配质量，并改善配合副的接触状况，以便进行其他试验。

驱动桥的动力传动特点是：有一个输入端口，即主减速器主动齿轮，有两个输出端口，即两侧半轴。所以，磨合试验和其他驱动桥总成试验一样，都要在主减速器主动齿轮处输入动力，在两侧半轴处施加阻力负荷（见图 8-22）。

驱动桥总成磨合试验分无负荷和有负荷两个阶段进行。一般要求磨合总时间不少于 20 ~ 25min，其中有负荷磨合时间不少于 10 ~ 15min。试验时主减速器主动齿轮的转速一般为 1400 ~ 1500r/min，施加在每侧半轴上的负载转矩按有关技术规定。

该试验可以在专用的磨合试验台上进行。动力装置采用交流电动机，直接或通过万向节与被试驱动桥主减速器的主动齿轮连接。两侧半轴处的加载方式，可采用电涡流制动器、绕线式异步电动机或被试驱动轴本身的车轮制动器。

当采用车轮制动器加载时，因驱动桥拆离整车，没有制动操纵机构和传动机构，试验台需设置制动主缸、制动杠杆、压力表和相关的油管，为车轮制动器提供液压力，并通过调节其压力来控制加载量。在轮毂处设置测力仪，以监测左右车轮制动器的大小和平衡状况。这种制动器加载方式不能在有负荷的情况下长时间连续工作。

此外，还可以在通用的驱动桥试验台上进行磨合试验。这种试验台的输入动力由电动机提供，负载阻力由电力测功机或电涡流测功机施加，采用全电控方式，能进行各种驱动桥总成的驱动传动性试验，对输入和负载控制全面，测试精度和自动化程度都很高。采用其一个输入端、两个输出端的布置形式，因此，在试验行业经常被简称为“T 形试验台”。

磨合试验结束后，可以视试验目的和磨合时的具体情况对被试件进行拆检、重新润滑和复装，也可以只做简单的外观检查后直接进入其他试验项目，即与后续试验使用相同的试验台。

2. 驱动桥总成静扭试验

静扭试验的目的是发现驱动桥总成中抗扭性最弱的零件（一般来说是半轴），并计算驱动桥总成的静扭强度后备系数。

为避免随机波动的影响，要求试件数不少于3件，建议取5件。

和离合器、变速器等总成的静扭试验一样，驱动桥总成静扭试验也是将总成的壳体和动力输出端固定，在输入端加载。加载装置采用扭力机和减速器等。注意驱动桥有两个输出端，要将两侧半轴外端（即法兰端）都固定，把驱动桥两侧的轮毂用螺栓固定在支架上，支架连同其支承座墩部紧固在扭力机的平台上。而动力输入则通过扭力机的转轴，带动与其通过凸缘紧固相连的主减速器主动锥齿轮转动。试验时测量并记录主减速器主动齿轮轴的扭矩和对应的转角。

试验时，起动扭力机，缓慢加载，并记录扭矩和转角，直到驱动桥总成中最薄弱的零件被扭断为止。记录静扭断裂扭矩 M_K（N·m）。如果采用多个样品进行试验，需取样品的静扭断裂扭矩的算术平均值作为测试所得的断裂扭矩。

将扭坏的驱动桥总成拆开，仔细检查各零件的状况。对断裂零件的断口进行分析，并取样进行金相分析，观察材质及金相组织是否符合设计要求。

静扭后备系数定义为

$$K_K = \frac{M_K}{M_P}$$

式中，M_K 为静扭断裂扭矩；M_P 为试验计算扭矩，可按传动轴的额定负荷 M_g 选取，即

$$M_P = M_g = \min\left(\frac{T_{tqmax} i_{g1} i_{p1}}{n}, \frac{G_2 r \varphi}{i_0}\right)$$

对于大部分汽车而言，可以认为 $M_P = T_{tqmax} i_{g1}$。（也有的制造企业认为应在此基础上再乘以传动效率。）

国家标准要求静扭后备系数 $K_K > 1.8$ 为合格。

我们可以再对比一下变速器和传动轴总成的静扭后备系数。变速器的是2.5或3.0，传动轴是1.5。前面讨论过，两者的差异是由结构的复杂程度不同造成的。变速器的结构更复杂、零部件更多，隐藏的不可预见缺陷更多，对少量样件的试验需要提高安全因数，以确保实际使用中工作的可靠程度与传动轴基本相等。

而对于变速器和驱动桥来说，两个总成的复杂程度相当，但静扭后备系数仍有较大差异，我们认为这主要是由两个后备系数定义中的基准——分母不同造成的。变速器静扭后备系数中的分母是发动机的最大转矩 T_{tqmax}，而驱动桥静扭后备系数中的分母则是发动机的最大转矩乘以变速器最大传动比，即 $T_{tqmax} i_{g1}$。不难看出，事件“发动机输出转矩等于其最大转矩的同时变速器传动比等于其最大传动比”的

概率比事件“发动机输出转矩等于其最大转矩”的概率小。此处以装备5档变速器的中型货车为例，按有关统计，其变速器1、2、3三个档位的使用率加起来为10%~15%，可见“变速器传动比等于其最大传动比”的概率是非常低的。也就是说，驱动桥的输入扭矩达到额定负荷，比变速器的输入扭矩达到发动机最大转矩要少见得多。对于这种更难出现的工况，当然可以规定较低的后备系数，这样两者的工作可靠程度是大致相当的。

3. 驱动桥总成锥齿轮支承刚性试验

弧齿锥齿轮（尤其是准双曲面齿轮）的啮合状态，对支承刚性的变化非常敏感，支承刚性对齿轮的传动平稳性和工作寿命有极大的影响。锥齿轮支承刚性试验的结果，可以用来复核齿轮设计和载荷计算等理论研究工作的结果，并揭示出设计中的弱点和缺陷。

锥齿轮支承刚性试验一般采取组合式试验装置。该试验要求试验设备中包括能实现正反转的减速装置、转矩转速仪、量表及安装量表的圆环等。

驱动装置连接被试驱动桥的主减速器主动齿轮轴，总成的半轴端部连接制动装置，施加制动载荷。在驱动桥壳体上钻孔后伸入百分表的测头，测量部位要光洁、平整，必要时可以磨削加工。图8-22所示为驱动桥总成齿轮支承刚性试验台，百分表安装在主减速器壳上的刚性圆环上，圆环自身的刚度要足够，在试验过程中圆环本身不会变形。

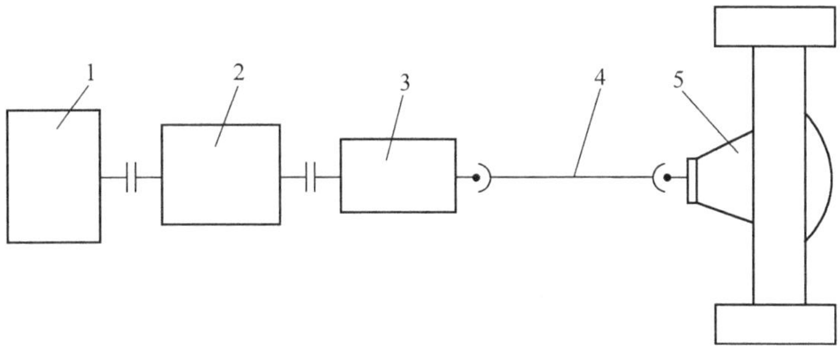

图8-22　驱动桥总成齿轮支承刚性试验台
1—齿轮减速电动机　2—变速器　3—转矩转速传感器　4—传动轴　5—被试驱动桥

该试验对量表的安装位置有着较高的要求。用于安装量表的圆环需要安装在主动锥齿轮大端的两个轴承之间。量表可以使用百分表或杠杆百分表。量表安装的位置要求能够测出主、从动锥齿轮相对位移量，也能够测出主动锥齿轮相对于驱动桥壳或减速器壳体的位移量。

试验开始时首先要检查被试驱动桥总成的各轴承预紧度和主/从动齿轮的啮合间隙。将被试总成装在试验台上，为确保试验数据稳定，在进行正式测量之前，需带轻负荷走合一段时间。按照前进和倒车两种旋转方向分别加载，按照0、$\frac{1}{4}M_P$、$\frac{1}{2}M_P$、$\frac{3}{4}M_P$、M_P的顺序依次进行加载，并记录每一种载荷下的啮合印迹，再撤销载荷，仪表调零。

正式测试时，按照前进和倒车两种旋转方向分别加载，按照0、$\frac{1}{2}M_P$、M_P的顺序依次对主减速器输入齿轮轴进行加载，同时需要在负荷稳定时记录每一个工况下量表的数值以及施加在主动锥齿轮上的扭矩值。标准要求在从动锥齿轮相对于壳体同一位置时同时记录下三个坐标方向上的百分表示值和对应的瞬时扭矩值。每一个工况要求测量至少三次，在数据分散时取多次测量结果的算术平均值作为结果。

试验的规定载荷以及刚性评价标准，尚无统一规定，国内外汽车和齿轮行业多采用或参照美国格里森公司的规范执行。不同工况下记录的啮合印迹也可用于定性分析和评价。

4. 驱动桥总成齿轮疲劳试验

驱动桥总成齿轮疲劳试验用于确定驱动桥的主要传动零件——主减速器齿轮副的工作寿命，涉及主减速器锥齿轮、轴承和其他零件的疲劳寿命，通常被视为驱动桥的“验收性”试验。实际上，驱动桥的其他部分如差速器壳、半轴和桥壳也承受着交变载荷，半轴和桥壳的疲劳寿命试验是在专门的试验台上进行的。

和变速器总成的疲劳寿命试验相同，驱动桥总成齿轮疲劳试验台也分为开式试验台和闭式试验台两种。出于节能的考虑，驱动桥总成齿轮疲劳试验也经常在机械封闭式试验台上进行，并使用转矩转速仪进行测量。图8-23所示为一种较典型的机械加载式驱动桥总成封闭试验台的布置简图。

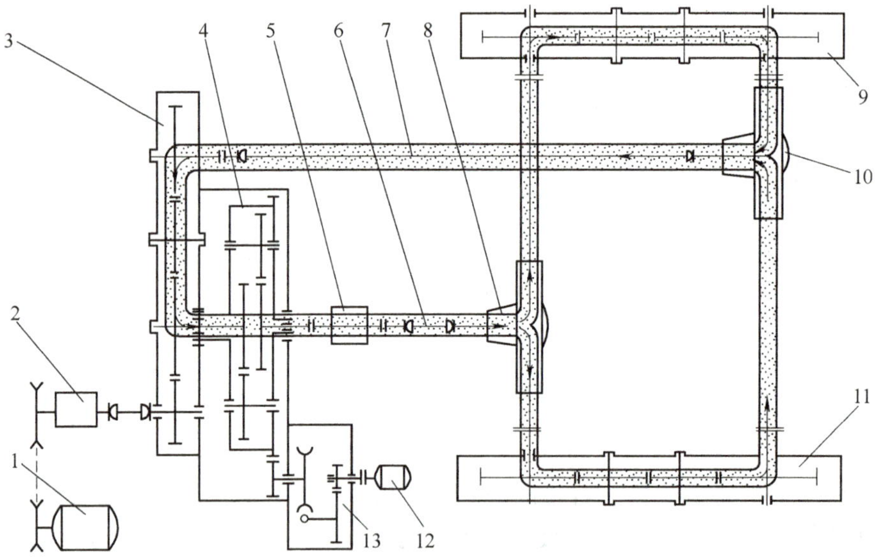

图8-23　机械加载式驱动桥总成封闭试验台布置简图

1—电动机　2—变速器　3—齿轮箱　4—行星传动机构　5—转矩转速传感器　6、7—传动轴　8—被试驱动桥样品　9、11—侧齿轮箱　10—陪试驱动桥总成　12—加载（或卸载）小电动机　13—加载小齿轮箱

图8-23所示试验台的工作原理是：电动机1通过带传动经变速器2带动齿轮箱3运转，动力再通过和齿轮箱联接在一起的行星传动机构4、转矩转速传感器5、传动轴6传到被试驱动桥样品8。然后，动力经两侧的齿轮箱9和11传递到陪试驱动桥总成10，再经过传动轴7返回齿轮箱3。加载方式是由加载（或卸载）小电动机12带动加载小齿轮

箱 13 中的齿轮副和蜗杆副驱动行星传动机构中的行星架，使正在运转中的太阳轮附加扭转一个角度，从而实现力矩加载。

国家标准要求试验样品不少于 5 件（仅指被试件，不包括陪试件）。齿轮失效的标志为轮齿断裂、齿面压碎、齿面严重剥落或齿面严重点蚀。

国家标准对寿命限值的要求是：由样件结果统计的中位寿命不低于 50 万次，同时样品中最低寿命不低于 30 万次。

随着运输条件的变化，相应的试验规范和标准限值也随之改变。

5. 驱动桥壳垂直弯曲的刚性与静强度试验

对于汽车的驱动桥壳来说，要承担对驱动桥总成的密封、元件定位和承装润滑剂等作用，对其静刚度有要求。同时壳体结构件还要承受车轮和悬架之间的相互作用力，尤其是当汽车在崎岖不平路面上行驶时，尽管悬架和轮胎有缓冲和减振的作用，桥壳还是要承受很大的垂直载荷，有时会达到自身重力的 3 倍以上。所以，桥壳的弯曲强度非常重要。

该试验一般在专用的液压式驱动桥壳疲劳寿命试验台上进行，也可采用通用的液压式疲劳寿命试验机进行。上述的试验台还可以进行驱动桥壳的垂直弯曲疲劳试验，因为电控系统可以精确、灵活地控制载荷大小和载荷形式。图 8-24 所示为液压式驱动桥壳疲劳寿命试验台。

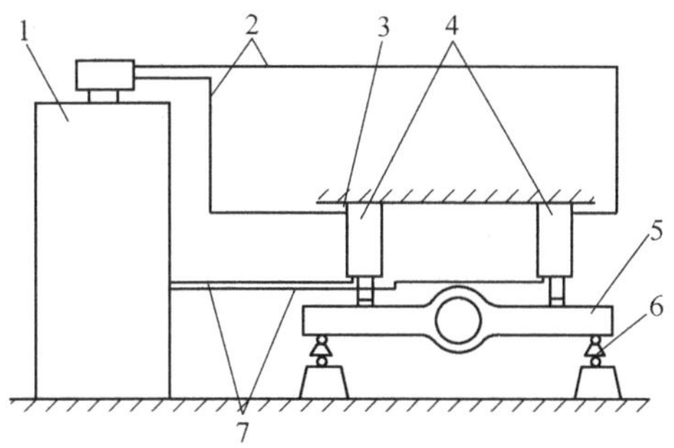

图 8-24　液压式驱动桥壳疲劳寿命试验台
1—液压疲劳试验主机　2—高压油输出油管　3—支架
4—液压脉动千斤顶　5—试验样品
6—支承装置　7—回油管

选取不少于 3 件样件，在车轮平面处支承、在钢板弹簧座位置加载，也可以将加载点和支承点对调。在刚性试验和静强度试验中，驱动桥壳的支承位置和加载位置不变。

为消除壳体结构件内部随机分布的内应力，提高测量结果的重复性，正式测量前应对试件预加载 2 ~ 3 次，每次加载至满载轴荷后再卸载。

在驱动桥壳下表面安置不少于 7 块百分表。注意，由于桥壳的结构、材质和热处理工艺并非完全对称，所以最大挠曲变形点不一定在中点，因而要多设置一些百分表。检查装置安装无误后，开始正式测试。

测量刚性时，用液压装置缓慢加载，直至满载轴荷。记录各百分表读数，卸下百分表，刚性试验结束。继续缓慢加载，一次性直至驱动桥壳失效。该过程可以采用应变式测量装置测量并记录。驱动桥壳失效的标志是断裂或严重塑性变形，依驱动桥壳的材料和制造工艺不同，合理确定。

对于刚性试验，应计算满载轴荷时各百分表读数，即变形量，将各点变形量连成折线图。限值要求：满载最大变形量/轮距≤1.5（mm/m）。

对于静强度，要求垂直弯曲静强度后备系数 $=\dfrac{\text{失效载荷}}{\text{满载轴荷}}>6$。

垂直弯曲静强度后备系数是一个相当大的安全因数。之所以取得如此之大，主要基于两点考虑。

第一，驱动桥在实际道路上行驶时，不止受到1倍标准轴荷所形成的垂直平面内的弯矩。驱动力或制动力会造成水平面内的弯矩，转向时内侧桥壳的弯矩会增大，另外制动时地面制动力对车轴线形成的扭矩也作用在桥壳上。车轮驶过不平路面时垂直冲击还会加剧。上述这些都会导致桥壳上某些关键部位的工作应力增大。（以上因素可以参看汽车设计有关驱动桥壳设计的内容。）而该试验仅在垂直平面内施加载荷，且计算的后备系数仅以满载轴荷为基准，所以后备系数应取得大些。

另外，桥壳强度对超载的敏感程度与齿轮传动装置不同。当车辆超载时，驾驶人出于完成运输任务的目的，会加大加速踏板开度、调节变速器档位，对于变速器或驱动桥主减速器等的齿轮传动装置，其传递的扭矩可能会增加，但不可能超过车辆原设计规定值，因为超载属于使用环节，汽车的动力参数不会随之改变。例如，无论使用者对于装载质量超载多少，对于驱动桥来说其输入扭矩不会超过发动机最大转矩与变速器1档传动比的乘积。但是，桥壳是结构件，其任务之一就是承载该轴的全部簧载质量。轴荷超载多少倍，桥壳的载荷就增大多少。所以，为了提高实际运输工作中的承载能力、避免安全事故，桥壳要有相对更大的后备系数。注意，这种理念和增大货箱栏板高度等违法改装的做法是不同的，其出发点并不是主动提高车辆的超载能力。

6. 半轴静扭试验

在一些标准文件中，半轴试验是独立于驱动桥试验之外单独编列的。但是，半轴从汽车构造的角度来看属于驱动桥，而且单纯的半轴试验项目较少，所以本书将半轴试验归入驱动桥试验。

半轴强度直接影响汽车的使用可靠性和安全性。另外，驱动桥设计时希望半轴的强度和寿命略低于主减速齿轮，因为半轴的更换比主减速器的拆修和零件更换要容易，半轴的安全因数不应大于传动系统其他零件，以保证在峰值扭转载荷下传动系统其他零件不至于先破坏。

半轴静扭和驱动桥总成静扭的试验原理相同、试验设备相似。扭力机+减速器在半轴花键端（内端）加载，半轴的法兰端（外端）固定于专用支架。

试验样件不少于3件，检查其尺寸、硬度以及有无表面缺陷。在样件表面画一条直线，以便观察试验过程中的扭转变形情况。确保安全防护措施可靠。

启动扭力机加载，记录扭矩和对应的扭转角。当扭矩—扭转角关系明显不成线性时，认为达到屈服状态。继续加载，直至半轴断裂。

可以分别计算屈服和断裂时的强度后备系数。其中断裂的强度后备系数是

$$K_{\mathrm{B}}=\frac{M_{\mathrm{K}}}{M_{\mathrm{PB}}}$$

式中，M_K 是断裂扭矩，M_{PB}是试验计算扭矩，有

$$M_{PB}=\min\ (0.6T_{tqmax}i_{g1}i_0,\ 0.5G_2r\varphi)$$

由于一侧车轮承担一半的轴荷，也就是说每侧半轴承担一半的驱动轴附着力所产生的扭矩，所以式中第二项乘以0.5。而由于对称式行星齿轮差速器内部有较轻微的内阻，可以使从两侧半轴齿轮输出的扭矩略有不等（可以参见汽车构造有关差速器的内容），所以式中第一项乘以0.6，意味着“当该半轴处于扭矩较大一侧时”。

标准限值对于断裂强度后备系数做出了规定，要求 $K_B\geqslant1.8$。

7. 半轴扭转疲劳试验

对于全浮式半轴，其常见的损坏形式为扭转疲劳损坏。对于半轴来说，扭转疲劳载荷必须是脉动的、往复的扭转载荷，而不能是连续的旋转，这一点类似“传动轴总成扭转疲劳试验”。

试验设备为激振式（机械的或电液伺服式的）或曲柄摇杆式扭转疲劳试验机。试验样件不少于5件，检查其尺寸、硬度以及有无表面缺陷、裂纹等。

试验前要对样件进行标定，找出试验机摇臂摆动量与被试半轴转矩之间的关系，根据标定值来调好试验机摇臂摆动量、装好半轴，然后可进行试验。

扭转疲劳试验的载荷要求是扭矩，但试验台（无论激振式还是曲柄摇杆式）直接控制输出的都是位移。对于给定的试件来说，其扭矩和扭转角（也就是试验台的输出位移）存在确定的关系，标定就是要确定该关系。其基本过程是：将样件安装在试验台上，按实际试验方式进行固定和装夹，施加已知大小的扭矩，测量其扭转角，从而确定两者的定量关系。在试验加载时，控制试验机的输出位移，就相当于对半轴施加了确定的扭矩。注意，在标定过程中起“刚度”作用的，包括被试半轴以及随其一起受力和变形的试验台装夹机构，这是正常的，并没有造成误差。

按试验规范，根据标定规律调节试验台的输出。疲劳载荷为正弦脉动扭矩，其最小值 $M_{min}=0.1M_{PB}$，最大值 $M_{max}=M_{min}+M_{PB}$，M_{PB}是试验计算扭矩，含义同半轴静扭试验。加载频率不超过30Hz，半轴表面温度不高于200℃。

在对样件加载测试过程中，要仔细观察疲劳裂纹产生和扩展的规律。

半轴失效的标志是断裂。半轴在交变负荷下经100万次循环而不断裂则可视为合格。

对于驱动桥总成，还有驱动桥总成噪声试验和桥壳垂直弯曲疲劳试验（非独立悬架、全浮式半轴结构的驱动桥壳）等项目，可参看有关标准文件。另外，驱动桥刚度试验，等速万向节的等速试验和等速万向节的刚度和强度试验也为驱动桥相关的常见试验。

第三节 行驶系统试验

轮式汽车行驶系统一般由车架、车桥、车轮和悬架组成，主要负责承受汽车的总质量，将发动机经传动系统传来的驱动转矩转化成地面驱动力，传递并承受路面作用于车轮上的各向反力及其所形成的力矩，缓冲减振、提高行驶平顺性，与转向系统配合工作控制汽车的行驶方向，确保操纵稳定性。

不同类型汽车的行驶系统组成差异较大，本节针对汽车行驶系统的典型部件，介绍一些有代表性的试验项目。

一、车桥试验

车桥（也称为车轴）通过悬架和车架（或承载式车身）相连，它的两端安装车轮，其功用是传递车架（或承载式车身）与车轮之间各方向的作用力及其力矩。本节主要介绍整体式（即非断开式）前转向桥的刚度和疲劳寿命试验，以及转向节的疲劳寿命试验。按试验行业的习惯，以下将“前桥”统称为“前轴”。

1. 前轴的刚度试验

刚度试验的目的是检查前轴系统的整体刚度，被试件是在前轴本体上安装了转向节、主销、转向节臂、转向横拉杆和轮毂等扩展部件的前轴系统。

根据施加载荷方向的不同，前轴的刚度试验分为垂直方向、纵向和横向刚度试验。这里以垂直方向刚度试验为重点加以介绍。垂直刚度试验被试前轴系统的支承方式如图 8-25所示。

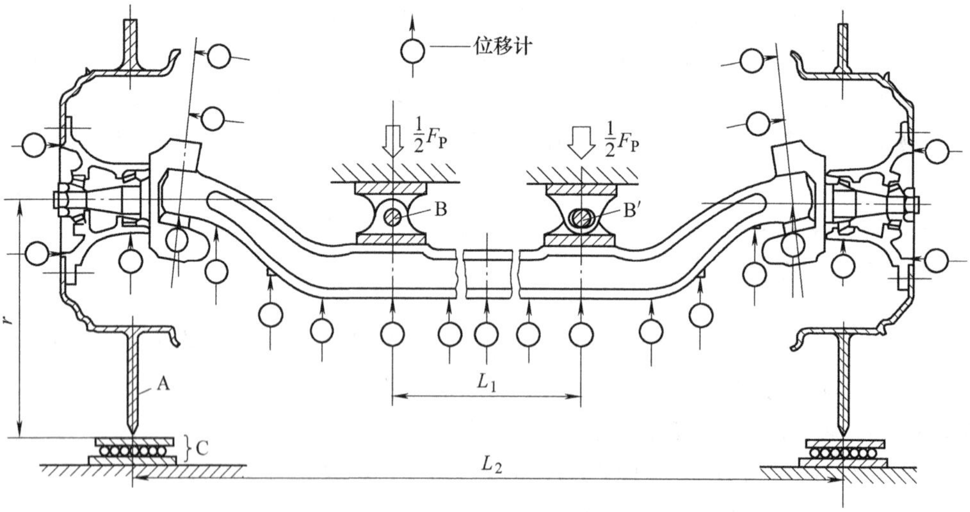

图 8-25 垂直刚度试验时被试前轴的支承

图中，A 为相当于轮胎的卡具。B 和 B′是相当于钢板弹簧的卡具，其中 B 是固定铰链，只允许相对转动，B′可以横向滑动，两者各承担试验载荷 F_P 的一半。C 是允许横向滚动的支承机构。L_1 是钢板弹簧座的间距，L_2 是左右轮距。r 是轮胎的静力半径。位移计一般采用百分表，数量多些为好。

令满载前轴荷为 W，试验载荷 F_P 与满载前轴荷 W 之比为 n。

试验时，先施加 $n=0.1$ 的预加载荷，将各百分表调零。以 $n=0.2\sim0.5$ 的间隔施加试验载荷，直到载荷上限。根据试验规范，载荷上限为 $n=2.5\sim5.5$。然后以同样的间隔减载，恢复到 $n=0.1$ 的预加载荷状态。

在此加、减载过程中，以 0.01mm 为单位，测量前轴各测量点的变形量，同时测量车轮外倾角的变化。在弹性区内测量时，可以不做减载试验的测量。

进行纵向刚度试验时，支承形式与上述垂直刚度试验类似。关键是要确保前轴在相当于钢板弹簧的夹具处只受到纵向载荷的作用，前轴在水平面内发生弯曲。

横向刚度试验，则是考察地面给车轮的侧向力，例如转向时，前轴的弯曲刚度。试验时只对一侧车轮接地点（类似图 8-25 中夹具 A 的接地点）施加横向力，方向向内或向外。

前轴刚度试验结果应满足制造企业标准或试验大纲预计的限值。

2. 前轴的疲劳寿命试验

在路面输入下产生的疲劳现象，可以采用等幅加载和载荷谱加载两种方法来模拟。

等幅加载法是事先选定疲劳载荷的最大值和最小值，以及加载频率，以正弦激励的形式施加脉动疲劳载荷。等幅加载法简便易行、试验载荷控制精度高，在同等条件下的试验数据可比性强，但是由于等幅载荷与实际工况有差别，不能用来准确估计被试件的真实使用寿命。前轴在实际工作时承受的是路面随机载荷，考察其疲劳寿命时，理应按路面载荷谱进行程序加载，就是令汽车以不同的速度在不同的路面上行驶，将采样路面的真实激励记录下来，进行频域分析与处理，按不同频段编制载荷谱。其优点是加载工况与实际使用工况吻合度高；但是载荷谱的编制要根据不同车型和不同路面条件进行大量的分析、采集和模型化处理，试验时载荷谱的施加也对试验设备提出了很高的要求。因此，在很多情况下还是进行等幅疲劳试验。

在进行前轴的疲劳寿命试验时，抽取 5 件样品。样件在相当于车轮平面处支承、在相当于钢板弹簧座处加载，加载点和支承点也可以对调，如图 8-26 所示。也可以采用两个独立的千斤顶分别驱动两个加载头的形式，即没有加载梁 2。

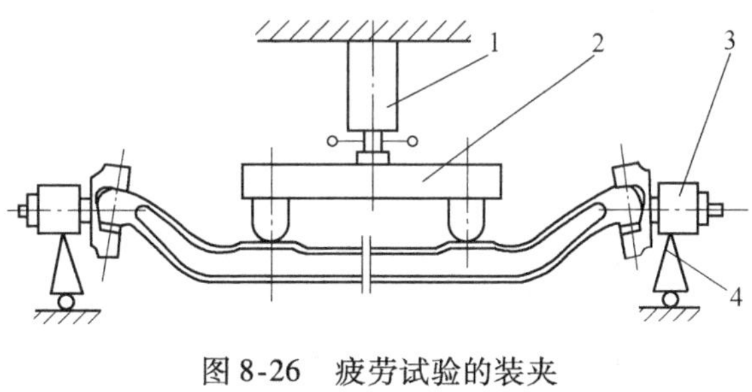

图 8-26　疲劳试验的装夹

1—液压千斤顶　2—加载梁　3—转向节轴套　4—支承

施加在被试前轴上的等幅脉动载荷的下限是 0.5 倍满载前轴荷，上限是 3.5 倍满载前轴荷。

试验机调节的载荷上、下限的指示值，实质上只是对应液压系统的工作油压，也就是静载时加载头施加于试件的作用力。而在此试验中，液压千斤顶的运动件、加载梁以及转向节轴套等零件也随脉动载荷一起做上下往复运动，而且这些零件的质量较大，因此必须考虑其惯性力对被试件真实载荷的影响。

这种惯性力对真实载荷的影响称为试验机的脉动值。例如，当试验机的指示载荷增大

至 F_P 时，前轴向下变形，所有运动件也都向下运动，当达到静载 F_P 所能达到的最大挠度位置时，前轴“意图”反弹、恢复，但运动件的惯性会“强制”前轴继续变形，直至所有运动件的速度降为零，所以前轴的最大变形，也就是对应最大载荷比静载 F_P 产生的要大；同理，当试验机的指示载荷减小至 F_Q 时，前轴向上恢复变形，所有运动件也都向上运动，当达到静载 F_Q 所能允许的最小挠度位置时，前轴“应该”达到平衡，但运动件的惯性会“强制”前轴继续向上挠曲变形，直至所有运动件的速度降为零，所以最小变形，也就是对应最小载荷比静载 F_Q 产生的要小。可见由于试验机脉动值 δ 的存在，实际施加在被试前轴上的力是以指示载荷为中心、以该脉动值为幅度产生波动的，即指示载荷 $\pm\delta$。

因此，在进行试验加载之前，必须对试验机的脉动值进行估算，在加载时进行校正。脉动值的估算可以采用计算法和实测法。计算法是参考液压疲劳试验机的说明书进行计算，简单易行，但准确度不高。实测法是在前轴加载点（钢板弹簧座处）放置压力传感器，或者在前轴上贴应变片，在试验频率下实际测出台架运动件的惯性力对试件真实载荷的影响，这种方法的精度和可信度都很高。

在对试验机的脉动值进行估计后，液压试验机施加的指示载荷应该是：

下限值 = 0.5 倍满载前轴荷 + 试验机脉动值

上限值 = 3.5 倍满载前轴荷 − 试验机脉动值

试件支承和装夹牢固，调节好试验机指示载荷后，开机进行试验。工作频率不超过 500 次/min。直至被试前轴发生断裂，记录断裂时的循环次数、损坏部位和断口情况。进行化学成分和金相组织分析，测定表面脱碳层的深度。

按国家标准的规定，对试件的寿命进行统计计算，按威布尔分布，同时满足可靠寿命 $B_5=30$ 万次（或 $B_{10}=38$ 万次）和 $B_{50}=70$ 万次为合格。

此处的 B_5、B_{10} 和 B_{50}，是采取标准文件的写法，意为样品累积失效概率分别达到 5%、10% 和 50% 时所对应的工作循环数。

3. 转向节的疲劳寿命试验

在生产出的经检验合格的转向节产品中随机抽取不少于 6 件作为样品，左、右转向节各一半。

被试转向节以相当于车上实际安装方式或机能上相似的方式安装在试验台上。夹持装置应牢固地夹住转向节轴颈（但在转向节轴颈根部圆角半径 2 倍的长度范围内不得夹持），转向节不允许绕主销孔轴线转动，试验系统应有足够的刚度。

施加对称波形的正弦脉动循环载荷，频率不超过 50Hz。幅值计算如下：

$$M = F_P r = 0.5 G_1 K r$$

式中，M 为试验弯矩载荷，单位为 N·m；F_P 为试验力载荷，单位为 N；r 为车轮半径，即试验台加载力臂的长度，单位为 m；G_1 为满载前轴荷，单位为 N；K 为载荷系数，取 0.7。

疲劳试验载荷可用与弯矩有关的量表示，例如力或振幅。当用振幅表示时，需要事先标定，确定振幅与力（也就是振幅与弯矩）的定量关系。

样件的试验结果按正态分布，统计其可靠寿命，$T_{0.95}$[⊖] 达到 30 万次为合格。

二、悬架试验

悬架是车架（承载式车身）与车桥（或车轮）之间一切传力连接装置的总称，主要包括弹性元件、导向机构和减振器。由于悬架组成零件较多，而且装配和安装的尺寸精度要求较高，在试验台上做整部悬架系统的试验比较困难。因此，通常对悬架系统的部件进行试验。

1. 钢板弹簧台架试验

钢板弹簧台架试验主要包括三项试验项目：垂直负荷下的永久变形试验、钢板弹簧刚度试验和垂直负荷下的疲劳寿命试验。

（1）垂直负荷下的永久变形试验　悬架弹簧等弹性元件在负荷下的弹性变形较大，其支承方式必须有足够的变形允许空间。对于有卷耳的钢板弹簧，可以采取如图 8-27 所示的支承方式，销轴处允许卷耳与孔轴相对转动，带滚轮的滑车则允许弹簧伸展与收缩。钢板弹簧弧线凸面朝上（与车上安装方式相反）装夹在两侧滑车上，在中部中心螺栓处施加向下的载荷。

其他结构的钢板弹簧，可以按产品图样规定的方式支承与装夹。

由于不需要动态加载，所以可以使用加载块，进行手动加载、卸载，如图 8-28 所示，所有尺寸单位为 mm。

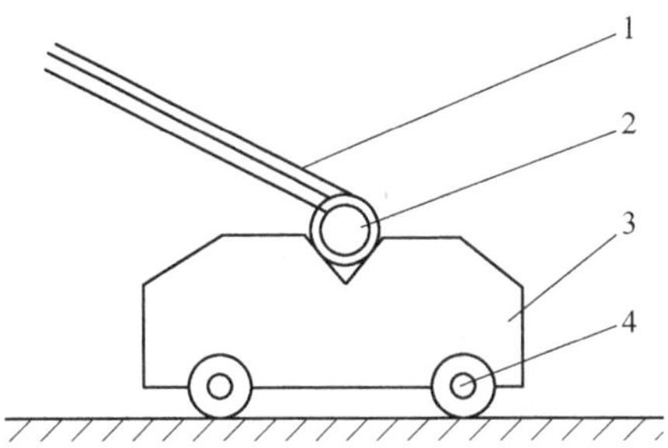

图 8-27　带卷耳的钢板弹簧的支承方式
1—被试弹簧　2—销轴　3—滑车　4—滚轮

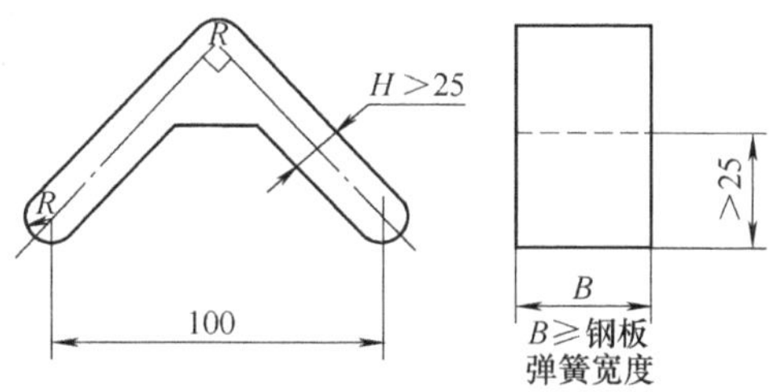

图 8-28　加载块

弹簧类零件，在零件图上都注有用于试验验证的验证负荷。

试验时，先进行预压缩：以产品图样规定的验证负荷缓慢地对被试钢板弹簧加载、卸载，然后测量被试弹簧的弧高。

正式压缩：以同样的方法加载、卸载两次，最后再测量其弧高。

前后两次弧高的差值，就是永久变形量。

标准要求，经预压缩后的弹簧，不得产生永久变形，测量精度为 ±0.5mm。

（2）钢板弹簧刚度试验　试件的支承方式和加载位置与永久变形试验相同。

弹簧刚度应该是变形与弹力的关系，为了消除摩擦力的影响，被试钢板弹簧总成的片

⊖　$T_{0.95}$为样品累积失效概率为 5% 时所对应的工作循环数。

与片之间应均匀涂满润滑脂。

以产品图样规定的验证负荷缓慢且连续地对被试钢板弹簧加载、卸载，然后再缓慢且连续地加载至1.5倍汽车满载静负荷，最后缓慢且连续地卸载。在加载、卸载过程中，测量并记录载荷及相应的变形，以绘制弹簧特性曲线。

对1.3倍满载静负荷和0.7倍满载静负荷的两个载荷点，分别求其加载、卸载的刚度，两个点共四个刚度值，求其均值，就是刚度试验的结果。

某点的刚度就是该点的载荷与变形之比。由于系统存在摩擦、间隙以及弹性元件的滞后，载荷和变形之间必然有回程误差，所以同一载荷下，加载和卸载过程的变形量不同，需要求均值。

标准对于刚度的要求是：满载静负荷时的挠度偏差应符合产品图样的规定；满载静负荷时的弧高偏差，对于一般车辆不得超过±6mm，对于重型车辆不得超过±8mm。

(3) 垂直负荷下的疲劳寿命试验 试件的支承方式和加载位置与永久变形试验相同。由于需要施加动态的疲劳载荷，所以采用液压试验机或机械式加载试验台。

在进行疲劳寿命试验之前，需要对被试钢板弹簧进行相当于车上夹紧状态的弹簧特性试验，求出该状态下的弹簧满载静变形 F_j。然后将试件按规定的支承和夹持方式安装在疲劳试验台上，施加预加变形 F_m 和脉动幅值 F_a。往复疲劳载荷的范围就是 $F_m \pm F_a$。

钢板弹簧试验的载荷都以变形量表征：

预加变形 $$F_m = 0.6(F_j + \beta\sqrt{F_j}) \quad (\text{cm})$$

脉动幅值 $$F_a = 0.4(F_j + \beta\sqrt{F_j}) \quad (\text{cm})$$

式中，F_j 为相当于车上夹紧状态的弹簧满载静变形量，单位为cm；β 为弹簧种类系数，货车前弹簧取 $\beta=2.5$，后主簧取 $\beta=2.0$，对于越野车的前弹簧、后主簧和平衡悬架弹簧取 $\beta=3.0$，对于客车前弹簧和后主簧取 $\beta=2.0$。各种汽车副簧的 $\beta\sqrt{F_j}$，取其主簧相应值。

由于载荷以变形的形式表示，所以此试验适用于机械式加载试验台。通过偏心轮-加载臂机构，按曲柄连杆原理施加往复运动。机械式加载直接控制加载变形量（即加载臂的往复运动量），也就是试验载荷，不需要标定。

试验中，被试钢板弹簧的表面温度不得超过150℃。

试验过程中，每隔10 000次循环检查一次试件。若发现有裂纹产生，则改为每5000次检查一次。对于一副被试钢板弹簧，以任何一片弹簧出现宏观裂纹（同一部位的两侧面沿厚度方向裂通）时的循环次数作为该试件的疲劳寿命。

标准将各种汽车的钢板弹簧按承受的应力幅值划分为4个区段，每个区段的循环次数（即疲劳寿命）不得低于表8-2中的要求。

这种评价方法具有一定的缺点。该方法只考虑了垂直负荷，没有考虑不同方向受力的影响，尤其是对于受力情况最为复杂的主片；简单地将寿命分为4个档次，寿命指标差距较大；试验结果与实际行驶表现差距较大。因此一些部门和企业都提出了修正方法和建议。

表 8-2　钢板弹簧疲劳寿命试验评价指标

应力幅值/MPa	最大应力[1]/MPa	钢板弹簧疲劳寿命/万次
≤284.2	≤715.4	16
>284.2~323.4	>715.4~813.4	8
>323.4~362.6	>813.4~901.6	4
>362.6	>901.6	3

①　最大应力供参考。

2. 螺旋弹簧台架试验

螺旋弹簧台架试验包括三项：永久变形试验、弹簧特性试验和疲劳寿命试验。试验方法与钢板弹簧的基本相同，需要注意的是螺旋弹簧的支承与加载方法。

变形和刚度试验，要求螺旋弹簧的载荷与轴线重合。其支承和加载方法如图 8-29 所示。

当采用机械式加载方法进行疲劳寿命试验时，只能采用导向臂机构来约束加载头的横向位移，由于导向臂的长度有限，加载头是做近似垂直的弧线运动的，因此无法保证载荷与螺旋弹簧完全同轴，如图 8-30 所示。而钢板弹簧的疲劳试验，由于其采用如图 8-27 所示的滑车式支承，可以横向自由移动，所以可以确保载荷垂直作用在中心螺栓位置。

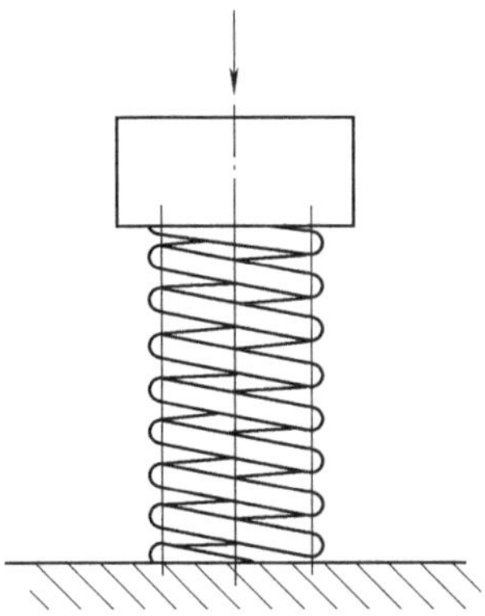

图 8-29　螺旋弹簧支承和加载方法

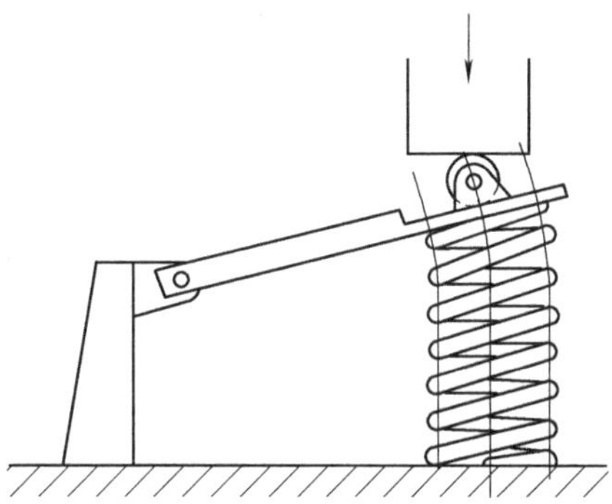

图 8-30　带有导向臂的支承和加载方法

3. 筒式减振器台架试验

汽车用筒式减振器的台架试验项目也较多，比较重要的是示功试验和速度特性试验。

(1) 示功试验　示功试验是测定减振器在一定振幅、一定频率下做往复运动时，阻力与位移的关系。在专用的减振器示功试验台上进行。

试验环境温度为 (20±2)℃，往复行程 $S=(100\pm1)$ mm（对于行程较小、不适于选用 100mm 行程做试验的减振器，可与厂家协商），频率 $n=(100\pm2)$ 次/min。

按正弦激励下的往复运动，可以算出活塞的最高速度为

$$v=\frac{\pi Sn}{6}\times10^{-4}\ (\mathrm{m/s}) \tag{8-4}$$

被试减振器垂直放置，注意，此方位与车上实际安装方式可能不同。试验位置大致在减振器总行程的中间部位。

按上述行程和频率要求，施加往复运动，测量阻力和对应的位移。往复 3～5 次，根据试验数据绘制示功图，如图 8-31 所示。图中的阻力，正值表示复原阻力，负值表示压缩阻力。

试验结果评价：示功图应丰满、圆滑，不得有空行程（即该段行程没有阻力）和畸形等；试验过程中不得有漏油和明显的噪声等异常现象；根据被试减振器工作缸直径的不同，复原阻力和压缩阻力应符合要求，例如，对于缸径为 30mm 的减振器，其复原阻力应在 1000～2800N 之间，压缩阻力应不大于 1000N。

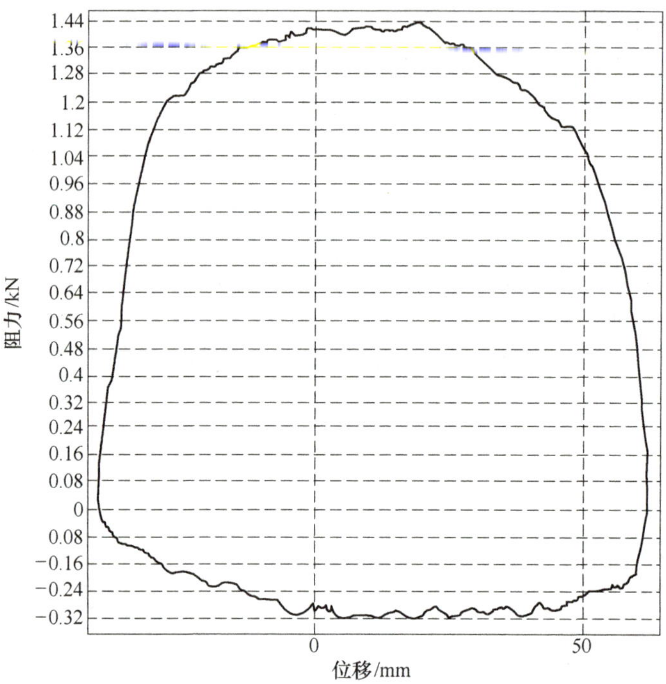

图 8-31　减振器的示功图

（2）速度特性试验　速度特性指的是减振器的阻力和活塞速度之间的关系。速度特性试验的目的是检测减振器在不同活塞速度下的阻力，取得试件的速度特性。

试验采用减振器示功试验台，配以相应的电测量装置。

试验温度为（20 ± 2）℃，试验行程为 20～100mm，往复运动频率应保证最高速度大于 1.5m/s。

具体试验方法分为两种，即直接记录法和工况合成法。

1）直接记录法。直接记录法是在试验台上，利用相应的传感器和其他电测量装置，直接测量减振器的瞬时速度 v 和对应的阻力 F_f，得到速度特性，并绘制速度特性图，如图 8-32所示。

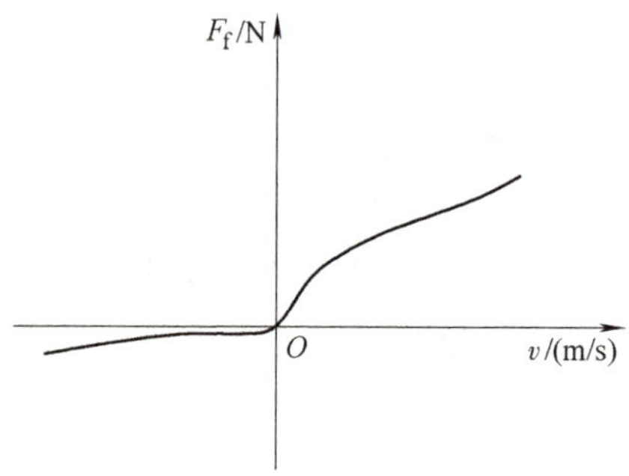

图 8-32　减振器的 F_f-v 曲线

2）工况合成法。工况合成法是根据行程和频率对速度的影响，对于行程 S 和频率 n，固定两者之一，改变另一个，由式（8-4）取得连续变化的速度 v，同时测得对应的阻力 F_f。图 8-33 所示为固定行程 S、改变往复频率 n 所获得的 F_f-v 曲线；图 8-34 所示为固定 n、改变 S 所获得的 F_f-v 特性。

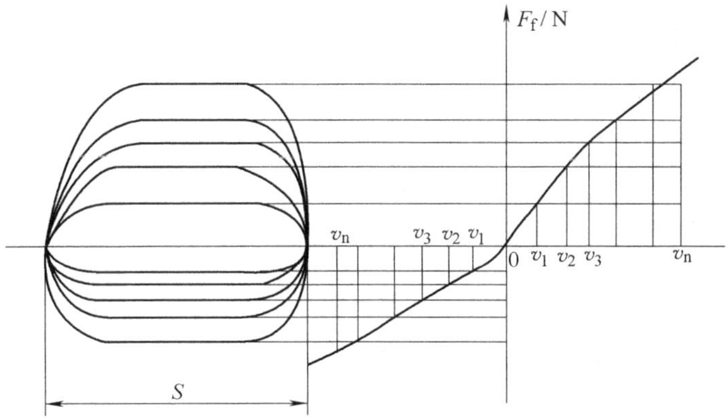

图 8-33　固定行程 S、改变频率 n 获得的 F_f-v 特性

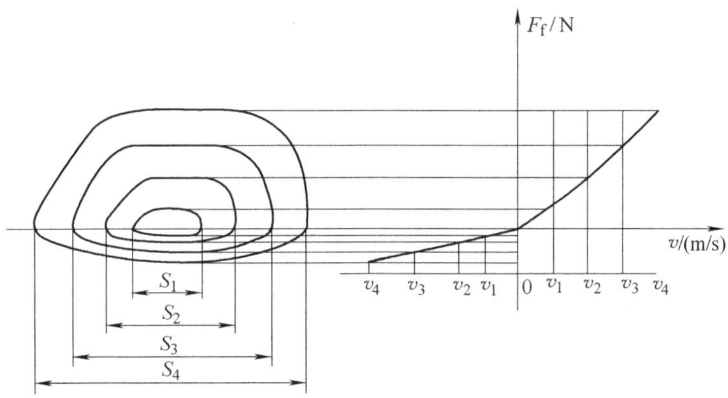

图 8-34　固定频率 n、改变行程 S 获得的 F_f-v 特性

与直接法相比，工况合成法可以更有效、更主动地控制速度的变化规律，从而可以对预定的速度区间进行重点研究。

在检测和修理行业，有一种以测试“接地力”为目的的悬架－减振器快速检测方法。其基本原理是测量共振频率下车轮和台面之间的法向作用力的大小，以快速判定悬架的技术状况，尤其是减振器，因为减振器在悬架系统中最容易发生故障。该方法是整车不解体置于检测台上，由台架施加激励振动，然后切断电动机的动力，系统自行减速，当振动系统的频率逐渐降至汽车－台面系统的共振频率时，车轮和台面之间接触状况最恶劣，测量并记录此时的接地力。所测试的“接地力”，类似汽车平顺性分析理论中的车轮和地面间的动载荷 F_d 的概念。图 8-35 所示为共振式悬架检测台。

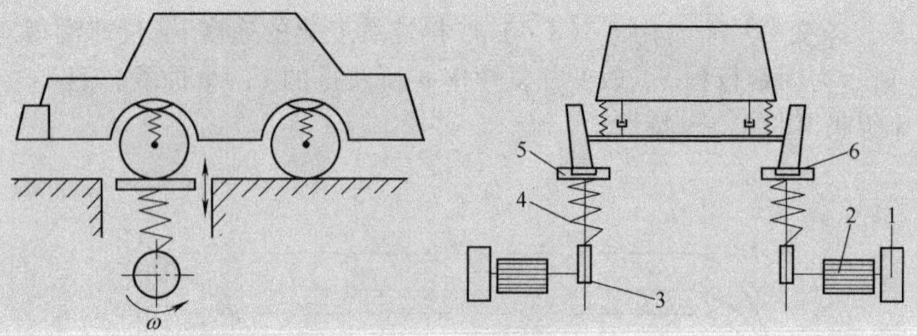

图 8-35　共振式悬架检测台

1—储能飞轮　2—电动机　3—凸轮　4—激振弹簧　5—台面　6—测量装置

三、车轮与轮胎试验

车轮与轮胎是汽车行驶系统中的重要部件，其功用是：支撑整车；缓和由路面传来的冲击力；通过轮胎同路面间存在的附着作用来产生驱动力和制动力；保证汽车实现转弯行驶，保持直线行驶方向；承担越障和起到提高通过性的作用等。本节分别介绍车轮和轮胎的典型试验项目。

1. 车轮性能试验

车轮的机械特性对汽车的操控性和行驶舒适性影响很大，其强度与行车安全更是息息相关，而目前对于车轮这类断面较复杂的薄壁金属结构件尚无可靠且通用的理论计算模型来预估其强度，所以车轮的试验研究就显得尤为重要。

车轮性能试验主要包括动态弯曲疲劳试验和动态径向疲劳试验。试验样品应是代表装备装车使用的、经过完整加工过程的全新车轮，每个车轮只能做一次试验。

(1) 动态弯曲疲劳试验　试验设备应具有一个被驱动的旋转装置，车轮可在固定不动的弯矩作用下旋转，或者车轮固定不动，而承受一个旋转的弯矩，如图 8-36 所示。

按图将车轮牢固地夹紧在试验夹具上。试验连接件安装面和车轮安装面均应光洁、平整。

试验时，为了对车轮施加弯矩，在规定的 0.5～1.04m 距离（力臂）处施加一个平行于车轮安装面的力，弯矩大小为

$$M = (\mu r + d) Fs \ (\mathrm{N \cdot m})$$

式中，μ 为轮胎与道路间的附着系数，一般取 0.7；r 为车轮或汽车制造厂规定的用在该车轮上的最大轮胎静半径，单位为 m；d 为车轮偏距，即轮毂的安装孔内侧面（固定面）到轮毂中心线的距离，单位为 m；F 为车轮或汽车制造厂规定的车轮上的最大垂直静负荷或车轮的额定负荷，单位为 N；s 为强化试验系数，针对不同的车轮型号，国家标准给出了对应的强化系数值。

对于钢车轮，当车轮因严重变形不能继续承受载荷，或原始裂纹产生扩展，或出现应力导致侵入车轮断面的可见裂纹时，即可判定为失效。如果在达到要求的循环次数之前，

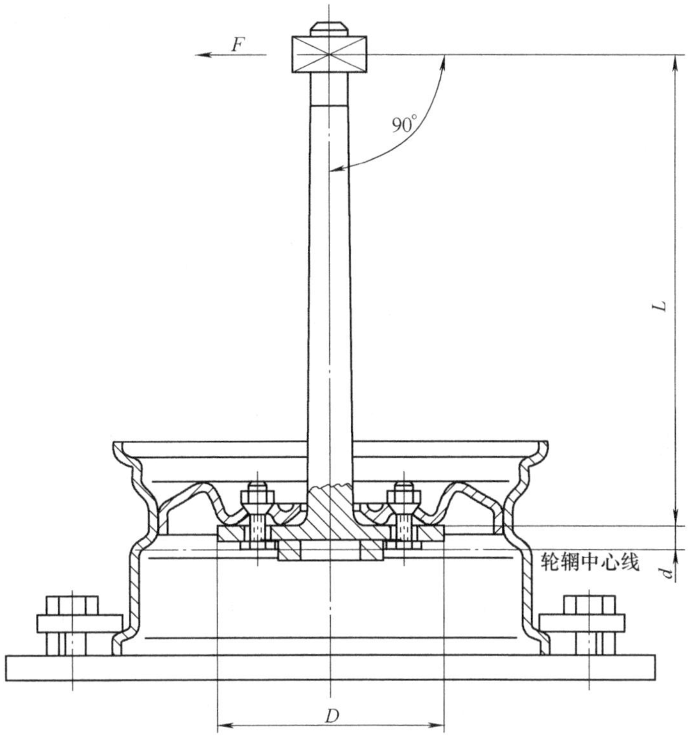

图 8-36 车轮弯曲疲劳试验台

加载点的偏移量已超过初始全加载偏移量的 10%，应认为车轮已经失效。

对于轻合金车轮，当车轮不能继续承受载荷，或车轮任何部位出现新可见裂纹时，即可判定为失效。如果在达到要求的循环次数之前，加载点的偏移量已超过初始全加载偏移量的 20%，应认为车轮已经失效。

车轮失效时的循环次数就是疲劳寿命。

针对不同材料的车轮，国家标准给出了对应的最低循环次数限值。

钢车轮试验强化系数 $s=1.6$ 时，最低循环次数为 3 万次。

对失效样件要进行详细的结构分析和断口形貌、化学成分及金相组织检验，寻求提高其弯曲疲劳强度的结构设计措施和工艺改进方案。

（2）动态径向疲劳试验 车轮动态径向疲劳试验在车轮转鼓试验台上进行。这个试验不需要轮胎和转鼓相互带动，所以转鼓表面要光滑，加载方向应垂直于转鼓表面且与车轮和转鼓的中心连线在径向方向上一致，转鼓轴线和车轮轴线应平行，推荐转鼓直径为 1700mm。试验连接件安装面和车轮安装面均应光洁、平整。

试验时，车轮应配用最大负载能力的轮胎或特制轮胎。模拟轮毂的联接件应采用车轮使用的螺纹联接件，拧紧力矩取上限。试验中，检查并调整螺纹拧紧力矩和轮胎气压。

径向试验载荷为
$$F_r = FK$$
式中，F 为车轮或汽车制造厂规定的车轮上的最大垂直静负荷或车轮的额定负荷，单位为 N；K 为试验强化系数，针对不同的车轮试验要求，国家标准给出了对应的强化系数值。

对于钢车轮，当车轮因严重变形不能继续承受载荷，或原始裂纹产生扩展，或出现应力导致侵入车轮断面有可见裂纹时，即可判定为失效。对于轻合金车轮，当车轮不能继续承受载荷或车轮任何部位出现新可见裂纹时，即可判定为失效。车轮失效时的循环次数就是疲劳寿命。

弯曲疲劳和径向疲劳试验都是垂直加载，载荷相对于车轮旋转。其区别是弯曲疲劳试验的外界主动作用力不通过车轮中心平面，因而形成一个弯矩；径向疲劳试验则是外界载荷和夹具的约束力都作用在轮毂中心线上，对车轮仅有压力，不产生弯矩。

同时试验也表明，车轮弯曲疲劳的失效点和径向疲劳的失效点是不完全相同的。一般建议，弯曲疲劳循环次数低于10万次的所有车轮，都应进一步进行径向疲劳试验。

2. 轮胎性能试验

现代汽车几乎都采用充气轮胎，轮胎安装在轮辋上，直接与地面接触并相互作用，这也是汽车与外界环境之间最为直接的力学联系。轮胎的性能直接影响汽车的动力性、制动性、操纵性、安全性及经济性等一些最为重要的性能，因此，轮胎的性能试验非常重要。典型的轮胎性能试验包括轮胎纵向和横向刚度试验、充气轮胎物理性能试验以及轮胎动平衡试验等。

这里重点介绍与汽车动力学关系最为密切的轮胎纵向和横向的刚度试验。

如图8-37所示，定义了轮胎纵向力、横向力和径向力的方向。轮胎纵向刚度是指纵向力增量与纵向变形增量的比值；横向刚度则是指横向力增量与横向变形增量的比值。定义轮胎表面与试验台接触的所有区域为接触面，接触面印痕的示例图如图8-38所示。

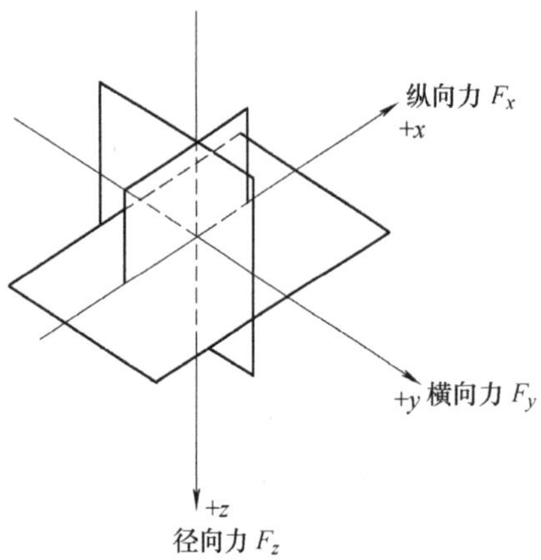

图8-37 轮胎受力坐标图

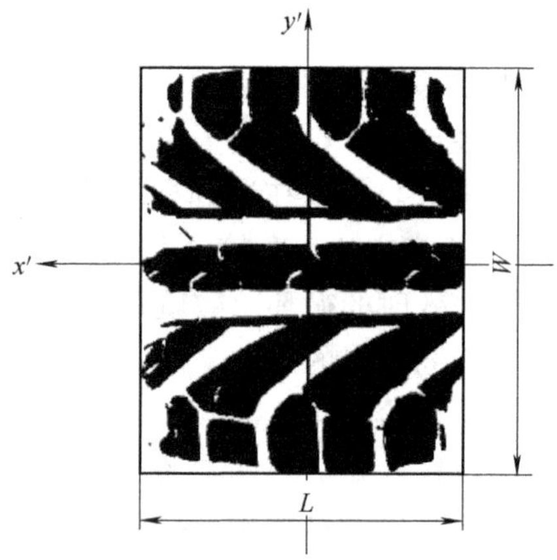

图8-38 接触面印痕的示例图

试验设备应包括加载和定位装置、试验台以及连续记录力值和位移的记录系统。加载装置能够给充气轮胎施加纵向力、横向力以及径向力并能在刚性参数测定试验过程中保持此径向力不变，加载装置的加载能力应满足试验要求。定位装置能够记录试验台相对于轮胎产生的纵向、横向位移。试验台能够完全容纳整个接触面，试验台行程应满足试验要求；试验台及其支承结构应足够坚硬，确保加载装置对轮胎施加径向力时，平台不会发生横向、纵向及弯曲方面的变形；同时，试验台面应有足够的粗糙度。

对于试验设备的精度有以下要求：径向加载方向与试验机试验台的角度值为90°，偏差在±1°以内；径向力、纵向力以及横向力加载装置精度要求不超过满量程的±1%；径向位移、纵向位移以及横向位移的精度偏差在±0.5mm以内；径向移动速度的精度偏差为±2.5mm/min；气压表精度为±10kPa。

(1) 纵向刚度试验　试验时，对轮胎以径向加载速度为（50±2.5）mm/min的速度加载至轮胎额定负荷的80%，保压5s。重复3次进行预试，预试完毕后调整轮胎气压至规定值。接下来以与上述相同的径向加载速度加载至轮胎额定负荷的80%，加载完毕后保压1min。沿着x轴方向移动试验台，以产生的相对位移为横坐标，以产生的作用于轮胎上的纵向力值为纵坐标，绘制纵向刚度曲线。试验台移动速度为（30~50）mm/min。

纵向刚度按下式计算：

$$\text{纵向刚度}(L_x)=\frac{(\text{纵向力}2-\text{纵向力}1)}{(\text{纵向位移}2-\text{纵向位移}1)}$$

式中，纵向刚度的单位为N/mm；纵向力2和纵向力1的单位为N；纵向位移2和纵向位移1的单位为mm。且有：

纵向力1=(基准纵向力－250N)，纵向位移1为纵向力1所对应的位移量；

纵向力2=(基准纵向力＋250N)，纵向位移2为纵向力2所对应的位移量；

基准纵向力=试验中施加径向负荷×30%×g，基准纵向力的单位为N，$g=9.8\text{m/s}^2$。

重复上述过程，分别加载至轮胎的额定负荷和额定负荷的120%。

(2) 横向刚度试验　试验时，对轮胎以径向加载速度为（50±2.5）mm/min的速度加载至轮胎额定负荷的80%，保压5s。重复3次进行预试，预试完毕后调整轮胎气压至规定值。接下来以与上述相同的径向加载速度加载至轮胎额定负荷的80%，加载完毕后保压1min。沿着y轴方向移动试验台，以产生的相对位移为横坐标，以产生的作用于轮胎上的横向力值为纵坐标，绘制横向刚度曲线。试验台移动速度为（30~50）mm/min。

横向刚度按下式计算：

$$\text{横向刚度}(L_y)=\frac{(\text{横向力}2-\text{横向力}1)}{(\text{横向位移}2-\text{横向位移}1)}$$

式中，横向刚度的单位为N/mm；横向力2和横向力1的单位为N；横向位移2和横向位移1的单位为mm。且有：

横向力1=(基准横向力－250N)，横向位移1为横向力1所对应的位移量；

横向力2=(基准横向力＋250N)，横向位移2为横向力2所对应的位移量；

基准横向力=试验中施加径向负荷×30%×g，基准横向力的单位为N，$g=9.8\text{m/s}^2$。

重复上述过程，分别加载至轮胎的额定负荷和额定负荷的120%。

第四节　转向系统试验

汽车转向系统是用来改变或恢复汽车行驶方向的专设机构，转向系统根据转向能源的不同，可分为机械转向系统和动力转向系统两大类，机械转向系统由转向操纵机构、转向器和转向传动机构组成，动力转向系统在机械转向系统的基础上加设一套转向加力装置。

使用转向系统试验台，在以整个转向系统为试验对象时，可以进行转向系统的性能试验、强度和疲劳寿命试验以及运动干涉校核等，如图8-39所示。这种试验方法，可以按转向系统的实际装配和车上安装状况进行测试，结果准确、直观。但是试验台组成复杂，成本高，被试系统在台架上的安装、调整和拆卸等工作量较大。因此，对于转向系统，更多的是进行部件试验，就是将整个转向系统解体，以需要研究的总成或零部件为对象进行试验测试。

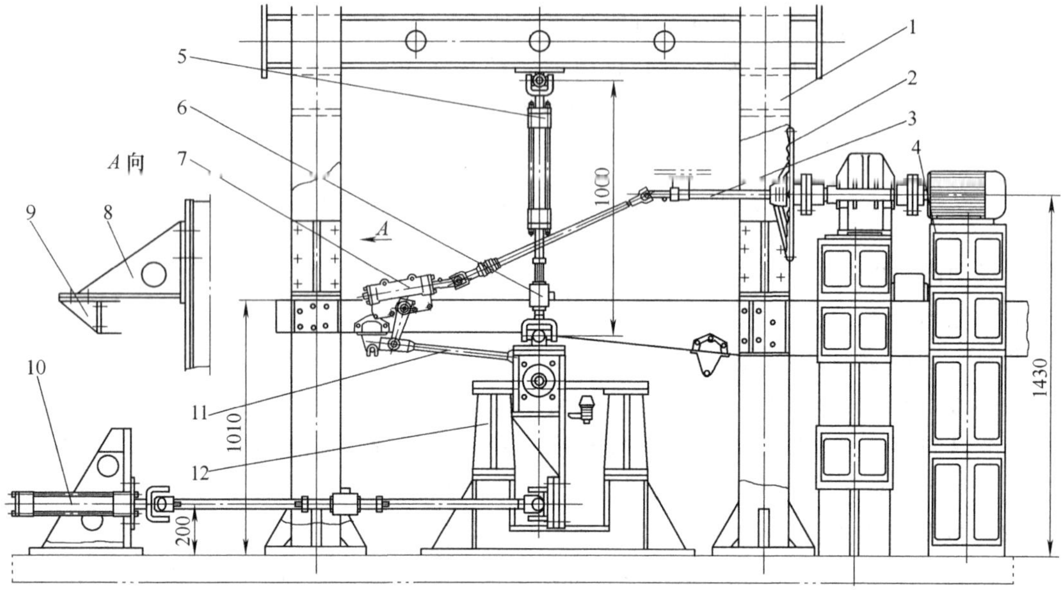

图 8-39　转向系统试验装置（侧视图）

1—2.2m 立柱　2—转向盘　3—转向轴　4—组合支架　5—垂直液压缸　6—力传感器　7—转向器　8—直角支架　9—小直角支架　10—纵向液压缸　11—纵拉杆　12—前桥支架

转向系统的部件主要包括机械式转向器、转向盘、安全转向柱、转向轴和转向节、转向助力装置和液压传动装置等。下面介绍几种主要部件的典型试验。

一、机械式转向器试验

转向器总成是汽车转向系统的主要部件，它的性能和工作可靠性直接影响汽车的转向性能、操纵稳定性和安全性。转向器的试验项目较多，按考察指标的类别大体上可以归纳为性能试验、强度试验和疲劳寿命试验等。

1. 性能试验

试样在进行性能试验前应进行磨合。磨合规范如下：转向器输入轴的转角不小于全转角的90%；加在摇臂轴或齿条轴上的载荷为额定值的40%；循环次数不低于1500 次；磨合时，输入轴的转速不大于 10r/min；磨合后更换润滑油。

（1）传动比的测定　对于循环球式、蜗杆滚轮式和蜗杆曲柄指销式等以角位移为输出的转向器，传动比指的是其角传动比，即转向轴输入转角 φ 与转向器摇臂轴输出转角 β 之比。角传动比试验装置如图 8-40 所示。

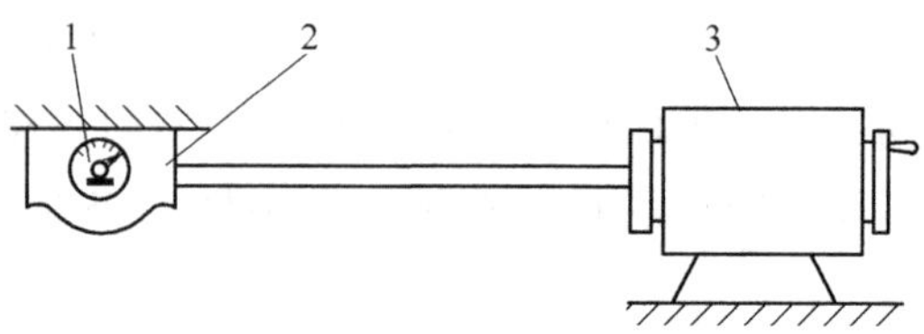

图 8-40　角传动比试验装置

1—角度仪　2—转向器　3—万能分度仪

在摇臂轴上安装角度仪，在转向轴上安装万能分度仪。试验时，驱动转向轴转动，测量其输入转角 φ，同时测出对应的摇臂轴输出转角 β，改变转角，得到若干数据对（φ_i，β_i）。将各数据对描点、绘制成曲线。对数据进行线性回归分析，求得回归方程 $\varphi = k\beta + b$，其斜率 k 就是转向器的角传动比。

对于齿轮齿条式转向器，传动比指的是其角线传动比（°/mm），就是输入轴转角 φ 与齿条位移之比。角线传动比测试装置如图 8-41 所示。由于齿条输出的是线位移，所以采取百分表而不是角度仪测量。

试验方法和数据处理与角传动比试验类似。驱动转向轴转动，测量其输入转角 φ，同时测出对应的齿条位移 L，改变转角，得到若干数据对（φ_i，L_i,）。将各数据对描点、绘制成曲线。对数据进行线性回归分析，求得回归方程 $\varphi = k_L L + b$，其斜率 k_L 就是转向器的角线传动比。

（2）传动效率的测定　传动效率是转向器的输出功率与输入功率之比。

与传动比试验相同，根据转向器输出的是角位移还是线位移，传动效率试验可分为角传动效率和角线传动效率两类，前者是针对循环球式、蜗杆滚轮式和蜗杆曲柄指销式等以角位移为输出的转向器，后者则适用于齿轮齿条式这种以线位移为输出的转向器。两者的试验装置和具体操作略有不同，但原理和基本方法是相同的。现以角传动效率的测定为例进行介绍。转向器角传动效率试验装置如图 8-42 所示。

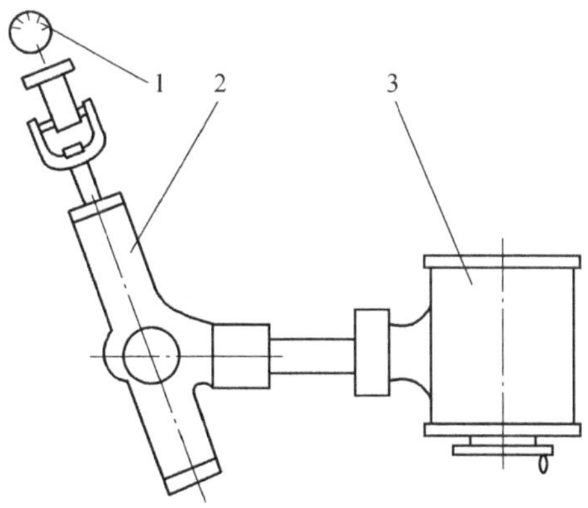

图 8-41　角线传动比试验装置
1—百分表　2—转向器　3—万能分度仪

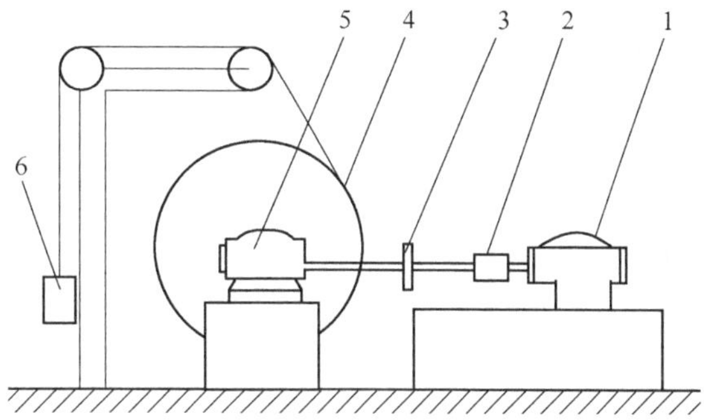

图 8-42　转向器角传动效率试验装置
1—调速电动机　2—扭矩传感器　3—转角传感器
4—加载圆盘　5—被试转向器　6—重锤

转向器的传动效率包括正效率和逆效率。正效率指的是以转向轴为输入、摇臂轴为输出时的效率，逆效率则是由摇臂轴带动转向轴转动时的效率。

试验时，先令电动机提供驱动动力，转向器由一侧极限位置缓慢匀速转至另一侧极限位置，输入扭矩由扭矩传感器 2 测出，输出扭矩就是重锤 6 的重力乘以加载圆盘 4 的半径，此时重锤匀速上升，测出的就是正效率。

再以电动机作为负载，转向器在重锤重力带动下由一侧极限位置缓慢匀速转至另一侧极限位置，输入扭矩就是重锤的重力乘以加载圆盘的半径，输出扭矩由扭矩传感器测出，此时重锤匀速下降，测出的就是逆效率。

为了计算传动效率，需要事先确定转向器的传动比 k。正、逆效率的公式分别为

$$\eta_+ = \frac{M_2}{kW_1}$$

$$\eta_- = \frac{kW_2}{M_1}$$

式中，W_1、W_2 分别为转向轴的输入、输出扭矩，即重锤上升、下降时扭矩传感器的示值；M_1、M_2 分别为转向摇臂轴的输入、输出扭矩，即重锤下降、上升时重锤重力与加载圆盘半径的乘积。

各类转向器的正、逆效率都应符合转向器总成质量分级的标准限值。

(3) 啮合间隙特性的测定 啮合间隙的测定方法是：输入轴每转过一定角度后使之固定，在转向摇臂轴上施加大小为10N·m的正、反力矩，测量转向摇臂轴相应的转角旷量，或者转向摇臂上距摇臂轴轴线200mm处的位移旷量；对于齿轮齿条式转向器，则是在齿条上施加大小为400N的正向和反向力，测量齿条相应的位移旷量。只要能精确测量转向摇臂轴转角或齿条位移的试验设备，例如传动效率试验台，都可以用来做该项试验。

啮合间隙的测量结果，可以评价汽车直线行驶的稳定性和转向器的使用寿命。一般要求转向器在中间位置的啮合间隙极小，大转角时啮合间隙增大，如图8-43所示。

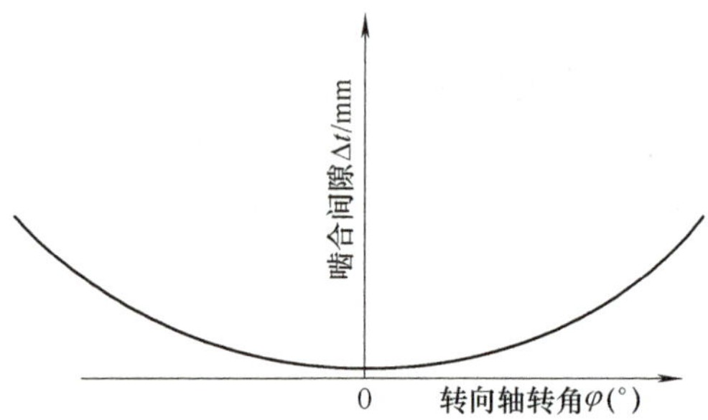

图8-43 转向器啮合间隙特性曲线

(4) 刚度的测定 这里的刚度指的是在固定转向器输出端（摇臂轴或齿条）的情况下，施加在转向轴上的扭矩与扭转角之比，单位N·m/rad。

转向器的刚度包括小扭转角的刚度和大扭转角的刚度。转向器刚度试验装置如图8-44所示。被试转向器6安装在刚性底座上，固定转向摇臂或齿条。

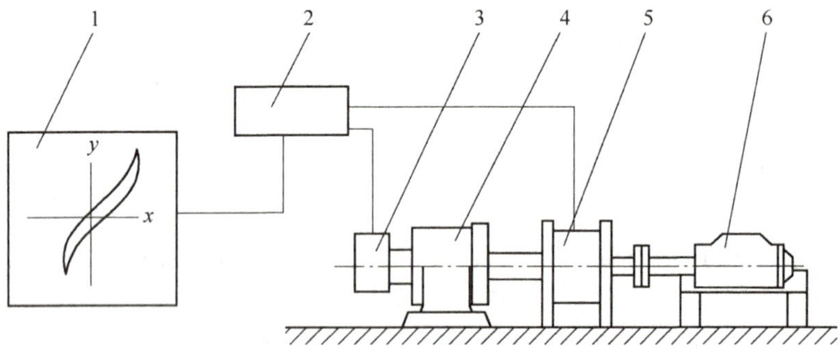

图8-44 转向器刚度试验装置

1—函数记录仪 2—应变仪 3—角位移传感器 4—调速电动机 5—扭矩传感器 6—被试转向器

测量小扭转角的刚度时，固定转向器输出端，将转向轴先向左扭转5°后使其回到中间位置，再向右扭转5°后使其回到中间位置，如此循环两次。每个循环中，分别测出向左和向右扭转0.5°和2.5°时的扭矩值，以两个扭矩差除以转角差（就是2°），得到向左和向右的刚度，取均值，作为一个循环的试验结果。取两个循环的平均值，作为小扭转角扭转刚度的试验结果。

测量大扭转角的刚度时，固定转向器输出端，将转向轴先向左扭转20°后使其回到中间位置，再向右扭转20°后使其回到中间位置，如此循环两次。每个循环中，分别测出向左和向右扭转10°和15°时的扭矩值，以两个扭矩差除以转角差（就是5°），得到向左和向右的刚度，取均值，作为一个循环的试验结果。取两个循环的平均值，作为大扭转角扭转刚度的试验结果。

上述转向器性能试验，是在专用台架上进行的。很多制造企业和研究单位，都采用了转向器综合性能试验台。图8-45所示就是一种综合性能试验台的示意图。

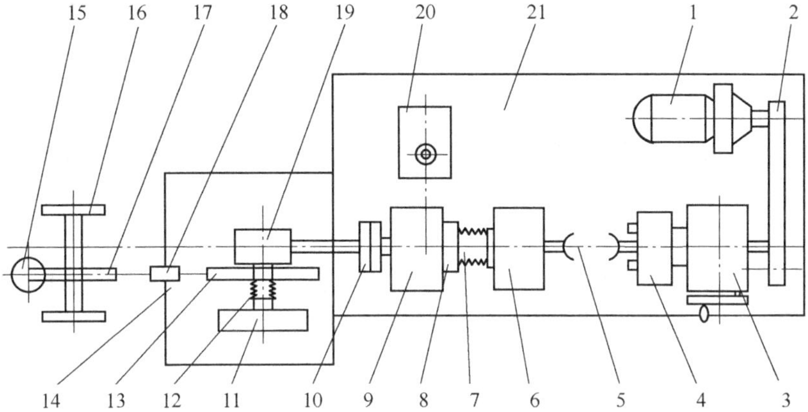

图8-45　转向器综合性能试验台示意图

1—减速箱　2—带轮　3—分度头　4—自定心卡盘　5—万向节　6—扭矩、角位移传感器　7、12—波纹管　8—转向轴端连接盘　9—静扭矩传感器　10—法兰盘　11—角位移传感器　13—加载扭矩盘　14—转向器固定底板　15—砝码　16—加载支架　17—加载滑轮　18—力传感器　19—被试转向器　20—位移传感器　21—试验台底座

这种试验台采用微机控制，测量精度和自动化程度都很高。试验台可以测量转向轴扭转角和对应的各机械量，可以自动绘制变传动比特性、传动效率特性、啮合间隙特性、转动力矩特性、小扭转角刚度特性和大扭转角刚度特性等曲线。

2. 强度试验

（1）静扭试验　与汽车其他系统和总成的静扭试验相同，转向器静扭试验的基本方法也是将转向器的输出端（就是转向摇臂或齿条）固定，在输入端（就是转向轴）施加载荷扭矩。转向器静扭试验包括破坏性静扭试验和无损静扭试验两种。

1）破坏性静扭试验。静扭试验台示意图如图8-46所示。将被试转向器5安装在试验台上，摇臂轴或齿条固定在除两极限位置以外的任意位置。

在转向轴上施加扭矩，并缓慢增大，直至破坏。测量并记录转向轴输入扭矩和对应转角的关系。

对于循环球式、蜗杆滚轮式和蜗杆曲柄指销式等以角位移为输出的转向器，要求当输入扭矩对应的输出扭矩（输出扭矩＝输入扭矩×角传动比×正传动效率）达到6倍额定输出扭矩时，不得出现损坏。对于齿轮齿条式这种以线位移为输出的转向器，则是要求当齿条上承受6倍于额定输出力（输出力=输入扭矩×角线传动比×正传动效率）的载荷时，不得出现损坏。

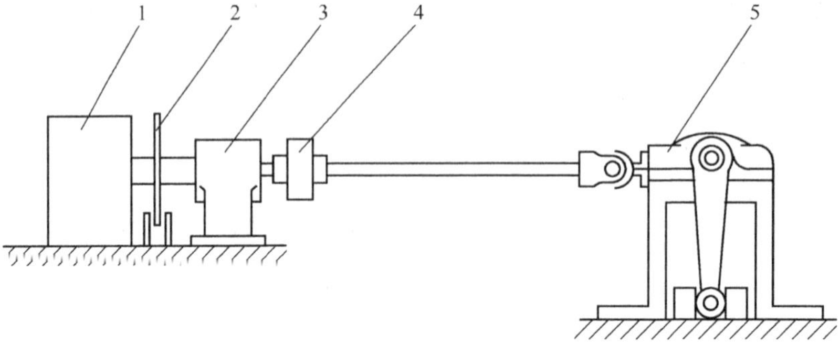

图8-46　静扭试验台示意图（破坏性）
1—调速电动机　2—转角传感器　3—扭矩传感器　4—联轴器　5—被试转向器

2）无损静扭试验。无损静扭试验的基本方法是对被试转向器施加规定大小的载荷扭矩，然后对试件进行拆检，以考察其抗扭能力。

试验装置与破坏性静扭试验类似，所不同的是加载装置不采用电动机，而是用定值扭力扳手（也就是一种更加智能化的定力矩扳手），人力加载。在转向轴上用定值扭力扳手施加载荷扭矩 M_1，直到扳手通过指针或蜂鸣器等形式给出达到定值的信号时，立即停止。最后对试件进行拆检。

所需的试验载荷扭矩计算如下：

$$M_1 = \frac{0.5G_1L_1}{k}K$$

式中，G_1 是对应车型的满载前轴荷；L_1 是转向摇臂轴的球销中心到转向摇臂轴中心的距离，单位为m；k 是转向器的角传动比；K 是安全因数，一般取3。注意，M_1 是施加到转向轴上的载荷扭矩。

（2）落锤冲击试验　落锤冲击试验是考察当路面的冲击通过车轮、转向节和转向传动机构“逆向”传递到转向器输出端时，转向器的抗冲击强度。所以该试验是将转向轴固定，在转向摇臂或齿条上施加冲击载荷。

试件应先进行磨合，磨合规范同性能试验。

落锤冲击试验台如图8-47所示。落锤质量一般取50kg，试验台底座质量不小于落锤质量的50倍。输入轴固定在除两极限位置以外的任意位置。

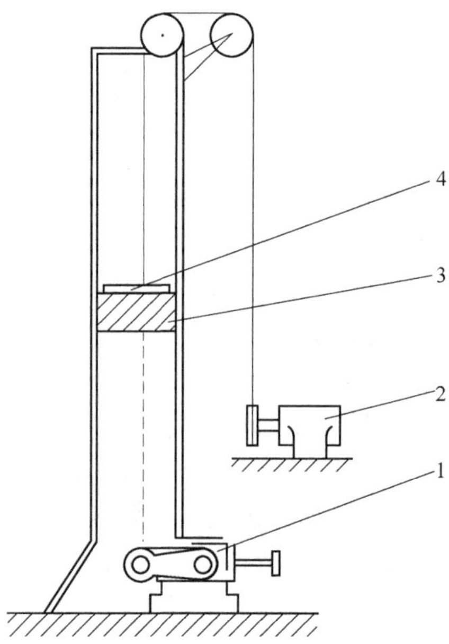

图8-47　落锤冲击试验台
1—被试转向器　2—调速电动机
3—重锤　4—磁力吸盘

试验时，将转向器的摇臂水平放置，使落锤升起到一定高度，然后自由落下，冲击摇臂末端。测量转向摇臂受到的冲击载荷，并计算出冲击扭矩值。每次冲击后，拆检试样，观察是否有扭曲、裂纹等损坏现象，检查其转动是否灵活。如果没有任何损坏和故障，则重新将试件装配调整好，按上述方式再次安装在试验台上。将落锤高度升高 0.1m 或 0.2m 后，继续试验，直到损坏为止。

对于循环球式、蜗杆滚轮式和蜗杆曲柄指销式转向器，要求在转向摇臂轴处，承受的冲击扭矩为额定输出扭矩的 2 倍时，不得出现裂纹等情况，且转动灵活、不发卡。

3. 疲劳寿命试验

转向器的疲劳寿命试验分正向驱动和逆向驱动两类。正向驱动试验是由转向轴输入动力，在转向摇臂轴或齿条上施加阻力负荷；而逆向驱动试验则是由摇臂轴或齿条输入动力，在转向轴上施加阻力负荷。

图 8-48 所示为正向驱动疲劳寿命试验示意图。正向驱动试验时，电动机－减速器 3 通过齿条－齿轮机构 2（该齿条是试验装置的一部分，不是转向器的齿条）带动转向轴 1，从而对被试转向器 6 正向输入动力，阻力负荷由摇臂 5 和负荷缸 4 产生，要求施加于转向器摇臂轴（或齿条）上的阻力负荷为额定输出扭矩或额定输出力，当额定输出扭矩大于 1700N · m 时，按 1700N · m 加载。驱动输入轴的速度，不得大于 30 次循环/min；润滑油温度不得超过 60℃。

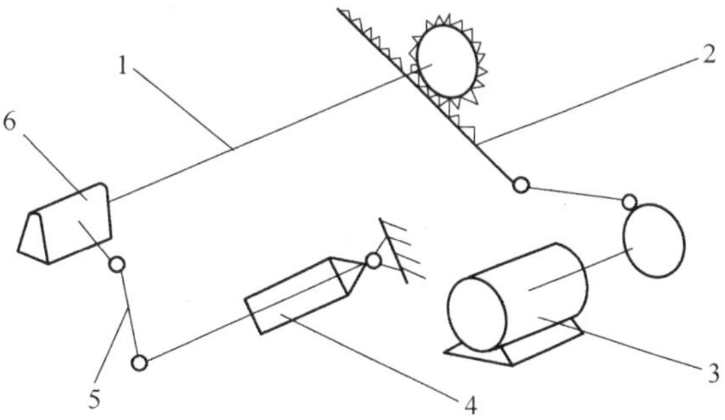

图 8-48　正向驱动疲劳寿命试验台示意图
1—转向轴　2—齿条－齿轮机构　3—电动机－减速器
4—负荷缸　5—摇臂　6—被试转向器

要求经过 15 万次循环后，将被试转向器拆检，各零件不得出现点蚀、剥落等损坏现象。

图 8-49 所示为逆向驱动疲劳寿命试验台。逆向驱动试验时，直流电动机 1、通过减速箱 2 带动偏心轮 3 转动，该偏心轮相当于一个曲柄，其转动引起被试转向器 5 的摇臂轴摆动，要求摇臂上的输入扭矩相当于转向器额定输出扭矩的 1.5 倍，当额定输出扭矩大于 1700N · m 时，按 1700N · m 计算。驱动摇臂轴的速度，不得大于 30 次循环/min；润滑油温度不得超过 60℃。在被测试转向器的转向轴上连接惯性加载盘 6，提供惯性阻力负荷。

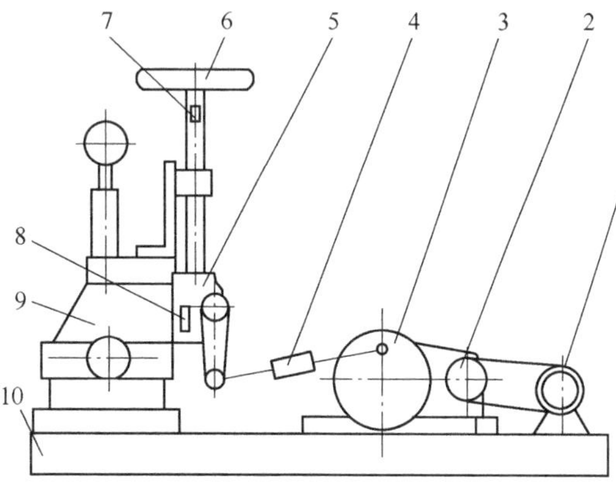

图 8-49　逆向驱动疲劳寿命试验台
1—直流电动机　2—减速箱　3—偏心轮　4—拉压传感器
5—被试转向器　6—惯性加载盘　7—扭矩计
8—测温计　9—固定支架　10—底盘

试验中每隔 2.5 万次循环允许拆检一次，但不允许更换零件。要求经过 30 万次循环后，将被测试转向器拆检，各零件不得出现点蚀、剥落等损坏现象。

二、转向盘试验

转向盘由轮缘、轮毂和轮辐构成，在转向盘上配有电器开关及按钮等操纵装置，在轮缘、轮毂和轮辐的中心部位由金属骨架加强，其外部包覆有一层塑料或其他材料。转向盘试验项目较多且琐碎，大体上包括耐温度性能、机械强度及刚性、耐溶剂及色牢度性能等几大类。

1. 耐温度性能试验

耐温度性能试验包括耐高温性试验、耐低温性试验和耐冷热交变性试验，其目的是在高温、低温以及高低温反复变化的条件下，检查转向盘的外观变化。

以耐高温性试验为例，试验中，取转向盘样件，在（90±2）℃的恒温箱中放置4h后取出，冷却到室温后，目视检查转向盘外表面是否有变色、变形、黏手、起泡、塌陷等现象。

2. 机械强度及刚性试验

转向盘的机械强度及刚性试验包括弯曲性能试验和弯曲疲劳性能试验（见图8-50）、扭转性能试验和扭转疲劳性能试验（见图8-51）。

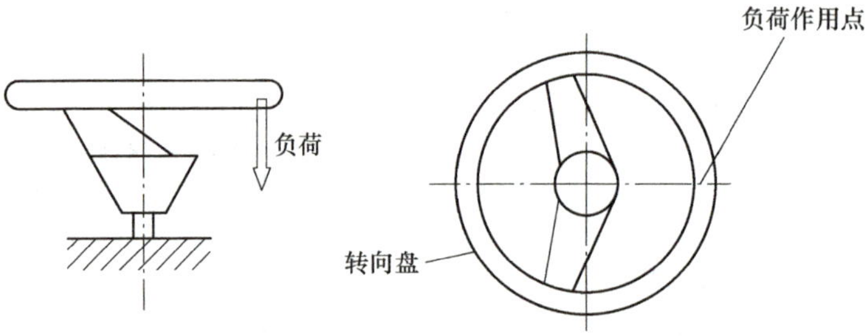

图8-50　弯曲性能和弯曲疲劳性能试验

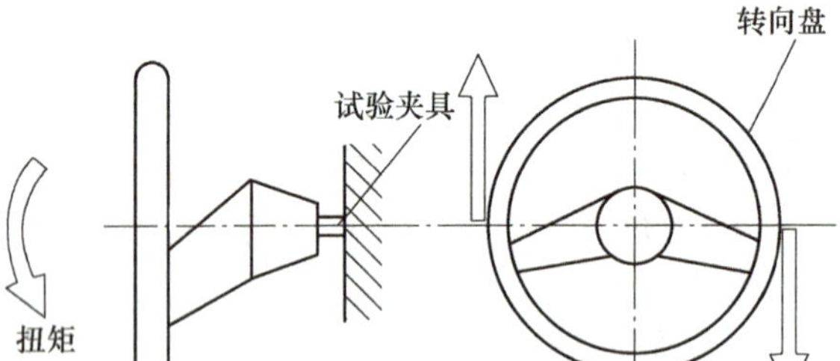

图8-51　扭转性能和扭转疲劳性能试验

进行弯曲性能试验时，将转向盘安装于图8-50所示的试验台上，在轮缘最薄弱处加载700N，维持5min，测量转向盘的弯曲变形量（精确到0.1mm），该变形量不得大于80mm。然后立即卸去载荷，静止恢复3min，测量同一点的转向盘弯曲变形量（精确到0.1mm），该变形量即为弯曲永久变形量，其值不得大于25mm。

弯曲疲劳性能试验仍然在图8-50所示的试验台上进行，在负荷作用点施加上下方向的正弦疲劳负荷，频率 1 ~ 1.2Hz，负荷 ±225N，试验循环 8 万次。要求无破裂、损坏或焊缝脱开现象。

进行扭转性能试验时，将转向盘安装于图 8-51 所示的试验台上，固定转向轴，在轮缘上施加 220N · m 的扭矩，维持 5min，然后卸去载荷。静止恢复 3min，测量转向盘的扭转角，即塑性变形角。塑性变形角不应大于 3°，且转向盘不得出现裂纹。

扭转疲劳性能试验仍然在图 8-51 所示的试验台上进行，在转向盘上施加正弦疲劳扭矩，频率 1 ~ 1.2Hz，试验扭矩 ±40N · m，试验循环 8 万次。要求无破裂、损坏或焊缝脱开现象。

3. 耐溶剂及色牢度性能试验

耐溶剂性试验具体包括若干项，分别将被测试转向盘全部或部分浸入机油、风窗清洗剂、溶剂汽油和人工汗液中，达到规定的时间后，转向盘不得出现裂纹、变色、黏手、软化或溶胀现象。试验试剂的配制、浸入时间以及浸泡后的处理等，参见有关标准。

色牢度试验主要是考察转向盘表皮在光照和摩擦力作用下的色牢度。耐光色牢度试验需使用氙灯加速老化试验箱，摩擦色牢度试验需使用摩擦色牢度仪。具体操作和评价参见有关标准。

还有一种摩擦试验，其试验装置如图 8-52所示。

电动机 - 导套 - 导轮机构带动摩擦布 5 往复运动，在重锤 6 加载下摩擦转向盘外表面。摩擦布为幅宽 45mm 的白布，试验前浸在人工汗液中 10min，然后略微拧干。试验时，往复摩擦行程为 100mm，频率为 0.83Hz，重锤质量为 1.5kg。

每隔 10min 观察摩擦布上是否有颜色。试验总时间按规范要求，结束后测量转向盘外表面磨损量。

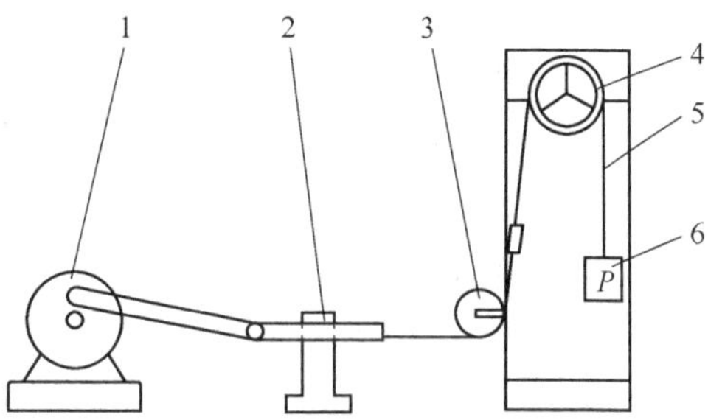

图 8-52　转向盘摩擦试验装置

1—电动机　2—导套　3—导轮

4—被试转向盘　5—摩擦布　6—重锤

在新的标准中已经不要求进行该项摩擦试验，但有些企业和研究机构仍然进行这项试验，因为它可以较快捷地综合考察转向盘轮缘的耐磨性、耐汗液性和色牢度。

另外，对转向盘的阻燃性能以及喇叭触点的抗接触疲劳性能，标准中也规定了一些试验项目，具体可参考 QC/T 563—2014《汽车转向盘技术要求及试验方法》。

三、动力转向器总成试验

动力转向系统是兼用驾驶人体力和液压伺服助力的转向系统。动力转向器总成是在机械转向系统的基础上加设一套转向加力装置而形成的，转向加力装置的主要部件有转向油罐、转向油泵、转向控制阀和转向助力缸等。目前，较常见的组合形式是将机械式转向器、转向助力缸和转向控制阀集成在一起，称为整体式动力转向总成。其中，机械式转向器按本节前述内容进行试验。对于动力转向器总成，还有很多特定的试验项目，可分为性能试验和可靠性试验两大类，下面选取几项典型项目进行介绍。

1. 性能试验

（1）转向器总圈数的测定 动力转向的出发点，是通过液压助力来减轻驾驶人的操作强度，解决转向系统设计中“轻与灵的矛盾”，也就是可以在不加大机械传动比（大传动比意味着操作时的多圈数）的条件下减轻转向盘操纵力，或者说在车轮从一侧极限位置转至另一侧极限位置的过程中，转向盘的转动圈数不必很多。所以要进行总圈数测定。

试验方法较简单，将被测试动力转向器总成安装在试验台上，输出端（摇臂或齿条）不施加任何载荷，测定转向盘（或转向轴）从一个极限位置转到另一个极限位置所转过的总圈数。

注意，这个试验测定的是转向器的转动总圈数，和装车后转向盘的转动总圈数可能不一致。因为汽车的转向盘极限位置，也就是对应转向轮的极限位置，是由车轮和前桥设计保证的，不完全取决于转向器的设计。

（2）空载转动力矩测定 将被测试动力转向器总成安装在试验台上，总成进、出油口通大气，将油腔里的油液排尽，输出端空载，输入端匀速转动，转速为 5 ~ 15r/min，从左转极限位置开始转到右转极限位置后，再转回到左转极限位置，在此过程中，记录输入端输入转矩与转角之间的关系。

（3）自由间隙的测定 将被测试动力转向器总成安装在试验台上，转向盘（转向轴）处于直线行驶位置，将转向器的输出端刚性固定。试验时转向油泵的转速相当于发动机的怠速。测出由中间位置向左转动至油压达到 1×10^5Pa 时转向盘转过的角度，再测出由中间位置向右转动至油压达到 1×10^5Pa 时转向盘转过的角度，两者之和就是自由间隙。试样应不少于 3 件，每个样品测试 3 次，取平均值，结果应符合自由间隙的设计要求。

（4）动力转向功能试验 将被测试动力转向器总成安装在试验台上，试验时转向油泵的转速相当于发动机的怠速。令摇臂轴处于直线行驶位置，在摇臂轴上施加相当于额定输出力矩的 1/3 的阻力矩。由试验员操纵转向盘，凭手感经验检查在全行程内转动转向盘时的平滑性和连续性，同时检查转向控制阀的回位情况。转向控制阀应能自动回位，不得有明显卡滞和拐点，否则判为不合格，并中断试验。

（5）回正能力试验 将被测试动力转向器总成安装在试验台上，试验时转向油泵的转速相当于发动机的怠速。在输出端（如摇臂轴）上施加相当于额定输出力矩的 8% 的负载阻力矩。分别测量松手后转向盘从两个极限位置自行回到中间位置所需的时间，该时间不应超过 10s。

（6）转向操舵力特性试验 转向操舵力特性，指的是液压加力装置的工作压力与转向轴输入扭矩的关系，反映了系统对驾驶人操舵意图的“助力”程度。

动力转向系统试验台如图 8-53 所示。实际情况可以根据被测试动力转向系统的具体布置灵活配置。

将被测试系统的输出端（如转向摇臂）固定在汽车直线行驶的位置，向左、右两个方向转动转向盘，直到油压升高到最大值为止。分别记录向左、右转动时转向轴的输入扭矩 M 与工作压力 p 之间的关系，如图 8-54 所示。

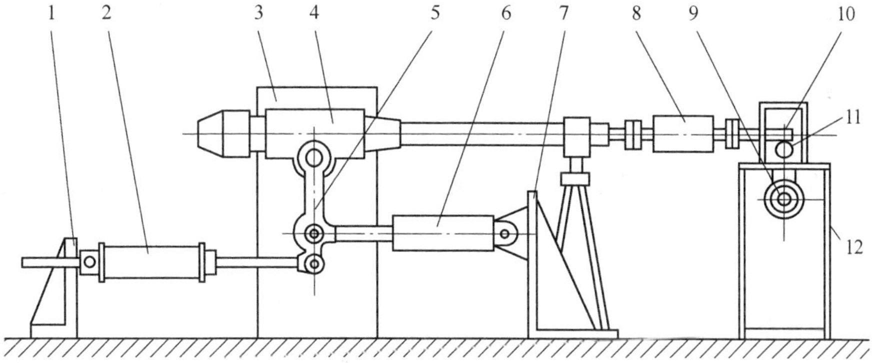

图 8-53　动力转向系统试验台

1—加载缸支架　2—加载缸　3—转向器支架　4—被试转向器　5—转向摇臂　6—转向动力缸　7—动力缸支架　8—扭矩传感器　9—驱动液压缸　10—齿条　11—齿轮　12—驱动装置支架

2. 可靠性试验

(1) 疲劳试验　将动力转向器总成安装在试验台架上，输入端在中间位置处保持0.5°的间隙，用挡块限位。试验油压为最大工作压力+2MPa，用最大的输出转矩或最大输出力在输出端加载，频率为0.6~1.2Hz。完成100万次交变载荷。试验后继续按照动力转向功能试验方法进行试验。

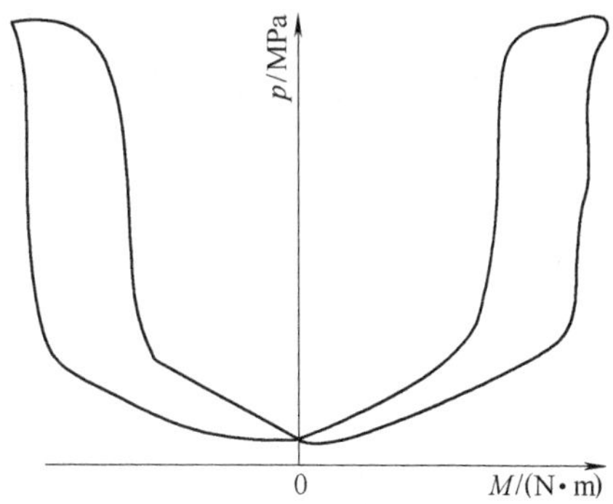

图 8-54　动力转向操舵力特性曲线

(2) 逆向疲劳试验　逆向疲劳试验是考核在汽车行驶时，来自于道路的冲击对动力转向总成造成的破坏。以齿轮齿条式转向器为例，其试验方法如下：

将动力转向器总成安装在试验台架上，在输入端安装惯性盘，其转动惯量相当于转向器相匹配的转向盘的转动惯量，在有动力条件下进行试验，在齿条输出端施加交变载荷，按表8-3中的试验条件依次进行试验，这是根据典型路面采集整理出的疲劳试验加载条件，其中 F_z 为齿轮齿条动力转向器最大输出力。试验后检查样品是否损坏。

表 8-3　疲劳试验加载条件

试验步骤	交变载荷	加振频率	加振次数/次
1	$\pm 0.05F_z$	15~20Hz	3×10^6
2	$\pm F_z$	0.833~1.17Hz	3×10^4

(3) 磨损试验　将动力转向器总成安装在试验台架上，试验油压为最大工作压力，并使转向摇臂或齿条在试验过程中达到满载，输入端以20~30r/min的转速运行，输入端转角不小于总转角的90%，完成25000个循环。试验后继续进行自由间隙测定、动力转向功能试验、转向操舵力特性试验和内泄漏试验。

(4) 强制转向试验　将动力转向器总成安装在试验台架上，试验时油泵不工作，转动输入端，调整输出端载荷，使输入端上的转矩分别为125N·m（输出力矩≤2500N·m

的总成）或 175N·m（输出力矩 >2500N·m 的总成），完成 10 个循环，试验后继续进行动力转向功能试验。

（5）逆向超载试验 将动力转向器总成安装在试验台架上，在有动力的情况下，把输入端刚性固定在直线行驶位置上，在转向摇臂与直拉杆连接处，与转向摇臂中心线成 90°方向逐渐施加载荷，或者在齿条输出端施加载荷，直到载荷相当于总成最大输出力的 3 倍时停止，试验分别按两个方向完成。试验后继续进行动力转向功能试验。

（6）超压试验 将动力转向器总成固定在试验台架上，在转向摇臂最大摆角处或齿条最大位移处安装挡块，转动输入端，使总成进油口压力分别为最大工作压力的 2.5 倍（输出力矩 >2500N·m 的总成）和 2.0 倍（输出力矩 ≤2500N·m 的总成），试验分别按两个方向完成。

第五节　制动系统试验

制动系统是汽车上最为重要的安全设备之一，其有效性直接关系到驾驶人、乘客、行人等交通参与者的安全，对其工作性能、机件强度和耐久性必须给予高度重视。

汽车制动系统由制动器和制动驱动机构组成，制动驱动机构又包含供能装置、控制装置、传动装置、制动力调节装置以及报警装置、压力保护装置等附加装置。由于制动系统涉及的元件较多，在车上的布置范围较大，因此在进行台架试验时往往不对整个系统进行测试，而是分几个主要组成部分（部件）进行，主要分为液压制动驱动装置、气压制动驱动装置和制动机构三大部分。对各部件，一般根据其主要工况，按照性能、强度和寿命三方面进行试验。

汽车制动系统的种类繁多，能量传输方式各异，由于篇幅所限，本书重点讨论常见的液压制动系统的测试方法。液压制动系统主要包括的零部件有制动踏板、真空助力器、制动主缸和制动器等。本节将对这些部分的测试分别进行阐述。

此外，由于新能源汽车的发展，对制动系统的功能、结构和性能均提出了新的要求，本节还将对新能源汽车制动系统试验进行简要介绍。

一、制动踏板试验

汽车制动踏板是驾驶人用脚操纵的制动控制机构，在汽车行车过程中，制动踏板使用频繁，因此对制动踏板的外观、位移、刚度、温度适应性、抗扭性能、强度、耐久性和耐蚀性等都有详尽的要求。这里简要介绍几项典型的制动踏板试验。

1. 刚度试验

按实车状态在夹具上固定制动踏板的位置，并将踏板输出端固定在踏板工作行程的中间位置。在垂直于踏板表面、过踏板几何中心点处施加踏板力，乘用车的踏板力为（500±10）N，其他汽车为（700±10）N，保持 1min 后解除踏板力。重复以上步骤 4 次，在第 5 次试验前确定踏板纵向位移测量点，第 5 次施加规定的踏板力，保持 1min 后，在预先确定的测量点测量踏板的纵向位移量。在上述规定的踏板力作用下，踏板的纵向位移应小于 5.0mm。

2. 温度适应性试验

高温适应性试验方法：将样件在（70±2）℃的环境中放置 2h 后，在此温度下使制动踏板在整个工作行程上动作 5 次，踏板不得有干涉、卡滞现象和异常响声。

低温适应性试验方法：将样件在（−40±2）℃的环境中放置 2h 后，在此温度下使制动踏板在整个工作行程上动作 5 次，踏板不得有干涉、卡滞现象和异常响声。

3. 抗扭性能试验

按实车要求固定制动踏板装置，以踏板与踏板杠杆的主焊缝中心线为轴线，在踏板上施加大小为（15±1）N·m 的正反两方向的旋转力矩，如图 8-55 所示，踏板和焊缝应无裂纹或损坏等缺陷。

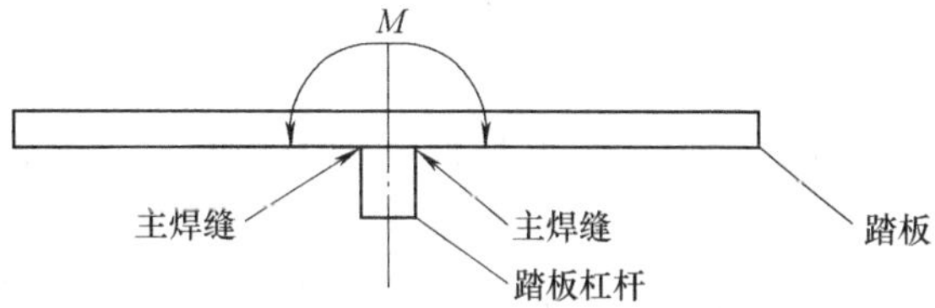

图 8-55　抗扭性能测量示意图

4. 强度试验

按实车要求固定制动踏板装置，确定踏板纵向位移测量点，在垂直于踏板表面、过踏板几何中心点处施加大小为（2000±50）N 的纵向力，保持 30s 后解除。重复上述步骤 5 次，然后在预先确定的测量点测量踏板的永久变形量。合格的标准是踏板表面的永久变形量≤5.0mm，并且无裂纹或损坏等缺陷。

5. 耐久性试验

按照实车的安装状态固定制动踏板，将其输出端与模拟负载相连接。在垂直于踏板表面、过踏板几何中心点处施加纵向力（乘用车为 0~500N，其他汽车为 0~700N），如图 8-56所示。加载 5.0×10^5 次，频率为 0.7~3.0Hz，加载的行程为踏板设计全行程的 85%±5%。

按照上一步的规定，固定制动踏板装置。在与踏板前后边缘平行的中心线上距制动踏板右边缘 1/4 踏板宽度处施加推力（乘用车为 0~500N，其他汽车为 0~700N），作用方向在平行于踏板前后边缘的中垂直面内，与踏板表面法向成 20°（见图 8-56），加载 5.0×10^5 次，频率为 0.7~3.0Hz，加载的行程为踏板设计全行程的 85%±5%。

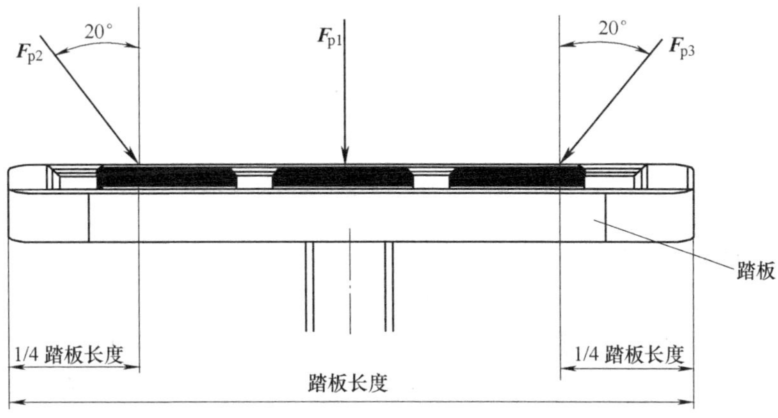

图 8-56　制动踏板耐久性加力位置示意图

试验过程中，踏板装置不应发生影响功能的变形，无裂纹或其他异常情况。试验后，按照刚度试验过程施加大小为（50±1）N的正反两方向的纵向力。在该力作用下，踏板的纵向位移不应大于4.0mm。

二、真空助力器试验

真空助力器利用发动机或真空泵产生的真空度来增加驾驶人的制动促动力，使得主缸能够产生足够的液压力。对于真空助力器的性能要求，除了基本的密封性、耐久性、耐蚀性以外，比较重要的是真空助力器的输入－输出特性。

在测试真空助力器的输入－输出特性时，需要将真空度保持在（66.7±1.3）kPa。然后，通过对负载的调节，将真空助力器的输入推杆的行程移至全行程的75%以上。在助力器的输入推杆上以150～300N/s的速度连续加载至最大助力点的130%以上，然后以100～250N/s的速度连续卸载，测定加载和卸载时相应的输入－输出力，并绘制出助力器的特性曲线，其标准形式如图8-57所示。

在图8-57中，F_a为始动力，即可以使真空助力器产生输出力时的最小输入力；F_{a1}为释放力，即在真空助力器的输入力连续下降的过程中，其输出力降为零时的输入力；J_P为跳跃值，即通过始动力点所作的垂线与助力器助力比特性线的延长线的交点。

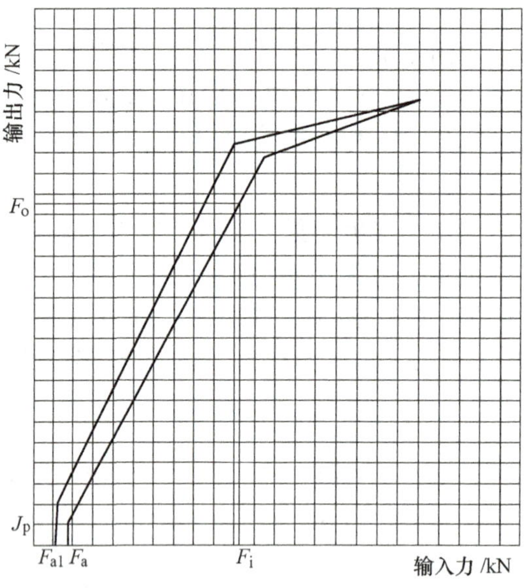

图8-57　真空助力器特性曲线的标准形式

真空助力器的助力比I_r可由下式计算得到，即

$$I_r=(F_{o2}-F_{o1})/(F_{i2}-F_{i1})$$

式中，F_{i1}为输入力，其为最大助力点的30%；F_{o1}是输入力为最大助力点的30%时所对应的输出力；F_{i2}为输入力，其为最大助力点的80%；F_{o2}是输入力为最大助力点的80%时所对应的输出力。

真空助力器的特性曲线应符合下列要求：

① 始动力 $F_a \leqslant 110N$；

② 释放力 $F_{a1} \geqslant 30N$；

③ 输入力分别为最大助力点的 30%、80% 以及等于最大助力点时，所对应的输出力应在理论设计特性曲线的 ±10% 范围内；

④ 助力比 I_r 应为理论设计值的 95% 以上；

⑤ 特性曲线不应出现任何不规则或不连续，试验中不得出现异常噪声。

三、制动主缸试验

制动主缸属于单向作用活塞式液压缸，其作用是将自制动踏板机构输入的机械能转换成液压能。根据交通法规的要求，现代汽车的液压制动系统都采用了双回路结构，也就是采用串联双腔液压制动主缸，本节重点介绍这种主缸的试验方法，其他形式的液压制动主缸可参照执行。

制动主缸液压测试试验台包括驱动装置、样件、样件支撑、测量装置和负载装置等，其原理如图 8-58 所示。驱动装置用来模拟实车的加载方式，其推杆头部与实车样件尺寸规格一致，推杆的安装符合汽车上的安装角度，并且能够对样件的活塞进行周期性加载，样件的活塞可以移至最大行程位置，推动的距离可调节并可在任意位置固定不动，推动时样件建压的速度可以调节。负载装置能够模拟制动器中液压制动轮缸的工作状态，可按照要求调整加载压力和样件行程的关系，负载装置中的可运动部件可根据需要锁止。

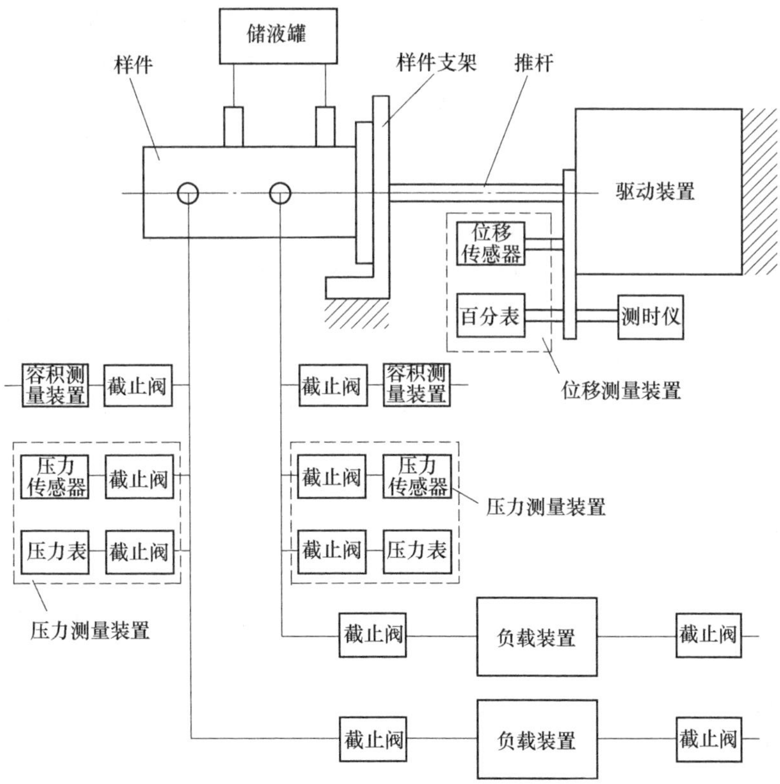

图 8-58　制动主缸液压测试试验台的原理

测量装置用于测量压力、位移、容积、力矩、质量、长度等，测量的相对误差不大于1%，测量样件无负载回程时间的相对误差不大于5%。试验装置中的液压连接管路采用制动系统的硬管和软管，且不能产生节流效应。

制动主缸性能试验项目主要包括残留阀性能、密封性能、初始建压行程、输出功能、排量、无负载回程时间、压差性能、压力冲击、工作耐久性、振动性能、清洁度和耐盐雾腐蚀性试验等。其中前十项可以采用同一样件进行试验，建议压力冲击、工作耐久性和振动性能试验在最后进行；而清洁度和耐盐雾腐蚀性试验则需要用不同的样件分别进行。试验用的制动液应与实车用的制动液相同，样件的安装也应按实车状态安装。下面选取几项典型试验项目进行介绍。

1. 密封性能试验

制动主缸的密封性能试验需要分别测试真空密封性、气压密封性和液压密封性。

(1) 真空密封性 首先要将制动主缸内的制动液排尽，关闭排液孔，将两供液孔连通，接到真空源，对于带有储液罐的主缸，直接将真空源与储液罐的注油口相连。当样件内的真空度达到（-98±2）kPa时，关闭真空源，稳压3~5s后测量样件在5s内的压力上升值，要求上升值应不大于0.3kPa。

(2) 气压密封性 将样件与驱动装置相连，排尽样件内的制动液；用驱动装置的推杆将样件的活塞推至超过样件最大初始建压行程；使样件的排液孔与气源相连，调节气源压力为（50±2）kPa，关闭气源；稳压3~5s后，测量样件各制动腔在10s内的压力降；将驱动装置的推杆退回到原始位置；将样件的排液孔堵死，气源与供液孔或储液罐的注油孔（带有储液罐的主缸）相连；调节气源压力为（0.5±0.05）MPa，保持10s，观察样件及自带的储液罐有无气体外泄现象，观察储液罐有无影响功能的变形。要求样件在50kPa的气压下稳定不超过10s，各制动腔内气压所降的值应不超过3kPa；样件及自带的储液罐在0.5MPa的气压下无空气外泄现象，储液罐无影响功能的变形。

(3) 液压密封性 液压密封性试验需要将样件与驱动装置和负载装置连接成模拟实车状态的测试回路，并使测试回路充满制动液。然后用驱动装置的推杆推动样件的活塞，在样件的制动腔内建立起样件的最高工作液压，保持推杆位置不变，稳压3~5s后测量样件各制动腔在30s内的压力降；用驱动装置的推杆推动样件活塞，在样件的制动腔中建立样件最高工作液压的130%，保持推杆位置不变，稳压3~5s后测量样件各制动腔在5s内的压力降。

在上述的密封测试中，制动主缸允许的压力降见表8-4。

2. 输出功能试验

将样件与驱动装置和负载装置连接成模拟实车状态的测试回路，并在回路中充满制动液。然后用驱动装置周期性推动样件的活塞运动，在测试回路中建立样件的最高工作液压后返回，至少重复5次。此外，分别模拟样件中一个制动腔失效，另一个制动腔应能够建立起样件的最高工作液压。

3. 压差性能试验

(1) 缓加压压差 将样件与驱动装置和负载装置连接成模拟实车状态的测试回路，并在回路中充满制动液。然后用驱动装置的推杆以（3±1）mm/s的速度缓慢推动样件活塞，测量当样件中两制动腔内有一个压力达到4.0MPa时两制动腔的压力差。两制动腔的压力差应不大于0.3MPa。

表8-4　制动主缸液压密封测试允许的压力降

试验压力		30s的压力降	5s的压力降
最高工作压力	≤10MPa时	≤0.20MPa	—
	≤15MPa时	≤0.35MPa	—
	≤20MPa时	≤0.45MPa	—
	≤25MPa时	≤0.55MPa	—
最高工作压力的130%	≤10MPa时	—	≤0.10MPa
	≤15MPa时	—	≤0.15MPa
	≤20MPa时	—	≤0.25MPa
	≤25MPa时	—	≤0.35MPa

（2）急加压压差　将样件与驱动装置和负载装置连接成模拟实车状态的测试回路，并在回路中充满制动液。然后用驱动装置的推杆快速推动样件活塞，使制动腔的压力以(20±5)MPa/s的速率上升，测量当样件中两制动腔内有一个压力达到13.0MPa时两制动腔的压力差。两制动腔的压力差应不大于0.5MPa。

4. 工作耐久性试验

将样件与驱动装置和负载装置连接成模拟实车状态的测试回路，并在回路中充满制动液。若样件带有储液罐，则储液罐内的制动液应加注到最高刻度。试验压力与动作时间之间的关系如图8-59所示。根据表8-5中规定的环境温度、试验频率、循环次数、动作时间，按照常温耐久性、高温耐久性、低温耐久性的顺序依次进行试验。试验过程中，观察样件各处有无泄漏、活塞动作是否灵活、制动液是否从储液罐中溢出（带有储液罐的制动主缸）、有无其他异常现象。在3.35×10^5次试验结束后，观察储液罐与样件的连接部位是否有松动现象。重复进行液压密封性能试验。

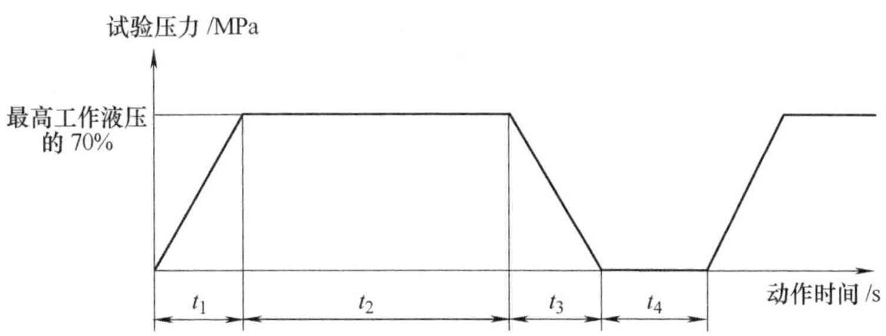

图8-59　试验压力与动作时间之间的关系

试验过程中，样件应无泄漏，活塞动作灵活，无任何其他不正常现象。在3.35×10^5次试验结束后，样件的最高工作液压应满足表8-5的要求，且储液罐与样件的连接处无松动现象，无液体溢出。

表 8-5 工作耐久性试验的环境温度、试验频率、循环次数和动作时间

<table>
<tr><th rowspan="2">试验项目</th><th rowspan="2">环境温度/(℃)</th><th rowspan="2">试验频率/Hz</th><th rowspan="2">循环次数/万次</th><th colspan="4">动作时间/s</th></tr>
<tr><th>升压时间 t_1</th><th>保压时间 t_2</th><th>降压时间 t_3</th><th>停顿时间 t_4</th></tr>
<tr><td>常温耐久性</td><td>室温</td><td>0.2778 ±0.0278</td><td>16.5</td><td rowspan="4">0.4 ±0.1</td><td rowspan="4">1.75 ±0.4</td><td rowspan="4">0.15 ±0.1</td><td rowspan="4">1.25 ±0.2</td></tr>
<tr><td rowspan="3">高温耐久性</td><td>80 ±2</td><td>0.2778 ±0.0278</td><td>12.5</td></tr>
<tr><td>100 ±3</td><td>0.2778 ±0.0278</td><td>12.5</td></tr>
<tr><td>120 ±4</td><td>0.2778 ±0.0278</td><td>12.5</td></tr>
<tr><td>低温耐久性</td><td>-40 ±2</td><td>0.1667 ±0.0167</td><td>4.5</td><td>0.45 ±0.1</td><td>1.75 ±0.4</td><td>0.15 ±0.1</td><td>3.65 ±0.4</td></tr>
</table>

注：高温耐久性按产品种类选一种环境温度进行。

四、行车制动器试验

行车制动器的台架试验是利用各种台架当量载荷来模拟汽车的制动过程，在非道路行驶的条件下确定制动器总成的制动效能、热稳定性、摩擦衬片磨损以及强度等性能指标。

1. 性能试验

对于行车制动器，通常采用惯性式制动器试验台来模拟制动器的制动工况，从而测试各项性能。惯性式制动器试验台利用惯性飞轮来模拟汽车运动时平动质量和旋转质量所储藏的动能，从而模拟汽车的真实制动工况，以此来进行对制动器的各项性能测试。

图 8-60 所示为惯性式制动器试验台的一般结构示意图，除此之外还应包括液压或气压系统，吹风与除尘装置，数据采集与处理系统以及试验程序自动控制系统。惯性式试验台的基本原理是令台架惯性飞轮组的转动惯量与汽车在道路上行驶时的惯量（包括整车的平移质量和主要旋转件的旋转惯量）相当，也就是台架惯性飞轮组的动能与汽车在道路上行驶时的动能（包括整车的平动动能和主要旋转件的转动动能）相等，从而使台架制动能耗与汽车上的相等。

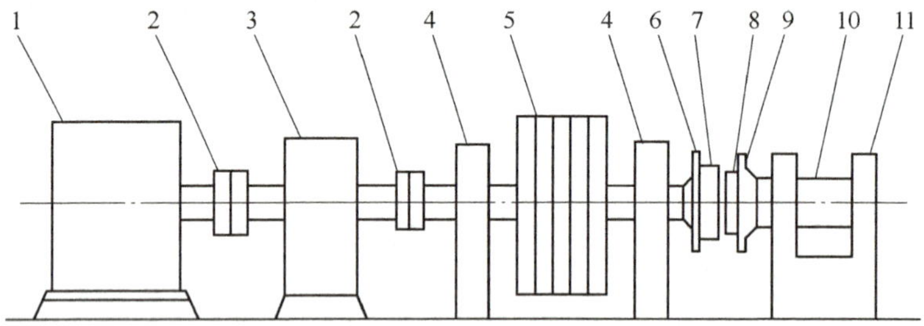

图 8-60 惯性式制动器试验台的一般结构示意图

1—可调转速电动机 2—联轴器 3—减速箱 4—支撑座 5—飞轮 6—主动轴法兰 7—试件（制动鼓） 8—试件（制动蹄） 9—从动轴法兰 10—从动轴 11—从动轴座

由原理可以看出，惯性式制动器试验台模拟汽车制动过程的关键参数有两个：主轴的转速和飞轮的惯量。

汽车制动时的初速度 v（km/h），由试验台主轴转速 n（r/min），也就是飞轮转速进行换算，即

$$n = 2.65v/r$$

式中，r 为车轮半径，单位为 m。

飞轮的惯量应与汽车的整车惯性相对应，包括整车平移质量和主要旋转元件的转动惯量。经力学推导可以得出，飞轮需要模拟的汽车等价转动惯量 I_a（$kg \cdot m^2$）为

$$I_a = [m_a + (\delta - 1)m_0]r^2$$

式中，m_a 为汽车满载总质量或试验规范指定模拟的整车总质量，单位为 kg；δ 为汽车旋转质量换算系数，参见汽车理论中汽车的加速阻力部分；m_0 为汽车整备质量，单位为 kg。

注意，此处的等价转动惯量 I_a 模拟的是整个汽车的惯性，而制动器试验通常只对一个制动器或一根车轴的左右两个制动器进行测试，所以要考虑单根车轴承担的整车惯性。

在汽车理论中定义了制动器制动力分配系数 β，即前轮制动器制动力与汽车全部制动器制动力之比。由此，可以得出：

单个前轮制动器对应的飞轮惯量为

$$I_f = \frac{1}{2}\beta[m_a + (\delta - 1)m_0]r^2$$

单个后轮制动器对应的飞轮惯量为

$$I_r = \frac{1}{2}(1 - \beta)[m_a + (\delta - 1)m_0]r^2$$

这种模拟计算的前提是汽车的制动器制动力分配系数 β 为常数，而且制动时前、后轮均不抱死。

除此之外，还要将试验要求的制动减速度换算成试验台的制动力矩控制值，即

$$M_c = J_c I_a / r$$

式中，M_c 为试验台制动力矩控制值，单位为 $N \cdot m$；J_c 为试验要求的制动减速度，单位为 m/s^2。

行车制动器的试验规范，无论是国家标准还是企业标准，具体的测试项目都有很多，对于试验工况和参数要求规定得都十分详细。每一个测试项目，都规定了制动初速度与末速度、制动管路压力或制动减速度、摩擦衬片（衬块）温度控制范围、制动周期、制动次数、冷却风速和需要测量监控的参数等。在进行每一项试验时都要严格按照相关要求规定的试验条件进行试验。

2. 结构强度试验

结构强度试验用于考察汽车在紧急制动时制动器的强度、工作可靠性和寿命。除了能使用上述的惯性式制动器试验台，还可以采用专门的制动器结构耐久性试验台，如果图 8-61所示。

试验前，应先根据试验规范要求的制动力，以及车辆的结构参数和制动系统的设计参数来计算该制动力对应的试验当量制动力矩。试验时，按照计算出的制动力矩，控制液压机构驱动制动器产生该制动力矩，来验证制动器的结构强度和耐久性。

由于紧急制动只发生在汽车前行中，所以只要求进行前行方向的试验。

五、驻车制动器试验

驻车制动器既可以在停车时使车辆在原地保持不动，特别是能可靠地驻留于一定坡度

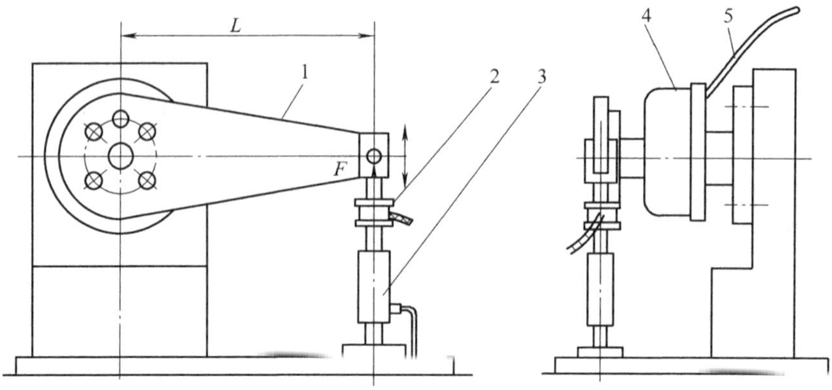

图 8-61 汽车制动器结构耐久性台架试验装置
1—力臂 2—测力传感器 3—加载缸 4—制动器 5—制动管路

的坡道上，又可以在较大上坡路起步时方便驾驶人的起步操作，或者在行车制动器失效时作为应急制动装置来使用。常见的驻车制动器包括三种，分别是装在变速器或传动轴上的中央制动器；装在行车制动器上，且与行车制动器共用同一套摩擦副；装在行车制动器上，摩擦副则为专用。

驻车制动器试验台的主要作用是在给定输入力（常见的就是驻车制动手柄力）的作用下，测量驻车制动器摩擦副的摩擦力矩，然后按照下式算出该汽车可以停留的坡道角度 $\alpha(°)$，即

$$\alpha = \arcsin \frac{Mi}{rm_a g}$$

式中，M 为静摩擦力矩，单位为 N · m；i 为从驻车制动器到车轮之间的传动比，对于车轮制动器就是 1；m_a 为汽车满载总质量或试验规范指定模拟的整车总质量，单位为 kg；r 为车轮半径，单位为 m。

驻车制动器试验台多采用惯性式制动器试验台，即将制动器的旋转部分连同试验台的飞轮加速到某一转速，然后在驻车制动器的操纵手柄处施加规定的作用力，飞轮在制动器制动力的作用下减速，测量此过程中的转矩，或减速度，然后由飞轮的惯量换算出减速力矩。

在这种测试过程中，飞轮连同驻车制动器的旋转部分处在运动工况，测得的是摩擦副之间的动摩擦力矩，而驻车时起作用的是静摩擦力矩。所以这种测试方法测得的驻车力矩和驻坡角度略偏小，属于偏于安全的方法。

除了采用惯性式制动器试验台，还可以采用专门的驻车制动器试验台，如图 8-62 所示。这种试验台与惯性式试验台有类似之处，但是台架结构和测试过程更简单。

对驻车制动器，只有在磨合试验中才需要准确规定飞轮的惯量和主轴的转速，而对于现代常见的制动器来说，驻车制动器与行车制动器是兼用同一套摩擦元件的，制动器的磨合在行车制动器试验过程中已进行。因此，对驻车制动器通常可以直接进行驻车力和驻坡角度的测定。此时对试验台的惯量和转速不需要精确规定，只要飞轮具有一定的转动惯量，在电动机驱动下达到一定转速，按规定拉动驻车制动手柄，制动器旋转部分连

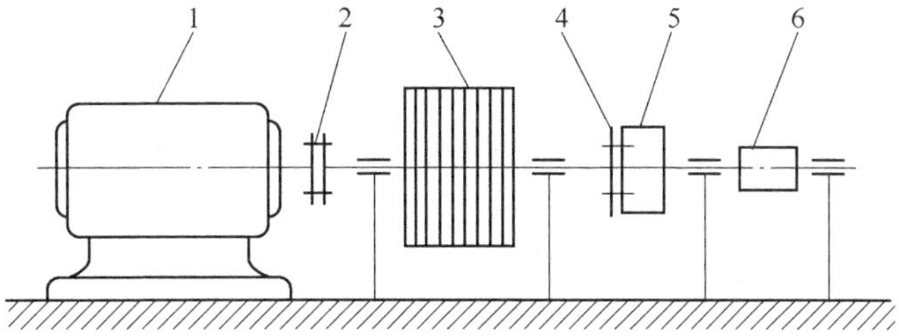

图 8-62　驻车制动器试验台

1—电动机　2—柔性万向节　3—飞轮组　4—连接法兰　5—驻车制动器试件　6—测扭机构

同试验台飞轮一同减速，制动器摩擦副力矩由传感器直接测出，即可计算出驻坡角度。也就是说，飞轮惯性大些小些、主轴初始转速高些低些，只是影响减速度的大小和减速过程的时间长短，这些因素对于驻车制动力的测量来说没有影响。

由于这种专用的驻车制动试验台结构简单，成本低，因此单独测量驻车制动能力时推荐使用这种设备。

需要注意的是，考虑到汽车既可能停止在上坡道路，又可能停止在下坡道路上，驻车制动器需要对前进和倒退两个方向进行试验。

六、新能源汽车制动系统试验

由于受到技术、成本和法规等因素的限制，目前新能源汽车上应用的行车制动系统仍多为液压制动系统，但新能源汽车的出现和发展对液压制动系统的功能、结构、性能以及相对应的测试评价体系均提出了新的要求。本节对新能源汽车制动系统试验进行简要介绍。

1. 制动能量回收试验

新能源汽车制动系统具有制动能量回收功能，可以在车辆制动时将一部分制动能量存储起来供后续驱动时使用。这将大大提高能量的利用效率，是新能源汽车节能的主要手段之一。

典型的制动能量回收系统包括叠加式能量回收系统和协调式能量回收系统。叠加式能量回收系统是在原有的摩擦制动系统上加以实现的，它不调节摩擦制动力，而是将回馈制动力直接叠加在摩擦制动力上，易于实现，但回收效率低，制动感觉差。而协调式能量回收系统则需改造原有的摩擦制动系统，操作较为复杂，但是回馈制动力和摩擦制动力可以根据驾驶人的制动意图协调控制，能量回收效率高，制动感觉好。

新能源汽车制动能量回收系统的性能评价包括安全性、舒适性、高效性和耐久性等，这里重点关注能量经济性评价，评价标准主要包括制动能量回收效率和续驶里程贡献率。

制动能量回收率的计算方法如下：

$$\eta_r = E_r / E_{max}$$

式中，E_r 为回收的制动能量，定义为试验循环内汽车减速过程中，由制动能量回收系统回收，储存到蓄电池的能量，单位为 kW · h；E_{max}为最大理论制动能量，即试验循环内制动工况所消耗的车辆动能，单位为 kW · h。

续驶里程贡献率 c 的计算方法如下：

$$c = (D_1 - D_2)/D_2 \times 100\%$$

式中，D_1 为开启制动能量回收系统汽车的续驶里程，单位为 m；D_2 为关闭制动能量回收系统汽车的续驶里程，单位为 m。

测试时，应进行两组对比试验：一组开启制动能量回收系统，另一组关闭制动能量回收系统。试验条件可参照 GB 21670—2008《乘用车制动系统技术要求及试验方法》，具体内容如下：

1）试验路段应干净、平整，坡度不大于 1%，路面附着系数不宜小于 0.72。

2）汽车空载。试验前，汽车应充分预热，以 0.8 ~ 0.9 倍的最大车速行驶 1h 以上，制动器的温度处于 65 ~ 100℃。

3）试验时，风速应小于 5m/s，气温在 0 ~ 30℃ 范围内。

4）试验过程中，汽车不应发生抱死拖滑现象。

测试汽车的制动距离，即车辆在一定的初始车速下制动时，开启制动能量回收系统与关闭制动能量回收系统所对应的制动距离。进行开启制动能量回收系统的试验时，还要实时测量动力蓄电池的母线电流和电压，并将回馈电流记为 I（A），动力蓄电池两端的电压记为 U（V）。

回收的制动能量可按下式进行计算：

$$E_r = \frac{\int IU \mathrm{d}t}{3600 \times 1000}$$

2. 电动真空泵试验

电动真空泵是为汽车制动系统中的真空助力伺服装置提供独立真空源，且由电动机驱动的真空发生装置。

对于由非燃油发动机驱动的新能源汽车，无法由发动机产生真空度，制动系统的真空助力器不能产生助力。为此，一些公司开发出了新型的制动系统，如电子液压制动系统（EHB）、电子机械制动系统（EMB）和集成制动系统（IBS）等。但这些系统对原车改动较大、结构复杂、成本较高，因此，很多新能源汽车的制动系统方案保留了原有的制动系统结构，只是增加了由电动机驱动的电动真空泵以产生真空源。

电动真空泵性能指标主要包括基本性能（抽气时间、最大真空度）、泵体表面最高工作温度、工作耐久性、振动耐久性、耐蚀性、耗液量、噪声、防护等级和电磁骚扰特性等。

电动真空泵基本性能试验装置示意图如图 8-63 所示，它可以模拟工作条件，从而测试被测真空泵能否达到所要求的性能。电动真空泵主要的试验项目包括常温性能、低温性能、高温性能、泵体表面最高工作温度、工作耐久性、耐蚀性、噪声等。下面选取几项典型试验项目进行介绍。

（1）不同环境温度下的性能试验

1）常温性能。将被试样品通过固定支架安装在电动真空泵基本性能试验台上。按产品技术文件要求连接相关管路和电路，起动电动真空泵，分别记录到达表 8-6 规定真空度

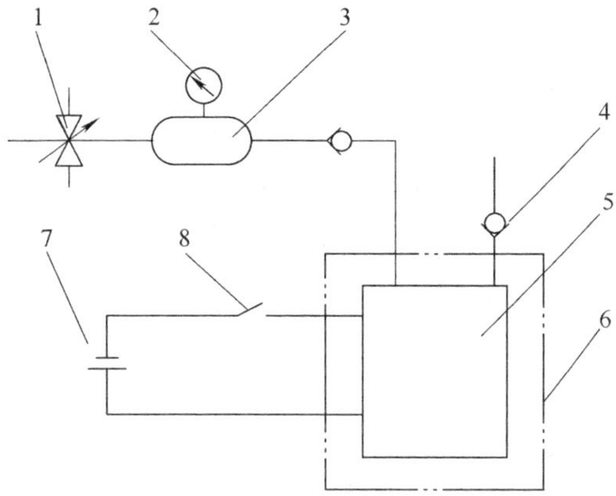

图 8-63　电动真空泵基本性能试验装置示意图

1—截止阀　2—压力表　3—真空罐　4—单向阀　5—被测电动真空泵
6—环境箱　7—电源　8—开关

的抽气时间和所能达到的极限真空度。测试结果应满足表 8-6 中的规定，同时，电动真空泵在常温下所能达到的最大真空度不应低于 90.7kPa。

表 8-6　不同环境温度下的抽气时间

环境温度	达到的真空度/kPa	抽气时间/s
常温	40	≤2.5
	66.7	≤6.5
	85	≤13
高温	40	≤2.5
	66.7	≤7
	85	≤17
低温	40	≤5
	66.7	≤11
	85	≤18

2）低温性能。被测试样品安装和相关管路、电路连接同常温试验，将环境箱的温度设置为 -40℃，启动高低温环境箱，待达到规定温度后，再在此温度下放置 2h，然后起动电动真空泵，分别记录达到表 8-6 规定真空度的抽气时间。

3）高温性能。除环境箱的温度为 120℃外，其余同低温试验。

（2）泵体的最高工作温度　泵体的最高工作温度是指电动真空泵连续工作 2h 后，泵体表面的最高温度，要求该温度不高于 85℃。

（3）噪声　将被试样品通过固定支架按实车安装状态安装在试验台上，起动电动真空泵，按常温性能试验条件进行运转，同时用声级计进行噪声测量。测量位置分别为电动真空泵的正上方及左、右两侧，声级计拾音头距真空泵泵体几何中心的距离为 0.3m。在测量点与真空泵中心的连线上距真空泵表面 2m 内不允许有障碍物影响测量结果。取三个测量点噪声测量值的算术平均值作为该工况下的噪声测量值。在整个试验中电动真空泵的最大噪声值不应大于75dB（A）。

3. 电子液压制动系统试验

电子液压制动系统（Eletronic-hydraulic Braking System，EHB）是在传统液压制动系统的基础上发展而来的适用于新能源汽车的线控制动系统，它能够独立控制各个轮缸的制动压力。电子液压制动系统的制动踏板、主缸与轮缸解耦，驾驶人的踏板反馈由踏板感觉模拟器提供，其压力源由电动泵产生，储藏于高压蓄能器中，所以电子液压制动系统在这些方面的测试尤为重要。

（1）踏板感觉测试 汽车踏板感觉一般通过踏板特性曲线即踏板位移－踏板力曲线来描述。在试验前，需要在制动踏板上安装有压力传感器和转角传感器。测试共分为三个方面：准静态测试、中速测试和高速测试。准静态测试是控制踏板的加载速度为20mm/s，由此测得的踏板特性曲线能够反应踏板感觉模拟器的准静态特性；中速测试的踏板加载速度为60～100mm/s，测试得到的踏板特性曲线为中速特性；高速测试的踏板加载速度为200mm/s，反应踏板感觉模拟器的高速特性。测试得到的踏板特性曲线应满足传统制动系统的踏板特性，并且更符合人机工程学。

（2）高压蓄能器试验 电子液压制动系统中，压力源是通过电动泵储存在高压蓄能器中的，高压蓄能器的性能对轮缸压力有很大影响。

高压蓄能器特性试验包括补液试验和放液试验。进行补液试验时，液压调节单元中的电磁阀均处于未通电状态，选取高压蓄能器内压力的三个状态（压力为0，压力较低，压力处于中等状态）进行三次试验。试验过程中，电动机应驱动泵全力工作给高压蓄能器充液，通过蓄能器出口处的压力传感器记录蓄能器的压力变化。通过蓄能器的压力变化曲线可以得出蓄能器的充液性能。

进行放液试验时，通过电子控制单元（ECU）将减压回路打开，使制动液能够直接回到储液罐中。分别将高压蓄能器内的压力设置为最高压力的100%、75%与50%进行三次试验，此时，电动泵应停止运转，由出口的压力传感器记录蓄能器的压力变化，进而得出蓄能器的放液能力。

第六节　汽车主动安全电子控制系统试验

随着现代传感技术和电控技术的发展，各种汽车主动安全电子控制系统先后问世并得到广泛应用，如防抱死制动系统（Anti-lock Braking System，ABS）、牵引力控制系统（Traction Control System，TCS）和电子稳定性控制系统（Electronic Stability Control，ESC）等，这些汽车主动安全电子控制系统的开发和应用有效地提高了车辆的综合性能，很多系统已经发展成为汽车的标准配置。随着这些技术的发展与应用，相应的各种试验与评价也同时增多。严格意义上讲，相关测试试验应分属各整车性能试验，但因为各主动安全电子控制系统本身可以单独称为总成，所以单列此节用以介绍典型的汽车主动安全电子控制系统测试试验方法。

一、防抱死制动系统（ABS）性能试验

ABS系统是一种在紧急制动或在湿滑路面上制动时，以防止车轮抱死和保证汽车的

方向稳定性、操纵性及安全性为目的的车辆主动安全控制系统。ABS 系统主要由传感器、控制器和液压调节器组成，其性能主要从制动效能、制动效能的稳定性和制动时车辆行驶的方向稳定性三个方面来评价。ABS 性能要求主要包括能量消耗、附着系数利用率和附加检查，其中，能量消耗指装备 ABS 系统的机动车辆必须在长时间全行程行车制动时保持其性能；附着系数利用率应≥0.75；附加检查分别考察车辆在满载和空载条件下紧急制动时，被控车轮的抱死情况和车辆的方向稳定性。

典型的 ABS 系统性能试验包括高附着系数路面试验、低附着系数路面试验、高低附着系数对开路面试验和高低附着系数对接路面试验。其中，各种典型路面类型定义见表 8-7。

表 8-7 典型路面类型

序 号	路 面 类 型	路面类型代号	轮胎与路面附着系数
1	高附着系数路面	G	$k_H \approx 0.8$
2	低附着系数路面	D	$k_L \leqslant 0.3$
3	高低附着系数对开路面	DK	$k_H \geqslant 0.5$，$k_L < 0.5$ $k_H/k_L \geqslant 2$
4	高低附着系数对接路面	DJ	

ABS 性能试验所需测量仪器主要有：轮速/车速测量装置（精度不低于 1%）、减速度测量仪器（精度不低于 5%）和数据处理记录仪；踏板力传感器（精度不低于 2%）、管路压力传感器（精度不低于 2%）、压力调节装置（精度不低于 2%）及温度计（精度不低于 5%）；如有必要，须安装监视车轮是否抱死及抱死时间的设备（精度不低于 0.1s）；在测量轮胎与路面附着系数值时，在连接每个车轮的管路中，需要装用压力可调的限压阀（精度不低于 2%）。

试验时，应记录制动距离、车速、轮速、制动减速度、制动踏板力、制动管路压力、制动器温度以及轮胎滑转率和车轮抱死状态。为了评价制动方向稳定性，还可测量转向盘转角、横摆角速度和车辆行驶轨迹等。

下面以空载试验为例，介绍典型试验的过程。

1. 附着系数利用率测试

首先，接通 ABS 系统，踩下制动踏板，确认每个制动器都正常工作。以 55km/h 的初速度制动，测定速度从 45km/h 下降到 15km/h 时的时间，制动过程中，保证 ABS 系统全循环（ABS 系统反复调节制动力以防止直接控制车轮抱死）。根据 3 次试验的平均值 t_m，计算 ABS 工作时的最大制动强度 z_{AL}，其计算方法如下：

$$z_{AL} = 0.849/t_m$$

然后，脱开 ABS 系统或使其不工作，只对试验车辆的单根车轴进行制动，试验初速度为 50km/h。以逐次增加管路压力的方法进行多次试验来确定车辆的最大制动强度 z_{max}。每次试验时，应保持脚踩踏板的力不变。制动强度应根据车速从 40km/h 降到 20km/h 所经历的时间 t 来计算，即

$$z = 0.566/t$$

式中，z_{max} 为 z 的最大值；t 的单位为 s。

车速低于 20km/h 时车轮允许抱死。

从 t 的最小测量值 t_{min} 开始，在 t_{min}（包括 t_{min}，和 $1.05t_{min}$ 之间选择 3 个 t 值，计算其算术平均值 t_m，然后计算制动强度，即

$$z_m = 0.566/t_m$$

若实际证明，不能得到上述 3 个 t 值，则可采用最短时间 t_{min}。

根据测得的制动强度和未制动车轮的滚动阻力计算制动力及动态轴荷，其过程如下。

如后轴驱动的两轴汽车：

当用前轴制动时，有

$$制动力 = z_m Pg - 0.015F_r$$

$$前轴动态轴荷 = F_f + \frac{h}{L} z_m Pg$$

用后轴制动时，有

$$制动力 = z_m Pg - 0.010F_f$$

$$后轴动态轴荷 = F_r - \frac{h}{L} z_m Pg$$

式中，P 为整车质量；h 为质心高度；L 为轴距；F_f 和 F_r 分别为前、后轴的法向约束力。

前、后轴的附着系数分别为

$$k_f = \frac{z_m Pg - 0.015F_r}{F_f + \frac{h}{L} z_m Pg}$$

$$k_r = \frac{z_m Pg - 0.010F_f}{F_r - \frac{h}{L} z_m Pg}$$

可得整车附着系数为

$$k_M = \frac{k_f F_{fdyn} + k_r F_{rdyn}}{Pg}$$

式中，

$$F_{fdyn} = F_f + \frac{h}{L} z_{AL} Pg; \qquad F_{rdyn} = F_r - \frac{h}{L} z_{AL} Pg$$

最后，可计算得到附着系数利用率为

$$\varepsilon = z_{AL}/k_M$$

装备 ABS 系统的制动系统若满足 $\varepsilon \geqslant 0.75$，则可认为是符合要求的。

2. 附加检查

试验时，脱开发动机，车轮允许短暂抱死；当车速低于 15km/h 时，车轮允许任意抱死。间接控制车轮在任何车速下都允许抱死，但不应影响车辆的行驶稳定性和转向性能。

(1) 单一路面试验 在附着系数小于或等于 0.3 和约为 0.8（干路面）的两种路面上，以 40km/h 和法规规定的初速度急促全力制动，试验过程中，由 ABS 系统直接控制的车轮不应抱死。这些试验的目的是验证车轮未抱死且车辆稳定，因此不必完全制动使车辆停下。

(2) 对接路面试验

1）高附着系数路面到低附着系数路面。当某一车轴从高附着系数路面 k_H 驶向低附

着系数路面 k_L 时，$k_H \geq 0.5$ 且 $k_H/k_L \geq 2$，急促全力制动，直接控制车轮不应抱死。

行驶速度和制动时刻应这样确定：ABS 系统能在高附着系数路面上全循环，并保证车辆以 40km/h 和法规规定的初速度从高附着系数路面驶入低附着系数路面。

2）低附着系数路面到高附着系数路面。当车辆从低附着系数路面 k_L 驶向高附着系数路面 k_H 时，$k_H \geq 0.5$ 且 $k_H/k_L \geq 2$，急促全力制动，检查车辆的减速度在合适的时间内有明显的增加，同时车辆未偏离原来的行驶路线。

行驶速度和制动时刻应这样确定：ABS 系统能在低附着系数路面上全循环，车辆以约为 50km/h 的速度从低附着系数路面驶入高附着系数路面。

（3）对开路面试验　试验开始时，车辆的左右车轮分别位于两种不同附着系数（k_H 和 k_L）的路面上，$k_H \geq 0.5$ 且 $k_H/k_L \geq 2$，车辆的纵向中心平面通过高低附着系数路面的交界线。

以 50km/h 的初速度急促全力制动，检查直接控制车轮未抱死，轮胎（外胎）的任何部分均未越过此交界线。

试验时，可利用转向来修正行驶方向，但转向盘的转角在最初的 2s 内不应超过 120°，总转角不应超过 240°。

二、电子稳定性控制系统（ESC）性能试验

ESC 是一种汽车主动安全技术，它通过驾驶人输入及传感器等信号实时监控车辆行驶状态，实时对车辆实际行驶行为和驾驶人期望的行驶行为进行比对，利用闭环控制抑制汽车过多转向或过度不足转向趋势，提高汽车的操纵稳定性。

不同的研发机构对这一系统的命名不尽相同，如博世公司早期称其为汽车动力学控制系统（VDC），现在博世、奔驰公司统称其为 ESP；丰田公司称其为汽车稳定性控制系统（VSC）；宝马公司称其为动力学稳定控制系统（DSC）。尽管名称不尽相同，但都是在传统的汽车动力学控制系统，如 ABS 和 TCS 的基础上增加一个横向稳定控制器，通过控制横向和纵向力的分布和幅度，以便控制任何路况下汽车的动力学运动模式，实现对汽车操纵稳定性状态的控制，保证汽车按照正确轨迹行驶，防止超出驾驶人操纵控制能力范围的过度转向和过多不足转向现象的发生。

研究显示，ESC 系统能够增加车辆的行驶稳定性，降低车辆侧滑的风险，从而显著减少因外界各种恶劣路况及驾驶人失误等造成的重大损失，极大地改善汽车的动态行驶安全性，降低事故发生率和事故死亡率。

近年来各国已纷纷出台强制措施，提高 ESC 的新车出厂装配率，以提高车辆安全性。美国高速公路安全管理局（NHTSA）在 2007 年颁布法规，所有总重在 4.5t 以下的车辆从 2012 年起必须装配 ESC。而根据欧洲新车评价规程（EuroNCAP）的最新指导原则，自 2010 年起，只有将 ESC 作为标准配置的车型才有可能获得最高五星的安全评定。与此同时，ESC 系统相关的测试标准也纷纷出台，如 FMVSS126、ISO3888 等。

典型的 ESC 系统测试工况主要有正弦延迟试验、双移线试验、避撞试验和稳态回转试验等。这里简要介绍几种典型的 ESC 性能试验。

1. 正弦延迟试验

（1）试验条件 试验应在干燥、均匀、坚实的路面上进行，路面起伏、不平整（例如有下沉现象或有较大裂纹）则不适合进行试验，路面任意方向的坡度不应大于2%。

试验车辆是按试验标准规定的装备ESC等设备齐全的汽车。车辆燃油箱至少应加注90%的燃油，内部装载总质量为168kg，包括试验驾驶人、约59kg的测试设备和必要的配重沙袋。配重沙袋根据试验驾驶人和测试设备的质量总和与规定的内部装载总质量（168kg）之差确定，通常应放置在前排乘员座椅后部的地板上；必要时，也可放置在前排乘员的脚部区域。所有的配重沙袋都应可靠放置，避免在试验过程中发生移动。

为保证试验安全，可安装防翻架。

用于ESC测试的转向机器人转向力矩施加范围要求为40～60N·m。

（2）试验规程

1）车辆制动器预处理。

试验车辆在56km/h的初始速度下，以约5m/s^{2}的平均减速度将车辆制动至停车，共进行10次。

在完成初速度为56km/h的系列制动后，立即在72km/h的初速度下全力制动使车辆停车，共进行3次。这时要求施加足够的制动踏板力以激活ABS。

以72km/h的速度匀速行驶5min，用于冷却制动器。

该试验用于检测制动器部件是否正常工作。

2）轮胎磨合。

试验车以能够产生（0.5～0.6）g的侧向加速度的行驶速度，绕直径为30m的圆顺时针转3圈，再逆时针转3圈。

采用频率为1Hz的正弦转向输入、以56km/h的车速进行试验，转向盘转角峰值时应使车辆产生（0.5～0.6）g的侧向加速度。共进行4次试验，每次试验由10个正弦循环组成。

在进行最后一次试验的最后一个正弦循环时，其转向盘转角幅值是其他循环的两倍。所有的试验之间允许的最长时间间隔为5min。

该试验用于检测轮胎的状况，同时用于暖胎。

3）渐增转向试验。

车辆以（80±2）km/h的速度行驶，以13.5°/s的角速度顺时针缓慢增加转向盘转角，直到汽车的侧向加速度达到0.5g。将得到0.3g的侧向加速度时所对应的转向盘转角幅值记为“A”值。该步骤重复3遍。

逆时针转动转向盘按上述步骤重复3遍。

采用线性回归法计算每次渐增转向试验的“A”值并圆整至0.1°；然后，计算六次转向试验“A”值绝对值的平均值并圆整至0.1°，用于下面的试验。

4）正弦延迟试验。

试验车辆以（80±2）km/h的车速沿直线方向高档滑行，待车速稳定后试验驾驶人启动转向机器人工作程序。

转向机器人以0.7Hz的频率和正弦延迟模式（延迟时间为500ms）进行转向输入，

转向盘转角输入模式如图 8-64 所示。

初次正弦延迟试验的转向盘转角峰值为 1.5A，以 0.5A 峰值梯度逐次增加试验次数直至转向盘转角峰值为 6.5A 或 270°（取较大者），如果 6.5A > 300°时，转向盘转角最大峰值取 300°。

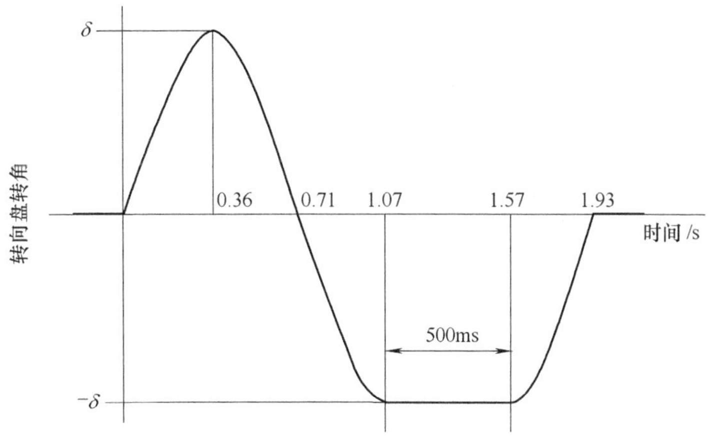

图 8-64　正弦延迟试验转向盘转角输入模式

5）测量数据。

在正弦延迟试验过程中，记录转向盘转角、侧向加速度、横摆角速度等变量随时间变化的历程曲线。

6）性能评价。

根据试验记录的数据，将在转向盘转角方向开始改变后车辆的第一个峰值横摆角速度记为 ω_{peak}；将在正弦停滞测试开始 1.07s 时，车辆的侧向位置记为 Y_{disp}；将在正弦延迟测试中转向盘转向输入结束后 1s 测试开始 2.93s 时，车辆的横摆角速度记为 ω_1；将在正弦延迟测试中转向盘转向输入结束后 1.75s 测试开始 3.68s 时，车辆的横摆角速度记为 ω_2，如图 8-65 所示。在每一次试验中，如果 $\delta > 5A$，且 $Y_{disp} < 1.83$m，则试验失败。反之，由下列条件来判定：

$$\omega_1 < 0.35\omega_{peak}$$
$$\omega_2 < 0.2\omega_{peak}$$

如果条件满足，则继续试验，如果不满足，试验失败。如果满足上述条件，且 $\delta >$ 270°，则试验成功，否则返回重复进行下一次试验。

简言之，评价 ESC 的侧向稳定性性能指标可定义为在正弦延迟试验中特定时刻的车辆横摆角速度与峰值横摆角速度之比。装配 ESC 系统的试验车辆应满足以下两个条件：

① 正弦延迟试验中转向盘转向输入结束后 1s 时对应的横摆角速度应不超过同一测试循环延迟时期横摆角速度峰值的 35%；

② 正弦延迟试验中转向盘转向输入结束后 1.75s 时对应的横摆角速度应不超过同一测试循环延迟时期横摆角速度峰值的 20%。

2. 双移线试验

（1）试验条件　双移线试验通道应采用颜色醒目的标志桩布置而成，其中，试验通

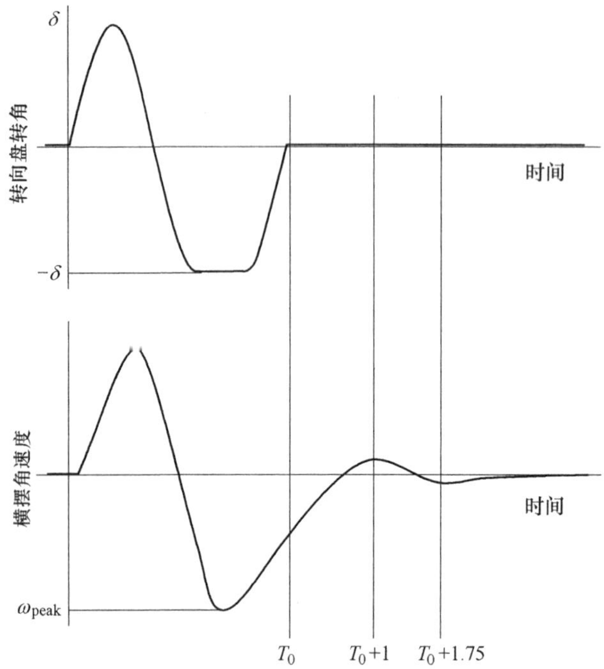

图 8-65　用以评价侧向稳定性的转向盘转角及横摆角速度的时间历程曲线

道及各路段的尺寸应符合图 8-66 和表 8-8 的规定。

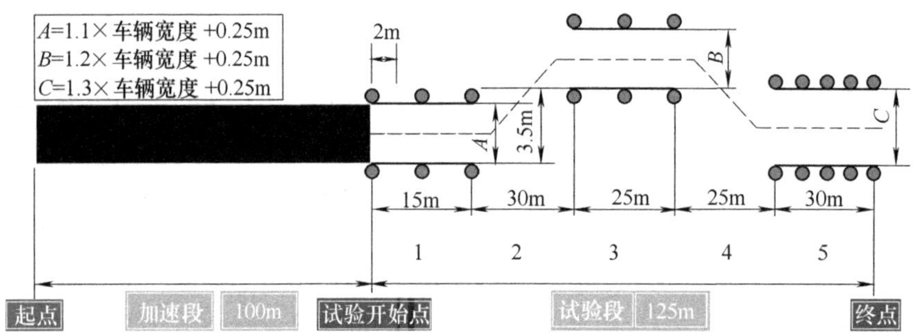

图 8-66　双移线试验通道示意图

表 8-8　双移线车道各段尺寸

路　　段	长度/m	车道偏移/m	宽度/m
1	15	—	1. 1 × 车辆宽度 +0. 25
2	30	—	—
3	25	3. 5	1. 2 × 车辆宽度 +0. 25
4	25	—	—
5	30	—	1. 3 × 车辆宽度 +0. 25

用来标记车道的标志桩高度不小于500mm，标志桩应按照图 8-67 所示根据路段长度、以不超过 5m 的间隔均匀布置，车道线的边界与标志桩圆锥底圆相切。

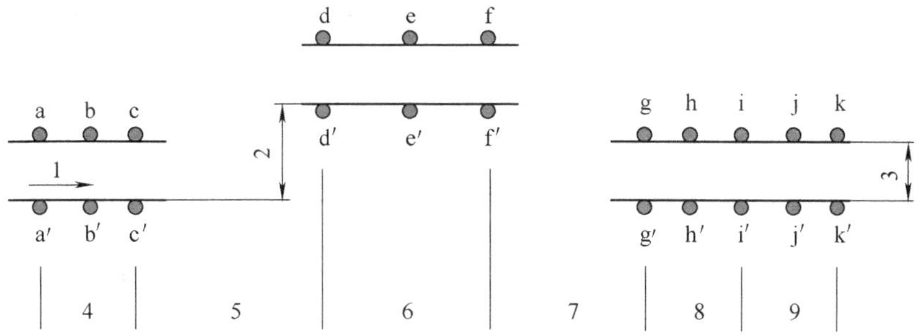

图 8-67　双移线车道标志桩的摆放位置

(2）试验规程　以速度（80 ±3）km/h 进入试验通道第一路段，记录此时的初始车速。车辆进入试验通道后，驾驶人应尽可能调整车辆转向装置，使车辆通过试验通道，但不应对车辆进行任何加速、减速操作。如车辆在通过试验通道的过程中，未接触任何标志桩，也未偏离试验通道，则认为试验有效；否则，认为试验失败，应重新进行一次试验。

在 ESC 开启、关闭状态下的试验完成后，对比分析两种状态下的测试结果，得出下述结论：

① 汽车在不撞标志桩条件下通过测试通道，ESC 系统开启时通过的最高车速应明显高于 ESC 系统未开启时的最高车速；

② 在试验过程中，横摆角速度以及转向盘转角的响应区间在开启 ESC 系统时比未开启 ESC 系统时要小；

③ 开启 ESC 系统时的车辆轨迹比未开启 ESC 系统时的能更好地跟踪理想的车道轨迹。

3. 避障试验

避障试验是在双移线试验的基础上发展起来的，测试条件更为严苛。

通道应采用颜色醒目的标志桩布置而成，其中，试验通道及各路段的尺寸应符合图 8-68和表 8-9 的规定。

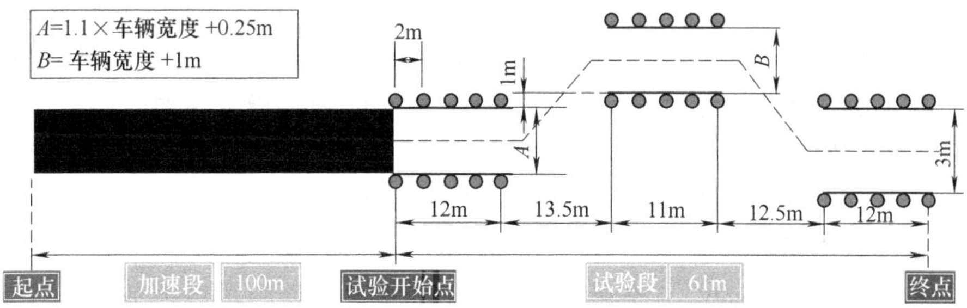

图 8-68　避障试验通道示意图

车辆以速度（80 ±3）km/h 进入试验通道第一路段，记录此时的初始车速。车辆进入试验通道 2m 后，驾驶人松开加速踏板直到试验结束。应尽可能调整车辆转向装置，使车辆通过试验通道。如车辆在通过试验通道的过程中，未接触任何标志桩，也未偏离试验通道，则认为试验有效；否则，认为试验失败，应重新进行一次试验。

表 8-9　避障试验车道各段尺寸

路　段	长度/m	车道偏移/m	宽度/m
1	12	—	1.1×车辆宽度+0.25
2	13.5	—	—
3	11	1	车辆宽度+1
4	12.5	—	—
5	12	—	1.3×车辆宽度+0.25，不小于3m

在 ESC 开启、关闭状态下的试验完成后，对比分析两种状态下的最高入口车速。ESC 开启状态下的最高入口车速应明显高于 ESC 关闭状态下的。

第七节　电动汽车主要总成试验

在石油资源枯竭和环境污染严重的双重压力下，近年来，电动汽车获得了广泛的关注，全球各主要汽车生产国和企业都在加大电动汽车的研制和开发力度。电动汽车除必须满足现有的、适用于常规汽车的试验项目外，还需要满足电动汽车相关的专项标准测试。

按照国家相关部委的要求，由全国汽车标准化技术委员会牵头并联合相关机构制定“中国电动汽车标准化技术路线图”，GB/T 18384.1、GB/T 18384.2、GB/T 18384.3 等一系列电动汽车标准先后制定并报批。截至目前，我国已正式发布 80 余项电动汽车标准，涵盖电动汽车基础通用，整车，电池、电机、电控等关键总成，基础设施，充电接口和通信协议等各个领域。

本节简要介绍电动汽车动力电池系统和电机系统两个电动汽车主要总成的测试试验方法。

一、动力电池系统试验

动力电池是电动汽车的供能装置，它是电动汽车区别于传统内燃机汽车的关键和核心部件，动力电池的技术水平直接代表了整个电动汽车行业的发展水平。为保证电动汽车的性能与安全，动力电池的测试必不可少。动力电池的测试指标主要包括安全性、使用寿命、续驶里程、使用成本、环境适用性，以及电池单体、模块和整个系统的一致性、循环性能和可靠性（包括电可靠性、机械可靠性和环境可靠性）。

1. 主要性能技术指标

额定容量（Rated capacity）：室温下完全充电的蓄电池以恒定电流放电，达到终止电压时所放出的容量，单位为 A·h。

额定能量（Rated energy）：室温下完全充电的蓄电池以恒定电流放电，达到终止电压时所放出的能量，单位为 W·h。

终止电压（Cut-off discharge voltage）：电池放电时，电压下降到电池不宜再继续放电的最低工作电压值。根据不同的电池类型及不同的放电条件，对电池的容量和寿命的要求也不同，因此规定的电池放电的终止电压也不相同。

开路电压（Open Circuit Voltage，OCV）：电池不放电时，电池两极之间的电位差。电池的开路电压，会因电池正、负极与电解液的材料而异，如果电池正、负极的材料完全一样，那么无论电池体积有多大，几何结构如何变化，其开路电压都保持一致。

放电深度（Depth Of Discharge，DOD）：在电池使用过程中，电池放出的容量占其额定容量的百分比。放电深度的高低和蓄电池的充电寿命密切相关，蓄电池的放电深度越深，其充电寿命就越短。

荷电状态（State Of Charge，SOC）：在电池使用过程中，电池剩余的容量占其额定容量的百分比。

能量密度（Energy density）：电池的平均单位体积或质量所能释放出的电能。

高低温充放电性能（High Temperature and Low Temperature characteristics）：电池在不同的高低温条件下充电或放电性能，主要以充放电容量为考核指标。

2. 试验内容

电动汽车动力电池系统分为电池单体、模块、电池包和电池系统四个层级。对于动力电池单体和模块的测试，主要关注于一致性、循环寿命和安全性的评估；对于电池包和系统的测试，则侧重于其电性能、环境适应性和安全保护功能的评价。其中，电性能影响汽车的行驶里程、速度、充电时间、加速时间和使用寿命等；环境适应性主要体现电动汽车对外界环境的适应能力；安全保护功能测试则是确保车辆安全的首要条件。

（1）动力电池单体、模块试验　动力电池单体、模块的试验内容见表 8-10。主要测试有：

1）单体不同温度下的 $1/3C$ 放电性能。电池在 20℃ 环境条件下完全充电后，再在各种环境温度下以 $1/3C$ 电流放电至放电终止电压。对测试结果数据进行整理，得到的不同单体不同温度条件下的放电曲线。

2）单体不同温度下的倍率充电性能。将电池在 20℃ 环境条件下以 $1/3C$ 电流放电至放电终止电压，然后在不同高低温环境条件下以不同倍率电流（充电电流分别为 $1C$、$2C$、$3C$、$4C$）充电至充电终止电压，最后在 20℃ 环境条件下以 $1/3C$ 电流放电至放电终止电压，计算放电容量。

3）模块不同温度下的放电性能。电池模块，由不同电池单体通过串并联方式组成。相对电池单体来说，研究模块的性能更能接近于电池的实际使用状态。测试时，分别在 20℃、-20℃、55℃ 环境条件下放电，监控模块总电压和单体电压，并计算放电容量。

4）电池安全性能。电动汽车的特殊安全性几乎全部与动力电池有关，进行动力电池安全性试验需要考虑的主要因素有：

① 滥用性类别，如机械滥用性测试（包括挤压、针刺等）、热滥用性测试（包括高温高湿、温度冲击等）、电滥用性测试（包括短路、过充、过放等）。

② 电池的荷电状态，即当前储备电量状态。

③ 电池实际使用次数。

（2）电池包试验　电池包的性能测试试验项目包括电性能、循环性能、高压电可靠性能、机械可靠性能以及环境可靠性能等。

表 8-10　动力电池单体、模块试验内容

序号	项目类别	检验项目	样品数量
1	基本性能	外观	100%
2		极性	
3		外形尺寸及质量	
4		室温放电容量	
5		室温倍率放电容量	每项2组
6		室温倍率充电性能	
7		荷电保持与容量恢复能力	
8		储存	
9	环境适应性能	低温放电容量	
10		高温放电容量	
11		耐振动	
12	循环寿命	标准循环寿命	
13		工况循环寿命	
14	安全性	过放电	
15		过充电	
16		短路	
17		跌落	
18		加热	
19		挤压	
20		针刺	
21		海水浸泡	
22		温度循环	
23		低气压	

1）电池包电性能试验。电性能试验是电池包性能测试的主要环节，包括不同温度、不同倍率下的容量和能量测试，不同温度下的功率和内阻测试，不同温度下的能量效率测试，SOC 损失以及循环寿命测试等。电池包的基本性能是电动汽车整车动力性能的基础，有效准确地测量电池包的基本性能可为整车匹配提供数据支撑和参考。对电池包基本性能的测试也可从零部件的层面快速准确地测试电动汽车整车性能。

电池包的低温特性、不同温度下的功率和内阻特性以及不同温度下的能量效率特性对电动汽车整车性能具有较大影响，其具体测试方法如下：

① 低温不同倍率下的容量和能量测试。

低温不同倍率下的容量和能量测试主要测量低温条件下，电池包在不同放电倍率下的容量和能量特性。选择温度点为0℃和－10℃，放电倍率为1/3C、1C和1.5C。具体步骤如下：

参照制造商规定的充电方法，采用恒流恒压方式，以1/3C电流在常温下将电池包充电至满电。

在指定环境条件下静置 12h。

在指定环境条件下，以设定放电倍率电流完成放电试验，测定电池包的放电容量和能量。

② 功率和内阻特性。

功率和内阻特性直接关系到电池包在特定状态下的最大可用功率，对电动汽车整车动力性能起决定性作用。不同的环境条件对电池包的功率和内阻特性有重要影响，测试试验中可选取四个温度点：0℃、-10℃、25℃、40℃，分别在不同温度下进行混合功率脉冲测试（HPPC），具体测试步骤如下：

参照制造商规定的充电方法，采用恒流恒压方式，以 1/3*C* 电流在常温下将电池包充电至满电。

在指定环境条件下静置 12h。

进行 HPPC 测试。

在四个温度点：0℃、-10℃、25℃、40℃下，运行 HPPC 测试，获取不同温度下电池包的功率内阻特性。

③ 能量效率。

能量效率是指电池系统在特定温度、特定 SOC 下的充放电效率。对于装备制动能量回馈系统的整车而言，能量效率测试是整车设计的重要指标。不同环境条件会对电池包的能量效率产生影响，测试试验中选取三个温度点：0℃、25℃、40℃，分别在不同的温度条件下，进行能量效率工况测试。具体步骤如下：

参照制造商规定的充电方法，采用恒流恒压方式，以 1/3*C* 电流在常温下将电池包充电至满电。

在指定环境条件下静置 12h。

进行能量效率测试。

2）电池包安全性能试验。电池包安全性能测试试验项目主要包括短路、跌落、模拟碰撞、翻转、火烧以及水浸等测试。典型试验方法如下：

① 短路安全测试。

首先将短路测试设备连接至测试样品的高压端，然后将控制设备连接至测试样品的低压端，通过控制设备闭合主回路继电器。试验开始后，调节数据采集器的采样速率在 100kHz 以上，通过测试设备在 1s 内将正负极瞬时短路，并使用数据采集器采集瞬时电流值，观察 1h。

② 跌落安全测试。

跌落试验主要模拟电池包在装卸中或运输中可能发生的跌落情况。由于具体情况不同，可能会发生不同高度、不同角度的跌落。可在电池充满电后，将电池从 1.5m 高度处自由跌落至水泥地面，观察 1h，电池的每个面应进行 1 次测试。

③ 模拟碰撞安全测试。

模拟碰撞测试主要目的是考核测试样品的连接可靠性，包括模块支架、单体绝缘性、单体连接可靠性等。具体测试方法如下：

将测试样品按照实车安装方式，安装固定在汽车碰撞模拟试验车上，并粘贴加速度传感器；

给测试样品施加水平机械冲击力，使其呈现 x 方向 60g/45ms 和 y 方向 35g/45ms 的脉冲冲击；

1h 后，检查测试样品。

④ 翻转试验。

翻转试验用于模拟测试电动汽车在发生整车翻转时可能发生的情况。具体试验步骤如下：

将电池包固定在翻转台面上；

调整翻转试验参数，选择控制模式；

开启翻转台，进行翻转试验。

电池包的翻转试验根据电池包具体形式确定翻转轴。试验中，电池包以 x、和 y 方向为轴进行翻转试验。

⑤ 水浸测试。

当电池包外壳内部严重进水时，表明其密封性能较差。在发生涉水时，电池包内部极易发生水浸。

电池包海水浸泡试验是模拟电池包内部进水之后，由于水导电原因造成电池包内部短路的情况。为模拟海水的导电性能，以浓度为 3.5% 的 NaCl 盐水代替海水进行水浸试验。具体测试方法如下：

在水浸池中添加适量浓度为 3.5% 的 NaCl 水溶液。

将电池包整体以较慢速度放入水溶液中。

电池包在水溶液中放置 2h，或直至有其他可见反应发生。

试验过程中，将电池包整体放入水浸池中直至完全淹没。

3）电池包环境可靠性试验。电池包环境可靠性主要包括电池包耐振动性能、耐机械冲击性能、耐温度冲击性能、耐湿热性能和耐盐雾性能等。

① 振动试验。

电池包耐振动试验按 x，y，z 三个方向分别进行，在进行振动过程中以一定倍率电流恒流放电，并通过 CAN 通信监控电池包的其他状态参数。

② 温度冲击试验。

电池包耐温度冲击试验在步入式环境仓中进行，最高温度为 80℃，最低温度为 -40℃，两个极限温度的转换时间不超过 15min，总共循环 5 次。

③ 盐雾试验。

盐雾试验的操作步骤如下：

将测试样品充电至 70% 的 SOC 状态；

进行 24h 的盐雾试验，喷雾 8h，静置 4h，循环 2 次；

喷雾试验过程中，每隔 55min 对电池包进行充放电，充电 2.5min、放电 2.5min，充放电电流为 $1C$；

试验结束后，对电池包进行功能检查。

④ 电磁兼容性（Electro magnetic Compatibility，EMC）试验。

电池包 EMC 试验主要包括以下几个方面。

电磁干扰发射：包括辐射发射、传导发射、瞬态传导发射试验；

抗电磁干扰：包括辐射抗扰度、大电流注入、瞬态传导抗扰度、静电放电试验。

电池包进行电磁兼容性测试如图 8-69 所示。

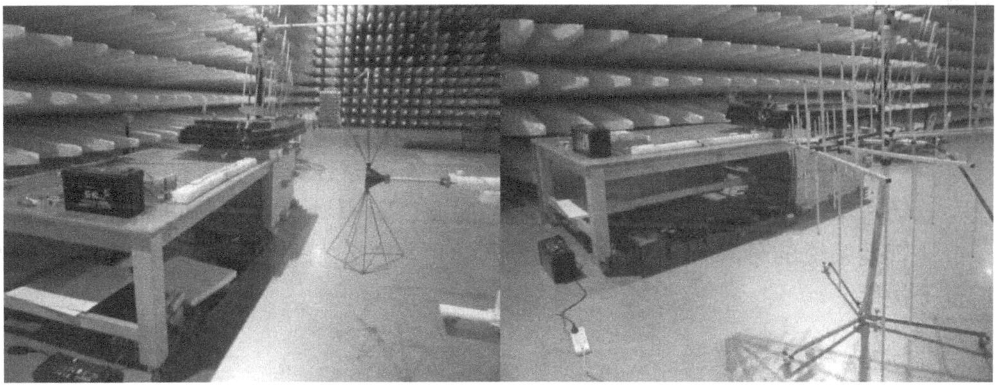

图 8-69　电磁兼容性试验

(3) 电池管理系统（BMS）试验　电池管理系统的测试评价主要依据 QC/T 897—2011《电动汽车用电池管理系统技术条件》进行，主要分为四个部分：状态参数测量精度测试、电池荷电状态（SOC）估算精度测试、故障诊断功能测试以及可靠性测试。

1）BMS 电流、电压、温度等状态参数测量精度测试试验。电流、电压、温度等状态参数的测量是电池管理系统执行管理和控制的基础，其测量精度直接决定管理系统的控制精度和管理准确度。

根据《电动汽车用电池管理系统技术条件》的规定，电池管理系统的电流、电压及温度等参数的采集精度需满足以下要求，见表 8-11。

表 8-11　电池管理系统采集精度要求

参　数	总电压值	电流值①	温度值	单体（模块）电压值
精度要求	≤ ±2% FS	≤ ±3% FS	≤ ±2℃	≤ ±0.5% FS

① 应用在具有可外接充电功能的电动汽车上时，电流值精度同时应满足≤ ±1.0A（当电流值小于 30A 时）。

根据表中参数精度要求，测量电池管理系统的状态参数采集精度。

电压采集精度通过高精度电压表测量总电压和单体（模块）电压的值，作为实际值，然后比较电池管理系统的采样值，分析电压采样精度。

电流采集精度通过高精度电压表和精密电阻测定。通过精密电阻将电流信号转换为电压信号，以高精度电压表测定精密电阻两端电压，换算得到实际电流值，然后比较电池管理系统的电流采样值，分析电流采样精度。

温度采集精度通过红外测温仪测定热传感器温度，并与电池管理系统采集温度比较，分析温度采样精度。

2）BMS 的 SOC 估算精度测试试验。电池管理系统的 SOC 是电动汽车整车控制的重要参数，其估算准确性决定了整车续驶里程的精确性。

根据《电动汽车用电池管理系统技术条件》的规定，电池管理系统的 SOC 估算误差不应大于 10%。

3）BMS 的故障诊断功能测试试验。电池管理系统的故障诊断功能是电动汽车整车控制的重要内容，及时准确对故障进行诊断并上报整车控制器，是整车控制器能够及时做出应对策略的基础。

根据《电动汽车用电池管理系统技术条件》的规定，电池管理系统的故障诊断功能包括基本诊断项目和扩展诊断项目。根据整车功能设计和电池系统的具体要求，电池管理系统的具体诊断内容不限于此。

4）BMS 的环境可靠性测试试验。电池管理系统可靠性是动力电池系统可靠性的基础，也是电动汽车整车可靠稳定运行的基础，因此，对电池管理系统可靠性的测试必不可少。电池管理系统的可靠性测试主要分为电学可靠性、机械可靠性、环境可靠性及电磁辐射抗干扰等。

二、驱动电机系统试验

驱动电机是电动汽车的核心部件之一，驱动电机系统的测试试验主要依据 GB/T 18488.1—2015 和 GB/T 18488.2—2015 进行，包括输出特性、安全防护、环境适应性、噪声和电磁兼容等项目，具体要求见表 8-12。试验样品通常是单个电机和控制器，但由于电机在不同类型的车辆上，可能采取的封装或集成方式不同，例如部分混合动力汽车（HEV）或插电式混合动力汽车（PHEV），电机系统集成度高，需要结合标准提出更有针对性的测试方案。

表 8-12　GB/T 18488.1—2015 和 GB/T 18488.2—2015 规定的试验项目

序　号	试验项目	序　号	试验项目
1	一般要求	19	最高工作转速
2	外观	20	驱动电机系统效率
3	外形和安装尺寸	21	控制精度
4	质量	22	响应时间
5	驱动电机控制器壳体机械强度	23	驱动电机控制器工作电流
6	液冷系统冷却回路密封性能	24	馈电特性
7	驱动电机定子绕组冷态直流电阻	25	安全接地检查
8	绝缘电阻	26	驱动电机控制器的保护功能
9	耐电压	27	驱动电机控制器支撑电容放电时间
10	超速	28	低温
11	温升	29	高温
12	工作电压范围	30	湿热
13	转矩 - 转速特性	31	耐振动
14	持续转矩	32	防水、防尘
15	持续功率	33	盐雾
16	峰值转矩	34	电磁兼容性
17	峰值功率	35	可靠性
18	堵转转矩	—	—

1. 输出特性测试试验

电机输出特性主要进行以下测试：电机转矩 - 转速特性及效率、再生能量回馈特性、电机及其控制器的过载能力、最高工作转速、电压波动、温升限值、超速、堵转转矩和堵转电流。

2. 温升特性测试试验

温升是电机性能的重要表征参数，标准要求采用电阻法进行，根据绕组电阻的增加确定绕组的温度。

根据以下方法计算：

温升计算公式为

$$\theta_2-\theta_a=\frac{R_2-R_1}{R_1}(k+\theta_1)+\theta_1-\theta_a$$

式中，θ_1 为测量绕组冷态初始电阻时的温度，单位为℃；θ_2 为热试验结束时绕组的温度，单位为℃；θ_a 为热试验结束时冷却介质温度，单位为℃；R_1 为温度为 θ_1（冷态）时的绕组电阻，单位为 Ω；R_2 为热试验结束时的绕组电阻，单位为 Ω；k 为导体材料在0℃时电阻温度系数的倒数，铜的 $k=235$，铝的 $k=225$。

3. 安全保护功能测试试验

安全保护功能主要有短路保护，过电流保护，过电压、欠电压保护和过热保护，具体测试方法如下。

（1）短路保护测试 对电机控制器的三相输出端子进行短路，输入端子加额定直流电压，将控制器置于工作状态，观察控制器是否可以自动断开，进入保护状态，或者出现损坏等问题。接触故障后，控制器是否能正常工作。

（2）过电流保护测试 用测功机台架进行测试，将电机固定在某个转速，通过控制装置增加转矩，观察电流增加至超出允许的范围后控制器的状况。

过电流的情况有时在测试峰值功率过程中会出现，部分电机的控制器和电机的匹配或控制策略不够理想，试验过程中出现转矩超出允许范围的情况，导致三相交流电流过大，控制器进入保护状态，关闭输出。而有的匹配良好和保护设计完善的电机及控制器，在转矩增加到一定程度时，或温度达到一定限值或电流达到一定值后，先降低功率进行保护，在电流超过某更高的一定值后再关闭输出。相对来说，后者的保护措施更合理，在实际车辆行驶过程中也更安全。

（3）过电压、欠电压保护测试 电池电压过高或过低时，电机及控制器应能保护不进行工作，避免引起故障或电池过放等危险。测试时，将直流电压分别调至高于和低于控制器的工作电压范围，观察控制器是否能工作。

（4）过热保护功能测试 电机或控制器在运行过程中，如果温度过高，会烧毁电子器件或电机绕组。目前标准中只要求控制器应具有过热保护功能，但不少电机内部在定子绕组位置也预埋了温度传感器，用于电机的温度监控。

测试控制器过热保护功能时，将控制器放在高温箱中，箱内温度高于控制器保护温度，观察控制器温度在超出保护温度后能否停机或采取其他保护措施。

电机的过热保护通过测功机试验台进行验证，控制电机处于峰值功率状态，电机温度迅速升高，观察电机及控制器系统是否进行保护停止运行，或者通过自动降低功率使温度控制在允许的范围。

4. 环境适应性测试试验

环境适应性的测试主要包括湿热试验、盐雾试验、振动试验和防水防尘试验等项目，主要参考 GB/T 18488.1 和 GB/T 18488.2 和 GB/T 28046，验证电机系统可能出现的故障，故障的分类参考 QC/T 893—2011《电动汽车用驱动电机系统故障分类及判断》。

（1）湿热试验 电机和控制器在不工作状态下进行 48h 的湿热试验，试验结束后马上进行绝缘电阻测试，确认电机及控制器的绝缘是否能满足湿热条件下的使用，然后观察外壳是否有腐蚀情况。

（2）盐雾试验 电机及控制器产品在浓度为 5% 的 NaCl 盐雾中放置 48h，观察表面腐蚀情况，以及绝缘电阻性能。

（3）振动试验 车辆实际运行时的振动引起的失效是电机故障的主要原因之一，对耐振动的考核通常有两种方式，一是参考 GB/T 28046 和 QC/T 413—2002 在振动台上进行，电机和控制器分别经受标准要求的测试试验；二是根据电机系统安装的实际车型，从整车角度采集实车各种路面的振动情况，经过分析和加速老化研究，形成针对电机系统的台架振动测试条件，然后通过台架进行耐振动试验。其中第一种方法具有普适性，适用于产品认证测试；第二种方法更有针对性。

试验后先通电判断电机及控制器能否正常工作。然后将外壳拆开，仔细观察控制器内部是否有焊点脱落、虚焊、固定松动等情况；观察电机内部的电气连接是否松动、断开，对于永磁电机观察硅钢片之间是否出现间隙，以此判断故障等级。

思考与习题

1. 简述发动机部分负荷特性的测试方法。
2. 离合器从动盘总成的扭转特性是指什么？如何对从动盘总成的扭转特性进行测试？
3. 变速器总成的传动效率试验有哪几种方法？
4. 变速器总成（以及驱动桥总成等）的开式试验台与闭式试验台的特点对比如何？
5. 什么是传动轴总成的临界转速？如何测量传动轴总成的临界转速？
6. 如何测量并计算驱动桥桥壳垂直弯曲的静强度后备系数？
7. 如何测量汽车前轴的刚度？
8. 概述钢板弹簧台架试验的主要项目与测试方法。
9. 如何测量转向器的啮合间隙特性？对该间隙特性有什么要求？结合汽车构造和汽车设计等知识，了解该间隙特性是如何实现的。
10. 什么是动力转向总成的转向操舵力特性？如何进行该特性的试验？
11. 如何测试真空助力器的输入—输出特性？
12. 惯性式制动器试验台模拟汽车制动过程的关键参数有哪些？分别是如何实现的？
13. 制动能量回收系统能量经济性常用的评价指标有哪些？如何定义？
14. ABS 试验一般包括哪几种路面类型？
15. 典型的 ESC 系统测试工况有哪些？
16. 电动汽车动力电池系统的主要性能技术指标有哪些？
17. 电动汽车驱动电机系统的安全保护功能主要有哪些？如何进行测试？

第九章 车辆先进测试系统和开发流程

汽车虚拟试验技术是一种先进的计算机试验仿真技术，利用它可以在虚拟试验环境下，借助交互式技术和试验分析技术，使设计者在汽车设计阶段就能对产品的性能进行预测或验证。

虚拟试验是在计算机上采用软件代替部分或全部硬件实现各种虚拟试验环境，使试验者如同在真实的试验环境中一样完成各种试验项目，取得接近或等价于真实试验的数据结果。

汽车虚拟试验的特点：

① 试验成本低。

② 试验可重复。

③ 试验安全、可靠。

④ 试验的可控性好。

⑤ 信息量丰富而全面。

汽车虚拟试验常用的软件有：Adams 软件、Matlab 软件、Advisor 软件、Cruise 软件、MSC. Fatigue 软件、nSoft 软件等。

本章涉及一些较先进、较前卫的理念和技术，其中“测试”、“仪器”等概念，其内涵与前面章节介绍的传统试验测试系统有一定区别，请读者注意。

第一节　汽车虚拟仪器系统

一、虚拟仪器概述

测试分析仪器从 20 世纪 70 年代至今，共经历了三代发展：20 世纪 70 年代到 80 年代的传统测试仪器、20 世纪 90 年代兴起的虚拟仪器以及进入 21 世纪后，新一代一体化的虚拟仪器。

传统的测试仪器是自封闭的系统，它具有信号输入、输出的能力并有固定的用户界面。它操作简单，结构紧凑，携带方便，并且对使用者的计算机知识无较高要求。但是，构成测量分析系统所需的前置仪器较多，通道数固定且较少，信号调理电路固化，不易更换，升级困难，只能使用固化的计算机软件，分析功能有限或者无分析处理功能，用户不易根据需要进行计算机后续处理，存储量小，通常还需另外配备 PC 机。同时，它的功能是由制造商决定的，不能根据用户的要求进行扩展，如要定制，需要高昂的价格。

在这种背景下，虚拟仪器（Virtual Instruments，VI）应运而生。虚拟仪器技术的实质是充分利用最新的计算机技术实现和扩展传统仪器的功能。它利用现有的计算机，配上相应的硬件（如数据采集卡、输入/输出卡等）和专用软件，形成既有普通仪器的基本功能，又有一般仪器所没有的特殊功能的高档低价的新型仪器。虚拟仪器是现代计算机、通信技术和测量技术相结合的产物，它从根本上更新了仪器的概念，具有传统仪器无法比拟的优势。它的出现是仪器发展史上的一场革命，代表着测试技术发展的方向和潮流。

虚拟仪器的“虚拟”两字主要包含以下两方面的含义。

1）虚拟仪器面板上的各种“图标”与传统仪器面板上的各种“器件”所完成的功能是相同的：由各种开关、按钮、显示器等图标实现仪器电源的“通”、“断”；实现被测信号的“输入通道”、“放大倍数”等参数的设置，以及实现测量结果的“数值显示”、“波形显示”等。

2）虚拟仪器的测量功能是通过对图形化软件流程图的编程来实现的。虚拟仪器是在以 PC 为核心组成的硬件平台支持下，通过软件编程来实现仪器的功能的。因为可以通过不同测试功能软件模块的组合来实现多种测试功能，所以，在硬件平台确定后，就有了“软件就是仪器”的说法。这也体现了测试技术与计算机深层次的结合。

近年来，一体化的虚拟仪器得到了很大的发展。这种一体化的虚拟仪器系统把信号调理单元、数据采集卡与计算机系统结合为一个整体，使整个系统更加紧凑，使用更加方便。整个系统的核心是信号调理和数据采集板。根据高速、低速等的区别，可以对数据采集板进行分类设计、生产，而且可以根据传感器信号的类型与特点，设计通用的信号调理电路。所有的数据采集板和信号调理单元都按照模块化设计。这种模块化的方案，扩展性好，可以完全根据用户的需要进行定制，能适用多种场合。同时，选择相应的信号调理模块，使得多种信号可以同时进行采集（例如模拟的电流电压信号、图像信号和声音信号等）。而且，在采用了个性化的精密信号调理模块后，可以直接连接传感器。它完全集传统仪器与虚拟仪器的优点于一身。

车载测试系统作为测试系统的一种，也经历了上述的发展。车载测试系统与普通的测试系统相比，具有信号种类多（有传统的模拟信号，数字信号，以及 CAN 总线上的信号，无线网络的信号等），传感器数量多，电磁环境复杂等特点，对移动性要求较高，需要一定的抗振性。同时，新能源汽车（混合动力汽车和燃料电池汽车等）的发展，使得车载测试系统的使用环境更加复杂，这就对测试系统提出了更高的要求。

汽车试验是进行汽车研究开发的重要手段，要了解汽车各方面的性能特性，必须利用测试系统对汽车的各种运行数据进行采集。随着近年来汽车新技术的逐步发展完善，应用其上的车载测试系统的使用环境也更加复杂，从而对测试系统的设计开发提出了更高的要求。

二、虚拟仪器系统的构成

虚拟仪器由通用仪器硬件（简称硬件平台）和软件系统两大部分构成，如图 9-1 所示。其中，硬件平台由通用计算机和 I/O 接口设备两部分构成。虚拟仪器中的计算机可以是各种类型的计算机，如台式计算机、便携式计算机、工作站、嵌入式计算机等，管理着虚拟仪器软件资源，是虚拟仪器的硬件基础。计算机技术在显示、存储能力、处理器性能、网络、总线方面的进步，推动了虚拟仪器系统的快速发展。虚拟仪器中的测试硬件设备按其功能的不同可分为多种总线标准体系结构，主要完成被测输入信号的采集、放大、A－D 转换等。

外围 I/O 接口设备可以选择 GPIB 系统、VXI 系统、PXI 系统、PC－DAQ 系统和串行系统等，也可以选择由两种或两种以上系统构成的混合系统。其中，最简单、最廉价的形式是采用基于 ISA 或 PCI 总线的数据采集卡（DAQ），或是基于 RS－232 或 USB 串行总线的便携式数据采集模块。

软件系统是虚拟仪器的核心，其系统结构如图 9-2 所示，大致可划分为四层：测试管理层（虚拟仪器应用程序）、应用程序开发层（虚拟仪器开发软件）、仪器驱动层（仪器驱动程序）和 I/O 接口软件。

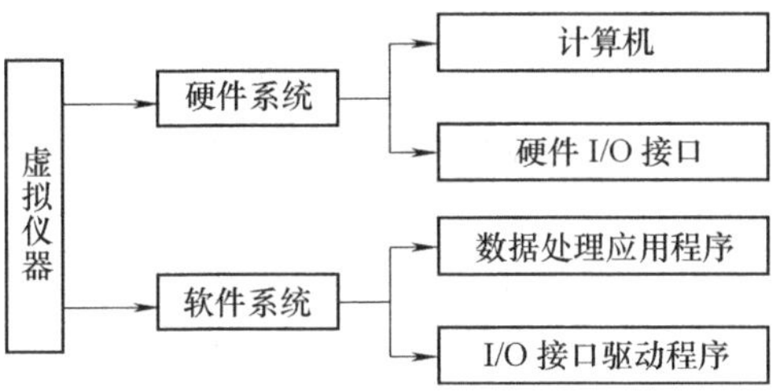

图 9-1　虚拟仪器结构框图

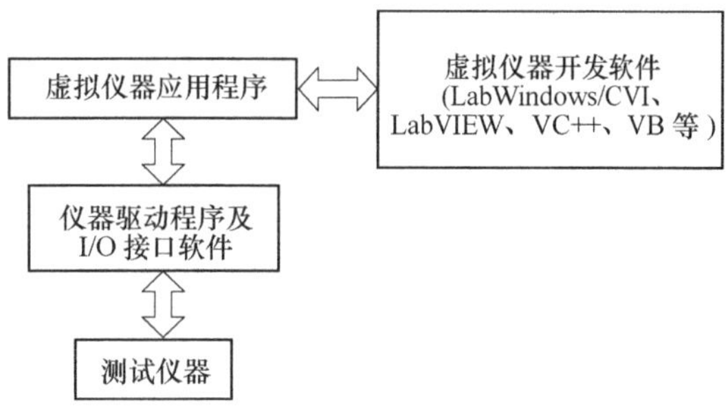

图 9-2　虚拟仪器软件系统构成图

虚拟仪器系统已经成为以通用硬件平台为壳体、以系统软件为核心的集成系统。使用者可以根据不同的测试任务，利用虚拟仪器软件系统快速构建自己的测量仪器或测试系统，如图 9-3 所示。并结合由测量硬件模块组成的硬件测试平台来实现新的测试任务和要求。许多过去传统上由测试系统硬件完成的功能，现在都可以用软件模块来替代或扩展。

三、虚拟仪器系统的特点

虚拟仪器是基于通用计算机的测试、测量和控制系统。由于能充分利用计算机丰富的软硬件资源，虚拟仪器具有功能强大、结构灵活和性价比高等特点，可在很大范围内替代传统测控仪器和设备。与传统仪器相比，虚拟仪器除了具有测试速度快、实时性好、良好的人机界面等特点外，还具有更多的特点和优势。

总之，虚拟仪器的出现，打破了传统仪器由厂家定义、用户无法改变的模式，它利用计算机丰富的软硬件资源大大突破了传统仪器在数据处理、表达、传送、显示和贮存等方面的限制，有极好的性价比。虚拟仪器与传统仪器的特点对比见表 9-1。

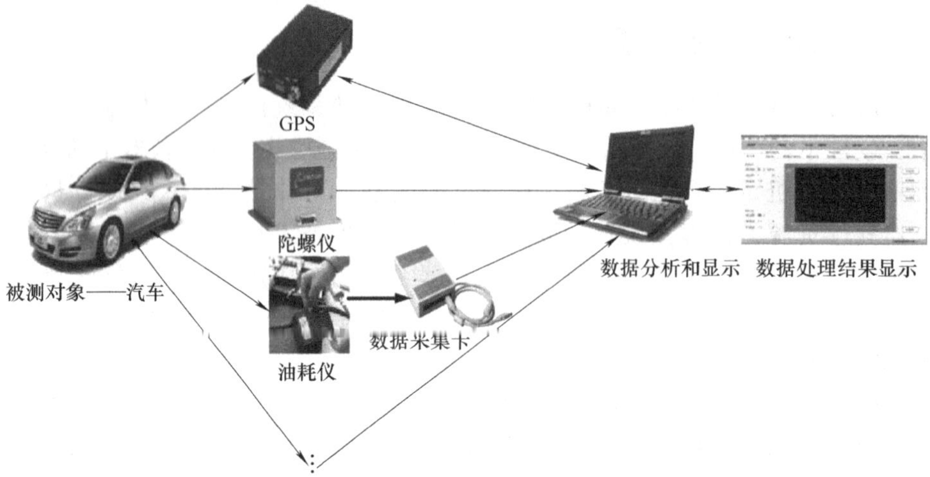

图 9-3 基于虚拟技术的汽车测试系统

表 9-1 虚拟仪器与传统仪器特点对比

项 目	传 统 仪 器	虚 拟 仪 器
中心环节	关键是硬件	关键是软件
开发维护费用	高	低
技术更新周期	慢（5～10 年）	快（1～2 年）
性价比	价格昂贵	价格低，并且可重用性和可配性强
自动化程度	自动化程度低	自动化和智能化程度均较高
测量信号情况	难以直接测量高频信号	可直接测量高频信号
仪器定义	厂商定义仪器功能	用户自定义仪器功能
功能设定	仪器的功能、规模均已固定	可通过软件修改和增减
开放性	系统封闭，与其他设备连接受限	基于计算机的开放系统，便于同外设、网络等相关设备连接

第二节 汽车虚拟试验

虚拟试验是指为了实现各种虚拟试验环境，在计算机中应用软件部分或者全部代替硬件，模拟真实试验环境用于完成各种试验并取得接近或等效于真实试验的效果。其中汽车虚拟试验场可以用于实现试验的前处理、试验仿真以及试验结果的后处理等。

一、汽车虚拟试验场

随着计算机辅助工程（CAE）技术的不断发展，各大国际汽车企业开始广泛利用虚拟试验的方法来考察汽车的性能。在车辆的设计初期，目前虚拟试验通常的做法是利用刚体模拟汽车的悬架等结构。但是汽车行驶中所承受的载荷是随时间变化而变化的随机载荷，而且汽车本身就是一个由极多零部件及总成构成的复杂系统，相邻零部件之间的力以及变形的关系复杂，如果将其结构简单地予以刚体化而不考虑结构的变形及弹性元件的非线性刚度等因素，将使得整车性能分析出现误差。在这样的背景下，美国的 ETA 公司联合 ANSYS 公司和 LSTC 公司开发出了整车仿真软件——VPG（Virtual Proving Ground，虚拟试验场），软件集成了汽车各总成（悬架、轮胎等）模型数据库，可以便捷地建立系统级整车有限元模型，大大缩短了建模时间。

虚拟试验场的概念实际上是利用计算机模拟汽车的实际试验环境，来进行整车非线性动力学试验仿真。这种技术在国外的应用已经比较广泛，Arvin Meritor 公司基于虚拟试验场技术对某载货汽车的可靠性试验进行了仿真，得到底盘的疲劳寿命结果，并通过实际试验验证了这种方法的有效性；通用汽车公司以耐久性虚拟试验道路的路面冲击激励为输入，进行了整车虚拟台架试验。

VPG 具有强大的建模能力，它为用户提供了多个标准模型数据库。用户只需调用 VPG 中的标准模型，并在必要的时候修改或者调整所需的参数就可以快速方便地得到所需要的模型并进行相应的分析。例如在 VPG3.0 中，提供了麦弗逊、长短臂、渐变叶片弹簧、后拖臂、五连杆、四连杆、扭杆、实体轴等悬架模型。对于轮胎，VPG 也提供了用于车身疲劳和寿命分析的轮胎模型，用于评价振动噪声的 NVH 研究的轮胎模型，用于动力学分析的轮胎模型等多种轮胎模型。对于道路，VPG 提供了交替摆动路面、凹坑路、鹅卵石路、大扭曲路、波纹路、搓板路、比利时石块等道路模型，如图 9-4 所示。当然，VPG 允许用户使用并保存自定义的路面，或者利用已有的数据构造特定的路面模型。碰撞安全性分析对汽车的开发非常重要同时也非常复杂，VPG 为用户提供了防撞安全模型，它除了包括假人（目前有 14 个假人）、运动壁障、冲击锤、气囊及安全带一系列假人模型外，还开发了一套方便快捷的假人定位系统，能够完全按照人体关节运动原理调整假人位置。

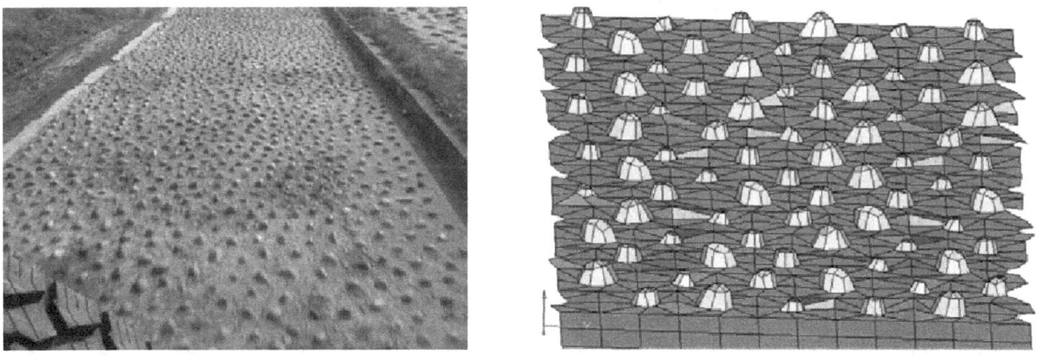

图 9-4　虚拟试验场

VPG 虚拟试验场提供了有关整车系统的全部试验项目仿真。利用虚拟试验场技术，在新产品的设计阶段或现有产品的改型阶段即可进行疲劳寿命分析，降低开发风险，缩短研发周期。

二、整车系统疲劳寿命分析

汽车虚拟耐久性试验是指利用计算机模拟实验室台架试验以及实车的试验场道路试

验，通过仿真分析，研究某商用车的整车系统或零部件的疲劳耐久性能。汽车虚拟试验场持续深入研究在恶劣的、变化的工况中对汽车耐久性、平顺性、操纵稳定性等的试验仿真能力，汽车在工作过程中可能遇到的所有路况在这些环境中都有涉及。汽车虚拟试验场具备传统的模拟试验能力，并通过大幅度地减少试验循环所耗费的时间和成本，进一步拓展了这种能力。

根据应用范围和模拟途径的不同，一般将耐久性虚拟试验分为虚拟试验台、混合试验道路和虚拟试验场（又称为数字化试验道路）。下面对这三种耐久性虚拟试验方法进行简单的介绍。

(1) 虚拟试验台 这种方法是指在具备实车的情况下，通过将已知的轮轴轴心力或轮心位移作为计算机模拟的输入条件进行虚拟试验，从而达到部分代替室内台架试验的目的，进行样车零部件疲劳寿命的预测。它的缺点是与台架试验类似，需要详细设计零部件并制造出样车后，再经过试验场道路试验数据的采集和处理，才能进行后续的疲劳耐久性分析。

(2) 混合试验道路 这种方法通过仿真原型车虚拟道路试验，得到原型车的轮轴力信号，并以此为基础预估新开发车型的轮轴力信号，再将此信号转换成为轮轴的位移信号，作为新开发车型多体动力学模型的边界条件，通过分析计算出结构的动态应力应变场，进而预测目标零部件的疲劳寿命。

(3) 虚拟试验场 由于整车结构的工作条件具有一定的随机性，因此，有必要在仿真分析中引进标准统一的道路载荷谱，这也是汽车行业发展的必然要求。虚拟试验场模型化了汽车的悬架结构、轮胎及路面载荷等特征参数，以便对研究对象进行仿真分析。虚拟试验场的优点在于能够获得准确的路面载荷谱，并且充分考虑了整车系统中的各类非线性因素，无论是车型的概念设计阶段还是后期样车试验阶段都可以应用这种方法。

三、虚拟碰撞试验

根据汽车碰撞安全性的要求，试验方法可分为以下三类：①实车碰撞试验；②滑车模拟碰撞试验；③台架试验。其中实车碰撞试验和真实汽车碰撞事故情形最为接近，其试验结果说服力最强，是综合评价汽车碰撞安全性能的最基本的方法。其他两类试验都是以实车碰撞的结果为基础，模拟碰撞环境的零部件试验。

汽车碰撞事故的形态千差万别，所以对汽车碰撞性能的评价也必须针对不同的碰撞形态来进行。汽车发生碰撞的主要形态有：正面碰撞、侧面碰撞、追尾碰撞、角度碰撞和翻滚等，其中正面碰撞事故是最常见且造成乘员伤害最多的事故。汽车碰撞安全性能试验就是检验汽车在上述各种碰撞条件下整车及主要零部件的耐碰性以及汽车乘员保护系统的性能状况。汽车碰撞乘员保护系统主要包括：安全带系统、安全气囊系统、座椅系统和转向机构系统等。

传统的汽车碰撞实车试验的方法主要是通过打造若干辆同种型号的样车，在每辆样车上安装配备各种传感器的假人，再通过计算机采集车辆在各种碰撞过程中的传感器的信号，最后对数据进行分析得到假人身体各部分的受力情况。由于碰撞试验的破坏性很大，很多昂贵的传感器及汽车零件可能会一次性报废，耗资巨大。

汽车碰撞虚拟试验在国外的发展已经非常迅速。1985 年法国的 ESI 集团实现了全球首次车辆碰撞虚拟，并成功地应用于德国大众 POLO 的设计和生产中，更于 1986 年推出了完整的碰撞模拟软件包——PAM-CRASH。随后欧美相继发布了各种商业化软件包，如 MADYMO、LS-DYNA3D 等。2001 年由美国 ETA（Engineering Technology Associates，Inc.）推出的 VPG 虚拟试验场软件，其设计独特、性能优异。该软件分为 VPG/PrePost、VPG/Structure和 VPG/Safety 三个主要部分。其中 VPG/Safety 作为典型的汽车碰撞安全性能虚拟试验软件包，不仅为用户提供了通用的数据库模型，而且增加了碰撞安全试验专用的各种假人、壁障和冲击锤的标准模型，如图 9-5 所示。

汽车的碰撞虚拟试验必须依据实车碰撞试验的试验项目和方法，将真实试验环境中涉及的试验对象、试验设备以及试验条件虚拟化，建立相应的几何模型、物理模型等，然后将参数化的虚拟原型导入计算机，建立一个虚拟的试验场，这样试验者就可以和计算机进行交互，操纵试验进程并获得最终的试验结果。

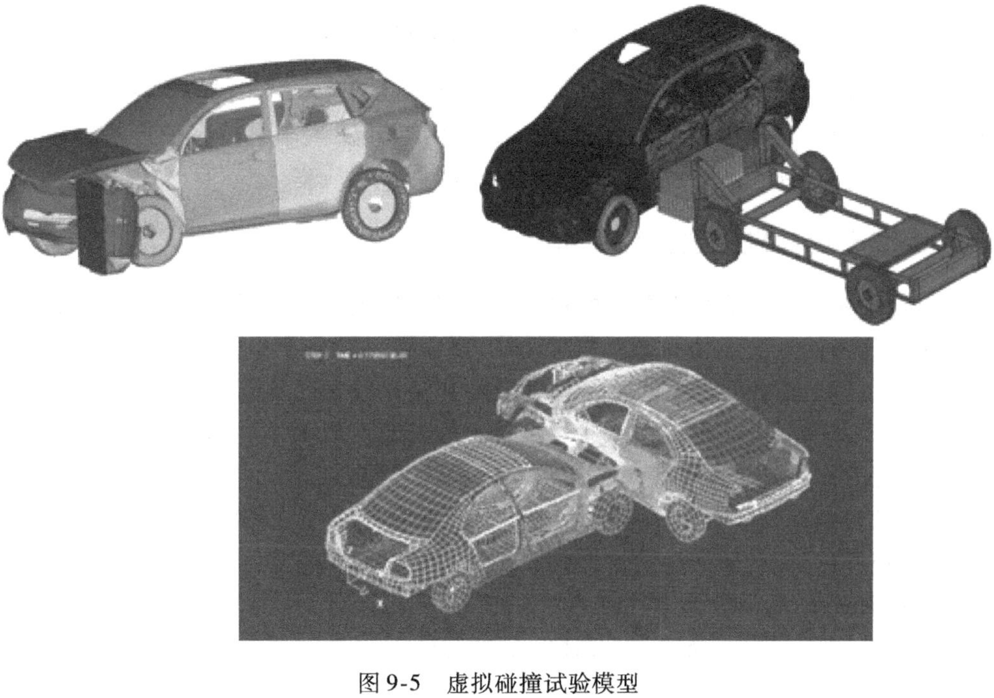

图 9-5　虚拟碰撞试验模型

四、汽车动力学仿真试验

汽车动力学是研究汽车在行驶过程中所受力的相互作用以及汽车运动规律的学科。

汽车可以看成是一个包含大量惯性、弹性和阻尼元件的复杂非线性系统。汽车在行驶过程中，运动零部件众多，受力也很复杂。这给汽车动力学的理论研究带来了困难。计算机仿真技术的引入为汽车动力学的发展提供了新的方法和手段。

所谓“计算机仿真”，就是指运用计算机技术，通过对系统模型进行仿真试验，研究一个存在的和设计中的系统。按照这个定义，汽车动力学仿真，就是指首先从理论上建立汽车系统的动力学模型，然后运用现代计算机仿真技术对系统模型进行试验的过程。图 9-6 所示为汽车动力学仿真的三个基本要素及其基本活动的示意图。

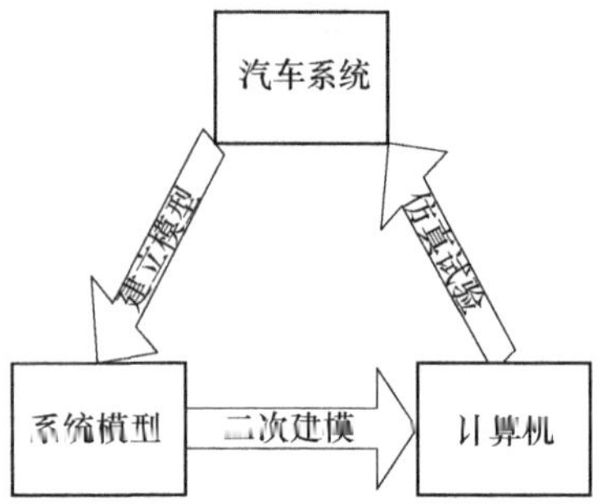

图 9-6　汽车动力学仿真的三个要素及其基本活动的示意图

从 20 世纪 50 年代开始到现在的六十多年时间里，汽车动力学仿真的研究从无到有，从简单到复杂，取得了巨大进展。尤其是 20 世纪 80 年代以后，开发型汽车驾驶模拟器的出现，将很难进行精确数学建模的驾驶人引入到动力学仿真研究中，构成人—车—路闭环系统。它利用先进的计算机技术对汽车的整个运行过程进行仿真，大大提高了仿真结果的可信度，从而使以汽车动力学仿真技术为核心的汽车虚拟仿真设计技术真正开始走向实用，成功地应用于汽车整车及零部件产品的开发。

第三节　汽车现代开发流程

随着汽车电控系统的广泛应用，对其功能和可靠性的要求越来越高。然而，在全球汽车市场的激烈竞争环境下，要求生产商快速、灵活地开发汽车电控系统产品，尽量缩短从决策、设计、测试到生产等各环节的周期，并降低开发成本。

一、传统电控系统开发方法简介

传统电控系统开发方法是以瀑布模式开发过程为代表的串行开发流程，该开发过程工作模式简单，任务的划分、协调及人员安排比较容易，适合于早期简单汽车电控系统的开发。图 9-7 所示为传统开发方法从硬件到软件的流水线式开发流程。

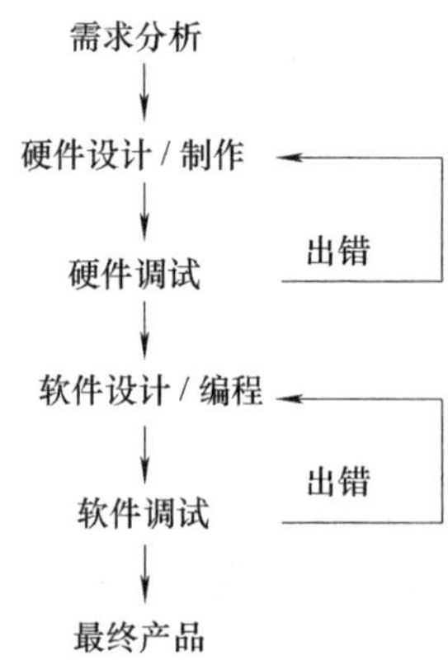

图 9-7　传统电控系统的开发方法

传统开发模式的开发流程存在下述几个较大的问题：

1）各流程之间设计资料和数据的交流以文档为基础。

2）控制软件由软件设计师根据技术文档手工编写。

3）开发流程的组织结构是一种“抛过墙”式的开发模式。整个产品开发过程细分为多个步骤，每个部门和人员都只做其中的一部分工作，而且是相对独立进行的，工作完成后把结果交给下一部门，即“抛过墙”。也就是说，每个人或者部门的工作是以各自分工为中心的，整个产品开发过程的各个环节是彼此分离的，每个人或部门没有统一的、完整的产品概念。

4）开发过程中，设计环节与测试环节彼此分离。

这些固有的缺点将会导致开发结果与需求定义的不一致，必须依靠大量的实际试验进行算法的验证。如果测试结果不满意，必须重新进行整个开发流程，这必然会造成开发成本和开发周期的大大增加。

传统开发模式由于其固有的缺点已难以满足要求。这就需要采用基于图形建模、快速原型和代码自动生成等先进开发技术的现代开发方法，构建各开发流程快速、无缝衔接的集成式一体化开发平台，以满足汽车电控系统开发高可靠性、快速和低成本等诸多要求。

二、现代电控系统开发流程——V 模式

现代控制器开发方法即所谓的 V 模式开发流程，如图 9-8 所示，其开发流程包括：功能设计与离线仿真—快速控制原型—代码自动生成—硬件在环仿真—标定/整车测试，构成了从功能设计、软件编程、可靠性测试到标定的汽车电控系统开发一体化解决方案。

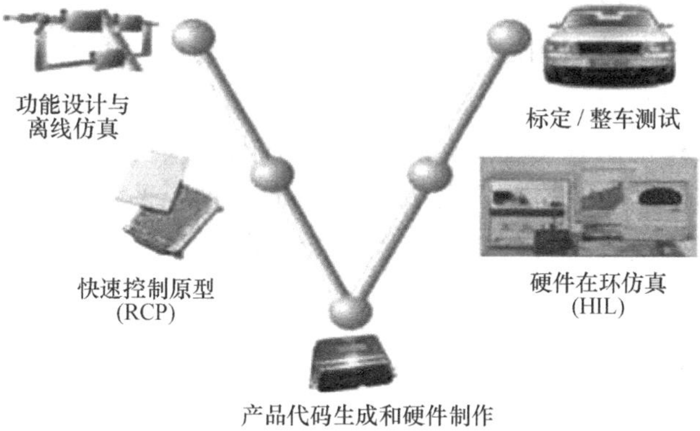

图 9-8　现代电控系统的开发流程

（1）功能设计与离线仿真　在 V 模式的功能设计与离线仿真阶段，控制器设计人员利用计算机辅助开发软件，根据整车开发商对控制器的功能和性能要求建立可执行控制算法模型的算法框图与状态流程图，对电控系统的功能进行定义；另一方面，建立被控对象的功能模型，利用计算机辅助开发软件的仿真和分析功能，对整个功能设计进行离线仿真分析，验证控制算法设计的可行性，修正控制算法与功能要求不相符之处，初步建立电控系统控制算法模型。

（2）快速控制原型（RCP）　对于汽车电控系统这样集电子、软件和控制等技术于一体的高科技产品来说，很难在功能设计阶段就把对电控系统的功能要求准确地表达在控制算法的设计中，因此，V 模式采用快速控制原型技术，利用实时硬件系统在控制算法模型和被控对象之间搭建起一座实时的桥梁，实现被控对象对控制系统控制算法的实时反馈，对功能设计与离线仿真阶段设计的控制算法进行实际运行条件下的验证，检验控制算法对被控对象的控制效果，以快速设计迭代迅速开发出最适合被控对象或环境的控制方案。这样，在控制系统硬件部分制造出来前，电控系统开发人员已经对电控系统控制算法的功能和控制特性有了相当的把握。

（3）代码自动生成　在 V 模式的控制软件编写阶段，利用代码自动生成工具，以一次生成即保证正确（Correct-by-Construction）的方式将所设计的电控系统控制算法模型转化为产品代码，将快速控制原型和硬件在环仿真两个开发阶段无缝地衔接起来，去掉了软件设计工程师手工编写代码的中间环节，保证控制算法模型设计与产品代码的严格一致。

(4) 硬件在环仿真 该仿真试验又称为硬件在环试验（详见第三章第二节的相关内容），这一阶段需要对下载有控制代码的目标电控系统进行全面测试，特别是故障情况和极限条件下的测试。由于并行工程的原因，被控对象可能还处于研制阶段，或者被控对象很难得到；另一方面，由于实际测试条件的限制，如极限测试和失效测试等，或在真实环境中测试费用高昂等原因，使控制器的实际测试难以进行。因此用实际的电控系统和代替真实环境或设备的仿真模型一起组成闭环测试系统，以便在实验室条件下用事先确定的测试条件对目标电控系统进行反复测试，所得测试结果具有很好的可记录性及可比性，可以大大降低开发费用，缩短开发周期。

(5) 系统参数标定与整车测试 在V模式开发流程中，由于计算机辅助设计及基于模型的控制算法开发技术的使用，对控制器参数进行优化和修改始终贯穿于整个开发过程，在快速控制原型和代码自动生成阶段就可以对电控系统的参数初步进行标定，从而减少后期的标定工作。同时，现代开发方法的标定阶段所采用的自动化标定工具可以根据自动代码生成阶段所生成的文件进行自动标定，既提高了控制器控制参数的优化水平也缩短了开发时间。

三、硬件在环系统

1. 常见的硬件在环实时仿真系统

常见的硬件在环实时仿真系统有dSPACE公司的dSPACE系统、ETAS公司的LabCar系统、MathWorks公司的xPC软件包以及美国NI公司的Labview系列软件。

这四种硬件在环实时仿真系统有诸多相似之处，但也各有特点，其中dSPACE和LabCar主要用于信号层的测试，即ECU及控制策略的开发与测试，集成度高，稳定性好，但价格昂贵。而LabviewRT系统结合其自身的测控优势，多用于机械层的硬件在环控制，其高度的灵活性和便捷的开发语言也备受高校和科研机关的青睐。xPC属于底层开发环境，可以对交互数据进行跟踪，对模型参数进行实时调整，价格也最低廉。

2. 硬件在环系统的特点

与传统的台架测试相比，基于模型的硬件在环实时测试系统具有如下特点：

1）通过整车仿真模型控制台架系统，能够提供真实的测试环境，具有良好的动态测试性能，在前期开发过程中代替样车试制，提高了台架试验验证的有效性，降低了技术风险和试验成本，减少测试的时间周期。

2）可以通过更改实时模型的结构和参数，如模型中的电机性能参数、汽车参数、道路参数等，以适应不同的环境和不同的被测件，有效地降低成本。

3）不需要深入了解控制器的知识，但是由于系统处于强电、高速状态中，对系统的安全性能和安全保护措施要求很高。

4）不足之处在于，当模型结构发生改变时，需要对系统进行重新部署，对接口重新配置，所以所建立的模型需要尽可能地完善。同时，硬件在环系统对控制器的要求较高，价格比较昂贵，开发过程比较复杂。

思考与习题

1. 简述汽车虚拟仪器系统的含义和特点。
2. 典型的汽车虚拟试验有哪些?
3. 概述现代汽车电控系统的开发流程。

参 考 文 献

[1] 邬惠乐，邱毓强．汽车拖拉机试验学［M］．北京：机械工业出版社，1981.

[2] 杨志华．汽车试验方法［M］．北京：国防工业出版社，2013.

[3] 李杰敏．汽车拖拉机试验学［M］．2 版．北京：机械工业出版社，2006.

[4] 吴道悌，等．非电量电测技术［M］．西安：西安交通大学出版社，2004.

[5] 张克健．车辆地面力学［M］．北京：国防工业出版社，2002.

[6] 何耀华．汽车试验技术［M］．北京：机械工业出版社，2010.

[7] 关强，杜丹丰．汽车试验学［M］．北京：人民交通出版社，2009.

[8] 薛定宇，陈阳泉．基于 MATALAB/Simulink 的系统仿真技术与应用［M］．2 版．北京：清华大学出版社，2011.

[9] 张戟，孙泽昌．现代汽车电磁兼容理论与设计基础［M］．北京：清华大学出版社，北京交通大学出版社，2009.

[10] 陈家瑞．汽车构造［M］．3 版．北京：机械工业出版社，2009.

[11] 余志生．汽车理论［M］．5 版．北京：机械工业出版社，2009.

[12] Thomas M Cover，Joy A Thomas. 信息论基础［M］．阮吉寿，张华，译．北京：机械工业出版社，2008.

[13] C E Shannon. A Mathematical Theory of Communication［J］．Bell System Technical Journal. 1948，27（3）：379 – 423.

[14] J P Burg. Maximum Entropy Spectral Analysis［J］．Annual International Meeting. 1967，17（4）：1519 – 1533.

[15] 王宏禹．最大熵谱分析［J］．通信学报．1982（1）：71 – 86.

[16] 王博，等．基于最大熵谱估计的汽车悬架系统自由衰减振动研究［C］．2014 中国汽车工程学会年会论文集．2014：1102 – 1104.